The Social Animal

소셜 애니멀

소셜 애니멀

데이비드 브룩스 지음 | 이경식 옮김

관계를 통해 성장하고 완성되는 인간 본성의 비밀

웅진지식하우스

일러두기

- 이 책은 국립국어원 표준국어대사전의 표기법을 따랐다.
- 용어의 원어는 첨자로 병기하였으며, 독자의 이해를 돕기 위한 옮긴이 주는 괄호에 '—옮긴이'로 표기하였다.
- 국내 번역 출간된 책은 한국어판 제목을 표기하였으며, 미출간 도서는 원어를 병기하였다.
- 이 책의 참고문헌은 웅진지식하우스 블로그(https://blog.naver.com/wj_booking)를 통해 확인할 수 있다.

무엇이 우리를 성취와 행복으로 이끄는가

이 책에서 소개하는 이야기는 여러 분이 여태껏 읽거나 들은 이야기 가운데 가장 행복한 이야기로 기억될 것이다. 삶을 경이로울 만큼 멋지고 충실하게 꾸려갔던 두 사람의 이야기가 펼쳐질 테니 말이다. 이들은 일생 동안 대단한 경력을 쌓았고 친구들로부터 존경받았으며 이웃과 조국을 비롯해 사회에 크게 기여했다.

그런데 여기서 주목할 점은 두 사람 모두 천재가 아니었다는 것이다. SAT나 아이큐 테스트 혹은 이와 비슷한 시험에서 꽤 괜찮은 성적을 받은 적은 있지만 그렇다고 해서 정신적으로 특별한 재능이나 지능을 타고난 것은 아니었다. 신체적인 면도 마찬가지였다. 고등학교에 다닐 때 테니스와 하이킹을 배웠지만 친구들 사이에서 운동으로 두드러진 모습을 보인 적은 없었다. 그런 두 사람이 장차 위대한 인물이 되리라고는 당시에 어느 누구도 예상치 못했다. 그런데 지금은 어떨까? 두 사람을 만난 모두가 이들이 축복받은 삶을 살았음을 인정한다.

어떻게 이럴 수 있었을까? 이들은 경제학자들이 '비인지적 기술noncognitive skill'이라고 부르는 요소들을 지니고 있었다. 비인지적 기술이란 겉으로 드러나지 않는 인간의 속성을 포괄적으로 일컫는 말로, 계량하거나 측정하기는 어렵지만 우리가 삶에서 행복과 성취를 얻는 데 결정적인 역할을 한다.

우선 이 두 사람은 성격이 좋았다. 활력이 넘치고 정직했으며 믿음이 갔다. 실패를 해도 꺾이지 않았고 실수를 하더라도 깨끗하게 인정했다. 언제나 위험을 무릅쓰고 도전할 만큼 자신감이 넘쳤고 해야 할 일을 성실하게 해냈다. 또한 자신에게 어떤 약점들이 있는지 알아내려 애썼고, 자기가 저지른 잘못은 깨끗하게 사과했으며 주체할 수 없을 정도로 충동적인 행동은 자제하려고 노력했다.

그뿐만 아니라 더 중요한 덕목으로, 세상을 살아가는 지혜street smarts까지 갖췄다. 다른 사람들의 마음을 헤아릴 줄 알았고 살면서 부딪치는 온갖 상황과 생각에 담긴 의미도 잘 파악했다. 또 갑자기 군중 앞에 선다거나 수없이 많은 보고서가 주어지더라도 조금도 당황하지 않고 자기가 무엇을 해야 하며 또 무엇을 하지 말아야 할지, 어떤 길을 선택하면 성과를 낼 수 있고 어떤 길을 선택하면 성과를 내지 못할지 분명하게 알았다. 이들은 노련한 선원이 대양을 항해하면서 구사하는 여러 기술을 내면에 지니고 있었고 이 기술들을 바탕으로 거친 세상을 성공적으로 항해했다.

성취와 행복은 내면 의식으로부터 자라난다

지난 몇 세기 동안 성공하는 법을 주제로 쓰인 책은 수백만 권에 달한다. 하지만 이 책들은 보통 삶의 껍데기만 이야기한다. 누가 어느 대학교에 들어갔고 어떤 전문 기술을 익혔으며 성공하기까지 어떤 의식적인 판단을 내렸는지, 인맥을 쌓고 사다리 위로 올라가는 데 어떤 기법들을 구사했는지 묘사할 뿐이다. 대개 성공의 외부적인 정의에만 초점을 맞춘 채로 지능지수와 재산, 특권, 세속적인 성취 따위를 다루는 데 몰두한다.

하지만 나는 한 차원 더 아래로 내려가고자 한다. 성공 스토리에서 나아가 내면 의식이 어떤 역할을 수행하는지 보다 깊이 알아볼 것이다. 감정과 직관, 편견, 동경, 유전적 특성, 인격, 사회규범 등을 포함하는 무의식의 영역이야말로 성격이 형성되고 세상을 살아가는 지혜가 자라나는 공간이기 때문이다.

우리는 의식 연구의 혁명이 일어나는 시대를 살고 있다. 지난 몇 년 동안 유전학자와 신경과학자, 심리학자, 사회학자, 경제학자, 인류학자를 비롯해 수많은 전문 영역의 학자들이 인류가 이처럼 번성할 수 있는 요인이 무엇인지 밝히려고 노력한 끝에 놀라운 성과를 거두었다. 이 학자들이 알아낸 내용의 핵심은 현재 인간이 누리는 번영은 기본적으로 의식적인 사고 과정의 결과물이 아니라는 것이다. 인류의 번영은 의식보다 한 차원 아래에 있는, 무의식적 사고 과정의 결과물이다.

무의식은 현명한 결정을 내리기 위해 반드시 극복하고 넘어가야 하는 원시적인 영역이 아니다. 오히려 인간 정신의 대부분은 무의식의 영역이 차지한다. 중요한 판단과 결정이 여기에서 내려지며, 가장 인상적인 사고 과정들이 일어나는 장소도 바로 이곳이다. 수면 아래에 잠겨 있는 이 무의식의 영역이 바로 성취와 성공의 출발점이다.

버지니아대학교의 티머시 윌슨 교수는 『내 안의 낯선 나』에서 인간의 정신은 어떤 순간에도 1100만 개의 정보 조각을 처리할 수 있다고 썼다. 반면 인간이 '의식적으로' 한꺼번에 다룰 수 있는 정보는 아무리 많이 잡아도 마흔 개밖에 되지 않는다.[1] 이와 관련해서 윌슨은 다음과 같이 말한다. "몇몇 학자는 무의식이 사실상 모든 일을 처리하며, 의식은 그저 환상일 수도 있다고까지 주장한다."[2] 무의식이 스스로 알아서 하고 있는 일조차 의식이 자신이 한 일인 양 그럴듯한 이야기로 꾸며낼 뿐이라는 말이다.

내가 이 책에서 언급할 학자들은 대부분 이렇게까지 극단적이지는 않다. 하지만 이들 역시 의식적인 차원에서는 접근할 수 없는 여러 정신적 과정이 그만큼 중요하다고 여긴다는 점에서는 윌슨의 입장과 크게 다르지 않다. 이들은 무의식이 생각을 조직하고 판단의 전체 틀을 구성하며 각 개인의 특성을 결정하는 것은 물론, 나아가 성공에 이르는 데 필요한 여러 기술 역시 제공한다고 보았다. 예일대학교의 존 바르 John Bargh 교수는 이렇게 주장한다. "갈릴레오가 지구에게서 우주의 중심이라는 특권적 지위를 빼앗은 것과 마찬가지로, 이 지적인 혁명은 그동안 인간 행동의 중심이라고 여겨졌던 의식의 특권적 지위를 박탈한다."[3] 이런 발상은 의식이 그동안 누려왔던 일상생활의 중심이라는 지위와 특권을 뒤엎을 뿐 아니라 성공을 불러일으키는 것이 의식의 차원이 아니라는 점을 다시금 상기시킨다. 인간이 보다 더 잘 살 수 있는, 한결 깊이 있는 길은 분명 무의식에 있다.

반응하고 해석하고 결정하는, 감정

무의식은 종종 과학의 영역으로 여겨진다. 하지만 무의식은 결코 기계적이고 메마른 장소가 아니다. 황홀경을 경험할 수 있는 정서적인 공간이다. 의식을 다루는 학문이 이성과 분석의 중요성을 조명한다면 무의식을 다루는 학문은 열정과 통찰력의 중요성을 조명한다. 외적 정신이 개인이 지닌 힘을 조명한다면 내적 정신은 인간관계, 즉 사람들을 연결하는 보이지 않는 끈이 발휘하는 힘을 조명한다. 외적 정신이 돈과 지위와 명예를 추구한다면 내적 정신은 조화와 관계를 추구한다. 자의식이 사라지고 도전과 대의명분을 추구하며 타인에게 깊이 빠지는 바로 그런 순간 말이다.

의식이 지휘 본부의 높은 자리에 우뚝 서서 세상을 멀리 조망하며 온갖 상황을 선형적이고 언어적으로 분석하는 장군이라면, 무의식은 수백만 명의 척후병인 셈이다. 이 척후병들은 적진을 누비며 온갖 신호를 끊임없이 지휘 본부로 전송하고 다양한 상황에 따라 즉각적으로 반응한다. 이들은 주변 환경에서 멀어지지 않고 언제나 그곳에 녹아든다. 또한 부지런히 여기저기 돌아다니며 다른 사람들의 정신과 주변 풍경, 온갖 관념을 해석해 정서적인 의미로 포장한다. 옛 친구와 우연히 마주칠 때 강한 애정을 느끼거나 부당한 일에 공분을 표출하게 하는 것도, 어두운 동굴 안으로 들어가면 공포심을, 장엄한 풍경 앞에서는 경건함을, 화려한 볼거리 앞에서는 기쁨을 느끼게 하는 것도 이들의 일이다. 모든 감각은 나름대로 독특한 향취와 질감과 힘을 지니고 있으며 지각에 따른 반응들은 감동과 충동, 판단, 욕망 등이 뒤섞인 물결이 되어 정신을 따라 굽이친다.

이런 신호들은 우리의 삶을 통제하지는 않지만 우리가 세상을 해석하는 틀을 마련해 준다. 마치 내비게이션처럼 우리가 갈 길을 인도한다. 장군이 데이터를 바탕으로 생각하고 논리적으로 연설을 한다면, 척후병들은 감정으로써 자기가 확보한 정보를 구체화한다. 이 척후병이 하는 작업은 논리적인 연설이 아니라 이야기, 시, 음악, 이미지, 기도 그리고 신화의 형태로 가장 잘 표현된다.

우리가 매 순간 우리의 뇌를 타고 흐르는 사랑과 공포, 충성심과 혐오
감과 같은 격렬한 감정의 파도를 무시한다면 가장 본질적인 부분을 놓
치는 것이나 마찬가지다. 우리가 원하는 게 무엇인지, 우리 등을 떠밀
어 무언가 하게 만드는 게 무엇인지 그리고 우리를 잡아채서 어떤 일을
하지 못하게 만드는 게 무엇인지 결정하는 과정들을 놓친다는 말이다.
바로 이러한 매혹적인 내적 삶의 관점에서 나는 행복한 인생을 살았던
두 사람의 이야기를 여러분에게 들려주려고 한다.

해럴드와 에리카, 두 사람의 구체적인 삶을 매개로

그러기 위해서 장자크 루소의 문체를 이 책에 빌려왔다. 루소는 1760년
에 『에밀』이라는 책을 통해 어떻게 인간을 교육할 수 있을지 탐구했다.
그는 책에서 인간의 성정을 추상적으로 기술하는 데 그치지 않기 위
해 '에밀'이라는 가상의 인물을 등장시켰다. 그 후 에밀에게 가정교사
를 붙인 다음 둘 사이의 관계를 활용해 행복이 어떤 모습일지 구체적으
로 제시했다. 루소는 이 혁신적인 모델 덕분에 많은 성과를 거두었다.
무엇보다 즐겁게 읽히는 글을 썼다. 또한 일반적인 경향들이 개인의 삶
속에서 실제로 어떻게 작용하는지 쉽게 풀어냈다. 추상의 세계에서 벗
어나 구체성의 세계로 나아간 것이다.

나는 루소의 이러한 서술 방식을 따와 주요 등장인물로 해럴드와 에
리카라는 두 사람을 설정했다. 이들이 태어나 배우고 일하고, 우정을
쌓고 사랑에 빠지고, 지혜를 쌓으면서 늙어가는 모습을 추적할 것이다.
그 과정에서 유전자가 어떻게 개인적인 삶을 형성하는지, 특정한 상황
에 뇌가 어떤 화학적 작용을 하는지, 삶이 전개되는 데 가족의 구조와
문화적인 모형들이 어떤 영향을 미치는지 구체적으로 묘사해 보여주

려고 한다. 학자들이 이야기하는 일반적인 인간 심리, 행동 패턴과 실제 삶을 구성하는 개인적인 경험들 사이의 간극을 이어주는 매개체로서 해럴드와 에리카를 '등장인물'로 활용한 셈이다. 덧붙여, 두 사람을 둘러싸고 벌어지는 사건들의 시대적인 배경은 모두 21세기로 하였다. 굳이 이렇게 설정한 이유는 현재를 살아가는 현대인의 각기 다른 모습을 묘사하고 싶었기 때문이다.

인간 본성을 이해하기 위해 우리가 알아야 할 것들

이 책을 쓰며 설정한 목표가 몇 가지 있다. 우선 일상생활에서 우리의 행동을 이끌어내는 온갖 감정을 적절하게 교육할 때 우리의 무의식 체계는 달라질 수 있다는 것을 보여주려고 한다. 이게 내 솔직한 마음이고 목표다. 구체적인 사례를 최대한 많이 동원해 의식과 무의식이 어떻게 상호작용을 하는지, 다시 말해 현명한 장군이 척후병들을 어떻게 훈련시키고 또 척후병들이 전하는 말을 어떻게 정확히 알아듣는지 쉽고 명확하게 전할 생각이다.

광범위한 분야의 학자들이 무의식이라는 동굴의 구석구석을 비추며 그동안 알려지지 않았던 사실들을 밝히긴 했지만, 이 작업은 주로 학문적인 차원에 그쳤다. 이러한 아쉬움에서 나는 이 책을 쓰기 시작했으며 이제까지 밝혀진 과학적인 사실들을 하나의 이야기로 풀어내고자 한다.

또한 학자들이 수행해 온 이런 작업이 인간 본성을 이해하는 데 어떤 영향을 미치는지 묘사할 것이다. 이 과정에서 뇌 과학 분야의 연구들을 활용하였는데, 뇌 연구가 새로운 철학을 만들어내는 경우는 거의 없지만 기존의 철학이 옳음을 입증할 수는 있기 때문이다. 오늘날 이 분야의 연구를 보면 감정이 순수한 이성보다, 사회적인 관계가 개인적인 선택보다, 또 성격이 지능지수보다, 불쑥불쑥 나타나는 유기적인 체계가 선형적이고 기계적인 체계보다 더 중요하다는 사실이 드러난다.

다음으로 각계의 전문 연구자들이 이 분야에서 밝혀낸 사실들에 포함된 사회적·정치적·도덕적 맥락을 끄집어낼 생각이다. 프로이트가 무의식이라는 개념을 제시했을 때 이 개념은 문학비평과 사회사상은 물론, 정치 정세 분석과 같은 근본적인 차원에까지 영향을 미쳤다. 그런데 우리는 지금 무의식 개념을 그때보다 훨씬 더 정확하고 구체적으로 밝혀냈음에도 학계에서 진전된 연구 성과를 아직 사회 관념에까지는 적용시키지 못하고 있다. 이렇게 얕팍한 접근으로 우리가 진정 누구인지, 더 나은 삶을 살려면 어떻게 해야 하는지를 비롯한 인생의 전 영역을 이해할 수 있을까.

역사상 훌륭한 철학자들과 예술가들은 현대 과학이 뇌의 작용을 밝히기 이전에도 인간의 본성과 무의식이 지닌 힘을 직관적으로 통찰하고 있었다. 정신을 연구하는 과학자들은 인간 내면의 가장 깊숙한 곳을 들여다보았다. 감정, 직관, 지각, 유전적 성향, 무의식적인 동경 등 어두운 영역에 밝은 빛을 비추었다. 나는 이 책에서 인간 정신의 가장 깊은 곳을 탐구해 발견한 사실들을 차례로 보여줄 것이다. 이를 통해 우리 자신을 바라보는 방식과, 아이들을 키우는 방식, 기업을 경영하는 방식, 누군가를 가르치는 방식, 인간관계를 관리하는 방식, 또 정치적인 실천을 하는 방식을 바꾸어야 한다는 사실을 역설하고자 한다.

인간다움, 연결과 상호작용에서 피는 꽃

해럴드와 에리카는 살아가면서 점점 성숙한 인간으로 발전했다. 앞서 이 이야기가 행복한 이야기가 될 것이라고 말한 이유다. 또한 두 사람의 이야기는 조부모와 부모로부터 이어지고 온갖 시련과 재난을 겪으면서 서로 동반자로 만난 사람들에 관한 이야기다. 사람의 마음을 구성하는 소용돌이들은 개인에게 국한된 것이 아니라 다른 사람의 관계 속에서 형성된 것임이 점점 더 명백한 사실로 굳어지고 있다.

이는 인간이 온갖 감정과 신호 수백만 개가 매 순간 교차하는 집합점이자 커뮤니케이션 센터, 출근 시간의 복잡한 지하철 같은 존재이기 때문이다. 우리 안의 네트워크 상호작용은 한 대상에서 다른 대상으로 관심을 부지런히 옮기며, 그로 인해 어떤 선택을 하기도 하고 그 선택에 따라서 행동을 하기도 한다. 이때 우리를 인도하는 어떤 관점들과 감정들이 우리의 의식 아래에 존재한다는 것이다.

무의식은 그저 어둡고 원시적인 공포와 고통의 영역이 아니다. 충동적이며 자극에 민감하게 반응하고 예측할 수가 없지만 놀라울 만큼 사교적이다. 친구에게서 친구로, 연인에게서 연인으로, 영혼 사이를 자유롭게 춤을 추듯이 옮겨다니는 영역이다. 또한 다른 종種까지도 아우르는 경이로운 선물이다.

지금도 당신의 무의식은 당신이 바깥으로 멀리 나가 타인과 연결되기를 바라고 있다. 당신이 일과 친구, 가족과 국가, 그리고 명분 안에서 살아가기를 고대한다. 당신이 성공의 핵심인 인간관계 속으로 거미줄같이 굵고 촘촘하게 엮여들기를 바란다. 해럴드와 에리카 부부가 경험했던 유대의 감정을 갈망하며 당신이 그것을 얻도록 등을 떠밀어대고 있다. 이 초대에 응하지 않겠는가.

1부

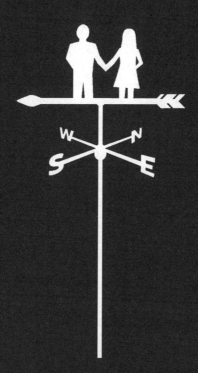

사회적 동물의

탄생

1장

첫 만남

운명의 짝을 알아보는
불꽃의 비밀

한참 좋던 경기가 꺼지고 월스트리트에 찬바람이 불자 명상 교실이 다시 한번 사람들에게 관심의 대상으로 떠올랐다. 명상 교실의 참가자들은 헤지 펀드의 마법을 동원해 돈을 벌지도, 세상이 놀랄 만큼 엄청난 액수의 돈을 벌지도 않았다. 그런데 관심을 두는 대신 그저 사회적으로 칭찬을 받아 마땅한 성공의 사다리를 차근차근 성실하게 올라가는 편을 택한 듯 보였다. 이들은 대개 좋은 학교를 뛰어난 성적으로 졸업한 뒤 사회적으로 든든한 인맥을 쌓고 훌륭한 기업이나 병원, 법률 회사에 들어갔다. 그 과정에서 재산이 조금씩, 하지만 쉬지 않고 쌓였다. 마치 부드러운 눈이 소복소복 쌓이듯이.

명상 교실에 참가한 사람 중 이 사다리에 오른 이들의 전형적인 모습은 다음과 같다. 고급 휴양지에 있는 작은 노천카페에서 여러 사람과 어울려 점심을 먹는다. 이제 막 중국 여행에서 돌아왔으며, 유당불내증 환자들을 돕는 500마일 자전거 대회에 참가하러 가는 길에 잠시 어떤 기업의 이사회에 참석한 참이다. 외모를 보자면 누가 봐도 아름답다. 체지방률은 레오나르도 다빈치의 다비드보다 낮으며 머리카락은 윤기가 넘치고 풍성하게 굽이친다. 목소리는 또 얼마나 차분한지 양말을 신고 페르시아 양탄자 위를 걷는 것처럼 차분하고 평온하다. 만일 여러분이 로스앤젤레스에서 이 사람이 걸어가는 모습을 보았다면 함께 있는 일행에게 이렇게 물었을 것이다. "조지 클루니와 함께 있는 저 잘생긴 사람은 도대체 누구야?"

이 사람은 빌 클린턴이 설립한 자선단체에서 아내를 처음 만났다. 그때 두 사람은 우연히도 둘 다 국경 없는 의사회 지지 팔찌를 하고 있었는데, 대화를 시작하자마자 서로가 같은 선생님에게서 요가를 배우고 있으며 풀브라이트 장학금Fulbright Scholarship을 받은 연도가 2년 차이밖에 나지 않는다는 사실을 알게 되었다. 두 사람은 정말 잘 어울리는 한 쌍이다. 두 사람 사이에서 긴장감을 주는 것이라고는 딱 하나, 평소에 하는 운동 종목이 다르다는 것뿐이다. 어째서인지 요즘 상류층 남자들은 달리기와 자전거 타기 같은 하체 근육 강화 운동만 하는 반면 상류층 여자들은 상체, 특히 이두박근과 팔뚝에 지독할 정도로 집착한다. 그래서 여름 내내 민소매를 입는 이 여자들은 바위를 맨손으로 깨뜨려 자갈로 만들 수 있다.

이렇게 만난 한 쌍의 선남선녀는 결혼한다. 결혼식 진행은 누구나 알 법한 유명인 부부가 맡는다. 결혼으로 재산을 더욱 불린 이들은 그야말로 신흥 상류층으로 자리 잡으며 자신의 아이들 삶에도 성공의 사다리를 놓는다. 이들이 낳은 세 명의 자녀는 상류층 가정의 아이들이 대개 그렇듯 특이한 스포츠 종목에서 탁월한 솜씨를 발휘한다. 아이들은 모두 진보적인 사립학교에 다니면서 좋은 성적을 받는다. 또 여름방학이면 독일에 있는 과학 실험 캠프에서 실습을 하며 시간을 알차게 보낸다. 대학교 3학년이 되면 부모는 아이들을 앉혀놓고 이제《이코노미스트》를 읽기 시작할 나이가 되었다고 엄숙하게 이른다. 아이들은 대학교의 명문 스포츠팀에서 활약하다가 부모의 지위에 걸맞은 경력을 쌓기 시작한다. 예를 들면 조프리 발레단Joffrey Ballet에서 몇 년 동안 활동한 뒤

세계은행World Bank의 수석 경제 분석가가 되는 식이다.

명상 교실에 참가하는 성실하고 정숙한 회원들에게 더없이 큰 즐거움은 주말 별장으로 사람들을 초대하는 일이다. 모임은 금요일 오후 개인용 비행기 앞에서 만나는 것으로부터 시작한다. 개인용 비행기를 타니 잠금장치가 달린 짐 가방은 필요 없다. 그저 소지품 몇 가지를 챙긴 커다란 핸드백 정도면 충분하다.

혹시라도 당신이 이런 사람들의 초대를 받는다면 주머니에 에너지 바 몇 개쯤은 챙겨 가기 바란다. 신흥 상류층의 절약 정신 탓에 주말 내내 반쯤 굶으며 지내야 하기 때문이다. 그런데 이 절약은 특이한 원칙을 따른다. 이들은 내구재에는 돈을 아끼는 법이 없지만 소비재에 대해서만큼은 짠돌이도 이런 짠돌이가 없다. 예를 들어 손님에게 수백만 달러짜리 전세기를 공짜로 태워주면서도, 음식으로는 대형마트에서 산 말라비틀어진 빵에다 칠면조 고기를 아주 얇게 썰어 넣은 샌드위치 하나만 달랑 내놓는 식이다. 이들은 침실이 아홉 개나 있는 주말 별장이 있으면서도 가구가 모두 이케아 제품이라고 자랑한다. 그리고 토요일 점심에는 상추 넉 장에 참치 샐러드 3그램을 곁들인 다이어트식 메뉴를 내놓는다. 세상 사람들이 다 자기들처럼 건강을 위해 소식을 한다고 생각해서다.

이 사람들이 속한 집단에서는 키가 천장 높이의 3분의 1쯤 되는 개를 여러 마리 기르는 게 유행이 된 지 오래다. 명상 교실 회원들은 이런 곰처럼 거대한 개들에게 제인 오스틴의 소설 『오만과 편견』에 등장하는 인물들의 이름을 따서 붙인다. 이 사람들에게 휴일은 그 자체로 길고 격렬한 활동으로 이어지는 투쟁이다. 물론 중간에 세계 경제 상황에 대한 짧은 브리핑 시간을 가지거나 루퍼트 머독, 워런 버핏, 콜린 파월, 세르게이 브린, 달라이 라마 같은 친한 친구들과 관련된 쾌활한 이야기를 나누기도 한다. 그러다가 저녁이 되면 아이스크림을 살 겸 인근 마을로 느긋하게 산책을 나간다. 흠이라고는 눈을 씻고 찾아봐도 없는 완전무결한 몸으로 저지방 아이스크림을 핥으면서 거리를 걸어가면, 길을 지나던 사람들이 갑자기 박수를 치며 이들을 맞아준다. 박수를 치는 사람들은 사실 여행객이다. 성공한 삶에 대한 진지한 고민을 하기보다는 완벽해 보이는 인간의 모습을 멀리서라도 우연히 보고 싶어서, 그들이 뿜어내는 아우라에 흠뻑 젖어드는 귀중한 경험을 하려고 일부러 그 지역을 선택해 여행을 온 사람들이다.

첫 만남에서 튀는 불꽃의 비밀

한 남자와 한 여자가 어느 여름날 처음 만난 곳도 이런 종류의 지역 가운데 하나였다. 두 사람 모두 20대 후반의 청년이었고 장차 이 이야기의 남자 주인공인 해럴드의 부모가 될 사람들이었다. 그런데 곧 해럴드의 부모가 될 이들에 대해 알아두어야 할 사실이 있다. 비록 두 사람이 착한 심성을 가졌고 장차 아들을 지적인 야망이 크고 심오한 아이로 키울 테지만, 생각은 그다지 깊지 않았다는 사실이다. 이 청춘 남녀는 명상 교실이 지닌 성공의 인력에 이끌려 이곳을 찾아온 사람들이었다. 언젠가 명상 교실에 참가하고 싶다는 바람이 있던 두 사람은 같은 야망이 있는 다른 젊은 전문가들과 함께 그룹 홈에 머물렀다. 그때 두 사람을 동시에 알고 있는 한 친구의 소개로 함께 점심을 먹게 된 것이다.

두 사람의 이름은 로버트와 줄리아였다. 이들은 소개팅을 주선한 친구가 정해준 대형 서점 앞에서 처음 서로를 보았다. 롭(로버트의 애칭)과 줄리아는 서로에게 다가가며 활짝 미소를 지었다. 그리고 그때부터 두 사람 사이에서 내면적이고 원시적인 과정이 시작되었다. 두 사람은 동시에 서로 다른 것을 보았다. 롭은 남자가 대개 그러듯 알고자 하는 것의 대부분을 두 눈을 통해 포착했다. 홍적세洪績世(신생대 제4기의 첫 번째 지질시대 - 옮긴이) 빙하기로 대표되는 시기의 남성 조상들은 여자는 다른 동물들과 달리 배란기를 맞아도 신체적으로 아무런 신호를 나타내지 않는다는 당혹스러운 사실에 직면했고, 임시변통으로 다산을 상징하는 가장 가까운 표식에 의지할 수밖에 없었다.

　홍적세의 남성 조상들과 마찬가지로 롭 역시 이성애를 추구하는 대부분의 남자가 여성에게서 찾는 신체적 특성들을 살폈다. 심리학자 데이비드 버스David Buss는 서로 다른 서른일곱 개 문화권에 속한 만 명 이상의 사람을 대상으로 설문조사를 한 끝에 전 세계적으로 여성미의 기준이 상당히 일치한다는 사실을 확인했다. 지구 어디에 있는 남자들이건 간에 아름다운 여성의 조건으로 맑은 피부, 두툼한 입술, 길고 윤기나는 머릿결, 좌우 균형미, 좁은 인중과 턱, 그리고 허리와 엉덩이의 비율이 약 0.7인 것을 꼽았다. 수천 년 전에 그려진 그림을 연구한 한 논문도 당시 그림에 묘사된 여자의 허리와 엉덩이 비율이 0.7임을 확인했다.

　롭은 줄리아의 모습이 마음에 들었다. 뭐라고 딱 꼬집어 말할 수는 없지만 그녀의 몸가짐에서 풍기는 당당한 매력에 사로잡혔다. 자신감만큼 아름다움을 높여주는 것은 없다. 또한 롭은 그녀의 얼굴 전체에 퍼지는 미소가 좋았다. 그녀가 미소를 지을 때 두 눈썹 끝이 아래로 떨어지는 것도 무의식적으로 포착했다. 눈썹 끝부분을 제어하는 눈둘레근(안륜근)은 사람이 의식적으로 통제하지 못한다.[1] 이로써 롭은 그녀가 짓는 미소가 거짓이 아님을 알 수 있었다. 롭은 그녀의 전체적인 매력이 어느 정도인지 잘 살펴두었다. 매력적인 사람이 그렇지 않은 사람보다 훨씬 소득이 많다는 사실이 무의식 속에서 반짝 빛을 낸 뒤에 사라졌기 때문이다.

줄리아는 장차 인생의 동반자가 될 남자를 본 뒤 훨씬 더 소리 없는 반응을 보였다. 앞에 있는 남자가 자기에게 뜨겁게 달아오른 것에 감명을 받지 않아서가 아니었다. 여자는 눈동자가 큰 남자에게 성적으로 보다 많이 이끌린다. 세계 어느 곳을 막론하고 여자는 일반적으로 좌우의 균형이 잘 잡힌 남자, 그리고 자기보다 나이가 더 많고 키가 더 크고 힘이 더 센 남자를 좋아한다.[2] 이런 점에서 보자면 해럴드의 아버지가 될 남자는 일반적인 기준을 통과했다.

하지만 그녀는 천성적으로 그리고 교육의 영향으로 매우 조심스러워서 선뜻 남자를 믿지 못했고 첫눈에 반해 사랑에 빠진다는 말을 믿지 않았다. 게다가 여자는 보통 남자보다 외모에 덜 혹한다. 남편이 될 사람을 고르는 기준으로 외모를 우선시하지 않아야 한다고 배워왔기 때문이다.

홍적세의 남자는 다산의 상징들로 여자를 슬쩍 한번 보고서도 자기 짝을 어렵지 않게 고를 수 있었던 반면 홍적세의 여자는 자기 짝을 선택하는 과정에서 무척 애를 먹을 수밖에 없었던 것도 바로 이 때문이다. 선사시대에 혼자 사는 여자는 한 가족을 부양하기에 충분한 식량을 구할 수 없었다. 그렇기 때문에 여자는 남자를 선택할 때 아이를 갖게 하는 역할뿐만 아니라 동반자로서 가족을 부양하는 역할까지 할 수 있는지 고려해야 했다.

그래서 남자는 여자보다 훨씬 더 빨리 홀딱 벗고 침대로 뛰어 올라간다. 지금까지 다양한 연구팀이 수행해 온 한 가지 단순한 실험이 있다. 매력적인 여성이 남자 대학생에게 잠자리를 함께하자고 제안할 때 상대방이 보이는 반응, 그리고 반대로 매력적인 남성이 여자 대학생에게 잠자리를 함께하자고 제안할 때 상대방이 보이는 반응을 확인하는 실험이었다. 연구진이 고용한 매력적인 여성의 제안을 받은 남학생 가운데 75퍼센트가 '좋다'고 반응했다. 그런데 매력적인 남성의 제안을 받은 여학생 가운데서는 단 한 명도 '좋다'고 반응하지 않았다.[3]

여자가 조심스러워할 이유는 충분하다. 남자는 대부분 생식력이 있긴 하지만 안정성이라는 측면에서 보자면 이 털북숭이 인간들 사이에는 다양한 편차가 존재한다. 마약이나 술에 중독되는 경향은 남자가 여자에 비해서 훨씬 높다. 살인을 저지르는 경향 역시 남자가 훨씬 높다. 또한 자기 자식을 버리는 경향 역시 남자가 훨씬, 훨씬, 훨씬 높다. 여자는 첫인상만으로 장래의 안정성과 사회적인 지성을 평가하면 이후에 많은 대가를 치러야 한다는 사실을 이미 잘 알고 있다.

그래서 롭이 줄리아의 가슴골을 훔쳐보는 동안 줄리아는 롭이 과연 믿어도 될 만한 남자인지 살폈다. 물론 이런 과정은 의식적으로 진행되지 않았다. 수천 년 동안 개발된 유전자와 축적된 문화 덕분에 남자의 신뢰성을 감지하는 여자의 무의식적인 능력은 놀랍도록 발달했다.

뉴욕대학교의 매리언 일스Marion Eals 교수와 어윈 실버먼Irwin Silverman 교수는 여러 차례의 실험을 통해 어떤 방에 놓인 사물들의 위치를 기억하거나 풍경의 세부적인 사항을 기억하는 데 여자가 남자보다 평균적으로 60~70퍼센트 더 뛰어나다는 사실을 알아냈다.[4] 지난 몇 년 동안 줄리아는 예리한 관찰력을 동원해 몇몇 부류의 남자들을 배우자 후보군에서 아예 제외했고, 이런 선택 가운데 몇 가지는 매우 특이했다. 예를 들면 이렇다. 그녀는 버버리 옷을 입는 남자는 거절했다. 버버리의 특정한 무늬, 그 지겨운 무늬를 한 스카프나 레인코트를 자신의 남은 일생 동안 바라보아야 하는 것을 용납할 수 없었기 때문이다. 또한 그녀는 남자들을 슬쩍 바라보는 것만으로 그들이 스펠링을 정확하게 사용하는지 간파할 수 있었다. 스펠링을 정확하게 쓰지 않는 사람은 보통 그녀를 지치고 우울하게 했다. 그리고 그녀는 향수 냄새를 풍기는 남자를 처칠이 독일 사람을 보듯 경멸의 눈으로 바라보았다. 그런 남자들은 그녀에게 무릎을 꿇는 남자거나 목을 조르려고 달려드는 남자였다. 스포츠와 관련된 액세서리를 하고 다니는 남자 역시 후보 대상에서 제외했다. 남자친구가 자기보다 메이저리그 스타 데릭 지터Derek Jeter를 더 좋아하는 꼴은 볼 수 없어서였다. 그리고 아무리 남자들 사이에 요리 열풍이 불긴 한다지만 깍둑썰기를 자기보다 잘하는 남자 혹은 다툰 뒤에 화해를 한답시고 소박하기 짝이 없는 치즈 샌드위치를 구워주는 남자와 진지하게 교제할 생각은 전혀 없었다. 이유는 간단했다. 어딘지 속임수의 냄새가 나기 때문이다.

줄리아는 처음 롭의 존재를 확인하고 그가 자기 쪽으로 다가올 때 은밀하게 그를 관찰했다. 프린스턴대학교의 재닌 윌리스Janine Willis와 알렉산더 토도로프Alexander Todorov는 여자가 어떤 남자를 볼 때 그 사람이 과연 믿을 만한 사람인지, 능력이 어느 정도인지, 얼마나 공격적인지 그리고 얼마나 사근사근한지 0.1초 만에 파악할 수 있음을 실험을 통해서 확인했다. 이런 종류의 첫인상들은 여러 달이 지난 뒤에 서로가 상대방에게서 느낄 수 있는 감정과 놀랍도록 일치했다. 사람들이 자기가 받은 첫인상을 수정하는 경우는 거의 없다.[5] 다른 실험에서 토도로프는 실험 대상자들에게 선거에서 맞붙은 두 사람의 사진을 아주 짧은 시간 동안 보여준 다음 누가 당선될 것 같은지 예측해 보라고 했는데, 놀랍게도 실험 대상자의 70퍼센트가 선거 결과를 정확하게 맞혔다.[6]

줄리아는 자기가 가진 첫인상 평가 능력을 발휘해 롭이 꽤 잘생긴 남자라고 진단했다. 롭은 머릿속으로 줄리아의 옷을 벗기고 있었지만 줄리아는 머릿속으로 롭에게 옷을 입혔다. 당시에 롭은 헐렁한 갈색 코듀로이 바지에 자주색과 밤색 계통의 스웨터를 입었고 그 바람에 우아한 가지처럼 보였다. 뺨은 단호하면서도 족제비처럼 날렵했다. 이는 그가 나이를 먹을수록 근사해질 것이며, 노년에는 최고급 실버타운에서 가장 잘생긴 노인이 될 것임을 뜻했다.

롭은 키가 컸다. 어떤 사람의 키가 1인치 클 경우 연봉이 현재 미국을 기준으로 6,000달러씩 늘어난다고 추정한 논문도 나와 있을 정도이니 키는 중요한 고려 사항이었다.[7] 또한 그는 몸 전체에서 내면의 평온함을 발산했다. 감히 말싸움을 걸기가 무서울 정도였다. 줄리아가 흘낏 보고 재빠르게 판단하건대 롭은 행운을 타고난 사람 가운데 한 명 같았다. 그의 영혼에는 거친 굳은살 같은 건 전혀 없어 보였으며 주의해야 하거나 조심스럽게 덮어두어야 할 영혼의 상처도 없는 것 같았다.

그렇게 긍정적인 판단이 하나씩 쌓이자 갑자기 줄리아의 마음이 변덕을 부렸다. 사실 줄리아는 자기 내면에 매우 날카로운 비평가가 산다는 사실을 알고 있었다. 바로 이런 점이 자신이 지닌 매력적이지 않은 특징 가운데 하나라는 것도 잘 알았다. 그녀는 평범한 남자와 즐겁게 어울리다가도 갑자기 그 남자를 아주 꼼꼼하게 파헤쳐서 조사하곤 했다. 이 작업이 끝날 때까지 줄리아는 셜록 홈스가 되고 롭은 가여운 용의자, 혹은 핏자국 위에 엎드린 의문의 살인 사건 피해자 신세를 면할 수 없었다.

줄리아는 내면의 비평적 기질을 통해 롭이 어떤 유형의 사람인지 간파했다. 그는 신발을 아무리 윤이 나게 닦아봐야 아무도 신경 쓰지 않는다고 생각하는 사람이었다. 다듬지 않은 손톱 끝은 울퉁불퉁했고, 현재 여자친구가 없었다. 줄리아는 애인이나 배우자가 없는 남자를 그다지 신뢰하지 않았다. 하지만 결혼을 한 남자와 데이트할 마음은 조금도 없었으므로 그녀가 저항 없이 사랑에 빠질 수 있는 남자의 수는 획기적으로 줄어들었다.

《뉴욕타임스》의 칼럼니스트 존 티어니John Tierney는 배우자 없이 혼자 사는 사람은 잠재적인 배우자에게서 끊임없이 단점을 찾아내는 내면의 무의식 장치, 이른바 '습관성 결점 찾기flaw-o-matic'에 시달린다고 주장했다. 이로 인해 어떤 잘생기고 똑똑한 남자는 팔꿈치가 지저분하다는 이유로 여자들에게 끊임없이 차인다. 또 어떤 여자는 대형 로펌의 잘나가는 변호사인데도 늘 '괴테'를 잘못 발음하는 바람에 원하는 남자에게 인생의 동반자로 선택받지 못한다.[8]

줄리아는 과학자들이 말하는 이른바 '남자는 돼지다'라는 편견에 동의했는데 여기에는 충분히 그럴 만한 이유가 있었다. 기본적으로 여자는 남자가 좋아하는 감정 없이도 얼마든지 섹스를 즐길 수 있다고 생각하는 경향이 있으며, 이런 무의식적인 판단을 내린 채 인간관계를 맺는 여러 상황에 접근한다. 그 때문에 극도로 민감한 연기 감지기처럼 잘못된 판단을 내리곤 하지만 가끔은 지나치게 믿는 것보다 지나치게 의심하는 게 자신에게 더 안전하다고 여긴다. 이에 비해 남자는 여자와 완전히 반대되는 편견으로 인해 실수한다. 예를 들어 성적인 관심이 전혀 없는데도 있다고 믿으며 행동하곤 한다.[9]

눈을 몇 차례 깜박거리는 정도의 짧은 시간 동안 줄리아는 롭에 대한 기대와 실망의 사이클이 여러 차례 돌아가는 경험을 했다. 그리고 슬프게도 롭에 대한 전체적인 판단이 부정적으로 흘러가고 있음을 알았다.

내면의 비평가가 점점 더 무섭게 칼날을 휘둘러댔던 것이다. 하지만 다행스럽게도 바로 그때 롭이 줄리아에게 다가와서 "안녕하세요!" 하고 인사를 했다.

말보다 정확한 몸의 언어

롭과 줄리아는 서로가 운명이라고 느꼈다. 반대에 끌린다는 말이 있기는 하지만 사람들은 보통 자기와 비슷한 사람과 사랑에 빠진다. 인류학자 헬렌 피셔Helen Fisher는 『사랑의 새로운 심리학The New Psychology of Love』에 다음과 같이 썼다. "남자나 여자는 대부분 인종이 같고 사회적·종교적·경제적·교육적 배경이 동일한 사람과 사랑에 빠진다. 신체적인 매력이 비슷하고 지적 수준이 비슷하며 태도와 기대, 가치관, 관심사 등이 비슷한 사람을 사랑하게 된다는 말이다. 또 사교 및 의사소통 기술이 비슷한 사람들끼리 만나 사랑을 나눈다."[10] 심지어 사람들은 자기와 미간 거리가 비슷하고 코의 폭이 비슷한 사람을 배우자로 선택하는 경향이 있다는 것도 이미 확인된 사실이다.[11]

그 결과 사람들은 무의식적으로 주변에서 삶의 한 부분으로 살고 있던 사람을 인생의 동반자로 선택하는 경향이 있다. 1950년대에 어떤 학자는 다음과 같은 연구 결과를 발표했다. 미국 오하이오주 콜럼버스에서 결혼 허가증을 신청한 커플의 54퍼센트가 처음 교제를 시작할 때 열여섯 개 구역 범위 안에서 함께 살던 사람이었다. 그리고 37퍼센트는 다섯 개 구역 범위 안에서 함께 살던 사람이었다. 대학교에서도 기숙사에서 같은 복도를 쓰거나 고향이 같을 경우 커플로 맺어지는 학생이 많다. 친숙함에서 신뢰가 생기기 때문이다.[12]

롭과 줄리아는 자신들에게 공통점이 많다는 사실을 곧바로 깨달았다. 두 사람 다 자기 방 벽에 미국 화가 에드워드 호퍼가 대도시의 고독을 사실적으로 그린 아트포스터를 붙여두었다. 그것도 똑같은 그림을. 그들은 같은 시간대에 같은 스키 리조트에 있었고, 정치적 견해도 비슷했다. 두 사람 다 영화 〈로마의 휴일〉을 무척이나 좋아했으며 코미디 드라마 〈브렉퍼스트 클럽 The Breakfast Club〉의 등장인물에 대한 생각도 같았다. 그리고 유명 가구 디자이너의 의자나 몬드리안의 그림이 자기에게 얼마나 소중한 존재인지 떠드는 행위는 지적인 교양을 드러내는 표시가 될 수 없다는 점에 대해서도 의견이 일치했다.

더 나아가 두 사람은 극단적으로 단조로운 것들, 예를 들어 햄버거나 아이스티와 같은 것들을 보는 정교한 심미안을 사랑했다. 또한 중고등학생 시절에 학교에서 인기가 많았다고 과장되게 자랑하는 점도 같았다. 두 사람은 알고 보니 같은 술집에서 자주 죽치고 앉아 있었고, 서로 모른 채로 록밴드 공연을 함께 즐기기도 했었다. 이들이 나누는 대화는 조각 그림을 맞추는 놀이처럼 흥미진진했다. 사람들은 보통 자신의 삶이 다른 사람들의 삶과 매우 다르다고 여기는 경향이 있다. 그렇기 때문에 이렇게 동일한 경험을 한 누군가를 만나는 일은 기적처럼 느껴진다. 같은 경험을 했다는 사실이 두 사람의 관계에 운명이라는 화려한 꽃가루를 뿌려주고 있었다.

이런 사실을 알지 못한 채 두 사람은 상대방이 자기와 지적으로 잘 어울리는 사람이라고 생각했다. 심리학자 제프리 밀러가 『연애』에 썼듯이 사람들은 자기와 지성이 비슷한 배우자를 선택하는 경향이 있다. 이 과정에서 누군가의 지성을 측정하는 가장 쉬운 방법은 그 사람이 구사하는 어휘를 분석하는 것이다. 지능지수가 80인 사람은 '직물', '거대한', '비밀로 하다'와 같은 어휘를 알겠지만 '문장', '소비하다', '상업'

과 같은 어휘는 알지 못한다. 그렇기 때문에 상대방을 무의식적으로 탐색하는 사람들은 상대방이 구사하는 어휘 수준에 맞춰서 말을 한다.[13]

롭과 줄리아가 앉은 자리에 종업원이 주문을 받으러 왔고 두 사람은 음료와 점심을 주문했다. 주문할 것을 선택하는 일은 인생의 가장 기본적인 요소다. 그러나 사람들은 이 순간에 자기가 좋아하는 것을 선택하지 않는다. 어떤 것을 좋아하고 싫어하는 마음은 의식이 아니라 그 아래의 차원에서 일어난다. 롭은 드라이한 와인을 싫어하고 달콤한 와인을 좋아했지만 줄리아가 달콤한 와인을 주문하자 상대와 다르게 보이고 싶은 마음에 어쩔 수 없이 드라이한 와인을 주문했다. 음식 자체는 끔찍할 정도로 맛이 없었지만 식사 자리는 썩 훌륭했다. 롭은 그 식당에 와본 적이 없었다. 롭과 줄리아가 만나도록 주선해 준, 자기 의견에 굉장한 자신감을 가진 친구에게 추천받은 식당이었다. 그런데 알고 보니 이 식당에서 제공하는 샐러드의 내용물들은 포크로 집기가 무척 어려웠다. 줄리아는 이 점을 간파했다. 포크질을 까다롭게 하지 않아도 되는 애피타이저를 주문했고, 메인 요리도 칼질이 그다지 필요하지 않은 것으로 주문했다. 그러나 롭은 샐러드를 선택했다. 여러 메뉴 가운데 발음했을 때 소리가 가장 좋게 들려서였다. 그런데 샐러드에 들어 있는 초록색 잎이 너무 넓적해서 입안에 넣으려면 입가에 소스를 흠뻑 묻혀야 했다. 그리고 롭은 메인 요리로 1990년대 분위기를 풍기는 크고 두꺼운 3단 스테이크 버거를 골랐다. 이 거대한 버거는 스티븐 스필버그 감독의 1977년 영화 〈미지와의 조우〉에 나오는 '악마의 탑'과 비슷했다. 이것을 한 입 베어 문다는 것은 러시모어산의 단면을 잘라서 지층을 노출시키는 것만큼이나 엄청난 일이었다. 하지만 그런 건 아무 문제가 되지 않았다. 롭과 줄리아는 이미 서로에게 반했기 때문이다.

메인 요리를 먹으면서 줄리아는 자신이 살아온 이야기를 했다. 대학교에서 커뮤니케이션 분야에 관심이 있었다고 하면서 언젠가 창업하고자 하는 광고 회사의 비전도 밝혔다. 이 광고 회사에서는 입소문 중심의 마케팅을 활용할 것이라고도 했다.

줄리아는 자기가 인생을 살면서 해결해야 할 임무를 이야기하면서 롭 쪽으로 몸을 기울였다. 그녀는 쉬지 않고 물을 홀짝거리고 다람쥐처럼 믿을 수 없을 정도로 빠르게 음식을 씹으면서도 계속해서 말을 했다. 그녀의 진지하고 열정적인 에너지는 대단했고 또 전파력이 있었다.

"진짜 굉장할 거예요! 모든 걸 바꿔버릴 거예요!"

감정 전달의 90퍼센트는 비언어적으로 이루어진다.[14] 몸짓은 말하는 사람의 감정을 표현할 뿐만 아니라 그 감정을 조직하는 무의식적인 언어다. 몸짓은 내면의 상태를 만들어내기도 한다. 롭과 줄리아는 혀로 마른 입술을 축이면서 상체를 굽혀 얼굴을 가까이 한 뒤 티 나지 않게 서로를 훔쳐보았다. 두 사람은 남자와 여자가 마주 앉아 새롱거릴 때 무의식적으로 즐겁게 구사하는 모든 기법을 다 동원했다. 줄리아는 여자들이 호기심이 있다는 사실을 드러낼 때 사용하는, 고개를 약간 옆으로 기울이는 자세를 취하면서 목을 노출했다. 만일 줄리아가 이 순간 거울 속에 비친 자기 모습을 봤다면 깜짝 놀랐을 것이다. 거기에는 거칠기로 소문나 있던 자신이 아니라 웬 마릴린 먼로가 한 명 앉아 머리를 흔들면서 머리카락을 요염하게 휙휙 젖히기도 하고 두 팔을 올려 머릿결을 쓰다듬으면서 가슴을 최대한 위로 끌어 올리려고 애를 쓰고 있을 테니 말이다.

줄리아는 자신이 롭과 이야기 나누는 걸 얼마나 즐기고 있는지 아직은 알지 못했다. 그러나 식당 종업원은 두 사람의 얼굴에서 사랑에 들뜬 온기를 간파하고는 흐뭇한 미소를 지었다. 첫 데이트를 하는 남자들은 누구보다도 팁을 후하게 주기 때문이다. 함께 음식을 먹는다는 것이 얼마나 중요한지는 두 사람 다 며칠이 지나고 나서야 깨닫는다. 그리고 수십 년이 지난 뒤에 줄리아는 식당에서의 첫 만남과 관련된 온갖 사소한 것들을 다 기억한다. 남편이 그날 식탁의 바구니에 있던 빵을 모두 먹어치웠다는 사실까지도 말이다.

그리고 두 사람 사이에서 대화가 계속 이어졌다. 말은 친숙함을 생산하는 원료다. 다른 동물들은 끝없이 변주되는 춤으로 자기 짝을 쟁취하지만 인간은 대화를 이용한다. 심리학자 제프리 밀러는 성인 대부분이 약 6만 개의 단어를 구사한다고 말했다. 이렇게 많은 단어를 구사할 수 있으려면 태어난 지 여덟 달부터 시작해 열여덟 살이 될 때까지 하루에 10~20개의 단어를 날마다 배워야 한다. 그리고 가장 많이 사용하는 100개의 단어가 모든 대화의 60퍼센트를 차지한다. 또 가장 많이 사용하는 4,000개의 단어가 대화의 98퍼센트를 차지한다. 그런데 왜 사람은 나머지 5만 6,000개의 단어를 굳이 힘들게 배우고 익힐까?

밀러는 인간이 자기를 보다 효과적으로 상대방에게 각인시키고 배우자가 될 수 있는 후보들을 추려내려고 그 단어들을 추가로 학습한다고 믿는다. 밀러가 계산한 내용은 이렇다. 한 부부가 하루에 두 시간씩 이야기를 하고 1초에 평균 세 단어를 말한다고 했을 때, 석 달 동안 섹스를 한 끝에 아이를 가진다면 (이런 설정은 아마도 선사시대 사바나에서 일반적인 모습이었을 것이다) 이 부부는 아이를 임신할 때까지 약 100만 개의 단어를 교환한 셈이다.[15] 엄청나게 많은 양이다. 그리고 이 단어들을 주고받는 동안 두 사람은 수없이 화를 내고 지겨워하고 또 서로를 성가시게 할 것이다. 그사이의 시간과 단어는 두 사람이 싸우고 화해하고 서로의 상처를 보듬고 다시 출발할 수 있는 엄청나게 많은 기회인 셈이다. 만일 이 부부가 그토록 많은 말을 주고받은 뒤에도 여전히 헤어지지 않았다면 두 사람은 아이를 낳아 기르는 일을 충분히 함께할 수 있다.

그러니까 해럴드의 부모는 장차 두 사람이 평생 나누게 될 수백만 개의 수십 배나 될 많은 단어 가운데 처음 몇천 개의 단어를 나눈 셈이다. 문화적 고정관념에 따르면 여자는 남자보다 낭만적이다. 그런데 실제로는 남자가 더 빠르게 사랑에 빠지며 진정한 사랑은 영원하다는 신념에 더 많이 목을 맨다는 증거가 널려 있다.[16] 그래서 롭이 줄리아를 만나서 나누는 대화의 대부분은 (그날 그리고 그 뒤로 여러 달 동안) 줄리아가 방어 태세를 풀고 자신을 받아들이게 하는 데 초점이 맞춰진다.

아마 이때 롭의 친구들이 이 장면을 보았다 하더라도 그들은 롭을 알아보지 못했을 것이다. 다른 곳에서 그는 자기 팔뚝만 바라보며 몇 분이고 아무 말도 하지 않는 걸로 유명했다. 그런 냉소주의자 롭이 줄리아에게는 자신이 맺고 있는 여러 인간관계에 대해 열성적으로 이야기했다. 비록 대화의 3분의 2를 자기 이야기를 하는 데 소비하긴 했지만, 이 대화에서 롭은 줄리아가 안고 있는 문제들에 대해서도 언급했다.[17] 데이비드 버스의 연구 결과를 보면 성별에 관계없이 '친절'은 성적인 관계를 나누는 상대방에게서 바라는 가장 중요한 덕목이다.[18] 구애는 대개 동정심을 불러일으키는 행위로 구성된다. 이 과정에서 남자와 여자는 모두 자신이 상대방을 얼마나 따뜻하게 포용할 수 있을지 증명해내려고 애를 쓴다. 데이트를 하는 커플 주변에 어린아이나 반려견이 함께하는 경우가 많다는 사실이 이를 증명한다.

물론 사람들이 자기 짝을 선택할 때는 우아함과는 거리가 먼 쩨쩨한 계산도 함께 이루어진다. 사람들은 증권시장의 노련한 선수들처럼 사회적 시장이 평가한 상대방의 가치에 (비록 무의식적이긴 하지만) 예측 가능한 여러 방식으로 반응한다. 또 자기가 지닌 시장가치에 대해서는 본능적으로 최대한 많은 대가를 받으려고 한다.

어느 한 부문에서 다른 경쟁자들에게 뒤처지는 남자라 하더라도 다른 부문에서 높은 점수를 얻는다면 얼마든지 그 부족함을 보완할 수 있다. 온라인 데이트를 대상으로 한 여러 연구의 결과에서는 상대적으로 키가 작은 남자가 키가 큰 남자보다 돈을 더 많이 번다면 데이트 시장에서 얼마든지 승자가 될 수 있다는 사실을 밝혔다. 귄터 히치Güenter Hitsch, 알리 호르타슈Ali Hortaçsu, 댄 애리얼리Dan Ariely는 키가 150센티미터인 남자가 180센티미터인 남자보다 한 해에 17만 5,000달러를 더 번다면 데이트 시장에서 동일한 위상을 차지할 수 있다고 계산했다.[19]

다른 요소들에 대해서도 마찬가지지만 롭과 줄리아의 머릿속에서는 이런 계산들이 무의식적으로 진행되었다. 계산 결과 두 사람 다 상대방이 자기 짝이라는 답을 얻었다.

사랑은 방정식이 아니다

인류 문화는 대체로 인간이라는 동물이 가진 자연적인 욕망을 억제하기 위해 존재한다. 구애 과정에서는 본능적으로 솟구치는 온갖 충돌을 얌전하게 다스려야 하므로 자연스럽게 긴장이 발생한다. 롭과 줄리아는 바로 그 시점에 강렬한 충동을 느끼고 있었다. 그래서 너무 열정적인 말 혹은 너무 앞서가는 말을 자기도 모르게 하게 될까 봐 전전긍긍했다. 구애에 성공하려면 상대방과의 관계에서 멜로디와 리듬을 조절할 수 있어야 한다. 서로를 알고 또 자기 욕망을 억제하는 상호 과정을 통해 두 사람 사이에 동질감이 형성되기도 하고 그렇지 않기도 한다.

바로 이 상호작용을 통해 두 사람이 앞으로 서로에게 어떻게 행동할지 규정하게 될 암묵적인 규칙이 하나씩 형성된다. 관계를 발전시켜 나가는 것도 바로 이 과정을 통해서다. 프랑스의 소설가 스탕달Stendhal은 이렇게 말했다. "사랑이 제공할 수 있는 가장 큰 행복은 사랑하는 두 사람 사이에서 일어나는, 상대방의 손에서 전해지는 신체 접촉의 느낌이다."[20] 장차 해럴드의 부모가 될 이 청춘 남녀도 그 시점에는 대화라기보다는 서로를 서로에게 길들이는 과정에 흠뻑 빠져 있었다.

식사를 마친 롭과 줄리아가 자리에서 일어났다. 이때 롭은 줄리아를 문으로 안내하는 척하면서 그녀의 등에 자연스럽게 손을 얹고 싶은 충동을 강하게 느꼈다. 그러나 혹시라도 이런 의도적인 친밀감 표현 혹은 신체 접촉을 그녀가 불쾌해하지 않을까 겁이 났다. 한편 줄리아는 그날 자기가 들고 온 미니밴만큼 큰 가방이 마음에 들지 않았다. 그날 아침에 그녀는 작은 가방을 들고 소개팅 자리에 나서면 자기가 너무 큰 기대를 하고 있는 것처럼 보일 수 있겠다 싶어 일부러 이 가방을 선택했다. 온갖 책과 전화기, 논문 심지어 자전거까지 담을 수 있을 정도로 큰 가방을 말이다. 그러나 이제 와 보니 일생일대의 식사 자리였던 것이다. 그런데 이런 실수를 하다니, 이렇게 큰 가방을 들고 오다니!

롭은 식당 문 밖으로 나온 뒤 결국 줄리아의 손을 잡았고 그녀는 신뢰가 가득 담긴 미소를 띠며 그를 바라보았다. 두 사람은 나란히 인도를 걸었다. 고급스러운 문구점들을 지나쳤다. 두 사람은 서로 몸을 밀착한 채 자기들이 걸어가는 길을 환한 기쁨으로 밝히며 이미 연인처럼 산책하고 있었지만, 이런 사실을 아직 깨닫지 못했다. 줄리아는 롭과 함께 있는 게 정말로 편안하고 좋았다. 식사하는 내내 롭은 줄리아를 뚫어지게 바라보았다. 그러나 그의 시선은 히치콕 감독의 영화 〈현기증Vertigo〉에서 제임스 스튜어트가 킴 노박에게 보였던 섬뜩하고 강박적인 시선과는 전혀 달랐다. 어쩐지 의지하고 싶고 의지가 되는 그 시선에 줄리아는 편안하게 이끌렸다.

한편 롭은 줄리아를 그녀의 차가 있는 곳까지 데려다주며 진짜로 몸을 덜덜 떨었다. 심장이 쿵쾅거리고 호흡이 빨라졌다. 그는 식사를 하는 동안 자기가 평소와 다르게 특이할 정도로 재치를 발휘했다고 느꼈다. 줄리아의 반짝이는 두 눈동자에 고무되어서 그랬던 것 같았다. 정체를 알 수 없는 감정이 롭을 사로잡았다. 롭은 줄리아에게 내일도 만나면 좋겠다며 당신은 어떠냐고 대담하게 물었다. 줄리아의 대답은? 당연히 "예스!"였다. 롭은 그냥 악수만 나누고 작별하기는 싫었다. 그렇다고 키스를 하기에는 너무 빨랐다. 그래서 줄리아의 팔을 잡고 그녀의 뺨에 자기 뺨을 댔다.

완전한 포옹이라고는 할 수 없는 어정쩡한 자세였지만 그래도 그 자세로 두 사람은 서로의 냄새를 은밀하게 느끼고 받아들였다. 이때 그들의 스트레스 지수가 급격히 떨어졌다. 후각은 이런 상황에서 놀랍도록 강력한 감각이다. 후각을 잃은 사람은 시각을 잃은 사람보다 정서적으로 한층 더 큰 상실을 경험한다. 감정을 읽어내는 데 냄새가 강력한 경로가 되는 것도 바로 이 때문이다.[21] 모넬 화학감각 연구소Monell Chemical Senses Center에서 진행된 실험에서 연구자들은 실험 대상 집단에 속한 사람들에게 각자 팔 아래에 패드를 붙인 채 공포 영화나 코미디 영화 가운데 한 편을 골라서 보게 했고, 영화를 본 뒤 수거한 패드의 냄새를 맡게 했다. 그리고 어떤 패드에 웃음의 냄새가 담겨 있고 어떤 패드에 공포의 냄새가 담겨 있는지 알아맞혀 보라고 했다. 결과는 놀라웠다. 실험에 참가한 사람들은 무작위적으로 선택된 사람들보다 평균적으로

더 잘 맞혔다. 또 여자가 남자보다 높은 점수를 기록했다.[22]

　나중에 롭과 줄리아는 서로의 침을 맛보게 될 것이다. 그리고 상대방의 유전적인 정보도 수집할 것이다. 스위스 로잔대학교의 클라우스 베데킨트Claus Wedekind 박사가 발표한 유명한 연구 논문에 따르면, 여자는 자기와 HLA(인체 백혈구 항원. 서로의 HLA 항원이 일치하면 장기이식을 할 때 거부반응이 잘 일어나지 않는다 - 옮긴이) 유전자가 다른 남자에게 이끌린다.[23] 배우자 사이에서 서로 자기가 부족한 것을 상대방에게서 보완하는 보합 HLA 유전자 체계는 후손에게 보다 나은 면역 체계를 물려주는 것으로 알려져 있다.

　롭과 줄리아는 화학 과정의 도움을 받고 또 감정의 안내를 받으면서 그날의 만남이 인생에서 가장 의미 있는 사건 가운데 하나임을 깨달았다. 동반자를 선택하는 일은 인생의 행복을 좌우하는 중요한 요소 중 하나이기 때문이다. 두 사람은 그날 점심 무렵의 시간을 함께 보내면서 그 결정을 내리기 시작했다.

　식사는 즐겁고 유쾌했다. 하지만 두 사람은 어렵고 까다로운 시험 과정을 막 시작했을 뿐이다. 지금까지의 과정은 겨우 유치원 수준밖에 되지 않을 정도로 말이다. 두 사람은 총 120분 동안 미묘한 사회적 과제들을 수행했다. 자기들 문화권에서 통용되는 첫 데이트의 사회적 통념에 맞춰 행동했으며 재치, 공손함, 감정이입, 예민한 감각, 순발력과 임기응변 등을 서로에게 과시했다. 그리고 수천 번 판단을 내렸다. 상대방은 물론 자신이 보였던 감정 반응을 아주 성능이 좋은 기계장치라도 구별할 수 없을 만큼 정밀하게 측정했다. 말없이 오갔던 몸짓과 표정, 농담 그리고 많은 의미를 담고 있는 침묵 등도 낱낱이 해부하고 분석했고, 자신은 물론 상대방의 말과 일거수일투족을 끊임없이 분석하고 평가했다. 그뿐만 아니라 이런 복잡한 과정 속에서도 몇 분에 한 번씩은 상대방이 자기 마음에 좀 더 가까이 다가오도록 허용했다.

두 사람은 이런 정신적 작업을 그다지 어렵지 않게 처리했다. 바로 이 순간을 위해서 지구 생명체의 역사는 긴 세월 동안 준비해 왔기 때문이다. 롭과 줄리아가 이런 사교적인 유대감과 관련된 판단을 하는 데는 방정식 문제를 풀 때와 같은 의식적인 과정이 필요하지 않았다. 이 작업은 대부분 무의식적으로 이루어졌기에 무척 자연스럽고 수월해 보였다.

이제 두 사람은 서로를 사랑하겠다는 결정을 내렸다. 하지만 이 단계에서는 자신들이 내린 결정을 말로 조리 있게 표현할 수 없다. 감정이 하나의 체계적이고 의식적인 메시지로 응집되지 않았기 때문이다. 심지어 자신들이 어떤 결정을 내렸다고 인지하지도 못했다. 그러나 이미 선택은 이루어졌고 이제 상대를 향한 욕망이 일어나고 있었다. 이런 맹렬한 결단이 이루어졌음을 깨달으려면 상당한 시간이 필요하다. 이와 관련해 17세기 프랑스의 수학자이자 철학자 블레즈 파스칼Blaise Pascal은 가슴에는 머리가 전혀 알 수 없는 여러 논리가 있다고 설파했다.

그러나 문제는 이렇게 내린 결정이 어떻게 작동하는가다. 즉 인생의 동반자를 선택하는 문제뿐만 아니라 삶의 다른 중요한 일들에서 우리의 바람이 실제로 어떻게 일어나는가 하는 것이다. 누구를 사랑할지 결정하는 일은 전혀 낯선 의사 결정 방식이 아니다. 평범한 삶 속에 있는 낭만적인 간주곡일 뿐이다. 누구를 사랑할지 결정하는 일은 우리가 살면서 행하는 수많은 판단, 즉 어떤 음식을 주문하고 어떤 직업을 가질 것인가에 이르는 판단들의 보다 집약적인 모습일 뿐이다. 어떤 판단을 내리고 결정을 하는 것은 기본적으로 정서적이고 감정적인 차원의 일이기 때문이다.

감정이 없으면 아무것도 선택할 수 없다

감정과 판단 사이의 상호작용을 이해하는 데 획기적으로 도움을 준 아주 특이한 연구가 있다. 엘리엇이라는 남자에게서 비롯된 이 실험은 뇌연구 분야에서 가장 유명한 이야기로, 우리 자신을 이해하는 방식에 혁명을 일으켰다. 엘리엇은 종양 때문에 전두엽이 손상되었다. 엘리엇은 똑똑하고 지식이 많았으며 사교성이 뛰어난 사람이었다. 그는 매력적인 관점으로 세상을 바라봤다. 하지만 뇌 수술을 받고 나서 일상생활을 수행하는 데 어려움을 겪기 시작했다. 무언가 이루려고 할 때마다 과업의 가장 중요한 부분은 무시하고 사소한 것에 빠져 일을 망쳐버리곤 했다. 회사에서도 그랬다. 보고서들을 정리하려고 일을 시작했다가 나중에는 자기가 뭘 하려고 했었는지 잊어버렸다. 그러고는 자리를 잡고 앉아 치우려고 했던 그 보고서들을 읽었다. 어떻게 하면 일의 체계를 잡을지 결정하려고 애를 쓰면서 온종일을 보냈다. 어디에서 점심을 먹을지 몇 시간을 고민했지만 끝내 결정하지 못했고, 투자를 할 때는 바보나 할 법한 실수를 저질러 전 재산을 날렸다. 아내와 이혼하고 가족이 반대하는 여자와 결혼을 했으며 결혼한 뒤에는 금방 다시 그 여자와 이혼했다. 간단히 말해 논리에 맞는 선택을 전혀 할 수 없었다.

이러한 문제로 엘리엇은 신경학 교수 안토니오 다마지오Antonio Damasio를 찾아갔다. 이 학자는 엘리엇을 상대로 일련의 테스트를 했는데, 그 결과는 놀라웠다. 엘리엇의 지능지수가 엄청나게 높았던 것이다. 또 숫자와 기하학적 그림에 대한 기억력이 월등하게 좋았으며 불완전한 정보를 바탕으로 결과를 추론하는 데 탁월한 능력을 발휘했다. 그러나 다마지오는 여러 시간에 걸쳐 엘리엇과 대화를 나누고 나서 엘리엇이 어떤 감정도 드러내지 않는다는 사실을 깨달았다. 그리고 엘리엇의 인생에 덮친 비극, 본인은 조금도 슬픔을 느끼지 못하는 그 비극에 대해서 비로소 알 수 있었다.

다마지오는 엘리엇에게 지진, 화재, 교통사고 등의 피해 현장 사진들을 보여주었다. 엘리엇은 이런 유혈이 낭자한 광경에 어떻게 반응해야 하는지 논리적으로는 잘 알고 있었지만 실제로는 그 감정을 전혀 느끼지 못했다. 다마지오는 감정 기능의 현저한 손상이 의사 결정을 제대로 하지 못하는 것과 어떤 관련이 있는지 연구하기 시작했다.

추가로 진행된 또 다른 테스트에서는 엘리엇이 각기 다른 상황과 선택권을 놓고 판단을 내려야 할 때, 이후 어떤 일들이 벌어질지 상상할 수 있다는 사실이 밝혀졌다. 요컨대 두 가지 도덕적 의무 사이에 놓일 갈등을 이미 알고 있었다. 복잡한 가능성 속에서 하나의 선택을 할 수 있도록 스스로를 준비시킬 수 있었다는 말이다.

그러나 엘리엇은 선택하는 행위 자체는 할 수 없었다. 그는 각기 다른 선택권들에 가중치를 얼마나 부여해야 할지 판단하지 못했다. 이것을 다마지오는 다음과 같이 표현했다. "그의 의사 결정 지평은 절망적이리만치 평면적이고 단조롭다."[24]

다마지오가 수행했던 또 다른 실험에서도 실험 대상자들은 동일하게 메마르고 흥미 없는 모습을 보였다. 그런 사례들 가운데 하나를 살펴보자. 다마지오는 뇌를 수술받는 바람에 감정 기능을 상실한 한 중년 남자와 면담을 했다. 면담이 끝난 뒤 남자에게 다음에 다시 만날 약속을 정하려고 두 개의 날짜를 제시하면서 언제가 좋은지 물었다. 그는 메모장을 꺼내 들고 제시된 날짜들의 장점과 단점을 적기 시작했다. 적어도 30분은 날씨며 교통 상황과 같은 일어날 수 있는 온갖 문제를 놓고 씨름을 했다. 다마지오는 당시를 이렇게 회상한다. "탁자를 주먹으로 내리치고 싶었다. 당장 그 바보 같은 짓을 그만두라고 고함을 지르고 싶은 충동을 참기란 여간 힘든 일이 아니었다."

다마지오와 그의 연구자들은 묵묵히 남자의 모습을 지켜보면서 기다렸다. 그러다가 결국 다마지오가 남자의 판단 과정에 끼어들어 한 날짜를 지정해 주며 그날 오라고 얘기했다. 그러자 남자는 조금도 망설이지 않고 대답했다. "예, 그날이 좋겠네요." 그리고 남자는 갔다.[25]

감정이 결여되었을 때 사람이 얼마나 자기 파괴적이며 위험한 행동을 할 수 있는지 잘 보여주는 사례다. 다마지오는 저서 『데카르트의 오류: 감정과 이성, 그리고 인간의 뇌Descartes' Error: Emotion, Reason, and the Human Brain』에서 "이 남자의 행동은 순수 이성의 한계가 어떤 것인지 잘 보여주는 사례"[26]라고 말했다. 감정이 결핍된 사람은 그렇다고 해서 계획이 잘된 깔끔하고 논리적인 삶을 살지도 않는다. 이들은 결국 어리석은 삶을 살게 된다. 극단적인 경우에는 소시오패스가 되어 아무리 끔찍한 일을 저지르거나 목격해도 감정적으로 동요하지 않게 된다. 다른 사람의 고통을 전혀 느끼지 못하기 때문이다.

이런 여러 사례를 경험한 다마지오는 인간이 대상을 인식하는 과정에서 감정이 수행하는 역할에 대해 이른바 '신체표지가설Somatic Marker Hypothesis'을 제시했다.[27] "신체표지는 우리를 위해 직접적으로 고민하지 않는다. 그저 위험하거나 유리한 선택 사항들을 환하게 조명하고, 이것들을 잠재의식에서 빠르게 제거함으로써 고민의 무게를 덜어준다. 한마디로 자동 예측 체계인 것이다. 우리가 원하든 원하지 않든 신체표지는 예측 가능한 미래의 다양한 시나리오를 평가하고, 특정한 편향을 갖게 한다." 이 이론의 각 부분은 지금도 논란의 대상이다. 뇌와 신체가 얼마나 상호작용을 하는지를 두고 학자들의 의견이 갈리기 때문이다. 그러나 다마지오가 제시한 가설의 핵심은 감정이 어떤 것에 내포된 가치를 평가하며, 우리가 무의식적으로 고통에 이르는 길을 벗어나 성취와 충족에 이르는 길로 가도록 안내한다는 것이다.

거리에 나서면 사람들은 수백만 개의 '자극 폭격'을 받는다. 온갖 소음과 냄새, 움직임 등으로 정신없이 소란스러운 혼란 속에서도 뇌와 신체의 각 부분은 상호작용을 하면서 '감성정보체계emotional positioning system, EPS'를 구성한다. 내비게이션에 장착한 GPS와 마찬가지로 EPS는 현재 상황을 인식해 과거의 기억 속에 저장된 방대한 자료와 대조한다. 그리고 당신이 현재 가고 있는 길이 좋은 결과를 낳을지 나쁜 결과를 낳을지 판단한다. 각각의 상황과 관련된 개인이나 장소 혹은 환경에 공포, 흥분, 존경, 반감 등의 감정을 덧씌워 당신에게 어떤 반응을 보이라고 암시한다. '웃어라. 웃지 마라. 다가가라. 피해라.' 우리는 이 EPS의 도움을 받아서 나날의 일상을 항해한다.

예를 들어 당신이 어떤 식당에 앉아 있는데 맞은편에 앉은 사람이 손을 뻗어 당신 손을 건드린다고 하자. 그 순간 마음은 과거에 있었던 이와 비슷한 사건의 기억을 검색한다. 거기에는 어쩌면 험프리 보가트가 잉그리드 버그먼의 손을 잡는 영화 〈카사블랑카Casablanca〉의 한 장면이 있을 수도 있고, 먼 옛날 고등학교 시절에 했던 데이트의 기억이 있을 수도 있다. 아니면 그보다 훨씬 더 오래전, 당신이 아직 학교에 다니기도 전인 유치원생 시절에 엄마가 손을 내밀어 당신의 손을 잡고 맥도널드 매장에 데리고 들어가던 기억을 찾아낼 수도 있다.

마음이 이런 기억들을 분류하고 암호화하면 몸은 반응을 한다. 심장박동이 빨라진다. 아드레날린이 분출된다. 얼굴에 미소가 피어오른다. 복잡한 순환 고리 속에서 온갖 신호가 몸와 뇌에서 흘러나오고 다시 또 돌아간다. 뇌와 몸은 분리되어 있지 않다. 이 점에 관한 한 데카르트는 확실히 틀렸다. 육체적인 것과 정신적인 것은 작용과 작용에 대한 반응이라는 복잡한 네트워크 속에서 연결되어 있다. 이 네트워크의 피드백 과정에서 정서적인 가치가 나타난다. 어떤 손길의 접촉에는 이미 즐겁고 유쾌한 의미가 덧씌워져 있다.

그리고 곧바로 또 다른 순환 고리가 열린다. 이것은 뇌의 진화론 차원에서 상대적으로 오래된 부분들과 전두엽 피질prefrontal cortex과 같이 상대적으로 새롭고 현대적인 부분들 사이의 피드백으로, 보다 고차원적이다. 이 순환 고리의 정보 흐름은 상대적으로 속도가 느리긴 하지만 정밀함이라는 측면에서는 한층 더 세련되었다. 이것은 첫 번째 체계에서 이미 생성된 반응들을 취할 수도 있고, 이 반응들 가운데서 보다 더 정밀한 차별성을 드러내기도 한다. ("맞은편에 앉은 이 사람이 손을 뻗어서 내 손을 잡는 것은 엄마가 내 손을 잡는 것과는 전혀 다르다. 이 사람의 손은 내가 섹스를 하고 싶어 하는 누군가의 손과 훨씬 더 닮은 느낌이다.") 또한 이것은 경고의 의미를 담아 행동을 자제시킬 수도 있다. ("나는 지금 정말 기분이 좋다. 이 손을 내 입술로 가져가서 키스를 하고 싶다. 하지만 이와 비슷한 일을 했다가 상대방을 정말로 지나치게 흥분하게 해서 낭패를 당했던 기억도 있다.")

이 분야에서 또 한 사람의 저명한 학자로 손꼽히는 뉴욕대학교의 조지프 르두Joseph LeDoux 교수는 이런 복잡한 생각이 수도 없이 머리를 스치고 지나가지만 정작 본인은 이런 생각들을 의식적으로 하지 않는다고 주장한다. 누군가의 손이 내 손을 건드리거나 잡는 일은 과거에도 여러 차례 있었고, 이 기억은 계속해서 분류되었다. 신체는 여기에 반응을 해왔고 여러 반응 계획이 이미 나와 있으며 반응들도 준비되어 있다. 이 모든 복잡한 활동은 언제나 의식의 표면 아래서 눈 깜박할 사이에 진행된다. 다른 사람의 손이 내 손에 닿음으로써 시작되는 이 과정은 이성과 데이트를 할 때만 일어나는 게 아니다. 슈퍼마켓에서 줄지어 늘어선 시리얼 상품들을 바라볼 때도, 일자리를 찾으려고 참가한 취업 설명회 자리에서도 일어난다. EPS는 각각의 모든 가능성을 특정한 정서적인 가치로 덧씌운다.

그리고 마침내 이런 복잡한 피드백이 끝나고 나면 어떤 욕망이 의식의 차원으로 튀어나온다. 식감이 경쾌하게 파삭거리는 시리얼을 선택하고 싶은 욕망, 나를 인간적으로 대해줄 직장을 선택하고 싶은 욕망, 내 손을 건드린 그 손을 힘껏 잡고 싶은 욕망, 그 사람의 다른 신체 부위에 손을 대보고 싶다는 욕망, 그 사람과 영원히 함께 있고 싶다는 욕망. 그 감정들은 마음 깊은 곳에서 우러나온다. 어쩌면 그 감정은 훌륭한 충동이 아닐 수도 있다. 감정은 때로 우리를 현명한 길로 이끌기도 하지만 어리석은 길로 이끌기도 하기 때문이다. 또한 감정은 때로 통제 불능이기도 하며 과잉 상태로 치닫기도 한다. 하지만 감정은 어쨌거나 우리의 등을 떠밀고 또 우리를 안내한다. 이와 관련해서 르두는 다음과 같이 썼다. "뇌의 여러 상태와 신체 반응은 감정의 본질적인 사실들이다. 의식적인 느낌들은 감정이라는 케이크를 꾸미고 있는 장식, 그 자체로는 아무 의미가 없는 장식일 뿐이다."[28]

행복하고 만족스러운 삶의 비밀

의사 결정에 관한 이런 사실을 이해하면 어떤 본질적인 진실에 도달한다. 이성과 감정은 분리되어 있거나 상반된 것이 아니라는 점이다. 이성은 감정에 둥지를 틀고 감정에 의존한다. 감정은 사물이나 상황에 가치를 부여하고, 이성은 이렇게 형성된 가치들을 바탕으로 선택을 할 뿐이다. 인간의 마음은 낭만적이기 때문에 실용적일 수 있다.

더 나아가 인간의 마음 혹은 자아는 단일하지 않다. 마음은 어지러울 정도로 복잡하고 수평적인, 하나의 과정이다. 의사 결정을 하는 데는 최후의 결정자가 따로 없다. 다른 모든 과정과 가능성이 모여서 순위가 정해지고 행동들이 계획되는 데카르트식의 극장은 없다. 노벨상 수상자인 생물학자 제럴드 에덜먼Gerald Edelman이 표현했듯이 뇌는 생태계와 비슷할 뿐이다.[29] 점화(신경세포의 자극), 경향, 반응, 감정 등이 환상적일 정도로 복잡하게 연관된 네트워크다. 이들은 모두 뇌의 각기 다른 부분에 반응하며 인간이라는 유기체를 제어하기 위한 단서를 획득하려고 경쟁을 한다.

지난 세기 동안에 사람들은 의사 결정이 어느 한 순간에 이루어지는 현상이라고 파악했다. 여러 사실과 환경 요소, 증거를 모으고 나서야 어떤 결정이 내려진다고 보았던 것이다. 하지만 실제로는 그렇지 않다. 인간은 의사 결정을 하는 존재가 아니라 그저 사회적인 풍경 속을 걸어가는 방랑자다. 우리는 온갖 사람과 가능성으로 이루어진 환경 속을 걸어가고 있다. 이 과정에서 우리 마음은 무한대에 가까울 정도로 많은 가치 판단을 하고, 이 판단이 쌓여서 목표가 되고 야망이 되고 꿈이 되고 욕망이 된다. 행복하고 만족스러운 삶으로 가고자 한다면 이 감정들을 훈련시켜 올바른 신호들을 보내게 하는 것, 그리고 이 신호들의 미묘한 호출에 민감하게 반응하는 것이 핵심이다.

롭과 줄리아는 지구상에서 최고로 교육을 잘 받은 사람들이 아니었다. 또한 가장 심오한 정신세계를 소유한 사람들도 아니었다. 그러나 두 사람은 어떻게 사랑을 할지 알고 있었다. 그들이 식당에 앉아 서로에게 집중할 때 두 사람의 감정은 안내 신호를 홍수처럼 발산했다. 이

것이 사소한 결정들을 형성했으며 삶은 그에 맞게 방향을 바꾸었다. 이와 관련해서 케네스 도지Kenneth Dodge 박사는 다음과 같이 썼다. "처리되는 모든 정보는 감정과 연결되어 있다. 감정은 인식 활동을 추동하고 조직하고 증폭하거나 약화시키는 에너지이며, 거꾸로 인식 활동이 경험하는 것이자 표현하는 것이라는 점에서 그렇다."[30]

롭과 줄리아는 서로에게 어떤 가치를 부여하고 있었다. 그들은 자신들이 미칠 듯 가고 싶었던 곳으로 향하는, 강력하고 즐거운 흐름 속에 몸을 내맡기고 있다는 느낌을 받았다. 이것은 줄리아가 롭을 맨 처음 흘낏 한번 바라봤을 때 줄리아의 내면에서 작용했던 단편적이고 즉각적인 분석 장치가 아니었다. 전혀 다른 규칙을 따르는 강력하고도 거시적인, 혹은 전체론적인 평가 장치였다. 줄리아는 사랑에 빠질 것이고, 자기에게 왜 이런 심리적인 변화가 생겼는지 여러 가지 이유를 찾아낼 것이다. 그날 줄리아와 롭은 방랑자가 되어 자기들의 삶에 가장 풍성한 보상을 안겨다 줄 길을 걸었다.

2장

결혼

완벽하게 다른 두 사람이
함께 살아가는 법

롭과 줄리아는 결혼하고 처음 몇 달 동안 더할 나위 없이 행복했다. 그러나 두 사람은 여느 신혼부부가 그렇듯 각자의 정신 지도에 얽매여 있었다. 하루하루의 삶이 어떻게 진행될지 예상하는 자기만의 무의식적인 지도를 가지고 결혼에 뛰어들었기 때문이다. 그런데 이제 두 사람의 삶이 하나로 묶이자 서로의 지도가 정확하게 일치하지 않는다는 사실을 알아차렸다. 두 사람이 깨달은 것은 커다란 차이가 아니었다. 그런 게 있으리라고는 생각도 못했던, 아주 작은 존재의 모형들patterns of existence이었다.

줄리아는 식사를 하고 나면 당연히 바로 접시를 깨끗이 설거지해야 한다고 생각했다. 하지만 롭은 하루치 설거지 거리를 모아뒀다가 저녁에 한꺼번에 하는 게 옳다고 생각했다. 줄리아는 화장실 휴지는 늘어지는 부분이 바깥을 향하게 둬야 한다고 여겼지만, 롭은 이 부분이 벽을 향하게 둬야 한다고 여겼다.

롭에게 조간신문을 읽는 행위는 아무리 부부가 나란히 앉아 있다 하더라도 혼자 시간을 보내는, 혼자만의 일이었다. 그러나 줄리아에게 조간신문은 세상 돌아가는 모습을 함께 살피고 대화하는 소재였다. 롭은 식료품 가게에 가면 토르텔리니와 냉동 피자, 파이와 같은 완제품을 샀지만, 줄리아는 달걀과 설탕과 밀가루와 같은 요리 재료를 샀다. 그래서 롭은 줄리아가 식료품 가게에서 200달러나 쓰고 왔음에도 장바구니에 당장 먹을 게 아무것도 없다는 사실에 깜짝 놀랄 수밖에 없었다.

그러나 아직은 이런 차이점들이 두 사람에게 문제가 되진 않았다. 신혼인 둘은 함께 어울리고 또 섹스를 할 시간이 충분했기 때문이다. 이런 식으로 두 사람은 천천히 그리고 민감하게, 결혼 생활이라는 새로운 의존 상태를 잘 극복해 나갔다.

결혼 생활의 첫 번째 단계는 신기함에 대한 탐닉이다. 롭과 줄리아는 상대방이 결혼 생활로 가지고 들어온 처음 보는 흥미로운 습관들이 신기했다. 예를 들어 롭은 줄리아가 집에서 양말을 신는 습관을 고집하는 게 신기했고, 또 거기에 매혹되었다. 양말을 꼭 신고 있겠다는 줄리아의 요구를 롭이 받아들이기만 하면 줄리아는 그 어떤 색정적인 행위도 허용했다. 줄리아는 땀을 쏟고 숨을 헐떡이긴 해도 심장에서 가장 먼 발까지 피가 잘 가지 않는 모양이었다. 그래서 그녀가 신고 있는 흰색 발목 양말을 벗기는 건 미국총기협회NRA 회장에게서 총을 떼어놓는 일만큼이나 어려웠다. 강제로 벗기지 않는 한 절대로 불가능했다.

한편 줄리아는 가게에 갈 때마다 치약을 사는 사람이 세상에 있는 줄 롭과 함께 살면서 처음 알았다. 롭은 화성인이 불소를 약탈하러 지구를 곧 침공하기라도 할 것처럼 일주일에 하나씩 치약을 샀다. 줄리아 역시 롭의 이런 모습이 신기하고 좋았다. 롭은 수천 킬로 떨어진 곳에서 일어나는 사건이라면 무엇이든 못 말릴 정도로 흥미로워하며 푹 빠졌다. 스포츠 뉴스에서 다루는 것이면 특히 더 그랬다. 그러나 감정이나 내면 상태에 영향을 주는 일이 생기면 뭐든 금방 싫증을 내고 나앉았다. 한마디로 도무지 집중하지 못했다.

이랬던 두 사람은 점차 두 번째 단계로 접어들었다. 각자의 정신 지도가 하나로 녹아드는 단계였다. 이때 내분이 생긴 가정은 지탱되기 어렵다. 결혼 초에는 그렇게 매력적이고 사랑스러워 보이던 상대방의 기이한 습관들을 더는 참을 수 없게 된 것이다. 롭은 줄리아가 새벽 6시에 침대에서 노트북을 켜는 것을 참을 수 없었고, 줄리아는 롭이 집안일에 대해서는 아무것도 모른다는 식으로 나 몰라라 하는 것을 참을 수 없었다. 무의식적으로 살인 충동까지 느낄 정도였다.

그래서 두 사람은 이른바 '반드시 바꾸어야 할 것들'의 목록을 적기 시작했다. 그러나 그들은 이 문제가 모택동주의로는 해결되지 않는다는 사실을 이미 잘 알고 있었다. 문화혁명이 결국 분노의 역풍을 불렀다는 사실, 혹은 수동공격성 장애(게으름이나 방조 등 수동적이고 소극적인 방식으로 공격성을 표현하는 인격 장애–옮긴이)를 키우기만 했을 뿐이라는 사실을 알고 있었던 것이다. 상대방의 습관을 바꾸는 일은 점진적인 과정이어야 했다.

특히 처음 몇 달 동안 줄리아는 롭이 보이는 행동 양태를 동물행동학자 제인 구달Jane Goodall이 침팬지를 관찰하듯 집중해서 관찰했고, 그가 보이는 행동에 끊임없이 놀랐다. 이 남자는 장인 정신으로 빚어낸 치즈나 미묘한 풍미에는 조금도 관심이 없었다. 대신 대형마트 매장의 반경 150미터 안에만 들어가면 공을 자동으로 제자리에 놓아주는 실내 퍼팅 연습기 생각에 어쩔 줄 몰랐다. 롭은 자기가 깔끔한 사람이라고 여겼다. 그러나 그가 생각하는 깔끔함이란 그저 책상 위에 어지럽게 널려 있는 것들을 한꺼번에 쓸어다 가장 가까운 서랍에 쑤셔 넣는 것이었다. 그리고 나선 나중에 어떤 물건을 찾느라고 몇 시간씩 허비하곤 했다. 무엇이든 간에 나중에 쓸 일에 대비해서 미리 정돈해 준비하는 일이 없었다. 외관상으로만 보자면 그는 여태까지 봐왔던 그 어떤 미식축구 감독보다 더 똑똑했다. 그러나 침대에서 욕실로 가는 통로에 신발을 벗어두면 한밤중에 어떤 문제가 일어날지도 모른다는 사실은 쉽게 예측하지 못했다.

그러다 마침내 영화표 사건이 일어나던 날이 찾아왔다. 그날 밤 롭은 퇴근을 하고 집으로 걸어가고 있었다. 그가 지나가던 길에 극장이 하나 있었는데, 이 극장에서 마침 그가 꼭 보고 싶던 영화를 상영하고 있었다. 그는 총각 때 자주 그랬던 것처럼 즉흥적으로 영화표 한 장을 샀고, 줄리아에게 전화해 친구들에게 함께 영화를 보자고 연락했으며 밤늦게 들어갈 거라고 말했다. 무려 행복에 들뜬 상태로. 그런데 줄리아의 목소리가 착 가라앉았다. 롭은 전혀 예상하지 못했던 그녀의 반응에 깜짝 놀랐다. 전화기 너머로 누군가의 머리를 도끼로 빠개버리고 싶은 충동을 억지로 참는 사람의 숨결이 느껴졌다. 그 순간 롭은 그날 밤에 영화를 볼 수 없으리라는 것을 명백히 알았다. 그리고 이런 식의 즉흥적인 행태가 이제 자기 인생의 한 모습으로 지속될 수 없다는 사실을 깨달았다. 또한 결혼이라는 것이 총각 시절의 연장이 아니라 설거지를 하거나 규칙적으로 아내와 섹스를 해야 하는 의무라는 사실도 명백해졌다.

그 이후에도 몇 차례, 말귀를 잘 못 알아듣는 미취학 아동에게 어떤 것을 가르칠 때 사용하는 '찬바람이 쌩쌩 부는 춥고도 추운 빙하기' 국면을 거치면서 마침내 롭은 다음과 같은 사실을 깨달을 수밖에 없었다. 이제부터는 인생을 전혀 다른 차원의 책임과 공동 계획 아래서 살아가야 한다는 사실, '바로 이 순간 나 자신을 위해서 하고 싶은 것'만 하겠다는 무사태평한 생각은 버려야 한다는 사실을.

일단 롭의 머리에서 이런 무의식적인 패러다임 변화가 일어나자 두 사람 사이의 관계는 예전에 비해 상대적으로 나아졌다. 두 사람 다 각자의 먼로 독트린(1823년에 미국 대통령 J.먼로가 선언한, 신대륙은 정치체제가 서로 다르므로 별개의 지역으로 남아야 한다고 밝힌 고립주의 외교 방침-옮긴이)을 선언했고, 각자 소중하다고 여기는 삶의 부분들을 침해하는 행위는 곧바로 선전포고로 여겼다. 두 사람은 상대방을 위해 맺은 사랑스러운 타협에 기뻐했다. 롭은 화장실에서 소변을 본 다음 변기 뚜껑을 내려놓을 때마다 자신의 헌신적인 고결함을 높이 평가하며 스스로 만족했다. 그리고 줄리아는 폭력이 난무하는 액션 영화를 재미있게 보는 척할 때마다 은밀하게 자기를 테레사 수녀와 비교하며 흡족해했다.

이렇게 해서 부부 사이에 노동의 분리가 시작되었다. 두 사람 모두 각자 상대방보다 열정이 앞선 분야를 자기 영역으로 삼았다. 예를 들어 롭은 휴가 계획을 도맡아서 짰다. 그는 스스로를 남북전쟁 당시 남부군의 로버트 리 장군과 같은 인물로 여기며 자신만이 소풍 작전을 성공적으로 이끌 수 있다고 믿었다. 비행편이 취소되거나 공항에서 대혼란이 일어나거나 호텔에서 얼빠진 녀석이 나타나 자칫 휴가를 망칠 수 있는 상황에서 이 모든 어려움을 냉정하고도 완벽하게 해결할 수 있는 뛰어난 전술가가 바로 자기라고 믿었다. 물론 줄리아에게는 그런 말을 하지 않았다. 이건 바로 살인적인 강행군으로 짠 휴가 일정을 줄리아가 감내해야 한다는 뜻이었다. 그러나 줄리아의 입장에서 보자면 차라리 그게 여행사 직원 뒤를 졸졸 따라다니면서 호텔 예약을 하는 걸 지켜보는 것보다는 나았다. 대신 줄리아는 여행 내내 물질적인 것들에 관해 결정을 내리는 일을 도맡았다. 여행 도중에 부부가 기묘한 분위기의 가구점들에 들어가 구매 결정을 내릴 때 롭이 최종적인 판단을 하는 경우는 거의 없었다는 말이다.

부부 사이의 만족도는 보통 함께 사는 세월이 지속되는 동안 'U자곡선'을 그리며 변화한다. 신혼부부는 처음 몇 년 동안은 미칠 듯 행복하다. 그러나 이 자아도취적인 만족은 어느 시점에선가 하강 곡선을 그리고 자식이 청소년이 되면 바닥으로 떨어진다. 그러다가 은퇴할 무렵이 되면 다시 상승 곡선을 그린다.[1] 아직 신혼인 롭과 줄리아는 행복해서 미칠 정도였고 서로가 없으면 못 살았다. 그리고 거의 하루도 빠지지 않고 섹스를 했다.

육체와 정신 사이의 강력한 순환 고리

결혼한 지 여섯 달쯤 지난 어느 날 줄리아와 롭은 느긋하게 일어나 이웃에 있는 식당에서 브런치를 먹었다. 시골풍의 가구와 낡고 흠집이 많은 목제 식탁이 놓인 식당이었다. 그리고 두 사람은 쇼핑을 갔다가 공원 벤치에 앉아 샌드위치를 먹었다. 두 사람은 모든 종류의 감정과 감각에 민감한 상태였다. 손에 느껴지는 빵의 감촉, 연못에다 던지는 작은 돌멩이의 감촉. 줄리아는 롭이 작은 플라스틱 나이프로 샌드위치에 겨자를 얇게 바르는 모습을 넋을 놓고 바라보았다. 그녀의 의식은 그녀가 남편에게 하는 이야기에 초점을 맞추고 있었지만 무의식은 점점 뜨겁게 달아올랐다. 롭은 아내가 하는 이야기를 듣고 있었지만 거기에 대해서는 생각도 하지 않은 채 그저 아내의 목에 난 작고 부드러운 주름살만을 바라보고 있었다.

롭은 이미 그 자리에서 그녀와 섹스를 할 준비가 되어 있었다. 적당한 크기의 덤불이 자란 자리만 찾을 수 있다면 당장이라도 섹스를 할 수 있었다. 사람들은 남자와 여자가 섹스에 대해서 동일한 욕망을 가지고 있다고 말하곤 한다. 그러나 평균적으로 보자면 그건 사실이 아니다. 남자의 욕망은 언제나 한결같아서 늘 준비되어 있다. 다만 월경 주기에

대한 섹스 파트너의 보이지 않는 인식에 반응해 모습을 숨길 뿐이다.[2]

공원에 갔던 바로 그날에 롭은 자신의 온몸과 온 영혼을 다해 줄리아를 원했다. 그저 원초적인 욕망만은 아니었다. 하지만 온갖 종류의 내면적인 장애물 탓에 롭은 자기 마음속의 이런 감정을 표현할 수 없었다. 그가 느끼는 감정은 분명히 존재했다. 하지만 어딘가에 숨어 있어서 롭은 그것을 쉽게 파악하거나 이해할 수 없었다. 심지어 자신이 느끼는 감정을 인지하는 바로 그 순간에도 그것을 표현할 말이 떠오르지 않았다. 그러나 섹스를 하는 동안에는 내면에 있던 그 장벽, 그 장애물들이 사라졌다. 열정의 한가운데서 그는 내면의 정신적 안개 속으로 걸어 들어갔다. 그는 이제 자기 주변을 더는 의식하지 못했다. 혹은 자기가 어떻게 인식되는지도 의식하지 못했다. 줄리아에 대한 감정이 롭을 완전히 압도했다. 그는 자신의 감정을 직접적으로 느낄 수 있었으며 그 감정을 아무런 의식도 없이, 자기가 그렇게 하는지도 모른 채 표현했다. 줄리아가 가끔은 롭의 그런 충동적인 성교를 애교라 여기며 허락하곤 했지만 그럴 때는 롭의 갈망이 온전하게 채워지지 않았다. 비로소 두 사람 다 몸이 뜨겁게 달아오를 때 롭은 자기가 진정으로 바라던, 아무런 장벽도 없이 완전히 자유로운 의사소통이 이루어지는 행복을 경험했다. 여자는 사랑을 받는다는 느낌이 전제되어야 섹스를 하고 남자는 사랑을 받는다는 느낌을 받으려고 섹스를 한다는 오래된 농담에는 분명 어떤 진리가 숨어 있다.

줄리아의 욕망은 롭에 비해서 훨씬 복잡했다. 수많은 지류가 있는 강과도 같았다. 여자들이 대부분 그렇듯 섹스에 대한 줄리아의 관심은 주어진 순간에 그녀의 신체가 얼마나 많은 테스토스테론을 분비하느냐, 그리고 세로토닌을 어떻게 처리하느냐에 영향을 받았다. 그날 그녀가 얼마나 바쁜지, 기분이 어떤지, 그리고 낮에 친구들과 점심을 먹으면서 나누었던 대화 내용이 무엇이었는지에 영향을 받기도 했다. 심지어 본인도 의식하지 못하는 어떤 감정, 예를 들면 그림 한 편, 멜로디 한 소절, 꽃 한 송이와 관련된 감정이나 이미지로부터도 영향을 받았다. 줄리아는 남자의 신체와 여자의 신체 혹은 그 사이에 있는 어떤 것이든 바라보는 걸 좋아했다. 여자들이 대부분 그렇듯 줄리아는 자연 다큐멘터리에서 동물들이 짝짓기하는 모습을 보고서도 몸이 뜨거워졌다. 동물들의 짝짓기 행위를 보고 자기 몸이 뜨거워졌다는 걸 의식하고 찝찝함을 느끼기도 했지만 말이다.[3]

롭의 경우와 비교하면 줄리아의 성적 취향은 문화의 영향을 더 많이 받았다. 남자는 교육 수준과 상관없이 동일한 성적 행동을 원하지만 여자는 교육과 문화, 사회적 지위 수준에 따라서 성적 취향이 다르게 나타난다. 상대적으로 고등교육을 받은 여자는 그렇지 않은 여자에 비해서 오럴섹스를 훨씬 더 많이 하고, 동성애 성향을 깨닫는 비율이 높으며 섹스와 관련된 다양한 행위를 실험하는 경향이 있다. 신앙심이 돈독한 여자는 그렇지 않은 여자보다 모험을 덜 즐긴다. 그러나 남자의 경우에는 성적인 모험심의 편차가 신앙 여부와 그다지 관련이 없다.[4]

여자의 전희는 성교를 하기 스물네 시간 전에 결정된다는 말이 있다. 그날 저녁 두 사람은 영화를 보고 술을 마셨으며 처음에는 장난스럽게 시작했다 나중에는 뜨겁게 사랑을 나누고 절정을 향해 치달았다.

오르가슴은 생리적인 반사 현상이 아니다. 지각知覺이며 정신적인 사건이다.[5] 육체와 정신 사이에 강력한 순환 고리가 수없이 만들어져야 비로소 시작된다. 촉감이나 흥분 상태는 도파민이나 옥시토신과 같은 화학물질을 방출한다. 그러면 이 물질들이 한층 더 관능적인 원료가 되어 뇌에서 휘황찬란한 불꽃을 일으키며 절정에 이르게 한다.[6] 어떤 여자는 올바른 생각을 하는 것만으로도 오르가슴에 도달한다. 척수에 손상을 입은 여자는 귀를 자극하는 것만으로도 오르가슴에 도달한다. 또교통사고로 마비가 되어 분명히 전혀 감각을 느낄 수 없는데도 외음부 자극으로 오르가슴에 도달하는 여자도 있다. 타이완의 한 여자는 양치질을 하는 행위만으로 측두엽 간질과 강렬한 오르가슴을 경험했다.[7] 캘리포니아대학교의 라마찬드란V. S. Ramachandran 박사가 연구했던 한 남자는 이미 절단해 사라지고 없는 다리에서 절정의 쾌감을 느꼈다. 그 사람은 사실 다리를 관장하는 뇌의 부위가 따로 할 일이 없었다. 하지만 유연하고 창조적인 뇌가 성기에서 느껴지는 감각을 그 텅 빈 곳으로 확산되어 들어가게 했고, 그 때문에 남자는 실제로 존재하지도 않는 발에서 이차적인 오르가슴을 느끼게 된 것이다.[8]

롭과 줄리아는 섹스를 하면서 리듬감 있는 진동을 서로의 몸과 마음으로 전송했다. 줄리아는 쉽게 오르가슴에 도달하는 정신적 특성이 있었다. 즉 정신적인 통제를 기꺼이 놓아버리는 능력, 쉽게 최면 상태에 빠지는 능력, 섹스를 하는 동안에는 생각을 통제하지 않는 능력이 있었다.[9] 줄리아는 다시 한번 자기가 올바른 방향으로 가고 있다고 느꼈다. 몇 분 뒤, 두 사람의 전두엽 피질은 부분적으로 닫혔고 촉감은 한층 더예민해졌다. 두 사람은 자의식의 남은 부분들을 완전히 놓아버렸다. 시간에 대한 감각도 사라졌고 상대방의 몸이 어디에서 시작되고 어디에서 끝이 나는지도 완전히 잊어버렸다. 눈에 보이는 것은 그저 추상적인 색깔들의 뒤섞임뿐이었다. 이렇게 두 사람은 만족스러운 절정을 맛보았다. 그리고 벌과 나비의 마법을 통해 아이가 태어났다.

3장

유대감

인간은 태어나는 순간부터
관계 맺는 법을 안다

슬프게도 줄리아에게는 20대 후반
이 되어서도 이른바 '봄방학 증후군'이 남아 있었다. 줄리아는 낮에는
책임감 있고 야망에 넘쳤지만, 토요일 밤만 되면 숨기고 있던 '끼가 넘
쳐나는 여자'를 끄집어내서 광란의 파티장으로 달려가곤 했다. 그녀는
여전히 그렇게 노는 것이 멋지다고 생각했다. 거친 말을 내뱉으며 흥청
망청 파티를 즐기는 것, 가죽끈을 휘두르는 것, 레이디 가가의 광신도
가 되는 것이 용감하다는 사회적인 표식이라고 생각했다. 또 가슴골을
노출함으로써 자신이 여전히 성적으로 매력적이라고 여겼다. 허벅지
에 새긴 가시철사 문신은 자기 몸에 대한 자신감의 표현이었다. 파티에
서 그녀는 사람들의 시선을 한 몸에 받으며 분위기를 한껏 띄우는 재주
가 있었다. 술 마시기 내기에서 언제나 맨 앞에 섰으며 여자들끼리 장
난스럽게 키스를 할 때도 빼지 않았다. 떼로 모여 밤늦도록 술에 취해
흐느적거리며 넘으면 안 되는 선 가까이 아슬아슬하게 다가가기도 했
다. 물론 그 선을 넘겠다는 생각은 전혀 하지 않았지만 말이다.

　　임신을 하고 나서도 모성애를 느낀 적은 한 번도 없었다. 그녀의 자궁
속에서 막 사람의 형상을 갖추기 시작한 해럴드로서는 자기 엄마를 진
짜 엄마 자격이 있는 사람으로 만들기 위해 뭐든지 해야 했다.

　　해럴드는 이 일을 일찌감치 시작했고 또 열심히 했다. 태아인 해럴드

의 뇌세포는 1분에 25만 개가 생성되어[1] 태어날 무렵에는 200억 개 가까이 늘어난다.[2] 얼마 지나지 않아 해럴드의 미뢰가 기능하기 시작했고, 엄마가 먹은 점심 메뉴에 따라서 자기를 둘러싼 양수에서 단맛이 나는지 마늘 맛이 나는지 알 수 있게 됐다. 태아는 양수에서 단맛이 많이 날수록 활발하게 움직인다.[3] 17주쯤 되면 태아는 자기가 웅크리고 있는 자궁 안의 모든 것을 느낀다. 탯줄을 건드리고 손가락을 세게 오므린다.[4] 이 무렵 바깥세상을 감지하는 태아의 능력은 한층 더 발전한다. 임신 5개월이 되면 태아는 고통스러운 자극을 받을 때 몸을 움츠린다. 누군가가 줄리아의 배에 밝은 빛을 갑작스럽게 비추면 해럴드는 그 빛을 감지하고 몸을 움직여서 피한다.

임신 7개월째가 되면 태아는 꿈을 꾸며 성인이 꿈을 꿀 때 나타나는 안구의 움직임과 동일한 움직임을 보인다. 이른바 '모성애 작전'의 실제 작업이 본격적으로 시작되는 시점도 바로 이때다.[5] 아직 해럴드에게는 의식이라 할 만한 특성이 거의 없지만 엄마의 목소리를 듣고 음색을 기억할 순 있었다. 그래서 아기들은 태어난 뒤에 엄마의 목소리를 녹음한 소리를 들으면 다른 여자의 목소리를 녹음한 소리를 들을 때보다 젖을 더 세게 빤다.[6]

태아는 단지 목소리의 음색뿐 아니라 장차 말을 알아듣는 데 필요한 말의 리듬과 패턴까지도 구분한다. 그렇기 때문에 엄마 배 속에서 엄마의 목소리로 상송을 들었던 프랑스의 아기들은 독일에서 태어난 아기들과 우는 소리가 다르다.[7] 노스캐롤라이나대학교의 발달심리학자 앤서니 드캐스퍼Anthony J. DeCasper 박사를 필두로 한 연구진은 임신부들을 대상으로 태아에게 동화책『모자 쓴 고양이The Cat in the Hat』을 몇 주 동안 읽어주게 했다. 태아들은 동화의 음조를 기억했고, 태어난 뒤

에 다른 동화를 들을 때보다 이 동화를 들을 때 더 평온하고 율동적으로 고무젖꼭지를 빨았다.[8]

해럴드는 아홉 달을 자궁에서 보내며 성장한 뒤, 마침내 어느 맑은 날 세상에 태어났다. 하지만 이 사건은 적어도 인식 기관의 발달과 관련해서 보자면 특별히 중요한 사건은 아니다. 물론 세상에 태어나면서 인식 능력이 더 커지긴 하지만 말이다.

이제 해럴드는 '모성애 작전'을 본격적으로 진행할 수 있었다. 파티를 찾아다니던 철없는 소녀 줄리아를 지우고 슈퍼맘 줄리아를 만들어 내기 시작했다. 우선 다른 어떤 것보다 두 사람 사이의 유대감을 착실하게 쌓아나갔다. 태어나고 몇 분 뒤 담요에 둘둘 말린 채 엄마 품에 안긴 아기 해럴드는 유대감을 제조하는 기계여서 이미 자신을 사랑하는 사람들과 자신을 이어주는 끈을 만드는 다양한 기술을 지니고 있었다.

1981년 미국의 발달심리학자 앤드루 멜초프Andrew Meltzoff는 태어난 지 42분밖에 안 된 아기에게 혀를 내밀어 보임으로써 유아심리학이라는 새로운 영역을 열었다. 이 순간 아기는 거짓말처럼 멜초프를 따라서 혀를 내밀었다. 혀를 단 한 번도 본 적이 없었던 이 아기는 마치 자기 앞에 놓인 낯선 여러 형상의 조합이 얼굴이며 그 한가운데 있는 작은 것이 혀이고, 그 얼굴 뒤에 어떤 생명체가 있다는 사실을 아는 듯했다. 또 눈에 보이는 혀는 자신에게 속하지 않은 어떤 것이고, 자기에게도 그 혀에 해당하는 납작한 것이 있으며 그것을 움직일 수 있음을 직관적으로 깨닫는 것 같았다.[9]

이 실험은 제각기 다른 연령대의 아기들을 대상으로 반복되었다. 그 이후로 학자들은 아기가 지닌 또 다른 능력에 눈을 돌렸고, 그와 같은 능력들을 더 발견했다. 과거에 사람들은 아기가 완전히 백지상태라고 믿었다. 그러나 연구가 진행될수록 아기는 태어나는 순간에 이미 엄청나게 많은 것을 알고 있으며 또 태어난 뒤 바로 몇 달 동안에 엄청나게 많은 것을 배운다는 사실이 드러났다.

아기가 부모의 사랑을 만들어낸다

인간은 태어나기 전에 이미 많은 지식을 유산으로 물려받는다. 많은 세대와 원천에서 비롯된 엄청난 지식이다. 진화의 도도한 흐름 깊은 곳에서 습득되는 정보를 우리는 유전자라고 부른다. 수천 년 전에 모습을 드러낸 정보를 우리는 종교라고 부른다. 수백 년에 걸쳐 전승되는 정보를 우리는 문화라고 부른다. 수십 년 전부터 전해 내려오는 정보를 우리는 가족이라고 부른다. 그리고 몇 년, 몇 달, 며칠 혹은 몇 시간 전에 얻은 정보를 우리는 교육이나 충고라고 부른다.

그 모든 정보는 죽은 자에게서 비롯되어 우리에게로 오고 또 아직 태어나지 않은 후손에게 넘겨질 것이다. 뇌는 이 지식의 흐름에 적응되어 있으며 연어가 강에서 살아가는 것과 똑같은 방식으로 지식의 강에 사는 생명체로서 존재한다. 우리가 지닌 지식은 이 길고 긴 역사의 흐름에 의해 원천적으로 틀이 짜여 있으며, 우리가 하는 생각 가운데 그 틀과 아무런 상관없이 독불장군처럼 저절로 생겨난 것은 없다. 갓 태어난 아기조차 이 풍부한 유산을 이미 가지고 있으며, 살면서 보다 많은 것을 흡수해 도도히 흐르는 진화의 강물에 기여하게 된다.

갓난아기 해럴드는 비록 자신이 독립적인 인간임을 의식하지는 못했지만 줄리아가 자신에게 푹 빠지게 할 다양한 기술이 있었다. 우선 외모가 그랬다. 해럴드는 엄마의 사랑을 자연스럽게 이끌어낼 신체적인 특징이 있었다. 커다란 눈, 넓은 이마, 작은 입과 턱. 이런 특징들은

모든 인간에게 깊은 반향을 불러일으킨다. 갓난아기뿐만 아니라 미키 마우스나 E.T.도 그렇다.

또한 아기 해럴드에게는 외부의 형상을 지그시 바라보는 능력이 있었다. 아기는 줄리아 옆에 누워서 그녀의 얼굴을 뚫어지게 바라보았다. 몇 달 뒤 아기는 사람의 마음을 매혹시키는 타이밍을 알아냈다. 줄리아의 시선을 사로잡으려면 언제 바라보아야 하는지, 언제 고개를 돌려야 하는지, 다른 데 정신이 팔려 있는 줄리아의 관심을 다시 한번 되돌리려면 언제 돌아봐야 하는지 터득했다. 아기가 줄리아를 바라보면 이 눈빛에 대한 반응으로 줄리아 역시 아기를 바라보았다.

아주 어린 나이에도 아기는 수많은 얼굴 가운데서 자기 엄마의 얼굴을 가려낼 수 있었다.[10] 그리고 엄마의 얼굴을 다른 누구의 얼굴보다 오래 바라보았다. 아기는 행복한 얼굴과 슬픈 얼굴의 차이를 알았다.[11] 아기는 사람의 얼굴이 담고 있는 정보를 읽는 방법을 빠르게 터득했다. 눈과 입 주변 근육의 움직임에 담긴 미세한 차이를 간파한 것이다. 예를 들면 생후 6개월인 아기는 각기 다른 원숭이의 각기 다른 얼굴 특징을 포착할 수 있는데, 놀랍게도 어른의 눈에는 그 표정들이 모두 똑같아 보인다.[12]

그다음에는 촉감이다. 해럴드는 원초적으로 자주 그리고 많이 자기 엄마를 만지고 싶어 했다. 위스콘신대학교의 발달심리학자 해리 할로 Harry Harlow가 원숭이를 대상으로 실시한 유명한 실험이 말해주듯 아기는 부드러운 피부 혹은 심지어 부드러운 수건의 촉감을 즐기려고 먹는 것까지 포기한다. 아기에게 신체적인 접촉은 신경 성장 및 생존에 필요한 영양 공급만큼이나 중요하기 때문이다. 또한 이런 종류의 접촉은 줄리아에게도 인생을 완전히 바꿔놓는 즐거움이다. 인간의 피부에는 두

가지 유형이 있다. 하나는 물체의 식별과 조작을 위해 정보를 체감각피질somatosensory cortex로 보내는 기능을 하고, 다른 하나는 뇌의 사회적인 부분들을 활성화시키는 기능을 한다. 호르몬과 화학물질을 방출하고 혈압을 낮추며 초월적인 느낌이 들게 해주는 신체 접촉 형태의 의사소통이다.[13] 해럴드는 줄리아의 품에 안겨 젖을 빨면서 뇌세포가 보다 활발하게 분열하고 성장할 수 있도록 자극하는 친숙한 관계들을 형성한다. 그리고 줄리아는 예전에는 상상도 못 했던 깊은 충족감에 사로잡힌다. 그래서 그녀는 심지어 이런 생각까지 한다. "섹스 따위를 뭐 하러 해? 이것보다 더 만족스러운 게 없는데…." 이 발언이 성인영화 〈걸스 곤 와일드Girls Gone Wild〉에 나오는 광란의 파티를 즐기던 여자의 입에서 나온 말이라는 사실을 누가 믿겠는가?

그리고 또 갓난아기에게 있는 가장 강력한 기술 중 하나는 바로 냄새다. 해럴드의 냄새는 정말 환상적이었다. 작고 뜨거운 머리에서 흘러나오는 미묘한 냄새는 줄리아의 몸속 깊은 곳으로 녹아 들어가 예전에는 상상도 할 수 없었던 유대감을 생성했다.

마지막은 리듬이다. 해럴드는 줄리아를 흉내 내기 시작했다. 태어난 지 몇 달밖에 되지 않았지만 줄리아가 입을 크게 벌리거나 도리도리를 할 때 그리고 손짓을 보여줄 때도 해럴드는 동작을 곧잘 따라했다.[14]

엄마의 눈을 바라보고 피부를 만지고 몸짓을 흉내 내면서 해럴드는 원시적이고 일차적인 대화를 시작했다. 자신의 감정과 반응을 무의식적으로 마구 쏟아내는 행동이었다. 줄리아는 어느 순간 아기와 놀면서 아기의 눈을 들여다보고 입을 벌리고 머리를 흔들도록 유도하는 자기 모습을 발견하고 놀랐다.

지금으로부터 그다지 오래되지 않은 과거에 있었던 일이다. 심리학

강의를 듣던 학생들이 이런 종류의 원시적인 대화를 이용해 교수를 골려주었다. 수업 전에 학생들은 교수가 강의실 왼쪽에 서서 강의를 할 때는 교수에게 집중하고, 오른쪽으로 가서 강의를 할 때는 외면하거나 강의에 집중하지 않는 것처럼 행동하기로 약속했다. 아무것도 모르는 교수가 강의를 시작했고, 강의가 진행될수록 무의식적으로 강의실의 왼쪽에 더 많이 섰다. 강의가 끝나갈 무렵에는 거의 바깥으로 나갈 지경이었다. 교수는 학생들이 왜 그러는지 알지 못했지만 어쨌거나 학생들의 시선을 받는 강의실 왼쪽을 더 편하게 여겼다. 그는 보이지 않는 사회적 중력에 이끌려 행동했다.

물론 줄리아와 해럴드의 원시적인 대화는 훨씬 더 깊이 있는 것이었다. 해럴드는 끈기 있게 '모성애 작전'을 수행했다. 한 주가 지나고 두 주가 지나고, 한 달이 지나고 두 달이 지났다. 그동안 해럴드는 줄리아가 쌓아놓은 장벽을 허물고 그녀의 인격을 형성하는 감정의 배선配線을 새로 연결하고, 그녀의 모든 감정과 생각 속에 자기 자신을 녹여 넣었다. 그렇게 해서 점차 줄리아를 자신만의 엄마로 개조시켰다.

모성애 작전에 저항하다

그러나 이 '모성애 작전'이 계속되자 줄리아에게 있던 기존의 인격이 저항을 시작했다. 이런 점에 대해서는 줄리아를 높이 평가해야 한다. 그녀는 이 새로운 존재에게 아무런 저항도 없이 백기를 들지는 않았다.

그녀는 아기를 낳고 1년 동안 거의 모든 날을 아기방 의자에 앉아서 해럴드에게 모유를 먹이며 보냈다. 줄리아의 친구들은 출산을 축하하며 아기를 잘 기르는 데 꼭 필요하다 싶은 물건들을 선물했다. 줄리아는 아기의 방에서 나는 소리를 가까이서 들을 수 있는 오디오 장비를 들이고, 아기방의 모습을 모니터링할 수 있는 비디오 장비도 설치했다. 공기청정기, 베이비 아인슈타인 모빌, 제습기, 전자 사진액자, 시각 자극 매트, 손 감각 강화용 딸랑이, 청각적으로 편안한 바다의 파도 소리를 내는 기계 등을 들여놓았다. 그런 온갖 것이 있는 공간에서 줄리아는 가슴을 내놓고 아기 해럴드에게 모유를 먹였다. 그녀는 〈스타트렉〉의 우주선 엔터프라이즈호의 커크 선장처럼 수많은 장치에 둘러싸였다. 영화와 다른 점이 있다면 아기에게 젖을 먹인다는 것뿐이었다.

해럴드가 태어난 지 일곱 달 조금 지났을 무렵의 어느 밤이었다. 줄리아는 해럴드를 품에 안고 의자에 앉아 있었다. 아기방의 조명은 부드러운 불빛을 뿌리고 있었고 사방은 조용했다. 겉으로는 아기를 안고 젖을 먹이는 어머니의 모습에 사랑과 따뜻한 애정만이 충만해 보였다. 퍽 한가로운 모습이었다. 그러나 이 순간 독자가 줄리아의 내면을 들여다봤다면 이렇게 말하는 줄리아의 목소리를 들었을 것이다. '미쳐! 미쳐! 내가 미치겠어 정말! 제발 나 좀 살려줘! 누가 나 좀 도와달란 말이야!' 이 순간 지치고 짓밟힌 줄리아는 '빌어먹을 아기'를 증오했다. 아기는 온갖 달콤한 유혹의 속임수를 동원해 그녀의 마음속에 들어앉았고, 그런 다음에는 온갖 공갈 협박으로 그녀를 자기 뜻대로 유린했다.

아기는 반은 큐피드였지만 반은 무자비한 돌격대원이었다. 이 탐욕스러운 '개자식'은 모든 걸 원했다. 아기는 줄리아의 수면 시간까지 지배했다. 관심의 모든 영역을 지배했으며 그녀가 샤워를 하거나 쉬거나 심지어 화장실에 가는 시간까지 좌지우지했다. 그녀가 무엇을 생각할지, 어떻게 보일지, 울어야 할지 말아야 할지도 지배했다. 줄리아는 이런 상황에 완전히 압도되어 비참한 상태에 빠졌다.

아기는 평균적으로 20초에 한 번꼴로 어른의 관심을 요구한다.[15] 아기를 낳은 엄마는 처음 1년 동안 평균적으로 700시간의 수면 시간을 빼앗긴다.[16] 부부 사이의 만족도는 70퍼센트 수준으로 곤두박질치고 산모가 우울증에 걸릴 위험은 두 배로 높아진다.[17] 해럴드는 아주 조금이라도 불편하다 싶으면 찢어질 듯 비명을 질렀고, 이 비명에 줄리아는 신경질을 부리며 울고 롭은 화를 냈다. 줄리아의 처지에서 보자면 이렇게 비참한 일이 없었다.

지친 줄리아는 아기방에 놓인 의자에 앉아 아기에게 젖을 먹이면서 자기가 지방을 담아두는 거대한 항아리로 전락했다는 생각에 사로잡혔다. 그리고 이제 다시는 미니스커트를 입지 못하게 되었다는 사실을 깨달았다. 이제 다시는 마음 내키는 대로 살 수 없다. 대신 중산층에 속한 엄마들이 벌이는 전쟁에 휩쓸리겠지. 그녀는 이미 '경건한 모유 수유 전사들', 아이들과 함께 놀아주는 엄마들의 모임 속 '독선적인 여왕들', 자기 삶이 얼마나 형편없이 망가졌는지 한탄하며 남편과 부모가 얼마나 자기들밖에 모르는 분별없는 인간인지 쉬지 않고 욕을 해대는 어깨가 축 처진 '순교자 엄마들'을 만나고 있었다. 이제 줄리아는 아이들이 야외 활동을 하는 운동장에서 엄마들이 나누는 따분하기 그지없는 대화에 끼게 될 터였다. 하버드대학교의 역사학자 질 르포르Jill Lepore가 말했듯이, 그들은 모두 똑같아진다. 어머니들은 모두 용서를 바라고 아버지들은 모두 박수를 바라게 된다.[18]

줄리아는 그토록 즐거웠던 파티로 가득한 삶과는 다행히 작별을 고할 수 있었다. 하지만 자기 앞에 놓인 엄혹한 미래를 보았다. 도시락 싸기, 끝없이 반복되는 똑같은 잔소리, 연쇄상구균 테스트, 중이염, 제발 좀 낮잠을 잘 수 있게 해달라는 기도. 게다가 사내아이를 낳은 어머니는 딸아이를 낳은 어머니보다 일찍 죽는다. 사내아이의 테스토스테론

이 어머니의 면역 체계를 훼손할 수 있기 때문이다.[19]

그 모든 것을 이겨내는 유대감의 힘

이런 분노와 우울이 줄리아의 뇌리를 스쳐 지나가고 몇 초 뒤, 줄리아는 의자에 기대 아기의 머리를 자기 코에다 댄다. 그러면 해럴드는 작은 손으로 그녀의 새끼손가락을 꼭 잡고 품에 안긴다. 그리고 다시 젖을 빨기 시작한다. 그러면 줄리아의 눈에 기쁨과 감사의 눈물이 맺힌다.

심리학자 케네스 케이Kenneth Kaye는 어미가 새끼를 품에 안고 젖을 먹이는 포유동물 가운데 몇 초 동안 젖을 빨다 젖꼭지를 입에 문 채로 잠시 멈추고 곧 다시 빠는 것은 인간의 아기가 유일하다고 주장했다. 이처럼 잠시 젖 빨기 동작을 멈추는 것은 자기를 가볍게 흔들어달라고 보채는 것이다. 아기가 태어난 지 이틀밖에 되지 않았을 때 산모가 젖을 빠는 아기를 이렇게 가볍게 흔드는 동작은 약 3초 동안 이어진다. 그리고 시간이 조금 더 지나서 몇 주가 흐르면 2초 정도로 줄어든다.[20]

이렇게 아기를 가볍게 흔드는 동작은 줄리아와 해럴드만의 리듬을 지닌 발레 동작인 셈이다. 해럴드가 멈추면 줄리아가 흔들고 해럴드가 또 멈추면 줄리아가 또 흔들었다. 이건 대화였다. 해럴드가 나이를 먹어도 이 리듬은 계속된다. 해럴드는 줄리아를 볼 것이고, 줄리아는 해럴드를 볼 것이다. 그들의 세상은 대화로 구조화되었다.

엄마와 아기 사이의 리듬이 진화하는 과정은 뮤지컬과도 같다. 노래를 잘 부르는 건 아니지만 어느 순간엔가 문득 줄리아는 짬짬이 아기에게 노래를 불러주는 자신의 모습을 발견하고 놀라곤 했다. 무슨 이유에서인지 대부분은 영화 〈웨스트사이드 스토리〉에 나온 노래였다. 줄리아는 아침이면 아기에게 《월스트리트저널》을 읽어주었고, 연방준비제도이사회FRB에서 다룸직한 기사를 전 세계의 모든 엄마가 아기에게 말할 때 사용하는, 노래를 부르는 듯한 느리고 과장된 억양으로 읽어주면서 혼자 (사실은 아기와 함께) 놀았다.

다시 시간이 흐른 뒤에 줄리아는 성우와 배우 훈련을 했다. 얼굴 근육을 기묘하게 움직여서 어떤 표정을 만들어내고는 해럴드가 자신의 얼굴 표정을 흉내 내게 했다. 아기가 어떤 특정한 사람처럼 보일 때까지 그 놀이는 계속되었다. 얼굴을 잔뜩 찡그려 아기가 무솔리니처럼 보이도록 할 수 있었고, 잔뜩 인상을 써 처칠처럼 보이게 할 수도 있었다. 또 입을 크게 벌리고 성스러운 표정을 지어서 제리 루이스처럼 보이게 할 수도 있었다. 이 놀이를 할 때 가끔씩 아기가 미소를 짓기도 했는데 이럴 때면 줄리아는 예상치 못했던 반응에 당혹스러워했다. 아기는 벽 뒤에 숨어 사람들을 놀래주려고 기다리는 악동처럼 자기만 아는 비밀이 있다는 듯 교활한 미소를 지었다.

해럴드는 엄마와의 유대에 필사적으로 매달렸다. 자기와 엄마 사이의 대화가 방해받기라도 하면 온 세상이 무너지기라도 한 것처럼 반응했다. 연구자들이 이른바 '무표정still face 연구'라는 실험을 수행한 적이 있다. 엄마들에게 아기와의 대화를 중단하고는 소극적으로 반응하고 멍한 표정을 짓게 했다. 그러자 아기들은 엄마의 이런 변화를 매우 불편하게 받아들였다. 긴장하고 울고 떼를 쓰며 안달복달했다. 이런 상황에서 아기들은 엄마의 관심을 되돌리려고 필사적으로 애를 쓴다. 그럼에도 엄마가 아무런 반응을 보이지 않으면 위축되고 수동적으로 바뀐다. 아기들은 다른 사람의 얼굴에 비친 자기들의 마음을 읽음으로써 내면을 조직하기 때문이다.[21]

줄리아가 완전히 지쳐서 나가떨어지지 않는 한 줄리아와 해럴드 사이의 대화는 오케스트라처럼 진행될 것이다. 해럴드의 에너지는 줄리아의 에너지에 의해 조절되었다. 줄리아의 뇌가 해럴드의 뇌를 완성시켜 갔던 것이다.

생후 아홉 달쯤 되어도 아기에게는 여전히 자의식이 없다. 해럴드는 여전히 여러 면에서 제한적인 상태였다. 하지만 살아남기 위해 꼭 해야 하는 것들은 다 했다. 자기 마음을 다른 사람의 마음과 한데 뒤얽히게 했고, 이런 관계 속에서 신체 기능들을 계속해서 발전시켜 갔다.

사람도 식물처럼 성장한다는 발상은 무척 그럴듯하지만 꼭 들어맞지는 않는다. 씨앗을 땅에 묻고 영양분을 공급하면 씨앗이 싹을 틔우고 줄기가 자라 성장한다. 그러나 사람은 꼭 그렇지만은 않다. 포유동물의 뇌는 다른 개체와 한데 뒤섞여 상호작용을 할 수 있을 때 비로소 적절하게 성장한다. 어미가 정성껏 혀로 핥아준 새끼 쥐는 그런 사랑을 받지 못한 새끼 쥐에 비해서 시냅스 연결synaptic connection이 더 많다.[22] 스물네 시간 동안 어미와 분리된 새끼 쥐는 그렇지 않은 쥐에 비해 대뇌와 소뇌 피질에서 뇌세포를 두 배나 더 많이 잃어버린다. 보살핌을 잘 받는 환경에서 성장한 쥐는 평범한 환경에서 성장한 쥐에 비해 시냅스가 25퍼센트나 더 많다.[23] 비록 몇몇 신비한 감정 분출이 신체적인 변화를 야기하긴 하지만.

1930년대에 펜실베이니아대학교 심리학과 교수 스킬H. M. Skeels은 보육원에 있다가 입양된 지적장애아를 대상으로 연구를 수행했다. 그런데 입양이 되고 4년 뒤 이 아이들의 지능지수는 동일한 모집단에서 입양이 되지 않은 지적장애아들과 무려 50점이나 차이가 났다. 더 놀라운 사실은 입양된 아이들의 지능지수가 이렇게 개선된 원인이 부모가 잘 가르쳐서가 아니라는 점이었다. 이들을 입양한 엄마들 역시 정신적으로 문제가 있었던 데다가 수용시설에서 살았다. 아이들의 지능지수가 그렇게 갑자기 좋아진 이유는 순전히 엄마의 사랑과 관심이었다.[24]

이제 해럴드는 줄리아가 방에 들어오기만 해도 얼굴에 환한 빛을 띠웠다. 퍽 다행스러운 일이었다. 줄리아는 너무 지쳐 무너지기 직전이었기 때문이다. 그녀는 몇 달 동안 제대로 잠을 자지 못했다. 한때는 그래도 깔끔한 편이라고 생각했지만 지금 그녀의 집은 훈족의 침입을 받은 로마제국의 변방처럼 엉망으로 어질러져 있었다. 줄리아는 고행의 연속인 나날을 보내는 중이었다. 그러나 아침이면 해럴드는 여전히 커다란 미소를 지으며 또 다른 하루를 시작했다.

어느 날 아침, 문득 줄리아의 머릿속에 이 세상에서 자기보다 해럴드를 더 잘 아는 사람은 없다는 생각이 떠올랐다. 그녀는 아기가 자신을 필요로 하는 온갖 방식을 알고 있었다. 기저귀를 갈거나 자리를 옮길 때 아기가 어떻게 불편해하는지도 알았다. 그리고 슬프게도 자신이 결코 채워줄 수 없을 듯한 관계를 바라는 것 같다는 사실도 깨달았다.

그러나 이 과정에서 두 사람은 단 한 번도 구체적인 단어로 대화를 나눈 적이 없었다. 해럴드는 말을 하지 않았다. 두 사람은 주로 접촉과 눈물, 표정, 냄새, 웃음 등으로 서로를 이해해야 했다. 예전에 줄리아는 의미나 개념이 언어에서 나온다고 생각했지만 이제는 그렇지 않았다. 언어 없이도 복잡한 인간관계를 형성할 수 있다고 믿게 되었기 때문이다.

우리는 어떻게 타인을 이해하는가

오랜 세월 동안 철학자들은 우리가 타인을 이해하는 과정을 두고 온갖 주장을 펼쳐왔다. 어떤 학자들은 우리가 조심스러운 이론가라고 믿는다. 우리는 다른 사람이 어떻게 행동할지에 대해 여러 가설을 세워두고 매 순간 관찰하는 증거를 통해 이 가설들을 시험한다는 것이다. 이 가설에서 사람은 이성적인 과학자다. 어떤 증거를 끊임없이 분석·평가하고 새로 도출되는 결과를 시험한다.

그러나 최근 들어서는 학자 대부분이 이른바 '라이벌 가설', 즉 사람은 무의식적으로 다른 사람을 흉내 내고, 그 과정에서 타인이 느끼는 것을 같은 방식으로 경험하며 다른 사람의 감정을 이해하게 된다는 주장에 주목한다. 이 가설에서 사람은 감정 없이 다른 사람들에게 냉정한 판단을 내리는 차가운 이론가가 아니다. 이들은 자기 주변 사람들에게서 목격하는 반응들을 공유하거나 적어도 흉내 냄으로써 그들을 이해한다. 무의식적으로 메서드 연기를 하는 배우가 되는 셈이다.

우리가 사회에서 정상적으로 기능하며 살 수 있는 이유는 부분적이긴 하지만 상대방의 마음속으로 침투해 그 사람을 이해할 수 있기 때문이다(누군가는 보다 많이 이해하고, 또 누군가는 조금밖에 이해할 수 없다는 차이가 있긴 하지만). 사람은 다른 사람을 그 자체로 이해한다. 그리고 다른 사람들과 상호작용하며 습득한 내면의 여러 과정을 재연함으로써 자아를 형성한다.

1992년 이탈리아 파르마대학교의 연구자들은 짧은꼬리원숭이의 뇌를 연구하다 이상한 현상을 발견했다. 사람이 땅콩을 손으로 집어서 입에 넣는 것을 지켜보던 원숭이의 뇌에서 놀라운 일이 일어난 것이다. 그저 지켜보기만 했을 뿐인데도 실제로 땅콩을 집어 먹을 때와 동일한 반응이 일어났다. 이 원숭이는 움직이기는커녕 꼼짝도 하지 않고 있었는데 말이다. 원숭이는 자기가 다른 존재에게서 관찰한 정신적 과정을 자신도 모르게 흉내 냈다.

이렇게 해서 거울 뉴런Mirror Neuron 이론이 탄생했다. 사람의 뇌에 있는 뉴런이 주변에 있는 다른 사람들의 정신적인 모형을 무의식적으로 재연한다는 이론이다. 거울 뉴런은 다른 종류의 뉴런과 물리적으로는 다르지 않다. 다만 충분히 깊이 있게 모방하는 놀라운 작업을 수행할 수 있도록 뉴런들이 특이한 방식으로 연결되어 있을 뿐이다.

지난 몇 년 동안 거울 뉴런은 신경과학 분야에서 가장 뜨겁고 흥미로운 토론 주제였다. 일부 학자들은 거울 뉴런이 DNA와 비슷하다고 믿으며 이 새로운 이론이 사람이 외부 경험을 내면적으로 처리하는 방식이나 서로 배우고 의사소통하는 방식을 이해하는 데 혁명적으로 기여할 것이라고 전망했다.

한편 거울 뉴런 이론이 전반적으로 너무 부풀려졌다고 생각하는 학자들도 있다. 이들은 우선 '거울 뉴런'이라는 표현이 명백한 오류라고 지적한다. 이런 표현은 흉내 내기 기술이 뇌의 신경망이 아니라 뉴런에 있다고 주장하는 것이기 때문이다. 그러나 원숭이의 뇌와 사람의 뇌는 심도 있는 모방을 자동적으로 수행할 수 있는 능력이 있고, 또 이런 방식으로 보이지 않는 공간을 초월해 정신적인 여러 과정을 공유한다는 사실에 대해서는 대체적으로 동의하는 분위기다. 이탈리아의 신경과학자 마르코 야코보니Marco Iacoboni가 말했듯이, 사람은 다른 사람들이 경험한 일을 자기에게 직접 일어난 일처럼 느낄 수 있다.[25]

파르마대학교의 원숭이들은 자기들이 관찰한 동작을 모방했을 뿐만 아니라 동작 뒤에 숨어 있는 의도까지 무의식적으로 평가했던 것 같다. 원숭이들에게 물을 주려는 듯한 모습으로 실험자가 유리잔을 꺼내 들었을 때 원숭이들의 뉴런은 즉각 격렬한 점화 반응을 보였지만, 깨끗하게 씻으려는 듯 유리잔을 꺼내 들었을 때는 아무런 반응도 보이지 않았다. 실험자가 단순히 건포도를 꺼내는 흉내만 냈을 때 반응하지 않던 원숭이의 뇌는, 진짜로 건포도를 꺼냈을 땐 분명하게 반응했다.[26] 이때 이들의 뉴런은 특징적인 모형을 띠며 점화되었다. 그러나 단순히 종이를 찢는 소리에는 이전과 동일한 모형으로 점화되었다.[27] 즉 원숭이들의 행위가 '원숭이가 본다. 그리고 원숭이가 한다'라는 단순한 신체적인 행동의 모방 차원을 넘어선다는 뜻이다.

어떤 행위에 뇌가 반응하는 방식은 그 행동과 관련된 의도나 목적과 떼려야 뗄 수 없는 관계로 결합되어 있다. 우리는 때로 어떤 행위를 인지하는 정신적인 과정이 그 행위를 평가하는 정신적인 과정과 뚜렷하게 구분된다고 여긴다. 그러나 이 원숭이 사례처럼 인지 과정과 평가 과정은 서로 뒤얽혀 있다. 이들은 동일한 표상 체계representational system, 즉 뇌에 있는 동일한 신경망 모형을 공유한다.[28]

이탈리아에서 진행된 최초의 실험 이후 야코보니를 포함한 많은 학자가 인간에게서도 거울 뉴런을 발견했다고 믿었다. 인간의 거울 뉴런은 행위에 담긴 의도를 해석하는 데 도움을 준다. 비록 인간의 거울 뉴런은 원숭이의 거울 뉴런과는 다르게 어떤 행동에서 아무런 의도나 목적이 간파되지 않을 때조차도 그 행동을 모방할 수 있는 것처럼 보이긴 하지만 말이다.[29]

여자의 뇌는 손가락 두 개로 와인잔을 드는 사람의 모습을 볼 때 특정한 모형을 띠며 반응하지만 손가락 두 개로 칫솔을 드는 사람의 모습을 볼 때는 앞의 경우와 다르게 반응한다. 사람이 말하는 것을 볼 때 여자가 뇌가 반응하는 방식은 원숭이가 소리를 지를 때 반응하는 방식과 다르다.

영화에서 자동차 추격 장면을 볼 때 우리는 비록 낮은 강도이긴 하지만 실제로 추격을 하거나 당하는 것처럼 반응한다. 포르노 영화를 볼 때도 사람들의 뇌는, 역시 강도가 낮긴 하지만 실제로 섹스를 하는 것처럼 반응한다. 줄리아가 사랑스러운 눈길로 자기를 바라볼 때 해럴드는 줄리아의 뇌 속에서 일어나는 움직임을 재연했다. 해럴드는 그런 내면의 대화를 통해 사랑이 어떤 느낌이고 어떻게 작동하는지 배웠다.

해럴드는 장차 무차별적인 모방자로 성장할 터였다. 이런 특성은 모든 점에서 해럴드에게 도움이 된다. 듀크대학교 심리학 교수 캐럴 애커먼Carol Eckerman은 실험을 통해 아기가 흉내 내기 놀이를 많이 할수록 말을 더 일찍, 능숙하게 하게 된다고 주장했다.[30] 타냐 차트랜드Tanya Chartrand와 존 바그의 연구팀은 어떤 두 사람이 서로의 동작을 더 많이 모방할수록 서로를 더 많이 좋아하게 되며, 서로를 더 많이 좋아할수록 서로를 더 많이 모방하게 된다는 사실을 발견했다.[31] 많은 과학자가 타인의 고통을 무의식적으로 함께하는 능력이 공감의 기본 요소이며 그것을 통해 감정과 도덕성이 형성된다고 믿는다.

거울 뉴런에 대한 과학적 설명에 아무리 흠이 많다 하더라도 궁극적으로 이 이론이 우리가 날마다 바라보는 현상을 설명하는 유용한 도구인 것은 분명하다. 부모와 자식 사이의 관계에서는 더욱 그렇다. 사람의 마음은 서로 격렬하게 침투할 수 있다. 이 둘을 연결하는 고리는 서로의 뇌 사이에 존재한다. 동일한 생각과 감정이 서로 다른 사람의 마음에서 얼마든지 동시에 일어날 수 있다. 보이지 않는 네트워크가 두 사람 사이의 공간을 연결해 주기 때문이다.

인간은 결국 관계에서 태어난다

몇 달이 흐른 뒤 줄리아와 롭, 해럴드는 함께 식탁에 앉아 있었다. 이때 롭이 아무 생각 없이 테니스공을 식탁에 떨어뜨렸다. 그러자 해럴드가 갑자기 깔깔거리며 웃었다. 롭이 다시 한번 더 공을 떨어뜨리자 해럴드는 아까보다 더 크게 입을 벌리고 웃었다. 웃느라 아기는 눈이 아주 작아졌고 작은 몸을 덜덜덜 떨었다. 미간에서는 작은 혹이 튀어나왔다. 온 방에 아기의 웃음소리가 가득했다. 롭은 공을 식탁 위에 가만히 올려놓았다. 그리고 세 사람 모두 그다음에 일어날 일을 기대하며 꼼짝도 하지 않았다. 마침내 롭이 공을 손으로 슬쩍 밀어서 떨어뜨렸다. 공이 몇 번 통통 튀었다. 그러자 해럴드는 다시 깔깔거리며 웃었다. 웃음소리가 아까보다 더 컸다. 잠옷 차림의 해럴드는 웃음의 황홀경에 빠졌다. 그런데 신기하게도 녀석의 작은 손은 움직이지 않고 가만히 있었다. 롭과 줄리아도 눈물이 나도록 실컷 웃었다. 롭은 공을 떨어뜨리는 동작을 몇 차례나 더 반복했다. 해럴드는 공이 떨어지기를 잔뜩 기대하고 있다가 공이 떨어져서 통통 튀는 모습에 온몸을 흔들고 좋아하며 웃었다. 머리는 상하좌우로 흔들렸고 혀는 와들와들 떨렸다. 시선은 엄마에게서 아빠로 다시 엄마에게로 바쁘게 움직였다. 세 사람의 웃음소리는 하나로 뒤섞이며 전체적으로 아름다운 조화를 이루었다.

사실 이때가 가장 좋은 때였다. 까꿍 놀이를 하고 바닥에서 레슬링을 하고 간지럼을 태우고. 때로 줄리아가 기저귀 교환대 위를 정리하면서 작은 세수수건을 입에 물고 있으면 해럴드는 수건을 잡아당기며 재미있다고 깔깔거렸다. 예상 가능한 깜짝 놀이를 반복하기만 하면 언제든 해럴드를 황홀경 속으로 안내할 수 있었다. 이런 놀이들을 통해서 해럴드는 세상의 여러 모형을 이해하기 시작했다. 또 해럴드는 부모와 함께 있다는 완벽한 일체감이 주는 느낌에 감동을 받았다. 아기에게 이것은 순수한 기쁨과도 같았다.

웃음이 존재하는 이유가 있다. 그리고 웃음은 어쩌면 인간이 언어를 발명하기 전에도 존재했을지 모른다. 메릴랜드대학교의 로버트 프로바인Robert Provine 교수는 사람은 다른 사람들과 함께 있을 때 혼자 있을 때보다 서른 배나 많이 웃는다는 사실을 발견했다. 사람들이 서로 돈독한 유대감을 나누는 순간에 웃음은 자연스럽게 흘러넘친다. 또한 놀랍게도 말을 하는 사람이 가만히 듣고 있는 사람보다 46퍼센트 더 많이 웃는 경향이 있다.[32] 사람들은 어떤 상황이나 발언이 웃음을 유발하는 정확한 지점에 맞춰서 웃지 않는다. 웃음을 유발하는 문장을 보면 보통 15퍼센트만이 확실하게 우습다.[33] 대신 웃음은 대화 속에서 사람들이 동일하게 느끼는 우호적인 감정에 자신도 공감할 수 있을 때 자연스럽게 터져 나온다.

어떤 엉뚱한 농담들은 비사회적이며 자폐증을 앓는 사람들에게서 나타나기도 하지만 대부분의 농담은 매우 사회적이며 사람들이 사회적인 부조화에 대한 해결책을 찾는 과정에서 발생한다. 웃음은 어색함을 덮거나 유대감을 형성하고 강화할 목적으로 사용하는 사회적인 언어다. 웃음은 모두가 함께할 때는 좋지만, 소수의 사람을 희생양으로 삼아서 놀리는 데 사용할 때는 나쁘게 작용하기도 한다. 그래도 어쨌거나 웃음과 결속은 같은 방향으로 함께 간다. 이와 관련해서 스티븐 존슨Steven Johnson은 다음과 같이 썼다. "웃음은 유머에 대한 본능적인 신체 반응이 아니다. 갑작스러운 고통에 몸이 움찔하거나 찬 공기에서 몸이 떨리는 것과는 전혀 다르다. 웃음은 유머가 추구하는 사회적 유대감의 본능적인 형태다."[34]

밤이면 밤마다 해럴드와 부모는 서로의 마음속으로 들어가려고 애를 썼다. 때로는 잘되지 않을 때도 있었다. 롭과 줄리아가 해럴드의 마음속으로 들어가지 못하면 해럴드가 느끼는 고통을 달래는 데 필요한 게 무엇인지 알아차릴 수 없었다. 물론 성공할 때도 많았다. 성공했을 때 두 사람이 받는 보상은 바로 해럴드의 웃음이었다.

여기에서 한 걸음 뒤로 물러나 진지한 얼굴로 해럴드가 어디에서 왔느냐고 묻는다면, 수태와 임신과 출산으로 이어지는 생물학적인 대답을 할 수도 있을 것이다. 그러나 만일 당신이 해럴드의 본질, 그러니까 인간의 본질이 어디에서 왔는지 묻는다면 우선 해럴드와 그의 부모 사이에 존재하는 관계를 빼고 말할 수는 없다. 이 관계에는 어떤 특성들이 담겨 있다. 그리고 해럴드가 점점 성장해 자아에 대한 관념을 가지면 이 특성들은 개인화된다. 심지어 부모와 떨어져 있다 하더라도 이 특성들은 해럴드라는 개인 안에 남는다.

즉 사람은 성장을 한 뒤에 인간관계를 맺는다는 말은 잘못된 말이라는 뜻이다. 사람은 태어나면서부터 부모, 조상 등과 여러 가지 인간관계를 맺는다. 그리고 이 관계가 사람을 창조한다. 다른 말로 표현하자면 한 사람의 뇌는 두개골 안에 담겨 있는 하나의 물질이지만 사람의 마음은 오로지 네트워크, 즉 인간관계의 그물망 속에서 존재한다. 이것은 뇌와 뇌 사이의 상호작용이 빚어낸 결과다. 그러므로 뇌와 마음을 혼동하지 말아야 한다.

이와 관련해 영국의 시인 새뮤얼 테일러 코울리지Samuel Taylor Coleridge 는 이렇게 말했다. "의식적인 자아가 존재하기 이전에 사랑은 시작된다. 이 최초의 사랑은 타인에 대한 사랑이다. 아기는 어머니 속에 존재하는 자아를 인정한다. 어머니가 아닌 자기 자신에게서 자아를 인식하는 것은 그로부터 몇 년 뒤에 일어난다." 코울리지는 당시 세 살이던 자기 아들이 밤에 잠에서 깨어 자기 엄마를 소리쳐 부르는 모습을 묘사했다. "만져줘요. 엄마 손가락으로 그냥 나를 슬쩍 건드리기만 하면 돼요." 아이는 애원했고 엄마는 깜짝 놀랐다. "왜 그러니?" 그러자 아기는 울면서 말했다. "내가 여기 없어요. 나를 만져줘요 엄마, 그래야 내가 여기 있잖아요."[35]

4장

정체성

자의식이
생기면 달라지는 것들

해럴드는 엄마를 바라보면서 인생을 시작했다. 하지만 곧 물질주의로 너저분한 세상이 그의 인생 안으로 들어왔다. 해럴드는 포르쉐나 롤렉스를 갈망하면서 인생을 시작하지 않았다. 처음에 그는 모든 세상이 검은색과 흰색인, 단조로운 정사각형 바둑판무늬로만 보이던 인간이었다. 그는 자라면서 상자의 모서리, 선반의 모서리 등 모든 모서리에 대한 감각을 발전시켰다. 그는 희대의 연쇄 살인마 찰스 맨슨이 경찰을 바라보았을 눈으로 모서리들을 바라보곤 했다.

　그리고 다시 몇 달이 흐르면서 대상은 상자, 바퀴, 딸랑이, 빨대 컵으로 바뀌었다. 또 그는 위대한 측량사가 되었다. 모든 물건은 될 수 있으면 최대한 낮은 위치에 있어야 한다는 신념으로 가득 찼다. 식탁에 있던 접시와 책장에 있던 책들이 바닥으로 떨어졌다. 반밖에 먹지 않은 스파게티 생면을 담은 상자는 찬장에서 해방되었고, 스파게티 생면은 부엌 바닥에 어지럽게 (아니, 자유롭게!) 흩어졌다.

　이 단계에서 해럴드는 심리학 전공자이자 물리학 전공자였다. 그에게 주어진 두 가지 주된 소명은 엄마에게서 학습하는 방법을 터득하는 것과 물건이 떨어지는 방식을 터득하는 것이었다. 그는 자주 엄마를 바라보며 엄마가 자기를 안전하게 보호해 준다는 사실을 확인했다. 그러고는 쓰러뜨리거나 떨어뜨릴 대상을 찾아 나섰다. 심리학자 앨리슨 고프닉 Alison Gopnik, 앤드루 멜초프 그리고 음성 및 청각학자 퍼트리샤 쿨 Patricia Kuhl이 이른바 '설명적 충동 explanatory drive'[1]이라고 불렀던 것이 해럴드에게 있었기 때문이다. 그는 오래도록 한자리에 앉아서 크기가 다른 상자 여러 개를 놓고 어떤 상자를 다른 상자 안에 집어넣으려 애썼다. 그리고 이렇게 해서 마침내 모든 상자를 하나로 합치고 난 다음에는 그 상자들을 계단 아래로 마구 내던졌다.

해럴드는 탐구하고 학습했다. 그러나 이 단계에서 그의 사고 과정은 성인의 사고 과정과는 근본적으로 달랐다. 어린아이에게는 자의식이 있는 내면 관찰자가 없는 것처럼 보인다.[2] 집행 기능을 담당하는 뇌의 앞부분이 느리게 성장하기 때문에 이 시기의 해럴드는 자발적인 생각을 거의 통제하지 못했다.

이것은 스스로 자기 자신이라고 파악하는 내면의 목소리가 아직 없다는 뜻이다. 그래서 과거를 의식적으로 기억할 수 없고, 또 자기가 과거에 했던 행동들과 현재 하는 행동들을 하나의 연속성 속에서 의식적으로 연결할 수 없었다.[3] 인간은 생후 열여덟 달이 되기 전까지는 거울 테스트(거울에 비친 자기를 자기 자신으로 파악하는 인지 능력이 있는지 확인하는 테스트-옮긴이)를 통과할 수 없다. 반면에 성인 침팬지나 돌고래의 이마에 스티커 한 장을 붙여놓고 거울을 보여주면 이 동물들은 스티커 하나가 자기 이마에 붙어 있다는 사실을 파악한다.[4] 해럴드에게는 그 정도의 자의식이 없었다. 다른 사람과 사물은 잘 인식하지만 자기 자신은 인식하지 못했다.

아이들은 세 살이 다 될 때까지도 분명한 자의식이 없는 듯하다. 주의력을 요구하는 외부 사물이 없으면 정신은 멍한 상태로 남아 있다. 풍경을 바라보고 있는 미취학 아동에게 어떤 부분에 주의를 집중하고 있는지 물어보면 아이는 질문의 내용조차 파악하지 못한다. 그렇지만 긴 시간 동안 아무런 생각도 하지 않을 수 있느냐고 물으면 아이는 그럴 수 있다고 대답한다.[5] 버클리대학교의 심리학자 앨리슨 고프닉은 『우리 아이의 머릿속』에서 다음과 같이 썼다. "이 아이들은 생각이 외부의 자극에 촉발되지 않고서도 자신의 내면적인 경험의 논리를 따라 흐를 수 있다는 사실을 이해하지 못한다."[6]

고프닉은 성인에게는 서치라이트와 같은 의식이 있다고 주장한다. 성인은 특정한 지점에 주의력을 서치라이트를 비추듯 집중할 수 있다. 하지만 해럴드와 같은 어린아이에게는 고프닉의 표현을 빌리자면 '등불 수준의 의식'이 있을 뿐이다.[7] 등불에서 나오는 빛은 모든 방향으로 향한다. 모든 사물을 파노라마식으로 비춘다는 말이다. 360도로 펼쳐지는 영화를 볼 때처럼 황홀경 속에서 주의력이 방향성과 초점을 잃어버리는 것과 같다. 온갖 것이 무작위적으로 그의 관심을 사로잡는다. 얼마나 흥미로울까! 또 다른 세상이다! 빛이 있고 사람이 있다!

사실 이런 표현도 이 단계를 지나는 해럴드가 가진 근본적인 기묘함을 충분히 설명하지 못한다. 등불이라는 비유는 해럴드가 세상에 빛을 비추고 또 이 세상을 관찰하지만, 관찰자로서 해럴드는 자기가 바라보는 것과 분리되어 있음을 의미한다. 그러나 해럴드는 관찰을 하는 게 아니었다. 그는 눈에 비치는 모든 것에 깊이 빠져들었다. 자기 마음에 떠오르는 모든 것에 생생하게 참가하고 있었던 것이다.

타고난 학습 능력은 존재하는가

인생의 긴 스펙트럼 중 한 지점인 이 단계에서 해럴드는 가장 많은 것을 가장 빠르게 배워야 했다. 그는 자기가 사는 곳이 어떤 종류의 환경으로 둘러싸여 있는지 파악하고 세상을 무사히 살아가는 데 도움이 될 정신 지도를 작성해야 했다. 의식적이고 방향성 있는 학습은 이 과업을 빠르게 수행하는 데 도움이 되지 못했다. 무의식적으로 푹 빠져 있어야만 이 과업을 빠르게 수행할 수 있었다.

어린 시절의 많은 부분은 수십억 개의 혼란스러운 외부 자극을 통합해 장차 일어날 일들을 기대하고 해석하며, 인생 항로의 나침반으로 삼는 데 사용할 정교한 여러 가지 모델을 만드는 일로 구성된다. 이와 관련해서 영국의 정신분석학자 존 볼비John Bowlby는 다음과 같이 썼다. "우리가 인생을 살면서 부딪치는 모든 상황은 주변의 세상과 우리 자신에 대해 우리가 가지고 있는 표상적인 모델들의 형태로 해석된다. 감각기관을 통해 전달된 정보는 이 모델들에 따라서 선택되고 해석된다. 우리 자신을 비롯해 우리가 염려하고 돌보는 사람들이 어떤 의미를 가지는지가 바로 이 모델들에 따라 평가되며, 우리의 행동 계획 역시 우리 마음속에 있는 이 모델들에 따라 도출되고 또 실행된다."[8]

이런 내면의 지도들이 우리가 무엇을 볼지, 사물에 어떤 정서적인 가치를 부여할지, 무엇을 원하고 어떻게 반응할지 그리고 앞으로 다가올 일을 예측하는 데 얼마나 능숙한 솜씨를 발휘할지 결정한다.

해럴드는 이 지도를 가장 활발하게 만들어가는 과정에 있었다. 하버드대학교의 심리학과 교수인 엘리자베스 스펠크Elizabeth Spelke는 아기가 세상에 대한 핵심적인 지식을 이미 가지고 태어나며, 이 지식 덕분에 세상을 익히는 데 매우 유리하다고 믿는다. 갓난아기조차도 공이 굴러가다 어떤 것 뒤로 숨어버리면 곧 반대편에서 그 공이 굴러 나올 것임을 안다. 생후 여섯 달이 되면 아기는 어떤 종이에 점이 여덟 개 찍힌 것과 열여섯 개 찍힌 것의 차이를 안다. 비록 점이 몇 개인지 셀 수는 없지만 수학적인 비율은 인지하고 있다.[9]

그리고 오래 지나지 않아 암호를 해독하는 놀라운 행동을 보여준다. 멜초프와 쿨은 생후 다섯 달밖에 되지 않은 아기들에게 "아" 그리고 "이"라고 말하는 사람의 얼굴을 촬영한 화면을 음성을 제거한 상태로 보여주고 나서 각각의 음성을 녹음해 따로 들려주었다. 그러자 아기들은 각각의 음성과 화면을 정확하게 일치시켰다.[10]

생후 여덟 달이 된 아기에게 '라타타' 혹은 '미나나'와 같은 문구를 읽어준다면 이 아기는 그 문구의 기본적인 운율을 2분 안에 알아차릴 것이다. 아기들은 또 언어를 이해하는 데 정교한 통계학적 기법을 사용하기도 한다. 어른들이 말을 하면 제각기 다른 단어들이 내는 소리가 한데 뒤섞인다. 그러나 아기들은 'pre'라는 소리 뒤에 'tty'라는 소리가 뒤따라올 가능성이 매우 높다는 사실을 간파하는 능력이 있고, 따라서 이 두 개의 소리가 하나로 합쳐져 'pretty(예쁘다)'라는 하나의 단어를 이룬다는 것을 안다. 마찬가지로 'ba' 다음에는 'by'라는 소리가 올 가능성이 매우 높고, 따라서 'baby(아기)'는 하나의 단어라는 것을 인식한다. 어린아이는 이런 종류의 복잡한 확률 계산을 수행할 수 있다. 물론 의식적인 능력이 작동하는 경우는 거의 없긴 하지만 말이다.[11]

특별한 나를 만드는 신경망의 비밀

해럴드의 뇌 속에는 1000억 개의 신경단위, 즉 뉴런이 들어 있다. 해럴드가 세상을 인식하기 시작하면서 이 뉴런 하나하나는 다른 뉴런들에 연결되기 위해 가지를 뻗는다. 두 개의 뉴런 가지가 만나는 지점을 시냅스synapse라고 부르는데, 해럴드는 엄청나게 빠른 속도로 이 연결점들을 만들어냈다. 몇몇 학자는 인간은 태어난 지 두 달 뒤부터 만 두 살에 이르는 동안 1초에 180만 개의 시냅스를 만든다고 추산한다.[12] 뇌는 정보를 저장하기 위해서 시냅스를 만든다. 우리가 아는 모든 정보는 신경망이라는 네트워크에 담겨 있다.

두세 살 무렵 해럴드 뇌 속의 모든 뉴런은 이미 각각 평균 약 1만 5,000개의 연결점들을 만들었다(물론 이것들 가운데 사용되지 않는 것들은 제거된다). 이렇게 해서 마침내 해럴드의 시냅스는 100조 개에서 500조 개, 심지어 1000조 개까지 늘어날 수 있었다.[13] 해럴드의 뇌세포 사이에 얼마나 많은 연결점이 생길 수 있을지 궁금하다면 다음과 같이 간단한 계산을 해보기만 하면 된다. 60개의 뉴런만으로도 10^{81}개의 연결점을 만들어낼 수 있다.[14] 이 숫자는 1 뒤에 동그라미가 81개나 붙은 어마어마하게 큰 수이며 우주에 존재한다는 입자의 수도 이것의 약 10분의 1밖에 되지 않는다. 미국 실리콘밸리의 손꼽히는 컴퓨터 설계자 제프 호킨스Jeff Hawkins는 뇌를 바라보는 전혀 다른 방식을 제시하는데 그 방식은 이렇다. 미식축구 경기장 전체를 스파게티로 채운 다음 이 경기장을 두개골 크기로 축소한다면?[15]

고프닉과 멜초프, 쿨은 공동 저서 『아기들은 어떻게 배울까』에서 뉴런들이 서로 연결되기 위해 사용하는 과정을 다음과 같이 멋지게 묘사했다. "그것은 마치 당신이 이웃에게 전화를 자주 걸 때 두 집 사이에 케이블이 자연스럽게 늘어나는 것과 마찬가지다. 처음에 세포들은 될 수 있으면 다른 많은 세포와 연결되려고 원기 왕성하게 노력한다. 모든 사람에게 전화를 걸어 누군가 전화를 사겠다고 대답해 주기를 기대하는 휴대전화 판매 직원처럼 이 세포들은 모든 세포와 접촉을 시도한다. 그러다다른 세포가 응답을 하고 또 이런 관계가 충분히 지속되면, 이들 사이에 보다 안정적이고 항구적인 관계가 형성된다."[16]

여기서 잠시 멈춰야겠다. 이 시냅스 형성 과정은 해럴드라는 사람을 규정하는 정체성의 핵심을 형성하는 부분 중 하나이기 때문이다. 수천 년 동안 철학자들은 인간을 올바르게 정의하려고 노력해 왔다. 날마다 그리고 해마다 일어나는 온갖 변화에도 한 사람이 다른 사람이 아닌 현재의 바로 그 자신이 되도록 만든 것은 무엇일까? 한 사람의 삶에서 일어나는 온갖 생각과 행동, 감정을 하나로 통합하는 것은 무엇일까? 한 사람의 진정한 자아는 어디에 있을까?

이 질문에 대한 대답의 한 조각은 시냅스 연결 모형에서 찾을 수 있다. 사과를 볼 때 이 사과에 대한 우리의 감각적인 인식 내용(사과의 색깔, 형태, 질감, 향기 등)은 서로 연결되어 함께 점화되는 뉴런들의 네트워크, 즉 통합된 신경망 속으로 해석되어 들어간다. 각 뉴런에서 나타나는 점화들, 즉 전기적인 자극들은 뇌의 단일한 영역에 집중되지 않는다. 사과라는 영역은 뇌에 따로 존재하지 않는다. 사과에 대한 정보는 엄청나게 복잡한 네트워크로 확산된다. 이와 관련해 소개할 실험이 하나 있다. 실험에서는 고양이에게 특정 기호를 표시한 문 뒤로 돌아가면 먹을 게 있다고 가르쳤다. 그러자 하나의 기하학적인 형태가 고양이의 뇌 속에 있는 500만 개가 넘는 세포들에 학습과 관련된 반응을 불러일으켰다.[17] 또 인간의 뇌에서 'P'를 발음할 때 나는 소리와 'B'를 발음할 때 나는 소리를 구별하는 능력을 알아보는 다른 실험에서는 뇌 전체에 퍼져 있는 스물두 개 지점에서 이와 관련한 반응이 포착되었다.[18]

해럴드는 개를 보면 신경망이 점화된다. 개를 자주 보면 볼수록 이와 관련된 뉴런들의 연결점이 더 많아지고 효율도 더 높아진다. 개와 관련된 신경망은 계속해서 빨라지고 복잡해지며, 나아가 각종 개의 차이점이나 개의 일반적인 속성을 파악하는 능력 또한 향상된다. 누구나 노력을 하고 연습을 하고 경험을 하면 신경망을 더욱 예민하게 개선할 수 있다. 바이올린 연주자는 왼손을 담당하는 뇌의 특정 부분에 시냅스들이 한층 많이 발달되어 있다. 바이올린을 연주할 때 왼손을 많이 쓰기 때문이다.[19]

사람은 누구나 자기만의 독특한 서명을 가지고 있다. 미소도 사람마다 다르다. 샤워를 한 뒤에 물기를 닦는 동작도 사람마다 제각각이다. 이런 동작을 반복할 때마다 뇌의 해당 영역에 관련된 시냅스가 그만큼 빽빽하게 형성되기 때문이다. 당신은 알파벳을 A에서부터 Z까지 암기할 수 있을 것이다. 반복을 통해 알파벳의 연속적인 모형을 머릿속에 세워두었기 때문이다. 그런데 Z에서 A까지 거꾸로 외워보라면? 아마도 쉽지 않을 것이다. 이런 연속적 모형은 경험을 통해서 강화되지 않았을 테니까.

이처럼 사람에게는 누구나 독특한 신경망이 있는데, 이것은 각자 인생을 살면서 받는 전기적인 자극에 의해 형성되고 강화되며 끊임없이 업데이트된다. 어떤 회로가 한번 형성되고 나면 미래에 이 회로가 다시 점화될 가능성이 높아진다. 신경망은 구체화된 과거의 경험을 담고 있을 뿐만 아니라 미래에 수행할 행동을 안내하기도 한다. 신경망은 사람마다 지닌 독특한 특성을 담고 있다. 그래서 걸음걸이나 말투나 반응이 사람마다 모두 다르다. 한 사람의 신경망은 그 사람이 하는 행위가 타고 흐르는 일종의 홈과 같다. 뇌는 인생을 기록한 기록물이며, 신경망은 사람의 습관, 개성, 기호가 물리적으로 표현된 것이다. 당신은 당신의 뇌에 있는 신경망이라는 물질로 구체화되는 정신적인 존재다.

상상력, 놀라운 통합 네트워크

해럴드는 점점 성장했고 엄마가 짓는 미소를 볼 때마다 특정한 시냅스 점화 모형이 뇌 속에 나타났다. 무섭게 질주하는 트럭이 내는 소리를 들을 때에도 마찬가지였다. 해럴드는 아장아장 걸으며 주변 세상을 탐험하는 과정에서 자기만의 정신을 착실하게 건설해 나갔다.

다섯 살 무렵 집에서 이리저리 뛰어다니던 해럴드는 놀라운 행동을 보였다. "나는 호랑이다!"라고 고함을 지르면서 줄리아의 무릎으로 달려드는 장난을 쳤던 것이다. 물론 모든 아이가 다 그렇게 하기 때문에 이 행동이 쉽고 단순한 것으로 비칠지 모른다. 우리가 보통 어렵다고 생각하는 것은 5,041이라는 수의 제곱근이다. 5,041의 제곱근은 얼마일까? 답은 71이다. 이 정도는 되어야 어렵다고 생각한다면, "나는 호랑이다"라는 말은 정말 아무것도 아닐 만큼 쉽게 느껴질 수 있다.

그러나 이것은 대단한 착각이다. 아무리 싸구려 전자계산기라도 제곱근은 계산할 수 있다. 하지만 '나는 호랑이다'라는 문장에는 단순한 기계는 절대로 만들어낼 수 없는 상상의 구조물이 녹아 있다. 단순한 기계로는 '나'라는 어린아이와 '호랑이'라는 무시무시한 동물과 같이 서로 다른 두 개의 복잡한 구조물을 동일한 실체로 묶어낼 수 없다. 그러나 인간의 뇌는 이처럼 믿을 수 없을 정도로 복잡한 과업을 너무도 쉽게 해낸다. 그것도 무의식적으로 말이다. 그래서 우리는 이런 일이 얼마나 어려운 것인지 제대로 평가하지 못한다.

해럴드는 이 일을 할 수 있었다. 대상을 일반화하는 능력이 있었고 또 여러 일반화 사이에서 연관성을 만들어내는 능력, 즉 어떤 것의 핵심을 다른 것의 핵심에 덧씌우는 능력이 있었다. 똑똑한 컴퓨터에게 방에 있는 문을 찾으라고 명령하면, 이 컴퓨터는 방에 존재하는 모든 각도를 계산해 기억장치 속에 저장된 과거의 문들이 가진 형태나 비율과 일치하는 특정한 사물을 찾을 것이다. 그런데 문의 종류가 매우 다양하다면 명령이 지시하는 문이 어떤 문인지 파악하는 데 무척 애를 먹을 것이다. 반면 해럴드가 이 명령을 이행하기란 그야말로 식은 죽 먹기다. 우리는 방의 어렴풋한 형상을 머리에 저장해 두고 있다. 그래서 보통 방의 어디쯤에 문이 달려 있는지 안다. 우리에게 이 과정은 거의 무의식적으로 진행될 만큼 손쉽다.[20] 사람은 퍼지 사고fuzzy thinking(흑과 백 사이에 존재하는 다양한 명도의 회색, 즉 다양성을 수용하는 사고. 모든 요인을 총체적으로 보고, 복합적으로 판단하며 동시에 창조적인 발상을 하게 만든다 - 옮긴이)를 할 수 있기 때문이다.

우리는 세상의 다양한 모형을 바라본 다음 핵심을 찾아낸다. 이 핵심은 신경 점화의 한 모형이다. 그리고 일단 그 핵심을 찾아내고 나면 이것을 가지고 많은 것을 할 수 있다. 우리는 개의 핵심을 포착한 다음 머릿속에 저장되어 있는 윈스턴 처칠의 핵심을 떠올리고는 윈스턴 처칠의 목소리가 개의 입에서 나오는 상상을 할 수 있다. 그 개가 불도그고 신경 모형 사이에 이 불도그의 이미지와 겹치는 부분이 이미 존재한다면 '이것은 불도그와 같은 것이다'라고 말할 수 있다는 뜻이다.

이처럼 복수의 신경 모형을 혼합하는 행위를 상상이라고 부른다. 그런데 이 상상은 언뜻 보기에는 쉽지만 사실 말할 수 없을 만큼 복잡하다. 함께 존재하지 않는 두 개 이상의 사물을 마음속에서 하나로 혼합한 다음 기존에 존재하지 않는 제3의 사물을 창조하는 행위가 바로 상상이다. 이와 관련해서 질 포코니에와 마크 터너는 공저인 『우리는 어떻게 생각하는가』에서 다음과 같이 주장했다. "통합적인 네트워크를 구축한다는 것은 복수의 정신적인 공간을 설정하고, 이 공간들을 동시에 아우르며 공유되는 구조들을 설정하고, 이러한 혼합체에 선택적으로 상상을 가미하고, 상상으로 형성된 혼합체를 다시 한번 상상으로써 바라보며, 새로운 구조들을 혼합체에 추가하고, 그 혼합체를 다양한 방식으로 변주시키는 등의 모든 내용을 포함한다."[21]

하지만 이건 단지 시작일 뿐이다. 만일 여러분에게 믿을 수 없을 정도로 복잡하고 때로는 결코 무너지지 않는 추론 능력이 있다면 상상 속에서 일어나는 사건들의 정확한 추이와 인과관계를 규명하려고 애쓰는 학자들의 저술을 읽기 바란다. 이 학자들은 이 분야에 '이중 영역 통합double-scope integration'이라는 유쾌한 이름을 붙였다.

어쨌거나 해럴드는 아직 어리지만 그 방면에서 놀라운 능력을 발휘했다. 5분이라는 아주 짧은 시간 안에 호랑이가 될 수 있었고 기차도, 자동차도, 자기 엄마도, 건물도, 심지어 개미도 될 수 있었다. 그리고 네 살 무렵에는 일곱 달 동안이나 자신이 태양에서 태어난 피조물이라고 믿었다. 롭과 줄리아는 해럴드가 지구의 한 병원에서 태어난 지구의 피조물이라는 사실을 가르쳐주려고 애썼지만, 아이는 한사코 자신이 태양의 피조물이라는 생각을 버리려 하지 않았다. 그래서 두 사람은 해럴드에게 망상 장애가 있는 게 아닌지 심각하게 고민하기도 했다.

사실은 그게 아니었다. 해럴드는 사물을 혼합하는 상상의 세계에서 잠깐 길을 잃었을 뿐이다. 나이가 조금 더 들자 해럴드는 전체 우주가 자기를 받들고 찬양하기 위해 존재한다는 이른바 '해럴드 세상'을 창조했다(이런 상상 세계를 학자들은 '파라코즘paracosm'이라고 부른다). 해럴드 세상에 사는 사람들의 이름은 모두 해럴드이고, 왕인 해럴드를 숭배했다. 해럴드 세상의 사람들은 마시멜로나 초콜릿만 먹었고 대부분이 프로스포츠 선수였다. 해럴드 세상에는 심지어 독자적인 역사(즉 환상 속

에서 일어났던 수많은 사건의 역사)가 있었는데, 이 역사는 실제 세계의 역
사와 마찬가지로 그의 기억 속에 저장되어 있었다.

일생을 통틀어 해럴드는 사물을 혼합하고 일반화하고 또 이야기로
만들어내는 데 훌륭한 솜씨를 발휘했다. 하지만 가공되지 않은 기초적
인 정보를 처리하는 능력을 실제로 측정해 보면 사실 평균보다 조금 더
높을 뿐 그다지 특별하다고 할 만한 것은 없었다. 그럼에도 해럴드는
놀랍게도 본질을 꿰뚫고 신경 모형들을 마음대로 주물렀다. 이것은 해
럴드가 실제의 모델들과 현실의 실체를 대체할 수 있는 모델들을 창조
하는 데 탁월했다는 의미다.

우리는 때로 아이가 어른보다 상상력을 더 잘 발휘한다는 이유로 상
상이 지적으로 쉬운 작업이라고 생각한다. 그러나 이는 착각이다. 상상
은 매우 힘든 일이며 또한 실제적인 일이다. 상상력에 재능이 있는 사
람은 이렇게 말할 수 있다. "만일 내가 너라면, 난 이러저러하게 하겠
다." 혹은 이런 생각을 할 수도 있다. '나는 지금 이 일을 이런 방식으로
하고 있어. 그렇지만 저런 방식을 시도한다면 일을 더 빨리 끝낼 수도
있지.' 이런 이중 영역과 조건을 고려하는 능력은 실제 생활에서 매우
유용하게 활용된다.

어린 시절의 상상은 무엇을 남기는가

네 살에서 열 살 사이에 해럴드는 식탁에 앉아서 텔레비전에서 들은 대
사의 단편들을 툭툭 뱉기도 하고 시엠송을 흥얼거리기도 했다. 그런데
묘하게도 이것들이 언제나 대화 속에 적절하게 녹아들었다. 어려운 단
어들도 곧잘 적절하게 구사했는데, 나중에 무슨 뜻이냐고 물어보면 의
식적으로는 정확하게 알지 못하는 듯했다. 또 폴 매카트니와 윙스가

불렀던 노래의 가사를 불쑥 내뱉기도 했는데, 신기하게도 그 말들이 당시 상황에 전혀 튀지 않고 잘 맞아떨어졌다. 이럴 때면 사람들은 놀란 눈으로 해럴드를 바라보며 "네 안에 노인이 한 명 들어 있구나"라고 말하곤 했다.

그러나 해럴드의 뇌 속에 숨은 어른은 없었다. 그저 모형 합성기 pattern synthesizer가 하나 있을 뿐이었다. 롭과 줄리아는 해럴드의 인생을 완벽하게 조직했다. 날마다 똑같은 일들이 일어났다. 언제나 똑같은 일이 일어날 것이라고 예상했고, 예상이 빗나가지 않았다. 이런 습관적인 일상이 해럴드의 마음에 근본적인 구조들을 구축했다. 해럴드의 마음은 이 질서와 규칙성에서 탈출해 반역의 모험을 떠났다. 이 모험에서 그는 도저히 있을 것 같지 않은 것들을 마술적인 방식으로 결합했다.

물론 롭과 줄리아는 아들의 풍부한 상상력에 기쁨을 감추지 못했다. 그러나 아들은 때로 현실의 삶을 사는 데 문제가 있어 보이기도 했다. 이 부부는 대형마트의 통로를 올라가고 또 내려올 때 얌전히 카트에 앉아 있는 다른 집의 아이들과 달리 카트를 제멋대로 이리저리 끌고 다니는 해럴드를 가만 내버려둘 수가 없었다. 늘 붙잡고 말려야 했다. 또 유치원에서도 선생님의 말을 잘 듣는 다른 아이들과 달리 해럴드는 제자리에 가만히 있거나 해야 할 일을 진득하게 붙잡고 하는 적이 없었다. 그때그때 하고 싶은 일을 하느라 늘 정신이 없었다. 롭과 줄리아는 해럴드가 흥분해서 난리를 치며 이리저리 뛰어다니는 바람에 녹초가 될 지경이었다. 그래도 두 사람은 어떻게 해서든 해럴드가 조신하게 행동하게 하려고 애를 썼다. 해럴드는 비행기를 타면 골칫덩이었고 식당에서는 말썽쟁이였다. 교사와 학부모가 함께한 간담회에서 해럴드를 지도하는 교사들은 해럴드 때문에 다른 아이들에게 돌아가야 할 시간이 너무 많이 낭비된다고 했다. 해럴드는 선생님의 말을 귀담아 듣지 않았고 뭘 시켜도 시키는 대로 하는 법이 없었다. 줄리아는 서점에서 해럴드를 지켜보면서 자기가 주의력 결핍 및 과잉행동 장애ADHD 치료약이 필요한 아이를 키우는 게 아닌가 하는 생각으로 가슴이 답답했다.

어느 날 저녁, 해럴드가 유치원에 있을 때였다. 롭은 아들의 교실 앞을 지나쳐 가고 있었는데, 녀석이 바닥에 두 다리를 쭉 뻗고 엎드려 있었다. 녀석의 주변에는 작은 플라스틱 피규어들이 놓여 있었다. 왼편에는 초록색의 군인 피규어가 한 무리 서 있고, 이들 곁에는 레고 해적 한 무리가 서 있었다. 그리고 핫휠즈Hot Wheels 자동차들이 서로 충돌할 듯 정면을 향해 달리며 심각한 교통 체증을 빚었다. 해럴드는 다스 베이더 피규어를 적진 한가운데로 옮긴 뒤, 방심하고 있던 적들을 쓰러뜨렸다. 전투가 치열해지고 또 소강상태를 보임에 따라 해럴드의 목소리도 높아졌다가 낮아졌다. 때로는 마치 속삭이듯이 말하기도 했다. 해럴드는 스포츠 중계방송을 하듯 실감 나게 현장 상황을 설명했다. "좋아! 이제 다들 점점 미쳐서 날뛰기 시작하는구나!"

롭은 복도에 서서 10분쯤 해럴드가 노는 모습을 지켜보았다. 해럴드는 롭을 흘낏 바라보긴 했지만 곧 다시 전쟁으로 돌아갔다. 그는 봉제 인형 원숭이 가운데 한 마리에게 격려의 연설을 했다. 그리고 키가 5센티미터쯤 되는 플라스틱 피규어에게도 격려를 아끼지 않았다. 또 자동차가 받은 마음의 상처를 달래주었고 봉제 인형 원숭이를 꾸짖었다.

그의 이야기 속에는 장군들도, 사병들도 있었다. 엄마와 아빠도, 치과의사도 소방관도 있었다. 아주 어린 나이임에도 해럴드는 제각기 다른 사회적 역할을 부여받은 인물들 각자의 행동 모형을 온전하게 파악하는 것 같았다. 어떤 놀이에서는 전사가 되고 어떤 게임에서는 의사가 또 어떤 게임에서는 요리사가 되었다. 이런 역할을 하는 사람들이 실제로 어떻게 생각하는지, 이들의 마음속에서 어떤 일이 일어날지를 상상하며 연기한 것이다.

해럴드가 하는 이야기 가운데 대부분은 자신이 미래에 어떻게 살아갈까, 어떻게 하면 명예와 명성을 얻을까 하는 내용이었다. 롭과 줄리아를 비롯해 두 사람의 친구들은 종종 돈과 안락함을 얻는 상상을 하곤 했다. 그러나 해럴드와 그의 또래 친구들은 영광을 얻는 상상을 했다.

어느 토요일 오후, 해럴드의 친구 몇 명이 집으로 놀러와 해럴드의 방에서 인형을 가지고 놀았다. 해럴드는 장난감들을 모두 소방관이라고 했다. 그러자 아이들은 어떤 집에 불이 났다고 상상하며 호스, 트럭, 도끼 등과 같은 불 끄는 도구들을 챙겼다. 아이들은 각자 전체 이야기 속에서 역할 하나씩을 맡았다. 롭은 살그머니 다가가서 아이들이 노는 모습을 지켜보았다. 해럴드는 안타깝지만 작은 나폴레옹에 만족해야 했다. 그는 아이들에게 누가 트럭을 운전하며 누가 호스를 나를 것인지 지시했다. 아이들은 자기들이 상상 속에서 함께 만든 가상의 세상에서 해야 할 일에 대해 정교하게 역할 분담을 하고 규칙을 정했다. 상상 속에 존재하는 자유로운 형태의 세상이었지만 각자 역할을 맡는 일은 분명 필요했다. 그리고 아이들은 규칙을 정하는 일에 상당히 많은 시간을 들였다. 롭은 이야기 그 자체보다도 규칙이 더 중요하다는 인상을 받았다. 또 각각의 아이가 모두 자신의 주장을 펼치려고 애를 쓴다는 사실을 알 수 있었다. 놀이는 평온한 가운데 위기가 발생하고 위기를 극복한 뒤에는 다시 평온한 상태로 돌아온다는 기승전결의 이야기 구조를 갖추고 있었다. 아이들은 먼저 평화로운 장면을 연출했다. 그러다가 어떤 끔찍한 일이 벌어졌고, 힘을 합쳐서 이 위기를 극복했다. 승리를 한

다음에는 다시 예전의 평온한 상태로 돌아왔다. 모든 이야기는 '행복하게 잘 산다'는 결말로 끝났다. 놀이에 참가한 아이들은 모두 명성과 명예를 얻었다.

롭은 아이들이 미국의 소아과 의사이자 반전운동가인 벤저민 스폭Benjamin Spock 놀이를 하는 걸 20분 가까이 지켜보다 자기도 아이들 틈에 끼고 싶다는 생각을 했다. 그래서 인형 몇 개를 집어 들고 아이들의 놀이에 참여했다. 하지만 이건 커다란 실수였다. 평범한 사람이 농구공을 들고 엘에이 레이커스 선수들과 함께 농구 경기를 하자는 것과 마찬가지였기 때문이다.

롭은 성인으로 오랜 세월 살아오면서 특정한 종류의 사고방식을 능숙하게 잘 구사하도록 훈련받았다. 바로 심리학자 제롬 브루너Jerome Bruner가 '범례적 사고paradigmatic thinking'라고 불렀던 사고방식이다.[22] 이러한 사고방식은 논리와 분석으로써 구축된다. 이것은 법률적 문건이나 경영 관련 문건 혹은 학술적 논문의 언어다. 범례적 사고를 할 때는 어떤 상황에서 뒤로 물러나 사실들을 조직하고 일반적인 원칙들을 추론하며 여러 질문을 던진다.

그러나 해럴드와 그의 친구들이 하는 놀이는 브루너가 '이야기 형식narrative mode'이라고 부르는, 전혀 다른 사고방식에 따라서 진행되었다. 해럴드와 친구들은 이번에는 목장에서 일을 하는 한 무리의 카우보이가 되었다. 이야기의 출발은 단순했다. 말을 타고, 로프를 던지고, 집을 짓고 놀았다. 하지만 이들의 이야기가 점점 진행되면서 그 이야기 속에서 어떤 것이 합당하고 어떤 것이 합당하지 않은지가 분명하게 드러났다.

카우보이들은 협력하기 시작했다. 그러다가 다퉜다. 소 떼를 잃어버리고 울타리를 만들었다. 카우보이들은 토네이도가 다가오자 팀을 꾸려서 대응하고 위험이 사라지자 다시 흩어졌다. 그런데 갑자기 침략자들이 나타났다. 이 이야기는 신화적인 형식을 띤다. 여기에는 범례적 사고에서는 있을 수 없는 전혀 다른 차원, 즉 선과 악의 차원이 존재한다. 신화적인 형식에서는 사람들이 어떤 이야기를 할 수 있게 할 뿐만 아니라 그 이야기에서 촉발되는 도덕적인 감정을 비롯해 다양한 정서를 모두 정당화시킨다.

아이들은 침략자들에게 경계와 공포로 반응했다. 아이들은 카펫 위에 급하게 엎드리면서 각자 가지고 있는 플라스틱 말을 침략자들에 맞서도록 정렬했다. 그러면서 서로에게 다급하게 외쳤다. "안 되겠어! 적들이 너무 많아!" 아이들은 모두 공포에 떨었다. 질 게 뻔한 싸움이었다. 그런데 이때 해럴드가 그때까지 아이들이 가지고 놀던 장난감보다 열 배는 커 보이는 거대한 흰 말을 하나 꺼내 왔다. 그리고 정말 궁금해하는 목소리로 물었다. "이게 뭐지?" 그리고 자기가 던진 질문에 다시 자기가 대답했다. "이것은 백마다!"

그러고는 침략자들에게 돌진했다. 그러자 아이 두 명이 재빠르게 침략자의 편으로 돌아서서 침략자들이 백마를 공격하게 했다. 이들 사이에서는 엄청난 전투가 벌어졌다. 백마는 침략자들을 짓밟았고 침략자들은 백마에게 상처를 입혀 피를 흘리게 했다. 얼마 뒤에 침략자들은 모두 죽었다. 그러나 백마도 피를 너무 많이 흘려 죽고 말았다. 아이들은 옷을 백마의 몸에 덮어주며 슬픈 장례식을 치렀다. 백마의 영혼은 하늘로 올라갔다.

롭은 떠들썩한 가젤 떼 속에 섞인 한 마리의 흑멧돼지나 다름없었다. 아이들의 상상력은 하늘 높이 춤을 췄지만 그의 상상력은 땅바닥에 철퍼덕 널브러져 있었다. 아이들이 선과 악을 볼 때 롭은 플라스틱과 금속을 보았다. 5분이 지나자 아이들의 격렬한 집중력에 롭은 뒷목이 뻐근하게 아파왔다. 롭은 아이들을 따라가느라 지쳤다.

아마도 롭 역시 어릴 때는 이 아이들처럼 정신적인 능력이 활발했을 것이다. 그러나 어른이 되면서 그 능력은 사라지고 말았다. 집중은 더 잘할 수 있게 되었지만 어릴 때처럼 전혀 다른 것들을 하나로 합쳐 생각하지는 못하게 된 것이다. 그의 마음은 하나의 연상에서 또 다른 연상으로 자유롭게 뛰어다니지 못했다. 나중에 롭은 줄리아에게 자기는 이제 해럴드처럼 아무런 논리도 없이 무작위적으로 생각하지 못하겠다고 말했고, 이에 줄리아는 짧게 대답했다. "걔도 당신처럼 되겠죠."

롭은 아내의 말에 동의하려고 애썼다. 적어도 해럴드의 이야기들은 언제나 해피엔드로 끝났다. 심리학자 댄 맥애덤스Dan P. McAdams는 아이들이 개발한 이야기 구조가 이들이 장차 살아갈 인생에서 벌어질 여러 이야기에 영향을 미친다고 주장한다.[23] 사람은 어린 시절에 상상했던 이야기 구조를 따라서 모든 것은 좋거나 나쁘게 끝날 것이라는, 앞으로 영원히 지속될 가정적인 논리를 점차 받아들인다. 아이들은 자라면서 목표가 달성되고 상처가 치유되고 평화가 회복되고 세상이 이해되던 이야기의 기본적인 토대를 영원히 내려놓게 된다.

자야 할 시각이 지났음에도 해럴드는 자지 않고 인형들과 밤늦도록 이야기하곤 했다. 부모는 아래층에서 녹초가 된 터라 아들이 무슨 말을 하는지 정확하게 알아들을 수 없었다. 그러나 아들을 감싸고 있는 공기 속으로 온갖 이야기가 춤을 추며 펼쳐져 아들의 목소리가 올라가기도 하고 내려가기도 한다는 건 알 수 있었다. 두 사람은 아들이 무언가를 평온한 목소리로 설명하는 소리를 듣곤 했다. 또 무언가에 깜짝 놀라는 소리를 듣기도 했다. 상상 속의 친구들을 불러 모으는 소리를 듣기도 했다. 해럴드는 자기만의 세상에 빠져 있었다. 롭과 줄리아는 해럴드가 보통 사람들이 벌이는 경주에 과연 참가나 할 수 있을지, 한다면 그때가 정확하게 언제일지 궁금하고 또 걱정스러웠다. 그러나 위층에서 해럴드는 부모가 이런 걱정을 하는지 알지 못한 채 자기만의 세상에서 원숭이들을 훈련시키다 꿈나라로 빠져들었다.

5장

애착

삶의 단단한 뿌리를 심다

해럴드가 초등학교 2학년이던 어
느 날이었다. 줄리아가 놀이방에 있던 해럴드를 식탁으로 불러냈다. 줄
리아는 온 힘을 다해서, 이제 그만 숙제할 시간이라고 일렀다. 그러나
해럴드는 늘 하던 대로 자신이 왜 지금 숙제를 할 수 없는지에 대해 뻔
한 이유를 늘어놓았다. 우선 숙제가 없다고 했다. 그러나 이 거짓말은
금방 들통났다. 학교에서 숙제를 이미 다 했다고도 했다. 그다음에는
버스를 타고 집에 오는 도중에 숙제를 했다는, 정말 말도 안 되는 주장
도 펼쳤다. 과제물을 학교에 두고 왔다거나 선생님이 숙제 범위를 정해
주지 않아서 숙제를 할 수 없다고, 다음 주에 제출할 숙제가 아니라고,
내일 하겠다고도 했다. 물론 이것 말고도 해럴드가 대는 이유는 훨씬
더 많았다.

　저녁을 먹고 나면 해럴드가 늘 듣는 말이 있었다. 현관 앞에 팽개쳐
놓은 가방을 가지고 오라는 말이었다. 가방을 가지러 현관까지 갔다 올
때 해럴드의 어깨는 사형장에 들어서는 사형수처럼 축 늘어졌다.

　책가방은 소년 시절의 아이가 무엇에 관심을 기울이는지 알 수 있는
백과사전이었고, 가방 속 내용물만으로 보면 해럴드는 장차 노숙자가
되는 길을 착실하게 걸어가고 있었다. 가방 속에 켜켜이 쌓인 물건을
지질학자가 지층을 탐사하듯 하나씩 파서 살펴보자면 비스킷, 주스 팩,

장난감 자동차, 포켓몬스터 카드, PSP 게임기, 낙서한 종이들, 지난 과제물, 지난 학년에 받았던 연습 문제지, 사과, 자갈, 신문, 가위, 구리관 등이 보였다. 가방의 무게는 폭스바겐보다 아주 조금 가벼운 듯했다.

줄리아는 해럴드의 과제물 폴더를 그 잡동사니들 가운데 놓았다. 그리곤 해럴드가 해야 할 숙제를 열어보고 가슴이 철렁 내려앉았다. 그때부터 65분을 그 10분짜리 숙제를 끝내도록 설득하는 데 써야 했으니까 말이다. 게다가 65분도 최소한으로 예상한 시간이었다. 해럴드가 두꺼운 종이로 된 구두 상자, 여섯 가지 색깔이 나오는 펜, 판지, 가로 1미터짜리 게시판, 아마인유, 흑단黑檀, 발가락 세 개 달린 나무늘보의 발톱, 반짝이 풀 따위가 필요하다고 할지 모르기 때문이었다.

듀크대학교 교수 해리스 쿠퍼Harris Cooper의 연구 결과, 초등학교에서 한 아이가 숙제를 많이 하는 것과 이 아이가 시험이나 다른 성취에서 좋은 성적을 받는 것 사이에는 그다지 큰 연관성이 없다[1]는 사실이 밝혀졌다. 하지만 줄리아는 이를 희미하게 의심할 수밖에 없었다. 또한 숙제가 지닌 다른 목적들도 의심했다. 숙제를 놓고 밤마다 지겹도록 벌이는 이 씨름이 부모에게 아이들이 제대로 잘 교육받고 있다는 확신을 심어주거나 아이들에게 미래에 그들이 살아갈 인생이 정신적으로 짓눌린 일벌의 삶임을 일깨워주거나, 혹은 보다 적극적인 관점에서 볼 때 아이들에게 나중에 인생을 살면서 필요할 학습 습관을 일깨워준다는 것 따위의 의미 말이다.

하지만 줄리아는 덫에 걸리고 말았다. 감당하기 힘들 정도로 과중한, 그녀가 속한 사회계층 사람들이 하나같이 비웃으면서도 결코 포기하지 못하는 양육의 덫이었다. 그래서 줄리아는 자기가 아들에게 제공해야 할 촌지와 아첨을 단단히 준비해야 했다. 해럴드에게 숙제를 시키려고 줄리아는 몇 분에 걸쳐서 온갖 그럴듯한 미끼를 내걸었다. 황금빛이 번쩍거리는 별, 사탕, BMW 자동차…. 하지만 해럴드는 보통 이런 미끼에 넘어가지 않았다. 그러면 줄리아는 당근 대신 채찍을 들었다. 해럴드가 좋아하는 텔레비전 프로그램이나 영상을 보지 못하게 하겠다거나, 컴퓨터 게임을 하지 못하게 하겠다거나, 유언장에 이름을 넣어주지 않겠다거나, 박스 안에 가둬두고 빵과 물만 주겠다거나 하는 협박이었다.

해럴드는 모든 당근과 협박에도 굴하지 않았다. 나중에 당할 불편함이나 고통을 현재의 불편함과 나란히 놓고 비용-편익 계산을 할 능력이 아직 없거나, 아니면 엄마가 텔레비전을 보지 못하게 했다가 한 주 내내 자기에게 시달리고 들볶일 마음이 전혀 없다는 걸 처음부터 알고 있기 때문이다.

어쨌거나 줄리아는 결국 해럴드를 식탁에 앉히고 숙제를 시켰다. 그리고 물을 한 잔 마시려고 돌아섰다. 그런데 정확하게 7.82초가 지난 뒤 해럴드가 종이 한 장을 내밀면서 숙제를 다 했다고 말했다. 종이에는 초기 산스크리트어처럼 보이는 알아보기 어려운 글자들이 서너 개 쓰여 있었다.

그리고 여기에서부터 그날 밤의 '숙제 다시 하기'라는 길고 긴 여정이 시작되었다. 줄리아는 숙제를 천천히, 정성을 다해서 그리고 될 수 있으면 산스크리트어가 아니라 영어로 다시 하라고 말했다. 해럴드는 늘 그랬듯이 저항했다. 그러자 참혹한 내면적 혼란이라는 또 다른 악순환이 이어졌다. 다시 15분 동안 아수라장의 혼란을 거쳐야만 해럴드가 숙제를 하기 시작할 것임을 줄리아는 잘 알고 있었다. 마치 그 아수라장의 혼란과 내전을 두 사람이 함께 치러야만 비로소 해럴드가 항복하고 숙제에 집중할 수 있는 것 같았다.

이런 상황을 현대적인 관점에서 보자면 해럴드의 자유가 문명이라는 말도 안 되는 구속에 짓뭉개진다고 볼 수도 있다. 어린이의 순진무구함과 창의성은 사회의 과열된 형식주의에 침해받고 구속된다. 사람은 자유롭게 태어나지만 어디에서든 사슬에 묶여 있다.

그러나 줄리아는 자기 아들을 바라보면서 감독을 받지 않는 해럴드, 숙제를 하지 않는 해럴드, 통제를 받지 않는 해럴드가 정말 자유를 마음껏 누리는 존재라는 사실을 알지 못했다. 해럴드의 이런 모습은 몇몇 철학자가 순진무구함과 기쁨의 축도라고 묘사하기도 하는 바로 그 모습이다. 그러나 이런 해럴드는 자기 충동에 갇힌 죄수였다. 구조가 없는 자유는 그 자체로 노예 상태다.

해럴드는 숙제를 하고 싶었다. 훌륭한 학생이 되어서 교사들과 부모를 기쁘게 해주고 싶었다. 그러나 그렇게 할 수 없었다. 가방을 쓰레기 매립장처럼 만들고 삶을 무질서 그 자체로 만들 수밖에 없었다. 식탁에 앉아서는 도무지 주의를 집중할 수가 없었다. 반드시 싱크대에서 무슨 일이 생겨서 해럴드는 거기에 신경 쓰고 그걸 챙겨야 했다. 갑자기 무슨 생각이 떠올라 냉장고로 가서 문을 열어야 했고 커피메이커 옆에 놓은 편지봉투에서 편지를 꺼내봐야 했다.

해럴드는 자유롭기는커녕 등불과 같은 자신의 의식이 남긴 유산에 희생되는 가여운 희생자일 뿐이었다. 비논리적이고 무작위적으로 불쑥불쑥 튀어나오는 온갖 생각에 마음을 뺏겨 산만해질 수밖에 없었다. 자기 반응을 스스로 조절할 수 없었다. 해럴드는 똑똑한 아이라서 자기가 통제를 벗어나 있다는 사실을 알았다. 그러나 내면에서 솟구치듯 분출하는 혼란을 어찌 할 수 없었다. 그래서 좌절하고 자기가 정말 나쁜 학생이라고 자책하기도 했다.

어느 날 저녁이었다. 솔직히 이런 좋지 않은 상태를 더욱 악화시킨 건 줄리아였다. 참았어야 했는데 그러지 못했던 것이다. 두 팔을 걷어붙이고는 본격적으로 해럴드와 한판 벌였다. "넌 도대체 왜 이렇게 간단한 숙제조차도 제대로 끝내지 못하니? 이유를 잘 알고 있잖아! 그런데 왜 알면서 하지 못하느냔 말이야!" 하지만 아무런 효과가 없었다.

그래도 줄리아에게는 다른 방책들이 있었다. 줄리아가 어릴 때 줄리아의 가족은 이사를 많이 다녔다. 전학도 여러 차례 했고, 그 바람에 친구를 잘 사귀지 못했다. 그때 줄리아는 엄마에게만 매달렸다. 엄마를 늘 따라다녔다. 함께 긴 시간 동안 산책을 하고 차를 마시러 함께 나갔다. 엄마 역시 늘 말 한마디 따뜻하게 붙일 사람이 없는 이방인이었기에 외로웠던 마음을 딸에게 활짝 열었다. 어린 줄리아에게 새로운 환경에 적응해야 하는 문제를 비롯해 현재 상황의 좋은 점과 나쁜 점을 낱낱이 모두 털어놓았다. 그리고 그런 생활을 하느라 아쉽게 놓쳐버리고 마는 것들과 앞으로 기대하는 것들도 전부 말했다. 줄리아는 엄마가 이렇게 자기에게 마음을 열 때면 특권을 누리는 것 같은 기분을 느꼈다. 덕분에 그 어린 소녀는 어른의 세계를 접할 수 있었다. 특별한 영역에 들어가도 좋다는 허락을 받은 기분이었다.

줄리아는 자기 어머니와는 전혀 다르게 살았다. 많은 점에서 어머니보다는 훨씬 쉬운 세상을 살았다. 줄리아는 피상적인 것들에 터무니없이 많은 시간을 쏟았다. 예를 들어 손님방에 걸어둘 적당한 수건을 고르려고 매장에서 많은 시간을 보냈다. 또 유명 인사들과 관련된 소문들을 수집했고, 이런 것들을 소재로 수다를 떠느라 많은 시간을 보냈다. 하지만 그러면서도 줄리아는 자신도 모르게 엄마의 행동을 내면적인 실행 모델working model로 품고 모방하고 있었다. 그런데 이런 것들은 전혀 인식하지 못한 채 자기가 했던 특별한 경험을 해럴드에게도 똑같이 나눠주었다. 줄리아는 그에 대해 의식적으로 생각하지 않았지만 어떤 일 때문에 두 사람 모두 초조해지거나 시련에 맞닥뜨릴 때면, 어릴 때 감행했던 여러 모험을 해럴드에게 물려주고 있는 자신의 모습을 문득 발견했다. 자기의 인생, 즉 어른의 세계를 들여다볼 수 있는 특권을 아들에게 주곤 했던 것이다.

바로 그날 저녁, 줄리아는 해럴드가 이상하게도 외로워 보였다. 외부의 자극과 내면의 충동에 맞서 힘겹게 투쟁하는 것처럼 보였다. 그래서 본능적으로 아들을 자기 안으로 끌어당겨 자기 삶의 내밀한 부분을 살짝 보여주었다.

엄마는 아들에게 이야기를 하나 했다. 대학교를 졸업한 뒤에 친구들과 함께 자동차를 몰고 미국 횡단 여행을 떠났던 일이었다. 그 여행의 리듬이 어땠는지 이야기했다. 애팔래치아산맥이 어땠고 이 산맥이 어떻게 평원으로 이어지는지, 또 로키산맥은 어땠는지 들려주었다. 아침에 일어나면 멀리 보이던 산맥과, 자동차로 달리며 그 산맥을 바라보는 게 어떤 기분이었는지 말해주었다. 아무리 몇 시간씩 달려도 가까이 다가간 만큼 산맥이 뒤로 물러나듯 조금도 거리가 가까워지지 않던 느낌과 고속도로를 따라 줄지어 서 있던 자동차 행렬의 이야기도 했다.

줄리아가 이야기를 할 때 해럴드는 엄마에게서 눈을 떼지 않았다. 엄마가 하는 이야기에 완전히 사로잡혔다. 엄마는 아들을 하나의 인격으로 존중하며 가장 신비로운 영역으로 안내했다. 자기 삶의 숨겨져 있던 부분, 아들이 태어나기도 전에 존재했던 영역이었다. 아들의 시간대는 미묘하게 확장되었다. 아들은 엄마의 소녀 시절과 어른이 되어가던 시절, 자기가 태어나고 성장하고 여기까지 온 과정 그리고 자신이 장차

하게 될 온갖 모험에 대한 미묘한 암시를 받았다.

줄리아는 부엌의 조리대를 정리하고 탁자에 쌓인 온갖 고지서와 청구서를 정리하면서 이런 이야기를 했다. 해럴드는 그런 엄마에게 고개를 들이민 채 귀를 기울였다. 마치 오랫동안 걷고 나서 목이 말라 엄마에게 물을 받아먹는 아이처럼 진심으로 귀를 기울이며 엄마에게 기댔다. 그리고 이미 그때쯤엔 제법 많이 성장해서 자기 자신을 다잡는 데 엄마를 이용하는 방법을 터득한 상태였다. 엄마와 아무리 사소한 내용으로 대화를 하더라도 그를 통해 자신을 돌아볼 수 있었던 것이다.

줄리아는 해럴드를 보았다. 해럴드가 연필을 입에 물고 흔들고 있었다. 이로 씹는 건 아니었고 가볍게 문 채 연필이 흔들리도록 했다. 무언가를 골똘히 생각할 때면 자기도 모르게 나타나는 버릇이었다. 갑자기 아들의 표정이 한층 밝고 행복하고 침착해졌다. 줄리아는 자기 이야기를 해줌으로써 평온한 상태가 된다는 것이 어떤 것인지 아들에게 은연중에 일깨워주었다. 아들이 혼자서는 해낼 수 없었던 깊고 넓은 대화의 맛을 보여준 것이다. 그러자 기적 같은 일이 일어났다. 그렇게 하라고 해도 하지 않던 숙제를 해럴드는 금방 끝냈다.

물론 그건 기적이 아니었다. 발달심리학자들이 확인한 사항 가운데 하나는, 뛰어난 심리학자가 아니더라도 얼마든지 훌륭한 부모가 될 수 있다는 사실이다. 굳이 엄청난 교사 재능을 타고나지 않아도 된다는 말이다. 대부분의 부모는 낱말카드나 스티커 따위를 이용해 기계는 도저히 흉내도 낼 수 없을 정도로 훌륭하게 아이들을 가르쳐 완벽한 성취를 이루어내도록 인도한다. 그런데 이 부모들이 갖추고 있는 조건이 하나 있다. 너그럽고 자상해야 한다는 점이다. 아이들에게 편안하고 예측 가능하며 안정된 리듬을 주어야 한다. 아이들이 필요로 하는 것에 눈높이를 맞추고 애정과 엄격함을 조화롭게 결합해야 한다. 아이들이 스트레스를 받을 때 의지할 수 있는 정서적인 유대감을 조성하는 것이다. 세상이 던지는 어려운 문제들을 극복할 방법의 생생한 사례들을 가까이에서 얼른 줄 수 있어야 한다. 그래야 아이들이 무의식적으로 마음속에 실행 모델을 설정하고 또 그 모델을 모방할 수 있다.

부모의 사랑이 삶의 뿌리가 되는 순간

사회과학자들은 비록 제한된 내용이라 할지라도 인간 발달에 관한 진실을 규명하려고 최선을 다한다. 1944년 영국의 심리학자 존 볼비는 비행청소년들을 대상으로 이른바 '마흔네 명의 청소년 절도범Forty-Four Juvenile Thieves'이라 불리는 관찰 실험을 진행했다. 그런데 이 아이들 가운데 아주 많은 수가 어릴 때 부모에게서 버림을 받았으며, 분노와 모욕감을 가슴에 품고 자기들이 아무 가치가 없는 인간이라고 생각한다는 사실을 알게 되었다. 이 아이들은 보통 이런 말을 했다. "엄마가 날 버렸어요. 내가 착하지 않으니까요."[2]

볼비는 이 아이들이 버림받았다는 생각이 스스로를 괴롭히지 못하도록 애정을 억누르며 다른 여러 방안을 모색한다는 사실을 확인했다. 그리고 이들이 가장 필요로 하는 것은 안전과 탐험이라는 이론적인 결론을 내렸다. 아이들은 자기를 돌봐주는 사람들에게 사랑받는다고 느껴야 한다. 하지만 동시에 세상 속으로 들어가 자기 힘으로 스스로를 돌보기도 해야 한다. 볼비는 비록 이런 두 가지 필요성이 때때로 갈등을 일으키기도 하지만 결국은 서로 연결되어 있다고 주장했다. 어떤 사람이 가정에서 안전하다는 느낌을 많이 받으면 받을수록 가정 바깥의 세상에서 새로운 것들에 대담하게 도전하는 탐험 정신이 그만큼 더 커진다는 말이다. 이와 관련해 볼비는 다음과 같이 말했다. "태어나서 무덤에 들어갈 때까지 우리는 모두, 각자 자기에게 애정을 주는 사람들이 제공하는 안전한 기지에서 출발해 때로는 길기도 하고 때로는 짧기도 한 일련의 여행을 하며 인생을 조직할 때 가장 행복한 법이다."[3]

볼비가 거둔 연구 성과 덕분에 우리는 어린 시절에 대해, 그리고 인간 본성에 대해 과거와는 전혀 다르게 생각할 수 있게 되었다. 볼비 이전까지만 하더라도 심리학자들은 개인과 개인 사이의 관계가 아니라 개별적인 인간의 행동만을 연구 대상으로 삼는 경향이 있었다. 그러나 볼비는 아이와 엄마(혹은 가장 기본적인 애정 공여자) 사이의 관계가 장차 아이가 자기 자신과 세상을 어떤 눈으로 바라볼지 결정한다고 주장했다.

볼비 이전, 그리고 심지어 볼비 이후의 많은 사람이 개인의 의식적인 선택에 초점을 맞췄다. 사람은 '단순한 세상'을 바라보며 이 세상에 대한 '복잡하고 어려운 결정'을 내린다는 게 가설의 핵심이었다. 그런데 볼비는 우리 머릿속에 있는 무의식적인 모델들, 가장 먼저 지각知覺을 결정하는 이 주체에 초점을 맞췄다.

예를 들어 한 아이가 천성적으로 민감한 성격을 타고났다고 치자. 하지만 다행스럽게도 이 아이에게는 아이의 기분을 정확하게 읽어내는 엄마가 있다. 아이가 안아주기를 바랄 때 엄마는 안아주고, 놓아주기를 바랄 때 놓아준다. 엄마는 자극을 원할 때 자극을 주고 또 평온함을 원할 땐 뒤로 물러난다. 여기서 아이는 다른 사람들과 나누는 대화 속에서 자기가 존재한다는 사실을 배운다. 아이는 이 세상이 통일성 있는 대화들로 구성되어 있음을 깨닫는다. 아울러 자기가 어떤 신호를 보내면 이 신호를 누군가가 받아줄 것임을 알게 되고, 곧 어려움이 닥칠 때 도움을 받는 법을 배운다. 세상이 돌아가는 전체적인 방식을 깨닫고,

세상에 나가서 다른 사람들을 만날 때 이런 방식에 의존한다. 물론 그때 그 방식은 유효할 수도 유효하지 않을 수도 있다.

인간관계가 거미줄처럼 촘촘하고 잘 조율된 조건에서 태어난 아이는 새로운 사람들과 어떻게 대화를 시작할지 알고 있으며, 사회적인 관계 속에서 오가는 여러 신호가 무슨 뜻인지 파악한다. 세상을 반갑고 유쾌한 곳으로 바라본다. 이에 비해 위협적인 인간관계 속에서 태어난 아이는 겁이 많고 움츠러들며 공격적이다. 이 아이들은 보통 위험이 전혀 존재하지 않는 상황에서도 위험을 느낀다. 사회적인 신호를 제대로 읽지 못하거나 자신이 가치 있는 대화 상대자라고 생각하지 못하기도 한다. 이런 무의식적인 현실 구축reality construction 과정은 우리가 무엇을 볼 것이며 또 무엇에 관심을 기울일 것인가를 강력하게 결정한다.

부모가 베푸는 관계를 규정하는 방식에는 여러 가지가 있다. 그러나 볼비의 제자인 메리 에인스워스Mary Ainsworth는 아이가 비록 아주 짧은 시간 동안이라 하더라도 기본적인 애정 공여자에게서 떨어져 나와 혼자 힘으로 세상을 탐험해야만 하는 때가 바로 그 결정적인 순간임을 알아냈다. 에인스워스는 안전과 탐험 사이의 이런 전이 상황을 연구하려고 이른바 '낯선 상황 검사Strange Situation Test'라는 도구를 고안했다. 이 검사에서는 보통 태어난 지 9~18개월 된 아기와 엄마를 탐험 정신을 유발하는 장난감으로 가득 찬 방에 들어가게 한다. 그리고 낯선 사람을 이 방에 들여보낸다. 그다음 엄마가 낯선 사람에게 아기를 맡기고 방에서 나온다. 그리고 엄마가 다시 방으로 들어갔다가 엄마와 낯선 사람이 아기를 방에 혼자 두고 나온다. 그다음 낯선 사람이 방으로 돌아간다. 에인스워스와 그녀의 동료들은 이 모든 상황에서 아기가 어떻게 반응하는지 면밀하게 관찰했다. 엄마가 방에서 나갈 때 아기가 얼마나 저항하는가? 엄마가 다시 돌아왔을 때 아기가 어떻게 반응하는가? 아기는 낯선 사람에게 어떻게 반응하는가?

그 뒤 수십 년 동안 이 '낯선 상황 검사'는 전 세계의 수많은 아이를 대상으로 실시되었다. 엄마가 방에서 나갈 때 3분의 2 정도 되는 아기가 조금 울었으며 엄마가 다시 들어올 때는 엄마에게 달려갔다. 이 아기들에게는 안정적인 애착 관계가 있다고 말할 수 있다. 그런데 아기의 약 5분의 1은 엄마가 방에서 나갈 때나 들어올 때 아무런 감정 표현을 하지 않았다. 이 아기들에게는 회피적인 애착 관계가 있는 듯했다. 그리고 마지막 집단은 일관된 반응을 보이지 않았다. 이 아기들은 엄마가 돌아올 때 엄마에게 달려가지만, 동시에 엄마가 가까이 오면 화가 나서 엄마를 때렸다. 이 아기들에게는 불안정 혼돈 애착 관계가 있다고 말할 수 있다.[4]

물론 이 범주들에는 인간의 본성을 범주화하려는 다른 모든 시도와 마찬가지로 결함이 있다. 하지만 그럼에도 각기 다른 유형의 애착이 각기 다른 유형의 양육과 어떤 관련이 있으며, 또 유아 시절의 애착이 아이가 평생을 살면서 맺는 인간관계를 비롯해 아이가 거두는 성과에 얼마나 큰 영향을 미치는지 탐구하는 이러한 애착이론의 연구 결과는 수없이 많다. 유아기에 치른 검사의 결과가 아이의 일생을 절대적으로 결정하지는 않는다. 어린 시절의 운명에 평생 갇혀 사는 사람은 없다. 그러나 부모와 자식 사이의 인간관계에 의해 형성되는 한 인간의 내면적인 실행 모델, 즉 이 아기가 나중에 세상을 살면서 사용하게 될 실행 모델은 이 실험을 통해 충분히 통찰해 볼 수 있다.

안정적인 애착 관계를 지닌 아기에게는 욕구에 눈높이를 맞춰 아기의 기분을 정확하게 읽어내는 부모가 있다. 이들은 아기가 놀랄 때 달래주고 기뻐할 때 함께 즐겁게 놀아준다. 그러나 이러한 부모도 모든 면에서 완벽할 수 없고, 아기 역시 완벽한 인간관계를 맺지 못한다. 그렇지만 너무 걱정할 필요는 없다. 우리의 염려와는 달리 아기들은 부서지기 쉬운 존재가 아니기 때문이다. 부모는 실수할 수 있고 감정을 억제하지 못할 수 있으며 때로는 아기가 필요로 하는 것을 무시할 수도 있다. 그러나 전반적인 양육 태도가 믿음직하다면 아기들은 부모가 곁에 있을 때 안전하다는 느낌을 받는다. 또 하나의 교훈으로 들 수 있는 것은 절대적으로 옳은 양육 유형이라는 것은 없다는 점이다. 부모가 엄격하게 꾸짖는다 하더라도 아기가 느끼기에 부모와 자기 사이의 대화가 일관성 있고 예측 가능하다면 애착은 얼마든지 안정적일 수 있다.

부모가 아기와 이런 식으로 눈높이를 맞출 때 아기의 뇌에서는 옥시토신이 분출된다. 몇몇 학자는 자기들이 주장하는 이론의 연장선상에서 옥시토신을 '친화 신경펩티드affiliative neuropeptide'라고 부르기도 한다. 이 호르몬은 엄마가 아기에게 젖을 물릴 때나 남녀가 오르가슴을 느낀 뒤에 서로의 눈을 바라볼 때 혹은 친구나 친척이 포옹할 때와 같이 사람들이 친밀한 사회적 유대감을 느낄 때 분출된다. 옥시토신은 강력한 만족감을 준다. 그러므로 옥시토신은 사람들을 서로 묶어주는 자연의 도구인 셈이다.

안정적인 애착 관계에 있는 아이는 스트레스 상황을 잘 극복하는 경향이 있다. 미네소타대학교의 아동 발달신경학자인 메건 거너Megan Gunnar가 수행한 실험에서 이런 사실을 확인할 수 있다. 안정적인 애착 관계에 있는 생후 15개월 된 아기는 주사를 맞을 때 울긴 하지만 체내 코르티솔(스트레스와 같은 외부 자극에 맞서 콩팥의 부신 피질에서 분비되는 호르몬 – 옮긴이 주) 수치는 증가하지 않는다. 불안정한 애착 관계에 있는 아기는 큰 소리로 울긴 하지만 이 울음소리는 애정 공여자에게 들릴 정도는 아니며, 체내 코르티솔 수치가 올라가는 경향을 보인다. 이 아기들은 보다 많은 실존적 스트레스를 느끼는 데 익숙해져 있기 때문이다. 안정적인 애착 관계가 형성된 아이는 학교나 캠프에서 그렇지 않은 아이보다 보통 친구가 많다.[5] 이 아이들은 학교에서 성공을 거두기 위해 친구와 교사를 이용하는 방법을 알고 있다. 이들은 교사들에게 억지로 혹은 무조건적으로 의존해야 한다고 느끼지 않으며 그렇다고 교사들에게서 멀찌감치 떨어져 있지도 않는다. 교사들에게 다가가기도 하고 떠나기도 한다. 꾸준하게 접촉하면서도 끊임없이 돌아선다는 말이다.[6] 이들은 또한 인생을 보다 정직하게 사는 경향이 있다. 다른 사람들에게 굳이 거짓말을 해야 할 필요성을 덜 느끼기 때문이다.[7]

회피적인 애착 관계를 가진 아기의 부모는 정서적으로 위축되고 심리적으로 유리되어 있는 경우가 많다. 이런 부모는 아기와 의사소통을 잘하지 못하거나 아기와 정서적 공감대를 형성하지 못한다. 이들은 때로 올바른 말을 하지만 말만 그럴듯할 뿐 애정이 담긴 몸짓이 뒤따르지 않는다. 그래서 아기들은 자신을 스스로 돌봐야 한다는 내면적인 실행 모델을 만든다. 다른 사람들에게 의존하지 않는 법을 배우고 먼저 뒷걸음질을 친다. 낯선 상황 검사에서 이 아기들은 엄마가 방에서 나갈 때 겉으로는 저항을 하지 않지만 심장박동수가 증가하고 내면적으로 잔뜩 긴장한다. 혼자 남아 있을 때 이 아기들은 울지 않고 장난감을 가지고 혼자 놀면서 고독하게 탐험을 하기도 한다.[8]

이 아이들은 나이가 들면서 언뜻 보기에는 놀라울 정도로 독립적이고 성숙해진다. 학교에 갔을 때 처음 몇 주 동안은 교사가 이 아이들을 높게 평가한다. 그러나 점차 또래 친구들이나 어른들과 밀접한 인간관계를 맺지 못한다는 사실이 드러난다. 이들은 만성적으로 높은 수준의 불안에 시달리고 사회적인 여러 상황에서도 안정을 찾지 못한다. 앨런 스로프, 바이런 에겔란, 엘리자베스 칼슨, 앤드루 콜린스의 공저 『인간의 발달』에서는 회피적인 애착 관계에 있는 아이가 교실에 걸어 들어가는 모습을 다음과 같이 묘사한다. "이 아이는 요트가 바람을 헤치고 나아가는 것처럼 여러 방향으로 지그재그를 그리며 나아간다. 대체적으로 교사가 있는 곳으로 가고 있기는 하다. 그러나 교사에게 등을 보이고 만다. 교사가 자기를 불러주길 기다리는 것이다."[9]

회피적인 애착 관계를 가진 아이는 나중에 어른이 되면 어린 시절을 잘 기억하지 못하는 경향이 있다. 그 시절을 그저 일반적으로밖에 묘사하지 못한다. 회상할 수 있을 정도로 정서적으로 강력한 기억이 거의 없기 때문이다.[10] 흔히 이들은 다른 사람과 친밀한 관계를 맺는 데 어려움을 겪는다. 논리적인 토론에는 뛰어날 수 있어도 대화가 정서적인 방면으로 흐르거나 자기 속내를 드러내라는 요구를 받으면 무척 불편해한다. 이들은 폭이 매우 좁은 감정들만으로 세상을 살아간다. 그리고 혼자 있을 때 가장 편안하다고 느낀다. 제네바대학교의 파스칼 브르티카Pascal Vrticka의 논문에 따르면, 어린 시절에 회피적인 애착 관계에 있던 성인은 사회적인 상호작용이 진행되는 동안 보상을 관장하는 뇌 영역의 활동이 둔해진다.[11] 또한 일흔 살이 되는 시점에 외로운 상황에 놓일 확률이 전체 개체군에 비해 세 배 이상 높다.[12]

불안정 혼돈 애착 관계에 있는 아기의 부모는 일관성이 없는 경향이 있다.[13] 이들은 일관된 상태를 1분 이상 지속하지 못한다. 지나치게 오지랖 넓게 행동하다가 얼마 뒤에는 차가울 정도로 소원한 태도를 취한다. 이런 부모 아래에서 아기들은 일관된 실행 모델을 개발하기 어렵다. 아기들은 엄마나 아빠에게 달려가고 싶은 충동을 느끼다가도 이내

딴 데로 가버린다.[14] 이런 아기들은 위태로운 난간에 서 있을 때조차 안정적인 애착 관계에 있는 아기들과 달리 엄마를 바라보며 도움을 청하지 않는다. 오히려 엄마를 외면한다.[15]

이런 아기들은 나중에 다른 아이들보다 무서움을 훨씬 많이 느낀다. 또 위협을 훨씬 많이 지각하며 충동을 억제하는 데 문제를 보이기 쉽다.[16] 이런 종류의 스트레스들은 장기적으로 영향을 미치기도 한다. 아버지가 없는 가정에서 성장한 여자는 다른 요인이 모두 동일한 개체군 내에서도 평균보다 일찍 생리를 하는 경향을 보인다. 또 이들은 일반적으로 성인이 되었을 때 성적으로 문란한 경우가 많다.[17] 와해된 애착 양상에 있는 아기는 열일곱 살이 되었을 때 사이코패스적인 특성을 보다 많이 보인다.[18] 이들의 뇌 크기는 상대적으로 작으며 시냅스의 밀도도 낮다. 어린 시절의 트라우마 충격이 시냅스 개발을 저해했기 때문이다.[19]

그렇다고 해서 어린 시절의 애착 유형이 인생을 송두리째 결정한다고는 말할 수 없다. 성인이 되어서 나타나는 결과는 어린 시절 애착의 양상에 따라 직접적으로 결정되지는 않는다. 어떤 사람은 기질상 회복력이 매우 강해서 초기의 잘못된 부분을 극복해 낼 수 있다. 또한 인생이란 워낙 복잡하기에 어릴 때 엄마와 변변한 애착 관계를 형성하지 못했던 아이라 하더라도 훌륭한 교사나 이모 혹은 고모를 만나 다른 사람들과 인간관계를 맺는 방법을 얼마든지 배울 수 있다. 또 어떤 아이들은 비록 부모가 역할을 제대로 해주지 않더라도 다른 사람들을 '이용'해 애착 인물을 설정하기도 한다.[20] 그러나 어린 시절의 양육 애착이 인생의 길을 활짝 열어주는 것만은 분명하다. 또한 세상이 어떻게 돌아가는지 인식하는 무의식적인 실행 모델을 강화한다.

많은 학자가 초기 애착 양상이 그 사람의 인생에 지대한 영향을 미친다는 사실을 추적하고 밝혀냈다. 독일에는 미국보다 회피적인 애착 관계에 있는 아기가 많고, 일본에는 걱정이 많은 아기가 많다는 사실이 그렇다.[21] 정말 인상적인 연구 가운데 하나는 미네소타에서 진행된 것인데, 이 내용은 앞서 언급한 스로프, 에겔란, 칼슨, 콜린스의 공저 『인간의 발달』에 요약되어 있다.

스로프를 중심으로 한 연구진은 180명의 아이와 그들의 가족을 30년 넘게 추적했다. 연구진은 아이들이 태어나기 석 달 전부터 작업을 시작했다. 부모의 개성을 파악하고 평가하기 위해서였다. 그리고 아기와 부모가 그들의 인생을 사는 동안 계속해서 추적하며 모든 방면에 걸쳐 수없이 많은 방법으로 관찰하고 측정하고 검사했다. 또한 언제나 복수의 독립적인 관찰자들이 그 내용을 열성적으로 기록하게 했다.

이 실험의 결과는 상식을 벗어나지 않았다. 그러나 기존의 상식을 놀라운 방식으로 강화했다. 가장 두드러진 발견은, 인과관계의 화살 대부분이 부모에게서 자식으로 향한다는 것이었다. 짜증이 많거나 대하기 힘든 아이는 애착 관계를 형성하기가 상대적으로 어려우며, 평온하며 밝은 아이는 상대적으로 쉽다는 것은 명백한 사실이다. 그럼에도 핵심적인 요인은 양육자의 민감성이었다. 다른 사람과 쉽게 상호작용을 하는 부모는 보통 안정적인 애착 양상을 보이는 아이를 출산했다. 자기 부모와 좋은 관계를 맺은 부모 역시 마찬가지였다. 민감한 부모는 까다로운 아이와도 안정적인 애착 관계를 형성할 수 있으며 유전적으로 불리한 요인들까지 극복할 수 있다.

또 하나의 뚜렷한 특징은 사람에게는 각자 일관된 인성 개발 방향이 있다는 점이다. 특정한 나이에 안정적인 애착 양상을 보인 아이는 나이가 더 들어서도 (부모의 죽음이나 학대를 경험하지 않는 경우) 이 양상이 바꾸지 않았다. 이와 관련해 저자들은 다음과 같이 말했다. "전체적으로 우리의 연구는 한 사람의 어린 시절 경험을 보면 그 사람의 미래를 예측할 수 있다는 가설을 강력히 지지한다."[22] 어린 시절에 아이를 정성을 다해 세심하게 돌본다면 나중에 이 아이가 훌륭한 능력을 발휘할 것임을 충분히 예측할 수 있다는 말이다.

애착 양상은 학교 성적과도 높은 상관성을 보인다. 몇몇 학자는 한 아이의 지능지수를 측정하면 이 아이가 나중에 학교에서 얼마나 좋은 성적을 받을지 예측할 수 있다고 여긴다. 한편 스로프 팀은 사회적·정서적 요인 역시 믿을 수 없을 정도로 강력한 영향을 미친다고 주장한다. 안정적인 애착 형성과 애정 공여자의 민감성 수준은 아이가 학교에서 받는 읽기 및 수학 성적과 높은 상관성을 보였다.[23] 불안하거나 회피적인 애착 양상을 보인 아기는 나중에 학교에서 행동 발달 면에 문제를 드러내곤 했다. 생후 6개월 무렵 부모가 위협적이고 강제적이며 예측 불가능한 모습을 보였던 아이는 학교에서 주의력이 산만하며 과잉행동 장애를 드러내는 경우가 많았다.[24]

생후 42개월이 된 시점에 부모가 보인 양육 행위의 질을 수치로 측정한 내용을 근거로 판단할 때, 스로프 팀은 어떤 아이가 나중에 학교를 중퇴할지 77퍼센트의 정확도로 예측할 수 있었다.[25] 지능지수와 성적 자료를 판단 근거로 추가해도 정확성은 77퍼센트에서 더 개선되지 않았다. 학교에 계속 다닌 아이들은 일반적으로 교사 및 동료와 인간관계를 쌓는 방법을 알고 있었다. 열아홉 살 때 이들은 자기를 제대로 이해하는 '특별한' 교사가 적어도 한 명은 있다고 보고했다. 그러나 중퇴한 아이들은 어른과 어떤 방식으로 인간관계를 맺어야 할지 알지 못했다. 이 아이들 대부분은 자기와 특별한 관계에 있다고 할 만한 교사가 없다고 응답했다. 그리고 '이들 가운데 다수는 도무지 알아들을 수 없는 질문을 한다는 눈빛으로 설문 조사관을 바라보았다.'[26]

어린 시절의 애착 양상은 생애의 나중에 맺게 될 다른 인간관계들, 특히 낭만적인 인간관계의 질을 예측하는 데도 도움을 준다. 또 어떤 아이가 나중에 학교에서 리더가 될지 아닐지도 강력하게 예측하며 10대 시절의 자신감 지수, 사회 참여를 비롯해 사회적 능력도 예측할 수 있다.

또 사람들은 자녀에게 자기 부모가 했던 행동을 그대로 모방하는 경우가 많다. 어릴 때 학대를 당한 경험이 있는 부모의 40퍼센트는 자기 아이를 학대했고, 따뜻한 보살핌을 받았던 엄마 가운데 딱 한 명을 제외하고는 모두 자식을 따뜻하고 적절하게 보살폈다.[27]

스로프와 동료들은 게임을 하거나 어떤 퍼즐을 풀려고 애를 쓰는 아이들이 부모와 함께 있을 때 어떤 모습을 보이는지 관찰했다. 그리고 20년 뒤에 성장해서 아이의 아버지가 된 이들 역시 자기 아이들에게 아버지가 했던 것과 동일한 행동을 하는 모습을 관찰했다. 20년 가까이 격차가 있는 두 세대는 때로 섬뜩한 정도로 똑같은 행동을 보였는데, 그 예는 다음과 같다.

엘리스가 어떤 문제를 풀면서 도움을 받으려고 엄마를 부르자, 엄마는 천장만 바라보고 모른 체하며 웃기만 했다. 그리고 마침내 엘리스가 한참 만에 문제를 다 풀고 나자 이렇게 말했다. "거 봐라, 네가 얼마나 어리광을 부렸는지 잘 알겠니?"

그리고 20년 뒤. 이번에는 엘리스가 자기 아들이 예전에 자기가 풀었던 문제를 놓고 씨름을 하는 모습을 바라보고 있었다. 아들이 도와달라고 해도 엘리스는 짐짓 아이와 눈을 마주치지 않으려 애쓰며 머리를 절레절레 흔들면서 혼자 웃었다. 그리고 나중에는 사탕 봉지에서 사탕을 꺼내서 주는 척하며 아이를 놀렸다. 아이가 사탕을 집으려고 달려오자 사탕을 바닥에 떨어뜨렸다. 결국 그는 아들 대신 문제를 풀고는 이렇게 말했다. "너는 문제를 못 풀었지만 나는 풀었어. 너는 나만큼 똑똑하지 못해."[28]

우리의 인생이 복잡한 이유

만일 여러분이 성인이 된 해럴드에게 부모가 어떤 유형의 애착을 심어 주었느냐고 묻는다면 해럴드는 아마도 안정적인 애착이라고 말할 것이다. 해럴드는 행복하게 보냈던 휴일들을 기억했다. 그리고 부모와 맺었던 끈끈한 유대감도 기억했다. 그건 사실이다. 그의 부모는 항상 그가 필요로 하는 것에 눈높이를 맞췄고 그 덕에 해럴드는 안정적인 실행 모델을 구축할 수 있었다. 해럴드는 개방적이고 의심할 줄 모르는 소년으로 성장했다. 그는 새로운 환경에서도 친구를 사귈 수 있을 거라고 자신했고 여태까지 사랑을 받았듯이 앞으로도 계속 사랑을 받을 것이라고 생각했다. 해럴드는 언제나 사회적인 상호작용 안에서 답을 찾으려 했다. 일이 잘못되었을 때, 자책하는 마음으로 우울할 때에도 그다지 주눅이 들지 않았고 심하게 고함을 질러대지도 않았다. 그는 다른 사람들에게 다가갔고, 그들이 자신을 반갑게 맞아들여 혼자서 풀지 못한 문제를 풀도록 도와줄 거라고 기대했다. 그는 다른 사람들과 대화했고 그들에게 도움을 청했다.

그러나 실제 인생은 전형적인 모범 답안처럼 완벽하게 풀리지 않는 법이다. 해럴드 역시 때로는 공포에 몸을 떨었고 부모가 절대로 이해하지 못하는 결핍감을 느꼈다. 하지만 해럴드의 부모는 해럴드가 헤쳐나가야 할 상황을 경험하지 못했다. 해럴드는 부모에게는 없는 숨겨진 정신적인 지층, 부모가 이해할 수 없는 공포 그리고 부모가 함께 나눌 수 없는 야망을 가지고 있는 듯했다.

일곱 살 때 해럴드는 토요일을 무서워했다. 토요일 아침에 눈을 뜨면 우선 그 생각부터 났다. 토요일이면 저녁마다 엄마 아빠가 함께 외출을 했던 것이다. 그 사실이 해럴드를 압박했다. 그 시각이 점점 다가오면 해럴드는 엄마 아빠가 집을 나설 때 울지 말아야 한다고 혼잣말을 하곤 했다. 때로는 오후 내내 기도를 하기도 했다. "제발, 하느님, 울지 않게 해주세요. 제발 울지 않게 해주세요."

그는 뒷마당에 나가서 개미들이 돌아다니는 걸 바라보거나 2층 자기 방에서 장난감을 가지고 놀았다. 하지만 아무리 놀이에 집중하려고 해도 그 생각은 절대로 머리에서 사라지지 않았다. 부모가 토요일 저녁 때 외출을 하는 건 당연하고, 또 이럴 때 아이는 울지 않고 그 사실을 용감하게 받아들여야 한다는 걸 알았다. 그러나 이것은 아무렇지 않게 따를 수 있는 규칙이 아니었다. 아무리 필사적으로 노력해도 소용없었다. 결국 그는 토요일 저녁마다 울게 되었고, 문을 닫고 떠나는 엄마 아빠를 따라가겠다고 떼를 썼다. 여러 해 동안 베이비시터들은 이런 해럴드를 붙잡고 달래느라 무척이나 고생했다.

부모는 해럴드에게 용감한 소년이 되어야 한다고 말했다. 해럴드는 자기가 마땅히 따라야만 하는 부모의 외출이라는 관습을 잘 알았고 또 인정했다. 그것을 인정하지 않는 게 얼마나 부끄러운 일인지도 잘 알았다. 세상은 부모가 외출하더라도 울지 않는 소년들과 해야만 하는 일을 하지 못하는 단 한 명의 소년인 해럴드로 나뉘었다.

롭과 줄리아는 이런 문제를 원만하게 해결하려고 다양한 시도를 했다. 평일에는 해럴드가 아무런 걱정이나 두려움 없이 학교에 잘 다니지 않느냐고 물으며 자신감을 심어주려고 했다. 그러나 그런 사실은 착한 아이처럼 행동하려고 아무리 필사적으로 노력하더라도 결국 자기는 울음을 터트리고 말 것이며 또 착한 아이가 되지 못할 것이라는 확신을 결코 누그러뜨리지 못했다.

어느 날 오후, 롭은 해럴드가 집 주변을 살금살금 돌아다니며 살피고는 집에 있는 전등이란 전등은 다 켜고 문이란 문은 모두 꼭꼭 닫는 걸 보았다. 그래서 아들에게 물었다. "우리가 나가고 없으면 무섭니?" 물론 해럴드는 아니라고 대답했다. 하지만 아니라는 말은 그렇다는 뜻이나 다름없었다. 롭은 해럴드를 데리고 다니며 집 구석구석을 보여주기로 했다. 집에는 무서워할 게 아무것도 없다는 사실을 직접 보여주기 위해서였다. 두 사람은 모든 방을 돌아다니면서 방이 텅 비어 있음을 확인했다. 롭은 방이 모두 비어 있다는 것은 방들이 모두 안전하다는 절대적인 증거라고 여겼다. "봤지? 무서워할 게 아무것도 없잖아." 하지만 해럴드는 텅 비어 있는 그 공간들이야말로 아무런 형태도 없는 악마가 웅크리고 있다는 절대적인 증거라고 생각했다. 그리고 아버지의 말은 정말 무서운 것을 보았을 때 어른들이 하는 표현이라고 생각했다. 해럴드는 뚱한 얼굴로 고개를 끄덕일 수밖에 없었다.

줄리아는 해럴드를 앉혀놓고 대화를 시도했다. 그리고 아들이 용감하면 좋겠다고 말했다. 토요일 저녁이면 벌어지는 소동이 손을 쓸 수 없을 정도라는 말도 했다. 그러면서 이런 게 소문이 나면 친구들 사이에서 우스꽝스러워 보일 수 있다고 했다. 해럴드는 '손을 쓸 수 없다out of hand'는 표현을 이제껏 한 번도 들어본 적이 없었다. 그래서 무슨 이유에선지 그날도 떼를 쓰고 울다가는 부모가 자기 손을 없애버릴 거라고 상상했다. 해럴드는 키가 크고 비쩍 마르고 수염이 더부룩한 사람이 죽마竹馬 같은 긴 다리에 기다란 코트를 입고 손에는 거대한 가위를 들고 나타나는 상상을 했다. 그 가위에 내 손이 잘리고 말 것이다!

몇 주 전 해럴드는 자기가 저녁을 빨리 먹었다는 이유로 토요일에 부모가 집을 서둘러 나간다면 울어버리고 말겠다고 결심했었다. 정말이지 어린아이만 할 수 있는 혼란스러운 생각이었다. 그런데 이제 울다가는 손까지 잃게 생겼다. 해럴드는 손목에서 솟구치는 피를 상상했다. 손이 잘린 뭉툭한 팔로 식사를 하려고 애를 쓰는 자신을 상상했다. 그리고 그런 상태에서도 여전히 밥을 빨리 먹을 수 있을지 진지하게 고민했다. 해럴드의 머릿속에는 온통 그런 끔찍한 생각뿐이었지만 이런 사실을 알 리 없는 줄리아는 차분한 목소리로 조곤조곤 말했고 해럴드는 울지 않겠다고 약속했다. 언론 담당 비서처럼 공식적인 말밖에 할 수 없었다. 하지만 마음속으로는 약속과 달리 자신이 결국 울음을 터트리고야 말 것임을 잘 알았다.

저녁이 다가오자 줄리아가 헤어드라이어로 머리를 말리는 소리가 들렸다. 평화의 끝이 다가오고 있다는 신호였다. 난로 위의 주전자가 외롭게 물을 끓이고 있었다. 그렇게 끓인 물로 요리한 마카로니와 치즈를 해럴드 혼자서 먹을 터였다. 땡동! 베이비시터가 왔다.

롭과 줄리아가 외투를 입고 현관으로 향했다. 해럴드는 멀찌감치 떨어진 곳에서 이 모습을 바라보며 서 있었다. 울음은 처음에는 가슴과 위장이 가볍게 떨리면서 시작되었다. 그리고 아무리 참으려고 노력해도 온몸이 덜덜 떨려왔다. 눈에서 눈물이 솟아나는 압력이 느껴졌다. 코가 간질거리고 턱이 덜덜 떨리는 게 느껴지자 해럴드는 엄마와 아빠가 보이지 않는 척했다. 하지만 그 순간 그의 내면은 한꺼번에 무너져 내렸다. 그는 온몸을 떨며 울었다. 눈물이 바닥에 방울방울 떨어졌다.

하지만 해럴드는 눈물을 감추거나 닦으려 하지 않았다. 이번에는 두 사람을 따라가겠다고 떼를 쓰지 않았다. 한 발자국도 움직이지 않은 채 울기만 했다. 현관 앞에 선 부모와 뒤에 선 베이비시터 사이에서 해럴드는 몸을 흔들며 울었다.

'난 나쁜 아이야, 난 나쁜 아이야.' 해럴드는 속으로 그렇게 말했다. 부끄러움이 콸콸 솟구쳐 그를 완전히 적셨다. 그는 우는 아이였다. 그런데 그 혼란의 와중에 인과관계에 혼란이 생겨 해럴드는 자기가 울기 때문에 부모가 외출을 한다고 생각했다. 부모가 떠나고 몇 분 뒤, 해럴드는 자기 방에서 담요를 가지고 왔고 자기 주변에 봉제 인형들을 둘러 세워 성채를 만들었다. 어린아이는 자신의 영혼을 자기가 좋아하는 인형에 투영한다. 그리고 어른들이 종교적인 아이콘들을 벗으로 삼듯 그렇게 인형과 교감을 나눈다. 여러 해가 지난 뒤에 해럴드는 어린 시절이 행복했다고 회상하겠지만 이 회상은 고통스러운 이별, 혼란, 오해, 트라우마, 신비로움 따위로 뒤범벅이 되어 있을 것이다. 그렇기 때문에 사실 전기傳記라는 것은 모두 엉터리일 수밖에 없다. 전기는 내면의 흐름을 결코 포착할 수 없다. 자기 자신에 대한 이해가 불완전한 이유도 여기에 있다. 오로지 소수의 훌륭한 사람만이 어린 시절의 경험이 자기 뇌에 실행 모델을 구축했다는 사실을 깨달을 수 있다. 만년에 우리는 내면 깊숙한 곳에서 일어나는 신비로운 일들을 덮어버리려고 온갖 허구와 이론을 갖다 붙인다. 그러나 어린 시절에 느꼈던 세상의 불가해함은 여전히 생생하게 살아 있다. 그리고 때로는 무시무시한 힘을 발휘하며 머릿속에 떠오른다.

2부

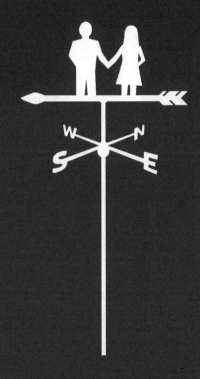

무엇이

우리를 성장시키는가

6장

교육

생각이 저절로
끓어오르게 가르쳐라

청소년기의 해럴드는 변함없이 쾌활했고 잘생긴 얼굴과 인기라는 무거운 짐을 가볍게 들고 다녔다. 그는 일찍부터 빠르게 성장해 중학교 때는 이미 운동장에서 하는 경기는 뭐든 잘하는 스포츠 스타로 불렸다. 다른 아이들이 덩치 면에서 곧 해럴드를 따라잡았고 능력 면에서도 해럴드를 추월했지만, 그럼에도 해럴드는 여전히 자신감이 넘쳤고 이런 자신감 덕에 다른 아이들은 해럴드를 보면 저절로 경의와 존경을 느꼈다.

해럴드를 비롯해 '가는 허리-떡 벌어진 어깨'의 친구들은 시끄럽게 떠들어대는 걸로 유명했다. 이들이 내는 소음은 땀구멍에서 분출되는 것 같았다. 복도에서 만났을 때 하는 인사도 그냥 인사가 아니었다. 그야말로 폭발이라도 하는 듯한 인사였다. 예를 들어서 구내식당이라고 치자. 가까운 곳에 물병이라도 있다면 이들은 예외 없이 그 물병을 서로 먼저 잡으려고 한바탕 우당탕거렸다. 그러면 다른 아이들은 휙휙 날아다니는 물병에 혹시 재수 없게 맞지나 않을까 겁을 내며 슬금슬금 피했다. 이 아이들은 예쁜 여학생이 지나가면 오럴 섹스와 관련한 야한 농담을 던지기도 했다. 그러면 남자 교사들은 이런 모습을 바라보면서 엉큼한 생각을 하며 즐겼고, 아래 학년의 학생들은 관음증적인 경외감에 푹 빠졌다. 해럴드와 그의 친구들은 한 번도 드러내놓고 말은 하지 않았지만 자기들이 그 학교의 '짱'임을 잘 알고 있었다. 그리고 이런 사실에 은근히 자부심을 느꼈다.

해럴드는 친구들과 인간관계를 맺을 때 신체 접촉을 최대한 많이 하고 시선 접촉은 최소한으로 적게 했다. 이들은 끊임없이 밀치고 레슬링을 했으며, 그게 아니면 용기와 솜씨를 필요로 하는 온갖 경쟁을 했다. 때로는 이들 사이에 존재하는 우정이란 것은 '음낭'이라는 단어를 온갖 방식으로 코믹하게 비틀어서 사용하는 것 속에서만 살아 있는 것처럼 보이기도 했다.

그러나 어른들은 여전히 해럴드를 좋아했다. 친구들과 함께 있을 때면 '썹탱아!'라는 말을 입고 달고 다녔지만 부모나 공손하게 대해야 할 어른과 함께 있을 때는 점잖은 말을 골라서 썼기 때문이다. 이럴 때면 해럴드는 사춘기 근방에도 가보지 못한 순진한 소년처럼 행동했다. 또 그는 지구온난화 문제로 세상에 경종을 울리는 집회에 참석하고는 진심으로 감동한 듯 굴었다. 교사나 청소년 상담 전문가가 특히 좋아할 만한 행동이었다.

해럴드의 고등학교는 마치 살아 있는 뇌처럼 조직되어 있었다. 우선 집행 기능이 있었다. 교장과 행정 관리자들이 이를 담당했다. 이들은 자기들이 없으면 학교가 돌아가지 않을 것처럼 일했다. 그러나 사실은 그렇지 않았다. 진짜 그 일을 하는 기관은 사물함 안에 있었고 복도에 있었다. 노트, 침, 사랑에 빠지기, 거절, 우정, 불화, 싸움, 뒷말 등등이 오가고 겹치고 충돌하는 것이야말로 학교에서 실제로 일어나는 일이었다. 전교생은 약 1,000명이었고 따라서 이들 사이의 인간관계는 1,000 × 1,000개에 달했다. 이것이 바로 해럴드가 다닌 고등학교 생활의 진짜 모습이었다.

집행 기능을 담당하는 사람은 학교가 정보 전달이라는 생산적인 사회적 과정을 수행한다고 믿는다. 게시판에 여러 과학 프로젝트를 게시하는 것도 이런 과정에 포함된다. 그러나 실제로 고등학교는 사회적인 분류 작업을 수행하는 기계다. 고등학교의 진짜 목적은 아직 어린 사회 구성원들에게 전체 사회 구조 가운데서 각자 자기에게 맞는 자리가 어디인지 깨닫게 해주는 것이다.

1954년 심리학자 무자퍼 셰리프Muzafer Sherif는 장차 유명한 실험으로 기억될 사회과학 실험 하나를 수행했다.[1] 오클라호마 출신 학생 스물두 명을 캠프 참가생으로 모아 로버스동굴주립공원Robbers Cave State Park으로 데리고 갔다. 열한 살인 이 아이들을 두 집단으로 나눠 각각의 집단에 '방울뱀들'과 '독수리들'이라는 이름을 붙이고 한 주 동안 각 집단을 따로 떼어놓았다가 다시 한자리에 모이게 한 다음, 두 집단을 경쟁시키는 몇 가지 게임을 하게 했다. 곧바로 문제가 나타났다. 방울뱀들이 깃발을 자기들의 야구장 백네트에 걸었고, 독수리들은 이 깃발을 끌어내려 찢어버렸다.

한 차례 전쟁 같은 경기가 끝난 뒤에 방울뱀들은 독수리들의 생활관을 기습해서 닥치는 대로 부수고 옷가지들을 훔쳐 갔다. 그러자 독수리들은 몽둥이로 무장해 방울뱀들 한 무리를 공격했다. 그러고는 필연적으로 이어질 복수에 대비했다. 돌멩이를 집어넣은 양말을 휘두르며 상대편의 얼굴을 박살내 버리겠다고 했다.

이 두 집단은 서로 적대적인 문화를 만들어냈다. 방울뱀들은 저주를 퍼부었고, 독수리들은 저주 행위를 금지했다. 방울뱀들은 거칠게 행동했고, 독수리들은 기도 모임을 조직했다. 이 실험에서 주장한 내용은 이후에 진행된 수없이 많은 실험에서 재차 확인되었다. 그 내용은 이랬다.

아무리 무작위로 구성원을 설정한다 하더라도 사람들은 집단을 형성하며 (아무리 이질적인 개성을 가진 사람들이라도 그랬다.) 또 이런 집단들이 서로 인접해 있으면 그들 사이에 필연적으로 갈등이 발생한다는 것이다.

해럴드가 다닌 고등학교에서는 아무도 양말에 돌멩이를 넣어 다니지 않았다. 이 학교에서는 서로 칭찬을 받으려는 경쟁이 보편적이고 지배적이었다. 여기에서도 학생들은 필연적으로 파벌이 갈렸으며, 각각의 파벌 집단은 보이지 않는 행동 양식을 공유했다. 한 집단에 속한 각각의 개인은 어떻게 행동하는 게 바람직한지 알았고 이 규칙을 깨는 구성원에게 어떻게 사회적인 치욕을 안겨주어야 하는지 알았다. 이 과정에 필요한 정보는 뒷말을 통해서 각 개인에게 전달되었다. 뒷말은 각각의 집단이 사회적인 규범을 만드는 방식이다.[2] 뒷말을 퍼트리는 개인은 그 규범에 대한 우월적인 지식을 과시함으로써 지위와 권력을 획득한다. 그리고 이 뒷말을 듣는 사람들은 미래에 하지 말아야 할 행동에 관련한 소중한 정보를 얻는다.

처음에 해럴드의 주된 관심은 자기가 속한 집단의 훌륭한 구성원이 되는 것이었다. 사회적인 삶이 그의 가장 격렬한 에너지를 흡수했다. 집단에서 쫓겨나지나 않을까 하는 두려움이 그가 하는 걱정의 가장 큰 원천이었다. 집단의 규칙이 시시때때로 바뀐다는 사실을 이해하는 인식과 관련된 과정은 그에게는 가장 힘든 과제였다.

학생들은 하루 온종일 구내식당과 복도에서 격렬한 사회생활을 경험하느라 완전히 녹초가 될 지경이다. 다행히 학교는 이들에게 휴식 시간을 안배해 준다. 수업을 듣는 동안에는 사회적인 집단에서 쫓겨나지 않을까 전전긍긍하며 온 힘을 다해야 하는 압박에서 해방될 수 있다. 고등학교에서 지적으로 가장 어렵고 또 도덕적으로 가장 중요한 것이 바로 이 사회임을 학생들은 정확하게 이해한다. 비록 어른들은 이런 사실을 모르는 눈치지만 말이다.

사회적 감각의 천재는 학습에도 천재일까

어느 날 구내식당에서의 일이다. 점심시간에 해럴드는 잠시 동작을 멈추고 실내를 둘러보았다. 곧 학교를 졸업할 예정이라 이 풍경을 머릿속에 온전히 담아두고 싶었다. 그는 학교생활의 기본적인 구조를 살폈다. 학생들은 입학을 해서 들어왔다가 졸업을 하고 나가지만 구내식당의 지리적 특성은 영원했다. 해럴드가 소속된 집단인 '왕족파Royalty'는 이 식당의 한가운데 앉았다. '명예파Honors' 아이들은 창가에 앉았다. '드라마 걸스파Drama Girls'는 문가에, 이들과 가까이 있고 싶은 마음에 '젊은 여드름파Pimpled Young Rockers' 역시 문가에 앉았다. '가짜 히피파 Faux Hippies'는 우승컵 진열장 곁에 주로 앉았고, '표준파Normals'는 게시판 옆에 늘어선 식탁에, 이들 왼쪽에는 '대마 여단파Hemp Brigades'와 늘 숙제를 하지 않은 체하는 아시아계 미국인 자녀인 '태평양 자객파Pacific Thugs'가 자리를 잡았다.

　해럴드는 이들 각 집단의 구성원 두세 명과 페이스북 친구였고, 워낙 사교적인 터라 학교의 나머지 아이들에게 '좆까라왕국Jockdom'의 대사 역할을 했다. 그래서 점심시간이면 구내식당 곳곳을 순회하며 아는 아이들과 인사를 나누는 데 많은 시간을 보냈다. 1학년 때는 가까이 있는 아이면 누구든 가리지 않고 친하게 지냈다. 그러다가 2학년과 3학년이 되어서는 자기 집단에 누구보다도 충실했다. 그런데 이제 4학년이 되고 보니 언제부턴가 그 집단에서 벗어나려 하고 있었다. 오랫동안 사귀었던 친구들과 함께하는 시간도 지루해져서 거기에서 벗어나고 싶었다.

자기 정체성에 충분히 자신이 있을 만큼 성장했으므로 파벌 집단에 구애받지 않고 모든 유형의 친구들을 즐겁게 만나고 싶었던 것이다.

해럴드는 구내식당 안을 돌아다니며 한 집단에서 다른 집단으로 옮길 때마다 그 집단에서만 쓰는 은어와 동작을 구사했다. 예를 들어 늘 일탈 행위를 하며 있지 말아야 할 장소에 있기 일쑤인 명예과 아이들과 함께 있을 때는 이들만의 성급한 불안감이 감도는 분위기 속으로 자연스럽게 녹아들었다. 해럴드는 이 흑인 집단 우두머리 학생의 허리를 두 팔로 안았다. 이어서 어른들이 들으면 바짝 긴장하겠지만 학생들끼리는 신경도 쓰지 않는, 인종적인 반목이 녹아 있는 농담을 자연스럽게 했다. 사물함 부근의 바닥에서 점심을 먹어야 하는 1학년 녀석들은 늘 그렇듯 온순했고 이들 가까이에서는 해럴드도 부드러운 사람이 되었다. 편견으로 비뚤어진 경멸을 담장 삼아 높은 방어벽을 친 여학생들도 해럴드를 보고는 환한 얼굴로 웃었다.

"정말 위대한 사람은 모든 사람이 자기가 위대하다고 느끼게 만드는 사람이다." 영국의 작가 길버트 체스터턴Gilbert K. Chesterton이 쓴 구절이다. 해럴드는 가는 곳마다 유쾌함이라는 마법의 물방울을 뿌렸다.

풋내기 한 무리가 둥글게 앉아서 고개를 숙이고 아무 말도 하지 않은 채 서로 문자를 주고받고 있었다. 이때 해럴드가 나타나자 아이들이 모두 고개를 들었다. 아이들 가운데 하나가 익살스럽게 말했다. "안녕하세요, 시장님!" 해럴드는 싱긋 웃으면서 다시 자리를 옮겼다. 해럴드는 이처럼 점심시간마다 구내식당을 순회하며 학생들 사이에서 특별한 명성을 얻었다.

해럴드에게는 어떤 방을 쓱 한번 훑어보고도 거기에 존재하는 수없이 많은 소소한 사회적 관계를 순식간에 포착하는 능력이 있었다. 사람은 누구나 수많은 사람의 얼굴을 쓱 훑어볼 때 특정한 양상을 띠곤 한다. 예를 들어보자. 군중 속에 빨강색 머리를 한 사람이 있다면 사람들의 시선은 대부분 빨간 머리에 잠시 멈추게 된다. 사람은 누구나 특이한 것에 이끌리기 때문이다. 또 대부분의 사람은 눈이 크고 뺨이 통통한 사람이 실제보다 허약하며 유순하다고 믿곤 한다.[3] (아마도 보상 심리가 작용했겠지만 제2차 대전과 한국전쟁 때 아기처럼 곱상한 얼굴을 한 병사가 우락부락한 얼굴을 한 병사보다 무공훈장을 더 많이 받았다.)

해럴드는 어떤 파에서 마약을 허용하고 어떤 파에서 마약을 허용하지 않는지 직관적으로 알았다. 어떤 집단이 컨트리뮤직을 허용하고 어떤 집단이 배척의 이유로 삼는지 알았다. 또 각 집단에서 한 여자가 문란하다는 인상을 받지 않고 꼬실 수 있는 남자의 수가 한 해에 몇 명인지도 알았다. 몇몇 집단에서 그 수는 세 명이었고 또 다른 집단에서는 일곱 명이었다.

대부분의 사람은 자기가 속하지 않은 집단이 자기가 속한 집단에 비해 동질감이 더 강하다고 생각한다.[4] 하지만 해럴드는 각각의 집단을 내면에서 바라볼 수 있었다. 예를 들어 모의 UN 모임에 참석할 때, 해럴드는 두뇌가 뛰어난 수많은 아이와 함께 앉아 있다는 사실뿐만 아니라 그 친구들 가운데 누가 '찌질이 집단'에서 나와 '명예 집단'으로 옮기려하는지 알아맞힐 수 있었다. 어떤 집단에서 누가 지도자이고 누가 허풍선인지, 누가 평화를 추구하고 누가 만용을 부리는지 누가 조직가이고 또 누가 말없이 남의 눈에 잘 띄지 않는지 알 수 있었다.[5]

해럴드의 사회적 의식은 인상적일 정도였다. 그가 복도를 걸어서 교실로 들어서는 순간, 그에게서는 가벼운 변화가 일어났다. 해럴드는 복도에 있을 때면 무엇이든 다 완벽하게 할 수 있다는 자신감에 차 있었다. 그런데 교실에서 수업을 들을 때는 그렇지 않았다. 특히 읽기 과목에서 그랬다. 사회적인 감각은 천재적이었지만 이런 천재성이 학업으로 그대로 이어지지는 않는 것 같았다. 사실 인간이 사회적 지각을 하기 위해 사용하는 뇌의 부분들은 학습할 때 사용하는 뇌의 부분들과 일치하지 않는다.[6] 윌리엄스 신드롬 Williams Syndrome(염색체 이상에 의해 발병되는 희귀 증후군. 대부분 비슷한 얼굴 형태를 가지는 것이 특징이며 심장, 혈관, 신장 등에 질환이 나타나기도 한다. 지능 저하로 학습에 어려움을 겪을 수 있지만, 매우 사교적이며 낯선 사람을 두려워하지 않는 성격상의 특징을 가진다 - 옮긴이)이 있는 사람은 눈이 부실 정도로 화려한 사회적 기술들을 구사하지만 다른 일들을 할 때는 완전히 젬병이다. 심리학자인 데이비드 반 로이 David Van Rooy는 자신의 저서에서 사람의 정서적 지각 가운데 아이큐 점수로 측정할 수 있는 인식 지능은 5퍼센트를 넘지 않는다고 주장한다.[7]

교실에 앉아 강의가 시작되길 기다리는 해럴드에게서는 복도에서 발휘하던 지휘통제 감각이 어느새 사라지고 없었다. 그는 앞자리에 앉은 수재들을 바라보면서 자기는 그 아이들과 부류가 다르다는 사실을 순순히 인정했다. B+ 점수는 받을 수 있었고 토론 시간에 토론에 보탬이 되는 발언도 할 수 있었지만, 그의 발언에 교사가 환하게 웃으며 박수를 친 적은 거의 없었다. 때문에 해럴드는 자신이 학교생활은 제법 잘해낼 수 있지만 스스로가 지성적이지는 않다고 결론 내렸다. 비록 누가 당시의 해럴드에게 지성적이라는 게 무슨 뜻인지 물었다면 정확하게 대답하지 못했겠지만 말이다.

"이 책이 나를 구원했어"

해럴드는 영어 수업을 듣고 있었다. 사실 해럴드는 영어 교사 테일러에게 깊이 빠졌다. 사랑이라고 할 수 있을 만한 감정이었다. 하지만 그건 해럴드로서는 당혹스러운 일이었다. 그 교사는 그의 이상형이 아니었기 때문이다.

고등학교 시절에 테일러는 운동을 좋아하는 남자아이라면 질색을 했다. 10대 시절에 그녀는 감수성이 예민한 예술가 타입이었기 때문이다. 그녀는 고등학교 교육과는 정반대에 있는 소설가 톰 울프Tom Wolfe의 원칙에 따라 성인으로서 자기 정체성을 확립했다. 그 원칙에는 고등학교에서는 학생들이 모두 사회적 활동을 하는 동아리에 가입해 어떤 유형의 개성이 사회적으로 바람직하고 또 어떤 유형의 개성이 그렇지 못한지 분명히 인식하게 된다는 내용도 포함되어 있었다. 정치적인 관점까지 포함하는 성인의 개성은 언제나 고등학생 때 그 사람의 천적과 반대 방향으로 설정되는 법이다.

이렇게 해서 테일러는 영원히 예술적으로 민감한 집단에 속하게 되었고, 운동하는 집단이 가진 단호함과는 담을 쌓았다. 그녀는 멀리 떨어져서 관찰하는 진영에 속했고, 아무 생각 없이 에너지를 발산하는 진영의 반대편에 섰다. 보다 보편적이고 인기가 있는 쪽이 아닌, 보다 정서적인 쪽에 섰던 것이다. 그런데 불행하게도 이것은 만일 어느 날 그녀에게 멋진 정서적인 드라마가 생기지 않는다면 일부러라도 그런 것을 하나 만들려고 내면 깊숙한 곳을 파고들어야 한다는 의미였다.

그녀는 성인이 된 직후에 앨라니스 모리셋Alanis Morissette, 쥬얼Jewel, 사라 맥라클란Sarah McLachlan 등의 가수에 심취하는 단계를 거쳤다. 그녀는 시위에서 행진했고 환경보호에 관심을 가졌으며, 고결한 체하는 것들에 대해 거부감을 느꼈다. 사람들은 그녀가 학교의 무도회나 시니어 위크(고등학교 졸업 직전의 마지막 한 주. 졸업생들을 위한 이런저런 행사가 많이 열린다 - 옮긴이) 때 가는 해변가 소풍 등과 같은 떠들썩한 행사에서도 얼마든지 우울한 얼굴을 하고 있을 수 있는 인물이라고 여겼다. 당연히 풋내기 성인들이 흐드러지게 벌이는 술판 따위는 거들떠보지도 않았고, 그녀를 그런 자리에 부르는 사람도 없었다. 그녀는 다른 졸업생의 앨범에 당혹스러울 정도로 감상적인 글을 썼으며, 또래는 아무도 들어본 적 없는 페루의 작가 카를로스 카스타네다Carlos Castaneda와 헤르만 헤세에게서 길을 찾았다. 한마디로 도저히 이해할 수 없을 정도로 특이한 인물이었다.

그럼에도 테일러는 온전한 성인으로 성장했다. 대학교에서 담배를 피우며 차가운 냉소주의에 흠뻑 젖어 들었다. 또 교육 봉사단체 '미국을 위해 가르친다Teach For America'에 가입해 몇 년 동안 활동했다. 이 시기에 그녀는 진정으로 불행한 상태에 빠진다는 게 어떤 것인지 알았고, 그 때문에 아무리 울고 싶은 마음이 들어도 그런 상태가 아무것도 아니라는 듯 냉담하게 바라보게 되었다.

해럴드를 처음 만났을 때 그녀는 20대 후반이었고 영어를 가르치고 있었다. 그녀는 페이스트Feist와 야엘 나임Yael Naim 그리고 록밴드 아케이드 파이어Arcade Fire의 노래를 듣고, 데이브 에거스Dave Eggers와 조너선 프랜즌Jonathan Franzen의 소설을 읽었다. 손 소독제와 다이어트 콜라에 중독되었고, 머리를 손질하지 않고 지나치게 자연스럽게 내버려 두는 바람에 누구든 그녀가 사람을 만나서 면담을 하는 일이나 법률 관련 일에 종사하는 사람이 아니라는 것을 너무도 쉽게 알 수 있었다. 스카프를 무척이나 사랑했으며 글자는 보통 크기로 썼다. 그녀는 교무실 책상의 모든 벽면을 교훈적인 격언들로 장식했는데, 자기 집 책상 위마저도 그런 격언으로 빼곡하게 채웠다. 이 격언들은 대부분 영국의 학자이자 교육자이던 리처드 리빙스턴Richard Livingstone에게서 나온 것들이었다. 예를 들면 이런 것이었다. "도덕적인 실패를 놓고 사람들은 흔히 허약한 개성 때문이라고 말하지만, 사실은 적절하지 않은 이상 때문일 때가 더 많다."

고등학교에서 영어를 가르치지 않았더라면 그녀는 정상적인 사람으로 일생을 살아갔을지 모른다. 누군가가 인생에서 몇 년 동안 『호밀밭의 파수꾼』, 『분리된 평화』, 『생쥐와 인간』, 『시련』, 『컬러 퍼플』, 『주홍글씨』, 『앵무새 죽이기』를 읽어야 한다는 것과 이런 책을 하루에도 몇 시간씩, 날이면 날마다, 또 해마다 가르쳐야 한다는 것은 전혀 다른 일이다. 누구든 이런 상황에서는 다치지 않을 수가 없다.

이런 소설들이 그녀의 정신 속으로 비집고 들어갔다. 그리고 곧 그녀는 결혼 중매인이라도 된 것처럼 굴었다. 자기가 가르치는 학생들의 영혼을 깊이 들여다보고 그들이 본질적으로 바라는 것이 무엇인지 진단한 다음 그들 각각의 인생을 독특하게 바꿔줄 평범한 수준의 문학작품을 소개해 주는 일이야말로 자신만 할 수 있는 역할이라고 생각했던 것이다. 그녀는 복도를 걸어가다가 불쑥 한 학생을 불러 세워 책 한 권을 건네주며 떨리는 목소리로 이렇게 말하곤 했다. "넌 혼자가 아니야."

이렇게 책을 받은 학생 가운데 자기가 혼자라고 생각한 사람은 아무도 없었다. 테일러는 자기가 살았던 삶을 기준으로 모든 것을 지나치게 일반화한 나머지, 모든 치어리더와 록밴드 구성원, 또 모든 장학생 뒤에 놓인 삶이 깜깜하고 절망적이라고 생각하는 것 같았다.

그렇게 그녀는 구원의 의미로 아이들에게 책을 건넸다. 그녀는 책을 읽는 것이야말로 고립 상태에서 벗어나 '느낄 줄 아는 사람들'과 공동체 의식을 함께할 수 있는 길이라고 여겼다. 그녀는 수업이 끝난 뒤에

"이 책이 나를 구원했어"라고 학생 한 명 한 명에게 속삭이듯 말했다. 그리고 이 학생들을 고등학생 필독서로 구원을 받은 사람들의 예배당으로 초대했다. 그러고는 학생들에게 어두운 시절을 맞닥뜨릴 때 또는 고통을 참을 수 없을 때조차도 소설 속의 주인공들이 그 길을 함께 걸어가 줄 것이라고 잊지 않고 일러주었다.

그런 다음 그녀는 기뻐했다. 눈이 촉촉하게 젖고 가슴에는 깊은 울림이 일었다. 때로는 이런 달콤한 감상에 푹 젖어 있는 그녀를 보는 것만으로도 당뇨 수치가 마구 올라가는 것처럼 느껴질 정도였다. 하지만 결코 부인할 수 없는 또 한 가지 사실은 그녀가 훌륭한 교사라는 점이었다. 이제 그녀가 지닌 정서적인 결핍은 모두 10대 학생들에게 다가가는 데 쓰이고 있었다. 섬세함이나 과묵함이 설 자리는 없었다. 어른들의 사회에 제대로 적응하지 못하게 했던 테일러의 모든 감상적인 성정은 그녀를 학교에서 슈퍼스타로 만들었다.

우리는 왜 교육하는가

교사 가운데는 학교란 기구가 잘못된 인간관을 기초로 세워진 곳이라는 사실을 아는 사람들이 있었다. 테일러는 그 가운데 한 명이었다. 학생은 애초에 속이 텅 빈 존재며 이 빈 공간을 정보로 채워야 한다는 가설 위에 학교는 서 있었다. 하지만 테일러는 학생들이 우리가 아는 것보다 훨씬 더 불가사의하고 복잡하다는 사실을 잠시도 잊지 않았다. 그녀는 사춘기 청소년을 가르쳤는데, 이 학생들의 뇌는 2차 유아기와도 같은 격정의 시기를 보내고 있었다. 사춘기가 시작되면 사람의 뇌 속에서는 시냅스의 가지치기가 맹렬하게 진행된다. 하지만 이런 격정의 결과로도 사춘기 10대의 정신 능력은 일직선으로 향상되지 않는다. 몇몇 연구는 14세 청소년이 다른 사람의 감정을 인식하는 측면에서 9세 아이보다 못하다고 밝혔다.[8] 이들은 몇 년 동안 더 성장하고 안정을 찾은 뒤에야 비로소 예전에 자기가 가지고 있었던 자아 수준을 회복한다.

물론 호르몬도 태풍처럼 몰아친다. 여학생의 뇌하수체는 갑자기 활발해진다.[9] 어린 시절에 그랬던 것처럼 뇌에 에스트로겐이 흘러넘친다. 이런 대홍수 덕분에 비판적 사고 기술과 정서적인 예민함이 모두 갑작스럽게 향상된다. 10대 중 일부는 갑자기 명암에 예민해지기도 한다. 이들의 기분과 지각력은 호르몬이 굽이칠 때마다 시시각각 변한다.

예를 들어 10대 소녀의 월경 주기에서 처음 두 주 동안은 에스트로겐이 얼마나 많이 분비되는지 뇌가 극도로 예민해진다. 그 뒤로는 프로게스테론(난소 안에 있는 황체에서 분비되어 생식 주기에 영향을 주는 여성 호르몬-옮긴이)이 분비되면서 뇌 활동이 수그러든다.[10] 캘리포니아대학교의 루안 브리젠딘 Louann Brizendine 교수는 10대 소녀가 몸에 꽉 끼는 짧은 청바지를 입고 다닌다면, 어느 날 이 아이가 당신을 무시하고 나설 것임을 예측할 수 있다고 썼다. "날을 잘못 잡아 월경 주기 중에 잔소리를 하면 아이는 당신이 자기더러 '발정이 나서 헛바람이 든 년'이라고 욕을 한다거나, 너무 뚱뚱해서 그런 옷은 맞지도 않는다는 말을 한다고 알아듣는다. 당신이 이런 말을 하지 않았거나 그런 의도가 없었다고 해도 상관없다. 소녀의 뇌가 당신이 한 말을 그렇게 해석하기 때문이다."

호르몬이 파도처럼 굽이친 결과 10대 아이들은 성별에 따라서 스트레스에 다르게 반응한다. 여자는 인간관계 스트레스에 보다 더 민감하게 반응하고, 체내에 열 배나 더 많은 테스토스테론이 분비되는 남자는 자기들의 지위를 공격할 때 보다 더 강하게 반응한다.[11] 아무 때나 갑작스럽게 흥분하는 것은 남자나 여자나 마찬가지지만, 다른 때는 놀라울 정도로 서투르고 어색하게 군다. 테일러는 자기 학생들이 어째서 대개다 카메라 앞에서 자연스럽게 웃지 못하는지 모르겠다며 이상하게 여겼다. 이들은 자의식에 사로잡혀 있기 때문에 금방이라도 화장실에 달려가야 하는 사람처럼 불편하기 짝이 없는 '썩은 미소'를 짓는다.

테일러는 자기가 영어를 가르치려고 노력하는 와중에도 수업을 듣는 남학생은 누구나 할 것 없이 모두 은밀하게 자위행위 이미지를 머릿속에 그리고 있으며, 여학생은 은밀하게 외로워하며 단절감을 느낀다고 여겼다. 이것이 그녀가 아이들에 대해 지닌 전체적인 생각이었다.

그녀는 수업을 하는 동안 학생들의 얼굴을, 그 얼굴들의 바다를 망연히 바라보곤 했다. 그러고는 얼굴들에 떠오른 지루한 표정은 속임수일 뿐임을 끊임없이 상기했다. 그 표정 안에는 무차별적인 폭력성이 보이지 않게 숨어 있었다. 예를 들어 테일러가 한 학생에게 어떤 정보 하나를 준다고 치자. 이때 이 학생의 뇌는 정보를 이해하기 쉬운 방식으로 습득하는 게 아니다. 뇌 과학 분야의 권위자 존 메디나John Medina 박사는 그 과정이 '마치 뚜껑이 열린 상태로 무서운 속도로 돌아가는 믹서기' 같다고 했다. 그래서 '정보는 뇌 속으로 들어갈 때 그야말로 얇은 조각들로 으깨어져 우리 정신의 내면 전체에 마구 흩뿌려진다'고 했다.[12] 테일러는 종종 이렇게 혼잣말을 하곤 했다. "절대로 학생들이 하는 생각이 질서정연하다는 식으로 과대평가하지 말자."

그녀가 기대할 수 있는 최대치는 학생들 머릿속에 존재하는 모형들에 자기가 가르치려고 하는 새로운 모형들을 합쳐 하나로 융합되도록 하는 것이었다. 초년 교사 시절에 그녀는 『물고기는 물고기Fish Is Fish』[13]라는 책을 우연히 만났다. 개구리와 친구가 되는 한 물고기의 이야기였다. 이 물고기는 개구리에게 땅에서 사는 생물들을 자세히 묘사해 달라고 부탁한다. 그러자 개구리가 대답을 해주는데, 물고기는 개구리가 하는 말을 정확하게 알아듣지 못한다. 예컨대 개구리가 새 이야기를 해주면 물고기는 이 새를 날개가 달린 물고기로 알아듣는 식이다. 또 소는 젖통이 달린 물고기라고 생각했다. 테일러가 가르치는 학생들 역시 이런 물고기나 마찬가지였다. 이 아이들은 각자 경험한 내용을 바탕으로 실행 모델을 가지고 있지만, 이 모델들은 그녀가 말하는 내용을 모두 자기 나름대로, 즉 실제와는 전혀 다르게 새로 구성했다.

그러나 10대들이 오늘 생각할 때 사용하는 도구들을 내일도 여전히 똑같이 사용할 거라고 생각해서는 안 된다. 몇몇 학자는 사람들에게는 제각기 다른 학습 유형이 있다고 믿었다. 어떤 사람들은 좌뇌 중심으로 학습하고 어떤 사람들은 우뇌 중심으로 학습하며, 또 어떤 사람들은 청각 중심으로 학습하고 어떤 사람들은 시각 중심으로 학습한다는 것이다. 그러나 이런 주장을 지지해 줄 믿을 만한 증거는 거의 없다. 오히려 사람들은 그때그때의 맥락에 따라 여러 개의 사고 방법론 가운데 이것을 썼다가 저것을 썼다가 한다.

물론 테일러는 학생들에게 지식, 말하자면 시험에 나오는 것들을 나눠주고 싶었다. 그러나 학생들은 수업을 듣고 몇 주가 지나면 배운 것 가운데 90퍼센트를 잊어버렸다. 그렇기 때문에 교사라는 존재가 필요한 이유는 단순히 사실을 전달해 주입하는 것 이상의 임무를 수행하기 위해서라고 생각했다. 이 임무는 바로 아이들이 세상을 인식하는 방법을 형성하도록 해주고 훈육의 규칙을 빨아들이도록 돕는 것이다. 이런 일을 하는 교사들은 나중까지 학생들의 기억에 남는다.

테일러는 학생들을 가르치기보다는 도제로 삼았다.[14] 모방을 통해 수없이 많은 무의식적인 학습이 이루어졌다. 그녀가 문제를 통해 사고방식의 한 예를 보여주면, 학생들이 오랫동안 자기 곁에 있으면서 도제가 장인에게서 배우듯 그렇게 배우길 바랐다.

그녀는 학생들이 실수를 하도록 강요했다. 일이 잘못되었을 때의 고통과 그 실수를 극복하는 데 필요한 노력에 따르는 정서적인 경험은 깊은 교훈으로 마음속에 각인된다. 또 그녀는 학생들이 그들의 무의식적인 견해를 꼼꼼하게 따질 수 있게 만들려고 노력했다. 어떤 판단을 하고 결심을 하는 것은 담장 하나를 세우는 것과는 다르다고 그녀는 믿었다. 단순히 기존에 무의식적으로 존재하고 있던 어떤 생각을 발견하는 것이 아니라 그 이상으로 나아가길 원했다. 그녀는 아이들이 다양한 지적 의상을 입는 시도를 해보길 바랐다. 그래야 그 가운데 어느 것이 가장 잘 맞는지 알 수 있을 테니 말이다.

그녀는 또한 아이들에게 열심히 공부해야 한다고 말했다. 본인은 무척이나 감상적이었지만 학생들이 각자 자신의 자연적인 호기심을 따라야 한다는 생각에는 동의하지 않았다. 그래서 아이들이 좋아하지 않아도 적지 않은 양의 숙제를 내줬다. 시험도 자주 보게 했다. 시험 준비를 하면서 예전에 배운 것들을 복습하는 행위가 뇌의 그 부분에 있는 신경망을 강화한다는 사실을 직관적으로 알았기 때문이다. 이렇게 테일러는 아이들을 세차게 몰아붙이며 기꺼이 악역을 자처했다.

테일러의 목적은 학생들이 독학자가 되게 하는 것이었다. 발견이 가져다주는 정서적이고 감각적인 즐거움, 그리고 고되게 공부를 하다 보면 어느 순간 반짝거리면서 나타나는 즐거움. 그녀는 학생들에게 그 맛이 어떤 것인지 가르쳐주고 싶었다. 그리고 학생들이 이 과정에 중독되도록 만들고 싶었다. 그러면 학생들은 그녀 덕분에 인생의 나머지 기간 동안 자기 스스로를 가르치는 교사가 될 터였다. 이것이 바로 테일러가 교사라는 직업에서 보았던 숭고하고도 장엄한 전망이었다.

인생을 비범하게 만드는 4단계 공부법

해럴드는 처음 몇 주 동안은 테일러 선생님이 엉터리라고 생각했다. 그러나 얼마 뒤 그녀는 해럴드에게 영원히 잊을 수 없는 사람이 되었다. 두 사람의 관계에서 가장 중요한 순간은 어느 날 오후에 찾아왔다. 해럴드는 체육 수업이 끝나고 점심을 먹으러 가는 길이었다. 그때 테일러는 눈에 잘 띄지 않게 어두운 색 옷을 입고 사물함 쪽에 잠복하고 있었다. 그녀는 사냥감이 보통 속도로 걸어오는 걸 포착했다. 그러고는 아주 잠깐 해럴드가 포함된 무리의 뒤를 따라갔다. 복도를 메운 학생들이 흩어지고 해럴드가 혼자 남았다. 그때가 기회였다. 그녀는 기회를 놓치지 않고 사냥감을 공격했다. 두껍지 않은 책 한 권을 해럴드의 손에 쥐여주었다. "이 책이 널 위대함으로 이끌어줄 거야!"

테일러가 과장되게 말했다. 그러고는 돌아서서 갔다. 해럴드는 책을 보았다. 이디스 해밀턴이 쓴 『고대 그리스인의 생각과 힘』[15]이라는 책이었다. 반짝반짝한 새 책은 아니고 중고책이었다.

해럴드는 그 순간을 영원히 잊지 못하게 된다. 나중에 해럴드는 『고대 그리스인의 생각과 힘』이 고전학자들 사이에서는 썩 평판이 좋지 않다는 사실을 알게 되지만, 고등학생이던 해럴드에게 이 책은 새로운 세상을 소개해 주는 소중한 책이었다. 그 세상은 낯설면서도 익숙했다. 고대 그리스에서 해럴드는 전투와 경쟁과 집단과 영광이 한데 어우러진 세상을 발견했다. 자기가 사는 세상과 달리 그 세상에서는 용기가 가장 고귀한 덕목이었다. 전사의 분노가 역사를 움직였으며 사람들은 저마다 원색의 생생한 삶을 살았다. 당시 해럴드가 놓인 환경에서는 남성성을 강화해 주는 것은 거의 없었다. 그러나 고대 그리스가 그에게 남성성이 어떤 것인지 가르쳐주었고 일련의 규칙을 제시했다.

이디스 해밀턴의 책은 또한 그에게 전에는 느껴보지 못했던 감각을 알려주고 깨우쳤다. 고대의 심오한 어떤 것과 자기가 연결되어 있다는 느낌이었다. 해밀턴은 그리스의 비극 시인 아이스킬로스Aeschylus의 글을 인용했다. "신의 법칙, 그것은 학습하는 사람은 반드시 고통을 겪어야 한다는 것이다. 심지어 잠을 잘 때조차도 그 고통은 잊을 수 없고 심장 위로 방울방울 떨어지며, 우리가 아무리 원하지 않는다 하더라도 지혜는 신의 놀라운 은총 속에서 우리에게 다가온다." 해럴드는 이 부분을 온전하게 이해하지 못했다. 그러나 이것이 인상적인 내용을 담고 있다는 것은 분명히 느꼈다.

그는 해밀턴의 책을 읽은 뒤 시대를 관통하는 신비로운 것들과 연결되어 있다는 느낌을 받고자 이제 혼자서 다른 책들을 찾아 읽었다. 그는 이미 대학에 진학할 마음을 먹고 있었고(대학에 진학한다는 것은 파티에 가서도 으쓱거리면서 말할 수 있는 자랑거리였다), 거기에 필요한 만큼 열심히 공부하고 있었다. 하지만 그는 고대 그리스에 대해서 대학 진학에 필요한 공부를 하는 것과 전혀 다른 방식으로 읽기 시작했다. 진실하고 중요한 것을 찾겠다는 낭만적인 열망을 품고 있었던 것이다. 해럴드는 자기에게 무언가 부족하다는 결핍감에 시달리며 이런 책들을 읽었다. 나아가 인기 있는 역사책들도 읽었다. 고대 그리스인의 삶을 다룬 영화들도 보았다. 〈300〉이나 〈트로이Troy〉 같은 것들이었다. 하지만 이런 것들은 대부분 형편없었다. 고등학생다운 방식으로 그는 호머Homer와 소포클레스Sophocles와 헤로도토스Herodotus에게 푹 빠졌다.

테일러는 해럴드의 이런 모습을 모두 지켜보았다. 그리고 어느 날, 두 사람은 학교 자유 시간에 만나서 학습 계획을 세웠다. 그것이 처음이었다. 물론 벌건 대낮이었고 또 교실이었다. 두 사람 모두 다리 길이에 비해서 지나치게 작은 책상에 앉아 있었다. 해럴드는 고대 그리스인의 생활 가운데 아직 명확하게 드러나지 않은 부분을 주제로 삼아 졸업 논문을 쓰겠다고 결정했다(아니 어쩌면 테일러의 꼬임에 넘어가서 그랬을 수도 있다). 테일러는 지도교사가 되어주겠다고 했다. 그래서 해럴드는 테일러 선생님이 프로젝트 영상을 돌리며 토하는 열변을 귀 기울여 들었다. 그녀가 보여주는 열정은 전염성이 강했다. 그리고 그녀와 단둘이서 대화를 나누는 것도 재미있었다. 언어 습득의 가장 빠른 학습 방법이 일대일 대면 교수법이라는 사실은 여러 논문이 이미 밝혔다. 가장 느린 학습 방법은 비디오나 오디오 교재를 이용하는 것이다. 해럴드에게 이 방법이 효과적이었던 이유는 또 있었다. 똑똑하고 매력적인 연상의 여성이 신비한 고대사회를 주제로 이야기하는 모습을 지켜보는 것은 해럴드에게 충분히 흥미로운 일이었다.

해럴드에 대해서 테일러가 알고 있는 것은 그가 인기가 많으며 운동을 잘하고 또 이상주의의 섬광을 여러 차례 보여주었다는 점이다. 이상주의와 관련된 해럴드의 모습을 테일러는 수업 시간에 간파했다. 그것은 고결함에 대한 열망, 평범함을 거부하고 보다 높은 것의 한 부분이 되고 싶다는 열망이었다. 그녀가 해럴드에게 해밀턴의 책을 준 이유는 고대 그리스인들이 청소년기의 소년들에게 위대함이 어떤 것인지 가르쳐주고, 또 이 위대함에 아이들이 고무되길 원해서였다. 나중에 테일러는 해럴드에게 고대 그리스인의 삶을 고등학교 생활의 몇몇 측면에 녹여서 논문을 쓰는 게 어떻겠느냐고 제안했다. 테일러는 공통점을 찾아볼 수 없는 전혀 다른 두 개의 영역이 머릿속에서 충돌할 때, 마치 우주에서 두 개의 은하계가 합쳐지는 것처럼 창의성이 나타난다고 굳게 믿었다. 그리고 또한 사람은 누구나 두 개의 직업, 세상을 바라보는 두 개의 관점을 가져야 한다고 굳게 믿기도 했다. 각각 다른 두 개의 영역이 서로 통찰력을 준다고 여겨서였다. 사실 테일러는 낮에는 교사였지만 밤에는 싱어송라이터였다. 비록 교사보다는 성공적이지 못했고 교사의 업무보다 중요한 일은 아니었지만 말이다.

1단계: 핵심 지식을 습득하라

해럴드가 추진하는 작업의 첫 번째 단계는 우선 핵심 지식을 습득하는 것이었다. 테일러는 그에게 그리스인의 삶에 대한 책을 이어서 읽은 뒤에 읽은 책 다섯 권의 목록을 가져오라고 했다. 그녀는 읽어야 할 책을 미리 정해주지 않았다. 정해진 틀을 제시하지 않았던 것이다. 어른들이 어떤 분야에 관심을 가질 때 관련 서적을 찾아나가는 방식 그대로 아마존닷컴을 검색하거나 입소문을 듣는 방식으로 해럴드가 책들을 찾아내기를 바랐다. 또 다양한 책과 저자로부터 정보를 획득하고, 그의 무의식이 활발하게 작동해 이 정보를 하나의 주제로 엮어내기를 바랐다.

이 단계에서 해럴드의 탐색이 수박 겉핥기식이라도 상관없었다. 교육심리학자인 벤저민 블룸Benjamin Bloom은 가르치는 행위가 처음부터 훌륭할 필요는 없다고 말했다. "학습의 첫 번째 단계의 효과는 학습자로 하여금 관련 주제에 빠져들고 매력을 느끼고 사로잡혀서 보다 많고 보다 전문적인 정보가 필요하다고 스스로 느끼게 만드는 것이다."[16]

해럴드가 자신이 탐구하는 주제에 호기심을 보이며 즐기는 사이 그는 이미 그리스인의 삶에 대한 이미지를 발전시키고 있었다. 아테네인과 스파르타인이 어떻게 살았고 어떻게 싸웠으며 또 어떻게 생각했는지 기본적인 수준의 지식을 쌓아가고 있었다는 말이다. 이런 구체적인 지식은 뒤에 이어질 가르치고 배우는 과정의 바탕이자 미끼가 된다.

인간의 지식은 컴퓨터 디스크에 저장한 데이터와는 다르다. 컴퓨터는 데이터가 점점 더 많아진다고 해서 대상을 더 잘 기억하지 않는다. 그러나 인간의 지식은 살아 있는 유기체처럼 늘 더 많은 것을 원한다. 어떤 주제에 대한 지식이 있는 사람은 보다 많이 그리고 보다 빨리 지식을 획득한다. 그뿐만 아니라 자기가 배운 것을 기억하는 속도가 빨라지고 지식의 질도 높아진다.

어떤 실험에서 고등학교 3학년생과 대학생에게 만화 캐릭터의 목록을 보여주고 암기하게 했다. 그러자 고등학생이 훨씬 더 잘 기억했다. 이런 식의 문제에는 고등학생이 대학생보다 익숙했기 때문이다. 또 다른 실험에서는 학습 속도가 느리다고 분류된 여덟 살에서 열두 살 아이들로 구성된 집단과 평균적인 성인 집단을 나누고, 이들에게 대중 가수의 목록을 보여준 다음 암기하게 했다. 이 실험에서도 학습 속도가 느리다고 분류되었던 아동 집단이 더 나은 점수를 기록했다.[17] 이들의 핵심 지식이 점수가 높은 이유였다.

테일러는 해럴드가 핵심 지식을 쌓도록 도왔다. 해럴드는 기회가 있을 때마다 그리스인에 대해서 읽었다. 집에 있을 때, 버스를 타고 이동할 때, 저녁을 먹은 뒤에…. 그러자 변화가 일어났다. 책을 읽는 장소를 따로 정해둬야 한다고 믿는 사람이 많다. 그러나 수많은 실험의 결과를 놓고 보면 사람들은 책 읽는 장소를 이리저리 바꿨을 때 습득한 정보를 보다 덜 잊어버린다. 바뀐 환경이 정신을 자극해서 기억의 거미줄이 보다 촘촘하게 엮이기 때문이다.

몇 주 뒤, 해럴드는 자기가 읽은 책 다섯 권을 들고 테일러 선생님을 찾아갔다. 마라톤전투와 테르모필레의전투를 각각 다룬 역사책, 페리클레스 전기, 『오디세이아』의 현대판 번역물, 그리고 아테네와 스파르타를 비교한 책이었다. 이 책들이 해럴드의 머릿속에서 한데 뒤엉켜 그가 고대 그리스 세계와 그 세계의 삶과 가치관에 대해 어렴풋이 그리고 있던 그림을 완성했다.

2단계: 확장과 통합의 리듬을 터득하라

두 번째 수업에서 테일러는 열심히 공부했다며 해럴드를 칭찬했다. 스탠퍼드대학교의 심리학 교수 캐롤 드웩Carol Dweck은 학생에게 열심히 공부했다고 칭찬을 하면, 그 학생이 자신의 정체성을 열심히 공부하는 학생으로 규정하고 심지어 강화한다는 사실을 발견했다.[18] 이런 학생은 어렵고 힘든 과제도 기꺼이 떠맡으며, 실수를 하더라도 앞으로 나아가는 데 필요한 과정일 뿐이라고 생각하려고 한다. 그런데 똑똑하다고 칭찬을 한다면 어떨까. 똑똑하다는 말은 타고난 천성 덕분에 어떤 성취를 이루어냈다는 의미를 담고 있다. 이런 칭찬을 들은 학생은 앞으로도 계속해서 자기가 똑똑해 보이기를 바란다. 그래서 어렵고 힘든 과제를 꺼리는 경우가 많다. 실수를 하거나 멍청해 보이고 싶지 않기 때문이다.

테일러는 해럴드에게 이제부터는 그리스인의 삶으로 처음 안내했던 이디스 해밀턴의 책부터 시작해 여태까지 읽은 것들을 모두 다시 한번 훑어보라고 했다. 테일러는 해럴드가 지식을 자동화하기를 바랐다. 인간의 뇌는 의식적인 지식을 받아들여서 무의식적인 지식으로 변환하도록 되어 있다. 자동차를 처음 운전할 때는 자기가 하는 모든 동작을 의식적으로 생각해야 한다. 그러나 몇 년 혹은 몇 달이 지나고 나면, 운전을 하는 행위는 자동적으로 이루어진다. 학습은 독서 습관이나 대수학代數學과 같은 낯설고 자연스럽지 않은 것들을 받아들이고 이것을 꾸준하게 흡수해서 자동화하는 과정이다. 자동화 과정은 새로운 것들에 작동하는 의식적인 정신을 한층 활성화시킨다. 영국의 철학자이자 수학자인 알프레드 노스 화이트헤드Alfred North Whitehead는 이 학습 과정을 진보의 원칙이라고 파악했다. "문명은 우리가 의식적으로 생각하지 않고서도 수행할 수 있는 것들의 목록을 늘림으로써 발전한다."[19]

자동화는 반복을 통해서 획득된다. 해럴드는 그리스 관련 책들을 독파한 첫 번째 여행으로 그리스를 처음 알게 되었다. 그러나 두 번째와 세 번째 그리고 네 번째 여행을 하면서는 고대 그리스를 보다 깊이 파고들기 시작했다. 테일러는 학생들에게 시험 하루 전에 밤을 새우며 길게 공부를 하는 것보다 다섯 차례에 걸쳐 조금씩 반복해서 공부하는 편이 훨씬 효율적이라는 말을 백번도 더 했다(그녀가 그렇게나 많이 반복했지만 학생들이 자동화하지 못했던 교훈이 바로 이것이다).

테일러는 해럴드가 자연스럽게 최고의 학습 리듬을 타기 시작하길 바랐다. 놀이방에 있는 아이는 그 공간을 어떻게 탐험을 해야 하는지 본능적으로 알아챈다. 처음에는 엄마와 함께 있다가 새로운 장난감들을 찾아서 모험을 시작한다. 그러다 안전을 확보하려고 엄마에게 돌아오고 다시 모험을 감행한다. 그랬다가 다시 엄마에게 돌아오고 또 모험을 하러 나간다.

이것과 동일한 원칙은 고등학교에서도, 그 뒤로도 계속 적용된다. 『스마트 월드』의 저자로 언어학자이자 경영 컨설턴트인 리처드 오글이 '뻗어나감과 동질성reach and reciprocity'이라고 불렀던 과정이다.[20] 어떤 분야의 핵심 지식에서 출발해 과감하게 밖으로 나가 새로운 것을 배운다. 그러고는 다시 돌아와 새로 확보한 것을 기존에 알고 있던 것과 통합한다. 그런 다음 다시 나가 모험을 하고 돌아오는 과정을 반복한다. 오글이 주장하듯이 한 집단이 순결성을 지나치게 강조하면 폐쇄적인 공간에 갇혀서 편협해진다. 그리고 지나치게 밖으로만 돌면 노력에 따르는 성과가 축적되지 않는다. 테일러는 해럴드가 이 확장과 통합의 리듬을 자연스럽게 타길 바랐다.

여태까지 읽은 책을 다시 읽으라고 하자 해럴드는 한숨이 절로 나왔다. 한번 읽은 책을 다시 읽으면 지루하기 짝이 없을 거라고 생각했다. 그런데 막상 읽기 시작하자 책이 전혀 다른 느낌으로 다가와 깜짝 놀랐다. 책에는 지난번에 파악했던 것과는 전혀 다른 요지와 주장이 담겨 있었다. 지난번에 밑줄을 쳤던 문장들이 새로 읽을 때는 전혀 핵심적인 내용이 아니었다. 대신 무시했던 문장들이 결정적인 문장으로 떠올랐다. 지난번에 해놓았던 메모는 당혹스러울 정도로 수준이 낮았다. 책이 바뀌지 않았다면, 해럴드가 바뀐 것일 터였다.

해럴드는 책을 한 번 더 읽으면서 뇌 안에 있는 정보를 재조직했다. 내면적인 연결 작업 덕분에 그 주제의 새로운 측면들이 중요하게 보였고, 예전에 매혹적이고 중요하게 보였던 측면들은 시시해져 버렸다. 이렇게 그는 지식을 새로운 방식으로 바라보기 시작했다. 마침내 전문 지식을 개발하기 시작한 것이다.

해럴드는 고대 그리스 역사를 전공한 진짜 전문가는 아니었다. 옥스퍼드대학교에 응시할 정도의 준비를 갖춘 것도 아니었다. 그러나 그는 전문가와 아마추어를 가르는 선을 이미 건넜다. 학습은 전적으로 선형적이지 않다는 사실을 이미 깨달았다. 어떤 분야를 다르게 바라보기 시작하는 그 지점이 바로 질적인 변화의 돌파구가 열리는 순간이다.

체스 고수의 전문성을 살펴보면 이것을 쉽게 이해할 수 있다. 어떤 실험에서 고도로 숙련된 고수와 그렇지 않은 사람들에게 여러 개의 체스판을 5초에서 10초 동안 보여주었다. 각각의 체스판에는 실제 체스 게임의 한 국면처럼 말이 스무 개에서 스물다섯 개 정도 놓여 있었다. 그리고 사람들에게 각각의 체스판에 말들이 어떻게 놓여 있는지 기억하라고 했다. 고수들은 판마다 놓인 말의 모든 위치를 기억했지만, 평범한 사람들은 체스판마다 겨우 네댓 개밖에 기억하지 못했다.[21]

체스 고수들이 평범한 사람들보다 똑똑해서가 아니다. 놀랍게도 체스에서 지능지수는 참가자의 승패를 예측하는 역할을 하지 못한다.[22] 체스 고수들의 기억력이 놀라울 만큼 뛰어나서도 아니다. 실제 체스판에서는 도저히 있을 수 없는 엉뚱한 위치에 각 말들을 놓고 실험을 다시 하자 고수들도 평범한 사람들과 별로 다를 게 없었다.[23]

고수들이 체스판의 말들 위치를 기억할 수 있었던 진짜 이유는 오랜 세월 동안 체스를 연구하면서 체스판을 전혀 다른 방식으로 바라보았기 때문이다. 평범한 사람은 체스판을 볼 때 개별적인 말이 모여 있는 것으로 인식한다. 그러나 체스 고수들은 진형으로 바라본다. 책의 한 면을 수많은 글자의 덩어리로 보는 게 아니라 단어, 문단, 이야기로 바라본다는 말이다. 이야기는 개별적인 글자들보다 훨씬 기억하기 쉽다. 전문가는 내적인 연결을 파악해서 아주 적은 정보를 그보다 훨씬 더 큰, 서로 연결된 정보로 파악한다. 학습은 단순히 어떤 사실을 축적하는 것이 아니라 각각의 정보가 맺고 있는 관계들을 내면화하는 것이다.

모든 분야에는 독자적인 구조, 독자적인 개요의 틀, 조직화의 원칙, 반복해서 나타나는 모형이 있다. 간단히 말하면 독자적인 패러다임이 있다. 전문가는 이 구조를 자기 것으로 녹여 그 구조 안에서 작동하는 원리를 암묵 지식(학습과 경험을 통해 개인에게 체화되어 있지만 겉으로는 드러나지 않는 지식-옮긴이)으로 익힌 상태다. 경제학자는 경제학자답게 생각하고, 법률가는 법률가답게 생각한다. 어떤 전문가든 맨 처음에는 그 분야에 발을 들여놓겠다고 결심을 하는 것에서부터 시작한다. 그러면 얼마 뒤에 문이 열리고 그 분야가 그를 받아들인다. 그리고 그와 그의 분석 대상 사이에 가로놓인 장벽이 사라지면, 그는 비로소 전문가가 된다.

전문가는 어떤 주제에 대해서 더 많이 생각하는 게 아니라 오히려 더 적게 생각한다. 가능성의 범위에서 나타날 효과를 따로 계산할 필요가 없기 때문이다. 전문가는 해당 영역에 전문성이 있으므로 일들이 어떻게 돌아갈지 충분히 예측할 수 있다.

3단계: 묻혀 있는 지식을 끄집어내라

세 번째 단계는 그리스인의 삶에 대한 해럴드의 암묵 지식이 표면으로 나오도록 돕는 것이었다. 해럴드가 한 차례 책을 읽고 이어서 한 번 더 읽고 나자, 테일러는 해럴드에게 일기를 쓰라고 했다. 그냥 평범한 일기가 아니었다. 그리스인의 삶에 대한 생각과 자신이 보내는 고등학교 생활에 대한 생각을 적는 것이었다. 그녀는 마음을 활짝 열어 무의식에서 온갖 생각이 저절로 부글부글 끓어오르도록 하라고 했다. 그리고 한동안은 자기가 쓰는 내용이 무엇인지 또 자기가 글을 잘 쓰는지 아닌지 전혀 걱정하지 말고 그저 쓰라고 했다.

테일러가 가지고 있는 기본적인 원칙은 주제에 대한 생각을 75퍼센트 정도 완성한 다음에 비로소 논문을 쓰기 시작해야 한다는 것이었다. 집필하기 전, 오랜 시간에 걸쳐 해당 주제를 다양한 각도, 다양한 분위기에서 살펴봐야 한다. 관련된 사실들을 여러 다른 방식으로 연결할 수 있도록 충분한 시간을 들여야 한다. 다른 것들에 대해서도 폭넓게 생각해 통찰력이 머릿속에서 불쑥불쑥 튀어나오도록 해야 한다. 이런 작업을 하는 데 뇌는 의식적인 노력을 그다지 필요로 하지 않는다. 뇌는 '예견하는 기계'와 같아서 축적된 데이터에서 특정한 모형들을 구축하려고 자동적으로 그리고 지속적으로 노력한다. 전화 통화를 할 때 목소리의 음색 가운데 10퍼센트만 전달되지만 아무리 어린아이라도 상대방이 누군지 어렵지 않게 알아내는 것처럼 말이다.[24] 이것이 바로 뇌가 쉽게 그리고 솜씨 좋게 잘하는 일이다.

테일러가 해럴드에게 일기를 쓰라고 한 이유는, 해럴드가 자기 내면에 묻혀 있는 지식을 될 수 있으면 마찰이나 저항 없이 끄집어내기를 바랐기 때문이다. 그녀는 해럴드가 공상에 빠져 있기를 바랐다. 이 공상을 통해 자기가 개발해 두었던 직관들을 언어로 전환시키길 바랐다. 그녀는 미국 작가 조나 레러Jonah Lehrer가 했던 말인 "당신은 당신이 아는 것보다 더 많이 안다"[25]라는 말을 철저하게 믿었다. 그녀는 해럴드에게 우연을 기대한다고밖에 보이지 않는, 시간 낭비처럼 보이는 방식으로 해당 주제 주변을 어슬렁거리는 연습을 시켰다. 때로 정신은 가장 태평할 때 가장 생산적이기 때문이다.

해럴드는 이때 쓴 일기를 평생 간직하게 된다. 비록 풋내기 청년 시절에 쓴 지나칠 정도로 장식적인 묵상 내용을 후손에게 보여주는 게 싫어서 태워 없애버려야겠다는 유혹에 늘 시달리긴 하지만 말이다. 처음에 해럴드는 일기장 한 면의 가운데 지점에 단어 하나를 쓴 다음, 단어 주변에 머릿속에 떠오르는 온갖 생각이나 개념을 포도송이 그리듯 덩어리를 만들며 써나갔다. 그러다 보면 어느새 새로운 포도송이의 중심 하나가 새롭게 만들어지기도 했다.

해럴드는 고대 그리스 영웅들의 열정에 대해서 많이 썼다. 아킬레스의 분노와 자기 자신의 분노를 여러 가지 상황에서 비교했다. 그리고 이 과정에서 자기를 이 둘 가운데 조금 더 영웅적인 캐릭터로 그렸다. 용기에 대해서도 많이 썼다. 이디스 해밀턴이 아이스킬로스에 대해 썼던 문장을 옮겨 쓰기도 했다. "그에게 인생은 위험하기 짝이 없는 모험이었다. 그러나 남자는 안전한 천국을 위해서 만들어지지 않았다."[26] 그는 또 자부심에 대해서 쓰며 아이스킬로스의 문장을 인용하기도 했다. "모든 오만은 눈물로 풍성한 수확을 할 것이다. 신은 인간의 자부심을 꺾으려고 보다 무거운 시련 앞에 불러세운다."[27]

해럴드는 이야기 속에서 자신을 동급생보다 더 많은 것을 느끼고 더 잘 바라보는 영웅으로 묘사하곤 했다. 최상의 상태에서는 고대 그리스의 문장들이 그를 고상하게 만들었고, 자기가 먼 과거 시대 그리고 오래전에 죽은 사람들과 심원하게 연결되어 있다는 느낌을 주었다. 사실 스파르타의 한 교사는 '나는 명예로운 것들을 어린이들이 즐거워하는 것으로 만든다'며 자랑스러워했었다. 이런 뛰어난 사람들과의 교감으로 해럴드는 한껏 고조되었다.

어느 늦은 밤, 해럴드는 아테네의 정치가 페리클레스Perikles가 했던 장례식 추도 연설을 읽고 그 감상을 일기로 쓰면서 역사성의 황홀경 속에 깊이 빠졌다. 그는 삶의 의미와 고귀함에 대한 그리스인의 생각에 공감하기 시작했다. 특히 그리스인의 삶과 관련된 일기 후반부에서는 판단을 내리며 다양한 상황을 연결 짓기 시작했다. 그는 전쟁을 좋아하던 아킬레우스와 섬세한 오디세우스의 차이에 대해 짧게 몇 줄 썼다. 그리고 자기 자신이 그리스인과 다른 여러 가지 점을 파악하기 시작했다. 도무지 공감할 수 없을 것 같은 골치 아픈 문장들도 있었다. (영광을 추구하는 따위의) 경쟁과 관련된 덕목을 표현하는 데는 위대했지만, (고통을 받는 사람에게 온정의 손을 내미는 것과 같은) 동정과 관련된 덕목의 관점에서는 그다지 위대하지 않은 것들이었다. 그런 문장들은 신의 자비로운 은총, 심지어 은총을 받을 자격이 없는 사람들에게까지 베푸는 신의 은총을 잘 의식하지 못하는 것 같았다.

몇 주 뒤에 테일러는 해럴드에게 일기를 보자고 했다. 해럴드는 보여주기 싫었다. 사적인 생각이 많이 담겨 있었기 때문이다. 지도교사가 남자였자면 그런 모습을 보이지 않았을지도 모른다. 그러나 해럴드는 테일러 선생님을 믿었고, 어느 주말에 그녀에게 일기를 건네주었다.

테일러는 해럴드의 일기에서 조현병 환자의 증상을 보는 것 같아 깜짝 놀랐다. 일기 안에는 긴팔원숭이가 내는 듯한 기괴하고 섬뜩한 목소리의 외침이 담겨 있었다. 때로는 냉소적이었으며, 때로는 문학적이었고 때로는 과학적이었다. 이와 관련해서 스탠퍼드대학교의 로버트 오른스타인Robert Ornstein 교수는 다음과 같이 썼다. "정신은 수레처럼 빙글빙글 돌아간다. 조건에서 조건으로 돌아가고, 나타남에서 정지로 돌아가고, 행복에서 걱정으로 돌아간다. 정신은 여러 다른 상태를 거쳐 돌아가므로 각 상태마다 그에 맞는 다양한 구성 요소를 선택한다."[28]

일기로만 보자면 해럴드를 대표할 수 있는 개념을 딱 하나 꼬집어 말할 수가 없을 것 같았다. 수십 개도 될 수 있었으니까. 테일러는 일기를 한 장 한 장 넘기면서 도대체 어디에다 초점을 맞춰야 할지 알 수 없었다. 교사 수업을 받을 때 다중인격을 지닌 학생을 어떻게 지도할지 배운 적이 없었기 때문이다. 그녀는 혼잣말을 했다. "시빌들이 우글거리는 교실에서 어떻게 수업을 할 수 있을까?(영화 〈악몽·Sybil〉의 주인공인 교사는 날마다 수술대에 묶이거나 칼로 잘리는 등의 끔찍한 환영에 시달린다-옮긴이) 내 앞에서 시시각각 분열하고 또 재결합을 하는 이 시빌들을 어떻게 가르친단 말인가?" 동시에 그녀는 전율을 느꼈다. 자기의 제안을 받아들일 뿐만 아니라, 더 나아가 그것을 멀리 훌쩍 뛰어넘는 학생이 나타나는 일은 몇 년에 한 번 있을까 말까 했으니 말이다.

4단계: 데이터를 실제 삶과 연결시켜라

몇 주 뒤에 테일러는 해럴드가 마지막 4단계로 넘어갈 준비가 되었다고 판단했다. 최고의 학습자는 논문 집필 작업을 시작하기 전에 따로 시간을 들여서 정보를 암호화한다. 그리고 해럴드는 이 작업을 벌써 몇 달째 해오고 있었다. 이제는 자기주장의 개요를 세우고 요점을 정리할 시간이 되었다.

해럴드는 일기장 한 면에 '무도회의 페리클레스'라는 이름을 붙인 그림을 한 장 그렸었다. 이 그림에는 턱시도를 입은 남자들과 드레스를 입은 여자들 사이에 토가(고대 로마 시민의 겉옷-옮긴이)를 입은 남자가 한 명 서 있다. 테일러는 이 그림의 제목을 논문 제목으로 삼는 게 어떻겠느냐고 했다. 해럴드가 일기에서 고대 그리스 공부에 대한 소감과 고등학교 생활에 대한 소감을 번갈아 가며 썼다는 사실을 알고 하는 이야기였다. 창의성은 전혀 어울리지 않는 두 개의 지식 그물망을 뒤섞는 데서 나온다. 즉, 그녀는 해럴드가 그리스에 관한 생각을 자기 자신에 관한 생각과 합치기를 바랐다.

해럴드는 집에서 고대 그리스 관련 책들과 일기장에 썼던 글들을 침대와 바닥에 흩어놓은 채 앉아 있었다. 이 모든 것을 어떻게 한데 섞어서 열두 장짜리 논문으로 압축한단 말인가? 그는 고개를 절레절레 흔들면서 오래전에 썼던 일기를 읽었다. 그리고 책도 여기저기 훑어보았다. 서로 연결되는 게 하나도 없었다. 친구들에게 문자메시지를 보냈다.

그런 뒤 솔리테어 게임을 몇 판 했다. 페이스북에도 들어갔다. 다시 예전에 읽었던 책들을 뒤적였다. 자꾸만 산만해져서 도무지 일을 진척시킬 수가 없었다. 다른 일들로 방해를 받아 산만해질 경우, 과업을 수행하는 데 시간이 50퍼센트나 더 걸리고 또 실수도 50퍼센트나 더 많이 한다.[29] 뇌는 복수의 작업을 잘 수행하지 못하므로 더 집중해야 했다.

그런데 문제는 해럴드가 자기가 수집한 데이터의 주인으로 온전하게 서지 못했다는 데 있었다. 오히려 데이터가 그를 지배하는 주인이었다. 그는 하나의 사실에서 다른 사실로 이리저리 뛰어다니기만 할 뿐, 사실들을 하나로 묶어낼 전체적인 틀을 찾아내지 못했다. 이런 면에서 해럴드는 모든 것을 다 기억할 수 있었던 러시아의 언론인, 솔로몬 세레세프스키Solomon Shereshevskii와 비슷했다. 어떤 실험에서 연구자들이 서른 개의 문자와 숫자로 구성된 복잡한 수학 공식을 적은 종이 한 장을 세레세프스키에게 보여주었다. 그리고 이 종이를 상자 안에 넣고 밀봉한 상태로 두었다. 15년 뒤 상자에서 종이를 꺼냈을 때, 세레세프스키는 놀랍게도 그 공식을 정확하게 기억했다.[30] 그러나 그 대상들의 핵심을 뽑아낼 수는 없었다. 그는 온갖 사실이 마구잡이로 쏟아지는 세상에 살았지만, 그 사실들이 반복적으로 빚어내는 패턴을 알아내지 못했다. 그는 비유, 직유, 시는 물론 복잡한 문장마저도 이해할 수 없었다.

어떻게 보면 해럴드가 바로 이런 상태에 빠져 있었다. 고등학교에 대해서 생각할 때는 그에게 특정한 패러다임이 있었다. 그런데 고대 그리스인에 대해서 생각할 때는 그것과 다른 패러다임으로 파악했다. 이 두 개의 패러다임은 하나로 합쳐지지 않았다. 논문에서 주장하고자 하는 핵심적인 내용이 없었던 것이다. 그러나 해럴드는 평범한 열일곱 살 소년이었기에 그날 밤은 그냥 그러다가 잠들었다.

다음 날 밤, 해럴드는 휴대폰도 꺼두고 인터넷 웹브라우저도 닫아 인터넷 속의 안개 같은 자료들로부터 스스로를 차단했다. 어떻게든 집중을 하기로 했다. 어떻게든 문제를 해결하고 앞으로 나아가야 했다.

그렇지만 그는 자기 글을 쓰는 것부터 시작하는 대신,『펠로폰네소스 전쟁 The Peloponnesian War』을 펴 들고 페리클레스가 장례식에서 했던 연설을 다시 읽었다. 고전을 읽어서 좋은 점은 생각을 많이 하게 된다는 점이다. 특히 페리클레스의 장례식 연설은 그 무엇보다도 상상력을 활발하게 자극했다. 예를 들어 어떤 부분에서 페리클레스는 아테네인의 문화를 다음과 같이 찬양했다. "우리는 방종이 없는 고상함을 연마합니다. 우유부단함이 없는 지식을 연마합니다. 재산은 남에게 보여줄 목적이 아니라 사용할 목적으로 씁니다. 가난의 진짜 부끄러운 점은 가난하다는 사실이 아니라 가난과의 투쟁에 나서지 않는다는 사실에 있습니다."[31] 해럴드는 이 부분에서 늘 정신적으로 고양되었다. 내용도 내용이었지만 고상한 운율과 영웅적인 어조가 좋았다. 그 연설의 정신은 마음속으로 스며들어 해럴드의 태도를 바꾸었다. 그는 영웅주의에 대해서 생각하기 시작했다. 자기가 속한 국가를 위해 용맹한 행동을 해 목숨까지 헌신하며 불멸의 영광을 거머쥔 남자들과 여자들에 대해서 생각했다.

해럴드는 자기가 읽은 그리스의 전혀 다른 유형의 영웅들에 대해서 생각하기 시작했다. 전쟁터의 맹렬한 전사 아킬레우스, 고난을 이기고 마침내 아내와 가족 곁으로 돌아온 현명한 지도자 오디세우스, 테르모필레(기원전 480년 스파르타군이 페르시아군에게 대패한 그리스의 산길-옮긴이)에서 목숨을 바쳤던 레오니다스, 속임수와 조작으로 조국을 구한 테미스토클레스, 진실을 지키려고 목숨을 바친 소크라테스 그리고 신사이자 정치가였던 페리클레스와 같은 사람이 그런 영웅들이었다.

그 뒤 몇 주 동안 해럴드는 이런 전혀 다른 느낌의 위대함에 대해서 생각했다. 그리고 자기 논문의 열쇠가 이들의 유형을 비교하는 데, 혹은 이들에게서 공통된 맥락을 찾아내는 데 있음을 직관적으로 깨달았다. 어쨌거나 무의식은 그에게 옳은 방향으로 잘 가고 있다고 속삭이고 있었다. 해답이 혀끝에 뱅뱅 돌 때의 느낌이긴 했지만 말이다.

집필 단계에 들어간 뒤 처음으로 관심의 초점을 과제 해결에 예리하게 맞출 수 있었다. 해럴드는 자기가 읽은 책들과 일기를 다시 보았다. 서로 다른 유형의 영웅주의 사례를 찾기 위해서였다. 그는 과학 저술가인 스티븐 존슨Steven Johnson이 '느린 예감slow hunch'이라고 부르는 육감에 사로잡혀 있었다. 자기가 길을 제대로 가고 있다는 느낌, 말로는 설명하기 어려울 만큼 희미한 느낌이었다. 하지만 그게 다가 아니었다. 해결책이 머릿속에 떠오르기까지 아직 수많은 지체와 헛걸음이 그의 앞에 기다리고 있었다.

사람들은 전혀 다른 정보가 서로 관심을 끌려고 북새통을 이루는 상황에 늘 노출되어 있다. 그러나 해럴드는 한껏 고조된 상태에서 영웅주의에 대한 그리스인의 관념과 상관없는 것은 모두 옆으로 치워버렸다. 갑자기 그를 당혹스럽게 할 수도 있는 음악과 소리와 색깔이 사라졌다. 학자들은 이 단계를 '준비 단계'라고 부른다. 뇌의 한 부위가 어느 하나에 초점을 맞춰서 진지하게 집중할 때, 시각령視覺領(시신경으로부터 흥분을 받아들이는 대뇌피질의 부분-옮긴이)과 같은 뇌의 다른 부위들이나 감각기관들의 활동은 잠잠해진다.

그렇게 초점을 맞춘 해럴드는 한두 시간 동안 스스로를 강하게 채찍질했다. 고대 그리스인, 그리고 현재 자기 삶에서 공통적으로 드러나는 영웅주의에 대해서 글을 써나갈 길을 찾았다. 그렇게 초점의 범위는 좁아졌지만 여전히 해럴드에게는 논문을 통해서 주장하고 싶은 내용의 기본적인 개요가 없었다. 그는 어떤 논점이 하나라도 떠오르길 기대하면서 책과 일기를 뒤적였다.

그 과정은 열리지 않는 문들을 수없이 두드리면서 그 가운데 하나가 열리길 기다리는 일처럼 좌절의 연속이었다. 좋은 아이디어가 도무지 떠오르지 않았다. 그러다 옆에 밀쳐둔 메모가 눈에 띄며 아이디어 하나가 떠올랐다. 몇 시간 전에 썼던 그 메모는 방금 그가 떠올린 바로 그 생각이었다. 몇 시간 전에 했던 생각을 까맣게 잊고 있었던 것이다. 이럴 수가! 해럴드는 기억의 한계를 보완하기 위해 그동안 썼던 메모와 일기의 낱장을 바닥에 늘어놓고 관련 있는 것 중심으로 정리하며 여기서 어떤 일관성이 나타나지 않을까 잔뜩 기대했다. 용기에 대한 글들을 한군데로 모으고, 지혜에 관한 글들은 또 다른 곳에 모았다. 그런데 이런 무더기가 많아지자 무더기의 분류가 너무 임의적인 것 같다는 생각이 들었다. 그러자 상상력이 발동하기 시작했다. 해답이 바로 코앞까지 다가왔다는 느낌이 들었다. 그래서 해럴드는 의식 아래에 있는 정신 영역에서 비롯되는 예감, 그 미묘한 신호를 따르기로 했다. 그러나 여전히 전체적인 개념을 잡지 못하고 있기는 마찬가지였다. 해럴드는 밖으로 뻗어나갔지만reach 동질성reciprocity은 찾지 못했다. 해럴드는 지쳤고, 막다른 길에 몰렸다.

해럴드는 다시 한번 포기하고 잠자리에 들었다. 그게 자기가 택할 수 있는 가장 현명한 길이라고 생각했다. 사람이 잠을 자는 동안 성취하는 것을 두고 학자들 사이에서는 여전히 논쟁이 이루어지고 있다. 많은 학자가 사람이 잠을 자는 동안 뇌가 기억들을 통합하고 그날 학습한 내용을 조직하며 전날의 활동으로 진행된 뇌 속의 여러 변화를 흔들림 없이 튼튼하게 강화한다고 믿는다. 독일 뤼베크대학교의 신경생물학자 얀 보른Jan Born 박사는 한 무리의 사람들에게 수학 문제 여러 개를 제시하고 그 문제들을 푸는 데 필요한 규칙을 알아내라고 주문했다. 여덟 시간 잠을 잔 사람들은 한숨도 자지 않고 문제 해결에 매달린 사람보다 두 배나 더 효율이 높았다.[32] 하버드대학교의 로버트 스틱골드Robert Stickgold 박사 팀이 수행한 실험에 따르면 수면은 기억을 15퍼센트 이상 개선해 준다.[33]

폭 자고 일어난 해럴드가 창문 밖을 보니 나무 꼭대기에 햇빛이 반짝이고 있었다. 그의 머릿속에서는 그날 일어날 일들, 써야 하는 논문, 친구들 그리고 그 밖에 온갖 생각이 윙윙거렸다. 아침에 잠에서 막 깬 상태에서는 우뇌가 특이할 정도로 활발하게 작동한다.[34] 생각이 어느 한 가지에 집중하는 대신 먼 영역까지 이리저리 돌아다닌다. 해럴드의 정신적인 상태는 느슨하고 무심했다. 바로 그때 놀라운 일이 일어났다.

바로 이 순간에 그의 뇌파를 검사했다면 우뇌에서 발산되는 알파파가 그래프상에서 급격하게 변동되는 것을 볼 수 있었을 것이다. 런던대학교의 조이 바타차리아Joy Bhattacharya 박사는 뇌파의 이런 급격한 변동이 있고 나서 8초 뒤에 문제를 푸는 데 필요한 통찰을 얻는다는 사실을 발견했다. 노스웨스턴대학교의 신경과학자 마크 융-비먼Mark Jung-Beeman 박사와 드렉셀대학교의 심리학자 존 코니어스John Kounios 박사에 따르면, 이 통찰이 있기 2초 전에 시각적인 정보를 처리하는 영역이 깜깜해지면서 정신이 분산되는 걸 막는다.[35] 어떤 통찰이 있기 0.3초 전에는 뇌가 발산하는 가장 높은 주파수인 감마파의 스파크가 나타난다. 뇌의 활발한 움직임이 오른쪽 귀 바로 위에 있는 오른쪽 측두엽에서 나타나는데, 이 부분이 바로 뇌의 광범위한 영역에 흩어져 있는 정보들을 한데 모으는 곳이라고 융-비먼과 코니어스는 주장한다.

해럴드는 머릿속에서 통찰이 번뜩이는 경험을 했다. '유레카'의 순간이었다. 멋진 생각 하나가 내면에서 불쑥 튀어나왔다. 해럴드의 눈은 휘둥그레졌다. 황홀했다. 그래, 바로 이거야! 그의 정신은 지도에도 나타나 있지 않은 텅 빈 바다를 가로질러 항해하며 전혀 다른 새로운 방법으로 생각을 통합했다. 해럴드는 자기가 드디어 문제를 해결했다는 사실을 깨달았다. 드디어 자기가 쓰고자 하는 논문의 개요가 나타났다. 해법이 무엇인지 드디어 말을 할 수 있게 되었다. 서로 전혀 맞지 않던 모형들이 갑자기 너무나도 멋지게 맞물리기 시작했다. 생각이라기보다는 느낌에 가까웠고, 가히 종교적이라 할 법했다.[36] 이런 느낌에 대해서 신경과학자 로버트 버튼은 『뇌, 생각의 한계』에서 다음과 같이 썼다. "안다는 것, 옳다는 것, 신념을 가진다는 것, 틀림없다는 것과 같은 느낌은 정교한 결론이나 의식적인 선택에 따른 것이 아니다. 이것들은 우리에게 '일어나는' 정신적인 지각일 뿐이다."[37]

해럴드가 얻은 핵심적인 통찰은 동기부여와 관련된 것이었다. 아킬레스는 왜 목숨을 거는 위험을 무릅썼을까? 테르모필레에서 사람들은 왜 기꺼이 죽어갔을까? 페리클레스는 자기 자신과 아테네인을 위해서 무엇을 추구했을까? 학교에 다니면서 내가 나 자신을 위해 추구하는 것은 무엇일까? 나는 왜 우리 팀이 주州 챔피언이 되길 바랄까?

이 모든 질문에 대한 대답은 그가 책을 읽으면서 발견한 그리스어 '투모스thumos(아름다운 향기를 피우다, 용맹함)'에서 시작됐다. 그때까지 살면서 해럴드는 사회적으로 용인된 동기부여들(예를 들어 돈을 벌기 위해서, 좋은 성적을 받기 위해서, 좋은 대학교에 들어가기 위해서 등)로 무장된 사람들에게 둘러싸여 있었다. 하지만 이런 동기부여 가운데 자기가 왜 그런 일들을 했는지, 혹은 그리스의 영웅들이 왜 그런 영웅적인 행동을 했는지 진정으로 설명해 주는 것은 없었다.

그러나 고대 그리스인에게는 전혀 다른 동기부여 구조가 있었다. '투모스'는 인정받고 싶은 욕망, 다른 사람들에게 자기 존재를 깨닫게 해주고 싶은 욕망, 지금뿐만 아니라 영원히 그렇게 되고 싶은 욕망이었다. '투모스'는 영원한 명성을 얻고 싶은 욕망도 포함했다. 단지 유명인사로 대우받는 게 아니라 그보다 더 깊은 존경을 받을 가치가 있는 인물이 되고, 또 그렇게 존경받고 싶어 하는 욕망이었다. 해럴드가 사는 문화권에는 이런 욕망을 표현할 수 있는 단어가 없지만, 책에서 발견한 '투모스'라는 이 그리스어 단어는 해럴드가 스스로 그것을 이해하고 깨닫는 데 도움을 주었다.

해럴드는 그때까지 언제나 상상 속에서만 온갖 경기를 치러왔다. 월드시리즈에서 소속팀을 우승으로 이끈 소년으로 갈채를 받는 상상을 했고, 결정적인 킬 패스로 터치다운을 성공시키는 상상을 했으며, 좋아하는 선생님들이 목숨을 잃을 위기에 처했을 때 그들을 구해주는 상상을 했었다. 그리고 이런 상상을 할 때마다 그 속에 등장하는 가족과 친구와 온 세상이 그를 지켜보며 뛸 듯이 기뻐했다. 이런 유치한 상상은 인정받고 싶다는 욕망인 '투모스'의 결과물이었다. 돈과 성공을 좇는 또 다른 추동력들도 바로 이 '투모스' 아래에 있었다.

'투모스'의 세상은 해럴드의 주변에 널려 있는 세속적인 세상보다 영웅적이었다. 현대의 세상은 모든 인간이 같은 조상의 후손이기 때문에 동일한 원시적인 특성들을 가지고 있다는, 가장 초기적이고 낮은 차원에서 모두를 연결했다. 하지만 그리스인들은 반대로 생각했다. 그들이 생각하기에 사람들은 가장 높은 차원에서 연결되어 있었다. 어떤 이상적인 상태가 존재하며, 그 영원한 본질을 획득하는 데 조금이라도 더 가까이 다가갈수록 이상적인 상태의 공통적인 인간성에 그만큼 더 가까이 다가간다고 여겼다. 이때 '투모스'는 가장 높은 지점으로 올라가는 추동력이다. 투모스는 완벽한 성공을 꿈꾼다. 한 개인에게서 최고인 것이 우주와의 완벽한 조화 속에서 영원한 것과 하나로 합쳐지는 완벽한 성공 말이다.

해럴드의 통찰은 그리스어 단어 '투모스', '아레테arete(탁월함)', '에로스eros' 등을 받아들여 자기 삶에 적용하는 방식으로 이루어졌다. 해럴드는 두 개의 개념 공간을 합치고 있었다. 고대 그리스의 세상을 이해하기 쉽게 하는 동시에 자신의 세상을 보다 영웅적으로 만들었던 것이다.

해럴드는 논문에 필요한 메모들을 열정적으로 써나가기 시작했다. 남에게 인정받고 싶은 욕망인 투모스가 고등학교 생활에서 나타나는 모든 행위를 어떻게 설명할 수 있을지 열심히 메모했다. 전에는 한 번도 시도하지 않았던, 서로 다른 두 개의 개념을 하나로 연결하는 작업이었다. 새로운 방식으로 과거의 정보들을 한데 뒤섞었다. 이렇게 논문을 쓰다 보니 논문이 알아서 저절로 써진다는 느낌이 들 때도 있었다. 입 밖으로 꺼내지도 않았는데 말들이 저절로 단어의 형태가 되어 달려 나왔다. 얼마나 몰두를 했는지 해럴드는 마치 자신이 존재하지 않는 것처럼 느껴지기도 했다. 오로지 논문을 쓰는 작업만 존재할 뿐이었다. 그리고 이 작업은 자신 때문에 일어나는 게 아니었다. 그저 자신에게 일어나는 일일 뿐이었다.

글을 다듬고 윤을 내는 일은 여전히 쉽지 않았다. 그러나 결국 해럴드는 해냈다. 테일러는 결과물을 보고 무척 기뻐했다. 몇몇 부분은 조금 지나치다 싶을 만큼 열기로 뜨거웠다. 또 몇몇 부분은 고통이 느껴질

만큼 진솔했다. 하지만 해럴드가 느낀 기쁨이 모든 문단에 다 녹아 있었다. 논문을 쓰는 과정을 거치면서 해럴드는 어떻게 생각해야 하는지 배웠다. 그는 이 과정에서 얻은 통찰 덕분에 자기 자신과 자신이 속한 세상을 이해하는 새로운 방법을 배웠다.

지혜와 성공으로 이어지는 해럴드만의 길

테일러는 해럴드가 무의식을 넘나들게 하는 방식으로 의식적인 과정과 무의식적인 과정을 통섭할 수 있도록 했다. 즉 처음에는 핵심 지식을 숙지하고, 그다음에는 지식이 머릿속에서 즐겁게 숙성되며, 그 지식에 어떤 질서를 부여하고, 관련 자료를 한데 녹여 통합하게 했다. 의식에서 마법과도 같이 통찰이 튀어나올 때까지 이전의 과정을 계속 반복하게 하고, 마침내 그렇게 떠오른 통찰로써 논문을 완성하게 하는 방식으로 해럴드를 인도했다. 이 과정은 결코 쉽지 않았다. 그러나 해럴드가 기울인 노력 하나하나와 시시각각 나타났던 좌절과 투쟁은 해럴드 내면에 구축되는 표상을 조금씩 구체화시키는 추진력으로 작용했다. 그리고 마침내 해럴드는 세상을 예전과 다른 방식으로 바라볼 수 있었다. 이런 점과 관련해 프랑스의 수학자 앙리 푸앵카레Henri Poincaré는 다음과 같이 말했다. "어떤 사실들 사이에 존재하는 유사성은, 도무지 실재할 것 같지 않아서 오랜 세월 동안 사람들로부터 외면을 받았다."[38]

이제 해럴드는 더 이상 '투모스'와 같은 덕목들을 주변 세상에 적용하려고 애쓸 필요가 없었다. 그 덕목들은 그의 정신 속에서 자동화된 범주가 되었기 때문이다. 이제 그는 낯선 상황들을 이 새로운 방식으로 인식할 수 있었다.

해럴드는 초등학교 1학년이 될 때까지 읽기를 배우려고 무던히도 애를 썼지만 잘되지 않았다. 그러다가 어느 순간 자연스럽게 읽기 능력이 생겼다. 읽는다는 행위가 단지 여러 개의 단어를 조합하는 것이 아니라는 사실을 문득 깨닫고 의미에 집중할 수 있었다. 고등학교 졸업반이 되어서 고대 그리스인의 생각을 내면화한 것도 비슷한 맥락이었다. 이제 해럴드는 고대 그리스인의 생각을 삶에 자동으로 적용할 수 있었다.

해럴드는 대학교에 진학해 학교에서 요구하는 대로 여러 강의를 들을 터였다. 그러나 그 강의들은 학습 과정의 첫 단계일 뿐임을 잘 알았다. 앞으로도 머릿속에서 마구잡이로 떠오르는 생각들을 일기장에 적으며 많은 밤을 보내야 할 것이다. 그리고 바닥에 생각들을 늘어놓고 분류하고 또 조직해야 할 것이다. 있는 힘을 다해 분투해야 한다. 앞으로 인생을 살면서 여러 차례 그런 경험을 하겠지만, 샤워를 하거나 식료품점으로 걸어가다가 머릿속에 문득 떠오른 통찰이 새로운 길을 열어줄지 모른다. 이것은 수동적이고 제도적인 학습에서 벗어나는 해럴드만의 학습법이 될 것이다. 이 학습법은 또한 해럴드가 고정된 관념에 사로잡히지 않고 새로운 길을 찾아 나설 수 있도록 길잡이가 되어줄 것이다. 이로써 해럴드는 서로 다른 모형들을 새로운 상황에 적용해 무엇이 효과가 있고 또 무엇이 효과가 없는지, 어떤 것이 함께 어우러지고 또 어떤 것이 어우러질 수 없는지, 현실의 혼돈에서 벗어나 우뚝 서는 것이 어떤 기분이며 그러지 못할 때 어떤 기분인지 깨달을 테고, 이 학습법은 지혜와 성공으로 이어지는 해럴드만의 길이 될 것이다.

7장

습관

가난을 물려받는 사람과
물려받지 않는 사람의 차이

장차 인생의 많은 부분을 해럴드와
얽혀서 보내게 될 에리카는 해럴드와는 전혀 다른 장소에서 출발했다.
에리카와 그녀의 엄마는 공영주택사업 때문에 친구의 아파트로 이사
해서 함께 살았다. 그 동네에는 새희망학교 New Hope School라는 차터스
쿨(미국 각 주정부의 예산을 받아 교사·부모·지역단체 등이 설립해 운영하는 공
립학교─옮긴이)이 있었다. 새로 지은 건물이라 농구 골대에 그물망이 달
려 있었고, 미술실도 반짝반짝한 새 교실이었다. 학생들은 밤색과 회색
이 섞인 우아한 교복을 입었다. 에리카는 이 학교에 꼭 가고 싶었다.
　엄마는 에리카를 데리고 사회복지사를 찾아갔다. 그리고 한 시간도
넘게 복도에서 기다렸다. 마침내 담당자를 만났지만, 담당자는 에리카
가 그 학교의 입학권을 획득하는 추첨에 응모할 자격이 없다고 했다. 에
리카의 법률적인 주소지가 그 지역으로 되어 있지 않다는 게 이유였다.
　사회복지사들은 도저히 들어줄 수 없는 민원들을 처리하며 하루를
보냈다. 이들도 사람인지라 그런 생활을 배겨내려면 어쩔 수 없이 민원
인에게 퉁명스럽고 고압적인 태도를 보일 수밖에 없었다. 민원인과 대
화를 할 때도 시선은 서류에 고정한 채로 쏟아지는 요청을 빠르게 처리
했다. 그리고 아무도 알아들을 수 없고 감히 따져들 수도 없는 시청 공
무원 특유의 전문적인 용어들을 구사했다. 이들이 민원인에게 제일 먼

저 하는 말은 "안 됩니다"였다.

우리는 그런 환경, 즉 제복을 입은 사람들이 자리를 잡고 앉아 있는 사무실과 같은 분위기에서는 자신감을 잃는 경우가 종종 있다. 그래서 직원이 하는 말을 알아듣지 못하고 자기가 규정을 잘 알지 못한다는 사실이 드러날까 전전긍긍하며, 냉담하고 무뚝뚝한 표정을 지어 초초함을 감추려 한다. 그리고 대개는 직원이 하는 말을 그대로 받아들인 채 집으로 돌아간다. 그래놓고 나중에 이야기에 이런저런 살을 붙여 자기가 얼마나 모욕을 받았는지 친구들에게 하소연을 한다.

에리카의 엄마도 마찬가지였다. 모녀가 그 지역으로 이사를 한 것은 석 달 전이었다. 그러나 문제는 두 사람이 그 지역에서 법률적인 지위가 없다는 것이었다. 친구의 아파트였으니 어쩔 수 없었다. 그리고 에리카의 엄마는 딸의 학교 문제로 소동을 일으키거나 현재 사는 집에서 쫓겨날 수도 있는 위험을 무릅쓰고 싶지 않았다. 직원은 그 학군을 주장할 '권한이 없다'는 말을 반복했고, 엄마는 일어날 채비를 했다.

하지만 에리카는 꼼짝도 하지 않은 채 자리를 지켰다. 그녀는 버스를 타고 집으로 돌아가면서 엄마가 어떻게 할지 충분히 상상할 수 있었다. 지금 이 사무실에서 내뱉지 못하고 참아야 하는 온갖 욕설을 하면서 담당 직원을 험담할 터였다. "개 같은 년이 말이야, 껌이나 질겅질겅 씹으면서 깔보는 눈길로 우리를 슬쩍 한번 쳐다보면 끝이야? 민원인을 바라보면서 얘기를 해야지, 눈을 맞출 생각은 하지도 않고 서류만 쳐다보고 있어? 내가 웃어달래? 그런 건 기대도 안 했어!"

엄마가 자리에서 일어나서 문으로 향했지만 에리카는 의자를 잡고 일어서지 않았다. "난 새희망학교에 가고 싶어요." 에리카는 단호하게 말했다. 직원은 아까 했던 말을 반복했다. "넌 그 지역에 법률적 주소지를 두고 있지 않아. 권한이 없다고." "난 새희망학교에 가고 싶어요!" 에리카에게는 아무런 논리도 없었다. 다만 엄마가 이런 모욕을 그냥 당해서는 안 된다는 분노 어린 인식만 있을 뿐이었다. 엄마는 깜짝 놀라서 제발 그냥 가자고 했다. 에리카는 가지 않겠다고 했다. 의자를 더 세게 잡았다. 엄마가 에리카를 잡아당겼지만 에리카는 손을 놓지 않았다. 엄마가 화를 내며 조용하지만 단호한 목소리로 에리카를 을렀다. 사람들에게 창피를 당하고 싶지 않아서였다. 그러나 에리카도 꼼짝하지 않았다. 엄마가 에리카를 왈칵 잡아당겼고 에리카는 의자와 함께 넘어졌다. 하지만 넘어져서도 의자를 잡은 손을 놓지 않았다.

그러자 이번에는 담당 직원이 위협을 했다. "경찰 부를까? 길 건너편으로 끌려가고 싶니?" 길 건너편에는 청소년 유치장이 있었다. 그러나 에리카는 고집을 꺾지 않았고, 곧 서너 명이 한꺼번에 달려들어서 에리카를 의자에서 떼어내려고 했다. 그 사람들 가운데는 경비원도 한 사람 포함되어 있었다. "난 새희망학교에 가고 싶어요!" 에리카는 고함을 지르며 울었다. 얼굴이 눈물과 분노로 범벅이 되었다. 마침내 사람들이 에리카를 의자에서 떼어냈다. 경비원이 에리카에게 고래고래 고함을 질렀고 엄마는 성난 소녀를 데리고 집으로 돌아갔다.

엄마는 딸을 꾸짖지 않았다. 그리고 집에 갈 때까지 두 사람은 아무 말도 하지 않았다. 그날 밤 엄마는 에리카의 머리를 깨끗하게 씻겼고, 두 사람은 다른 일들을 소재로 재미있게 수다를 떨었다.

습관은 어떻게 대물림되는가

에리카의 엄마인 에이미는 가족들 가운데 인생이 가장 안 풀린 사람이었다. 부모는 중국에서 온 이민자였고, 다른 가족들은 다 그럭저럭 잘 살았다. 그러나 에이미는 조울증을 앓았고 이 병은 오랜 기간 동안 툭하면 재발했다. 조증 증세가 있을 때는 에너지가 넘쳐나서 소수 인종의 모범적인 성공 사례가 될 만한 일들을 했다. 20대 초반에는 여러 대학과 직업훈련소, 교육 센터 등을 각각 서너 달씩 다니면서 온갖 것을 배웠다. 간호사 교육을 받았고, 정보기술 분야의 전문가가 되겠다는 꿈을 안고 컴퓨터 소프트웨어를 배웠다. 늘 두 가지 일을 동시에 했다. 그리고 중국에서 농민으로 살던 조상에게 물려받았다고 늘 자랑스럽게 말하는 끈기를 가지고서 일에 매달렸다.

에이미는 이처럼 원기왕성하고 순조로운 시기에는 에리카를 골든코렐 뷔페에 데리고 갔다. 옷과 신도 새로 사주며 딸의 인생을 자기 뜻대로 조종하려 했다. 딸이 무엇을 입어야 할지 지시했고, 만나지 말아야 친구들을 명시했다. 또한 딸에게 학교에서 배우는 것 말고 따로 읽을거리를 정해주며 선행학습을 하게 했다. 심지어 깊이 간직해 두었던 붓을 꺼내 서예를 가르치기도 했다. 에리카는 엄마가 그렇게 가볍고 리드미컬하게 붓글씨를 잘 쓰는 줄 미처 몰랐다. "서예를 할 때는 말이다, 반드시 전혀 다른 방식으로 생각해야 해." 에이미는 에리카에게 늘 그렇게 말했다. 에리카는 그 2년 동안 스케이트를 배우기도 했다.

그러나 바로 그 무렵에 우울증이 에이미를 덮쳤다. 에이미는 불과 며칠 만에 노예를 감시하는 감독자처럼 엄하던 엄마에서 아무런 영향력도 없는 사람으로 바뀌었다. 그럴 때는 딸인 에리카가 엄마 역할까지 함께 해야 했다. 집에는 온갖 술병과 마리화나가 널브러졌고 거울에는 코카인 가루가 덕지덕지 묻어 있었다. 에이미는 샤워도 하지 않았고 그렇다고 탈취제를 뿌리지도 않았다. 집안일은 아무것도 하지 않았다. 에리카가 아직 아기이던 시절 울증이 에이미를 덮쳤을 때는 더욱 참담했다. 에리카가 배고파 울면 젖병에 콜라를 넣어 젖꼭지를 물렸다. 나중에는 저녁으로 시리얼을 먹이곤 했다. 또 툭하면 동네 식품점에서 산 소시지로 며칠씩 저녁을 때웠다. 에리카는 엄마가 심계항진(심장 떨림) 증상을 보일 때 병원 응급실로 데려가려면 택시를 불러야 한다는 것을 아홉 살에 배웠다. 에리카는 어둠 속에서 사는 데도 익숙해졌다. 엄마가 커튼으로 창문을 꼭꼭 가렸기 때문이다.

이런 상황에도 에리카의 아빠는 코빼기도 보이지 않았다. 아빠는 멕시코 출신이었고, 변변치 못한 남자였다. 매력적이고 쾌활하긴 하지만 믿을 만한 사람은 못 되었다. 나쁜 점을 보자면 우선 현실적인 감각이 전혀 없었다. 음주운전을 하다가 소화전을 들이받고선 뺑소니 버스에 받혔다는 말도 안 되는 핑계로 위기를 모면하려 했다. 또 처음 보는 사람들에게는 자기가 살아온 이야기를 마구 꾸며내서 얘기하곤 했다. 아빠의 거짓말이 얼마나 황당하고 말도 안 되던지, 어린 에리카도 아빠가 거짓말을 한다는 사실을 금방 알아채곤 했다.

게다가 아빠는 끊임없이 자존심에 대해서 이야기했다. 자존심 때문에 서비스 직종에서는 절대로 일하지 않았다. 또 빌어먹을 자존심 때문에 에이미가 조금이라도 바가지를 긁을라치면 집을 훌쩍 나가버렸다. 여러 주 동안 집에 코빼기도 비치지 않을 때가 한두 번이 아니었다. 그러다 불쑥 신생아용 기저귀 제품을 들고 나타나곤 했다. 심지어 에리카가 대여섯 살 때조차 그랬다. 이 남자는 마음 내키는 대로 집에 왔다가 또 나갔다. 그러면서도 에이미와 에리카가 자신이 버는 돈을 있는 대로 다 빨아먹는다고 불평했다.

그러나 에리카는 이런 아빠를 미워하지 않았다. 적어도 다른 아이들이 이런 행동을 하는 아빠를 미워하는 방식으로는 미워하지 않았다. 곁에 있을 때 아빠는 재미있고 따뜻했다. 자기 부모와 형제, 사촌들과 늘 가깝게 지내며 대가족이 모이는 자리에 에리카를 자주 데리고 갔다. 에리카와 에리카의 사촌들을 데리고 소풍도 가고 파티에 참석하기도 했다. 아빠는 에리카를 자랑스럽게 여겼고 누구에게든 에리카가 얼마나 똑똑한지 모른다고 자랑했다. 아빠는 한 번도 감옥에 간 적이 없었고 또 딸을 학대하지도 않았다. 그러나 자기가 해야 할 일을 진득하게 하지 못했다. 어떤 일에 잠시 열정을 보이다가도 금방 시들해져서 손을 털고 돌아섰다.

에리카의 엄마와 아빠 모두 에리카를 무척이나 사랑했다. 그건 부정할 수 없는 사실이었다. 처음에 두 사람은 결혼을 하고 전통적인 가치가 살아 숨 쉬는 가정을 꾸리고 싶어 했다. 취약 가정을 주제로 한 연구 보고서에 따르면 동거 상태에서 아기를 낳은 커플 가운데 90퍼센트는 언젠가 결혼을 할 계획을 가지고 있다.[1] 그러나 보통 그렇듯 에리카의 부모도 끝내 결혼식을 올리지 않았다. 위에 언급한 보고서에 따르면 미혼 상태에서 동거하며 결혼을 계획했던 커플 가운데 겨우 15퍼센트만이 첫아이를 낳기 전에 결혼식을 올렸다.

이들이 실제로 결혼식을 올리지 않은 데는 여러 이유가 있었다. 우선 꼭 그렇게 해야 한다는 사회적 압력을 거의 받지 않았다. 또 서로를 전적으로 신뢰하지 않았다. 게다가 자기들이 꿈꾸던 화려한 결혼식을 올릴 경제적인 여유가 없었다. 그리고 이혼을 하게 될까 봐, 이혼에 따른 고통에 몸부림을 치게 될까 봐 겁이 났다. 가장 중요한 이유는 문화적인 변화였다. 수십 년 전 미국에는 아이를 가진 커플은 당연히 결혼을 해야 한다는 사고방식이 존재했다. 결혼이 성인이라는 계층으로 진입하는 하나의 통과의례로 존재했던 것이다. 그러나 이제 이런 사고방식은 낡은 것이 되고 말았다. 적어도 몇몇 소문화권에서는 그랬다. 그래서 과거에는 뇌에서 자동적으로 인식되던 결혼에 대한 결정이 이제는 의식적인 차원의 판단을 요구하게 되었다. 결혼은 더 이상 무조건적이고 자동으로 선택해야 하는 조건이 아니었다. 결혼을 하려면 특별한 이유가 있어야 했다. 그런데 에리카의 부모에게는 그럴 이유가 없었다.

에리카의 사회경제적 지위는 어땠을까? 그녀의 지위는 태어나서 어떤 시기를 보냈느냐에 따라 달라졌다. 엄마가 생산적인 노동을 하고 아빠와 함께 살던 때는 중산층의 생활을 했다. 그러나 세월이 지나면서 가족은 가난으로 내몰렸고 과거와는 다른 문화적 환경에 놓였다. 가까운 이웃이라고 할 수 없는 이웃들과 함께 살게 된 것이다. 한때는 범죄율이 낮은 착한 사람들로만 구성된 이웃들과 함께 살았지만 집세를 제대로 내지 못하면서 어쩔 수 없이 범죄율이 높고 공터가 많으며 주거 환경이 제각각인 동네로 밀려났다.

에리카가 자기 인생을 돌아볼 때 떠올리는 몇 가지 풍경이 있다. 이삿짐이랍시고 비닐봉지에 짐을 챙겨 나서며 중산층의 안락함과 작별하던 일, 친척이나 아는 사람 집의 빈방으로 들어가던 일, 버려진 것이나 다름없이 낡아빠지고 황량한 빈 아파트에 처음 발을 들여놓던 일…. 이런 곳들이 그들이 새로 살아야 할 집이었다. 그것도 잠시 동안만.

이 새로운 환경에서는 사람들이 종사하는 직업의 수가 훨씬 적었고, 돈도 많지 않았다. 감옥에 간 사람이 워낙 많아서 사람도 적었다. 그러나 범죄는 훨씬 많았다. 예전의 환경과 다른 것은 단지 물질적인 것만은 아니었다. 사람들의 사고방식이나 행동 양식도 달랐다.

가난한 동네에 사는 사람들은 모든 사람이 원하는 것과 동일한 것, 즉 안정적인 결혼, 좋은 직장, 잘 정돈이 된 생활 습관 따위를 원했다. 그러나 이들은 물질적인 스트레스와 심리적인 스트레스의 주기 안에 갇혀 살았다. 돈이 부족해 문화가 바뀌었고, 자기 파괴적인 문화는 다시 돈에 더욱 쪼들리는 상황을 불렀다. 이 정신적이고 물질적인 악순환 탓에 뚜렷하게 구분되는 심리적 상태가 나타났다. 이 지역에 사는 몇몇 사람은 야망이 작았다. 아니, 야망이라고는 전혀 없었다. 또 어떤 사람들은 스스로 자기 운명을 개척할 수 있다는 신념조차 완전히 잃어버렸다. 그래서 장기적으로 아주 끔찍한 결과가 초래될 줄 뻔히 알면서 도무지 이해할 수 없는 행동을 했다.

이 지역에 사는 사람들 가운데 많은 사람이 일과 스트레스로 온종일 녹초 상태로 지냈다. 또 비록 겉으로는 자신감이 철철 넘치는 듯 허세를 부리지만 자신감이 부족했다. 대다수가 연이어 닥쳐오는 위기를 아슬아슬하게 넘기면서 위태롭게 살았다. 끔찍한 이야기도 많았다. 에리카도 아는 한 소녀는 열다섯 살에 한순간의 격정을 이기지 못하고 급우를 칼로 찔러 죽임으로써 자기 인생을 아주 간단하게 망쳐버렸다. 에리카는 이런 환경에서는 절대로 약한 모습을 보여서는 안 된다는 것을 깨달았다. 결코 패배를 인정해서도 안 되며 타협을 해서도 안 된다. 누가 트집을 잡으면 절대로 가만히 있으면 안 된다.

이런 무질서를 극복하려고 엄마들은 서로 연락망을 구축해서 자식들을 보살피고 먹이는 등의 모든 일을 서로 도왔다. 같은 집단에 속한 사람들끼리는 서로 도왔지만 외부 집단, 즉 정부와 중산층으로부터는 철저하게 따돌림 당했다. 이 엄마들은 불신을 발산했다. 모든 사람이 자기를 이용하려 하고, 계산대에 서 있는 사람은 누구나 거스름돈을 속이려 하며, 모든 사회복지사가 다 속임수를 써서 자기를 속이고 이용하려 한다고 생각했다.

간단하게 말하자면 개별적인 주거 집단은 각기 다른 행동 규칙, 즉 걸을 때는 어떻게 걸어야 하며 인사는 어떻게 해야 하고 낯선 사람이나 미래를 어떤 눈으로 바라봐야 하는지에 대해서 제각기 다른 무의식적 규범을 가지고 있다. 에리카는 서로 다른 문화권 사이를 오가는 움직임들을 놀랍도록 쉽게 파악하고 실천했다. 적어도 표면적으로는 그랬다. 마치 한 나라에서 다른 나라로 폴짝 뛰어서 건너는 것과 같았다. 중산층의 나라에서는 사람들이 상대적으로 안정적인 환경에서 살았다. 그러나 가난한 나라에서는 그렇지 않았다. 중산층의 나라에서는 아이들이 성장해서 대학에 진학했지만, 가난한 나라에서는 그렇지 않았다.

펜실베이니아대학교의 사회학자 아네트 라루Annette Lareau는 미국 사회의 다양한 사회계층에 퍼져 있는 다양한 문화적 규범을 연구하는 선도적인 학자다. 그녀가 이끄는 연구팀은 20년이 넘는 세월에 걸쳐 누군가의 거실이나 자동차 뒷좌석에서 사람들과 밀착 면담을 하며 가정마다 어떻게 다르게 생활하는지 살펴왔다. 이런 관찰을 통해서 라루는 제대로 교육을 받은 가정과 그렇지 못한 가정의 자녀 양육 방식이 다르다는 것을 확인했다. 이 두 집단에게는 자녀 양육에 대한 전혀 다른 철학과 모델이 있었다.

해럴드처럼 교육을 제대로 받은 가정의 아이들은 라루가 '집중양육concerted cultivation'이라고 부르는 분위기 속에서 성장한다. 이 아이들은 부모가 지켜보는 가운데 수많은 활동을 하며, 그때마다 부모는 아이들을 차에 태워 이곳저곳으로 이동시킨다. 부모는 아이들이 누리는 삶의 거의 모든 부분에 깊숙하게 개입한다. 부모는 아이들에게 끊임없는 학습 경험을 제공하려고 집중과 노력을 기울인다.

속도 또한 숨이 가쁠 지경이다. 숙제를 놓고 벌이는 전투는 일상이나 다름없다. 이런 방식으로 성장한 아이들은 잘 조직된 제도들이 구비된 세상을 무사히 항해하는 법을 배운다. 어른과 일상적으로 어떻게 대화해야 하는지 알고, 많은 사람 앞에서는 어떻게 말을 해야 하는지 안다. 또한 상대방의 눈을 어떻게 바라보아야 하는지, 어떻게 해야 상대방에게 좋은 인상을 심어주는지 안다. 심지어 어떤 결과를 이끌어내기 위해 어떤 행동을 해야 하는지도 알고 있다.

라루가 빈민층의 부모들에게 교육을 잘 받은 중산층의 부모가 자식들을 얼마나 빡빡하게 교육시키는지 알려주려고 이들이 평소에 보내는 하루 일정을 보여주자, 빈민층의 부모들은 그 일정이 강요하는 엄청난 속도와 스트레스에 깜짝 놀라고 말았다. 빈민층의 부모들은 교육을 잘 받은 계층의 아이들이 믿을 수 없을 정도로 슬플 것이라고 생각했다. 빈민층의 자녀 양육 방식은 전혀 달랐다. 이들 가정에서는 어른의 세계와 아이의 세계를 가르는 벽이 한결 더 높고 튼튼하다. 이 어른들은 보통, 어른이 돌보는 행위는 일찌감치 끝내고 아이들이 방과 후 시간을 스스로 알아서 짜게 해야 한다고 생각한다. 라루는 어느 날 한 소녀가 자기 엄마에게 새로 산 인형 집을 포장에서 꺼내 조립하는 것을 도와달라고 하자 엄마가 싫다고 대답하는 장면을 목격했다. 그 엄마에게는 아무런 죄의식이 없었다. 늘 하던 모습 그대로인 것 같았다. 아이가 어떻게 놀건 중요하지 않은 것이다. 놀이는 아이의 영역이지 어른의 영역이 아니라는 인식이 깔려 있는 듯했다.

라루는 빈민층에 속한 아이들이 상대적으로 더 이완되거나 흥분되어 있다는 사실을 발견했다. 이들은 대가족과 더 많이 접촉했다. 그리고 부모가 자동차에 태우고 여기저기 데리고 다닐 여건이 되지 않아 여가 시간이 비교적 널널했다. 이 아이들은 바깥에 나가 놀며, 거기서 만나는 어떤 집단, 어떤 연령대의 아이들과도 쉽게 어울릴 수 있었다. 그래서 지루하다고 투덜거리는 일도 상대적으로 적었다. 이 아이들은 심지어 냉장고에서 음식을 꺼내 먹을 때도 엄마의 허락을 받았는데, 이와 관련해 라루는 다음과 같이 썼다. "중산층 가정에서 흔히 볼 수 있는 아이들의 칭얼거림도 노동 계층이나 가난한 계층에서는 드물었다."[2]

해럴드가 보낸 어린 시절은 라루가 말한 '교육을 잘 받은 계층'의 어린 시절과 정확하게 일치했다. 에리카가 보낸 어린 시절은 너무나 무질서해서, 두 개의 유형 사이를 끊임없이 오갔다. 때로는 엄마에게서 헌신적인 사랑을 받고, 때로는 엄마가 아예 존재하지도 않는 것 같았다. 아슬아슬한 상황에서 에리카가 오히려 거두고 돌봐야 할 어른이 한 명 있을 뿐이었다.

빈민층의 생활양식은 여러 덕목을 쌓을 기회를 아이들에게 제공하지만 현대의 경제 및 사회 전반에 제대로 적응할 준비를 하도록 도와주지는 못한다. 우선 고급스러운 언어 능력을 배양시키지 않는다. 이와 관련해 옥스퍼드대학교의 철학자이자 신경과학자인 알바 노에는 『뇌과학의 함정』에서 다음과 같이 썼다. "언어는 특정한 사회에 속한 사람에게서만 배울 수 있는 공통적인 문화적 실천이다."[3]

노동계층에 속한 가정이 대개 그렇듯 에리카의 가정도 말이 없고 조용한 편이었다. 이런 가정에 대해서 라루는 이렇게 썼다. "이런 가정에서 이루어지는 대화의 총량은 매우 다양하게 나타나지만, 전체적으로 보자면 중산층 가정에서 이루어지는 대화의 총량보다 적은 편이다."[4]

해럴드의 부모는 해럴드가 옆에 있을 때면 쉬지 않고 말을 했다. 한편 에리카의 집에서는 보통 텔레비전이 말을 훨씬 더 많이 했다. 에리카의 엄마는 너무 힘들고 지쳐서 대화를 나눌 힘이 없었다. 학자들은 중산층 가정과 빈민층 가정에서 진행되는 대화 속의 단어 교환량이 서로 어떻게 다른지 정교하게 관찰하고 계산했다. 캔자스대학교의 베티 하트 Betty Hart와 토트 리슬리Todd Risley 팀이 수행한 고전적인 연구에 따르면 네 살을 기준으로 가난한 가정에서 성장한 아이들은 전문적인 직종에 종사하는 부모 아래에서 성장한 아이들에 비해 3200만 개의 단어를 적게 들었다.[5] 한 시간 단위로 계산한 연구 결과에서 가난한 집안의 아이는 한 시간에 약 178개의 단어를 들었고, 부모가 전문 직종에 종사하는 아이는 한 시간에 약 487개의 단어를 들은 것으로 나타났다.[6]

그런데 아이들이 듣는 말의 양만 차이가 나는 게 아니었다. 정서적인 어조도 달랐다. 해럴드는 늘 칭찬으로 목욕을 했다. 아무리 사소한 성취라도 해럴드는 부모로부터 열광적인 찬사를 들었다. "너 굉장한 능력을 가지고 있구나!" 이에 비해 에리카는 칭찬을 듣는 횟수에 버금갈 정도로 기를 꺾어놓는 말을 많이 들었다.

해럴드의 부모는 해럴드에게 쉴 새 없이 질문을 던졌다. 이들 가족은 사소한 게임을 많이 했으며 가짜로 모욕을 주고받는 정교한 대결도 자주 펼쳤다. 부모는 해럴드에게 자기들이 내린 결정을 끊임없이 설명했고 또 특정한 제한 사항들을 설명했으며, 해럴드는 부모와 자유롭게 토론을 하고 부모가 설정한 제한들이 왜 잘못되었는지 주장했다. 해럴드의 부모는 해럴드가 저지르는 문법적인 오류를 바로잡아 주었고, 덕분에 해럴드는 문법 교육을 따로 받지 않고도 문법을 뗄 수 있었다. 그래서 해럴드는 상대방이 가장 듣기 좋은 대답들만 했다. 언어 환경의 차이는 지능지수 및 학업 성적으로도 연결되었다.

간단히 말하자면 해럴드의 부모는 해럴드에게 돈만 물려준 게 아니었다. 습관과 지식 그리고 자기 계층의 인지적 특성까지 함께 물려주었다. 해럴드는 유전자와 정력적인 교양 개발을 통해서 스스로를 강화하는, 대대손손 대물림되는 우월한 계층의 한 부분인 셈이었다.

에리카는 이런 보이지 않는 강점들을 대부분 손에 넣지 못했다. 그녀는 한층 더 찢어지고 갈라진 세상에 살았다. 펜실베이니아대학교의 신경학자 마사 파라Martha Farah에 따르면 중산층 아이에 비해 빈민층 아이의 스트레스 호르몬 수치가 더 높다. 이런 차이는 기억, 특정 모형에 대한 인식, (명백하지만 잘못된 대답에 저항하는 능력인) 인지적 통제, 언어 능력 등을 아우르는 인식 체계 전반에 영향을 미친다.[7] 소형 포유류를 대상으로 한 실험에서도 아빠 없이 성장한 동물이 아빠와 함께 성장한 동물에 비해 신경연결망 형성이 늦으며, 그 결과 충동 제어 능력이 떨어진다는 사실이 드러났다.[8] 이것은 돈이나 기회가 부족해서 빚어진 결과가 아니다. 가난과 가정불화는 개인의 무의식, 즉 자신의 미래와 자신이 사는 세상을 인식하고 이해하는 방법을 바꿔놓을 수 있다.

이런 차이들이 쌓이고 쌓여서 눈에 띄는 차이를 만들어낸다. 어떤 개체군에서 네 집단 가운데 가장 가난한 집단에 속한 학생이 대학교에 진학할 확률은 8.6퍼센트다. 이에 비해 가장 부유한 집단에 속한 학생이 대학교에 진학할 확률은 무려 75퍼센트나 된다.[9] 노벨상을 수상한 경제학자인 제임스 헤크먼James J. Heckman은 개인의 평생 소득 불평등 가운데 50퍼센트는 여덟 살 무렵에 주어진 요인들에 의해 결정된다는 사실을 발견했다.[10] 이 차이의 대부분은 태도, 지각, 규범 등의 무의식적인 기술들과 관계가 있다. 그리고 이때 나타나는 격차는 세월이 흐르면서 점점 빠르게 벌어진다.

문제를 해결하려면 환경 전체를 바꿔라

에리카는 결국 새희망학교에 들어가지 못하고 구식 공립학교에 들어
갔다. 이 학교에서 에리카가 8학년일 때, 교육 봉사단체인 '미국을 위한
교육Teach for America'의 활동가 두 명이 인근에서 새로운 고등학교 차터
스쿨을 시작했다. 사람들은 이 학교를 그저 '아카데미'라고 불렀다. 새
희망학교를 졸업하는 아이들을 받을 목적으로 설립되었는데, 교복이
있고 엄격한 규율과 전문적인 프로그램들을 갖췄다는 점에서는 새희
망학교와 다르지 않았다.

설립자들은 가난에 대한 분명한 관점을 가지고 이 학교를 시작했다.
그 관점이란 무엇이 가난을 야기하는지 기본적으로 알 수 없다는 것이
었다. 이들은 가난이 제조업 일자리의 부족, 인종차별, 세계화, 문화적
전이, 불운, 정부의 옳지 못한 정책을 비롯한 수천 가지 요인이 한데 뒤
섞인 복합체에서 비롯된다고 보았다. 하지만 그들은 관찰을 통해 몇 가
지 사실만큼은 분명히 알고 있었다. 가난이 어떻게 해서 생기는지 아는
사람은 없다. 아이들을 가난에서 건져낼 지렛대 하나를 발견하려고 애
쓰는 것은 무익하다. 가난의 이유는 한 가지가 아니기 때문이다. 그래
서 그들은 가난이 대물림되는 현상을 어떻게든 개선하고자 한다면 필
요한 모든 것을 한꺼번에 해야 한다고 믿었다.

이 아카데미를 세워야겠다고 생각한 그들은 처음에 잠재적인 기증
자들을 상대로 설명회를 열었다. 하지만 나중에는 설명회를 포기했다.
이 학교를 제대로 이해하는 사람이 없었기 때문이다. 그러나 설명회의
전제가 되었던 사항들은 여전히 그들 가슴에 뜨겁게 남아 있었다. 바로
가난에는 창발성emergent property(예기치 않게 갑작스럽게 나타나는 속성)이
있다는 것이었다.

인류는 세상을 환원주의적 추론을 통해 이해하려 애써왔다. 말하자면 각각의 사물들이 어떻게 기능하는지 알려고 그 사물들을 따로 떼어내서 그리고 각 사물을 구성하는 요소들을 분리해서 생각했다는 뜻이다. 이와 관련해 앨버트 라슬로 바라바시는 저서 『링크』에서 다음과 같이 썼다. "환원주의는 20세기에 이루어진 과학적 연구의 상당 부분을 가능하게 했던 추진력이다. 환원주의는 자연을 이해하려면 자연을 구성하고 있는 구성 요소들을 해독해야 한다고 우리에게 주문한다. 이것은, 각각의 구성 요소를 모두 이해할 때 전체를 파악하기 쉬워진다는 점을 가설로 설정하고 있다. 쪼개고 정복하라, 중요한 것은 각론이다. 이런 맥락 속에서 우리는 수십 년 동안, 세상의 온갖 구성 요소들을 통해 세상을 보도록 강요받아 왔다. 우리는 우주를 이해하려고 원자를 연구하고 초끈 이론superstring theory(물리적인 법칙을 설명하기 위한 과학 이론의 하나로, 물질과 힘의 근본을 입자가 아니라 진동하는 작은 끈이라고 생각한다- 옮긴이)을 공부했다. 생명을 이해하려고 분자를 연구했고, 복잡한 행동을 이해하려고 개별적인 유전자를 연구했으며, 또 어떤 변덕이나 종교의 기원을 이해하려고 예언자들을 연구했다."[11]

이러한 사고방식은 사람들이 문제를 여러 부분으로 분해함으로써 이해할 수 있다고 생각하게 한다. 한 개인의 유전적인 특성이나 환경적인 특성을 치밀하게 조사하기만 하면 그 사람의 개성을 얼마든지 이해할 수 있다고 보는 환원주의적 방식은, 선형적이고 논리적인 의식적 인식conscious cognition의 특성이자 장기다.

다만 이 접근법은 문제가 있는데 한 인간, 한 문화 혹은 한 사회를 역학적 복합성만으로는 설명하기 어렵다는 점이다. 그래서 최근에는 창발적 체계의 구조에 대한 관심이 점점 높아지고 있다. 창발적 체계는 각기 다른 요소가 한데 결합해 각 부분의 합보다 더 큰 것을 만들어낼 때 존재한다. 다르게 표현하자면 전체 체계의 각 부분이 상호작용을 한 결과 전혀 다른 것이 나타날 때 창발적 체계가 존재한다. 예를 들어보자. 공기나 물과 같은 무해한 존재가 하나로 결합해 때로는 허리케인이라는 무시무시한 존재가 우연히 나타난다, 즉 창발한다. 소리와 음절이 결합해 정서적인 힘을 지닌 이야기가 나타난다. 이 이야기는 원래의 부분들로는 돌이킬 수 없는, 전혀 다른 것이 된다.

창발적 체계는 중심적인 조정자에게 의존하지 않는다. 상호작용의 모형 하나가 설정되면, 구성 요소들의 행동에 하향식으로 영향을 미친다. 예를 하나 더 들어보자. 어떤 개체군에 속한 개미 한 마리가 새로운 음식 자원을 발견하고 그 위로 기어오른다. 이때 어떤 중앙권력자도 전체 개체군에 그 음식 자원을 사냥하기 위해 개체군을 재조직하라고 명령하지 않았다. 그저 개미 한 마리가 일상적으로 음식 사냥을 나섰다가 우연히 그 음식 자원을 발견했을 뿐이다. 그러자 가까이 있던 다른 개미가 그 개미가 향하는 방향이 달라졌음을 깨닫고, 가까이 있던 또 다른 개미 역시 자기 옆에 있던 개미가 향하는 방향이 달라졌음을 깨닫는다. 이렇게 해서 곧 과학 저술가 스티븐 존슨이 말했던 현상이 일어난다. "지역의 정보 하나가 전 지구적인 지혜로 이어질 수 있다."[12]

그리고 그 개미가 속한 전체 개체군은 그 음식 자원을 수확하기 위해 페로몬으로 고속도로를 만든다. 어떤 변화가 전체 체계로 빠르게 전달되고, 전체 개체군의 정신은 이 새로운 환경을 활용하려고 스스로를 재조직한다. 이런 변화가 진행되는 의식적인 판단과 결정은 존재하지 않는다. 그저 일련의 새로운 설정들이 창발한다. 일단 어떤 관습이 형성되고 나면 개미들은 이 관습에 자동적으로 순응한다.

창발적 체계는 관습을 수백 수천 세대로 대물림하는 데 정말로 유용하다. 곤충학의 세계적인 권위자인 스탠퍼드대학교의 데버라 고든 Deborah Gordon 박사는 개미들을 대형 플라스틱 통 안에 넣고 관찰하는 실험을 통해 이 개미들이 하나의 집단을 스스로 건설한다는 사실을 확인했다. 이 개미들은 또한 죽은 개미를 묻을 공동묘지를 만드는데, 이 묘지는 될 수 있으면 자기들이 생활하는 데서 최대한 먼 곳에 만든다. 또 이들은 쓰레기 처리장도 만드는데, 이곳 역시 자기들이 생활하는 곳과 공동묘지로부터 먼 곳에 만든다.[13] 사실 개미 한 마리 한 마리는 자기들 개체군의 전체 구조를 모를 수도 있다. 다만 지역적인(개별적인) 계기들을 따랐을 뿐인데, 전체적으로 그런 결과를 빚은 것이다. 다른 개미들 역시 그 지역적인(개별적인) 계기들을 따랐고, 머지않아 전체 개체군이 모두 어떤 행동의 선례를 형성했다. 이런 선례가 한번 형성되고 나면 수천 세대를 지나도 그 선례의 지혜가 계속 이어진다. 한번 형성된 선례는 하방 영향력을 행사하기 때문이다.

창발적 체계는 도처에 있다. 당신의 뇌도 창발적 체계다. 뇌에 있는 개별적인 뉴런은 어떤 생각, 예를 들어 사과라는 생각을 담고 있지 않지만 수백만 개의 뉴런이 점화하는 양상에서 사과라는 생각이 나타난다. 유전도 창발적 체계다. 서로 다른 수많은 유전자와 수많은 환경요소들의 복잡한 상호작용을 통해 공격성 같은 하나의 특성이 나타난다.

결혼 역시 창발적 체계다. 심리학자 프랜신 클래스브룬Francine Klagsbrun 은 부부가 결혼 생활과 관련한 문제로 진료실로 들어오면, 진료실에 환자가 세 명이라고 한다. 남편과 아내 외에 결혼도 그 자리에 함께 있다. 결혼은 아내와 남편 사이에 일어난 모든 일의 살아 있는 역사다. 그래서 일단 선례가 형성되고 이것이 두 사람의 뇌 속으로 스며들고 나면 결혼 자체가 개별적인 행동을 형성하기 시작한다. 이것은 비록 두 사람 사이의 공간에 존재하지만 모두에게 영향력을 행사한다.

문화도 창발적 체계다. 미국 문화나 프랑스 문화 혹은 중국 문화의 각 특징이 한 사람에게서 동시에 나타나는 경우는 없다. 문화를 구성하는 행동 모형을 한 독재자가 임의로 지시할 수도 없다. 수백만, 수천만 명 의 사람들이 하는 행동과 인간관계 속에서 규칙성이 나타난다. 그리고 관습이 형성되고 나면, 미래에 태어나는 개인은 이 관습에 무의식적으 로 복종한다.

가난 역시 창발적 체계라고 아카데미의 두 설립자는 믿었다. 가난에 허덕이는 사람들은 그 누구도 속 시원하게 이해할 수 없는 복잡한 생태 계 속에서 어쩌다 가난에 발목이 잡히고 말았다.

2003년 버지니아대학교의 심리학 교수 에릭 터크하이머 Eric Turkheimer 는 가난한 환경에서 성장한 사람은 지능지수가 낮은 경향이 있다는 사 실을 확인하는 연구보고서를 발표했다. 기자들이 물었다. "가난한 어 린이들의 지능을 높일 수 있는 방안으로는 무엇이 있을까요?" 이 질문 에 대해 그는 나중에 다음과 같이 썼다. "그 질문에 대한 정직한 답변은 이것이다. 가난이 끼친 영향에 책임이 있는 환경으로 특별한 것을 지목 할 수 있다고는 생각하지 않는다. 피폐한 환경 안에 존재하는 개별적인 요소에 책임을 묻는 것이 가난이 끼치는 해로운 영향을 해결할 수 있는 방안은 아니라는 말이다."[14]

터크하이머는 가난한 환경에서 성장하는 아이의 어떤 부분이 가장 부정적인 결과를 낳는지 알아내려고 여러 해 동안 관찰했다. 그 결과, 가난이 빚어내는 전체적인 결과는 어렵지 않게 파악하고 또 보여줄 수 있었지만, 특정 변수들의 영향력을 측정하려고 하자 아무것도 파악할 수 없었다. 그래서 그는 가난한 성장 환경에서 어떤 요소가 이 아이의 불완전한 인식력을 형성하는 데 가장 강력한 영향력을 행사하는지 정밀하게 조사한 마흔세 개의 기존 논문을 대상으로 메타 분석(개별 연구들의 결과물을 한데 모아서 다시 분석하는 것 - 옮긴이)을 했다. 그러나 이 시도 역시 모든 변수가 결합해서 한꺼번에 발휘하는 전체적인 효과는 쉽게 파악할 수 있었지만 특정 변수의 영향력을 확인하는 데는 실패했다.

그렇다고 해서 가난이 미치는 효과를 최소화할 방도가 전혀 없다는 뜻은 아니다. 그저 세부적인 요소 각각의 효과를 차단하려는 노력을 할 필요가 없다는 말이다. 이와 관련해 터크하이머는 다음과 같이 썼다. "인간이 할 수 있는 그 어떤 복잡한 행동도 선형적인 인과관계로 나타나는 것은 없다. 청소년의 비행과 같은 중요한 결과론적 행위도 수만 가지 원인의 상호작용 속에서 나타난다. 그리고 이 원인 각각은 다시 또 수만 가지의 잠재적인 영향력을 발휘할 수 있다. 그 환경적인 영향들이 서로를 공동으로 규정한다거나 수만 가지 많은 유전자의 영향력과 상호작용한다는 확실한 결론을 내리려면 이에 더해 다시 수만 가지의 수만 가지 환경적 복잡성을 해결해야 한다."[15]

그렇기 때문에 과학자들은 터크하이머가 '우울한 전망gloomy prospect'이라고 불렀던 것을 인정할 수밖에 없었다. 인간 행동의 원인을 딱 꼬집어서 분류하거나 이러저러한 인간 행동의 원천을 추적할 수 있는 방법은 없다. 가난이나 편부모와 같은 창발적인 조건들이 비교적 규모가 큰 관찰 대상 집단에 얼마나 영향을 미칠 수 있는지 확인할 수는 있다. 또한 어떤 것과 다른 것 사이의 관련성을 드러낼 수도 있으며 이 관련성은 매우 소중한 가치가 있다. 그러나 A가 어떤 결과를 나타내는 데 B가 어떻게 영향을 미쳤는지는 밝히기는 어렵다. 아니 불가능하다. 인과 관계는 '우울한 전망'의 어둠 속에서 그저 흐릿하게만 보일 뿐이다.

아카데미 설립자들이 마음에 새긴 교훈은 이랬다. 가난의 구체적인 단편들이 아니라 문화 전체에 초점을 맞출 것. 세부적인 사항의 개입만으로는 아이든 어른이든 그 사람의 인생을 결코 바꿔놓지 못한다. 그러나 어떤 사람에게 새로운 문화, 전혀 다른 인간관계의 그물망을 제공할 경우 그 사람은 (무슨 방법으로도 측정할 수 없고 또 이해할 수 없는 불가사의한 방식으로) 새로운 사고방식과 행동, 습관을 흡수할 것이다. 또 이 사람에게 새롭고 넉넉한 문화로 세례를 주었다면 계속해서 그 문화의 영향력 아래 있도록 해야 한다. 그 사람이 다른 문화권의 영향력 안으로 들어갈 경우 새롭게 얻었던 강점들도 대부분 사라져 버리기 때문이다.

설립자들은 자기들이 단지 학교 하나를 설립하는 게 아니라 반反문화를 건설한다는 사실을 잘 알았다. 그들이 만들 학교는 빈민층 아이들이 성취의 기풍에 전방위로 접근할 수 있는 환경이 되어야 했다. 그렇다고 해서 이 아이들이 속한 문화에 전면적이고 총체적으로 적대적일 수는 없었다. 아이들의 거부감을 불러일으킬 수 있으니 말이다. 그러나 이 학교는 의사와 변호사의 아들인 두 설립자가 대학교에 진학할 수 있도록 등을 떠밀고 또 격려했던 바로 그 규범과 습관과 메시지를 주장할 것이다. 동시에 현재 우리가 양극화된 불평등한 사회에 살고 있다는 사실을 솔직하게 인정하고, 가난한 아이들에게는 중산층 아이들과는 다른 제도적인 지원이 필요하다는 사실을 솔직하게 선언할 터다.

그들의 학교는 '부모 중립성'을 표방할 방침이었다. 이 말은 학교가 알아서 할 테니 부모는 끼어들지 말라는 선언이다. 가난한 아이들의 부모가 무의식적으로 자식에게 대대로 전승하는 문화를 차단하겠다는 말을 완곡하게 표현한 것이다. 학교보다 부모와 공동체가 학생의 성취동기에 더 큰 영향을 미친다는 사실은 사회학자인 제임스 콜먼James Coleman이 이미 확인했다. 아카데미의 설립자들은 그들의 학교가 수학과 영어를 가르치는 또 하나의 그렇고 그런 교실을 여러 개 모아놓은 공간이 되어선 안 된다는 점을 분명히 했다. 두 사람이 상상하는 아카데미는 지식을 전달하는 공간일 뿐 아니라 이웃이고 가족이어야 했다. 아이들이 자기가 보내는 어린 시절을 대학교에 올라가는 사다리, 현재의 누추한 현실에서 벗어나 보다 좋은 바깥의 어딘가로 나아가는 사다리를 발견하고 훈련하는 공간이었다.

창발성과 관련해서 곤란한 점은 창발적 체계에서는 문제의 '근본적인 원인'을 찾아내기가 매우 어렵다는 사실이다. 하지만 긍정적인 점은 나쁜 결과를 쏟아내는 부정적인 폭포가 있다면 좋은 결과를 쏟아내는 긍정적인 폭포도 당연히 있을 것이라는 사실이다. 일단 일련의 긍정적인 문화적 계기가 마련되기만 한다면 생산적인 영향력들이 서로를 강화시키면서 행복한 선순환의 고리 속으로 들어가게 할 수 있다.

에리카가 이 학교에 들어가지 말라는 법은 없었다. 그 무렵에 에리카는 8학년이었고 예전보다 키가 더 크고 예뻐졌다. 물론 고집도 그에 못지않게 더 세졌다. 무언가 깊은 불만이 핏속으로 스며 들어 있었다. 엄마에게 고래고래 소리를 질러대기도 했지만, 동시에 엄마를 맹렬하게 사랑하기도 했다. 에리카의 심정은 다른 사람이 볼 때 도무지 이해할 수 없을 정도로 복잡하게 얽히고설킨 실타래였다. 또래 아이들과 길을 걸어갈 때면 언제나 무언가를 주장했고 과장되게 반응했다. 때로는 싸우기도 했다. 학교에서 그녀는 뛰어난 학생인 동시에 문제아였다. 무슨 까닭에서인지 모르지만 산다는 것은 전투를 치르는 것이라는 관념이 머릿속에 박혀서 특별한 이유도 없이 사람들을 적대시하며 전쟁하듯 살았다. 에리카는 때로 자기를 도와주려는 사람들에게도 '투견'처럼 굴었다. 그녀는 자기가 글러먹은 짓을 한다는 걸 알았지만 그걸 멈추지 않았다. 거울을 바라볼 때마다 에리카는 이렇게 말했다. "나는 강하다."

그녀는 스스로에게 학교가 싫다고 주입시켰다. 그러나 실제로는 학교가 싫지 않았다. 또 자기가 미워하지도 않는 이웃을 미워한다고 최면을 걸기도 했다. 바로 여기에 그녀의 진정한 천재성이 있었다. 그녀는 자기 자신을 바꿀 수 없다는 걸 알았다. 하지만 현재의 환경 아래 그대로 머물러 있을 순 없었다. 개인적인 의지력만으로는 자신의 인생행로를 바꿀 수 없었던 것이다. 늘 똑같은 정서적인 계기들에 지배를 받을 게 분명했다. 이런 것들이 의식적인 의도와 의지를 압도할 게 분명했다.

그러나 에리카는 한 가지 결정을 할 수 있었다. 주변 환경을 바꾸는 것이다. 만일 환경을 바꿀 수만 있다면 완전히 다른 계기와 무의식적인 문화의 지배를 받게 될 터다. 내면을 바꾸는 것보다 환경을 바꾸는 게 더 쉽다. '환경을 바꾼 다음에는 새로운 계기들이 작동해 효과를 발휘하도록 맡기자'고 에리카는 생각했다.

에리카는 8학년(중학교 2학년)에 진학하고 나서 상당한 기간 동안 다른 아이들과 대화하고 엄마에게 묻고 또 교사들에게 꼬치꼬치 캐물으며 아카데미에 대해 많은 것을 배우면서 보냈다. 2월의 어느 날 에리카는 아카데미의 이사진이 회의를 하러 모였다는 이야기를 들었다. 그리고 그 회의에 참석해 자신을 입학시켜 달라고 요구해야겠다고 마음먹었다. 하급 전사나 쓸 법한 막무가내 전법이었다.

다른 아이들이 체육 수업을 들으러 나갈 때 에리카는 몰래 학교를 빠져나와 아카데미로 들어갔다. 그리고 회의실을 찾아갔다. 문 앞에서 노크를 한 다음 안으로 들어가자, 스물다섯 명가량 되는 어른이 탁자를 가운데 두고 빙 둘러앉아 있었다.

"저는 여러분의 학교에 입학하고 싶습니다." 에리카는 모든 사람이 들을 수 있게 큰 소리로 말했다. 그러자 모여 있던 사람 가운데 한 명이 고함을 질렀다. "너 여기 어떻게 들어왔니?" "저는 내년에 이 학교에 입학하고 싶은데, 될까요?" 설립자 중 한 명이 빙그레 웃었다. "아는지 모르겠다만, 우리는 추첨으로 학생을 뽑아. 너도 지원을 하면 봄에 우리가 추첨을 해서….'

에리카는 급한 마음에 그 말을 끊었다. 그리고 몇 달 동안 준비해 왔던 연설을 했다. "이 학교에 정말 들어오고 싶어요. 열 살 때 새희망학교에 입학하려고 했어요. 그런데 입학시켜 주지 않았습니다. 그래서 담당 기관을 찾아가 사회복지사에게 말했는데, 안 된다고 했어요. 그러더니 경찰 세 사람이 저를 끌고 나갔습니다. 하지만 이제 저는 열세 살이고, 공부도 열심히 했습니다. 성적도 좋습니다. 모범적인 품행이 어떤 건지도 알고 있습니다. 저는 이 학교에 입학할 자격이 충분하다고 생각합니다. 아무나 붙잡고 물어보시면 압니다. 신원 보증인도 있어요." 그리고는 자기를 가르친 교사들의 이름이 적힌 서류 뭉치를 내밀었다.

아까 그 설립자가 물었다. "네 이름이 뭐니?" "에리카입니다." "근데 말이야, 일에는 규정이라는 게 있거든. 많은 학생이 우리 아카데미에 입학하고 싶어 해. 그래서 추첨이라는 가장 공정한 방식을 마련했어. 해마다 4월에 추첨을 해서…." "그러니까 안 된다는 말씀이세요?" "너도 다른 학생들과 똑같이 공정한 기회를 가지게 될 거야." "그러니까 안 된다는 말씀이나 마찬가지잖아요. 저는 아카데미에 입학해야 합니다. 대학교에 진학해야 하거든요."

에리카는 더 할 말이 없었다. 그냥 말없이 서 있기만 했다. 이번에 자기를 밖으로 끌어내려면 세 명이 아니라 훨씬 더 많은 경찰이 필요할 것이라며 마음을 단단히 먹었다.

설립자들이 앉은 자리 건너편에 뚱뚱한 남자가 앉아 있었는데, 헤지 펀드의 자산 운용가로 수십 억 달러의 돈을 벌어 이 학교에 많은 돈을 기부한 사람이었다. 엄청나게 대단한 사람이긴 했지만 사교적인 예의라고는 눈곱만큼이나 있을까 말까 한 인물임은 한눈에 봐도 알 수 있었다. 남자가 주머니에서 만년필을 꺼내더니 종이에다 메모를 했다. 그러고는 에리카를 한 번 더 본 다음, 종이를 접어 탁자 너머 설립자들 쪽으로 밀었다. 설립자들이 종이를 펼쳐서 읽었다. 종이에는 이렇게 쓰여 있었다. "부정 추첨 한번 합시다, 젠장!"

설립자들은 잠시 말을 잊었다. 그러고는 서로의 얼굴을 바라보았다. 마침내 둘 중 한 사람이 고개를 들고 차분한 목소리로 말했다. "네 이름이 뭐라고 했니?" "에리카입니다." "잘 들어라 에리카. 아카데미에는 규정이라는 게 있어. 모든 사람에게 적용이 되는 규정이고, 말 그대로 누구나 다 따라야 하는 거야. 우리는 엄격한 규율과 도덕성을 강조한다. 그러니 네가 명심해야 할 게 있다. 네가 이 자리에 들어와서 우리에게 어떤 말을 했다는 사실을 다른 누구에게 말한다면, 내가 직접 널 발로 걸어차서 우리 학교에서 쫓아낼 거야. 무슨 말인지 알아듣겠니?" "네, 선생님." "네 이름과 주소를 종이에 써두고 가거라. 그리고 9월에 보자."

뚱뚱한 헤지 펀드 남자가 의자에서 몸을 일으키더니 자기 펜과 메모 수첩을 에리카에게 건네주었다. 에리카가 텔레비전에서 말고는 한 번도 본 적 없는 만년필이었다. 에리카는 종이에 자기 이름과 주소를 적었다. 그리고 혹시 몰라서 사회보장번호(우리나라의 주민등록번호와 같은 것-옮긴이)도 적었다. 이 모든 걸 끝낸 다음에야 회의실에서 나왔다.

에리카가 나가고 난 뒤 이사진들은 한동안 서로 멀뚱하게 바라보기만 하며 아무 말도 하지 않았다. 다들 그 소녀가 회의실 밖에서 귀를 기울이고 있다는 걸 알았다. 그때 헤지 펀드 사내가 맨 먼저 씨익 웃었다. 그 미소가 그때까지 팽팽하던 긴장을 깼고, 곧 유쾌한 너털웃음이 회의실을 뒤흔들었다.

8장

자기통제

나는 왜 나 자신조차
마음대로 할 수 없을까?

아카데미는 분명 에리카에게 충격을 주었다. 그 충격은 영원히 지워지지 않았다. 아카데미는 아침 8시에 시작해 오후 5시에 끝났다. 에리카는 토요일에도 나가고 여름 동안에도 몇 주간 나갔다. 자기 학년 수준보다 점수가 낮은 학생은 미국의 일반 학교 학생보다 두 배나 많은 시간을 학교에서 보내고, 자기 학년 수준의 점수를 받는 학생조차 아카데미에서는 다른 학교 학생에 비해 50퍼센트나 더 많은 시간을 학교에서 보내야 했다. 학교는 모든 것을 제공했다. 다른 학교처럼 영어 시간과 수학 시간이 있을 뿐만 아니라(하지만 에리카는 날마다 서로 다른 영어 수업 두 개를 들었다) 병원도 있었고 심리상담도 해주었다. 급식을 제공하고 방과 후 활동도 실시했다.

그러나 가장 큰 충격은 학교가 학생들에게 행동 양식을 강조한다는 사실이었다. 아카데미는 근본적이고 철저했다. 학생들에게 누가 자기에게 말을 하면 그 사람을 똑바로 바라보라고 가르쳤다. 수업 시간에 의자에 앉는 법을 가르쳤고, 상대방에게 동의한다는 뜻으로 고개를 끄덕거리는 신호를 보내는 법을 가르쳤으며, 처음 만난 사람과 인사를 나누고 악수를 하는 법을 가르쳤다. 아카데미에 입학한 학생들은 처음 몇 주 동안 복도에서는 어떻게 걸어야 하는지, 책은 어떻게 들고 다녀야 하는지, 다른 사람과 부딪혔을 때 '미안!'이라는 말을 어떻게 해야 하는지 배웠다. 교사들은 학생들에게 작은 걸 제대로 잘 배워두면 나중에 어렵고 큰 것들을 배우기가 한층 쉬울 것이라고 말했다. 중산층의 아이들이라면 이미 무의식의 차원에서 숙달된 것들이겠지만, 아카데미의 학생들은 대부분 완전히 새로 배워야 했다.

또 하나의 큰 충격은 노래였다.[1] 수업이 있는 날은 늘 '전체 학년 동아리 시간'으로 하루가 시작되었다. 전체 학생이 체육관에 모여 함께 노래를 불렀다. 멜로디가 복잡하지 않고 단순한, 슬로건과 같은 노래였다. 물론 랩도 포함되었다. 〈존경심의 노래〉가 있었고, 묻고 답하는 형식의 〈아는 것이 힘이다〉가 있었다. 또 〈대학교 노래〉도 있었는데, 미국의 명문 대학교 이름을 하나씩 소리쳐 외친 뒤에 이 학교들 가운데 하나에 꼭 입학할 것을 맹세하는 내용이었다. 그리고 마지막에는 체육 교사가 학생들에게 질문을 던졌다. "너희들은 왜 여기에 있나?" "교육을 받으려고 있습니다!" "교육은 어떻게 받나?" "열심히 받습니다!" "너희들은 무엇을 하나?" "열심히 공부합니다!" "너희들은 어떻게 해야 하나?" "자기 수양을 해야 합니다!" "너희들은 어디로 가나?" "대학교로 갑니다!" "왜 가나?" "내 운명의 주인이 되기 위해섭니다!" "어떻게 거기에 가나?" "획득합니다!" "무엇을 획득하나?" "모든 걸 획득합니다!"

아카데미의 졸업 날짜는 반별로 달랐지만 그 날짜는 아카데미를 졸업하는 해가 아니었다. 4년 뒤에 대학교를 졸업하게 될 해였다. 또 각교실별로 고유한 이름이 따로 있었다. '215 강의실'이나 '111 강의실' 같은 게 아니라 그 교실에서 강의를 하는 교사가 졸업한 학교가 바로 강의실의 이름이고 정체성이었다. 예를 들어 '미시건', '클레어몬트', '인디애나', '웰슬리' 등으로 강의실을 불렀다. 대학교는 이 학생들에게 약속의 땅이자 장차 참가하게 될 숭고한 동아리였다.

에리카는 수업에서 태국에서의 삶이나 고대 바빌론에서의 삶과 같이 예전에는 단 한 번도 들어본 적 없는 것들에 대해 배웠다. 6주마다 시험을 치고 평가를 받았다. 이렇게 해서 산출되는 점수는 에리카가 성적 향상 과정을 한눈에 볼 수 있는 지표였다. 기대보다 높은 점수를 받으면 '스칼러 달러Scholar Dollars'를 획득했는데, 이것으로 자유 시간이나 현장학습과 같은 여러 가지 특권을 구매할 수 있었다. 에리카가 특히 좋아하던 수업은 오케스트라였다. 이 수업을 들으면서 악보 읽는 법을 배웠고 바흐의 〈브란덴부르크 협주곡〉을 연주하기 시작했다. 에리카는 2학년 때 우등생 명단에 이름을 올렸다. 우등생이 되면 흰색의 표준 교복이 아니라 파란색 교복을 입고 등교할 수 있었다. 이 파란색 교복을 처음 입고 아카데미 건물 앞에서 진행되던 행사장에 섰던 일은 그때까지의 인생을 통틀어 가장 자랑스러운 사건이었다.

수업이 끝나고 나면 테니스를 배웠다. 아카데미에 입학하기 전만 해도 에리카는 체계적으로 운동을 해본 적이 없었다. 라켓을 손에 쥐어본 적조차 없었다. 그런데 흑인 테니스 스타 두 명이 학교를 방문해 테니스 코트 네 개를 조성할 돈을 기부했고, 날마다 코치가 와서 지도를 했다. 그걸 본 에리카는 테니스 팀에 가입하기로 했다.

에리카는 아카데미에서 누구보다 진지한 학생이었다. 그러나 테니스를 하는 그녀에게는 진지함을 넘어 지독한 면이 있었다. 에리카는 테니스에 완전히 홀린 듯했다. 수업이 끝난 뒤에는 늘 꼬박 몇 시간씩 벽에다 공을 치는 연습을 했다. 세계적인 테니스 스타가 어디에서 태어났고 토너먼트 경기가 어디에서 열리는지 배우면서 세계 지리를 훤하게 꿸 정도였다. 특히 1학년과 2학년 때는 자기 생활을 모두 그 작고 노란 공을 중심으로 조직했다.

테니스는 그녀의 마음속에 있는 거대하고 우주적인 목적에 부합했다. 칼럼니스트 월터 리프먼Walter Lippmann은 다음과 같이 썼다. "인간 본성이 필요로 하는 모든 것보다 우선하는 것, 다른 어떤 만족보다 우선하는 것, 배고픔이나 사랑이나 즐거움이나 명성, 심지어 목숨 그 자체보다 우선하는 것, 인간이 가장 필요로 하는 것은 바로 자기가 어떤 질서정연한 존재인 규율 속에 놓여 있다는 확신이다."[2] 그렇게 몇 년 동안 테니스는 에리카의 정체성을 조직했다.

에리카는 강하고 빨랐다. 불과 2년 만에 그녀는 테니스를 치는 것이 자신에게 행운과 명성을 안겨줄 지름길이 될 것이라 확신했다. 비록 본인은 이런 사실을 단 한 번도 인정하지 않긴 했지만 말이다. 그녀는 윔블던 대회에 선 자기 모습을 상상했다. 프랑스 오픈에 진출한 뒤 모교인 아카데미로 돌아와서 후배들을 앞에 두고 모든 것이 어디에서 어떻게 시작되었는지 감동적인 성공 스토리를 펼치는 자기 모습을 보았다.

에리카는 이메일 주소 아이디도 'tennisgirl1'이었다. 비밀번호도 당연히 테니스와 관련이 있고 노트 겉장에도 테니스와 관련한 낙서를 했다. 날마다 에리카는 코치에게서 기술과 요령을 배웠고, 인터넷의 테니스 사이트에 찾아 들어가 글을 읽고, 텔레비전으로 테니스 경기를 보았다. 당연한 결과지만 그녀의 테니스 실력은 하루가 다르게 늘었다. 그러나 에리카가 펼치는 테니스 경기에는 분노 같은 게 서려 있어서, 주변에 있던 사람들이라면 누구나 그녀를 무서워했다. 그녀는 자기 삶의 거의 대부분 영역에서 단호하고 진지했다. 코트에서는 말을 하지 않았다. 함께 경기를 하는 사람들과 실없는 농담 따위는 더욱 하지 않았다. 사람들은 에리카가 경기에 이기면 안도의 한숨을 쉬었지만, 만일 지기라도 하면 다들 설설 기면서 에리카를 피하기 바빴다. 코트에서 연습을 제대로 하지 못하면 그날의 나머지 시간은 완전히 엉망이 되고 말았다. 에리카는 잔뜩 찌푸린 험악한 얼굴을 하고 집으로 돌아갔다.

처음에 테니스 코치는 에리카를 '리틀 맥'이라고 불렀다. 에리카의 태도가 코트의 악동이라 불리던 존 매켄로John McEnroe를 닮아서였다. 그러던 어느 날, 에리카가 악동이라는 단어를 무색하게 만드는 무시무시한 면모를 보였다. 2학년 봄이었고 에리카가 속한 팀이 상류 중산층이 다니는 학교로 원정을 가 그 학교 테니스 팀을 상대로 경기를 했다. 그 무렵 에리카는 팀에서 두 번째 에이스였고 오후에는 단식 경기를 치렀다. 코치는 에리카의 서브 게임을 펜스 뒤에서 지켜보고는 곧바로 허탈해졌다. 첫 번째 서브는 너무 길었고 두 번째 서브는 네트 하단을 때렸다. 게임 스코어가 3 대 0이 되자 에리카의 폼이 흐트러졌다. 뜬 공을 칠 때 어깨가 열렸고 서브를 넣을 때는 팔이 아래로 처졌다. 그야말로 사이드암 서브를 넣는 것 같았다. 공을 네트 너머 아무 데나 욱여넣는 것처럼 보였다.

코치는 에리카를 불러서 하나부터 열까지 숫자를 세면서 긴장을 풀고 평정심을 찾으라고 일렀다. 그러나 에리카는 흉포한 야생동물처럼 코치를 노려보았다. 눈썹이 흥분과 좌절로 잔뜩 일그러졌다. 얼마 뒤 에리카는 코트에 서서 상대방의 서브를 기다렸지만, 상대 선수가 들고 있는 공보다는 자기 마음속의 좌절감에 더 집중했다. 서브를 받아쳤지만 공이 네트에 걸렸다. 그다음 서브는 너무 길었고 또 다음에는 옆줄을 벗어났다. 그때마다 에리카는 자기 자신을 향해 짖어댔다. "씨팔!"

그러자 코치는 이런저런 조언을 하면서 에리카를 사납게 몰아붙였다. 어깨를 너무 열지 말라니까! 발은 계속 움직여야지! 토스는 가볍고 정확하게! 네트 앞으로 붙어줘야지! 하지만 에리카는 이미 악순환의 고리 속에 갇혀 있었다. 에리카는 공을 있는 힘껏 세게 쳤다. 그리고 실수가 거듭될 때마다 내면에 치미는 자기혐오의 파도가 더욱 거칠어졌다. 결코 설명할 수 없는 이유들로 에리카는 경기를 스스로 망치기 시작했다. 뜬 공을 치면 코트 너머 아주 멀리까지 날아갔고, 달려가서 얼마든지 시도해 볼 수 있는 공조차도 포기해 버렸다. 코트를 바꿀 때는 성질을 부리며 홱 하고 돌아서서 라켓을 의자 아래로 내동댕이쳤다. 그리고 다음에 다시 뜬 공을 잘못 날려버리자 이번에는 라켓을 펜스에다 대고 때렸다. 코치가 에리카에게 호통을 쳤다. "에리카! 무슨 짓이야. 이럴 거면 당장 나가!"

에리카가 서브를 넣을 차례였다. 첫 번째 서브가 보기 좋게 들어갔다. 그러자 에리카는 코치를 노려보았다. 두 번째 서브도 멋지게 들어갔다. 그런데 심판이 아웃이라고 선언했다. 그러자 에리카가 고함을 빽 질렀다. "눈이 삐었어, 씨팔?" 그 소리에 에리카가 치르던 경기뿐만 아니라 다른 경기들까지 모두 중단되었다. 에리카는 라켓을 바닥에 세게 내리쳤다. "눈이 삐었어? 그게 나갔다고?"

그녀는 네트를 세게 흔들었다. 누구든 앞을 가로막는 사람은 목을 졸라버릴 기세였다. 경기를 하던 상대 선수나 선심, 팀 동료들까지 용수철이 튀듯 화들짝 놀랐다. 그녀는 격정과 분노로 부글부글 끓어올랐다.

그 순간 에리카는 자신이 잘못하고 있다는 사실을 알았다. 하지만 기분은 그렇게 좋을 수가 없었다. 누군가의 얼굴에 주먹을 날려서 피가 터지는 모습을 보고 싶었다. 슬금슬금 뒷걸음질을 치는 사람들을 바라보면서 지배력과 권력이 용솟음쳤다. 에리카는 모욕을 고스란히 안겨줄 대상을 찾고 있었다.

한동안 아무도 에리카에게 다가가지 못했다. 얼마나 시간이 흘렀을까, 에리카는 코트에서 나와 의자에 앉아서 고개를 떨궜다. 그녀는 자기 자신을 제외하고 모든 사람, 모든 것을 비난했다. 개 같은 세상, 개 같은 볼, 개 같은 라켓, 개 같은 상대 선수…. 마침내 코치가 다가왔다. 코치 역시 에리카만큼이나 화가 나 있었다. 코치는 에리카의 손을 잡고 고함을 질렀다. "여기서 나가! 어서 가자!" 에리카는 코치의 손을 뿌리쳤다. "손대지 마요, 씨팔!"

에리카는 일어나서 버스가 있는 곳을 향해 걸었다. 서너 걸음 뒤에서 코치가 따랐다. 버스에 오르면서 에리카는 주먹으로 버스의 문짝을 쳤다. 그래도 모자라서 바닥을 쿵쾅거리며 걸었다. 머리띠를 벗어 버스 벽에다 집어 던지고 맨 뒷자리에 몸을 던졌다. 그리고 에리카가 그 자리에 앉아 있는 한 시간 반 동안 경기장에서는 나머지 경기가 진행되었다. 모든 경기가 끝난 뒤에 선수들을 태운 버스가 학교로 향했고, 사람들은 불편한 침묵 속에서 버스가 빨리 목적지에 도착하기만을 바랐다.

그날 오후 에리카는 눈에 뵈는 게 없었다. 후회도 없었다. 학교나 집에 돌아가서 당할 낭패도 전혀 두렵지 않았다. 누가 말을 붙이고 대화를 하려고 해도 거부했다. 그녀는 완강하고 단호하고 거칠었다.

버스가 학교에 도착한 뒤, 에리카가 테니스 경기를 하면서 얼마나 정신 나간 짓을 미친 듯이 해댔는지 모두가 쑤군거렸다. 다음 날, 학교는 정상적인 일정을 중단했다. 학교에서 뭔가 끔찍한 일이 일어났을 때 학교 측이 내리는 조치였다. 모든 수업이 취소되었고 학생과 교사 모두 체육관에 모였다. 스포츠맨십을 주제로 한 집회가 한 시간 동안 진행되었다. 그 누구도 에리카의 이름을 언급하지 않았지만 그날 그 자리가 에리카 때문에 마련된 것임을 모르는 사람은 없었다. 교사들과 행정 직원들은 그날 에리카를 따로 불러내 이야기했다. 거친 말도 부드러운 말도 있었지만 이들이 한 말은 아무것도 기록으로 남지 않았다.

왜 나라는 인간은 나 자신을 통제하지 못할까?

다음 날 저녁, 그 사건은 전날의 느낌과는 다르게 인식되기 시작했다. 에리카는 베개에 얼굴을 묻고 소리 내어 울었다. 굴욕과 수치가 파도처럼 에리카를 덮치고 적셨다.

그 나이 때의 에이미는 에리카의 상대가 되지 않았다. 에이미의 성격은 딸만큼 강하지 않았다. 하지만 스스로도 이해할 수 없는 방식으로 행동한다는 게 어떤 것인지 에이미는 잘 알았다. 에이미는 딸이 그렇게 행동한 것이 전적으로 자기가 물려준 유전자 때문일지 모른다고 자책했다. 딸이 지닌 좋은 품성들이, 자신이 엄마에게서 물려받아 딸에게 물려준 나쁜 품성들에 다 가려지지 않을까 하는 생각에 마음이 무거웠다.

에이미는 또한 딸이 보여준 극단적인 행동이 청소년기에만 나타났다 사라지는 특성인지 아니면 평생 따라다니면서 인생을 망치게 만드는 특성인지 초조할 정도로 궁금했다. 인간은 누구나 놀라운 일이나 스트레스에 자동적으로 반응하는 능력, 이른바 '투쟁-도피 반응fight-or-flight response'을 할 수 있는 능력을 먼 과거로부터 물려받았다. 그래서 스트레스나 고통에 맞닥뜨리면 누군가는 아주 어린 나이부터 달아나려고 하고, 누군가는 에리카처럼 맞서서 싸우려고 한다.

갓난아기들 가운데서도 어떤 아기들은 다른 아기들보다 더 쉽게 깜짝 놀란다. 이런 아기들은 낯선 상황에 직면할 때 다른 아기들보다 심장박동수가 더 많이 올라가고, 혈압도 더 올라간다.[3] 이들의 신체는 한층 더 생생하게 반응한다. 1979년 하버드대학교의 심리학자인 제롬 케이건Jerome Kagan과 그의 동료들은 신생아 500명에게 일련의 낯선 자극들을 제시하는 실험을 했다. 그 결과 이 가운데 약 20퍼센트는 격렬하게 울었고, 이들은 '고반응 집단'으로 분류되었다. 한편 거의 반응을 보이지 않은 약 40퍼센트의 아기들은 '저반응 집단'으로 분류되었다. 나머지는 중간 집단이었다.

그리고 10년쯤 지난 뒤에 케이건은 예전의 그 아이들을 대상으로 행동 불안을 유도하도록 고안한 실험을 실시했다. 그런데 '고반응 집단'에 속했던 아이들의 5분의 1은 여전히 스트레스에 민감하게 반응했다. 그리고 '저반응 집단'에 속했던 아이들의 3분의 1은 여전히 스트레스에 둔감했다. 나머지는 대부분 어느 정도 성숙해 중간 집단으로 분류되었다. 고반응 집단으로 분류되었던 아이가 저반응을 보이거나 저반응 집단으로 분류되었던 아이가 고반응을 보이는 경우는 매우 드물었다.[4]

다른 말로 하자면 아이는 태어나면서 이미 특정한 기질이 있는 채로 태어난다는 뜻이다. 그렇다고 해서 이 기질이 한 사람의 인생을 특정한 길 안에 가둬두지는 않는다. 곤충학자 에드워드 윌슨Edward O. Wilson이 주장한 것처럼 이것은 하나의 사슬일 뿐이다. 다른 모든 아이와 마찬가지로 에리카도 특정한 기질을 가지고 태어났다. 그 기질이 예민할 수도 둔감할 수도 있으며, 천성적으로 쾌활할 수도 우울할 수도 있다. 에리카의 성격은 그녀가 인생을 살아가는 동안 어떤 경험이 그녀의 뇌를 자극하느냐에 따라서 진화한다. 그러나 이 진화의 범위는 한정되어 있다. 처음 태어났을 때는 고반응 집단으로 분류되었다가 나중에 중간 집단으로 분류될 수는 있지만, 어떤 한 극단에서 다른 극단으로 바뀔 가능성은 거의 없다. 일단 기본적인 상태가 설정되고 나면 그녀의 기분은 그 기본적인 상태의 평균값을 중심으로 해서 좌우로 진동하는 양태를 보인다. 만일 복권에 당첨된다면 몇 주 동안은 들떠 있겠지만 그 뒤에 다시 원래의 기본 상태로 돌아가는 것처럼 말이다. 비록 몇 주 전에 복권에 당첨되긴 했지만 그렇지 않았을 때보다 더 행복하지는 않을 것이다. 혹은 그녀가 남편이나 친구를 잃었을 때, 어느 정도 기간 동안 슬퍼하고 나면 다시 원래의 기본 상태를 회복하게 된다.

에이미는 걱정이 많았다. 에리카는 내면에 위험한 불길을 안고 있었다. 에리카의 정서가 진동하는 폭은 아주 어린 나이에 이미 다른 아이들에 비해서 심하게 컸다. 그녀는 예기치 않았던 어떤 일이 일어날 경우 극심할 정도로 깜짝 놀랐다(쉽게 잘 놀라는 사람은 인생을 살면서 걱정과 공포를 더 많이 경험한다). 어떤 학자들은 이러한 기준으로 아이들을 민들레와 난초로 구분하기도 한다.[5] 민들레는 감정의 기복이 심하지 않다. 이런 아이들은 어떤 상황이든 잘 헤쳐나간다. 그러나 난초는 쉽게 변한다. 좋은 조건에서는 활짝 피어나지만 그렇지 않은 조건에서는 금방 시들어 버린다. 에리카는 난초였다. 성공과 파국의 갈림길이 있는 절벽에 위태롭게 매달려 있는 난초였다.

에이미는 에리카 곁에서 딸의 장래를 걱정했다. 청소년을 자식으로 둔 부모라면 누구나 알고 있는 걱정의 깊은 호수 밑바닥을 정처 없이 헤맸다. 에이미도 그 나이 또래에는 그랬었다. 좌절을 인식하는 순간 과도하게 방어적으로 행동했다. 정상적이고 평범한 상황을 위협적인 상황으로 잘못 해석했다. 분노가 없음에도 분노를 느끼고 자기를 모욕하는 사람이 없는데도 모욕을 느꼈다. 내면으로 상상하는 세계에서 스스로 희생자가 되었다. 이런 면에서 내면의 세계는 본인이 실제로 거주하는 외면 세계보다 더 위험하다.

이런 종류의 만성적인 스트레스를 안고 사는 사람에게는 해마(측두엽 안쪽에 있는 뇌 조직. 학습과 기억에 중요한 역할을 한다 - 옮긴이) 부분의 세포가 손상되는 일이 일어나고, 아울러 기억력도 손상된다. 특히 자신에게 일어났던 좋은 일을 기억하지 못한다. 면역 체계도 약화된다. 뼛속의 미네랄 성분도 줄어든다. 특히 허리 부근에 체지방이 쉽게 늘어난다. 만성적인 쇠약 증세를 달고 산다. 스트레스를 극도로 유발하는 사업에서 여섯 달 동안, 한 주에 90시간씩 일을 한 엔지니어들을 대상으로 한 연구 결과를 보면 스트레스와 관련된 두 개의 화학물질인 코르티솔과 에피네프린 수치가 대조군에 비해 굉장히 높게 나타난다. 놀랍게도 이들은 사업이 끝난 뒤 4~5주에 걸쳐 휴가를 보냈음에도 이런 결과가 나왔다.[6] 스트레스의 영향은 오랫동안 지속되며 정신적으로 매우 해롭다.

테니스 코트의 악몽 이후 서른 시간이 지난 밤이었다. 에이미는 자기가 딸의 스트레스를 잘 어루만져 줄 수 있을지 여전히 자신이 없었다. 그래서 그저 손을 딸의 등에 올려놓은 채 말없이 가만히 있었다. 처량한 방식의 지원이었다. 그런 자세로 있기를 15분쯤…. 두 사람 다 머쓱해졌고 어쩐지 몸을 움직여야만 할 것 같았다. 두 사람은 자리에서 일어나 저녁 준비를 했다. 에리카는 샐러드를 만들었고 에이미는 찬장에서 파스타를 꺼냈다. 모녀는 함께 저녁을 차렸다. 두 사람은 마음을 달래고 평정심을 회복시켜 주는 일을 함께했다. 에리카는 다시 세상을 평온한 눈으로 바라보고 있었다. 그러다 에리카가 갑자기 고개를 쳐들고 천장을 바라보더니 불쑥 이렇게 말했다. "왜 나라는 인간은 나 자신을 통제하지 못할까?"

사실 이건 매우 중요한 질문이었다. 심리학자 앤절라 더크워스Angela Duckworth와 마틴 셀리그먼Martin Seligman은 한 실험을 통해 고등학교 때의 성적과 출석률, 최종 성적을 예측하는 데는 자기통제력이 지능지수보다 두 배나 더 정확하다는 사실을 확인했다.[7] 물론 여기에 동의하지 않는 학자들이 있긴 하지만, 이것이 자기통제력이 충만한 삶을 사는 데 필요한 여러 본질적인 요소 가운데 빼놓을 수 없는 요소임에는 이론의 여지가 없다.

에리카는 엄마에게 테니스 코트 사건의 전모를 이야기하면서 이렇게 말했다. "도무지 그때 그건 내가 아니었던 것 같아. 잘 모르는 화가 난 사람이 내 몸을 납치한 것 같았다고. 이 사람이 어디에서 갑자기 나타났는지, 또 무슨 생각을 했는지 정말 모르겠어. 이 사람이 나중에 또 나타나서 끔찍한 일을 저지르면 어떡해?"

마시멜로 실험의 비밀

컬럼비아대학교의 심리학자 월터 미셸Walter Mischel은 1970년경 스탠퍼드대학교에 재직할 당시 현대 심리학의 역사에서 가장 유명하고도 유쾌한 실험을 하나 했다. 그는 네 살짜리 아이들이 있는 방에 들어가서 탁자에 마시멜로를 한 사람당 하나씩 올려놓고는 이렇게 말했다. "이 마시멜로를 지금 당장 먹어도 돼. 그렇지만 내가 지금 잠깐 나갔다가 올 텐데 그때까지 먹지 않고 기다린 사람에게는 한 개 더 줄게."

그러고는 방에서 나왔다. 물론 아이들의 행동을 관찰하고 녹화하는 비디오는 켜져 있었다. 미셸이 방에서 나가자 아이들은 자기 앞에 놓인 마시멜로를 당장 먹어치우고 싶은 욕망을 참느라 몸을 비틀기도, 눈을 가리기도, 탁자에 머리를 쿵쿵 받기도, 혼잣말을 하기도, 노래를 부르거나 손과 발로 놀이를 하기도 했다. 어느 날 미셸은 이번에는 마시멜로 대신 가운데 크림을 넣고 과자 두 쪽을 붙여놓은 오레오를 사용했다. 그러자 한 아이가 쿠키를 집어 들고는 두 쪽을 살그머니 뗀 다음 크림만 핥아먹고 다시 원래대로 붙여 제자리에 두었다(이 아이는 지금 정치인이 되어 있을 가능성이 높다).

그러나 이 실험에서 중요한 것은 상당한 시간을 애써 기다릴 수 있었던 아이들은 조금밖에 기다리지 못한 아이들에 비해 학교에서 좋은 성적을 거두고 행동상의 문제를 덜 일으켰다는 사실이다. 이 아이들은 또 중학교에서 필요한 사교적인 기술을 훨씬 더 많이 알고 능숙하게 구사했다. 15분이라는 시간을 꼬박 기다린 아이들은 13년 뒤에 겨우 3초밖에 기다리지 못한 아이들에 비해 SAT 점수를 210점이나 더 받았다(이 마시멜로 테스트는 네 살 아동에게 실시한 아이큐 테스트보다 미래의 SAT 성적을 더 정확하게 예측한 것으로 판명되었다).[8] 20년 뒤에 이 아이들의 졸업 성적은 더 높았고, 30년 뒤에는 연봉도 더 많이 받았다. 전혀 기다리지 못했던 아이들의 경우 감옥에 가는 비율이 더 높았다. 마약이나 술에 더 중독되기도 했다.

마시멜로 실험은 아이들에게 단기 충동과 장기 보상 사이의 갈등을 제공해 아이들이 충동을 통제하는 전략들을 학습했는지 측정했다. 이 학습을 한 아이들은 학교 및 사회에서 훌륭하게 생활했지만 그렇지 않은 아이들은 끊임없이 좌절감에 젖어들었다.

충동을 통제하는 능력이 있는 아이들은 일반적으로 잘 조직된 가정에서 성장했다. 성장 과정에서 자신이 했던 행동은 늘 예측 가능한 결과로 이어졌다. 이 아이들은 자신이 하고자 하는 마음만 있다면 뭐든 해낼 수 있다는 자신감이 있었다. 반면 마시멜로의 유혹을 참지 못한 아이 가운데 다수는 잘 조직되지 않은 가정에서 성장했다. 이 아이들은 어떤 행동과 그 행동이 빚어낼 결과 사이의 연관성을 잘 파악하지 못하며, 눈앞의 유혹을 극복하는 데 도움이 되는 전략 학습이 부족한 경향을 보였다.[9]

그러나 무엇보다 중요한 발견은 유용한 전략의 특성과 관련된 것이었다. 오래 참지 못한 아이들은 마시멜로에 관심을 집중했다. 이 아이들은 마시멜로를 똑바로 바라보고 있으면 그 유혹을 극복할 수 있을 거라고 생각했다. 기다릴 수 있었던 아이들은 관심을 분산시킬 줄 알았다. 이 아이들은 눈앞에 놓인 마시멜로가 실제 마시멜로가 아닌 것처럼, 마치 마시멜로가 없는 것처럼 행동했다. 자기 관심을 조종하는 기술이 있었던 것이다.

그 뒤에 다시 진행된 여러 실험에서 미셸은 아이들에게 탁자 위에 놓인 마시멜로에 가상의 액자를 씌우라고 일렀다. 눈에 보이는 것이 실제 마시멜로가 아니라 그림 속의 마시멜로라고 상상하게 한 것이다. 그 결과 이 아이들은 그런 말을 듣지 않은 아이들에 비해 평균적으로 세 배나 더 오래 기다릴 수 있었다.[10] 마시멜로가 솜털구름이라고 상상하라는 말을 들은 아이들도 더 오래 기다릴 수 있었다. 상상을 동원함으로써 아이들은 마시멜로를 이전과 다르게 암호화해 인식했다. 마시멜로와 자기 사이의 거리를 한층 멀게 만들었으며 머릿속에 마시멜로 대신 보다 덜 충동적인 모델을 등장시켰다. 충동을 통제할 수 있던 아이들에게서는 마시멜로를 인식하는 냉정한 방법들이 촉발되었다. 하지만 충동을 통제할 수 없던 아이들은 그렇지 않았다. 마시멜로를 실제 그대로 달콤한 유혹으로 받아들였다. 후자 집단의 경우 일단 뇌 속에서 뜨겁고 강렬한 충동이 촉발되면 그걸로 끝이다. 마시멜로를 입에 집어넣지 않고는 못 배긴다.

이 마시멜로 실험에서 자기통제는 숨어 있는 열정을 극복하는 철의 의지가 아님을 알 수 있다. 의식이 무의식적인 과정을 직접적으로 통제하기에는 힘도 인식도 부족하다. 이 실험은 무의식적인 촉발에 관한 것이다. 어떤 순간이건 무의식적인 차원에서 수많은 작용이 진행된다. 자기통제력과 자기 규율이 있는 사람은 세상을 생산적이고 멀리 바라볼 수 있게 해주는 무의식적인 과정들을 촉발시키는 습관과 전략을 스스로 개발해서 지니고 있다.

자기통제의 근육은 어떻게 만들어지는가

사람이 어떤 결정을 내리는 데는 세 가지 기본적인 단계를 거친다. 첫째, 어떤 상황을 지각한다. 둘째, 이성의 힘을 사용해 이 행동을 취할지 저 행동을 취할지 장기적인 관점에서 계산한다. 셋째, 우리가 내린 판단을 집행하기 위해 의지의 힘, 즉 의지력을 사용한다. 지난 수백 년 동안 인격을 놓고 수많은 이론이 나왔다. 그리고 이 이론들과 함께 어린 아이의 인격에 어떤 특성을 불어넣고자 하는 수많은 방법도 개발되었다. 19세기에 사람의 인격을 올바르게 형성시키고자 하는 모델들은 대부분 세 번째 단계인 의지력에 초점을 맞추었다. 빅토리아 시대의 도덕주의자들은 적절한 행동을 물에 비유해서 생각했다. 이런 사고방식에 따르면 열정이라는 것은 거대하고 격렬한 물의 흐름이며 고결한 사람은 철의 의지로 이 물의 흐름을 막고 통제한다.

20세기가 되자 대부분의 인격 형성 모델은 두 번째 단계, 즉 여러 관심사를 계산하는 이성의 사용에 초점을 맞추었다. 20세기의 도덕주의자들은 잘못된 행동에서 빚어질 수 있는 장기적인 위험을 상기시키는 의식적인 각성의 여러 기법에 초점을 맞추었다. 이 기법들은 안전하지 않은 성관계는 성병이나 원치 않는 임신을 비롯한 여러 가지 나쁜 결과를 초래할 수 있음을 상기시켰다. 이런 접근법은 사람들에게 자기 행동이 어리석다는 사실을 상기시키면, 각성 과정을 통해 그 행동을 중지하도록 동기부여가 된다는 가설을 전제로 한다.

이성과 의지 모두 도덕적인 결정을 내리고 자기통제력을 강화하는 데 중요한 요소임은 분명하다. 그러나 이 두 가지 모델 다 실제로는 그다지 효과가 없다는 게 밝혀졌다. 예를 들어 당신은 사람들에게 프렌치프라이를 먹지 말라고 말할 수 있다. 또 비만의 위험성을 홍보하는 소책자를 사람들에게 나눠줄 수 있고, 자기통제력을 발휘해 프렌치프라이를 먹지 말라고 커다란 목소리로 설교할 수도 있다. 배가 고프지 않은 상태에서는 사람들이 대부분 그렇게 하겠다고 맹세한다. 그러나 배가 고픈 자아가 머리를 들고 일어나면 선한 의도의 자아는 서서히 사라진다. 결국 사람들은 프렌치프라이를 먹는다. 대부분의 다이어트가 실패로 끝나고 마는 것은 이성과 의지의 의식적인 힘이 무의식적인 충동을 지속적으로 억누를 수 있을 정도로 강력하지 않기 때문이다.

프렌치프라이를 먹는 것과 관련된 이 비유가 옳다면, 보다 일리 있는 다른 것들에 대해서도 마찬가지다. 성경이 간통에 따른 비극적인 이야기들을 설파하지만 실제로 간통 행위를 하는 사람들에게는 전혀 효과가 없다. 이런 주제로 설교를 하는 사람 역시 간통을 하는 경우가 있지 않은가. 탐욕의 죄를 논한 책이 수천 권이나 있지만 세상에서 탐욕은 줄어들지 않는다. 물질적인 소비로 진정한 기쁨이나 충족감을 얻을 수 없다는 명제는 보편적인 진리인 양 여겨지지만 그럼에도 수많은 사람이 신용카드로 빚을 져가면서까지 물질적인 소비에 탐닉하고 있다. 살인이 나쁘다는 건 모두가 다 알지만 그래도 도처에서 대량 학살이 자행된다.

수십 년간 사람들은 약물 복용자에게 중독의 위험성을 알렸고 10대 청소년에게는 보호받지 못하는 성관계에 연루될 위험에 대해, 또 학생들에게는 퇴학이라는 부정적인 상황에 대해 정보를 제공해 왔다. 그러나 연구 결과, 이런 정보 제공 프로그램만으로는 한 사람의 행동을 효과적으로 바꿀 수 없음이 분명하게 드러났다. 예를 들어 2001년에 진행된 조사 결과를 보자. 300개의 성교육 프로그램을 대상으로 한 이 조사에서는 일반적으로 이런 프로그램들이 성적인 행동이나 피임 용품 사용에 전혀 영향을 주지 못했음이 드러났다.[11] 강의나 강연 혹은 설교를 통해서 의식적인 각성의 수준을 높이려는 시도는 무의식적인 충동에 직접적인 영향을 거의 미치지 못한다.

이와 같이 확인된 증거를 놓고 보면 이성과 의지는 근육과 같다. 특별히 강력한 근육은 아니지만 몇몇 경우에, 그리고 올바른 환경 아래에서 이 근육은 유혹에 저항하고 충동을 통제한다. 그러나 많은 경우 너무도 허약해서 스스로의 힘만으로는 자기 규율을 강제하지 못한다. 대부분 자기기만이 통제력을 장악하고 만다.

19세기와 20세기의 인격 형성 모델들은 하나의 공통적인 가정을 전제로 했고, 따라서 한계가 있었다. 즉 의사 결정 과정의 첫 번째 단계인 지각 행위가 어떤 장면을 포착하는 단순한 행위라고 가정했던 것이다. 하지만 실제로 지각은 어떻게 행동할 것이며 또 그것을 실제로 집행하는 데 필요한 의지력은 얼마만큼인지 계산하는 행위다.

다시 말해 가정부터 잘못된 것이다. 이 첫 번째 단계가 실제로는 가장 중요한 단계다. 지각은 풍경이나 장면을 그저 있는 그대로 투명하게 받아들이는 행위가 아니다. 생각을 필요로 하는 고도로 기술적인 과정이다. 본다는 것과 평가한다는 것은 전혀 다른 과정이지만, 이 두 가지는 서로 연관되어 있으며 기본적으로 동시에 일어난다. 지난 30년 동안의 연구보고서를 보면 대상을 지각하는 솜씨는 사람마다 차이가 있다. 어떤 사람들은 솜씨가 좋고 어떤 사람들은 그렇지 않다. 훌륭한 인격을 갖춘 사람은 스스로 배우거나 주변에 있는 다른 사람들에게 가르침을 받아서 자신에게 닥치는 상황들을 올바르게 바라본다. 올바르게 바라 본다는 것은 이미 대응에 필요한 모든 준비가 되어 있다는 뜻이다. 마음속에 무의식적인 판단과 반응의 전체적인 그물망이 이미 촉발되어 있어서, 특정한 방식으로 행동하도록 위치와 방향을 잡아준다. 이런 상태라면 이성이나 의지가 한층 더 쉽게 힘을 발휘할 수 있다. 이때 이성이나 의지는 적절한 행동을 유도하는 일을 맡는다.

예를 들어보자. 어떤 학생들은 교실에 어떤 교사가 있든 교사에 대한 기본적이고 천성적인 존경심이 손톱만큼도 없이 교실에 들어선다. 그리고 화가 나거나 좌절감을 느끼면 교사에게 욕을 하거나 무시하거나 모욕을 준다. 심지어 교사를 주먹으로 치고 의자를 집어 던지기도 한다. 그러나 다른 학생들은 교사에 대한 기본적이고 천성적인 존경심을 품은 채로 교실에 들어선다. 이 학생들은 따로 배우지 않아도 교사에게는 존경심을 가지고 행동하는 게 당연하다는 사실을 안다. 화가 나고 짜증이 나더라도 이런 감정은 나중에 교실 밖에서 표현한다. 이 학생들은 감히 교사에게 욕을 하거나 의자를 집어 던질 생각은 전혀 하지 않는다. 만일 누군가가 이런 행동을 한다면 충격을 받고 공포에 질려 기겁할 것이다.

그렇다면 그 기본적이고 천성적인 존경심은 어디에서 비롯되었을까? 도대체 무슨 까닭으로 교사를 바라보는 아주 단순한 행동만으로 마음속에서 특정한 요소들이 촉발될까? 이 질문에 대한 대답은 '우울한 전망' 속에서, 무의식이라는 한밤중의 깜깜한 강물 속에서 길을 잃어버린다. 하지만 사람들은 살면서 분명히 어떤 경험을 했을 것이다. 어쩌면 부모에 대한 존경심이 권위적인 인물 전체로 확장되었을 수도 있고, 교사를 특정한 방식으로 대하는 사람들과 관련된 이야기들을 체득했을 수도 있다. 어쩌면 교실에서는 할 수 없는 부적절한 종류의 행동이라고 엄격하게 규정한 규범이나 관습을 배웠을 수도 있다. 수도 없이 많이 들 수 있는 이런 영향들에서 특정한 지각 모형이 도출되고, 대상을 바라보는 특정한 방식이 떠오른 것이다. 교사를 어떤 방식으로 대해야 하는지 학습했기 때문에 교사의 얼굴을 주먹으로 친다는 생각은 결코 하지 않는다. 물론 상상을 하거나 꿈을 꿀 수는 있다. 그러나 이런 행동을 현실에서 실행하지는 않을 것임은 자신도 잘 안다.

마찬가지로 청렴한 사람은 다른 사람이 지닌 좋은 물건을 봐도 훔치고 싶은 유혹을 억제하는 방식으로 바라보는 법을 배운다. 사람은 총을 볼 때 함부로 사용하고 싶은 유혹을 억제하는 방식으로 바라보는 법을 배운다. 또한 진실을 대할 때 거짓말을 하고 싶은 유혹을 억제하는 방식으로 바라보는 법을 배운다.

바라보는 법을 배우는 이 모델은 인격을 형성하는 결정적인 요소는 단 하나가 아님을 강조한다. 인격은 수백만 개의 작고 선한 영향력이 서로 상호작용하는 신비로운 과정을 통해 점진적으로 형성된다. 이런 모델은 인격 형성에서 공동체가 수행하는 역할을 강조한다. 공동체에 소속되지 않은 독립적인 존재로 있으면서 자기를 통제하는 능력을 배양하기란 매우 힘들다.[12] (그리고 비만인 사람이 모여 있는 공동체에서 마른 체형을 유지하는 것도 매우 힘들다.) 이 모델은 또한 근본적인 메커니즘에 작고 반복적인 행동이 미치는 영향력을 강조한다. 작은 습관과 적절한 예의는 세상을 바라보는 특정한 긍정적인 방식들을 강화한다. 선한 행동은 특정한 네트워크를 강화한다. "우리는 어떤 덕목을 행동으로 옮김으로써 그 행동을 획득한다"라고 했던 아리스토텔레스의 발언은 옳다. 미국 알코올의존자 갱생회Alcoholics Anonymous 회원들의 슬로건에서는 이 것을 보다 실용적으로 표현했다. "안 되더라도 될 때까지 하라!" 버지 니아대학교의 심리학자 티머시 윌슨은 이것을 보다 과학적으로 정리 했다. "사회심리학이 주는 가장 영속적인 교훈 가운데 하나는 행동의 변화가 종종 태도와 감정의 변화에 선행한다는 것이다."[13]

자기 규율, 뼛속부터 새로운 내가 되는 법

그 사건 이후로 사람들은 에리카를 낯설게 바라보았다. 에리카 자신도 자기가 낯설었다. 그러나 그녀는 여러 달이 지나는 동안 아카데미에 다 니면서 공부하고 생활했다. 그것은 천 가지도 넘는 소소한 규칙을 지킨 다는 뜻이었다. 구내식당에서는 모든 사람이 다 자리에 앉기 전에 먼저 식사를 시작하지 마라. 언제나 맨 먼저 냅킨을 무릎에 펼쳐놓아라. 어 떤 공간에 있을 때 교사가 그 공간에 들어오면 반드시 자리에서 일어나 라. 교복을 입고 있을 때는 껌을 씹지 마라. 설령 집으로 걸어갈 때라도 안 된다. 이것은 아카데미 학생들의 몸가짐이 아니다.

이런 소소한 규칙들은 이제 에리카에게 제2의 천성이 되었다. 어느 날 에리카는 자신의 발음이 바뀌고 있다는 사실을 깨달았다. 특히 낯선 사람과 말을 할 때는 특히 그랬다. 또 자세가 점점 변해서 군인처럼 절 도 있는 자세를 취했다.

이런 사소하고 일상적인 것들은 거의 언제나 자기 규율과 관련되어 있었다. 쉽게 만족하지 않고 자기통제의 작은 행동들을 끊임없이 연습 하는 것이다. 그런데 에리카는 이런 생각을 하지 않았다. 규칙은 자기 와 같은 학생에게는 규범적인 삶의 구조였다. 그러나 이것들은 학교 그 리고 나아가 집에서, 심지어 테니스 코트에서까지 그녀가 처신하는 방식에 알게 모르게 스며들어 영향을 미쳤다.

3학년이 되자 에리카는 테니스에 그다지 집착하지 않았다. 그러나 경기를 할 때마다 정신적으로 경기에 대비하는 방법을 이미 개발해 둔 상태였다. 이른바 '간접적 자기통제 방침doctrine of indirect self-control'이라 할 만한 것이었다. 그녀는 큰 것들에 대한 올바른 반응을 촉발하기 위해 작은 것들을 조작하고 있었던 것이다.

에리카는 경기 전에 벤치에 앉아서 머릿속으로 자기가 (대부분 영화에서) 들었던 조종사들의 목소리를 재생해서 들었다. 조종사들이 조종석으로 들어설 때는 일부러 신중한 태도를 취한다. 이런 연상이 그녀에게 올바른 정신적 틀의 모범이 되었다. 또 그녀는 경기를 치를 때마다 특별한 습관들을 하나씩 만들어 축적했다. 예를 들면 다음과 같다. 물병은 네트 가까운 곳의 동일한 지점에 두고, 라켓 커버는 의자 아래에 두되 늘 앞면이 바깥을 향하도록 한다. 손목 땀받이는 늘 짝짝이로 두르며, 코트에 들어설 때는 절대로 금을 밟지 않는다. 서브를 넣는 지점을 반드시 오른쪽 운동화로 금을 그어 표시하고, 서브 에이스 다섯 개를 연속으로 넣는다는 생각을 늘 한다. 설령 서브 에이스가 들어가지 않을 것 같은 느낌이더라도 들어갈 것 같다고 스스로 위장한다. 공이 길어질 것 같다고 몸이 말하면 마음으로 그것을 받아들인다.

에리카는 코트에 발을 들여놓는 순간부터 스스로에게 엄격한 규칙을 적용했다. 그녀의 우주에는 코트 안과 코트 밖이라는 두 개의 세계밖에 없었다. 코트 밖의 세계는 과거와 미래를 생각하기 위한 곳이었고, 코트 안의 세계는 현재를 생각하기 위한 곳이었다. 에리카는 서브를 넣기 직전에 세 가지를 생각했다. 회전, 위치, 속도. 그 순간에 자기가 이것 말고 다른 것을 생각한다 싶으면 자세를 풀고 물러나 공을 바닥에 몇 번 튕긴 다음 다시 서브 자세를 취했다.

그리고 상대 선수에 대한 생각 자체를 허용하지 않으려고 했다. 공이 금 밖에 떨어졌는지 금 안에 떨어졌는지 판정하며 지르는 선심의 고함 소리도 생각하지 않으려고 했다. 잘했는지 못했는지는 공이 라켓을 맞고 어떻게 날아가느냐에 따라 달려 있을 뿐, 자기가 어떻게 할 수 있는 게 아니었다. 그녀 자신의 인격은 그 모든 것의 한가운데 있지 않았다. 그녀의 재능도 그곳에 있지 않았다. 그녀의 자아와 자존감도 마찬가지였다. 모든 것의 중심에는 이루어내야 하는 과제가 있을 뿐이었다.

과제를 한가운데 둠으로써 에리카는 의식적인 자아를 차분하게 진정시킬 수 있었다. 자신이 안고 있는 여러 가지 특성(예를 들면 기대치, 초조함, 명성)에는 신경을 쓰지 않을 수 있었다. 오로지 경기에만 몰입할 수 있었다. 과제를 성공적으로 수행하는 데, 다시 말해서 경기에 이기는 데 치명적일 수 있는 행위인, 생각을 너무 많이 하는 데서 벗어날 수 있었다. 그 과제를 수행하는 데 필요한 여러 행동 모형에 푹 젖어들 수 있었다. 수많은 시간 동안 반복적으로 연습하면서 마음속에 새겼던 특정 모델들에 편안하게 기댈 수 있었다. 이렇게 할 때 그녀의 자아통제력은 탁월하게 발휘되었다. 아무것도 그녀를 흔들지 못했다.

테니스나 야구 혹은 축구와 같은 경기를 할 때 선수들의 뇌는 인식, 재인식, 수정이라는 복잡한 피드백 과정을 수행한다. 이탈리아 사피엔차대학교의 클로디오 델 페르시오Claudio del Percio 교수는 스타 운동선수들이 어려운 과제를 수행할 때 이들의 뇌는 일반인의 뇌에 비해 훨씬 더 평온한 상태를 유지한다는 것을 확인했다. 이들은 이런 종류의 과제를 수행하도록 오랜 기간 정신적으로 준비해 왔기 때문에 일반인에 비해 정신적인 노동을 덜 들이고도 동일한 과제를 수행할 수 있었다. 또 이 선수들은 현재 일어나고 있는 상황을 훨씬 더 선명하고 정확하게 볼 수 있었다. 역시 사피엔차대학교의 살바토레 아글리오티Salvatore Aglioti 교수는 농구 선수들과 일반인을 한데 모아놓고 자유투를 던지는 영상을 보여주다가 어떤 사람이 막 공을 던진 뒤에 영상을 멈추었다. 그리고 실험 대상자들에게 그 공이 링 안으로 들어갔을지 추측해 보라고 했다. 그 결과 농구 선수들이 일반인들보다 더 잘 맞혔다. 농구 선수들은 손과 근육의 움직임을 통제하는 뇌의 각 부분을 활성화시킴으로써 보다 정확한 추측을 할 수 있었던 것이다. 이들은 영상 속의 자유투에 반응해서 마치 자기들이 직접 자유투를 하는 것처럼 느꼈다. 요컨대 프로 선수들은 비전문가들과 다른 방식으로 스포츠를 경험했다.[14]

에리카가 생활하는 시간의 95퍼센트에서는 그녀의 방식이 통했다. 예전보다 걱정이 줄고 경기 성적도 좋아졌다. 그러나 평정이 깨지는 때가 종종 있었다. 분노의 악마가 당장이라도 사슬을 끊고 탈출해서 마구 날뛸 것 같다는 느낌이 들 때가 바로 그런 순간이었다.

하지만 에리카는 여기에 대해서도 대처 방안을 마련해 두었다. 자기가 느끼는 분노를 생각하며 혼잣말로 이렇게 말하곤 했다. "저건 내가 아니야. 내 안에서 일어나는 어떤 경험일 뿐이야." 그리고 새파란 풀이 예쁘게 덮인 초원을 상상했다. 한쪽에서는 분노의 사나운 개가 으르렁거렸고, 한쪽에서는 테니스 선수가 마지막 공격을 성공으로 끝내며 승리의 기쁨을 누리고 있었다. 에리카는 개가 있는 곳에서 벗어나 테니스 선수가 있는 곳으로 다가가는 자신의 모습을 상상했다.

에리카는 자기와 세상 사이에 적정한 거리를 유지하려고 애썼다. 그녀는 정신과 의사 대니얼 시겔Daniel J. Siegel이 '심안心眼, mindsight'이라고 불렀던[15] 일종의 자기 감시를 하고 있었다. 그녀는 내면의 자아가 행동을 지배한다는 말을 스스로에게 상기시켰다. 그녀는 모든 주의를 내면에 집중했다. 쉬운 일은 아니었다. 때로 주의를 집중하는 행위는 엄청난 정신력을 요구하기도 했다. 그러나 불가능하지는 않았다.

이런 종류의 판단과 결정이 중요하다는 사실을 처음 인식한 사람 가운데 한 명이 바로 심리학자 윌리엄 제임스William James다. "한 사람의 자발적인 삶을 이루는 전체 드라마의 전개 양상은 이 사람이 기울이고, 그래서 그 대상이 받아들이는 (조금 더 많을 수도 있고 조금 더 적을 수도 있는) 주의의 양에 따라서 달라진다. (…) 주의를 집중하려는 노력은 의지의 본질적인 현상이다."[16]

나이가 들면서 에리카는 하나의 충동에서 다른 충동으로 주의를 능숙하게 이동시키며 머릿속에서 여러 모델이 촉발되도록 할 수 있었다. 난초가 활짝 필 가능성이 그만큼 더 커졌다는 뜻이다.

아카데미 생활을 몇 년 하고 나자 에리카는 달라졌다. 우선 변화의 부정적인 측면을 보면 이제 예전에 친하게 지내던 이웃 및 친구들과 소원해졌다. 심지어 부모와도 그랬다. 사람들은 그녀가 이상한 사이비 집단에 들어가는 바람에 그렇게 된 게 아니냐며 쑤군댔다. 하지만 긍정적인 측면도 있었다. 공부를 어떻게 해야 하는지 안 것이다.

어느 날 중년의 히스패닉 여성이 아카데미로 찾아와서 강연을 했다. 전국에 체인점이 있는 회사를 소유한, 요식업으로 성공한 사업가였다. 마른 체형에 보수적인 느낌을 주는 기업가 스타일의 정장으로 잘 차려입은 데다 극단적일 정도로 차분했다. 이 여자 앞에서 에리카는 기가 눌려 꼼짝도 하지 못했다. 에리카는 자기가 지금 살고 있는 그저 그런 삶과 이 여자가 살고 있는 숭고한 삶을 이어주는 작은 오솔길 하나를 상상했다. 이 여성 기업가도 그 오솔길을 걸어 저쪽으로 가지 않았는가!

갑자기 에리카는 기업계의 리더가 되겠다는 강렬한 욕망에 사로잡혔다. 그리고 아주 짧은 시간 안에 열심히 공부하는 평범한 아카데미 학생에서 거대한 야망에 불타는 학생들이 모인 동아리의 구성원이 되었다. 에리카는 다이어리를 사서 하루의 시간을 여러 색깔로 구분이 되는 조각으로 쪼갰다. 옷차림도 점차 바꾸었다. 얼마나 단정하고 깔끔하고 몸에 딱 맞게 입었던지 빈민굴에 사는 오드리 햅번처럼 보였다. 에리카의 그런 모습은 중고 책상을 하나 산 다음 버릴 것을 정리해 들여놓을 것을 둘 공간을 마련하는 것이나 마찬가지였다. 에리카는 무엇을 버리고 무엇을 받아들일지 확실하게 했다. 스위스 사람들의 엄밀한 기풍이 갑자기 그녀의 육체를 차지하고 들어앉은 것 같았다. 그렇게 에리카는 세심하고 잘 훈련된 상태로 일어설 채비까지 갖추었다. 무언가가 그녀의 가슴 속 작은 야망의 엔진에 불을 붙였고, 그 순간부터 엔진은 휴식을 잊은 채 계속해서 돌아갔다.

9장

문화

가족이라는
무거운 그림자를 떨쳐내다

학자들은 인간이 품고 있는 야망의 근원을 찾아서 인간 정신이라는 정글을 오랜 기간 탐험해 왔다. 그리고 마침내 야망이 큰 사람들이 공통적으로 지닌 특징들을 발견했다. 에리카에게도 이런 특징 가운데 많은 것이 있었다.

극단적일 정도로 야망에 쫓기는 사람들은 보통 깊은 실존적 위기감에 시달린다. 역사가들은 위대한 작가, 음악가, 미술가, 지도자 가운데 아홉 살에서 열다섯 살에 이르는 어린 시절에 부모가 죽거나 혹은 부모로부터 버림을 받은 사람들이 놀라울 정도로 많다는 사실을 이미 오래전에 알고 있었다. 우리가 익히 아는 사람 몇 명만 떠올려도 워싱턴, 제퍼슨, 해밀턴, 링컨, 히틀러, 간디, 스탈린 등을 꼽을 수 있다.

에리카는 부모가 사망하는 경험을 하진 않았지만 두 사람 모두 시시때때로 사라지곤 했다. 엄마는 심리적으로 그랬고, 아빠는 물리적인 차원에서 그랬다. 에리카는 야망이 있는 다른 많은 사람처럼 삶은 불안정하고 위험하기 짝이 없다는 사실에 괴로워했다. 투쟁을 통해 이 세상에서 안전한 지점을 확보하지 못하면 한순간에 모든 게 다 무너질 수 있다는 생각이 머리에서 떠나지 않았다.

야망으로 활활 불타는 사람은 보통 자기처럼 위대한 성공을 거두는 다른 사람을 만난다. 같은 도시 출신일 수도, 같은 인종 집단 출신일 수도, 또는 다른 고리로 연결될 수도 있지만, 어쨌거나 그 사람에게서 성공으로 나아가는 길을 본다. 그리고 에리카와 같은 사람들의 가슴은 '나도 성공할 수 있다!'는 기대감으로 부푼다.

정말 놀랍게도 모방 본능은 아주 짧은 시간 안에 점화된다. 몇 년 전에 제프 코언Geoff Cohen과 그레그 월튼Greg Walton이라는 두 연구자가 예일대학교 학생들을 상대로 실험 하나를 했다. 두 사람은 우선 학생들에게 성공한 수학자 네이선 잭슨Nathan Jackson의 인생을 짧게 소개했다. 그러면서 잭슨의 전기 속에서 세부적인 (하지만 실험에서는 핵심적인) 사실 하나를 바꾸었다. 이 학생 가운데 절반에게 잭슨의 생일이 그들의 생일과 같다고 말한 것이다. 이렇게 한 다음 전체 학생에게 굉장히 많은 양의 수학 문제를 풀게 했다. 그런데 자기 생일이 잭슨의 생일과 같다고 믿는 집단이 그렇지 않은 집단에 비해서 65퍼센트나 더 오래 수학 문제에 매달렸다. 잭슨과 동질감을 느껴 잭슨이 거두었던 성공을 모방하려는 심리가 동기를 자극했던 것이다.[1]

야망에 불타는 사람은 흔히 어린 시절에 재능을 보이고, 이 재능 덕분에 자기는 다른 사람과 다르다는 생각을 품는다. 거대한 재능일 필요도 없다. 그저 초등학교 5학년 때 반에서 웅변을 제법 잘하거나 작은 마을에서 수학을 꽤 잘하는 아이 가운데 한 명으로 꼽히면 된다. 그저 어떤 성취가 아이의 정체성의 핵심이 되기만 하면 충분하다.

야망이 있는 사람은 대부분 자기가 장차 들어가게 될 숭고한 집단에 대한 구체적인 전망이 있다. 사람들은 보통 이들이 어떻게든 동료를 추월하고 남들보다 뛰어나야 한다는 압박에 시달린다고 생각한다. 그러나 이것은 편견일 뿐이다. 야망이 있는 사람은 대개 배타적인 집단의 구성원이 되겠다는 목표가 있고, 이 목표가 그 사람을 몰아댄다.

에리카는 아카데미에서 히스패닉 계열의 여성 기업가를 만났고, 그 만남이 에리카에게 자기도 무엇이든 해낼 수 있다는 확신을 주었다. 에리카는 가판대로 가서 《패스트 컴퍼니Fast Company》, 《와이어드Wired》, 《블룸버그 비즈니스위크Bloomberg Businessweek》 등을 샀다. 새로 창립된 작은 회사에서 일하는 자기 모습을 상상했다. 상상 속에서 에리카는 여러 동지와 큰 뜻을 함께 품었고 그 뜻을 회사를 통해서 실현하려는 일원이었다. 맨해튼에서 열린 파티에 참석한 사람들의 사진이 있는 광고 지면을 다른 잡지들에서 오리기도 하고, 로스앤젤레스의 휴양지 산타 모니카나 프랑스의 남부 해변 세인트 트로페즈에 모인 사람들의 사진을 모아 자기 방의 벽에 붙여놓았다. 그렇게 그 사진들이 그녀가 기대하는 희미한 미래의 모습, 언젠가는 자기가 속하게 될 집단의 모습으로 마음속에 자리 잡게 했다.

교사들은 공부를 열심히 하고 무슨 일이든 효율적이고 꼼꼼하게 한다고 에리카를 칭찬했다. 에리카는 스스로를 무슨 일이든 척척 해낼 수 있는 유능한 인물로 생각하기 시작했다.

1997년 개리 맥퍼슨Gary McPherson은 악기를 선택해 연주를 배우러 나서는 어린이 157명을 무작위로 선택해 조사했다. 나중에 이 아이들 가운데 일부는 훌륭한 연주자가 되었고 일부는 중도에 포기했다. 맥퍼슨은 이렇게 서로 다른 두 집단으로 나뉠 수밖에 없는 특성이 무엇인지 찾았다. 지능지수는 훌륭한 지표가 되지 못했다. 청각의 민감함이나 수학 실력, 수입이나 리듬감도 마찬가지였다. 가장 훌륭한 지표는 바로 아이들이 자기가 다룰 악기를 선택하기도 전에 맥퍼슨이 아이들에게 했던 질문, "너는 앞으로 얼마 동안이나 악기를 연주할 거라고 생각하니?"였다. 잠깐 동안만 할 계획이라고 대답한 아이들은 숙달된 연주자가 되지 못했다. 앞으로 몇 년 동안 계속해서 연주를 할 것이라고 대답한 아이들은 그 방면에서 상당한 수준의 성공을 거두었다. 개중에는 "난 음악가가 될 거예요. 평생 연주를 하며 살 거예요"라고 답한 아이들도 있었는데, 이들은 높이 날았다. 첫 번째 레슨 때 아이들이 지닌 자의식은 바로 자기 미래 자아에 대한 전망이자 장차 진행될 모든 발전의 출발점이었다.[2]

모차르트는 타고난 천재가 아니다

낭만적인 시대에 사는 사람들이 있다. 이들은 보통 천재성은 '반짝거리는 신의 뜻'에 따라 나타나는 것이라고 믿는다. 이들은 단테나 모차르트, 아인슈타인 같은 위대한 천재의 본보기가 역사 속에 존재했다고 믿는다. 또 평범한 사람들은 천재가 가진 재능과 초세속적인 능력을 이해할 수 없고, 그저 경외감으로 바라볼 수밖에 없다고 여긴다.

하지만 우리는 과학의 시대에 살고 있다. 어린 시절에 이미 눈부신 성취를 이루는 현상에 대해 수많은 관찰을 비롯해 연구와 조사가 진행되었고 이런 성과는 『전문성 및 전문가 성과 케임브리지 편람Cambridge Handbook of Expertise and Expert Performance』과 같은 책으로 집대성되었다. 현재의 지배적인 견해는 천재성은 만들어지는 것이지 타고나는 것이 아니라는 것이다. 이런 냉정한 관점으로 보자면 모차르트가 어린 시절에 이룩한 성취조차도 초자연적인 재능의 결과가 아니다. 학자들은 모차르트가 어릴 때 작곡한 음악이 천재성의 결과가 아니라고 주장한다. 그는 어린 나이에 이미 훌륭한 연주자였지만, 만일 모차르트가 오늘날 이 분야에서 최고로 뛰어난 수준의 기량을 보이는 어린이들과 함께 섞여 있다면 결코 두각을 나타내지 못할 것이라는 게 이 학자들의 견해다.

더 자세히 설명하면, 모차르트에게 있던 재능은 비범할 정도로 조숙한 수많은 어린 연주자의 재능과 같다. 바로 천성적인 능력, 오랜 시간 동안 집중할 수 있는 능력, 자기 솜씨를 연마하겠다는 어른스러운 목적이었다. 모차르트는 아주 어릴 때부터 피아노 연습에 몰두했고, 그래서 일찌감치 1만 시간이나 되는 연습 총량을 확보할 수 있었다. 이런 바탕이 있었기에 위대한 업적을 쌓아나갈 수 있었다.

최근에 발표한 한 논문은 놀라운 성공 뒤에는 낭만적이고 신화적인 이야기가 아니라 살풍경하고 청교도적인 연습만이 있을 뿐이라고 주장한다. 천재성과 평범한 재능을 가르는 핵심적인 요소는 결코 '반짝거리는 신의 뜻'이 아니다. 정말 중요한 것은 시간이 흐름에 따라 점차 더 나아질 수 있는 능력이다. 플로리다주립대학교의 심리학자 안데르스 에릭손K. Anders Ericsson이 보여주었듯, 그것은 신중한 연습이다. 최고의 연주자들은 자기 솜씨를 갈고닦는 데 다른 사람들보다 많은 (아주 훨씬 많은!) 시간을 들인다. 에릭손도 말했지만 최고의 연주자들은 평균적인 연주자들보다 다섯 배나 더 많은 시간 동안 연습했다.[3]

카네기멜론대학교의 존 헤이스John Hayes 교수는 고전음악 500곡을 연구했다. 이 가운데 작곡가가 그 방면에 발을 들여놓은 지 10년 안에 작곡한 곡은 오직 세 개뿐이었다. 나머지는 모두 작곡가가 10년 이상 뼈를 깎는 노력을 꾸준히 한 끝에 완성한 것이었다.[4] 이런 사실은 아인슈타인, 피카소, 엘리엇, 프로이트, 마사 그레이엄에게도 그대로 적용된다.

그러나 단지 연습에 들인 시간만이 중요한 게 아니다. 그 시간 동안 무엇을 하느냐가 중요하다. 이류 수준의 업적을 남긴 사람은 될 수 있으면 즐거운 방식으로 연습했다. 반면에 위대한 업적을 남긴 사람은 자기비판적인 방식으로, 최대한 신중하게 연습했다. 이런 사람들은 가장 작은 요소들로 전체의 각 부분을 해체한 다음 이 요소들을 놓고 계속 반복해서 연습했다. 뉴욕 북부에 있는 메도마운트음악학교Meadowmount School of Music의 학생들은 악보 한 쪽을 놓고 세 시간씩 연습한다. 이들은 이 곡을 보통보다 느리게 다섯 번 연주한다. 곁에 있던 누군가가 옆에 있다가 이 연주 소리를 듣고 곡조를 알아듣는다면, 충분히 느리게 연주하는 게 아니다.[5] 스파타크테니스클럽Spartak Tennis Club에서 학생들은 공도 없이 랠리 연습을 한다. 이들은 자기들이 익히는 기술의 작은 부분 하나를 놓고서 연습을 이어간다.[6]

벤저민 프랭클린Benjamin Franklin(미국 역사상 가장 다재다능한 인물로, 인쇄공으로 시작해 정치, 외교, 언론, 저술, 과학 등 다방면에서 활약했다. 계몽주의와 관용적인 가치를 우선시하는 미국적인 정신을 정립하는 데 디딤돌을 놓았다 – 옮긴이)은 다음과 같은 방식으로 스스로를 교육했다.[7] 당시 최고 수준을 자랑하던 영국의 시사주간지《스펙테이터The Spectator》에 실린 에세이를 읽었다. 그리고 수북한 종이 뭉치를 꺼내 에세이의 모든 문장에 대한 견해를 아무렇게나 휘갈겨 썼다. 종이 하나마다 한 가지 견해를 적는 식이었다. 그런 다음 그것들을 마구 뒤섞었고, 몇 주 뒤 그는 메모 조각들을 다시 꺼내 순서에 따라 재조합하여 에세이 원문을 다시 썼다. 이것이 바로 그가 스스로에게 글의 구조를 가르친 방법이다. 그는 자기가 구사하는 어휘가 원문에 비해 부족하다는 생각이 들면 곧바로 다른 방법을 적용했다. 각각의 에세이를 문장 하나씩 따로 떼어내는 방식을 동원해 이 에세이를 시로 바꾸었다. 그리고 다시 몇 주가 지난 뒤에 이 시를 바탕으로 해서 원문 에세이를 복원하는 작업을 했다.

동일한 맥락에서 저널리스트이자 소설가인 대니얼 코일은『탤런트 코드』에 다음과 같이 썼다. "모든 기술은 기억의 한 형태다." 기술은 기억이라는 내적인 구조들은 쌓는 힘든 연습과 투쟁을 필요로 한다. 이런 식으로 뇌 연구는 구식 노동관을 강화한다.

나는 어떤 지도자가 될 것인가

에리카가 아카데미에서 고등학교를 다니는 동안 학업은 그녀의 삶을 구조화했다. 내면의 특징을 활성화한 것이다. 에리카의 삶이 바뀐 것은 위대한 교사 한 사람 덕분이 아니었다. 아카데미의 공기가 질서와 규율, 규칙성의 습관을 미묘하고 정교한 방식으로 가르쳤다. 에리카는 자기 숙제 노트를 체계적으로 정리하는 걸 무척 좋아했다. 그리고 점검표를 만들어 과제를 하나씩 마칠 때마다 목록에 표시하며 확인했다. 고등학교를 졸업하기 전의 에리카에게 본인이 지닌 가장 뛰어난 특성을 말하라고 했다면, 이런 대답을 들었을 것이다. "저는 조직적인 사람입니다."

에리카는 모든 것이 올바르지 않으면 참지 못했다. 이런 식으로 그녀는 기업의 세계로 이끌려가고 있었다. 성공하는 사람은 보통 자기의 재능을 가장 높이 평가해 주는 환경을 찾아낸다.

사람들은 대개 말을 타고 군중을 이끄는 카리스마 넘치는 영웅을 기업계 지도자 유형으로 생각한다. 하지만 기업계 지도자들은 대부분 이런 유형이 아니다. 평온하고 철저한 규율을 갖추고 있으며 또 단호하다. 에리카가 되고자 하는 인물도 바로 이런 유형이었다.

2009년 스티븐 캐플런Steven Kaplan, 마크 클레바노프Mark Klebanov, 모튼 소렌슨Morten Sorenson이 공동으로 논문 「CEO의 어떤 특성과 능력이 중요한가?Which CEO Characteristics and Abilities Matter?」를 발표했다. 이들은 CEO 316명의 개성을 세부적으로 평가하고 자기 회사에서 거둔 성과를 수치화해서 측정했다. 그 결과 조직을 성공적으로 이끄는 개성적인 특성은 따로 존재하지 않았다. 그러나 성공과 가장 상관성이 높은 특성 몇 가지는 있었다. 바로 세부적인 사항에 대한 주의 깊은 관심, 끈기, 효율성, 분석적 치밀함, 오랜 시간 일할 수 있는 능력 등이었다.[8] 말하자면 조직하고 집행하는 능력이었다.

　이런 결과는 지난 수십 년 동안 이루어졌던 수많은 연구 결과와도 일치한다. 2001년 짐 콜린스James C. Collins는 『좋은 기업을 넘어 위대한 기업으로Good to Great』라는 베스트셀러를 출간했다. 이 책에서 그는 최고의 CEO는 화려한 공상을 좇는 사람이 아니라는 사실을 확인했다. 그들은 겸손하고 자기를 내세우지 않으며 부지런하고 단호한 영혼의 소유자로, 자신이 정말로 잘하는 것을 찾아내 그것을 반복적으로 실행한 사람들이었다. 내적인 동기부여에 대해서는 많은 시간을 허비하지 않았고 규율과 효율을 요구했다.[9]

　같은 해에 머레이 배릭Murray Barrick, 마이클 마운트Michael Mount, 티머시 저지Timothy Judge가 기업계의 리더십에 관한 중요한 논문을 발표했다. 이 논문에서도 외향성과 호감, 새로운 경험에 대한 개방성은 성공한 CEO의 자질과 상관이 없는 것으로 드러났다. 중요한 것은 정서적 안정과 성실함, 즉 믿음직하고 계획적이며 단호하게 밀고 나가는 특성이었다.

　끈기와 같은 이런 특성들은 교육 수준과 그다지 상관이 없다. 법률학 학위나 MBA 학위가 있는 CEO라고 해서 대학교밖에 졸업하지 않은 CEO보다 당연히 더 나은 성과를 올리지는 않는다. 이런 특성들은 연봉이나 보상 수준과도 관련이 없으며 명성과도 상관없다. 유능함을 인정받는 것과도 아무런 상관이 없다.[10] 심지어 울리케 말멘디에Ulrike Malmendier와 제프리 테이트Geoffrey Tate는 유명해지고 보수를 많이 받을

수록 CEO의 효율성이 떨어진다는 사실을 확인했다.[11]

　에리카는 육감적인 매력이 넘치는 여자가 되는 걸 꿈꾸지 않았다. 통제력을 갈망했다. 끈기와 질서와 세부적인 것에 대한 주의력을 무엇보다 높이 평가했다.

인간은 자라온 환경을 넘어설 수 있는가

하지만 무의식에서는 마음이 온갖 변덕을 부린다. 대학교 4학년 때 에리카는 자기도 모르게 그리고 전혀 예상치도 않게 거대한 소용돌이에 빨려 들고 말았다. 가족과 친지의 원시적인 부름이 에리카가 전혀 예상하지 못했던 방식으로 손을 뻗어 그녀의 발목을 잡았다.

　말썽은 에리카가 덴버대학교 조기 전형에 지원하고 합격 통지서를 받으면서 시작되었다. 그녀의 SAT 성적은 썩 좋지 않았다. 하지만 다행히 그녀의 가정환경 및 배경이 도움이 되었다. 대학교에서 입학 허가서가 날아오자 에리카는 짜릿한 전율을 느꼈다. 하지만 해럴드가 속한 사회적 계층 사람들과는 다른 방식으로 감격했다. 기본적으로 에리카는 약육강식의 원리가 관철되는 거친 환경 출신이었기 때문이다. 에리카에게 덴버대학교의 입학허가서는 그녀의 훌륭한 자아에 경의를 표시하는 공훈 배지가 아니었다. 또한 엄마가 자동차 앞 유리에 자랑스럽게 붙일 수 있는 특권을 상징하는 스티커도 아니었다. 인생이라는 싸움터의 두 번째 전선으로 들어가는 티켓일 뿐이었다.

　그녀는 입학 허가서를 아버지와 어머니에게 각각 따로 가지고 가서 보여주었다. 그런데 그때 일이 터졌다. 앞에서 언급했듯 에리카의 아버지는 멕시코인이었고 어머니는 중국인이었다. 에리카는 친가와 외가라는 두 대가족이 있었고 이들 각각과 따로 시간을 보냈다.

몇몇 측면에서 보자면 두 가족은 다르지 않았다. 이들은 모두 친족에게 무서울 정도로 애착을 보였다. 전 세계 사람들에게 다음 질문을 하면 어떤 대답을 들을 수 있을까? "부모가 아무리 자질이 부족하고 잘못을 저질렀다 하더라도 사람이면 반드시 부모를 사랑하고 존경해야 한다. 동의합니까?" 아시아인과 히스패닉은 각각 95퍼센트가 동의한다고 대답했지만, 네덜란드인과 덴마크인은 각각 31퍼센트와 36퍼센트만 동의한다고 대답했다.[12]

에리카의 외가와 친가의 가족들은 일요일 오후면 대가족이 함께 대규모로 시끌벅적하게 공원으로 소풍을 가곤 했다. 비록 두 집안에서 차리는 음식은 달랐지만 분위기는 비슷했다. 할아버지와 할머니는 같은 종류의 파란색 접이의자를 그늘에 놓고 앉았고, 아이들은 자기들끼리 무리를 지어서 놀았다.

하지만 차이도 분명히 존재했다. 이런 차이를 말로 표현하기란 매우 어렵다. 에리카는 두 집안의 차이를 설명하려고 노력했지만 그때마다 번번이 실패하고 상투적인 인종적 표현으로 끝내고 말았다. 아버지 쪽 가족은 유니비전(국제적인 히스패닉 방송 네트워크-옮긴이), 축구, 메렝게(도미니카 공화국에서 유래된 라틴 음악-옮긴이), 콩을 넣은 쌀밥, 돼지 다리, 9월 16일(멕시코의 독립기념일-옮긴이) 등이 한데 뒤섞인 세상에서 살았다. 한편 어머니 쪽 가족은 일, 조상이 세상을 살았던 이야기, 소매업자의 근무 시간, 서예, 옛날 성현의 말씀 등이 뒤섞인 세상에서 살았다.

이 중요한 차이는 뭐라고 딱 꼬집어 말할 수 없었지만 그만큼 넓고 깊게 스며들었다. 주방용품이 달랐고 현관문을 열고 들어설 때 나는 냄새가 달랐고, 주고받는 농담의 종류가 달랐다. 멕시코 친척들은 자기들이 모든 것에 얼마나 많이 늦는지를 두고 농담을 했지만, 중국 친척들은 어떤 고약한 사촌이 바닥에 침을 뱉었는지를 두고 농담을 했다.

어느 쪽 가족을 방문하느냐에 따라서 에리카의 인격도 달라졌다. 아버지 쪽인 멕시코 친척들과 함께 있을 때는 사람들과 보다 가깝게 섰고 목소리도 평소보다 높았다. 느긋하게 팔짱을 꼈다. 어머니 쪽인 중국 친척들과 함께 있을 때는 좀 더 공손한 태도를 취했다. 그러나 식탁에 앉아서 밥을 먹을 때는 가운데의 둥근 원판을 보다 공격적으로 자기 쪽으로 돌려서 먹고 싶은 음식을 먹었다. 멕시코 친척들과 있을 때는 음식을 매우 가려가면서 먹었지만, 중국 친척들과 있을 때는 온갖 거칠고 별난 음식을 다 먹었다. 문화권이 달라질 때마다 에리카의 연령대도 달라졌다. 멕시코 친척들과 있을 때는 여성적인 매력을 한껏 풍겼지만, 중국 친척들과 있을 때는 여전히 어린 소녀처럼 행동했다. 그래서 대학교를 졸업하고 사회생활을 하면서도 중국 친척을 만날 때면 늘 소녀 시절을 연기해야 했다. 심리학자 윌리엄 제임스William James도 다음과 같이 썼다. "한 사람 주변에 그에 대한 어떤 이미지를 연상하는 사람이 많을수록 그의 사회적 자아의 수도 많아진다."[13]

그런데 덴버대학교의 입학 허가서가 양쪽 집안에서 모두 문제를 일으켰다. 에리카의 가족은 누구나 할 것 없이 모두 다 에리카가 그렇게나 좋은 학교에 진학한다는 사실을 무척 반가워했다. 그러나 이들의 자부심은 소유욕이 강했다. 그리고 이들의 행복 아래에는 의심과 두려움과 분노의 층이 오랜 시간 켜켜이 쌓여 있었다.

사실 아카데미가 이미 에리카와 친척들 사이에 불화의 틈을 벌려놓고 있었다. 아카데미가 친척들이 받아들이기 어려운 무의식적인 메시지를 에리카에게 보냈기 때문이다. 그 메시지는 이런 내용이었다. '너는 너 자신의 사업 대상이고 결과다. 너의 인생 목표는 너 자신의 재능

을 충분히 발휘하는 것이다. 너는 너 자신에게 책임을 져야 한다. 성공은 개인적인 성취다.'

에리카의 친척들이 이런 내용을 선뜻 받아들일 리 없었다. 멕시코 친척들은 이미 에리카의 인성에 나타난 변화들을 두려워하고 있었다. 멕시코 출신 미국인들이 대개 그렇듯 에리카의 친척들은 주류의 미국적 생활로 녹아 들어가고 있었다. 이 친척들이 미국에서 30년 동안 살았을 즈음 라틴아메리카 출신 미국인 68퍼센트가 가정을 꾸렸다. 이민 3세대 멕시코 출신 미국인 60퍼센트는 집에서 영어로만 말했다.[14] 그러나 에리카의 친척들은 엘리트 교육의 세계를 거의 경험하지 않았다. 그래서 에리카가 덴버로 훌쩍 떠나고 나면 이제 다시는 가족의 일원으로 돌아오지 못하는 게 아닐까 의심했다. 사실 이 의심은 틀리지 않았다.

이들은 문화적인 경계선을 느꼈다. 익숙한 세상 안에 있을 때는 자기들의 유산과 문화가 있다는 것을 느낄 수 있었다. 깊고 풍부하고 심오한 문화였다. 그러나 경계선 바깥으로 넘어가면 아무런 유산도 느끼지 못했다. 문화는 희미하고 정신은 무기력했다. '사람들은 도대체 왜 그렇게 메마르기만 한 세상에 살려고 할까?' 이런 생각이 들 뿐이었다.

에리카의 중국 친척들 역시 에리카가 도덕관념이 없고 제멋대로인 세상 속에 휩쓸릴까 두려워했다. 그들은 그녀가 성공하길 바랐지만 가족을 통해, 가족 가까이에서, 가족 속에서 성공하길 바랐다.

그래서 친척들은 에리카에게 덴버대학교보다는 못하지만 그래도 집에서 가까운 대학교에 가면 좋겠다고 압력을 넣기 시작했다. 에리카는 덴버대학교와 친척들이 입학하길 바라는 대학교의 차이를 설명하려고 노력했다. 경쟁력 있는 대학교에서 공부하는 게 얼마나 유리한지 설명하려고 애를 썼지만 친척들은 받아들이려 하지 않았다. 이제 멀리 세상으로 나아가 혼자 힘으로 일어서려는 순간에 느끼는 에리카의 벅찬 희망과 각오를 도무지 이해하지 못했던 것이다. 에리카는 비록 자기가 그들과 외모가 비슷하고 그들을 사랑하긴 하지만 그들과는 다른 방식으로 현실을 인식한다는 사실을 비로소 깨닫기 시작했다.

교토대학교의 키타야마 시노부北山忍와 스탠퍼드대학교의 헤이즐 마커스Hazel Markus, 미시건대학교의 리처드 니스벳Richard Nisbett 등과 같은 학자들은 여러 해에 걸쳐 아시아인과 서양인의 사고 및 인식 방식의 차이를 연구해 왔다. 니스벳 교수의 연구가 제시하는 핵심 내용은 그가 했던 한 유명한 실험 속에 담겨 있다. 그는 미국인 집단과 일본인 집단에게 수족관 그림을 보여주고 눈에 보이는 것을 그리라고 했다. 그러자 미국인은 수족관에서 가장 크고 눈에 띄는 물고기를 묘사했다. 이에 비해 일본인은 그림의 맥락과 배경이 되는 물, 바위, 거품, 해초 등을 60퍼센트 이상 언급했다.[15]

니스벳 교수가 내린 결론은, 전체적으로 볼 때 서양인은 개별적으로 취하는 행동에 좁게 초점을 맞추는 데 비해 아시아인은 맥락과 관계에 초점을 맞추는 경향이 있다는 것이다. 최소한 고대 그리스 시대 이후로 서양인은 개별적인 행동, 영속적인 인물 특성, 형식적 논리, 명확하게 기술된 범주들을 강조해 왔다. 이에 비해 아시아인은 그보다 훨씬 더 오랜 세월 동안 맥락, 관계, 조화, 패러독스, 상호독립성, 상호적인 영향력 등에 초점을 맞춰 생각해 왔다. "그래서 아시아인에게 세상은, 연속적인 물질들로 구성되어 있으며 부분이 아니라 전체의 관점에서 이해할 수 있는 공간이자 개인적인 통제보다 총체적인 통제의 지배를 받는 복잡한 공간이다."[16]

물론 지나친 일반화라고 지적할 수도 있다. 그러나 니스벳과 다른 많은 학자는 설득력 있는 여러 실험 및 관찰 결과로써 이런 주장을 강화해 왔다. 영어를 사용하는 부모가 자식과 대화를 할 때는 명사와 범주를 강조하지만, 한국의 부모는 동사와 관계를 강조한다.[17] 복잡한 공항 풍경을 묘사한 영상을 보여준 뒤 일본 학생과 미국 학생에게 영상의 내용을 묘사하라고 하면, 일본 학생은 배경의 사소한 것을 미국 학생보다 훨씬 많이 묘사한다.[18] 그리고 닭과 소, 풀밭이 함께 있는 그림을 보여주고 이 대상들을 관계 있는 것끼리 묶으라고 하면 미국 학생은 보통 닭과 소를 같은 범주로 묶는다. 둘 다 동물이라는 게 이들이 말하는 이유다. 그러나 중국 학생들은 소와 풀밭을 같은 범주로 더 많이 묶는다. 소가 풀을 먹기 때문에 이 둘이 관계가 있다는 것이다.[19] 그리고 하루 생활을 묘사하라는 질문을 받을 때 미국의 여섯 살짜리 아이들은 중국의 여섯 살짜리 아이들보다 '나'라는 말을 세 배나 더 많이 한다.[20]

이런 계열의 실험은 매우 다양하다. 예를 들면 이런 것들이다. 엄마와 딸이 다투는 대화를 들려준 뒤에 미국인과 중국인의 반응을 비교하면 미국인은 엄마든 딸이든 어느 한쪽 편을 들고 누가 옳은지 설명한다. 이에 비해 중국인은 딸과 엄마가 주장하는 각각의 긍정적인 측면을 지적한다.[21] 또 자기 집단에 대한 사항을 질문하면 미국인은 자신이 다른 사람들과 다른 점들을 과장하며 자기가 다른 사람들보다 낫다고 말하지만, 아시아인은 자신들이 공통적으로 지닌 특성을 과장하면서 자기들이 서로 돕고 의존하는 관계라고 말한다.[22] 또 메모리 용량이 큰 컴퓨터와 처리 속도가 빠른 컴퓨터 그리고 이 두 개 모두가 중간치인 컴퓨터 세 대를 놓고 한 대를 선택하라고 할 때도 그렇다. 미국인 소비자는 보통 자기가 가장 중요하게 여기는 사항이 무엇인지 먼저 판단한 뒤에 이것을 가장 잘 반영하는 컴퓨터를 선택한다. 그러나 중국인 소비자는 어

느 것 하나만 좋은 것을 고르지 않고 모든 게 중간 성능인 컴퓨터를 선택한다.[23]

니스벳은 또 중국인과 미국인은 세상을 바라보는 모형도 다르다는 걸 확인했다. 〈모나리자〉와 같은 그림을 볼 때 미국인은 여자의 얼굴을 바라보는 데 보다 많은 시간을 할애하는 데 비해 중국인은 여자의 얼굴과 배경 사이를 번갈아 보느라 눈동자가 끊임없이 움직인다. 이렇게 함으로써 그들은 보다 더 전체적인 모습을 포착할 수 있다.[24] 한편 또 다른 연구를 통해 동아시아인은 놀란 표정과 무서워하는 표정, 화를 내는 표정과 불쾌한 표정을 잘 구별하지 못한다는 점을 발견했다. 입 주변의 표정을 파악하는 데 그다지 많은 시간을 들이지 않기 때문이다.[25]

에리카의 멕시코 친척과 중국 친척은 자기들이 문화의 영향을 어떻게 받았는지 말로는 설명하지 못한다. 다만 희미하게 전형이 있다는 사실만 알 뿐이다. 그러나 그들은 자기 집단에 속한 사람들에게는 그들만의 독특한 사고방식이 있다는 사실, 그리고 이런 사고방식 덕분에 특정한 가치들을 보다 더 중요하게 여기며 특정한 분야에서 높은 성취를 이룬다는 사실을 알고 있었다. 그들의 눈으로 볼 때 이런 사고방식을 버리고 떠나는 행위는 정신적으로 죽음을 맞이하는 것이나 다름없었다.

확신이 있다면 문화의 사슬을 끊어내라

양쪽 집안의 친척들은 에리카에게 집에서 가까운 대학교에 다니라고 압박했다. 해럴드와 동일한 사회계층에 속한 사람이 이런 압박을 받는다면, 말도 안 되는 소리라면서 그저 코웃음을 치며 멀리 덴버대학교로 갔을 것이다. 해럴드의 집단에 속한 사람들에게는 개인의 성장과 성공이 그 어떤 것보다도 중요하기 때문이다. 하지만 에리카가 속한 문화권에서는 가족이 가장 중요했다. 에리카는 개인적인 선택보다 더 중요한 것이 자신과 이들을 묶어두고 있음을 깨달았다. 그들의 선입관이 이미 그녀의 뇌에도 이식되어 있었던 것이다.

또 어린 시절을 함께 보냈던 친구들도 있었다. 이 오랜 친구 가운데 많은 수는 아카데미가 지향하는 가치를 이미 예전에 거부했다. 에리카와 친구들은 각각 다른 문화의 길을 걸어왔다. 친구들의 문화는 과격한 가사의 갱스터 랩과 문신과 극단을 추구하는 문화였다. 그들은 스스로 의식을 했건 아니건 자기들의 정체성을 아웃사이더로 규정했다. 주류 문화에 흡수되어 살기보다는 주류의 반대편에 서기로 한 것이다. 피부색이 희고, 검고, 갈색이고, 노란색으로 다양한 이 친구들은 자기들의 세상을 지루하고 억압적이며 샌님 같은 백인 문화와 화려하고 섹시하고 위험하고 쌈박한 흑인 랩 문화로 나누었다. 이들에게는 동질성이 미래의 수입보다 더 중요했다. (아니면, 단지 새로운 시도를 하고 싶지 않아서 이런 행동을 합리화하는 것이었을 수도 있다.)

어쨌든 간에 에리카가 어린 시절부터 알고 지냈던 동네 친구들은 반문화의 진영으로 걸어가면서 에리카와 점점 멀어지고 있었다. 이들의 옷차림이나 걸음걸이, 음식을 먹는 자세, 어른을 대하는 태도 등은 자기 집단 안에서는 박수를 받았지만 고등학교에서 좋은 성적을 받고 대학교에 진학하는 데는 전혀 박수받을 만한 일이 아니었다. 이들은 자존심 때문에 자기를 도우려는 어른들에게까지 무례하게 굴었다. 이 친구들은 에리카에게 그곳에 가면 사람들로부터 괜히 무시만 당할 게 뻔한데 왜 바보 같은 짓을 하느냐고 비난하면서, 후드가 달린 분홍색 스웨터와 카키색 반바지 차림의 옛날 모습으로 돌아오라고 했다. 이들은 부자가 되기를 바라면서 동시에 부자를 증오했다. 에리카는 절반은 농담이 섞인 말이라는 걸 알았지만 그 절반보다 훨씬 더 혼란스러웠다.

아카데미를 졸업할 무렵 에리카는 그때까지 살아온 자기 인생에 대해 생각했다. 공부를 하면서 보낸 시간은 거의 기억이 나지 않았다. 가장 생생하게 떠오르는 기억들은 거리를 쏘다니고 운동장에서 놀던 일이었다. 친구들과 노닥거리고 첫 데이트에 나가고, 창고 건물 뒤에서 몰래 술을 마시다 취한 상태에서 횡설수설하던 일들…. 그녀는 그 모든 것에서 벗어나려고 얼마나 많은 시간을 들였던가. 하지만 그럼에도 그것들을 사랑했다. 추하면 추할수록 더욱 격렬하게 사랑했다.

고등학교를 졸업한 뒤에 맞는 여름은 오랜만에 맛보는 평온함과 축하의 시간이어야 옳았다. 하지만 에리카는 이 여름을 '확실성 authenticity 의 여름'으로 평생 기억하게 된다. 그녀의 친구들은 그녀를 '천재' 혹은 그냥 '덴버'라고 불렀다. 예를 들면 이런 식이었다. "야, 저기 천재 온다! 쟤, 포섬(테니스나 골프를 칠 때 네 명이서 두 명씩 조를 나눠 벌이는 게임 방식-옮긴이)에 늦지 않았나?"

그래서 에리카는 그해 여름에 예전보다 담배를 훨씬 많이 피웠다. 물론 예전보다 더 많은 남자와 어울려서 시간을 보냈다. 또 힙합 가수 릴웨인 Lil Wayne의 노래와 멕시코 음악을 더 많이 들었으며, 그녀가 백인에게 물들었다는 동네 친구들의 평가가 잘못되었음을 보여주려고 할 수 있는 건 다 했다.

집에서는 엄마와 사이가 더욱 나빠졌다. 에리카는 새벽 3시까지 있다가 들어오기도 하고, 말도 하지 않고 다른 사람의 집에서 자고는 다음 날 한낮에 집에 들어오기도 했다. 에이미는 자기 딸에게 스스로를 통제할 권리가 있다는 사실을 잊었다. 딸이 이제 열여덟 살이었는데도 말이다. 엄마의 걱정은 예전보다 더 커졌다. 에이미는 딸에게 품은 기대가 갑자기 위태로워졌다고 느꼈다. 총기 사건에 연루되거나 마약을 지니고 있다가 체포되거나 하는 끔찍한 일이 당장에라도 일어날 것 같았다. 거리의 문화가 무덤에서 되살아나 자기 딸의 머리채를 잡고 다시 질질 끌고 가는 것만 같았다.

어느 일요일 오후였다. 에리카가 집에 돌아왔는데 엄마가 옷을 차려 입고 문 옆에 서 있었다. 잔뜩 화가 난 얼굴이었다. 에리카가 일찍 집에 돌아와 가족 소풍에 참석하겠다고 약속하고는 깜빡 잊었던 것이다. 엄마가 이 사실을 상기시키자 에리카는 화를 내고는 옷을 갈아입으러 쿵쾅거리면서 자기 방에 들어갔다. "짜증나게 왜 이렇게 바쁘지?" 곧바로 엄마가 고함을 질렀다. "비행 청소년이니까 바쁠 만도 하지!" 에리카는 엄마가 비행 청소년이라는 단어를 어디에서 들었을지 궁금했다.

가족 소풍에 모인 사람은 이모들 가족과 외삼촌들 가족, 외할아버지와 외할머니를 모두 합해 약 스무 명이었다. 다들 에리카와 에이미를 보고 기뻐했다. 돌아가면서 모두 한 번씩 안았다. 남자 한 명이 에리카에게 맥주를 건넸다. 예전에는 절대로 없던 일이었다. 소풍은 즐거웠다. 수다는 끝없이 이어졌다. 늘 그랬듯 에이미는 뒷전으로 물러나 있었다. 가족의 기대를 받았지만 기대를 실망으로 돌려주는 사람이었기 때문이었다. 그래서 그녀는 대가족이 한자리에 모일 때면 늘 구석에서 별로 말을 하지 않았다. 하지만 이랬던 그녀도 오늘은 무리에 섞여 함께 어울리고 있었다.

3시쯤이었다. 어른들은 탁자를 가운데 두고 둘러앉았고 아이들은 여전히 뛰어다니며 놀았다. 어른들이 덴버대학교에 대해서 이야기하기 시작했다. 그러면서 에리카에게 또래의 다른 아이들은 집에서 가까운 대학교에 다니더라고 말했다. 그러고는 중국인의 삶의 방식에 대해 이

야기하기 시작했다. 대대로 전승되는 가업과 친척들 사이에 돈을 빌려
주고 돌려받는 관습에 대해 말했고, 그때까지 살면서 얼마나 많은 것을
이뤘는지 짚어가며 자기들이 살아온 인생을 이야기했다. 그렇게 시간
이 점점 흐르면서 그들은 에리카를 압박해 왔다. 덴버에 가지 마라. 그
냥 여기에서 다녀라. 여기 살아도 미래는 얼마든지 밝다. 아예 노골적
으로 덴버대학교 입학을 막았다. 장광설을 늘어놓으며 에리카에게서
항복을 받아내려고 했다. "이제는 네가 가족들에게로 돌아와야 할 때
야." 어떤 외삼촌이 한 말이었다. 에리카는 텅 비어 있는 자기 접시만 멍
하게 바라보았다. 가족… 가족은 사람의 피부 아래로도 얼마든지 스며
들 수 있는 존재구나. 그런 생각에 갑자기 눈물이 왈칵 솟았다.

　그때, 탁자 저 끝에서 또 다른 목소리가 들렸다. 차분하고 조용한 목
소리였다. "걔를 그냥 내버려 두세요." 에이미였다. 좌중에 갑자기 침
묵이 흘렀다. 그리고 이어진 에이미의 발언은 조리 있는 연설이 아니었
다. 너무도 흥분하고 화가 난 나머지 말이 툭툭 끊어졌다. 이어지는 맥
락도 불분명했다. "열심히 공부한 애예요…. 걔가 꿈꾸던 일이니까요…
자기 혼자 떠날 수 있는 권리도 스스로 따냈잖아요…. 밤마다 집에 붙
어 있질 않는다니까요, 쟤는!" 그리고 마침내 고개를 들어 사람들을 획
둘러보았다. 그리고 말했다. "나는 여태까지 살면서 어떤 것도 간절하
게 바란 적이 없어요. 쟤가 그쪽으로 가서 자기가 원하는 걸 하는 거 말
고는요."

　이 짧은 연설이 모든 논란을 잠재울 수는 없었다. 어른들은 여전히 에
리카가 잘못 판단하고 있다고 여기며 다시 장광설을 늘어놓았다. 그러
나 에리카의 머릿속에서는 이미 결정이 끝난 상태였다. 엄마가 총대를
메고 나서서 가족의 반대를 막아서고 있으니. 이제 다시 확신이 섰다.

그렇게 자리를 잡고 나자 에리카는 더 이상 흔들리지 않았다.

문화는 충돌하고 교환된다

그래도 떠나는 발길은 무거웠다. 어린 시절을 보낸 집을 떠나는 일은 결코 쉽지 않다. 작가 에바 호프먼Eva Hoffman은 1959년, 열세 살이던 해에 가족과 함께 폴란드에서 캐나다로 이민을 갔다. 그러나 폴란드는 그녀의 머릿속 후미진 곳에 자리 잡고 있으면서 그 뒤로 시시때때로 불쑥불쑥 나타나곤 했다. 이런 모습을 그녀는 나중에 다음과 같이 썼다. "어린 시절 조국은 내 마음속에서 가장 높은 자리를 차지한 채 살아 있었다. 조국은 나에게 언어, 지각, 소리, 인간을 가르치고 나를 먹이고 키웠다. 모든 실체의 색깔과 주름 그리고 내가 처음 사랑한 것들을 가르쳤다. 그 절대적인 사랑은 결코 다시 붙잡을 수 없다. 어떤 풍경, 공기 속의 어떤 일렁거림도 우리가 처음 보았던, 그리하여 어떤 조건도 없이 우리 자신을 전적으로 바쳤던 그 풍경이나 공기 속의 일렁거림처럼 우리 안에서 생생하게 살아 있을 수는 없다."[26]

그러나 에리카는 떠났다. 새 학기가 시작하는 9월에 에리카는 덴버 대학교의 기숙사에 있었다. 명문 대학교는 기본적으로 불평등을 생산하는 기계다. 명목적으로는 가계소득과 상관없이 모든 지원자에게 활짝 열려 있고, 학비를 감당할 수 없는 학생들에게는 재정적인 지원을 아끼지 않는다. 그러나 현실은 그렇지 않다. 경쟁이라는 제도를 거치고 나면 중상류층 출신이 아닌 사람은 대부분 걸러지고 만다. 입학 조건을 충족시키려면 가족이 힘을 합쳐 밀어주는 분위기가 절대적으로 필요하다. 책을 읽는 집안 분위기, 가정교사, 정규 교과 과목 이외의 공부 등이 이런 대학교에 입학하는 데 절대적으로 유리하다.

덴버대학교는 에리카에게 유복하게 자란 학생들과 어울리며 이들이 어떻게 행동하는지 볼 수 있는 기회를 제공했다. 그녀는 그들이 사회적으로 어울리는 방식, 서로에게 인사하는 방식, 함께 잠을 자는 방식을 배웠다. 그리고 그 문화권에 속한 남자가 여자와 섹스를 하고 싶을 때 무슨 말을 하는지, 그 문화권에 속한 여자가 그 남자를 거절할 때 무슨 말을 하는지 배웠다. 덴버대학교의 생활은 일종의 문화 교환 프로그램과도 같았다. 에리카는 위대한 사회학자 피에르 부르디외 Pierre Bourdieu 가 '문화자본cultural capital'(상징적 표현이 화폐나 재산처럼 사회의 지배계급에 의해 결정된 교환가치라고 바라본다 – 옮긴이)이라고 했던 말의 의미를 비로소 알 수 있었다. 취미, 견해, 문화적 관련성, 대화의 스타일 등이 상류사회에서 입지를 굳힐 수 있는 자본이 될 수 있다는 사실을 깨달았다.

하지만 실제로 에리카와 에리카의 자신감에 충격을 준 것은 그 학교 학생들이 속한 가정의 재산이 아니었다. 한 남학생이 어느 날 BMW를 부숴먹자 다음 날 바로 그의 가족이 재규어를 한 대 뽑아주는 것을 보았지만, 이런 남학생도 에리카는 어렵지 않게 깔볼 수 있었다. 충격을 준 것은 그들의 재산이 아니라 그들의 지식이었다. 에리카는 그 대학교에 입학하려고 아카데미에서 나름대로 열심히 공부했다. 하지만 그 학교의 몇몇 학생은 그런 준비를 평생에 걸쳐 해왔다. 백년전쟁 때 프랑스군이 영국군에게 대패했던 전투가 벌어진 아쟁쿠르에 직접 현장학습을 갔다. 고등학교 여름방학 때 중국에 다녀왔고, 아이티에서 어린아이들을 가르치기도 했다. 로렌 바콜Lauren Bacall이 어떤 배우며 어떤 영화에 출연했는지 알고 있었고, 『위대한 개츠비』의 작가 스콧 피츠제럴드F. Scott Fitzgerald가 어느 학교에 다녔는지도 알고 있었다. 교수들이 툭툭 던지는 참고문헌들을 모두 알고 있는 듯했다. 어떤 교수가 모 살Mort

Sahl이나 톰 레러Tom Lehrer를 언급하면 잘 아는 사람이라는 듯이 킬킬거리며 웃었다. 이들은 또 에리카로서는 한 번도 배운 적이 없는 방식으로 소논문을 구성할 줄 알았다. 에리카는 이런 동료들을 보면서 어린 시절을 함께 보냈던 친구들, 지금도 여전히 거리를 쏘다니거나 상점에서 일하는 친구들을 생각했다. 고향에 있는 친구들은 이 학생들에게 단지 4년만 뒤처진 게 아니었다. 영원히 따라잡을 수 없을 정도로 이미 멀리 뒤처져 있었다.

에리카는 경제학과 정치학, 회계학 수업을 들었다. 그녀는 주로 경영학부 주변에서 얼쩡거렸고 초청 강의가 있으면 빠지지 않고 가서 들었다. 그녀는 빈틈없이 철저했고 또 실용적이었다. 그런데 이런 수업을 듣는 데 성가신 문제가 하나 있었다. 강의를 하는 경제학자나 정치학자들이 인간은 기본적으로 매우 동질적이라는 견해를 가지고 있다는 사실이었다. 사람들에게 인센티브를 제시하면 자기가 속한 문화권의 차이와 상관없이 모두 예측 가능하고 일반적인 원칙이 지배하는 이성적인 방식으로 반응한다는 게 그들의 생각이었다.

이런 가정이 성립해야 사회학은 학문이 될 수 있다. 행동이 불변의 법칙이나 규칙성에 지배를 받지 않는다면 계량적인 모델들은 아예 설 자리가 없다. 규율은 예측 가능한 가치를 상실한다. 그렇게 되면 모든 게 모호해져서 오로지 특정한 맥락 속에서만 이해할 수 있게 된다.

그러나 에리카는 인센티브에 대해서 예측 가능하지 않은 방식으로 반응했던 수많은 사람 속에서 성장했다. 그녀의 친구 가운데는 고등학교를 중퇴한 사람이 많았는데, 이들 모두가 인센티브가 지시하는 방향의 반대 방향으로 달려가지 않았던가. 이런 친구들은 단순명쾌하게 이해할 수 없는 판단을 내리거나 아니면 중독이나 정신 질환 혹은 어떤 충동에 사로잡혀 있는 바람에 판단 자체를 내리지 못했다. 게다가 문화적인 차이는 에리카의 삶에서 엄청나게 큰 변수로 작용하며 영향을 미쳤다. 에리카가 보기에 정말 중요한 것은 자기 해석self-interpretation의 문제였다. 사람들이 스스로를 규정하는 방식이 그 사람이 어떤 상황에서 행동하고 반응하는 방식에 거대한 영향을 미쳤다. 그러나 이런 내용들은 그녀가 듣는 수업에서는 배제된 것 같았다.

그래서 에리카는 철저하게 세워둔 학습 계획의 방향을 틀었다. MBA 준비 과정에 준하는 모든 강의를 포기하지는 않았지만 몇 가지를 추가했다. 문화를 공부하고 싶었다. 개별적인 문화들이 서로 어떻게 다르고 또 어떻게 갈등을 일으키는지 알고 싶었다.

언뜻 봐서는 거대한 야망을 품은 청년이 공부하기에 터무니없이 비실용적인 것처럼 보였다. 그러나 에리카는 이것을 전략적인 경영 계획으로 재빠르게 변환시켰다. 그녀가 살아온 인생 전체는 서로 다른 두 문화 사이의 충돌 과정이었다. 멕시코 문화와 중국 문화의 충돌, 중산층 문화와 빈민층 문화의 충돌, 아카데미 문화와 빈민굴 문화의 충돌, 대학교 문화와 길거리 문화의 충돌. 서로 다른 문화를 한데 합친다는 게 어떤 것인지 에리카는 이미 알고 있었다. 그리고 지구가 하나로 연결되는 세상에서 이런 지식은 상당한 도움이 되리라 예상했다. 왜 어떤 기업들은 성공적인 기업 문화를 만들어내고 어떤 기업들은 만들지 못하는지 대학교에서 공부할 생각이었다. 다국적기업이 문화적 다양성의 문제를 어떻게 받아들이고 처리하는지 연구하고 싶었다. 그녀는 공학과 재무학을 전공한 사람들로 가득 찬 기업계에서 문화를 제대로 아는 전문가로 자리 잡아야겠다고 생각했다. 이런 지식은 그녀에게 특별한 경쟁력이 될 것이라고 믿었다. 이런 종류의 기술을 필요로 하는 시장은 언제나 있을 테니까. 중국인과 멕시코인 사이에서 태어나 빈민굴에서 성장한 일중독자 여자가 도대체 몇 명이나 될지, 내가 아니면 아무도 할 수 없을 거라고 에리카는 생각했다.

문화는 어떻게 인류를 번성시켰는가

수백만 년 전에는 온갖 동물이 땅에서 어슬렁거리며 살았다. 발달심리학자 마이클 토마셀로Michael Tomasello가 주장했듯이 유인원과 같이 상대적으로 똑똑한 동물들은 일상적인 문제들을 혁신적인 해결책을 동원해 극복하는 데 훌륭한 솜씨를 보인다.[27] 그런데 이 동물들은 자기가 발견한 내용을 미래 세대에 전승하는 데는 서툴다. 인간 이외의 동물은 동료에게 어떤 것을 가르치고 싶다는 충동을 느끼지 못하는 것 같다. 우리가 한 침팬지에게 기호언어를 가르쳐주더라도 이 침팬지는 이 언어를 자기 동료나 새끼에게 가르치려는 의지를 보이지 않는다.[28]

그러나 인간은 다르다. 인간은 다른 동물들과는 전혀 다르게 인생을 시작한다. 그의 인생은 그가 태어나기 전에 이미 시작되었다. 인간은 유전자 구조가 산만해 태어나서 여러 해가 지난 다음에도 혼자서는 생존하지 못한다. 이런 점에서 위대한 인류학자 클립포드 기어츠Clifford Geertz의 발언은 여전히 놀랍도록 유효하다. "인간은 미완성의 동물이다. 인간이 다른 동물과 구별될 수 있도록 해주는 것은 순수한 학습 능력이 있기 때문이 아니라 (물론 이것만 하더라도 매우 위대한 능력이다) 제대로 자기 몫을 할 수 있기 전에 엄청나게 많은 것 그리고 특별한 종류의 어떤 것을 학습해야 하기 때문이다."[29]

인간은 문화를 만들고 발전시키는 능력이 있어 번성했다. 문화는 인간의 삶을 조정하고 안내하는 습관, 실행력, 믿음, 주장, 긴장 등의 총합체다. 문화는 일상에서 부딪치는 문제들, 예를 들면 독성이 있는 식물을 어떻게 가려낼 수 있을까, 어떻게 하면 가족의 구조를 성공적으로 형성할 수 있을까 따위의 문제에 대한 실용적인 해결책을 전파한다. 또한 옥스퍼드대학교의 철학자 로저 스크루턴Roger Scruton이 관찰하고 정리한 바에 따르면 문화는 정서를 교육한다. 문화는 이야기 구조, 휴일, 상징, 미술품 등으로 구성되는데, 여기에는 어떻게 느껴야 하고 어떻게 반응해야 하며 어떻게 의미를 간파해야 하는지 등에 관한 암시적이면서도 때로는 전혀 파악되지 않는 메시지들이 포함되어 있다.

개별적으로만 존재하는 인간의 정신이라면 자기 앞에 불쑥 나타났다 사라지는 엄청나게 다양한 자극을 처리할 수가 없다. 우리가 이 세상에서 기능하며 살 수 있는 것은, 문화라는 틀 속에 존재하기 때문이다.

인간이라는 종족이 인상적인 것은 눈부신 천재들이 개별적인 불후의 대작을 만들어내기 때문이 아니다. 집단으로 구성된 사람들이 공동으로 정신적인 틀을 만들고 이를 미래로 나아가는 지침으로 삼기 때문이다. 혼자서는 제트기를 만들 수 없다. 그러나 개인들이 모인 집단인 기업에는 제도적인 지식이 있어 그 안의 사람들은 제트기를 설계하고 만들어낸다. 이와 관련해 철학자 앤디 클라크Andy Clark는 다음과 같이 썼다. "우리는 인간의 이성이 생물학적 뇌의 계산 범위를 훌쩍 넘어설 수 있는 공간인 '설계자 환경designer environments'을 만들어낸다."[30]

클라크는 다른 동물과 달리 인간에게는 추론이 필요하지 않도록 만들어버리는 능력, 즉 여러 개의 지식체body of knowledge를 담는 사회제도를 만드는 능력이 있다고 썼다. 그는 이렇게 믿는다. "인간의 뇌는 다른 동물이나 자동화된 로봇에서 볼 수 있는, 단편적으로 존재하는 특수한 목적을 지닌 행동 지향적 기관들과 크게 다르지 않다. 하지만 인간은 한 가지 점에서 결정적으로 다른 동물이나 로봇보다 우월하다. 우리는 우리가 속한 물리적이고 사회적인 여러 세상을 능숙하게 구조화할 수 있어서, 제어하기 어렵도록 제멋대로인 이 자원들 속에서 복잡하면서도 일관성이 있는 행동들을 복제해 낼 수 있다. 우리는 지성을 사용해 힘을 덜 들이고도 얼마든지 원하는 일을 성공적으로 해낼 수 있는 환경을 조직해 낸다. 인간의 뇌는 세상을 똑똑하게 만들기 때문에 우리는 느긋하고 단순하게 살 수 있다. 다른 방식으로 표현하면 우리가 정신이라 부르는 똑똑하고 합리적인 추론 엔진을 최종적으로 구성하는 것은 바로 인간의 뇌와 이 외부적인 틀(사회제도)이다. 이런 점에서 우리는 똑똑할 수밖에 없다. 그러나 우리의 경계는 우리가 처음에 설정했던 것보다 점점 더 멀리 확장된다."[31]

뼛속부터 우리를 지배하는 문화

에리카는 사회학, 심리학, 역사학, 문학, 마케팅, 행동경제학 등 인간 정신이 공유하고 있다고 판단되는 것들을 이해하는 데 필요하다 싶은 강좌를 두루 들었다.

모든 문화에는 우리 유전자에 저장된 특정한 공통점들이 있다. 인류학자의 가르침을 따르면, 모든 문화는 색깔을 구분한다. 그렇다면 모든 문화는 흑과 백을 나타나는 단어에서 출발한다. 만일 어떤 문화가 제3의 색깔을 뜻하는 단어를 추가할 때, 그 색깔은 언제나 붉은색이다.[32] 모든 인간은 공포, 혐오, 행복, 경멸, 분노, 슬픔, 자부심, 수치 등의 감정을 문화권의 차이와 상관없이 기본적으로 동일한 얼굴 표정으로 드러낸다. 시각을 잃은 채 태어난 아이가 감정을 표정으로 나타낼 때, 이 표현은 정상적인 시각을 가지고 태어난 아이의 감정 표현과 다르지 않다.[33]

사람은 모두 시간을 과거, 현재, 미래로 나눈다. 거의 모든 사람이 거미와 뱀과 같이 석기시대의 조상들을 위협했던 생명체를 보고 공포를 느낀다. 적어도 이런 생명체를 처음 볼 때는 그렇다. 모든 인간 사회는 예술을 생산한다. 적어도 원칙적으로는 강간과 살인을 인정하지 않는다. 또한 조화를 꿈꾸며 신을 숭배한다.

저명한 인류학자 도널드 브라운Donald E. Brown은 저서 『인간의 보편적 특성Human Universals』에서 전 세계 모든 문화권에 속한 사람들이 공통적으로 지닌 특성들을 나열한다.[34] 이 목록은 일일이 셀 수 없을 정도로 많다. 아이는 모두 낯선 사람을 보면 겁을 내며, 갓 태어났을 때는 맹물보다 설탕물을 더 좋아한다. 사람은 모두 이야기, 신화, 속담을 좋아한다. 모든 사회에서 남자는 여자보다 집단 폭력에 더 많이 연루되며 집에서 더 먼 곳까지 여행한다. 모든 사회에서 남편은 평균적으로 아내보다 나이가 많다. 어느 사회에서건 사람들은 각자 누리는 특권을 기준으로 삼아 서열을 정한다. 세상을 집단 내부의 세상과 집단 외부의 세상으로 나눈다. 그리고 이런 경향들은 의식의 아래쪽, 즉 무의식 깊은 곳에 저장된다.

그러나 그 누구도 '보편적인' 문화 속에서는 살지 않는다. 누구든 특정한 문화 속에서만 산다. 이 특정한 문화는 개별 문화권마다 제각기 다 다르다. 독일에서 쓰고 무대에 올린 연극을 미국에서 쓰고 무대에 올린 연극과 비교하면, 전자가 후자보다 비극적인 결말로 끝나는 경우가 세 배는 더 많다.[35] 인도와 파키스탄에 사는 사람 가운데 절반이 사랑 없이도 결혼을 할 수 있다고 말하지만, 일본에서는 겨우 2퍼센트만이 그렇게 말한다.[36] 미국인 가운데 약 4분의 1이 사회적인 상황에서 자기가 잘못되고 엉뚱한 말을 할지 몰라 두렵다고 말하지만, 일본인의 무려 65퍼센트가 이런 공포를 안고 살아간다.[37] 크레이그 매캔드루Craig MacAndrew 와 로버트 애저턴Robert B. Edgerton은 공저 『술버릇Drunken Comportment』에서 어떤 문화권에서는 술에 취한 사람이 종종 싸움을 하지만 어떤 문화권에서는 전혀 그렇지 않다고 말한다. 또 어떤 문화권에서는 술에 취한 사람이 색정적으로 변해가지만 어떤 문화권에서는 그렇지 않다고 한다.[38]

플로리다대학교 연구진은 전 세계 여러 도시에 사는 커플들을 대상으로 커피를 마시는 모습을 관찰했다. 런던에서는 커플들끼리 신체 접촉을 거의 하지 않았지만, 파리에서는 커피를 마시는 동안 110차례나 신체 접촉이 일어났다. 그리고 푸에르토리코의 산 후안에서는 180차례나 일어났다.[39]

사회학자 니컬러스 크리스태키스와 제임스 파울러는 공저 『행복은 전염된다』에서 미국 노동연령인구의 10퍼센트가 요통으로 고통받는데, 덴마크와 독일의 경우 이 비율은 각각 45퍼센트와 62퍼센트나 된다고 말했다. 몇몇 아시아 문화권에서는 요통 비율이 매우 낮다. 그러나 그곳에 사는 많은 남자가 자기 남근이 쪼그라들어서 몸 안으로 들어가 버릴지도 모른다는 걱정에 사로잡힌다. 이때는 믿을 만한 가족 구성원이 그런 걱정이 말끔히 사라지도록 환자의 남근을 하루 스물네 시간 꼬박 붙잡고 있으면 된다.

미국 북부 지방에서는 길을 가다가 다른 사람과 부딪혀도 테스토스테론 수치가 크게 올라가지 않는다. 그러나 미국 남부 지방에서라면 사정이 달라진다. 명예를 존중하는 문화가 널리 퍼져 있어서, 코르티솔과 테스토스테론이 마구 분출된다.[40] 미국 남부 지방의 여러 도시에서는 이름에 '총gun'이라는 단어가 들어가는 비율이 북부 지방에 비해 두 배나 높다. (예를 들면, 플로리다의 건 포인트Gun Point가 그렇다.) 한편 북부에서는 이름에 '기쁨joy'이라는 단어가 들어가는 비율이 남부에 비해 두 배 높다.[41]

언어와 같은 문화적 구조물은 사람들이 세상을 바라보는 방식을 바꿔놓을 수 있다. 오스트레일리아의 토착 언어 가운데 하나인 '구구 이미시르Guugu Yimithirr'는 지리학적 특성을 가진 언어 가운데 하나로 꼽힌다. 이곳의 사람들은 "오른손을 들어라" 혹은 "뒤로 물러나라"고 말하지 않고 "북쪽 손을 들어라" 또는 "동쪽으로 물러나라"고 말한다. 이런 지리학적인 언어를 구사하는 사람들에게는 방향 감각이 놀랍도록 발달되어 있다. 이들은 어느 쪽이 북쪽이고 어느 쪽이 남쪽인지 언제나 정확하게 안다. 심지어 동굴 안에서도 그렇다. 멕시코의 트젤탈Tzeltal어를 쓰는 사람을 상대로 흥미로운 실험을 했는데, 눈을 가린 채 제자리에서 스무 바퀴를 뱅글뱅글 돌게 한 다음 방향을 물었더니 놀랍게도 동서남북을 정확하게 가리켰다.[42]

이런 식으로 문화는 특정한 모형들을 뇌 안에 수용하게 하기도 하고 반대로 뇌 안에 수용되어 있는 모형들을 없애버리기도 한다. 에리카는 미국에서 성장했기 때문에 초라하고 시대에 뒤떨어진 것을 뚜렷하게 감지한다. 비록 그게 무엇인지 쉽게 정의할 수는 없더라도 말이다. 그녀의 머리는 인지과학자 더글러스 호프스태터Douglas Hofstadter가 '평온하지만 정의하기가 전혀 불가능한 추상적인 모형들'[43]이라고 규정한 것들로 가득 차 있었다. 문화에 의해 이식된 이것이 그녀의 생각을 밉살맞은 사람, 페어플레이, 꿈, 괴팍스러움, 정신 나간 사람, 신포도, 목표 그리고 너와 나 등의 개념들로 조직화했다.

에리카는 문화가 획일적인 것을 찍어내는 레시피와 같은 것이 아님을 배웠다. 각각의 문화에는 고유한 내적 토론과 긴장이 있다. 생명력이 있는 각각의 문화는 갈등의 연속체를 포함하고 있는데, 이것이 다양한 행동을 허용한다고 도덕철학자 앨러스데어 매킨타이어Alasdair MacIntyre는 지적한다. 더 나아가 세계화의 시대에도 문화는 하나로 수렴하지 않는다. 각각의 문화는 점점 더 자기 색깔을 뚜렷하게 하며 성장해 나가는 것 같다.[44]

에리카는 또한 모든 문화가 동등하지 않다는 사실도 배웠다. 그녀는 자기가 이런 생각을 하면 안 된다는 것을 알았다. 모든 문화가 다 제각기 나름의 방식으로 멋지다고 생각해야 한다는 것쯤은 알 정도로 덴버대학교에 충분히 오래 다녔다. 그러나 그녀는 상류층 아이들이 다니는 고등학교 출신이 아니었다. 그녀는 이런 종류의 말도 안 되는 헛소리를 인정할 여유가 없었다. 그녀로서는 무엇이 우리를 성공으로 이끌고 무엇이 실패로 이끄는지 알아야 했다. 그녀는 자기가 활용할 수 있는 단서와 유용한 교훈을 찾으려고 세상과 역사를 바라보았다.

에리카는 우연히 스탠퍼드대학교의 토머스 소웰Thomas Sowell 교수를 만났다. 『인종과 문화Race and Culture』, 『이민과 다문화Migrations and Cultures』 그리고 『정복과 문화Conquests and Cultures』 등의 책을 쓴 경제학자이자 사회비평가였다. 이 교수는 에리카에게 그녀가 알아두어야 할 것들을 일러주었다. 에리카는 자신이 소웰 교수의 논리를 인정하지 않아야 마땅하다는 사실을 잘 알았다. 그러나 소웰이 묘사하는 내용은 에리카가 날마다 주변에서 바라보는 세상과 정확하게 일치했다. 소웰은 다음과 같이 썼다. "모든 문화는 단지 정적靜的인 '차이점들'로서만 찬양받으려고 존재하지 않는다. (…) 모든 문화는 어떤 일을 처리하는 데 더 좋거나 혹은 더 나쁜 방식들이 드러나는 와중에서 서로 경쟁한다. 이때 더 좋거나 더 나쁘다는 것은 관찰자의 관점이 아니라, 해당 문화권에 속한 사람들이 험한 세상살이 속에서 어려움을 극복하고 열망을 품으면서 바라볼 때의 관점이다."[45]

에리카는 몇몇 집단은 자기 이웃이나 동료들을 너끈하게 따돌릴 만큼 우월하다는 것을 이미 알고 있었다. 아이티인과 도미니카인은 같은 섬에 살지만 도미니카의 1인당 GDP는 아이티의 네 배나 된다. 도미니카는 기대 수명 또한 8년이 더 길고 문맹률도 33퍼센트나 낮다. 20세기 전반 50년 동안 유대인과 이탈리아인은 맨해튼의 로어 이스트 사이드에서 함께 살았지만, 유대인이 이탈리아인보다 훨씬 빠르게 사회적으로 성공했다.[46]

그리고 또 에리카는 어떤 집단은 어디에 발을 붙이든 그곳에서 모두 승자로 살아남았다는 사실도 알았다. 레바논 인디언과 구자라트 인디언은 조건이 모두 다른 전 세계의 여러 사회에서 상인으로 성공했다. 1969년 실론에서는 과학 분야의 대학생 가운데 40퍼센트, 전체 공학도와 의학도 가운데서는 각각 48퍼센트와 49퍼센트를 타밀 소수민족 출신이 차지했다.[47] 아르헨티나에서는 『후즈 후Who's Who』에 등재된 기업인 가운데 46퍼센트가 외국에서 태어난 사람이었다. 칠레에서는 대기업 수장 가운데 4분의 3이 이민자거나 이민자의 자손이었다.[48]

미국 학교에서는 중국 출신 어린이가 우등생 경주에서 단연 선두를 차지했다. 이 아이들이 유치원에 들어갈 무렵을 기준으로 놓고 보자면 문자 인식 및 읽기 이전의 기술 부문에서 중국계 어린이가 라틴계 어린이에 비해 네 달가량 앞선다.[49] 이 아이들은 평균적인 미국 학생에 비해 한층 더 빡빡하게 공부하면서 고등학교 시절을 보낸다. 밤이면 밤마다 훨씬 더 많은 숙제를 한다. A⁻ 점수를 받아 오면 집에서 나쁜 점수를 받았다고 혼이 나는 경우가 더 많다. 스물다섯 살에서 스물아홉 살 사이의 아시아계 청년 가운데 약 54퍼센트가 대학 졸업장을 가지고 있는데, 이 비율은 34퍼센트인 토착 백인 청년과 비교하면 매우 높은 수치다.[50]

이런 문화적 차이가 놀라운 불평등을 낳는다. 아시아계 미국인의 기대 수명은 87세인데 비해 백인과 흑인의 기대 수명은 각각 79세와 73세다. 고군분투 속에 경기가 좋아지고 있는 미시건주에서는 아시아계 미국인의 기대 수명이 90세인데, 백인과 흑인의 기대 수명은 각각 79세와 73세다. 수입 및 교육 수준도 아시아계 미국인이 훨씬 높다. 뉴저지의 평균적인 아시아계 미국인은 사우스다코타의 평균적인 토착 미국인(인디언)에 비해 26년 더 오래 살고 대학 졸업자 비율도 11배나 높다.[51]

에리카는 또한 몇몇 문화권은 다른 문화권에 비해 상대적으로 부패 정도가 심하다는 것도 알았다. 경제학 교수인 레이먼드 피스먼Raymond Fisman과 에드워드 미겔Edward Miguel은 공동으로 진행한 관찰 실험 결과를 논문 「부패의 문화Cultures of Corruption」에 담았다. 이 논문에 따르면 2002년까지 뉴욕에 사는 외교관들은 주차 위반에 따른 벌금 납부를 피할 수 있었다. 피스먼과 미겔은 1,700명의 외국 영사관 직원 및 이들의 가족과 관련된 자료를 분석해 누가 면책 특권을 악용하고 누가 현지의 법을 잘 지키는지 알아보았다. 그 결과 시민 단체 국제 투명성 기구Transparency International에서 매긴 부패지수가 높은 나라에서 온 외교관들은 부과된 벌금을 납부하지 않고 청구서를 수북하게 쌓아두었고, 이에 비해 부패 지수가 낮은 나라에서 온 외교관들은 주차 위반을 거의 하지 않은 것으로 드러났다. 이집트, 차드, 나이지리아, 수단, 모잠비크, 파키스탄, 에티오피아, 시리아에서 온 외교관들도 교통 법규를 믿을 수 없을 정도로 많이 위반했다. 그러나 스웨덴, 덴마크, 일본, 이스라엘, 노르웨이, 캐나다에서 온 외교관들은 교통 법규를 전혀 위반하지 않았다.

비록 자기 나라에서 수천수만 킬로미터나 떨어져 있음에도 이들은 모두 각자 문화권의 규범을 그대로 머릿속에 담고서 뉴욕에서 살고 있었던 것이다. 그리고 이 결과는 그들이 받는 봉급이나 나이 혹은 다른 어떤 제한 사항과도 아무런 관련이 없었다.[52]

종합해서 말하자면 각각의 문화는 현대적인 발전과 성장에 보다 적합할 수도 그렇지 않을 수도 있다는 사실을 에리카는 알았다. 한 강의를 들을 때 에리카는 터프츠대학교의 경제학자 로런스 해리슨Lawrence E. Harrison 교수가 쓴 『자유주의 진실의 핵심The Central Liberal Truth』을 배당받았다. 진취적인 문화권 혹은 (해리슨의 표현을 빌리자면) '성장 경향이 있는 문화권'에 속한 사람들은 자기 운명은 스스로 만들어나갈 수 있다고 생각한다고 해리슨은 주장한다. 그러나 '성장에 저항하는 문화권'에 속한 사람들은 숙명론에 더 많이 빠져 있다. 또 성장 경향이 있는 문화권의 사람들은 재산이 창의성의 산물이며 얼마든지 늘릴 수 있다고 생각하는 반면, 성장에 저항하는 문화권의 사람들은 재산과 관련해서는 제로섬zero-sum을 가정한다.

해리슨은 또 진취적인 문화권의 사람들은 일을 하기 위해 사는 데 비해 비진취적인 문화권의 사람들은 살기 위해 일을 한다고 주장한다. 진취적인 문화권, 즉 성장 지향적 문화권의 사람들은 다른 문화권의 가치관을 받아들인다. 이들은 보다 더 경쟁을 즐기고 더 낙관적이다. 깔끔함과 정확성을 소중한 가치로 높이 평가한다. 교육을 믿을 수 없을 정도로 강조하며, 자기 가정을 적대적인 세상에 놓인 자기만의 성채라 여기지 않고 보다 넓은 사회로 나아가는 출구라 여긴다. 잘못된 일이 벌어지면 자기 탓으로 여기며 일어나는 모든 것에 책임을 진다. 남 탓을 하지 않는다.[53]

이런 문화적 하부구조가 대부분의 경제학자 및 기업계 지도자가 알고 있는 것보다 더 많은 의사 결정과 행동을 결정한다고, 모든 행동은 바로 거기에서 비롯된다고 에리카는 확신했다.

네트워크 속에서 생각하라

대학 생활이 끝나갈 무렵이었다. 에리카는 노트북을 열고 자기 자신에게 쪽지를 보냈다. 그녀는 문화적 차이를 공부하면서 배운 것을 간단하게 요약하는 데 도움이 될 교훈이나 규칙을 쓰려고 했다. 그녀가 자신에게 부친 첫 번째 격언은 이것이었다. "네트워크 속에서 생각하라."

　사회는 마르크스주의자가 믿는 것처럼 계급으로 정의되지 않는다. 인종 정체성으로도 정의되지 않는다. 또한 경제·사회적 자유주의자들이 믿는 것처럼 온갖 개인이 한데 합쳐진 총체도 아니다. 사회는 수많은 네트워크가 겹겹이 쌓인 것이다. 에리카는 이렇게 결론 내렸다.

　에리카가 지루할 때면 습관적으로 하는 게 있었다. 자기들과 자기 친구들 사이에 형성된 네트워크를 그림으로 그려 차트를 만드는 것이었다. 예를 들면 이런 식이었다. 어떤 친구의 이름을 종이 한가운데 써넣는다. 그러고는 이 친구가 삶 속에서 중요하게 애착을 보이는 것들을 적고, 그것들과 친구를 선으로 연결한다. 만일 친구가 전날 밤에 자기 친구들과 놀러 나갔다면 그 집단에 속한 모든 사람이 사회적으로 애착 관계에 있는 것으로 차트에 표시한다.

　한 사람을 이해할 때 그 사람이 다른 사람과 어떤 맥락에서 어떻게 연결되어 있는지 알면 그 사람을 훨씬 더 정확하게 이해할 수 있다고 에리카는 확신했다. 한 사람이 하는 의사 결정은 그 사람의 어떤 특정한 정신적 환경에서 비롯된다는 식으로 파악했고, 이런 방식으로 사람들을 생각할 수 있도록 스스로를 훈련시켰다. 에리카는 두 번째 쪽지를 썼다. "접착제가 되어라."

그녀는 네트워크 차트를 바라보면서 스스로에게 이런 질문을 하곤 했다. "사람들을 이어주는 저 선들은 무엇으로 구성되어 있을까?" 상당 수의 경우에 그것은 사랑이었다. 그러나 대부분의 직장에서 그리고 대 부분의 사회 집단에서 사람과 사람 사이를 이어주는 끈은 그처럼 열정 적이지 않다. 대부분의 인간관계는 신뢰로 형성된다.

신뢰는 정서로 둘러싸여 있는 습관적인 호혜다. 두 사람이 의사소통 과 협력을 주고받으며 서로에게 진정으로 기댈 수 있다는 사실을 천천 히 깨닫기 시작할 때 두 사람 사이의 신뢰는 점점 커진다. 그리고 얼마 뒤에 두 사람은 상대방과 협력할 뿐만 아니라 상대방을 위해서는 희생 도 마다하지 않는다.

신뢰는 갈등을 줄이며, 거래 비용을 낮춘다. 신뢰로 충만한 집단에 속 한 사람들은 유연하고 응집력 있게 움직인다. 신뢰가 넘치는 문화권에 속한 사람은 보다 많은 공동체 조직을 형성한다. 신뢰성이 높은 문화권 에 사는 사람일수록 주식시장 참가율이 높다. 신뢰가 넘치는 문화권에 사는 사람들은 대규모 기업을 보다 더 쉽게 조직하고 쉽게 운영한다. 신뢰가 재산을 창조한다.[54]

에리카는 각기 다른 공동체마다, 학교마다, 기숙사마다, 대학마다 신 뢰의 수준과 유형이 다르다는 것을 알았다. 다음은 사회학자 에드워드 밴필드Edward Banfield가 고전적인 저작인 『퇴행 사회의 도덕적 기초The Moral Basis of a Backward Society』에서 밝힌 내용이다. 이탈리아 남부 지역의 농부들은 자기 가족 구성원들과는 엄청나게 큰 신뢰를 공유하지만 친 족 범위 바깥에 있는 사람들은 끔찍할 정도로 의심했다. 그 바람에 이들은 가족 단위를 넘어서는 공동체나 기업을 만들기가 무척 어려웠다. 이에 비해 독일이나 일본은 사회적 신뢰 수준이 높아서 빈틈없이 단단한 기업을 어렵지 않게 세운다.[55] 미국은 스스로를 개인주의 사회라고 생각하지만 사실 총체적인 사회다. 만일 당신이 미국인에게 미국인으로서의 가치관을 설명해 보라고 한다면, 그 사람은 지구상의 그 어떤 나라에서도 찾아볼 수 없는 가장 개인주의적인 대답을 할 것이다. 하지만 미국인의 행동을 실제로 관찰하면 그들은 서로를 본능적으로 신뢰하며 주저하지 않고 어떤 집단을 형성한다는 사실을 깨닫게 된다.

이런 사실을 깨달은 에리카는 자기는 사람들이 서로를 신뢰하지 않는 곳에서는 절대로 일하지 않겠다고 마음먹었다. 하지만 일단 어디든 직장에 들어가면 접착제가 될 거라고 다짐했다. 직원들이 함께하는 소풍을 조직하고 연결고리를 만들어내고 신뢰를 쌓을 것이다. 정보를 이 사람에게서 저 사람에게로 옮겨줄 것이다. 이 직원을 다른 직원과 이어줄 것이다. 주변에 있는 모든 사람이 자기 인생의 네트워크 차트를 만들 때, 그 모든 사람의 차트에 올라가 있을 것이다. 에리카는 이렇게 마음먹으며 그날의 마지막 격언을 썼다. "복수의 아이디어 공간을 하나로 합쳐라."

위대한 미술가들은 리처드 오글이 저서 『스마트 월드』에서 '두 개의 정신적 공간'이라고 부른 것을 이미 결합시켰다. 피카소는 서구 미술의 전통을 물려받았다. 그러나 동시에 아프리카 미술의 가면에도 마음을 열었다. 이 두 아이디어 공간을 합침으로써 〈아비뇽의 처녀들〉이 탄생했고, 창의성이 눈이 부시게 꽃을 피웠다.[56] 에리카는 두 개의 정신적 공간이 연결되는 지점에 서려고 늘 노력해야겠다고 결심했다. 어떤 조직체에 있다면 두 개의 부서가 연결되는 지점에 서려고 노력하거나 두 개 부서 사이에 비어 있는 부분을 채우려고 노력할 거라고 결심했다.

시카고대학교의 사회학자 로널드 버트Ronald Burt 교수에게는 이른바 '구조적 공백structural holes'이라고 이름 붙인 개념이 있었다.[57] 어떤 사회에서든 과업을 수행하는 사람이 모인 집단의 덩어리들이 있다. 이 덩어리들 사이에는 공백이 존재한다. 여기에는 아무도 없고, 아무런 조직이나 제도의 구조가 없다. 바로 이 지점에서 아이디어의 흐름이 멈춘다. 이 공백이 회사의 한 부분을 다른 부분과 격리시킨다. 에리카는 나중에 자기는 이 공백의 공간에 들어가겠다고 생각했다. 이 비어 있는 공간에 다리를 놓아 한 집단의 사람들이 다른 집단의 사람들과 만날 수 있도록 할 것이라고 생각했다. 함께 조화를 이루지 못하는 집단의 덩어리들에 손을 뻗어 거기 있는 아이디어들을 가져오겠다고 생각했다. '함께 조화를 이루지 못하는 네트워크들과 문화들이 있는 세상에서 내 운명과 역할을 찾아야지.' 에리카는 이렇게 결심했다.

10장

지능

똑똑한 사람이
빠지는 함정

에리카는 굳이 자기 발로 기업들을 찾아가 길을 찾을 필요가 없었다. 기업체가 그녀를 찾아냈기 때문이다. 기업체의 헤드헌터들은 에리카가 대학교 2학년일 때부터 이미 그녀를 눈여겨보며 구애의 손길을 내밀었다. 그러나 그녀는 소설에 등장하는 상속자처럼 가장 좋은 구혼자를 고르려고 철저하게 방어막을 쳤다.

금융 관련 기업과 잠시 협상을 하기도 하고 기술 관련 기업과도 진지하게 협상을 했다. 그러나 마침내 최고의 엘리트 컨설팅 업체 가운데 하나로 꼽히는 회사에서 첫 직장 생활을 하기로 결심했다. 이 회사는 에리카에게 어느 부서에서 일할지 선택권을 줬다. 회사의 이른바 '기능-역량 집단들functional-capability groups' 가운데 하나에서 일을 할 수도 있었고 '고객-산업 부문 집단들clientele-industry sector groups' 가운데 하나에서 일을 할 수도 있었다. 하지만 에리카는 어떤 선택도 할 수 없었다. 무슨 일을 하는 곳인지 전혀 알지 못해서였다.

결국 에리카는 기능-역량 집단들을 선택했다. 어쩐지 이름이 더 멋있게 들렸기 때문이다. 그렇게 해리슨이라는 상사 아래에서 일을 시작했다. 해리슨은 일주일에 세 번 팀을 소집해서 회의를 했다. 회의 내용은 현재 진행 중인 리서치 사업들에 관한 것이었다. 회의장 풍경은 여느 회의장과 달랐다. 회의는 가운데 스피커폰이 하나 놓여 있는, 그래서 마치 제단처럼 보이는 원탁에서 진행되지 않았다. 기발한 아이디어가 풍부한 해리슨은 인테리어 업자를 고용해 색다른 회의 공간을 만들었다. 사람들은 대형 거실처럼 탁 트인 공간에서 패드가 납작한 의자에 앉아 회의를 했다.

이런 설정은 구성원들이 은밀하게 논의하며 유연한 발상을 떠올릴 수 있도록 한 배려였다. 그러나 이는 대규모로 모인 사람들이 서로를 피할 수 있게 방치하는 결과를 빚었다. 사람들은 오전 10시에 회의장으로 들어와서는 각자 자기 자리에 커피와 문건을 내려놓고 의자에 앉았다. 그리고 자세가 조금 삐딱하게끔 의자를 조정했다. 의자는 대체적으로 둥글게 원을 그리며 마주 보도록 한다는 게 애초의 설정이었지만, 이것이 조금 잘못되어 어떤 사람은 창문을 보고, 어떤 사람은 벽에 걸린 현대미술 작품을 보고, 또 어떤 사람은 출입문을 보게 되어 있었다. 팀원들끼리 한 시간 내내 눈 한 번 마주치지 않고 회의를 진행할 수도 있었다. 심지어 행복하고 생산적인 이야기를 나누면서도 그랬다.

해리슨은 서른다섯 살쯤 되었고, 창백한 얼굴에 덩치가 크지만 운동으로 다져진 몸은 아니었다. 하지만 재기는 놀랍도록 번뜩였다. 에리카가 팀원들과 처음 만나서 인사를 하던 회의 때 그는 에리카에게 이렇게 물었다. "당신이 좋아하는 멱함수 법칙power law이 무엇입니까?" 에리카는 그게 뭔지 전혀 몰랐다. 그때 한 직원이 답했다. "저는 척도불변성이 있는 다항식多項式을 좋아합니다. 지프의 법칙처럼 말입니다." 에리카도 나중에 들어서 알았지만, 지프의 법칙이란 가장 많이 사용되는 단어와 그다음 순위의 단어의 사용빈도가 일정한 비율로 감소한다는 것이었다. 마찬가지로 어떤 거대한 국가의 가장 큰 도시는 그다음으로 큰 도시보다 인구가 두 배 많고, 또 두 번째로 큰 도시는 세 번째로 큰 도시

보다 역시 인구가 두 배 많다.

"혹은 클라이버의 법칙!" 다른 직원 하나가 끼어들었다. 클라이버의 법칙은 어떤 동물에서건 질량과 물질대사 사이에는 일정한 비율이 존재한다는 법칙이다. 덩치가 작은 동물은 물질대사가 빠르고 덩치가 큰 동물은 물질대사가 느리며, 따라서 이런 관계를 바탕으로 아주 작은 박테리아에서부터 거대한 덩치를 자랑하는 하마에 이르기까지 모든 동물의 질량과 물질대사 비율을 일직선상에 놓을 수 있다는 내용이다. 그러자 갑자기 회의실은 먹함수 법칙 이야기로 후끈 달아올랐다. 에리카를 제외하고 다들 각자 좋아하는 먹함수 법칙이 있었다. 에리카는 이 사람들에 비해 자기는 완전히 무식쟁이라는 생각이 들었다. 그러나 한편으로는 이런 사람들과 함께 일을 하게 되어 무척 행복했다.

날마다 하는 회의는 또 하나의 지적인 불꽃놀이 경연장이었다. 사람들은 각자의 의자에서 깊숙하게 몸을 낮춰 몸을 뒤로 젖혔다. 회의가 진행될수록 사람들의 자세는 점점 낮아져서 나중에는 배가 탁자와 수평이 되었고, 신발이 서로의 얼굴을 가렸다. 그리고 회의를 할 때마다 한 번씩은 화려한 지식의 경연이 펼쳐지곤 했다. 언젠가는 행맨Hangman이라는 게임을 할 때 '재즈jazz'라는 단어가 선택 가능한 모든 단어 가운데서 최고인지 아닌지를 두고 무려 한 시간 동안이나 토론을 하기도 했다.

그리고 어느 날인가, 직원 한 사람이 이렇게 말했다. "셰익스피어의 희곡에 로버트 러들럼Robert Ludlum(추리소설 작가. 〈본〉 시리즈의 저자-옮긴이)의 스릴러처럼 제목을 붙이면 어떨까?" 그러자 다른 사람이 곧바로 제목을 하나 지었다. "리알토의 징벌!" 또 다른 사람이 「햄릿」에 제목을 붙였다. "헬싱괴르의 우유부단자!"(헬싱괴르는 덴마크의 도시로 「햄릿」에 나오는 엘시노어성의 모델인 크론보리성이 있는 곳이다-옮긴이) 또 다른 사람은

「맥베스」에 제목을 붙였다. "던시네인의 조림造林!"(던시네인은 영국 스코틀랜드 중부에 있는 언덕이며, 이 언덕 꼭대기에 폐허로 남아 있는 성채가 맥베스의 성터라는 말이 전해진다-옮긴이)[1]

이 사람들은 걸음마를 떼기도 전에 이미 신동 소리를 들었던 천재였다. 다들 모두 칼리지볼(1959년부터 1970년까지 NBC TV가 방송했던 퀴즈 프로그램-옮긴이)에서 한번쯤은 우승을 했을 법한 인물이었다. 언젠가 해리슨은 공부가 너무 쉬워서 의과대학을 중도에 포기했다고 말했다. 또 누군가 다른 회사의 어떤 사람이 똑똑하다고 말하면 해리슨은 이렇게 묻곤 했다. "그 친구가 우리만큼 똑똑해?" 심지어 에리카는 자기 자신과 이런 내기를 했다. 해리슨이 누군가를 언급한 다음 그가 하버드나 예일, MIT 출신인지 아닌지를 언급하는 데 걸리는 시간을 계산해서 1초에 엠앤엠 초콜릿을 한 알씩 먹겠다고.

회의실에는 종종 침묵이 흐르곤 했다. 방법론이나 데이터 조합에 관해 격렬한 토론을 하지 않을 때는 팀원들이 한꺼번에 몇 초, 혹은 몇 분 동안 완벽한 침묵에 빠져들었고, 다들 거기에 만족했다. 도시적 감수성을 지닌 에리카에게는 이런 침묵이 고문이었다. 이럴 때면 의자에 몸을 꼿꼿하게 세우고 앉아 발을 내려다보면서 속으로 주문을 외웠다. '나는 이 침묵을 깨지 않는다, 나는 이 침묵을 깨지 않는다, 나는 이 침묵을 깨지 않는다….'

에리카는 이런 천재들이 어떻게 아무 말도 없이 가만히 앉아 있는지 신기했다. 어쩌면 이 팀의 구성원이 대부분 남자고, 몇 안 되는 여자는 몇 년 함께 지내는 동안 남성 문화에 자기를 맞추는 방법을 터득했기 때문인지도 몰랐다. 물론 에리카는 남자는 여자보다 의사소통을 적게 하는 편이며 남에게 관심을 덜 갖는다는 일반적인 관념 속에서 성장했다. 이런 가설을 지지하는 과학적인 증거도 많다. 여러 연구를 통해 남자 아기는 여자 아기에 비해 엄마와 눈을 맞추는 횟수가 적다거나, 임신 첫 석 달 동안 자궁의 테스토스테론 수치가 높을수록 아이가 태어난 뒤에 엄마와 눈을 맞추는 횟수가 줄어든다는 사실이 밝혀졌다.[2]

케임브리지대학교의 심리학 교수 사이먼 배런-코언Simon Baron-Cohen은 남자의 의사소통 및 정서에 관한 문헌을 조사하고 분석한 뒤, 남자는 감정보다 체계에 더 호기심을 많이 느낀다고 결론을 내렸다. 또 평균적으로 볼 때 남자는 생명이 없는 사물에 대한 규칙을 분석하는 일에 더 많이 이끌린다. 이에 비해 여자는 정서적으로 쉽게 흔들린다. 여자는 부분적인 실마리 몇 개만 가진 채로 어떤 사람의 정서적인 상태를 추론하는 실험에서 남자보다 높은 점수를 얻는다.[3] 여자는 일반적으로 말과 관련된 기억력이 상대적으로 높고 말을 더 유창하게 잘한다.[4] 남자보다 반드시 말을 많이 하지는 않지만, 말을 하는 동안 남자보다 화제를 더 많이 바꾼다.[5] 또 남자는 주로 자기 자신에 대해서 이야기하는 데 비해 여자는 주로 다른 사람에 대한 이야기를 더 많이 한다. 그리고 스트레스를 받는 상황에서 여자는 남자보다 다른 사람의 도움을 더 많이 구하는 경향이 있다.

하지만 해리슨의 팀은 이런 분위기가 아니었다. 이 문화는 특이했다. 위에서 아래로 형성되는 문화였다. 해리슨은 사교를 어색해하는 개인적인 특성을 권력의 형태로 변환시켰다. 그가 신비주의적으로 변할수록 사람들은 그를 더 열심히 따라야 했다.

해리슨이 먹는 점심은 날마다 똑같았다. 크림치즈와 올리브를 곁들인 샌드위치. 소년 시절에 그는 개 경주의 승자를 예측하는 데 도움이 되는 공식을 개발했었다. 그리고 지금 그가 하는 일은 숨어 있는 어떤 모형 혹은 공식을 찾는 것이었다. 해리슨의 팀이 새로운 고객을 맞아들였을 때였다. 해리슨이 에리카에게 이상한 질문을 했다. "당신은 이 기업의 연차보고서를 보면서 각주를 읽었습니까?" 에리카는 그 각주를 읽고 곰곰이 생각했다. 그러나 해리슨이 왜 그런 말을 했는지 도무지 알 수 없었다.

해리슨은 주가 변동, 연도별 코코아 생산지수 변화, 기상 변화 추이, 면직물 생산량 따위의 도표들을 몇 시간 동안 뚫어지게 바라보고 연구했다. 그는 또 상대방에게 깊은 감명을 줄 수도 있었다. 고객들은 그를 사랑하지는 않았지만 존경은 했다. CEO들도 그가 있는 데서는 겸손하게 굴었다. 모든 사람이 해리슨은 어떤 회사 재무제표의 한 쪽만 읽고도 그 회사가 5년 뒤에 파산을 할지 대박을 칠지 알 수 있을 것이라고 믿었다. 해리슨은 자기 지능에 대한 이 공손하고 경건한 태도를 당연하게 여겼다. 그는 많은 것에 대해서, 아니 실제로는 모든 것에 대해서 확신했다. 특히 두 가지 명제에 대해서는 철두철미하게 옳다고 여겼다. 자기가 정말로 똑똑하다는 명제와, 세상 사람 거의 모두가 똑똑하지 않다는 명제였다.

몇 년 동안 에리카는 해리슨의 팀원으로 일하는 것이 즐거웠다. 비록 해리슨과 그의 팀에는 온갖 기괴한 측면이 있긴 했지만 말이다. 그녀는 해리슨이 현대 철학에 대해서 떠드는 모습을 지켜보는 게 좋았다. 그리고 해리슨은 브리지라는 카드 게임의 마니아였다. 규칙이 정해져 있는 지적인 게임이면 뭐든 다 좋아했다. 때로 에리카는 해리슨이 자기 통찰력을 (그의 통찰력은 언제 눈이 부실 정도로 복잡했다!) 일상적인 실체가 있는 언어에 적용하는 걸 돕기도 했다.

그러나 에리카는 점차 그 부서가 일을 잘해내고 있는 건 아니라는 사실을 깨달았다. 보고서는 번쩍거리며 빛을 뿜었지만 수익성은 별로였다. 새로운 고객이 계속 들어왔지만 오래 남는 경우는 드물었다. 사람들은 특별한 사업을 진행할 때만 해리슨 팀이 제공하는 서비스를 받을 뿐 이사회에서 신뢰하는 고문으로 초빙하는 회사는 단 하나도 없었다.

에리카가 이런 깨달음을 얻기까지는 오랜 시간이 걸렸다. 하지만 일단 이런 사실을 깨닫자 그녀는 예전과 다르게 비판적인 눈으로 자기 팀을 바라볼 수 있었다. 회의는 늘 있었지만 토론이 실제로 진행되는 일은 거의 없다는 걸 비로소 알아차렸다. 팀원들은 그저 해리슨이 몇 년 전에 만들어낸 이론들이 옳다고 확인하는 단편적인 정보만을 회의석상으로 가지고 올 뿐이었다. 마치 옛날 궁정에서 간신배들이 국왕에게 사탕을 구해다 바치고는, 국왕이 그 사탕을 모든 대신 앞에서 맛보는 모습을 구경하는 것 같다는 착각이 들 정도였다.

"자네들은 그것만 알면 돼!" 해리슨이 툭 하면 하는 말이었다. 그는 복잡한 상황을 예리하고도 간결하게 정의하곤 했다. 그런 다음에는 이렇게 말했다. "자네들은 그것만 알면 돼!" 에리카는 그것보다 더 많은 것을 알 필요가 있다고 생각했다. 그러나 대화는 언제나 거기에서 끝이 났다. 무척이나 효율적으로.

그리고 문제의 그 모델이 있었다. 꽤 오래전에 해리슨은 일반 상업은행 하나를 구조조정하면서 커다란 성공을 거두어 금융계의 전설이 되었다. 그래서 지금도 은행이 찾아와서 의뢰를 할 때마다 당시에 썼던 그 모델을 적용하려고 했다. 규모가 크든 작든, 주된 영업장이 도시에 있든 시골에 있든 상관하지 않았다. 해리슨이 이 모델을 다른 나라의 은행에 적용하려 할 때 에리카는 자기가 가지고 있는 문화에 관한 전문성을 활용하려고 했다. 한 회의석상에서 그녀는 피터 홀Peter Hall과 데이비드 소스키스David Soskice가 저서『자본주의의 다양성 Varieties of Capitalism』에서 개척한 접근법을 설명했다. 문화가 다르면 동기부여 체계가 다르고 권위 및 자본주의와의 관계가 다르다고 말했다. 예를 들어 독일에는 작업 위원회와 같은 빡빡한 제도가 있으며, 독일의 노동시장은 직원을 고용하고 해고하기가 무척 어렵게 되어 있다. 그렇기 때문에 독일은 점진적인 개혁에 강하며 철강업이나 제조업 분야에서 두각을 드러낸다. 이에 비해 미국은 경제적인 네트워크가 느슨하다. 직원을 고용하고 해고하기가 상대적으로 쉽고 창업하기도 쉽다. 그러므로 미국은 근본적인 혁신에 강하며 소프트웨어나 기술 분야에 필요한 패러다임의 빠른 변화에 강점이 있다.[6] 에리카는 이런 내용들을 해리슨에게 말했다.

하지만 해리슨은 손을 저으며 에리카의 말을 듣지 않았다. 각각의 나라에서 각기 다른 분야가 강점을 보이는 것은 정부의 규제 범위나 강도가 다르기 때문이라고 일축했다. 에리카는 규제는 문화에서 비롯되며 문화는 보다 깊이 그리고 보다 오래 지속된다고 주장했다. 해리슨은 돌아섰다. 에리카는 가치 있는 부하 직원이긴 했지만 상사를 상대로 괴롭혀 가며 자기주장을 펼칠 만큼 똑똑하지는 않았다.

해리슨은 에리카만 이런 식으로 대한 게 아니었다. 고객들도 이렇게 대했다. 그는 자기 머릿속에 있는 틀에 맞지 않는 주장은 아예 무시했다. 자신과 팀원들이 평생을 바쳐 통달한 금융계의 모든 것을 강의할 것처럼 길고 긴 프레젠테이션을 준비하라고 지시했다. 팀원들은 비전문가는 알아들을 수 없는 어려운 전문용어들로 프레젠테이션 자료를 가득 채웠다. 전문성을 과시하기 위해서였다. 그들은 회사마다 위험을 인식하는 범위가 다르다는 것을 이해하려 하지 않았다. CFO(최고재무책임자)와 CEO가 권력 투쟁을 벌이고 있을지도 모른다는 사실을 인정하려 하지 않았다. 그리고 CEO의 자리를 위태롭게 하지 않도록 조심해야한다는 사실도 부정했다. 고객 회사 내에서 일어나는 정치적인 역관계의 변화에는 아예 눈을 감았고, 심정적인 정확성 따위는 고려하지도 않았다. (이런 정확성을 확보하려고 노력하면 절대로 틀릴 수가 없는데도!) 에리카로서는 해리슨과 그의 팀이 믿을 수 없는 실수와 실례를 저지르지 않는날은 마치 하루가 온전하게 끝나지 않은 것 같았다. 회사에 사직서를내기 전 마지막 다섯 달 동안은 퇴근해서 집으로 돌아오는 길에 늘 같은 질문이 머릿속에서 뱅뱅 돌았다. "어째서 그렇게나 똑똑한 사람들이그렇게나 멍청할 수 있을까?"

지능지수가 말하지 않는 것

그 질문은 매우 중요한 질문이었다. 해리슨은 자기의 모든 생활을 지능지수에 대한 숭배로 도배했다. 직원을 고용할 때나 사람을 사귈 때, 심지어 고객을 대할 때도 아이비리그 출신으로 구성된 팀원이 문제를 맡아서 처리할 것이라는 말로 자랑을 하며 설득했다.

아이큐에 대한 해리슨의 신봉은 어느 정도는 정당화될 수 있었다. 학자들은 지난 수십 년 동안 아이큐에 대해서 광범위하게 연구를 했고,그 결과 많은 내용을 파악했다. 어떤 사람이 어린 시절에 받은 아이큐점수는 그 사람이 어른이 되어서 성취할 수 있는 점수를 예측하는 지표로서 상당한 가치가 있었다. 한 종류의 지적 기술이 뛰어난 사람은 그것 외에 다른 종류의 기술들에서도 뛰어난 경향을 보인다. 말을 매우잘 하는 사람은 수학 문제나 독해 문제도 잘 푸는 경향이 있다. 비록 기억 인식과 같은 다른 정신적 기술에는 덜 뛰어날 수도 있지만 말이다.[7]

이런 종류의 테스트에서 좋은 점수를 받는 능력은 유전적인 결과일 가능성이 높다. 어떤 사람의 아이큐를 가장 정확하게 예측할 수 있는 단일 지표는 그 어머니의 아이큐다.[8] 아이큐 점수가 높은 사람은 학교 혹은 학교와 비슷한 환경에서 높은 성적을 얻는다. 딘 해머Dean Hamer와 피터 코프랜드Peter Copeland는 다음과 같이 썼다. "수많은 연구에서 드러난 사실이지만 아이큐는 학업 성취도를 예측할 수 있는 최고의 단일지표다."[9] 기업체를 운영하고자 하는 사람이라면 아이큐 점수가 100이상이면 된다. 핵물리학을 연구하고자 한다면 아이큐 점수가 120을 넘어야 할 것이다.

그러나 해리슨이 강조한 아이큐에는 두 가지 문제가 있다. 첫째, 아이큐는 놀라울 정도로 고무줄 같은 특성을 지니고 있다. 환경적인 요인이 아이큐를 형성하는 데 어마어마하게 큰 역할을 할 수 있다. 버지니아의 프린스 에드워드 카운티에 거주하는 흑인 어린이를 대상으로 한 연구 보고서에서는 아이들이 학교를 1년씩 빠질 때마다 아이큐 점수가 평균 6점씩 떨어진다는 사실을 확인했다.[10] 부모의 관심 역시 중요하게 작용한다. 첫째가 둘째보다 아이큐 점수가 높고 둘째는 셋째보다 아이큐 점수가 높은 경향을 보이는데, 이런 경향은 터울이 3년 이상 차이가 날 때는 나타나지 않는다. 이것은 아이들의 엄마가 첫째에게는 이야기를 더 많이 하고 보다 복잡한 문장을 사용하기 때문이라는 게 연구자가 내린 결론이다. 짧은 터울로 동생이 태어날 때 아이들의 엄마는 아이들에게 쏟는 관심의 양을 둘로 나눠야 한다.[11]

아이큐가 고무줄처럼 늘어났다 줄어들었다 한다는 사실에 대한 가장 폭넓은 증거는 플린효과Flynn Effect로 설명할 수 있다. 1947년과 2002년 사이에 선진국의 아이큐 점수는 10년마다 약 3점씩 꾸준하게 증가했다.[12] 이런 사실은 많은 국가의 다양한 연령 집단 등 여러 환경에서 진행된 관찰과 조사를 통해 확인되었다. 이런 사실은 환경적인 요소가 아이큐에 영향을 미친다는 부인할 수 없는 증거다.

그런데 흥미롭게도 아이큐 테스트의 모든 영역에서 점수가 올라가지는 않았다. 2000년에 테스트를 받은 사람과 1950년에 테스트를 받은 사람을 비교해 보면 50년이라는 차이가 있음에도 단어 부문과 독해 부문 점수에 큰 차이가 없었다. 하지만 추론 부문에서는 점수 차이가 많이 났다. 이와 관련해 실험을 주도했던 제임스 플린James R. Flynn은 다음과 같이 썼다. "오늘날의 어린이들은 미리 학습한 문제 해결 방법론 없이도 즉석에서 문제를 해결하는 능력이 훨씬 뛰어나다."[13]

플린은 이것이 시대마다 요구하는 기술의 종류가 다르기 때문이라고 설명한다. 19세기 사회는 구체적인 사고 기술을 필요로 했고 또 여기에 많은 보상을 해줬다. 하지만 현재는 추상적인 사고 기술이 더 많이 필요하고 여기에 보상이 더 많다. 추상적으로 추론하는 능력을 유전적으로 타고난 사람이 이 능력을 더 많이 사용하면서 능력이 보다 향상된다는 말이다. 이들이 물려받은 유전적인 기술은 사회적인 경험으로 더욱 연마되고, 따라서 아이큐 점수가 점점 더 높아진다.

하지만 학교라는 환경을 벗어나면 아이큐는 한 사람이 미래에 거둘 수 있는 성취 정도를 예측하는 데 그다지 믿을 만한 지표가 되지 못한다. 다른 요인들을 통제한 상태에서 관찰했을 때, 아이큐 점수가 높은 사람이라고 해서 다른 사람과의 인간관계가 좋거나 결혼 생활을 잘하지 않으며 자식을 잘 키우지도 않는다.[14] 플로리다주립대학교의 심리학자 리처드 바그너Richard K. Wagner는 『핸드북 오브 인텔리전스Handbook of Intelligence』에서 아이큐와 업무 성적의 상관관계를 조사한 뒤 다음과 같은 결론을 내렸다. "아이큐는 업무 성과와 관련해 약 4퍼센트의 차이밖에 예측하지 못한다."[15]

이 책의 또 다른 연구에서 예일대학교의 심리학자 피터 샐로베이Peter Salovey와 뉴햄프셔대학교의 심리학자 존 메이어John D. Mayer 그리고 또 다른 심리학자 데이비드 카루소David Caruso는 한 사람이 인생을 살면서 성공을 거둘 때 이 성공에 아이큐는 기껏해야 20퍼센트밖에 기여하지 않는다고 결론을 내린다.[16] 20퍼센트라는 수치는 신뢰할 수 없는 수준이었다. 이와 관련해서 리처드 니스벳은 다음과 같이 썼다. "자연이 하나로 합쳐놓은 것을 다중회귀분석(하나의 종속변수의 변화를 설명하기 위해 두 개 이상의 독립변수가 사용되는 회귀분석 – 옮긴이)으로는 절대로 깨뜨려서 흩뜨리지 못한다."[17] 이처럼 아이큐는 명백한 상관관계(똑똑한 사람이 더 수학 문제를 잘 푼다)가 작용하는 범위를 제외하면, 인생에서 거두는 성과나 업적과의 상관성은 느슨하다.

터먼 연구Terman study라는 유명한 장기 프로젝트가 있다. 아이큐 점수가 135 이상인 학생들을 대상으로 한 것이었는데, 연구자들은 이들이 장차 화려한 업적을 이룰 것이라고 기대했다. 역시나 이들은 대부분 변호사가 되고 기업의 이사가 되었다. 하지만 이들 가운데서 그야말로 슈퍼스타라고 할 만한 걸출한 인물은 나오지 않았다. 퓰리처상이나 맥아더상을 받은 사람은 한 명도 없었다. 1968년에 멜리타 오든Melita Oden이 수행한 연구에서도 최고의 성과를 올리는 사람들의 아이큐 점수를 확인했더니 평균적인 수준에서 아주 조금밖에 높지 않았다. 하지만 이들은 높은 노동윤리가 있었고, 어릴 때 다른 아이들에 비해 훨씬 큰 야망을 품었다.[18]

아이큐 점수가 120을 넘으면 아이큐와 업무 성적 사이의 상관성이 거의 나타나지 않는다. 아이큐 점수가 150인 사람은 아이큐 점수가

120인 사람보다 이론적으로는 30점만큼 더 똑똑하다. 그러나 30점이라는 이 추가 점수가 평생에 걸쳐서 거두는 성공에 기여하는 바는 미미하다. 말콤 글래드웰이 『아웃라이어』에 썼듯이, 화학과 의학 부문에서 노벨상을 받은 대부분의 사람들은 하버드대학교나 MIT 출신이 아니다. 롤린스대학교, 워싱턴주립대학교, 그린넬대학교와 같이 그저 그런 수준의 좋은 학교에 가는 것만으로도 충분했다.[19] 이런 정도의 학교에 입학할 정도로 충분히 똑똑한 사람이라면, 남들보다 얼마든지 뛰어난 성취를 거둘 수 있을 만큼의 역량이 있는 것이다. 앞서 노벨상 수상자를 예로 들었듯이 화학이나 의학과 같은 학문적인 분야에서도 그렇다. 상위 0.5퍼센트 집단에 속하느냐 속하지 않느냐는 중요하지 않다. 오하이오주립대학교의 제이 자고르스키Jay Zagorsky 교수가 7,403명의 미국인을 대상으로 한 '국가 청소년 장기 연구The National Longitudinal Study of Youth' 프로젝트는 어떤 사람의 아이큐와 그 사람이 모은 재산 사이에 아무런 상관성이 없음을 확인했다.[20]

아이큐와 정신적인 역량이 동일하다고 본 것이 바로 해리슨이 저지른 실수였다. 아이큐는 정신적인 역량의 한 부분일 뿐이다. 심지어 가장 중요한 부분도 아니다. 아이큐 점수가 높은 사람은 논리적이고 선형적이며 계산적인 업무를 잘할 수 있다. 그러나 현실 세계에서 두각을 드러내려면 지능이 특정한 인격적 특성과 성향 속에 녹아 있어야 한다. 공중으로 적진에 침투하는 병사가 낙하산을 잘 펼치려면 신체적으로 강건해야 한다. 이 병사를 상대로 팔굽혀펴기와 같은 신체 능력 검사를 치르면 높은 점수를 기록할 것이다. 그러나 이 병사가 용기와 규율, 기술, 상상력, 예민함 등을 갖추고 있지 않다면 적진 한가운데서 결코 살아남지 못한다. 마찬가지로 어떤 사람이 아무리 똑똑하다 하더라도 정직성, 엄정함, 공정함 등의 덕성을 갖추고 있지 않다면 세상이 우러러볼 정도로 성공하지는 못할 것이다. 캐나다의 심리학자 키스 스타노비치Keith E. Stanovich는 저서 『지능 검사가 놓치는 것What Intelligence Tests Miss』에서 실제로 거두는 성공과 업적에 기여하는 정신적인 기질들의 목록을 열거한다. "어떤 결정을 내리기 전에 정보를 수집하는 경향, 어떤 결론을 내리기 전에 다양한 관점을 찾아보는 성향, 어떤 문제에 반응하기 전에 그 문제에 대해서 포괄적으로 생각하는 경향, 확실성의 수준에 따라서 자기가 얼마나 많은 힘을 쏟을지 판단하고 조정하는 경향, 행동을 취하기 전에 그 행동이 미래에 불러일으킬 결과를 먼저 생각하는 경향, 어떤 결정을 내리기 전에 특정 상황이 몰고 올 긍정적인 효과와 부정적인 효과를 명확하게 계산하는 경향, 그리고 미묘한 차이를 추구하고 절대론을 피하는 경향."[21]

다시 말해, 지능과 같은 정신적인 힘mental force과 정신적인 기질mental character 사이에는 커다란 차이가 있다는 뜻이다. 정신적인 기질은 도덕성에 가까우며, 경험과 노력으로 단련되어 정신의 깊은 곳에 새겨진다.

시계와 구름을 다르게 연구해야 하는 것처럼

작가 조나 레러는 종종 독자에게 칼 포프Karl Popper가 묘사했던 시계와 구름의 차이점을 상기시키곤 한다.[22] 시계는 얼마든지 분해해서 각각의 부품을 측정할 수 있고 또 이 부품들이 어떻게 조립되어 있는지 확인할 수 있다. 시계는 환원주의적 방식을 써서 정의하고 평가할 수 있는 깔끔하고 질서정연한 체계다. 그러나 구름은 불규칙적이고 역동적이며 시시때때로 변해 연구하기가 어렵다. 그렇기 때문에 구름은 숫자가 아니라 이야기로 묘사할 때 가장 잘 표현할 수 있다.

레러도 썼듯이 어떤 분야에서건 현대의 연구자들은 모든 현상을 시계와 같이 기계적 도구나 표준적인 기법으로 평가할 수 있을 거라는 유혹에 빠지기 쉽다. 지능을 연구하는 분야에서도 분명히 이런 유혹이 존재한다. 학자들은 상대적으로 안정적이고 계량화할 수 있는 아이큐를 연구하는 데 수많은 시간을 쏟았지만 정신적인 기질을 연구하는 데는 상대적으로 시간을 덜 들였다. 정신적인 기질은 구름과도 같기 때문이다.

초기 지능raw intelligence은 잘 정의된 문제들을 푸는 데 유용하다. 정신적 기질은 자기가 어떤 문제에 봉착했으며, 이 문제를 해결하려면 어떤 종류의 규칙을 사용해야 하는지 파악하는 데 유용하다. 심리학자 스타노비치가 말했듯, 머리를 써야 하는 문제를 풀기 위해 필요한 규칙을 사람들에게 제시한다면 아이큐가 높은 사람일수록 문제를 잘 푼다. 그러나 이런 규칙을 제시하지 않으면 아이큐가 높은 사람도 문제를 잘 풀지 못한다. 어떤 문제를 풀기 위해 그 규칙을 찾아내는 것과 나중에 자기가 거둔 성과를 정직하게 평가하는 것은 아이큐와는 거의 상관이 없는 정신 활동이기 때문이다.

정신적인 힘과 정신적인 기질 사이에 존재하는 상관성은 아주 적은 수준이다. 이에 대해 스타노비치는 다음과 같이 썼다. "수천 개가 넘는 대상에 대한 여러 가지 연구를 놓고 볼 때, 지능 측정치는 생각을 하는 기질들(활동적이고 개방적인 사고, 인식의 필요성)과는 매우 낮은 상관성을 보이며(보통 0.30 이하다), 그 밖의 다른 기질들(성실, 호기심, 근면)과는 상관성이 거의 없다."[23]

예를 들어 많은 투자자는 지능이 매우 높다. 그러나 이들은 지능을 과신해 자기 파괴적으로 행동한다. 1998~2001년 사이에 투자회사 형태의 뮤추얼펀드인 퍼스트핸드 테크놀로지 밸류Firsthand Technology Value는 연평균 16퍼센트의 수익률을 올렸다. 하지만 이 펀드에 가입한 개별 투자자들은 이 기간 동안에 자산의 31.6퍼센트를 잃었다.[24] 왜 그랬을까? 이 펀드의 천재들은 자기들이 가장 적절한 순간에 시장에서 나올 수 있고 또 들어갈 수도 있다고 생각했다. 하지만 이들은 가격이 올라가는 순간을 놓치고 내려가는 순간에만 시장에 뛰어들었다. 이들은 분명 매우 똑똑하긴 했지만 차라리 멍청한 게 나았다. 그랬더라면 그보다는 덜 참담한 수익률을 기록했을 것이다.

또 어떤 사람들은 아이큐 테스트에서 높은 점수를 받았지만 직업을 갖지 못했다. 노벨 경제학상을 받은 시카고대학교의 제임스 헤크먼 James J. Heckman 교수 연구진은 고등학교 졸업자들로 구성된 작업장과 고등학교를 중퇴한 뒤 검정고시를 본 사람들로 구성된 작업장의 업무 성적을 비교했다. 검정고시를 본 사람들은 고등학교를 졸업했지만 대학에 가지 않은 사람들만큼 똑똑했다. 그러나 고등학교 졸업자보다 시간당 임금을 낮게 받았다. 동기부여나 자기규율과 같은 '비인지적 특성 noncognitive trait'을 보다 덜 가지고 있어서였다. 이들은 이직률이 높으며 또 고등학교 졸업자에 비해 노동인구 비율도 낮았다.[25]

고도의 지적 성취 분야에서 지능은 위대한 천재와 범재를 구분하는데 아무런 쓸모가 없다. 위대한 사람들에게는 좁게 규정된 이성적인 생각을 훌쩍 뛰어넘는 정신적 능력이 있는 것 같다. 이들의 능력은 구름과도 같이 유동적이다. 우리는 보통 아인슈타인을 과학적이고 수학적인 지능을 구사하는 모범 사례로 여기지만 사실은 그렇지 않다. 아인슈타인은 상상적이고 시각적이며 신체적인 온갖 감각을 구사하는 방식으로 문제에 접근했다. 예를 들면 아인슈타인은 프랑스의 수학자 자크 아다마르Jacques Hadamard에게 다음과 같이 말했다. "언어 속의 단어들은 글자로 쓰여 있는 것이건 말로 표현되는 것이건 간에, 내 사고의 메커니즘에서는 아무런 역할도 하지 않는 것 같습니다."[26] 그는 오히려 자신의 직관은, 자기가 조종할 수 있고 결합할 수 있는 '어떤 기호들 그리고 선명하기도 하고 아니기도 한 어떤 이미지들'을 통해서 진행된다고 말했다. "앞서 말씀드린 요소들은 내 경우에 시각적이고 또 근육적인 유형입니다."

1936년 노벨 화학상을 수상한 물리학자이자 화학자 피터 디바이Peter Debye는 다음과 같이 천명했다. "나는 오로지 그림 속에서만 생각할 수 있다. 모든 것은 시각적이다." 디바이는 자신이 어떤 문제를 놓고 씨름을 하던 순간에 실체가 불분명한 어떤 이미지들을 보았다고 했다. 그는 마음속으로 이 이미지들을 점진적으로 명료하게 만들려고 노력했고, 씨름하던 문제를 거의 다 풀고 나자 마침내 그 이미지들을 수학이라는 형식으로 명료하게 설명할 수 있었다. 또 어떤 것들은 청각적으로 진행이 되면서 특정한 생각과 연관된 특정한 소리를 되풀이해서 낸다고 말했다.[27] 또 어떤 것들은 정서적으로 진행되었다.[28] 그래서 디바이는 이렇게 설명했다. "당신은 당신의 감정들을 사용해야 한다. 탄소 원자는 무엇을 하고 싶은 '마음'일까?"

지혜는 특정한 사실을 알거나 어떤 분야의 지식을 소유하는 것과는 전혀 다르다. 지식을 어떻게 다룰지 아는 것이 지혜다. 자신이 있더라도 지나쳐서는 안 된다. 모험을 무릅쓰지만 충분한 근거가 있어야 한다. 반증에 기꺼이 맞서며, 이미 알려진 것 너머의 광대한 공간을 느낌으로 알아야 한다. 하지만 에리카의 상사 해리슨은 이런 성격적 특성 가운데 그 어떤 것도 높이 평가하지 않았다.

떠나야 할 때를 알리는 직감

에리카는 어떤 방에 있었다. 인상적일 정도로 놀라운 두뇌를 가진 사람들, 그럼에도 온실 속의 화초처럼 약해서 세상 속에서 자기 길을 찾아나가지 못하는 사람들로 가득 찬 방이었다. 여러 달이 지나면서 에리카는 이들의 결점을 점점 더 참을 수 없었다. 기회를 놓치고 실수를 반복하는 무능함에 질려버렸다. 그래서 에리카는 대학교 졸업 후의 새로운 인생에서 반쯤 아웃사이더로 산다는 느낌이 들었다. 어쩌면 성장 배경이 워낙 달라서일 수도, 피부색이 다르기 때문일 수도 있었고 혹은 또 다른 이유가 있을 수도 있었다. 그러나 에리카는 인생의 비이성적인 면, 보다 어두운 면 그리고 보다 열정적인 면을 상대적으로 잘 인식하는 듯했다. 그러던 어느 날이었다. 더할 나위 없이 격앙된 상태에서 그녀는 자기가 신으로부터 임무를 부여받고 이 땅에 파견된 게 분명하다고, 농담 반 진담 반으로 생각했다. 그 임무는 바로 백인을 신으로부터 구원하는 것이었다.

언제나 시련을 주고 시험을 하는 존재인 신은 지구에 중상류층 인간들을 내려보냈다. 이들은 백인이 다니는 전통적인 고등학교에 다니고 폴로셔츠를 입고 대학교 생활을 하고 도수 낮은 맥주를 홀짝이며 경영대학원을 다닌 후 생수를 파는 회사에 내팽개쳐지는데, 이따금씩 간선도로의 휴게소에서 약탈을 당하는 것 말고는 현실의 냉혹한 실체에는 거의 접근하지 못한 채 인생을 살아간다. 이들의 세계관은 자연 상태의 균형이라는 가설을 기반으로 한다. 모든 사람이 정중하고 상냥한 세상에서 이들의 사고방식은 건전하다. 그리고 모든 것이 질서정연하다면 학교에서 배운 여러 공식 안에서 조용하고 평온하게 살 수 있다.

하지만 세상은 대개 상냥하지도 않고 질서정연하지도 않기에 이들

은 우주의 물정을 알지 못하는 갓난아기나 다름없다. 그래서 금융 사기
범에게 피라미드 사기를 당하고 잘 알지도 못하는 서브프라임 모기지
및 온갖 파생상품에 투자했다가 재산을 잃고 고통을 당한다. 유행과 거
품을 좇다가 번번이 당하기만 하는 호구다. 이들은 안갯속을 헤매면서
자기들이 전혀 알지 못하는 보다 깊은 힘에 의해 낙엽처럼 흩날린다.

다행히도 무한한 자비심이 있는 신은 그 무지하고 착한 사람들을 구
원할 목적으로 복부 근육이 잘 발달하고 뼈대가 가는, 중국인과 멕시코
인의 혼혈 여성을 지구로 내려보냈다. 냉혹하고 예민하며 내면적인 조
직화 수준이 초절정인 이 인간 계획표가, 과보호를 받고 있는 지구상의
대중을 파워포인트의 중요 항목에서 해방시켜 진짜 인간 세상의 실체
가 적나라하게 펼쳐진 지하 세계로 안내할 것이다! 에리카가 혼돈과 불
결함과 비참함 속에서 성장한 데는 다 신의 뜻이 있었다. 신의 충직한
신하인 그녀를 충분한 지식과 기질과 정력으로 무장시켜 백인으로 하
여금 자기들만의 범주 안에 안주하지 못하도록 밀어내고 실질적으로
자신들의 마음을 움직이는 숨겨진 힘을 볼 수 있도록 돕기 위함이었다.

시간이 흐르면서 에리카는 회사 생활이 점점 지루해졌다. 그리고 집
단의 생각에 자기 생각을 억지로 끼워 맞추며 사는 현실에 좌절했다.
어느 날 밤, 그녀는 오랫동안 산책을 하면서 자기가 직접 부서 혹은 회
사를 운영한다면 무엇을 할 것인지 상상의 나래를 폈다. 그리고 걸어가
면서도 머리에 떠오르는 아이디어를 아이폰의 메모 앱에 격렬하게 메
모했다. 이렇게 산책을 할 때면 마치 자기가 운명적으로 어떤 위대한
일을 하게 될 것 같았고 그런 도취감에 기분 좋게 취했다. 그러다가 자
신의 상상이 지금 하고 있는 일의 범위를 넘어선다는 사실을 깨달았다.
초조하지만 다시 돌아갈 수는 없었다.

에리카는 독자적으로 컨설팅 회사를 창업하는 일을 생각하기 시작했다. 그리고 회사를 창업할 때의 긍정적인 측면과 부정적인 측면을 냉정하게 따져보겠다고 마음먹었다. 그러나 감정이 앞서 달려갔고, 그녀는 처음부터 현실을 객관적으로 정확하게 바라보지 못했다. 긍정적인 측면을 과장되게 부풀리고 부정적인 측면은 줄였다. 그러고는 컨설팅 회사 창업이 어렵지 않을 것이라고 지나치게 낙관적으로 판단했다.

에리카는 해리슨에게 회사를 떠나겠다고 말했다. 그리고 자기 집 부엌의 식탁에 새로 창업할 회사의 전 세계 지부들을 지휘할 본부를 차렸다. 그리고 미친 듯이 매달려서 일했다. 자기가 알고 있는 모든 멘토, 고객, 지인에게 전화를 했다. 잠은 거의 자지 않았다. 창업할 회사에서 할 수 있는 것들과 관련된 아이디어가 홍수처럼 그녀를 덮쳤다. 그녀는 틈새시장을 찾을 필요가 있다는 사실을 끊임없이 상기했다. 다른 누군가의 생각을 그대로 따라가지 않아도 된다는 사실에 해방감을 느꼈다. "나는 기존의 어떤 컨설팅 회사와도 다른 컨설팅 회사를 만들 거야. 이 회사는, 본질적으로 인간적인 회사가 될 거야. 사람들을 데이터로 대하지 않고 실제 모습 그대로, 즉 한 명 한 명을 모두 개성적이고 특별한 존재로 대할 거야." 에리카는 자신의 성공을 조금도 의심하지 않았다.

3부

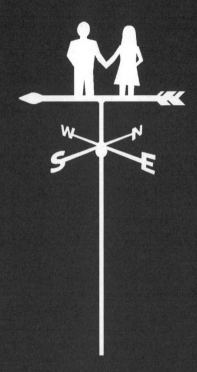

진정한

성공에 이르는 길

11장

일

왜 다른 사람의 욕구를
이해해야 하는가

까마득하게 먼 파라오의 시절에 이미 한 상점 주인은 자기 상점의 환경을 아주 살짝 조작하는 것만으로 고객의 무의식적인 생각을 조작할 수 있다는 사실을 발견했다. 그 이후로 다른 상인들도 그 모범적인 사례를 따랐다. 예를 들어 식료품 상인들은 보통 과일과 채소를 진열한 구역을 맨 앞으로 설정한다. 이들은 고객이 신선한 건강식품을 맨 먼저 사고 나면 기분이 무척 좋아져 정크푸드를 평소보다 더 많이 산다는 사실을 알고 있었다.[1] 식료품 상인은 또 음식을 굽는 냄새가 구매를 자극한다는 사실을 알았다.[2] 그래서 아침마다 빵을 구워 하루 종일 빵 냄새를 풍겼다. 이들은 또한 음악이 매출을 올려준다는 사실도 알았다. 영국의 학자들은 프랑스 음악이 매장을 가득 채울 때 프랑스산 와인이 날개 돋친 듯 팔리고, 독일 음악이 매장에 가득 흐를 때는 독일산 제품이 불티나게 팔리는 현상을 관찰했다.[3]

쇼핑몰에서 부피가 작은 제품들은 보통 나가는 문 가까이에 진열된다. 입구에서는 사람들이 자기가 외부 세계에서 쇼핑의 세계로 발을 들여놓았다는 사실을 온전하게 인식하지 못해, 부피가 작은 물건을 진열하면 잘 알아보지 못해서다. 백화점의 여성용 신발 코너는 보통 화장품 코너 옆에 있다.[4] 매장 직원이 고객이 원하는 사이즈의 신발을 찾으러 가고 없는 동안 지루해진 고객은 매장 주변을 어슬렁거린다. 그러다 바로 옆에 있는 화장품 매장을 발견하고는 신발 구입을 끝내고 사고 싶은 화장품을 찾으러 간다.

소비자들은 종종 진열대의 오른쪽에 놓인 제품이 왼쪽에 놓인 제품보다 질이 우수하다고 믿는다. 심리학자 티머시 윌슨과 리처드 니스벳은 동일한 스타킹 네 개를 한 탁자 위에 올려놓고 소비자들에게 어느것이 가장 품질이 좋은지 평가해 달라고 했다. 실험 결과, 사람들은 맨 오른쪽에 있는 제품을 가장 품질이 우수하다고 평가하는 경향이 있다는 사실이 드러났다. 질문을 받은 사람들 가운데 40퍼센트가 맨 오른쪽 제품을 1위로 꼽았고, 이어 오른쪽에서 왼쪽으로 차례대로 31퍼센트, 17퍼센트, 12퍼센트의 지지를 받았다.[5]

한 사람이 식당에서 식사를 하는 양은 함께 식사하는 사람의 수에 비례해 늘어난다. 사람은 혼자서 식사를 할 때 가장 적게 먹는다. 이 사람이 다른 사람과 함께 점심을 먹을 때는 혼자 먹을 때보다 35퍼센트 더 많이 먹는다. 네 명이 모인 파티 자리에서는 75퍼센트, 일곱 명 이상이 모인 자리에서는 96퍼센트를 더 먹는다.[6]

마케팅 전문가는 소비자가 동시에 두 가지 취향을 가지고 있다는 사실을 잘 안다. 하나는 지금 당장 충족시키고 싶은 욕망에 맞는 제품이고 하나는 나중에 충족시키고 싶은 욕망에 맞는 제품이다. 예를 들어 비디오 대여점을 찾은 고객을 대상으로 나중에 빌려보고 싶은 영화를 고르라고 할 때 이 고객은 보통 〈피아노〉와 같은 예술 영화를 선택하는데 비해 오늘 밤에 보고 싶은 영화를 선택하라고 하면 〈아바타〉와 같은 블록버스터를 선택한다.[7]

심지어 규모가 큰 상품을 사는 사람들조차 자기가 사고 싶은 게 뭔지 모르는 경우가 종종 있다. 미국의 부동산 중개인 사이에서는 "주택 구매자는 거짓말쟁이다"라는 말이 관용구처럼 쓰인다. 주택을 사겠다는 사람이 처음 구매 대상 주택으로 설명하는 집은 실제로 이들이 마음에 들어서 사는 집과 전혀 다른 경우가 자주 있기 때문이다. 건축업자들은 주택 구매 결정이 구매자가 집 안으로 들어선 처음 몇 초 사이에 이루어진다는 사실을 잘 안다. 그 때문에 캘리포니아의 주택 업체인 캐피탈 퍼시픽 홈스는 최고의 자재와 구조, 전망을 갖춘 집을 짓는다. 잠재적인 구매자가 집에 들어서는 순간 거실 유리창으로 태평양이 보이고 또 개방형 계단으로 연결된 아래층에 마련된 풀장이 보이는 집이다. 이런 풍경은 잠재적인 구매자가 1000만 달러가 넘는 집을 구매하겠다고 결정하는 데 도움이 된다.[8] 이처럼 첫인상은 나중에 다시 곰곰이 생각하는 것보다 훨씬 중요한 영향을 미친다.

에리카의 모든 것을 바꾼 한 마디 말

에리카는 보이지 않게 숨어 있는 이런 종류의 모형들을 좋아했다(사람들이 대부분 그러듯 에리카 역시 이런 모형들이 다른 사람들에게는 먹히지만 자기에게는 먹히지 않는다고 생각했다). 에리카는 이런 무의식적인 행동 모형들에 관한 데이터, 특히 문화적 차이에 관한 데이터를 수집함으로써 컨설팅 사업을 훌륭하게 해나갈 수 있으며 그런 정보를 기업에 팔 수 있음을 간파했다.

에리카는 흑인과 남아메리카 출신 구매자, 해안에 사는 소비자와 내륙에 사는 소비자에 대한 정보를 수집하기 시작했다. 특히 상류층 소비자와 빈민층 소비자 사이의 구매 특성 차이에 깊은 흥미를 느꼈다. 인류 역사 이래로 부자는 가난한 사람보다 일을 적게 했는데, 이런 경향은 지난 세기 동안 역전되었다. 여가에 대한 태도 역시 역전되었다. 중하층 구매자는 주말에 비디오게임을 하거나 영화를 보면서 느긋하게 휴식을 취하려 하지만, 부자는 자기 개발을 목적으로 책을 읽거나 운동 치료를 받으려 한다.[9]

에리카는 이런 소비자 경향에 대한 전반적인 분석 작업을 마치고 이 내용을 잠재 고객에게 내놓을 준비를 마쳤다. 첫걸음부터 쉽지 않은 일이었다. 이런 종류의 서비스를 제공하는 회사를 세우는 일은 애초에 생각한 것보다 더 어려웠다. 그녀는 자기가 제공하는 서비스를 필요로 할 것이라 생각하는 기업들에 편지를 쓰고, 한 번이라도 만난 적이 있는 기업의 이사들에게 전화를 하고, 이사 비서들의 연락처를 수집했다. 그러나 그녀에게 돌아오는 반응은 지극히 미미했다.

이런 작업을 혼자서 하던 처음 몇 달 동안 에리카는 인격이 바뀌었다. 여태까지 그녀에게는 음식, 물, 잠, 애정, 이완 등 인간의 보편적인 욕구가 있었다. 그러나 이제는 단 한 가지 욕구밖에 없었다. 바로 고객이었다. 모든 생각, 식사를 하면서 다른 사람과 나누는 모든 대화, 모든 우연한 만남까지 이런 관점으로 평가했다. 그녀는 하루하루 생산적인 결과를 낳아야 한다는 생각에 초조해졌다. 그러나 그녀가 초조해할수록 생산성은 더 떨어졌다. 게다가 그녀는 자기도 모르는 사이에 걱정의 악순환에 빠져 있었다. 잠을 충분히 자야 한다는 생각을 밤마다 했지만 이런 생각에 집중하면 할수록 잠은 더 오지 않았다. 새로운 정보를 흡수하려고 지치지 않고 일했지만 그렇게 할수록 실제로 그녀가 확보하는 정보는 더 적었다.

에리카는 항상 밤에 일했다. 사람은 대부분 아침에 정신이 맑아진다. 그리고 약 10퍼센트는 정오 무렵에 가장 맑아진다. 그러나 성인의 약 20퍼센트는 오후 6시 이후에 정신이 가장 맑아진다. 올빼미 체질인 것이다.[10] 하지만 이 시기에 에리카가 저녁마다 정신을 일부러 깨우는 바람에 그녀의 인생에 자연스럽게 불면증이 생겼다. 시간이 흐르는 형태도 달라졌다. 한때 시간은 평화롭고도 한결같은 속도로 흘러갔지만, 지금은 큰물이 진 것처럼 와당탕 소리를 내면서 빠르게 흘러갔다. 주유소에서 자동차에 기름을 넣을 때면 그녀는 그 시간 동안 자기가 스마트폰으로 얼마나 많은 이메일을 보낼 수 있는지 세어보기도 했다. 엘리베이터를 기다리는 동안에는 휴대폰을 꺼내서 문자를 보냈다. 밥을 먹을 때도 책상에 앉아서 먹었다. 음식을 씹으면서 이메일을 보낼 수 있어서였다. 텔레비전과 영화는 그녀의 생활에서 사라졌다. 목이 뻣뻣해지고 등이 욱신거렸다. 그리고 아침이면 전날 밤에 사납게 휘갈겨 쓴 메모를 멍하게 바라보았다. 도무지 해독할 수 없는 상형문자였다.

에리카는 자기가 할 것이라고는 생각도 못 했던 일들을 했다. 잠재 고객에게 무작정 전화를 하고, 그들의 차가운 거절과 모욕을 꾹 참으며 삼켰다. 에리카는 성공의 부푼 꿈을 안고 이 일을 시작했었다. 하지만 이제는 아니었다. 이제는 실패에 대한 두려움이 가장 큰 동력이었다. 그녀의 등을 강하게 떠미는 것은 일이 잘되지 않을 때 친구들이나 동료들의 얼굴에서 보게 될 표정이었다. 어머니를 찾아가서 개인 파산 신고를 했다는 말을 해야 할지 모른다는 무서움이 그녀를 그토록 열심히 일하게 했다.

에리카는 아카데미 이후로 줄곧 목표에만 집중하는 스타일이었다. 하지만 이제는 세부적인 것에 광적으로 열중했다. 그녀는 사업 전망과 제안을 작은 바인더에 담아 잠재 고객에게 보냈는데, 만일 내용물 가운데 한 장이라도 삐죽 튀어나오거나 스프링 하나가 구부러져 있으면 곧바로 비상경보라도 울린 것처럼 반응했다. 그렇게 사소한 것을 중요하게 여겼다. 에리카를 제외한 나머지 세상은 늘쩍지근하게 열기가 없었지만 그녀는 타오르고 있었다.

에리카는 자기가 제공할 상품의 가치를 믿었다. 그 안에는 보이지 않는 지식의 흐름이 있었다. 고객들이 상품을 한번 봐주기만 한다면 자신이 세상을 바꿀 수 있을 거라고 믿었다. 그녀는 고객들에게 현실의 실체를 지각하는 보다 깊이 있는 방법들을 제시할 것이며, 성공으로 이르게 하는 새로운 힘을 제공할 것이다! 하지만 그녀가 가는 길 곳곳에서 걸림돌이 등장했다. 그녀가 문화에 대해서 이야기하면 잠재 고객들은 대체 무슨 말을 하는지 전혀 알아듣지 못했다. 그들도 문화가 중요하다는 사실은 희미하게 알았다. 그들은 '기업 문화'라는 표현을 경건한 마음으로 쓰긴 했지만 그에 대한 구체적인 감은 없었다. 그저 대차대조표를 비롯한 온갖 재무제표의 숫자에 담긴 의미를 파악하는 훈련만 받았기 때문이다. 그래서 사회학적이거나 인류학적인 범주에 대해서는 생각하려고도 하지 않았다. 그들에게 그런 작업은 공기를 반죽해서 금형을 만드는 것이나 마찬가지였다.

게다가 에리카가 인종에 따른 문화적 차이에 대해 이야기할라치면 화들짝 놀라며 일어나 손사래를 쳤다. 중국인과 멕시코인 사이의 혼혈 여성인 에리카가 흑인과 백인의 구매 성향 그리고 도시의 유대인과 시골의 청교도인의 구매 성향에 대해서 이야기하는 것은 금기를 깨는 일이었다. 대부분의 백인 중역은 한 세대에 걸친 의식화 교육을 통해 이런 종류의 용어는 무슨 일이 있어도 절대로 입에 올리지 말라는 교육을 받으며 성장했기 때문이다. "어떤 집단의 사람을 절대로 일반화하지 마라. 소수민족 집단에 대해서 절대로 어떤 관찰도 하지 마라. 그리고 제발 당부하건대, 이런 종류의 발언은 절대로 공식적인 자리에서 하지 마라!"

이 주의사항을 어긴다는 것은 자기 경력을 목매다는 행위나 다름없었다. 영화 〈비벌리 힐스 캅〉의 주인공 크리스 록이 인종을 소재로 한 농담을 할 때 함께 웃고 에리카가 문화적 차이에 대해서 말을 할 때 들어줄 수는 있었지만 본인들은 이런 말을 입에 올릴 수 없었다. 그랬다간 곧바로 비난이 쏟아지고 소송이 제기되고 불매운동이 벌어질 것이다. 에리카가 인종적이고 문화적인 관점에서 생각하라고 했을 때, 이들이 공포심에 짓눌려 당장에라도 자리를 박차고 일어나고 싶은 충동을 느낀 것도 당연했다.

게다가 시기까지 에리카에게 불리했다. 당시는 뇌의 신경 지도를 만들겠다는 움직임이 절정에 달했던 때로, 매력적인 신경과 의사들이 여러 색으로 이루어진 기능성자기공명영상fMRI 뇌 스캔 사진을 가지고 수많은 기업을 찾아다녔다. 그들은 신경세포 속의 숨은 공식이 화장실 휴지나 에너지 바 따위를 파는 데 결정적인 도움이 될 거라는 요지로 한창 설명회를 열고 다녔다.

신경 지도를 만들겠다는 사람의 전형적인 모습은 이랬다. 키 180센티미터에 파랗게 빡빡 깎은 머리, 그리고 놀랍도록 학구적인 인상. 하지만 가죽 재킷과 청바지 그리고 부츠 차림으로 영화에서 방금 뛰쳐나온 주인공처럼 오토바이 헬멧을 들고 설명회장에 들어선다. 또 핀란드의 한 텔레비전 방송국의 제작진이 이 사람 뒤를 졸졸 따라다니고 있는데, 이들은 그의 삶과 아이디어 및 사업을 주제로 다큐멘터리를 만드는 중이다. 그리고 어느 한 순간 그는 하루 24시간 내내 티셔츠에 달려 있는 소형 마이크를 손으로 가린 채 미소를 지으며 고객들에게 뭐라고 귓속말을 한다.

그의 프레젠테이션은 광택제를 바른 듯 반짝반짝 윤이 난다. 실제로는 크기가 같지만 전혀 다르게 보이는 두 개의 탁자나, 늙고 추한 여자가 모자를 쓰자 아름다운 여인으로 바뀌는 사진과 같은 착시 현상 몇 가지를 소개하면서 시작된다. 착시 현상 소개가 끝나면 보통 기업가들은 경이로움에 몸을 떤다. 이 도입부는 기업가들이 앞서 설명회장 입구에서 공짜로 받은 열쇠고리나 가방보다 훨씬 멋지다.

이어서 그는 기능성자기공명영상 스캔으로 넘어가 좌뇌와 우뇌의 차이를 설명한 뒤 인간의 뇌에서 본능을 관장한다고 여겨지는, 일명 '파충류의 뇌'가 수행하는 역할에 대한 이론을 펼친다. 그의 정력적인 설명 깊은 곳에는 심오한 과학이 담겨 있다. 그런데 이 과학은 화려하고 야단스러운 그의 언변 아래 깊은 곳에 가라앉아 있다. 뇌 스캐닝 사진은 경이로움 그 자체다. 그는 뇌를 위에서 보면 오하이오주를 보다 둥글게 만든 것처럼 보인다고 설명한다. 스캐닝 사진이 계속 이어지면서 그는 점점 더 흥분하고 목소리가 높아진다. "자, 보십시오! 펩시콜라 한 모금을 마시면 뇌의 앞부분, 그러니까 클리블랜드, 애크런, 캔턴(이상은 모두 오하이오주에 있는 도시다 - 옮긴이)이 환하게 밝아집니다. 또 여기 보십시오! 치토스 한 조각으로 맨스필드 주변이 환하게 밝아집니다. 그리고 콜럼버스에도 작은 움직임이 보이죠? 자, 어떤 사람에게 택배회사 페덱스의 이미지를 보여줄 때 무슨 일이 일어나는지 보십시오. 데이턴이 오렌지색으로 변합니다! 톨레도가 붉은색이 됐습니다!"

아침으로 먹는 시리얼이 전두엽의 가운데를 자극하는 게 분명하다고 그는 단언한다. "NBA 스타 르브론 제임스를 출연시키는 광고라면 당연히 내측 전운동피질 ventral premotor cortex에 불을 질러야 합니다! 여러분들은 여러분의 상표를 복측선조체 ventral striatum에 박아 넣어야 하지 않겠습니까? 고객을 정서적으로 사로잡아야 하니까요!"

강렬한 성적 욕망을 불러일으키는 과학이다. 에리카처럼 문화를 놓고 말하는 모호한 이야기가 아니다. 수백만 달러짜리 기계가 스크린 위에 화려한 색깔들을 만들어냈고, 눈으로 보고 측정할 수 있었다. 신경 지도 업계에서는 '뉴로포커스 인사이트 시스템NeuroFocus Insight System' 혹은 '뉴로프레임워크 프로덕트 스트래티지NeuroFramework Product Strategy'라는 서비스를 갖추고 이렇게 말한다. "우리는 매출을 높이는 뇌의 비밀스러운 암호를 족집게처럼 집어낼 수 있습니다!"

프레젠테이션을 듣는 사람들은 당연히 그런 족집게를 가지고 싶다. 누가 그걸 마다하겠는가? 에리카의 잠재 고객들은 자기들의 배외측 전두엽dorsolateral prefrontal 활동을 밝은 초록색으로 색칠해 줄 사람을 원했다. 그런데 에리카는 그런 사람이 아니었다. 에리카는 당시의 마케팅 유행에서 완전히 벗어나 있었다.

어느 날 에리카가 어떤 자동차 부품 회사의 CEO에게 자기가 제공할 문화 관련 전문성에 대해 설명을 하고 있었다. 에리카가 약 10분쯤 설명을 하고 있는데 그 사람이 갑자기 말을 끊었다. "잘 아시겠지만 나는 당신을 존중합니다. 다들 선수 아닙니까? 그런데 당신은 나를 너무 지루하게 만듭니다. 당신이 도대체 나에게 무엇을 제공하겠다는 건지 도무지 이해가 되지 않네요." 에리카는 무슨 대답을 해야 할지 몰랐다. "접근을 좀 달리 해보시는 게 어떻습니까? 당신이 제공하고자 하는 것 말고, 내가 원하는 것을 물어보는 게 어떻습니까?"

에리카는 혹시 그 남자가 자신에게 작업을 거는 게 아닌가 하고 생각했다. 하지만 남자는 계속 말을 이었다. "내가 불행하다고 느끼는 게 뭔지 나한테 물으시란 말입니다. 밤에 잠을 이루지 못하고 깨어 있게 만드는 것, 내가 하는 일 가운데 누군가 나를 위해서 짐을 덜어줄 그런 것. 당신 이야기가 아니라 내 이야기 말입니다. 아시겠습니까?" 그 말이 그저 자기를 유혹하는 말이 아님을 에리카는 깨달았다. 인생의 교훈이었다.

결국 에리카는 그 사람을 고객으로 만들지 못했다. 그의 사무실에서 나올 때 에리카의 머리는 뒤죽박죽이 되어 혼란스러웠다. 그러나 그 만남이 모든 것을 바꾸었다. 그 순간부터 그녀의 접근법이 바뀌었다. "저는 고객님이 필요로 하는 것은 무엇이든 하겠습니다!" 고객들이 던지는 문제는 무엇이든 해결해야 한다는 생각으로 필요한 도구들을 사용하는 방법을 찾아 나섰다. 에리카는 고객을 찾아가서 이렇게 말해야 했다. "제가 어떻게 해드리길 원하십니까? 어떻게 도와드릴까요?"

어느 날 에리카는 밖으로 나가 산책을 하면서 이 문제를 곰곰이 생각했다. 문화적인 영역으로 세분화한 상품을 파는 데 실패하고 있다. 하지만 그렇다고 해서 신경 지도를 떠들어대는 무리들 속에 함께 섞이고 싶지는 않다. 이 사람들이 신경과학에서 끄집어내는 조언이란 게 사실상 허접한 쓰레기임을 잘 알고 있으니까. 그렇다면 도대체 어떻게 해야 성공적인 제안을 하고, 고객을 확보할 수 있을까?

그 생각이 그녀의 머리에서 떠나지 않았다. 펜실베이니아대학교의 심리학자 앤절라 더크워스는 성공한 사람은 단 하나의 목표를 포착하고 어떤 어려움이 있더라도 그 목표를 줄기차게 추구하는 경향이 있다고 주장했다.[11] 관심사가 쉽게 바뀌는 변덕스러운 사람이 다른 사람들보다 뛰어난 사람이 될 가능성은 아주 낮다. 학교에서는 학생들에게 여러 부문을 두루 잘해야 한다고 가르치지만 실제 인생에서는 평생 좇을 단 하나의 열정을 찾는 게 중요하다.

직관을 묘사하는 언어, 행동경제학

에리카는 고객들이 안고 있는 문제를 해결할 수 있는 전문적인 분야를 찾아내야 한다는 사실을 깨달았다. 우선 문화 및 의사 결정의 깊이 있는 과정에 대해서 자기가 기울이고 있는 관심과 관련 있는 지식, 그러면서도 시장에서 충분히 매력적인 지식을 갖춘 사람이 필요했다. 기업가가 이해할 수 있는 소비자 심리를 묘사할 수 있는 언어, 친숙하면서 동시에 과학적인 그 언어를 찾아야만 했다. 바로 이런 필요성이 그녀를 행동경제학으로 이끌었다.

지난 10년 동안 한 무리의 경제학자가 인식 혁명에 대한 통찰을 경제학 분야에 적용하려고 노력해 왔다. 에리카는 이들의 주장이 무척 솔깃했는데, 핵심은 고전주의 경제학은 인간의 성정을 부분적으로 혹은 전적으로 잘못 파악했다는 것이다. 고전주의 경제학이 상상한 인간은 매끄럽고, 똑똑하고, 평온하며 어떤 일이 일어나도 결코 놀라지 않는 인간이었다. 이 사람은 자기 머릿속에 있는 놀랍도록 정확한 모델로써 세상을 조사하고 파악하며, 어떤 사건이 있고 나서 무슨 사건이 일어날지 올바르게 예측한다. 또한 기억력은 믿을 수 없을 정도다. 그는 의사 결정과 관련된 수만 가지 다양한 선택사항의 장점과 단점을 머릿속에서 얼마든지 정확하게 비교할 수 있다. 그리하여 자기가 누리게 될 편익을 극대화하려고 한다. 그가 맺고 있는 관계는 모두 우연적이고 계약적이며 오래 지속되지 않는다. 만일 어떤 관계가 편익 극대화에 도움이 되지 않으면 그 관계를 청산하고 다른 관계를 찾는다. 완벽하게 스스로를 통제하며, 경쟁을 회피하고자 하는 충동은 모두 억제할 수 있다. 정서적인 전염병에도 걸리지 않고 집단 순응적인 사고에도 결코 빠지지 않는다. 오로지 동기 유인이라는 인센티브 차원에서만 의사 결정을 한다.

고전주의 경제학자는 이런 유형의 인간이 실제로 존재하지 않는다는 사실을 즉각 인정했다. 하지만 이런 유형의 인간이 현실에 있는 실체와 충분히 가까워서 이를 바탕으로 실제 사회에서 일어나는 인간 행동을 정확하게 예측하는, 경제학 분야의 우수하고 정밀한 수학적 모델들을 만들 수 있다고 주장한다. 이는 경제학을 심리학과 같은 말랑말랑하고 감상적이며, 따라서 혼란스러울 수밖에 없는 차원에서 물리학과 같은 엄숙하고 정밀한 차원으로 전환시킨다. 그렇기에 경제학자들은 행동 연구를 규율하는 법칙을 정립하고, 강력한 숫자의 힘을 휘두를 수 있게 된다. 이와 관련해 미국의 과학저술가 미첼 월드롭Mitchell Waldrop은 다음과 같이 썼다. "이론경제학자들은 숲속의 수사슴이 자기 뿔을 사용하듯이 수학적인 솜씨를 뽐낸다. 이 뿔로 다른 사람과 싸움을 벌이고 우열을 가린다. 뿔을 사용하지 않는 수사슴은 아무것도 아니다."[12]

행동경제학자는 고전주의 경제학자가 묘사한 인간 유형이 실제 현실에서 벌어지는 사건을 예측하는 데 믿고 활용할 수 있을 만큼 정확하지 않다고 주장한다. 이 분야의 개척자는 심리학자 대니얼 카너먼Daniel Kahneman과 아모스 트버스키Amos Tversky이고, 이들의 통찰을 리처드 탈러Richard Thaler, 센드힐 물라이나탄Sendhil Mullainathan, 로버트 실러Robert Schiller, 조지 애커로프George Akerlof, 콜린 캐머러Colin Camerer 등과 같은 경제학자들이 채택했다. 이 학자들은 의식의 아래편에서 진행되는 인식을 연구했다. 합리성은 정서에 의해 제한된다. 사람은 스스로를 통제하는 데 매우 큰 어려움을 겪는다. 사람이 세상을 인식하는 눈에는 기본적으로 편향이 개재되어 있다. 어떤 맥락이 인식과 판단에 심오한 영향을 미친다. 개인은 자기 아닌 다른 사람들, 즉 집단의 생각에 순응하는 경향이 있다는 말이다. 사람은 대부분 미래를 현재보다 덜 중요하게 받아들인다. 미래의 번영보다 현재의 만족을 중시한다.

듀크대학교 심리학과의 행동경제학 교수인 댄 애리얼리는 저서『상식 밖의 경제학』에서 다음과 같이 썼다. "이 책에 묘사한 연구 내용을 단 하나의 교훈으로 요약하자면, 우리는 어떤 게임에 볼모로 잡혀 있는데, 이 게임을 진행하는 힘을 전혀 이해하지 못한다는 것이다. 우리는 보통 우리가 내리는 모든 결정과 인생의 방향을 궁극적으로 통제하는 것은 자기 자신이라고 생각한다. 하지만 슬프게도 우리의 인식은 맞닥뜨리는 현실보다 우리가 자기 자신을 어떻게 바라보길 원하는가와 같은 욕망과 더 많이 관련되어 있다."[13]

행동경제학자는 예정도 없이 불쑥불쑥 나타나는 직관들이 강력한 경제적 효과를 발휘한다고 주장한다. 예를 들어, 노동자에 대한 임금 수준은 시장에 의해 결정되지 않는다. 사람들은 공정하게 느껴지는 임금을 요구하고, 경영자는 이런 도덕적인 직관들을 고려해 임금 수준을 결정해야 한다. 이들은 실제 현실의 인간이 합리적인 이상에서 벗어나는 여러 방식과 모형을 찾는다. 동료 집단으로부터 받는 사회적 압력, 지나친 자신감, 게으름, 자기 환상 등이 그런 것들이다. 사람들은 가정용 설비 제품을 살 때 보증 사항이 결코 높은 가격을 정당화할 수 없음에도 보증 기간이 긴 제품을 선택한다. 뉴욕의 한 보건 관련 공무원은 만일 패스트푸드 식당 차림표 근처에 음식의 열량과 관련된 정보를 게시하면 사람들이 건강에 관심을 가지게 될 것이며 이것이 음식 선택에 영향을 미칠 것이라고 생각했다. 하지만 잘못된 생각이었다. 실제로 이와 관련된 법안이 효력을 발생한 뒤에 이 식당에서 식사를 하는 사람들은 예전에 비해서 열량이 조금 더 많은 음식을 주문했다.[14]

고전주의 경제학자들은 흔히 경제학이 전체적으로 균형 상태를 지향하는 경향이 있다고 믿는다. 그러나 행동경제학자들은 자신감, 신뢰, 공포, 탐욕 등과 같은 동물적 감정의 변화가 거품과 시스템의 붕괴 및 전 세계적 위기로 이어질 수 있다는 식으로 분석한다. 고전주의 경제학의 아버지들이 인간 정신의 내면적인 작동에 대해 진작 알았더라면, 몇몇의 행동경제학자가 주장하듯이 고전주의 경제학이라는 학문 분야는 아예 나타나지도 않았을 것이다.

에리카가 매일 목격하는 주변의 현실을 보다 잘 설명하는 것은 행동경제학이었다. 그녀 또한 행동경제학이 사람의 정신 속에 숨어 있는 여러 과정을 MBA 출신 고객들에게 훨씬 익숙하게 들릴 언어로 제시한다는 사실을 즉각 깨달았다.

하지만 에리카는 행동경제학자의 방식에 깊이 공감할 수 없었다. 그녀는 문화를 우선으로 보았기 때문이다. 그녀는 사회를 하나의 유기체, 즉 살아 있는 관계들의 복잡한 성장체로 바라보았다. 행동경제학자들이 행동에 관해 생각할 수 있을지는 몰라도 그들은 여전히 경제학자였다. 행동경제학자들은 고전주의 경제학자들이 무시한 여러 실수와 복잡성을 인정하긴 했지만 여전히 인간이 저지르는 실수는 수학적인 공식으로 얼마든지 예측 가능하며 체계적으로 설명할 수 있다고 주장했다. 행동경제학자들은 그저 경제학이라는 배가 나아가는 방향을 아주 조금 수정한 것에 지나지 않을지도 모른다고 에리카는 의심했다. 그들이 인간 행동은 법칙에 지배받지 않는다는 사실을 인정했다면, 즉 수학적인 모델로 인간의 행동을 예측하는 게 불가능하다는 사실을 인정했다면 그들은 더 이상 경제학자가 아니어야 옳다. 그들은 경제학 잡지에 논문을 발표할 수 없고 경제학 세미나에 참석할 수도 없으며 경제학 연구소 간판을 심리학 연구소로 바꿔 달아야 한다. 학문에서의 계층 순위가 엄청나게 추락하는 현실을 감수해야 한다.

그럼에도 행동경제학자들에게는 여전히 엄숙하고 정밀한 과학을 수행하고 있는 것처럼 행세할 동기가 있었고, 에리카도 마찬가지였다. 그녀의 고객들은 과학을 존중했다. 이 고객들 역시 사회를 하나의 메커니즘으로 생각하도록 훈련을 받은 사람들이었다. 고객이 자기 말에 귀를 기울이게 하는 데 도움이 된다면 그녀는 기꺼이 과학을 수행해야 했다.

에리카는 문화적인 차별성을 바탕으로 자신의 컨설팅 사업을 운영하지 않겠다고 마음먹었다. 시장이 아직은 이것을 받아들일 준비가 되어 있지 않기 때문이었다. 대신에 그녀는 행동경제학을 바탕으로 하기로 했다. 바야흐로 행동경제학은 뜨고 있었고 수요가 폭주했기 때문이다.

모든 선택의 틀을 만드는 편향

에리카는 주요 행동경제학자의 저술을 읽었다. 이들은 모든 선택 뒤에는 결정의 틀을 만드는 데 도움이 되는 무의식적인 구조의 집합체, 이른바 '선택 구조물choice architecture'이 있다고 말했다. 선택 구조물은 흔히 어림짐작heuristics(모든 경우를 고려하지 않고 나름대로 발견한 편리한 기준에 따라 일부의 경우만을 고려해 경험과 직관에 의존해서 문제를 해결하는 방법으로 처리 부담이 줄어드는 대신 옳은 답을 보장받지는 못한다– 옮긴이)이라는 형태로 다가온다. 사람의 정신에는 '만일 ~라면, 그때는 ~한다'라는 경험에 바탕을 둔 어림짐작들이 저장되어 있다가 특정한 맥락 속에서 활성화되며, 이것은 적절한 환경에서 불쑥 튀어나와 문제를 해결한다.

예를 들면 점화 효과priming effect라는 게 있다. 하나의 지각에서 일련의 생각이 줄줄이 꿰어져 나오고 그 뒤에 이어질 행동을 바꾼다. 한 무리의 사람에게 옛날과 희미하게 연관 있는 일련의 단어들(궁궐, 호롱불,

고대)을 읽게 하면, 이 사람들은 들어올 때보다 느린 걸음으로 방에서 나갈 것이다. 그러나 공격성과 연관이 있는 단어들(무례하다, 짜증스럽다, 간섭하다)을 읽게 한 뒤에 실험이 끝났다고 말하면, 이들은 다른 사람의 말을 도중에 끊는 등 보다 공격적이고 급한 모습을 보일 것이다.[15]

누군가에게 시험이나 경기 전에 높은 성적을 받는 것에 대해 이야기하면, 이런 이야기를 듣기 전보다 더 집중해서 좋은 결과를 낸다. 단순히 '성공'이니 '통달'이니 '성취'라는 단어를 어떤 문장에서 말하는 것만으로도 그 말을 들은 사람은 더 나은 성과를 낸다.[16] 대학교 교수로 살아가는 것이 어떤지 묘사하는 말을 들은 사람은 더 많은 지식을 얻으려 한다. 한편 부정적인 말을 하면, 그 말을 듣는 사람의 성과는 그렇지 않은 경우보다 좋지 않게 나타난다.

점화 효과는 모든 종류의 방식으로 작동할 수 있다. 예를 들어 이런 실험이 있었다. 한 집단에 속한 일부 학생에게 자기 전화번호의 앞 세 자리 숫자를 종이에 적게 한 다음, 전체 학생에게 칭기즈칸이 사망한 해가 언제인지 물었다. 그 결과 숫자를 먼저 적어본 집단이 칭기즈칸이 사망한 세 자리 수의 연대를 더 잘 맞혔다.[17]

어림짐작에는 닻 내림 효과anchoring effect라는 것도 있다. 어떤 정보도 단일하게 처리되지 않는다. 정신적인 모형은 전염성이 있으며, 모든 것은 다른 것과의 비교 속에서 판단된다. 30달러짜리 와인은 9달러짜리 와인 속에 섞여 있을 때는 비싸 보인다. 하지만 149달러짜리 와인 속에 섞여 있을 때는 저렴해 보인다(와인 판매점에서 아무도 사지 않을 것 같은 엄청나게 비싼 와인을 매장에 진열해 두는 이유도 바로 여기에 있다). 브런즈윅에 있는 한 당구대 가게의 주인이 실험을 하나 했다. 그는 고객들에게 가장 싼 329달러짜리 당구대를 먼저 보여준 다음 차례로 비싼 당구대를 보여주었다. 그 주에 고객 1인당 평균 매출액은 550달러였다. 다음 주에는 고객들에게 제일 비싼 3,000달러짜리 당구대를 먼저 보여준 다음 차례로 덜 비싼 당구대를 보여주었다. 그 주의 고객 1인당 평균 매출액은 1,000달러였다.[18]

그리고 프레이밍 효과framing effect가 있다. 모든 결정은 특정한 언어적 맥락 안에 갇힌 상태에서 이루어진다. 의사가 환자들에게 수술 실패율이 15퍼센트라고 이야기하면 환자들은 수술을 기피하지만 성공률이 85퍼센트라고 이야기하면 수술을 받아들인다. 식료품점에서 사람들은 자기가 좋아하는 수프 통조림이 진열대에 놓여 있으면 한두 개 집어 카트에 넣는다. 그런데 여기에 '고객 1인당 12개 한정'이라고 써놓으면 네댓 개를 카트에 쓸어 담는다. 심리학자 댄 애리얼리 교수는 학생들에게 자신의 사회보장번호 마지막 두 자릿수를 적으라고 한 뒤에 와인 한 병과 다른 제품들을 대상으로 입찰 가격을 적어보라고 했다. 그 결과 사회보장번호가 80에서 99로 높은 학생들은 평균적으로 56달러를 적었고, 1에서 20으로 낮은 학생들은 평균적으로 16달러를 적었다. 전자가 후자보다 216에서 346퍼센트 높은 가격으로 입찰했는데, 각각 사회보장번호를 하나의 기준이 되는 틀(프레임)로 사용했기 때문이다.[19]

기대 효과expectation effect란 것도 있다. 사람의 정신은 장차 어떤 일이 일어날 거라고 기대하는 모델들을 미리 만들어둔다. 예를 들어 어떤 사람에게 크림 형태의 보습제를 주면서 통증을 멈춰줄 거라고 말하면, 그 사람에게 기대를 형성한다. 그러면 그 보습제가 통증 완화와 아무런 관련이 없는데도 보습제를 바르고 나면 통증이 가라앉는다고 지각한다. 한 알 가격이 2.5달러라고 말하며 환자에게 진통제를 줄 경우, 똑같은 약을 0.1달러라고 말하는 경우에 비해 환자가 느끼는 진통 효과가 훨씬 더 강력하다. 심지어 이 약이 사실은 아무런 약효가 없는 가짜일 경우라도 마찬가지다.[20] 이와 관련해 조나 레러는 다음과 같이 썼다. "그들의 예언은 자기충족적이 된다."[21]

관성 효과inertia effect도 있다. 정신은 인식적인 측면에서 구두쇠다. 자기 에너지를 될 수 있으면 낭비하지 않으려 한다. 그래서 사람들에게는 기존의 관념을 고집하려는 편견이 있다. 미국의 교직원 연금보험TIAA-CREF은 대학교 교수들에게 다양한 자산 배분 전략 가운데 하나를 선택할 수 있는 퇴직금 적립 계정을 제공한다. 그런데 한 연구에 따르면 대부분의 교수들은 퇴직을 한 뒤에도 재직 당시의 전략을 그대로 고수했다. 맨 처음 연금보험에 가입하면서 선택했던 옵션을 (그게 무엇이었든 간에) 그대로 유지했던 것이다.[22]

또 각성 효과arousal effect도 있다. 사람들은 자기 정신 상태에 따라서 제각기 다르게 생각한다. 남아프리카공화국에 있는 한 은행은 하버드대학교의 경제학자 센드힐 물라이나탄과 함께 어떤 종류의 대출 유도 편지가 가장 효과가 큰지 알아보는 실험을 했다. 각기 다른 사진을 붙여 대출을 권유하는 편지를 사람들에게 보내고, 대출 이자도 각각 다르게 소개했다. 그 결과, 웃는 여자의 사진을 붙인 편지가 특히 남자들에게서 우호적인 반응을 이끌어낸다는 사실이 드러났다. 이 사진의 효과는 대출 이율 5퍼센트의 차이와 비슷한 수준이었다.[23]

마지막으로 손실 회피 효과loss aversion effect가 있다. 돈이 나갈 때의 고통은 돈이 들어올 때의 기쁨보다 더 크다. 댄 애리얼리와 아모르 트버스키는 사람들에게 특정한 내기를 받아들일 수 있을지 물어보았다. 그 결과, 40달러를 딸 수 있는 내기에 응하는 데는 20달러 이하를 잃는 위험만 무릅쓴다는 사실을 확인했다.[24] 이런 속성 때문에 투자자들은 주가가 떨어지고 있는 주식을 파는 것보다는 주가가 올라간 주식을 파는 데 신속하게 움직인다. 이처럼 손실을 받아들이지 않으려다 결국 자기 파괴적인 결정을 하는 것이다.

마침내 에리카는 무의식적인 편향을 정의하는 새로운 어휘를 획득했다. 그러나 행동경제학자가 대학교 안에서 하는 작업이 경영 컨설턴트가 기업의 이사회에서 하는 작업으로 자동 변환되지는 않았다. 에리카는 행동경제학의 학술적 결과를 기업계에서 활용할 수 있는 조언으로 변환시키는 방법을 찾아야 했다.

모아놓은 돈이 점점 줄어드는 가운데 에리카는 몇 주 동안 이 문제를 어떻게 해결할지 고민하며 자신에게 계속해서 쪽지를 썼다. 이 일을 마친 뒤, 에리카는 자기가 쓴 쪽지들을 훑어보고는 마침내 심오한 깨달음을 얻었다. 이것은 자신이 잘할 수 있는 종류의 일이 아니었다. 반짝거리는 아이디어들로 무장한 누군가, 학술적인 발견을 실제 현실에 멋지게 적용할 수 있는 누군가를 고용해야 했다.

에리카는 주변에 있는 사람들을 둘러보았다. 그리고 컨설팅 업계에 있는 친구들에게 사람을 소개해 달라고 부탁했다. 여러 사람을 상대로 한꺼번에 이메일을 보내기도 했다. 페이스북에도 이런 내용으로 쪽지를 올렸다. 그리고 마침내 친구의 친구를 통해 한 청년을 알게 되었다. 아이디어가 풍부하며 함께 일할 수 있는 상태에 있는, 또 에리카의 여건이면 충분히 고용할 수 있는 사람이었다. 그 사람은 해럴드였다.

12장

방황

더 나은 삶을 위해
고민해야 할 때

해럴드가 18년 인생을 살아오며 고도로 조직화된 투쟁의 일선에 참가해 본 것은 테일러 선생님의 지도를 받아서 졸업논문을 쓴 것이 처음이었다. 어린 시절 해럴드는 엄청나게 많은 감시와 지시를 받고 또 지도를 받았다. 그는 주어진 임무를 언제나 말끔하게 해결했다. 좋은 점수를 받았고 모범적이었으며 어른들을 기쁘게 했다.

테일러는 그의 인생에 새로운 빛을 뿌려주었다. 덕분에 해럴드는 원대한 생각을 동경하게 되었고, 자기가 세계의 역사적인 이론들을 좋아한다는 사실을 깨달았다. 거창한 이론일수록 더욱 그랬다. 친구들은 달콤한 생각에 푹 빠져 있는 해럴드의 모습을 어렵지 않게 보곤 했다.

대학교에서 해럴드는 또 하나의 새로운 사실을 발견했다. 자신이 흥미로운 존재가 될 수 있다는 것이었다. 대학교에서는 서로 다른 두 가지 상태의 경제가 공존했다. 우선 낮 시간의 경제가 있었다. 학생들은 어른들과 상호작용하며 어떻게든 어른들을 즐겁게 해주려고 애를 썼다. 해럴드는 이 세계에서는 두각을 나타내지 않았다. 자기들이 공부를 얼마나 많이 해야 하는지 모른다는 게 대화 내용의 대부분인 학생들에게 둘러싸여 있어서였다.

한편 밤 시간의 경제는 온갖 빈정거림과 정액이 튀는 야한 유머가 난

무하는 광란의 파티장이었다. 이 세계에서 세속적인 성취는 아무런 의미도 없었다. 사회가 인정해 주는 보상은 가장 재치가 넘치고 감수성이 예리한 빛을 뿜는 사람에게만 돌아갔다.

해럴드와 친구들은 여기에서 발군의 실력을 자랑했다. 이들은 아이러니, 과장, 비꼬기 그리고 자기를 소재로 하는 포스트모던 가짜 조롱 등으로 떠들썩하고 파격적인 유쾌함을 주변 사람들에게 선사했다. 이들이 하는 말은 단 하나도 문자 그대로의 뜻만 담는 법이 없었다. 이들 집단에 들어가서 함께 어울리려면 이들이 나누는 대화가 얼마나 많은 겹의 아이러니로 포장되어 있는지 정확하게 알아야만 했다.

해럴드와 친구들은 가장 잔인하고 재미있는 유튜브 영상이 무엇인지 누구보다 먼저 알았다. 이들은 코엔Coen 형제가 만든 영화들과 영화 〈아메리칸 파이〉 시리즈가 담고 있는 문화적 의미를 놓고 토론했다. 또한 소프트웨어 소스 공개 운동이 새로운 사회적 조직화의 모형이라며 일시적이긴 하지만 전율하며 환호하기도 했다. 또 배우 브래드 피트와 작가 세바스찬 융거Sebastian Junger를 놓고 어느 정도가 적정한 명성 수준인지 고민했다. 이들은 단순히 듣기보다 대화의 소재로 놓고 이야기를 나누는 게 더 즐거운 음악을 선호했다. 예를 들면 지적인 네오하우스neo-House 뮤직과 자의식적인 레트로 일렉트로 펑크retro electro-funk를 즐겼다. 그리고 인터넷 서핑을 여러 달 동안 해야만 접할 수 있는 기묘한 망상의 문화를 일구었다. 학교 강의와는 아무런 관련도 없는 것들이었다.

다른 세대의 캠퍼스 아방가르드들은 영화평론가 폴린 카엘Pauline Kael을 놓고, 또 영화감독 잉마르 베리만Ingmar Bergman의 영화에 담긴 의미를 놓고 토론을 했다. 그러나 해럴드와 친구들은 기술이 예술이나 문화상품보다 훨씬 더 크게 사회적인 변화를 이끌어낼 것이라고 보았다. 이들은 아이팟에서 아이폰으로 그리고 아이패드로 빠르게 갈아탔다. 만일 스티브 잡스가 '아이와이프'를 가지고 나타났더라면 그 제품이 출시되는 첫날에 그 제품과 결혼을 했을 것이다. 이들은 얼리어답터일 뿐만 아니라 '일찍 버리기 선수'이기도 했다. 어떤 유행이 시작하기도 전에 벌써 그 유행에 질려 손을 털었다. 티타늄 목걸이는 이미 중학교 때 경험하고 버렸다. 대학교에 다닐 무렵에는 기묘한 가구나 물건에도 이미 질린 상태였다. 그래서 자기 방에 풍선껌 기계를 놔둔 아이들을 경멸했다. 비록 어떤 친구 하나가 비행기의 서비스 카트를 가정용 술병 보관고 겸 이동차로 사용하는 것을 보고 해럴드가 무척 재치 있다고 생각하긴 했지만 말이다.

해럴드는 이런 감수성 경연에서 꽤 두각을 나타냈다. 그러나 전체적으로 보자면 룸메이트의 그늘에 가려져 있었다. 처음 기숙사에서 방 배정을 받을 때였다. 한 친구가 그에게 방을 함께 쓰자고 했다. 고등학교 성적은 좋지 않았지만 SAT 성적은 무척 좋은 친구였다. 이름은 마크였다. 처음 해럴드가 기숙사 방에 들어섰을 때 거기 마크가 있었다. 마크는 땀을 뚝뚝 흘리면서 말런 브랜도Marlon Brando가 영화 〈욕망이라는 이름의 전차〉에서 입었던 것과 비슷한 소매 없는 속옷을 입고 있었다.

마크는 LA 출신이었다. 키가 185센티미터에 어깨는 근육질로 단단하고 얼굴이 검은 미남이었다. 얼굴에는 사흘 자란 수염이 덥수룩하고, 머리카락은 작가 워크숍에 참가한 감수성 예민한 바람둥이 작가처럼 늘 단정치 못했다. 해럴드가 방에 들어섰을 때 이미 밤늦은 시각이었음에도 마크는 즉석에서 운동을 할 수 있도록 널빤지를 설치하는 작업을 하고 있었다. 또 자기가 예전에 쓰던 침대를 가지고 와서 벌써 들여놓았다. 그는 총각은 언제나 좋은 침대에 투자를 해야 한다고 믿었다.

마크는 재미를 위해서, 그리고 일상을 아드레날린이 분출되는 기묘한 모험의 연속으로 채우기 위해서 기꺼이 굴욕을 무릅썼다. 예를 들면 이랬다. 1학년 때 그는 유쾌한 기분에 들떠서 토너먼트로 치러지는 골든 글러브Golden Gloves 복싱 대회에 '유대인 킬러Kosher Killer'라는 별명을 달고 참가했다. 그런데 대회 준비로 체력 훈련을 하는 대신 블로그 관리에만 힘썼다. 경기 당일에는 장의사로 분장하고 관을 든 여자들의 경호를 받으면서 경기장에 들어섰다. 그리고 진짜 권투 선수인 첫 상대에게 89초 만에 케이오를 당했다. 하지만 이미 그 전에 그의 이야기가 도시의 모든 텔레비전 뉴스 프로그램을 장식했다.

마크는 〈아메리칸 아이돌〉에 출연하기도 했다. 다음에는 카이트서핑을 시도했고, 그게 계기가 되어서 NBA의 한 구단주와 어울려 돌아다니기도 했다. 그의 페이스북 친구는 4,000명이나 되었고, 밤 시간의 절반을 문자를 보내거나 여러 명의 상대와 동시에 통화를 하면서 보냈다. 그는 (그의 표현을 빌리자면) '격렬한 세상'에 살았다. 그 세상에서 아드레날린을 좇고 무작정 추억을 쌓으려 했다.

해럴드는 이런 룸메이트를 얼마나 진지하게 받아들여야 할지 도무지 종잡을 수 없었다. 마크는 방 곳곳에 작은 포스트잇 쪽지를 붙여두곤 했다. 내용은 "계속 전진! 남창이 되어라!" 따위의 기괴한 것들이었다. 하지만 사실 이것들은 모두 순전히 즐거움을 위한 것이었다. 그는 모든 것의 목록을 작성했다. 함께 잔 여자들의 이름, 나체를 본 여자들의 이름, 자기를 때린 사람들의 이름, 굳이 해야 할 이유가 없음에도 지역 봉사활동에 참가한 사람들의 이름…. 어느 날 해럴드는 우연히 마크가 버려둔 잡지《맨즈 헬스》를 집어들었는데, 박피 수술 기사 옆에 마크가 진지하게 써놓은 메모가 보였다. "바로 이거다!"

해럴드는 고등학교 시절엔 리더였지만 이제는 추종자였다. 마크는 위대한 개츠비였고, 한때 그토록 독단적이던 해럴드는 이제 내레이터인 닉 캐러웨이가 되고 말았다. 해럴드는 마크의 미친 듯한 열정에 놀라면서 그리고 그의 여정에 즐겁게 동참하면서 젊은 시절의 길 잃은 시간들을 보냈다.

요구하는 사람과 추측하는 사람

작가 안드레아 돈데리Andrea Donderi는 세상은 요구하는 사람과 추측하는 사람으로 나뉜다고 말했다. 요구하는 사람은 어떤 요청을 할 때 부끄러움을 느끼지 않으며, 거절을 당하면서도 마음에 상처를 받지 않으므로 언제나 기꺼이 거절을 당할 준비가 되어 있다. 이들은 돈을 빌려달라고 하기도 하고 자동차나 요트를 빌려달라고 하기도 한다. 심지어 여자 친구를 빌려달라고도 한다. 이런 행위를 하면서 양심에 조금도 거리낌이 없으며 거절을 당해도 화를 내지 않는다.

추측하는 사람은 남에게 부탁을 하는 걸 증오하며, 다른 사람의 부탁을 거절할 때 죄의식을 느낀다. 추측하는 문화 속에서는 긍정의 대답을 확신하지 않는 한 어떤 요청이든 입 밖으로 내는 걸 꺼린다.[1] 이 문화에서는 누군가로부터 부탁을 받을 때 결코 직접적으로 싫다고 말하지 않는다. 그럴듯한 핑계를 댄다. 어떤 부탁이든 부탁을 하는 사람이나 받는 사람 모두 정서적이고 사회적인 위기를 느낀다.

마크는 요구하는 문화 속에 살았고 해럴드는 추측하는 문화 속에 살았다. 그 바람에 두 사람 사이에는 종종 문제가 생기기도 했다. 해럴드는 심지어 추측하는 사람이 어떻게 하면 요구하는 사람이 될 수 있을지 가르치는 자기 계발서를 사서 읽어야겠다는 생각까지 했다. 게다가 열아홉 살의 청년 마크는 불가항력의 존재였다. 늘 행복했고 늘 바쁘게 움직였고 또 늘 재미있었다. 청년의 활력을 홍보하는 포스터 속의 인물 바로 그 자체였다. 마크는 대학교를 졸업한 뒤에 앞으로 인생을 어떻게 살겠다는 설계 하나 없이 무작정 세계여행에 나섰다. 사춘기가 막 시작하던 무렵에 이미 자기는 세상의 모든 즐거움을 다 맛보면서 살 운명이라고 생각했었다. 장차 그는 영화, 방송, 디자인, 패션 혹은 그 밖의 다른 분야에서 일하며 이 살기 좋은 세상에 자기의 유쾌한 감수성을 쏟아내야겠다고 생각했다.

"야! 고귀한 생각!" 졸업을 며칠 앞둔 어느 날, 마크가 큰 소리로 해럴드를 불렀다. '고귀한 생각High Thinking'은 해럴드의 별명이었다. "내가 세계여행 하는 동안, 내 아파트 함께 쓰지 않을래?" 그래서 해럴드는 그 뒤 몇 년 동안 함께 있지도 않는 마크와 아파트를 같이 썼다. 마크의 침실은 여러 달째 그대로 방치되다가, 어느 날 갑자기 주인과 손님을 함께 맞곤 했다. 그렇게 마크는 유럽의 상속녀들과 함께 흥미진진한 모험담을 가지고서 바람처럼 나타났다.

해럴드는 세계경제 및 외교 분야에서 학위를 받으려고 학업을 계속 이어갔다. 또한 그는 취업 면접에서 어떻게 하면 확실한 성적을 받을 수 있는지도 알아냈다. 면접장에서 공손하거나 진지하게 굴지 않고 평소의 심야 시간대 모습처럼 불경스럽고 무례하게 굴었다. 수많은 취업 준비생에게 똑같은 질문을 던지고 똑같이 공손한 모습을 지켜보느라 지루했던 면접관들은 해럴드의 이런 태도를 마음에 들어 했다. 적어도 해럴드가 일하고 싶은 회사의 면접관들은 분명히 그랬다.

대학교를 졸업한 뒤에 그는 평화 봉사단과 비슷한 단체 몇 개에서 일했다. 사회 변화 이니셔티브Social Change Initiative, 세계 각성 재단Foundation for Global Awareness 그리고 커먼 컨선스Common Concerns에서 일했고, 마지막에는 늙은 록 스타가 설립한 맑은 물 공급 시민단체인 셰어Share에서 선임 활동가로 일했다. 그러나 개인용 제트기를 타고 다니며 박애 정신을 실천하는 데 염증을 느끼고는 편집과 관련된 일에 종사했다. 그가 문을 두드렸던 언론 매체는《퍼블릭 인터레스트The Public Interest》,《내셔널 인터레스트The National Interest》,《아메리칸 프로스펙트The American Prospect》,《아메리칸 인터레스트The American Interest》,《외교 정책과 외교 문제Foreign Policy and Foreign Affairs》,《내셔널 어페어National Affairs》 등이었다. 부편집장으로 일하면서 해럴드는 실용적인 이상주의, 도덕적 현실주의, 협조적 군축주의, 집중적 상호 무역 자유주의, 미국 중심의 방어 헤게모니 등 서로 모순되는 온갖 전략을 주장하는 에세이들을 편집했다. 이 에세이들은 다보스포럼(해마다 스위스의 다보스에서 개최되는 세계경제포럼 연차총회의 별칭 – 옮긴이)에 너무 많이 참석하는 바람에 머리가 돌아버린 편집장이 의뢰한 것들이었다.

밖에서 보면 매우 그럴듯한 직업이었다. 그러나 해럴드는 불필요한 리서치 프로젝트를 많이 해야 하는 상황에 숱하게 내몰렸다. 그렇게 몇 년을 보낸 뒤에 톨스토이, 도스토옙스키 그리고 악마의 문제를 놓고 토론하는 고급 세미나 강의를 듣고 또 수료했다. 그 뒤에는 캐논 복사기를 운영하는 일을 맡았다.

복사 작업을 하면서 복사기에서 발산되는 초록색 광선을 피하려고 고개를 돌리고 있던 어느 날, 해럴드는 자신이 정보 시대의 찌질이가 되어버렸음을 깨달았다. 그동안 일했던 단체나 조직, 신문사의 책임자는 모두 철밥통에 사회적 지위를 보장받고 있는 배불뚝이 중년들이었다. 이에 비해 자기와 같은 사람들은 언제 잘릴지 모르는 불안한 고용

조건 아래서 그저 어떤 사실을 확인하거나 성적인 긴장을 제공하는 일만을 주로 하고 있었다. 적어도 해럴드의 눈에는 그렇게 비쳤다.

해럴드의 부모 입장에서는 걱정이 점점 커졌다. 졸업을 하고 몇 년이 지났는데도 아들이 여전히 자리를 잡지 못하고 떠도는 것처럼 보였기 때문이다. 하지만 해럴드의 마음은 부모보다 한층 더 복잡했다. 그렇다고 안정된 곳에 자리를 잡고 어른이 되어야 한다는 특별한 압박을 느끼진 않았다. 이렇게 사는 친구는 아무도 없었다. 친구들은 해럴드보다 훨씬 더 되는대로 막 살았다. 교사에서 바텐더로 직업을 바꾸고 임시직을 전전하기도 하며 20대를 허비하고 있었다. 이 도시 저 도시를 옮겨 다니며 이성 교제도 난잡하게 했다. 아직 어린 어른들에게 도시는 경력의 탈의실이었다. 20대 청년이 자기 정체성과 전혀 다른 이런저런 인물이 되려고 뛰어드는 곳이 바로 도시였다. 그리고 그들은 자기가 누구인지 알고 나면 미련 없이 도시를 떠났다. 미국 청년의 38퍼센트는 LA에서 살고 싶다고 말하지만, 장년층에서는 이런 응답률이 8퍼센트밖에 되지 않는다.[2] 해럴드의 친구들은 샌프란시스코에 불쑥 나타났다가 다음 해에는 워싱턴에서 살고 있었다. 이메일 주소 말고는 모든 게 빠르게 바뀌었다.

하지만 한편으로 해럴드는 자기가 일생 동안 무엇을 하게 될 것인지 궁금해서 미칠 것 같았다. 모든 불확실성을 한 방에 날려버리고 인생에 의미를 부여해 줄 신의 계시가 자기 앞에 짜잔 하고 나타나길 꿈꾸었다. 인생의 한 사건을 다른 사건으로 연결해 줄 주제, 현재 삶의 모든 순간이 과거 혹은 미래에 자기에게 일어날 사건들과 아무런 연관이 없다는 껄끄러운 생각을 말끔하게 치워줄 주제를 갈망했다. 또 언젠가는 모든 걸 다 아는 지혜로운 멘토가 나타나 자기를 앉혀놓고 세상을 어떻게 살아야 할지 그리고 왜 자기가 이 세상에 있는지 속 시원하게 가르쳐줄지도 모른다는 기대를 가슴 한쪽에 품고 살았다. 그러나 초인은 나타나지 않았다. 물론 이런 사람이 나타날 리가 없다. 왜냐하면 우리는 실제로 어떤 것을 해보고 또 그것이 자기에게 맞다는 느낌이 드는지 확인해야만 그것을 직업으로 가질 수 있기 때문이다. 제각기 다른 삶들을 시도해 보고, 자기에게 딱 맞는 삶이 찾아오기를 기다리는 과정을 대체할수 있는 것은 아무것도 없다.

이런 와중에 해럴드는 자신이 어떤 방향으로 진화하고 있음을 깨달았다. 그런데 그 방향은 자기가 특별히 좋아하지 않는 방향이었다. 그는 감수성에 관한 한 남들보다 우월하다는 생각을 오래전부터 하고 있었다. 아직은 많은 걸 성취하지 못했지만 최소한 우월한 감수성에 대해서는 자부심이 있었다. 그는 직업적으로는 많은 성취를 이루었지만 개인적인 차원에서는 열등한 유명 인사들을 조롱함으로써 청년의 존재 혹은 지위에 대한 불안함을 이용해서 시청률을 올리는 코미디 프로그램을 보았다.

또한 그는 부끄러움을 모르는 아첨꾼이라고도 할 수 있었다. 그는 칵테일파티 같은 곳에서 잘 나가는 사람들에게 좋은 인상을 심어주려고 파티장을 바쁘게 누비고 다녔다. 지위가 높은 사람일수록 심리적인 평형상태를 유지하는 데 날마다 필요한 아첨의 양이 그만큼 더 많다는 걸 알았다. 그리고 그런 사람들에게 아첨을 하는 데 능숙해졌다.

해럴드는 또한, 밤에 친구들과 술을 마시면서 상사들을 씹어주기만 한다면 낮에 아무리 상사들에게 아첨을 해도 사회적으로 얼마든지 용인된다는 사실을 알았다. 또 대학교에 다니는 4년이라는 세월을 친구도 없이 혼자 외톨이가 되어 시트콤이나 보면서 보내던 찌질이들이 이

제는 촉망받는 프로듀서가 되어 있고 할리우드에서 '이달의 매력 있는
여자'로 꼽히는 것을 보고 깜짝 놀랐다. 어른의 세상은 신비롭긴 하지
만 한편으로는 내 마음대로 되지 않는 심술궂은 세상이었다.

오디세이기, 방황하며 길을 찾는 시기

삶에는 여러 단계가 있다. 그런데 이제 새로운 단계가 추가되었다. 이
런 과정이 나타난 세대에 해럴드도 속해 있었다. 예전에 사람이 살아가
는 삶의 단계는 네 가지였다. 유년기, 청년기, 성인기, 노년기. 그런데 이
제는 두 개가 추가되어 적어도 여섯 단계가 되었다. 유년기, 청년기, 오
디세이기, 성인기, 활발한 은퇴생활기, 노년기. 오디세이기는 청년기와
성인기 사이에서 방황하는 10년의 기간이다.

성인기는 네 가지 특징으로 규정할 수 있다. 부모 집에서 나와 공간적
으로 독립하기, 결혼하기, 가정 꾸리기, 재정적으로 독립하기. 1960년
에는 30세 미국인의 70퍼센트가 이런 특성을 모두 갖추고 있었다. 그
런데 2000년이 되면 이 비율은 40퍼센트 아래로 떨어진다. 이런 경향
을 주도해 왔던 서유럽에서는 비율이 한층 더 낮게 나온다.[3]

이 새로운 단계의 존재 여부는, 심리학자 제프리 아넷의 『청년기』, 사
회학자 로버트 워스나우Robert Wuthnow의 『베이비부머 이후After the Baby
Boomers』, 조셉 앨런과 클로디아 앨런Joseph and Claudia Allen의 공저 『끝없는
청년기에서 벗어나기Escaping Endless Adolescence』 그리고 브루킹스연구소
의 정치학자 윌리엄 갤스턴William Galston의 논문 등에서 제시하는 수많
은 수치 속에서 확인할 수 있다.

동거만 할 뿐 결혼을 미루는 현상은 전 세계적으로 점점 강화되고 있
다. 1970년대 초에 미국인 28퍼센트가 결혼을 하지 않은 채 동거 생활

을 했다. 그런데 1990년대가 되면 이 수치는 65퍼센트로 증가한다. 프랑스, 독일, 네덜란드, 영국을 대상으로 할 때 첫 결혼의 평균 나이가 1980~2000년 사이에 무려 대여섯 살이나 많아졌는데, 짧은 기간 동안 삶의 방식이 놀랍도록 빠르게 바뀌고 있음을 단적으로 보여주는 증거다. 1970년에는 스물다섯 살 미국인의 20퍼센트만이 결혼 경험이 없었는데, 이 수치가 2005년에 60퍼센트로 증가했다.[4] 또한 선진국에 사는 사람들은 학교에서 공부를 하는 데 보다 많은 기간을 보낸다. 2000년의 대학교 졸업생이 학위를 받는 데 들인 시간은 1970년의 졸업생에 비해서 평균적으로 20퍼센트 더 길었다.[5]

이런 변화는 서로 관련 있는 여러 가지 현상에서 비롯되었다. 사람들이 이전보다 더 오래 살고 또 성인으로 자리를 잡기까지 더 많은 시간을 들인다. 경제가 예전보다 더 복잡해지면서 선택할 수 있는 직업도 한층 다양해지고, 이 가운데서 자기에게 가장 잘 맞는 하나를 고르는 일에 더 많은 시간이 필요하게 되었다. 여성은 예전보다 교육을 더 많이 받고 있으며, 여성이 전업 직장인으로 살아가는 추세가 점점 강화되고 있다. 1970년에는 미국에서 가정 밖으로 나가 일을 하는 시간이 한 해에 50주 이상 되는 여성의 비율이 26퍼센트였는데, 이 비율은 2000년에 45퍼센트로 증가했다. 이런 여성 가운데 많은 사람이 직업적으로 안정적인 위치를 마련할 때까지는 결혼과 가정 꾸리기를 미루려고 한다. 스스로 원해서든 혹은 어쩔 수 없어서든 말이다.[6]

그래서 청년들은 성인기에 대해 양면적인 생각을 지닌다. 아넷이 주장하듯 이들은 성인기의 안정성을 원하면서도 일상의 고역에 묶이길 원하지 않는다. 자기 안에 있는 모든 가능성과 자발성을 제한하면서 자신의 꿈을 구속하고 싶지 않기 때문이다.

이런 변화는 해럴드와 친구들이 삶을 상상하는 과정에 거대한 영향을 끼쳤다. 예를 들어 이전 세대 사람들은 나이가 들 만큼 든 청년은 당연히 결혼을 해야 하고, 부부가 함께 힘을 합쳐 세상 속에서 투쟁하며 자리를 잡아가야 한다고 생각했다. 하지만 해럴드가 속한 사회계층은 일반적으로 견해가 달랐다. 자리를 먼저 잡아야 했다. 그리고 결혼을 감당할 여유가 있을 만큼 충분히 안정적일 때 결혼을 해야 한다고 보았다. 해럴드와 친구들 역시 대체적으로는 여전히 자식을 두 명 낳아서 교외에 집을 마련하고 안정적인 소득을 벌어들이며 안정적인 결혼 생활을 하고 싶어 했다.

한편 현재 세대에 속한 사람들은 이전 세대에 비해 부모가 자식을 위해 자신의 행복을 희생해야 한다는 명제를 보다 자연스럽게 받아들이는 경향이 있다. 그러나 현재 세대는 평화롭고 (비록 가끔씩은 그렇지 않을 때도 있지만 대체적으로는 그렇다) 번영을 구가하는 시대에서 성장해 자기들이 품고 있는 꿈을 이룰 능력이 스스로에게 충분히 있다는 놀라운 자신감이 있다. "나는 언젠가는 내가 이루고자 하는 삶의 목표를 이룰 것이라고 확신한다."

18~29세 사이 미국 청년 가운데 약 96퍼센트가 이 명제에 동의한다.[7] 이들은 자기들이 특별한 존재라고 생각했다. 비상식적으로 보일 정도다. 이런 모습과 1950년의 모습을 비교하면 놀랍다. 그해에 실시되었던 한 성격 검사에서 10대 청소년에게 자신이 중요한 사람이라고 생각하는지 물었는데 겨우 12퍼센트만 그렇다고 대답했다. 하지만 1980년대 말이 되면 이 수치는 80퍼센트로 증가한다.[8]

결국에는 모든 게 다 잘될 거라는 생각을 하고 있으면서도, 해럴드는 자신이 잘 제도화되지 않은 세상에 살고 있다는 것을 알았다. 인생의 여러 단계 중에서 오디세이기는 아직은 새로웠기 때문에 이 단계와 관련된 관습이나 제도가 아직 정착되지 않았다. 해럴드는 종교 단체에 소속되어 있지 않았다. 오늘날의 청년은 1970년대에 비해서 교회에 덜 나가는 경향이 있다.[9] 해럴드는 또한 인종적인 정체성도 명확하지 않았다. 그의 세계관은 특정한 지역 신문 혹은 단 한 사람의 지도자의 영향아래 형성된 게 아니었다. 오히려 인터넷 세상에서 훨씬 더 많은 영향을 받았다. 그의 세계관은 1930년대의 대공황이나 제2차 세계대전과 같은 역사적인 사건에 의해 붕어빵처럼 고정된 틀에서 찍혀 나오는 게 아니었다. 그는 심지어 예민한 경제적 압박에도 묶이지 않았다. 미국인은 18~34세 사이에 평균적으로 부모에게서 3만 8,000달러를 보조금으로 받는데,[10] 해럴드 역시 집세를 어느 정도 부모에게 의존했다.

이렇듯 해럴드는 보편적인 지침이라고는 (놀라울 정도로!) 거의 마련되어 있지 않은 사회적 지형 속에서 살았다. 어떤 때는 자신이 마음속에서 일련의 의견들이나 습관, 목표가 단단하게 굳어지기를 기다리고 있다는 느낌이 들기도 했다. 칼럼니스트 마이클 배런Michael Barone은 미국이 적당하게 인상적인 20대를 생산하는 동시에 매우 인상적인 30대도 생산하고 있다고 주장한다. 활짝 열려 있고 감시와 감독을 받지 않는 20대 청년들이 가지는 온갖 선택 기회들이 이전과는 다른 새롭고 훨씬 나은 유형의 인간을 만들어낸다는 게 배런의 주장이다.[11]

사실 해럴드는 여기에 확신이 서지 않았다. 친구 집의 너덜너덜한 소파에 앉아서 컴퓨터 게임을 하는 데 바보같이 너무 많은 시간을 보낸 것 같았다. 하지만 적어도 격렬한 즐거움으로 가득한 순간을 보냈고 또 수많은 친구를 사귄 것은 분명했다.

행복은 전염된다

해럴드는 어릴 때 부모와 함께 살았고 나중에는 아내와 함께 살았다. 그러나 그 사이에는 '집단group'과 함께 살았다. 여기서 말하는 집단은 친구다. 이들은 스물두 살에서 서른 살 사이의 연령대에 속하며 함께 대학교 생활을 했다. 그러다 한 무리의 친구들을 선택했고 이들의 수는 대략 스무 명이었다.

이 친구들은 보통 한 주에 한 번씩은 함께 저녁을 먹었다. 이 가운데에는 마크도 있었다. 물론 마크가 멀리 떠나 있지 않고 해럴드 가까이에 있을 때만 그랬다. 이들은 소프트볼 팀을 만들어서 함께 운동을 했고, 이 가운데는 따로 모여서 배구를 함께 하는 친구들도 있었다. 추수감사절이나 크리스마스 때 가족과 함께할 수 없는 구성원들을 위해서 따로 저녁을 먹기도 했다. 이들은 서로 돈을 빌렸으며 공항에 갈 일이 있으면 차를 태워주었고 이삿짐을 나를 때도 도왔다. 말하자면 전통적인 사회라면 대가족 사이에서 주고받을 법한 모든 도움을 주고받았다.

해럴드는 자기 친구들의 모임이 천재적 재능이 있는 구성원이 모인 최고의 집단이라고 확신했다. 한 친구는 싱어송라이터고, 또 한 친구는 레지던트고, 또 한 친구는 그래픽 디자이너였다. 심지어 변변찮은 일을 하는 친구라고 하더라도 열기구를 탄다거나 익스트림 스포츠를 즐긴다거나 ABC방송의 유명 퀴즈쇼 〈제퍼디!Jeopardy!〉에서 장차 분명히 우승자가 될 재능이 있는 등 모두가 다 특별한 면모를 지녔다. 그런데 이 모임에는 비공식적인 금지 사항이 하나 있었다. 집단에 속한 사람들끼리는 데이트를 하지 않는 것이었다. 하지만 집단 내에서 두 사람이 정말 진지한 관계로 발전할 때는 예외가 인정되었다.

이 집단에서 나누는 대화는 이 시기 해럴드의 삶에서 가장 유쾌한 부분이었다. 카페와 술집 그리고 파티에서 이들은 몇 시간씩 수다를 떨었다. 시트콤 〈서티 락30 Rock〉의 대사를 흉내 내고 상사의 흉을 보기도 했으며 취업 면접에 대비해 서로 가르침을 주기도 했다. 또 마흔 살이 넘은 사람이 공식적인 자리에서 스니커즈를 신어도 되는가 하는 진지한 주제를 놓고 열띤 토론을 벌이기도 했다. 또 대학교 시절을 회상하며 술에 취해서 누가 누구의 옷에 토사물을 쏟았던 이야기를 신나게 떠들기도 했다. 그리고 이들은 서로에게 철학적인 깊이가 있어 보이는 문자를 보내기도 했다. 예를 들면 이런 것이었다. '나의 자아도취 성향이 내가 가진 가장 흥미로운 특징 같지 않아?'

이들은 코리 닥터로Cory Doctorow의 SF 소설 『후피스Whuffies』에 나오는, 창의적이고 멋진 일을 했지만 그 바람에 빈털터리가 되고 만 사람들에게 주는 돈인 '후피스'를 서로에게 주기도 했다. 또 자기들 가운데 누가 가장 똑똑하거나 혹은 냉혹해서 세상에서 출세를 할까 하는 마음속의 질문들을 털어놓고 토론을 하면서 많은 시간을 보내기도 했다.

학자들은 지난 몇 년 동안 사회적 네트워크를 분석하는 작업과 관련해 많은 연구를 했다. 그리고 거의 모든 것에 전염성이 있다는 사실이 드러났다. 친구들이 뚱뚱하면 본인도 뚱뚱할 가능성이 높다. 친구들이 행복하면 본인도 행복할 가능성이 높다. 친구들이 담배를 피우면 본인도 담배를 피운다. 친구들이 외로움을 많이 타면 본인도 외로움을 많이 탄다. 실제로 니컬러스 크리스태키스와 제임스 파울러는 『행복은 전염된다』에서 어떤 사람이 뚱뚱할지 날씬할지 여부는 배우자보다 친구들에게 더 많은 영향을 받는다는 사실을 확인했다고 썼다.

그러나 솔직히 해럴드가 이 집단과 함께 시간을 보내는 걸 좋아했던 이유는 그런 행위의 효용 여부를 걱정하지 않아도 된다는 데 있었다.

이 집단의 일원이 된다는 것은 어떤 목적을 위한 수단이 아니라, 그 자체로 목적이었다. 친구들과 함께 있으면 살아 있다는 느낌을 받았다. 그것보다 더 우선하는 목적은 없었다. 이 집단에서는 몇 시간씩 수다를 떨어도 시간이 언제 그렇게 갔는지 모를 정도로 빠르게 흘러갔다. 또 이들은 함께 춤도 자주 췄다. 대부분의 사회 집단에는 각각 독특하게 의례화된 그 집단만의 춤이 있었다. 그런데 현대 미국 사회는 스퀘어댄스(남녀 네 쌍이 한 조가 되어 사각형으로 마주 서서 시작하는 미국의 전통 춤─옮긴이)를 비롯한 몇 개를 제외하고 대부분을 없애버렸다. 지금은 대부분의 춤이 커플 단위이고 섹스를 위한 예비 행위다. 그러나 해럴드의 집단이 모이면 모두 함께 춤을 췄다. 술집이나 아파트에 모여서, 짝을 이루거나 어떤 형태를 만들려는 의도 없이 그저 함께 춤을 추었다. 한 사람이 다른 사람들을 차례대로 상대하면서 돌아갔고, 그런 다음 전체 대형은 다시 형태를 만들며 돌아갔다. 이 춤은 어떤 의미를 담고 있지 않았다. 이성애의 감정을 자극하기 위한 게 아니었다. 그저 함께 있어서 즐거운 감정을 신체적으로 마음껏 표현하는 몸짓일 뿐이었다.

자유로울 것인가 헌신할 것인가

그러던 어느 날이었다. 정말 48시간 동안에 운명이 끼어들었다. 해럴드는 마크를 포함해 집단의 몇몇 친구와 함께 술집에서 월드컵 경기를 보고 있었다. 경기 시간은 몇 분 남지 않았고 경기는 절정을 향해 치닫고 있었다. 이때 마크의 머릿속에 생각 하나가 떠올랐다. 마크가 해럴드의 어깨를 툭 쳤다. "야, 너 LA로 가서 방송국 프로듀서 하고 싶지 않아?" 해럴드는 아주 잠시 마크를 봤다가 다시 축구 중계 화면으로 시선을 돌리며 대답했다. "너 진심으로 하는 말이야?" "진심 같은 거 필요 없어.

그건 운명인데 뭘."

텔레비전 화면에서는 일진일퇴의 공방이 진행되고 있었다. 술집에 있는 사람들은 비명을 질러댔다. 그리고 마크는 자기들이 함께 풀어나 갈 프로듀서로서의 인생을 묘사했다. 처음에는 쓰레기 같은 걸 만든다. 해설식의 광고일 수도 있고 경찰이 나오는 프로그램일 수도 있다. 그렇게 번 돈으로 그 판을 떠서 몇 년 동안 즐긴다. 그다음에는 보다 본격적인 걸 만든다. 그리고 전 세계 곳곳에 집을 사두고 더 많이 즐긴다. 그다음 HBO에서 드라마로 대박을 치고 세상을 들었다 놨다 한다. "정말 죽이지 않아? 배에 가득 실을 수 있는 돈, 총체적인 자유! 어느 것 하나, 어떤 단일한 사업이나 생각 하나에 매일 필요가 없는 거야! 완벽한 자유!"

재미있는 것은 마크가 자신이 하려는 것을 다 이루고 말 거라고 하면 해럴드는 그 말을 믿어 의심치 않는다는 사실이었다. 예전에 해럴드가 했던 표현을 빌리자면 마크에게는 '우주적인 차원의 천박함'이 있었다. 마크는 시장이 견딜 수 있을 딱 그만큼만 천박하다는 뜻이다. 너무 복잡하거나 너무 실험적으로 기우는 유혹에는 절대 넘어가지 않았다. 그가 좋아하는 것은 세상 사람도 좋아했다. 그가 증오하는 것은 세상 사람도 증오했다. 적어도 초저녁의 텔레비전 프로그램과 토요일 밤의 영화를 위해서 살고 또 죽는 세상 사람이라면 모두 마크와 한편이었다. 그래도 해럴드는 찜찜해서 꽁무니를 뺐다. "어떻게 그렇게 살아?"

그래서 논쟁이 벌어졌다. 오래전 해럴드가 기숙사 방에 들어서면서 처음 마크를 보았던 대학교 1학년 때부터 시작된 논쟁이었다. 자유냐 책임이냐를 가르는 논쟁, 가고 싶은 곳에 마음대로 가는 자유로운 인생과 한자리에 뿌리를 튼튼하게 박고 사는 헌신적인 인생 중 어느 쪽이 더 행복한 삶인지에 대한 논쟁이었다.

마크와 해럴드가 각각의 주장을 펼쳤다. 하지만 두 사람 모두 유효 득점을 획득하지는 못했다. 마크는 세계를 여행하고 새로운 것을 시도하는 등의 흥미로운 유희거리를 끊임없이 묘사했다. 그리고 이것을 날마다 똑같은 시간에 출근해서 똑같은 일을 하고 똑같은 아내가 있는 집으로 돌아오는, 자포자기적인 삶을 덮으려고 혼자 술을 마시고 잠자리에 드는 중년의 단조로운 일상과 대조시켰다. 하지만 해럴드는 오랜 친구들이 함께 식사를 하고 아이들이 성장해서 공동체나 도시에서 두각을 드러내는 걸 지켜보는 모습 등 사랑이 가득한 안정적인 인간관계를 묘사했다. 그리고 이것을 변태 수준으로 대담한 섹스, 덧없는 재산, 화려한 사치 그리고 슬프고 외로운 노년 생활과 대조시켰다.

이것은 소설 『길 위에서』와 『멋진 인생 It's a Wonderful Life』이 벌이는 오랜 논쟁이기도 하다. 사회과학이 이런 논쟁들을 해결할 수 있다면, 학자들이 연구하고 조사한 자료는 아마 해럴드의 편을 들어줄 것이다.

최근에 학자들은 사람을 행복하게 만드는 것이 무엇인지 조사를 하는 데 많은 시간을 들였다. 작업은 주로 사람들에게 행복한지 물은 뒤에 그들이 내놓는 대답을 삶의 다른 요소들과 연관 짓는 방식으로 이루어졌다. 이 방법은 근거가 박약한 듯 보이지만, 놀랍도록 일관성 있고 믿을 만한 결과를 내놓는다.

학자들이 발견한 첫 번째 사실은 돈과 행복의 상관성은 명확하게 파악하기 어렵다는 것이다. 부유한 나라일수록 행복한 나라일 가능성이 높고, 부유한 사람일수록 행복한 사람일 가능성이 높다. 그러나 이 상관성은 그다지 크지 않다. 또한 이 상관성은 행복을 어떻게 정의하느냐에 따라서 달라진다. 그래서 전문가들 사이에서 격렬한 논쟁의 주제가 된다. 브루킹스연구소의 캐럴 그레이엄 Carol Graham은 저서 『전 세계

의 행복Happiness Around the World』에서, 일본의 1인당 GDP가 나이지리아
의 1인당 GDP의 스무 배나 되는데도 나이지리아인은 자기들이 일본인
만큼 행복하다고 믿는다고 지적했다. 그리고 방글라데시에서 자기 삶
에 만족한다고 대답한 사람은 같은 대답을 한 러시아 사람보다 두 배나
많다. 미국의 생활수준은 지난 50년 사이에 엄청나게 높아졌다. 그러
나 이런 상황이 곧바로 같은 비율의 행복 상승을 낳지는 않는다. 오히
려 미국은 한층 더 불평등한 사회가 되었다. 그런데 이런 불평등이 국
민 전체의 행복을 감소시킨 것 같지는 않다. 심지어 빈민층에게서조차
도 그렇다.[12]

　복권 당첨이라는 사건은 단기적으로는 행복을 안겨준다. 그러나 장
기적으로 보자면 이것의 효과는 미미하다.[13] 빈민층에서 중산층으로 올
라설 때 얻는 행복은 중산층에서 상류층으로 올라설 때 얻는 행복보다
더 크다. 행복 증가율은 위로 올라갈수록 제로에 접근한다. 사람은 중
년에 가장 많이 승진하지만 이 시기에 가장 행복하지는 않다. 사회적인
경력을 막 시작하는 20대와 그 경력을 접고 물러나는 60대에 가장 행
복하다. 물질적으로 잘사는 것을 크게 강조하는 사람은 그렇지 않은 사
람에 비해 덜 행복해하는 경향이 있다.

　학자들이 밝혀낸 또 하나의 분명한 사실은 사람들이 무엇이 자기를
행복하게 만드는지 판단하는 데 무척 서툴다는 점이다. 사람들은 일과
돈, 부동산을 지나치게 높게 평가한다. 또 친밀한 유대감이나 힘들게
노력하는 과정을 지나치게 낮게 평가한다. 평균적인 미국인은 한 해에
9만 달러만 벌어도 "자기의 모든 꿈을 이룰 수 있다"고 말한다.[14] 그러
나 증거를 놓고 보자면 이들의 생각이 틀렸음을 알 수 있다.

　돈과 행복 사이의 상관성은 복잡하지만, 사회적인 유대와 행복 사이

의 상관성은 단순하고 명쾌하다. 인간관계가 깊으면 깊을수록 사람은 더 행복하게 산다. 결혼 생활을 오랜 세월 지속하는 사람은 그렇지 않은 사람보다 더 행복하다.[15] 한 연구보고서에 따르면 결혼 관계를 유지하는 것은 한 해에 10만 달러를 버는 것과 심리적 이득이 동일하다.[16] 또 다른 연구보고서에 따르면 한 달에 한 차례 만남을 가지는 모임의 회원이 되는 것은 소득이 두 배로 오를 때와 동일한 행복을 가져다준다.[17]

1년 동안 동일한 사람과 섹스를 하는 사람은 같은 기간 동안에 여러 명과 번갈아 가며 섹스를 하는 사람보다 행복하다.[18] 친구가 많은 사람은 그렇지 않은 사람보다 스트레스 지수가 낮으며 더 오래 산다.[19] 노벨상을 받은 심리학자 대니얼 카너먼, 경제학자 앨런 크루거Alan B. Krueger, 심리학자 데이비드 슈케이드David Schkade를 비롯한 여러 연구 결과에 따르면 행복과 가장 많이 연관된 일상 활동은 모두 (섹스를 한다거나, 퇴근 후에 사람들과 어울린다거나, 친구들과 식사한다거나 하는 따위의) 사회적인 활동인 데 비해, 행복에 가장 해로운 일상 활동은 출퇴근처럼 고립된 활동이다.[20] 또한 행복과 가장 밀접하게 연관되어 있는 직업은 사회적인 직업(기업의 관리자, 미용사, 건강 관련 강사 혹은 코치)이지만, 행복에 가장 해로운 직업은 올바른 사회적 관계와 거리가 먼 직업(성매매)이나 덜 사회적인(기계공) 직업이다.[21] 플로리다주립대학교의 심리학자 로이 바우마이스터Roy Baumeister 교수는 이런 사실을 다음과 같이 요약했다. "어떤 사람이 좋은 인간관계를 유지하는지 외롭게 살고 있는지는 그 사람이 느끼는 행복감의 정도를 다른 어떤 것보다 정확하게 예측할 수 있는 지표가 된다."[22]

평생 이어지게 될 일명 '어떻게 살 것인가' 논쟁에서 마크는 자유와 활짝 열린 길을 찬양하는 영화와 노래를 인용했다. 그러자 해럴드는 그 모든 영화와 노래는 청소년을 대상으로 한 마케팅 전략의 결과물일 뿐이라고 반박했다. 그러면서 어른이라면 마땅히 두 가지를 바라야 하며, 자기는 인생에서 그 두 가지를 모두 바란다고 말했다. 첫 번째는 결혼 생활이었다. 결혼 생활을 도중에 깨지 않고 끝까지 유지하고 싶다고 했다. 이렇게만 된다면 직업과 관련해서 아무리 실패를 많이 해도 여전히 행복할 수 있을 거라 믿었다. 하지만 결혼 생활이 불행하면 직업과 관련해서 아무리 크게 성공을 해도 삶이 충족되었다는 느낌이 들지 않을 것이라고 주장했다.

해럴드는 두 번째로 직업이나 취미에서 자기 능력을 모두 쏟을 수 있는 활동을 찾고 싶다고 했다. 그는 어떤 것에 매달려서 정말 열심히 노력하며 좌절도 겪지만, 결국 이런 고된 땀방울의 결과로 성공이라는 봉우리를 정복하고 사람들에게 인정을 받는 자신의 모습을 상상했다.

그런데 해럴드는 이 두 가지 목표가 상충된다는 것을 알았다. 결혼 생활은 혼자서 즐길 수 있는 여가 시간을 갉아먹을 테고, 여가 활동은 친구들과 함께 보낼 수 있는 시간을 훔칠 터였다. 이 문제를 어떻게 해결해야 할지 해럴드는 알 수 없었다. 하지만 이런 것들이 그가 원한 것이었고, 이들 가운데 그 어떤 것도 마크가 관심을 가지는 자유분방하게 여기저기 떠도는 삶과 양립할 수 없었다. 해럴드는 개인의 충족과 해방 그리고 개인주의를 40년 동안 찬양해 온 문화 속에서 성장했다. 하지만 그는 자기에게 필요한 것은 더 많은 공동체와 더 많은 인간관계, 더 많은 교감임을 깨달았다. 자기 자아를 혼자 외롭게 세상에 내보낼 수는 없었다. 다른 사람들과 한데 어울리게 해야 했다. 오로지 그런 상황 아래에서만 세상을 살아갈 수 있었다.

인생은 뜻밖의 일들로 가득한 법이다. 여러 달 동안 괜찮은 직업을 찾으려고 이리저리 뛰어다니다가도 하룻밤 사이에 멋진 제안 두 개를 동시에 받을 수 있다. 여러 해 동안 영혼의 동반자를 찾아 헤매도 찾지 못하다가 어느 날 갑자기 두 사람에게 동시에 이끌리기도 한다. 마크와 논쟁을 벌이면서 인생의 어느 한쪽 길을 포기한 다음 날이었다. 바로 이날 해럴드는 또 하나의 제안을 받았다. 전혀 다른 인생이 해럴드 앞에 열린 것이다.

그 제안은 함께 점심을 먹자는 이메일로 왔다. 에리카라는 여자가 보낸 이메일로, 이 여자는 해럴드의 친구의 친구였다. 에리카는 회사를 창업하려고 하며 자기를 도와줄 사람을 찾고 있는데, 해럴드가 적임이라는 얘기를 들었다고 했다. 해럴드는 페이스북에서 그녀의 사진을 확인했다. 뼈대가 가는 라틴-아시아계 여자였다. 해럴드는 그녀와 함께 할 일에 대해서는 아는 게 아무것도 없었다. 하지만 그녀에 대해서 아는 것을 마다할 마음은 없었다. 점심 제안을 기쁜 마음으로 받아들이겠다고 답장을 썼다. 그러면서 그 일에 관심이 있는 척했다. 그러나 이미 마음속에서는 낭만적인 환상이 방울방울 피어나고 있었다.

사랑

나 아닌 사람과 하나가 될 때
느끼는 쾌감

해럴드와 에리카는 스타벅스에서
첫 만남을 가졌다. 해럴드가 자기에게 필요한 적절한 인물인지 면접을
보려고 에리카가 마련한 자리였다. 에리카는 먼저 도착해서 그가 오기
를 기다렸다. 해럴드는 정장 차림에 백팩을 메고 있었다. 이 백팩이 해
럴드의 첫인상에 약간 부정적인 요소로 작용했다. 에리카는 해럴드가
오기를 기다리면서 커피를 마시고 있었고 해럴드는 자리에 앉아서 자
기소개를 했다. 생기가 넘치고 쾌활해 보였다. 비록 그의 태도가 격식
을 차리지 않는 것 같아서 에리카의 취향이 아니긴 했지만 말이다.

자질구레한 개인 신상 이야기로 들어가는 해럴드의 말을 에리카가
잘랐다. "그런 얘긴 이따가 하고요. 우선 내가 누구인지 그리고 무엇을
하려고 하는지 말씀드릴게요." 에리카는 자기가 살아온 이야기를 간단
하게 한 뒤에 준비하고 있던 컨설팅 사업을 간략하게 설명했다. 그러면
서 지금까지 자기가 겪고 있는 어려움을 솔직하게 다 털어놓았다. "내
가 원하는 것은 행동경제학과 관련 분야를 파고드는 독특한 판매 제안,
고객이 필요로 하는 것을 충족시키는 데 도움이 되는 제안입니다. 이런
제안을 마련해 줄 수 있는 사람, 나는 이런 사람을 원합니다."

에리카는 빠르게 말했다. 그녀는 결코 인정하려 하지 않겠지만 무슨
까닭인지 신경이 많이 쓰이고 불편해서였다. 해럴드는 사실상 면접을

받는 사람으로서는 전문가나 다름없었다. 그동안 취업 면접을 본 것만 해도 수십 번이고, 이제는 면접관의 경계심을 푸는 그만의 독특한 기술까지 터득했다. 하지만 그 자리에서는 그 기술을 사용하지 않았다. 오히려 에리카의 딱딱하고 사무적인 말투에 바짝 긴장하기까지 했다. 하지만 해럴드는 그녀가 마음에 들었다. 그녀의 성장 배경과 거칠고 강인한 태도에 매혹되었다. 특히 10년 뒤에는 무엇을 하고 있길 바라는가 따위의 개소리 같은 질문을 하지 않는다는 사실이 마음에 들었다.

에리카가 던진 질문들은 정확하고 또 실제적이었다. "대니얼 카너먼이라는 학자를 압니까?" "아뇨." "예전에 어떤 리서치 프로젝트를 맡아서 해본 적 있습니까?" 해럴드는 자기는 책임감이 강한 사람이라고 과장해서 말했다. 하지만 그렇게 많이는 과장하지 않았다. "프로젝트 차원에서 사실 확인 작업을 해본 적이 있습니까?" "예." 여기까지 질문을 한 뒤에 에리카는 몇 가지 특이한 질문을 하기 시작했다. 그녀는 해럴드에게 대학 생활에서 경험했던 문화를 설명해 보라고 했다. 또 이런 질문도 했다. "정책 관련 잡지를 만드는 일을 하는 것과 수익을 추구하는 회사에서 일을 하는 것이 어떻게 다르다고 생각하십니까?"

면접은 25분 만에 끝났다. 에리카는 해럴드를 고용하기로 했다. 해럴드는 연봉 5만 5,000달러를 요구했다. 에리카는 연봉 6만 달러를 주기로 했으며 사업이 본격적으로 진행되면 더 올려주겠다고 했다.

사무실이 따로 없었기에 두 사람은 한 주에 세 번씩 에리카의 집에서 만났고, 해럴드는 일감을 들고 그녀의 집으로 갔다. 에리카는 해럴드가 올 때 주방의 식탁이 검소하게 보이도록 신경 썼다. 외관상 전문가의 분위기가 느껴지도록 하기 위해서였다. 그리고 침실의 문은 언제나 꼭 닫아두었다. 그리고 냉장고에 자석으로 된 이런저런 광고물이 붙어 있지 않도록 주의했다. 가족이나 친구의 사진도 해럴드의 눈에 띄지 않도록 치워뒀다. 한편 해럴드는 부엌에 있는 칼 종류와 접시에 깊은 인상을 받았다. 해럴드는 접시를 세워놓고 말리는 선반, 똑같이 생긴 포트 및 팬 여섯 개, 맥줏집에서 공짜로 얻은 병따개 등 대학교 때 샀던 부엌 용품을 아직도 그대로 쓰고 있었다. 자기와 동갑인 에리카는 이미 어른의 부엌을 가지고 있구나, 하고 해럴드는 생각했다.

하지만 사업과 관련해서 해럴드가 보지 못한 부분들이 있었다. 에리카는 해럴드가 잠재 고객을 만나지 못하게 했다. 해럴드는 자기가 얼마나 일을 해서 어느 정도의 결과물을 내야 회의에 참여할 수 있을지조차 알지 못했다. 에리카는 잠재 고객의 이름과 두 사람이 풀고자 하는 문제의 특성 그리고 고객의 의뢰를 따내려면 반드시 해야 하는 일들의 목록 등을 담은 이메일을 보내곤 했다. 그러면 해럴드는 그 일에 매달렸다. 낮에는 자고 밤에는 일을 했다. 그리고 어느 정도 성과가 나오면 약속을 정해서 그녀의 집에 찾아가 그동안 작업한 내용을 보고했다. 그녀는 친절하게 맞으며 중국차와 납작하게 썬 당근을 내놓았다. 그러면서도 언제나 단호한 태도를 잃지 않았다.

사업은 점차 순조롭게 돌아가기 시작했다. 제안서 작성 및 리서치 작업의 리듬이 빠르게 돌아갔다. 어떤 회사는 마케팅 부서 사람들과 제조 현장의 기술자들 사이의 벽을 허물어뜨리는 방안을 알고 싶어 했다. 또 어떤 회사는 청년을 대상으로 한 계좌 개설 마케팅 방법을 찾고자 했다. 에리카는 해럴드에게 자기가 원하는 것에 대한 지시 사항 및 그 정보를 찾을 수 있는 출처에 대한 조언들을 전달했다. 한편 해럴드는 에리카가 편했고, 일을 진심으로 즐겼다. 만일 두 사람 사이의 인간관계가 꽃을 피운 기간이 있다면 그건 편집 작업을 할 때였을 것이다.

에리카는 확보한 고객과 몇 차례 회의를 했다. 그리고 해럴드에게 리서치 프로젝트를 맡겼다. 그러면 해럴드는 메모를 한 다발 작성했고 에리카는 이것을 가지고 고객에게 전달할 보고서의 초안을 만들었다. 해럴드가 하는 작업의 3분의 2 정도는 리서치 작업과 메모 작성 작업이었고 나머지 3분의 1은 에리카가 쓰는 보고서를 검토하고 부족한 부분을 보충하는 작업이었다.

두 사람이 보고서 작업을 하려고 처음 함께 앉았을 때 에리카는 고마운 마음에 거의 울음을 터뜨릴 뻔했다. 해럴드에게는 무언가를 읽어내는 능력과 누군가가 원하는 것을 정확하게 파악하는 능력이 있었다. 에리카는 해럴드가 초고에 대한 피드백을 줄 때 그가 자기 말을 경청하고 또 깊이 있게 이해한다는 느낌을 받았다. 해럴드에게는 얼핏 스치는 아이디어를 포착하고 거기에 매혹될 줄 아는 재능이 있었다. 그는 에리카의 초고 가운데 몇몇 부분에 대해서는 최고라면서 신이 나서 떠들었다. 에리카에게 우쭐하는 마음이 들었다. 이럴 때면 자기가 일류 스타라도 된 듯한 기분이 들곤 했다. 또 해럴드는 어떤 부분엔 줄을 세 개나 치고서 이런 생각을 어떻게 할 수 있는지 모르겠다는 감탄 어린 눈으로 에리카를 바라보곤 했다. 또 좋지 않은 부분은 아직 파내지 않은 금맥을 대하는 눈으로 바라보았다. 마음속으로 아직 잘 정리되지 않아서 모호한 부분을 쓸 때 에리카는 애매하고 고상한 표현을 여러 번 반복하는 경향이 있었다. 해럴드는 별 의미가 없는 이런 부분을 깔끔하게 쳐냈다. 그러고는 그 공백을 적절하게 메웠다. 그는 그녀의 목소리로 글을 쓰고 그녀의 스타일로 생각하는 능력을 개발했다. 그리고 그녀의 말이 실제보다 더 깔끔하고 똑똑하게 들리도록 했다. 대단한 편집자였다. 그는 자신의 자아를 녹여 다른 사람의 이름으로 글을 쓰는 데서 굉장한 즐거움을 찾았다.

여섯 달 뒤, 두 사람은 자기들만의 암호로 이야기할 수 있게 되었다. 문자 몇 개만으로도 앞으로 해야 할 것들을 모두 가리킬 수 있었다. 에리카는 해럴드에게 전달하는 피드백 메모에 농담을 써넣을 정도로 긴장을 풀었다. 한번은 이런 글을 메모에 써넣었다. '나는 이 부분 죽어도 못 하겠음.'

이런 행위는 자기가 약점이 많고 연약한 존재임을 에리카 스스로 드러내는 것이었다. 한편 해럴드는 새로운 사실을 발견하면 밤에도 전화를 걸어서 자는 사람을 깨웠고, 열정에 들떠 얼굴에 홍조를 띠었다. 때로 두 사람은 에리카 집의 식탁에서 벗어나 밖으로 나가 치킨을 먹으면서 함께 보고서를 편집하기도 했다. 한번은 에리카가 고객을 만나러 멀리 출장을 갔는데, 해럴드가 이메일 끝에다가 '보고 싶네요'라고 썼다. 그러자 에리카는 블랙베리로 '나도 보고 싶네요'라고 문자를 보냈다.

에리카는 당시에 남자를 찾는 데는 의식적인 관심을 기울이지 않았다. 그녀에게 해럴드는 사귀어보고 싶다는 생각을 해볼 수 있는 유형의 남자가 전혀 아니었다. 자기만큼 거칠지도 않았다. 기업계에서 거물이 되겠다는 야망도 없었다. 해럴드는 그야말로 에리카가 산 채로 잡아먹을 수도 있는 종류의 만만한 남자였다. 그러나 여러 달이 지나면서 에리카는 해럴드에게 진짜 애정을 품게 되었고, 이런 사실을 본인도 깨달았다. 해럴드는 진정으로 좋은 사람이었다. 해럴드는 그녀가 성공하기를 마음 깊이 바라고 응원했다.

어느 날 오후, 연이어 힘들게 일을 한 뒤였다. 해럴드는 에리카에게 함께 자전거를 타러 가자고 했다. 에리카는 몇 년 동안 자전거를 타지 않았고 당연히 자전거도 없었다. 에리카가 탈 자전거는 자기 룸메이트에게 빌리면 된다고 해럴드가 말했다. 이렇게 해서 두 사람은 함께 해럴드가 사는 아파트로 갔고, 한 번도 가보지 않았던 그 집에서 에리카는 체격이 건장하고 매력이 철철 넘치는 해럴드의 룸메이트를 처음 만났다. 두 사람은 밖으로 나가 함께 자전거를 탔다. 에리카는 트레이닝복을 입었고 해럴드는 평소 입는 옷차림인 반바지에 티셔츠 그대로 나섰다. 자전거용 헬멧은 둘 다 유별나게 유치하고 바보 같았지만 해럴드는 개중에 덜 바보 같은 헬멧을 에리카에게 양보했다. 두 사람은 자전거를 타고 16킬로미터가량 달렸고, 에리카는 자기도 할 수 있다는 걸 보여주고 싶은 마음에 해럴드를 추월하려고 페달을 힘껏 밟아 언덕길을 올라갔다. 마침내 두 사람은 가파른 언덕 위에 서서 호수를 바라보았다. 그런 뒤 에리카는 다시 달아났다. 해럴드를 멀찌감치 떼어놓고 달리면서 깔깔 웃었다. 그러나 30미터쯤 앞서 달리던 에리카를 해럴드가 금방 따라잡았고 추월했다. 그냥 추월한 게 아니라 그야말로 폭풍처럼 추월했다. 에리카가 뒤로 빠르게 달려가는 것처럼 보일 정도였다. 해럴드의 얼굴에는 함박 미소가 피어 있었다. 해럴드는 조금도 숨이 차지 않았다. 에리카는 해럴드에게 그런 힘이 있는지 전혀 몰랐다.

해럴드가 언덕 꼭대기에 멈춰 서서 에리카가 가쁜 숨을 몰아쉬며 다가오는 걸 바라보았다. 해럴드는 여전히 얼굴에 커다란 미소를 띠고 있었고 에리카는 숨을 몰아쉬는 사이사이에 깔깔거리며 웃었다. 그리고 그녀는 해럴드에게 다가서며 그의 눈을 바라보았다. 해럴드의 눈을 그렇게 깊이 들여다본 건 처음이었다. 거기서 그가 좋아하고 가슴에 품고 있는 것들을 보았다. 그건 바로 플래그풋볼(약식 미식축구로 공을 가진 선수가 허리에 매달린 깃발을 빼앗기지 않으며 상대 진영에 자신의 공을 들고 들어가는 게임-옮긴이), 세계의 고전이 가득 들어 있는 백팩, 그리고 자기에 대한, 자기와 함께하는 프로젝트에 대한 열정 같은 것들이었다.

두 사람은 언덕 정상에서 자전거를 탄 채로 앞에 펼쳐진 전경을 바라보았다. 그리고 에리카는 자기 손을 슬쩍 해럴드의 손 안으로 밀어 넣었다. 해럴드는 에리카의 거칠고 강한 손바닥 감촉과 그 사랑스러움에 깜짝 놀랐다.

사랑에 빠진 것을 어떻게 아는가

몇 주 뒤였다. 혼자 아파트에 앉아 있던 해럴드는 문득 인생이 엄청나게 잘 풀리고 있다는 느낌이 들었다. 사람은 누구나 최대 성능으로 작동하는 지위 탐지기를 장착한 채로 살아간다. 우리는 수중 음파탐지기처럼 지위를 측정하기 위한 음파를 끊임없이 외부를 향해 쏘고, 또 긍정적이든 부정적이든 되돌아오는 신호를 받아 사회에서 인정되는 자신의 지위를 파악한다.

해럴드는 주변을 둘러보았다. "띵!" 플러스 신호가 돌아왔다. 그는 이 집의 개방적인 공간과 높은 천장이 무척 마음에 들었다. 이번에는 자기 복근을 내려다보았다. "띵!" 마이너스 신호가 돌아왔다. 아무래도 운동을 더 해야 할 것 같았다. 이번에는 거울 속의 자기 얼굴을 보았다. "띵!" 중립적인 신호가 돌아왔다. 조각 미남은 아니었지만 그래도 괜찮았다. 하지만 지금보다 더 나빠질 수도 있었다.

이 지위 탐지기는 하루 종일 작동한다. 플러스 신호와 마이너스 신호 그리고 중립적인 신호가 하루 종일 쏟아져 들어와 만족과 행복, 불안, 의심 따위를 불러일으킨다. 이 지위 탐지기의 작동은 대부분 무의식 차원에서 진행된다. 쾌락적 요구를 좇는, 의식적 차원을 넘어서는, 존재 자체의 자율적인 작용이다. 사람들은 탐지기가 쏜 음파가 되돌아올 때

플러스 신호로 돌아오는 건 될 수 있으면 많게 하고 반대로 마이너스 신호로 돌아오는 건 될 수 있으면 적게 하는 데 인생의 많은 부분을 쏟는다고 예전에 마크가 말했었다. 인생의 많은 부분은 되돌아오는 신호가 플러스가 되도록 조정하는 부단한 과정이라는 말이었다.

그런데 문제는 그 누구의 지위 탐지기도 정확하지 않다는 데 있다. 어떤 사람은 자기 지위를 실제보다 부풀려서 평가한다. 이들은 사회 속에 존재하는 자신의 서열을 크게 부풀린다. 실제로는 여섯밖에 없지만 여덟이 있다고 생각하며, 아홉이 있는 여자에게 대시를 했다가 퇴짜를 맞으면 무슨 이런 일이 있느냐며 황당해한다. 또 어떤 사람들은 자신의 지위를 낮춰서 평가한다. 이런 사람들은 자기가 갖춘 자격이면 충분히 할 수 있는 일임에도 손사래를 치며 뒤로 물러난다. 경쟁자에게 맥없이 지고 말 거라고 지레 겁을 먹어서다.

남성 우월주의의 오랜 역사가 이어져 왔던 터라 남자는 일반적으로 자기 지위를 부풀려서 평가한다. 런던 유니버시티칼리지의 심리학자 에이드리언 펀햄Adrian Furnham 교수가 전 세계의 남성을 대상으로 연구 조사를 한 결과 남자는 자신의 지능을 부풀려서 평가한다는 사실이 밝혀졌다.[1] 또 다른 연구 논문은 미국 남성의 95퍼센트가 자신의 사회성 기술이 상위 50퍼센트 안에 든다고 믿는다는 사실을 확인했다.[2] 하지만 여성은 자기 지위를 낮춰서 평가하는 경향이 있다. 여자는 보통 자기의 아이큐 점수를 실제보다 평균적으로 약 5점 아래로 파악한다.[3]

하지만 해럴드의 탐지기는 장인의 솜씨로 만든 스위스제 시계 같았다. 균형을 갖췄고 민감하며 적절하게 너그러웠다. 행복하게 사는 대부분의 사람이 그렇듯 해럴드는 자신의 의도와 친구들의 행위로써 자신을 평가했으며, 경쟁자들을 평가할 때는 그들이 저지르는 실수를 기준으로 삼았다. 탐지기가 보내오는 신호는 계속되었다. "띵!" "띵!" "띵!"
플러스 신호가 계속 들어왔다.

　해럴드가 에리카와 함께 있는 자기 자신을 상상할 때면 플러스 신호
가 홍수처럼 쏟아졌다. 모든 사람이 경험하는 위대한 사랑의 첫 번째
연료는 야망이라고 스탕달은 말했다. 해럴드는 단지 한 인간으로서의
에리카에게 반한 게 아니었다. 가난한 사람의 대열에서 벗어나 부자의
대열로 올라서려고 열심히 노력하는 그녀가 발산하는 아우라에 반했
다. 자기와 에리카가 함께 도달하게 될 그 자리를 생각하면 가슴이 뛰
었다. 해럴드는 자기들 둘이 함께 있는 모습을 상상했다. 영화 〈헛소동
Much Ado about Nothing〉의 인물인 베네딕과 베아트리스처럼 디너 파티에
서 깔깔거리며 유쾌하게 장난을 치는 모습이었다.

　동시에 가슴 깊은 곳에서 무언가가 일어나고 있었다. 이때까지 해럴
드는 예측 가능한 수준에서 살았다. 하지만 지금은 보다 깊은 곳에서
억누르기 힘든 충동이 일어난다는 사실을 깨달았다. 이런 깨달음은 평
생 한집에서 살았는데 갑자기 거실 바닥에 숨겨져 있는 비밀의 문이 열
리면서 아래로 추락하고 지하에 또 다른 세계가 있다는 사실을 깨닫는
것 그리고 다시 그 세계 아래에 또 다른 세계가 있다는 사실을 깨닫는
것이었다. 영국의 시인 매튜 아널드Matthew Arnold는 이것을 다음과 같이
표현했다.

　　표면의 흐름 아래, 얕고 가벼운 그 아래
　　우리가 느낀다고 말하는, 그 흐름 아래
　　마치 불빛처럼, 우리가 느낀다고 생각하는, 그 흐름 아래
　　소리 없는 강력한 거친 물살, 모호하고도 깊은

그 중심적인 흐름, 우리가 진정으로 느끼노니.[4]

해럴드는 에리카를 생각하지 않고는 5분도 견딜 수 없었다. 혼자 거리를 걷노라면 길에서 보이는 사람들 속에서 에리카를 본 것 같다는 착각을 몇 번이고 반복했다. 음식도 거의 먹지 않고 친구들의 연락도 무시했다. 해럴드의 마음은 한껏 고조되었다. 예전에는 지루하기만 하던 것들이 이제는 너무나 재미있었다. 예전에는 짜증스럽게만 보이던 사람들이 이제는 그렇게 따뜻하고 자상할 수 없었다. 흰털발제비가 짝짓기를 할 때면 암수 한 쌍의 새가 이 가지에서 저 가지로 빠르게 옮겨 다니면서 황홀경의 새된 소리로 우짖는다. 해럴드가 지금 그랬다. 밤을 꼬박 새워가며 쉬지 않고 일해도 끄떡없을 정도로 에너지가 철철 넘쳤다.

어느 틈엔가 그는 에리카가 처음 자기 손을 잡았을 때 이후로 두 사람 사이에 있었던 소중한 일들을 떠올리고 있었다. 그녀의 집에서 중국식으로 저녁을 먹었던 일, 처음으로 사랑을 나눈 일…. 밖으로 나가 조깅을 할 때도 그의 머릿속에는 그녀가 등장하는 온갖 상상이 떠올랐다. 이런 상상 속에서 그는 위험에 빠진 그녀를 영웅적으로 구출하곤 했다(달리는 행위와 이때 뇌에서 방출되는 원초적인 화학물질이 이런 터무니없는 공상을 불러일으킨다).

그러다가 어느 순간에는 그녀를 잃어버릴지도 모른다는 공포에 휩싸이기도 했다. 아메리칸 인디언의 한 부족인 콰키우틀족의 19세기 시한 편이 해럴드가 경험하는 달콤하고도 격정적인 감각을 잘 포착한다.

수많은 불길이 내 육신을 타고 흐르니/당신을 사랑하는 고통이오/고통이 당신을 향한 내 사랑의 불길들로 내 육신을 타고 흐르니/당신을 향

한 내 사랑으로 현기증이 내 육신에 스멀거리고/…/당신을 향한 내 사
랑으로 고통은 금방이라도 터질 것처럼 부글부글 끓으니/당신이 내게
한 말을 나는 기억하오/나를 향한 당신의 사랑을 나는 생각하노니/나
를 향한 당신의 사랑에 나는 갈기갈기 찢기우오[5]

요크빌대학교 파비 가네Faby Gagné 교수의 여러 논문에 따르면 사랑에
빠진 사람의 95퍼센트는 자기가 사랑하는 사람의 외모, 지능, 인정, 유
머 감각이 평균보다 높다고 믿는다. 이는 예전에 사랑했지만 지금은 헤
어진 사람에 대한 평가, 즉 마음이 편협하고 정서적으로 불안정하며 전
체적으로 기분이 나쁘다는 내용과 뚜렷하게 대비된다.[6] 해럴드도 이런
사람들과 전혀 다르지 않았다. 달콤한 자기만족의 환상에 빠져 에리카
는 모든 점에서 완벽한 여자라고 생각했다.

해럴드는 스탕달이 '결정 작용crystalization'이라고 불렀던 마음의 상태
를 경험하고 있었다. 스탕달은 수필 『연애론Love』에서 잘츠부르크 인근
에 있던 한 소금 광산을 묘사했다. 이 광산에서 노동자들은 잎이 다 떨
어지고 없는 나뭇가지를 폐광 구덩이에 던져놓곤 했다. 그리고 두세 달
뒤에 꺼낸 이 나뭇가지에는 다이아몬드처럼 반짝거리는, 뭐라고 표현
할 수 없을 정도로 아름다운 결정체가 달라붙어 있었다. 계속해서 스탕
달은 수필에 이렇게 썼다. "내가 결정 작용이라고 불렀던 것은 사랑하
는 사람이 완벽함을 증명하는 새로운 증거를 모든 일에서 끌어내는 정
신적인 과정이다."[7]

이것이 바로 무의식이라는 척후병들이 하는 일이다. 이 척후병들은
사람과 장소와 물건을 정서적인 의미로 포장한다. 우리가 사랑하는 대
상을 거부할 수 없이 매혹적으로 반짝이는 빛으로 포장한다. 이 척후병

들은 해럴드가 에리카를 더욱더 사랑할 수밖에 없도록 유인한다. 다른 여자에게는 아무런 관심을 가지지 않게 한다. 해럴드가 에리카 말고는 다른 꿈을 꾸지 않게 한다는 말이다.

사랑은 감정이 아니다

만일 누가 해럴드에게 에리카 때문에 어떤 감정이 드느냐고 물었다면, 아마도 그는 외부의 어떤 초월적인 힘이 자기 인생을 접수해 버린 것 같다고 대답했을 것이다. 이제 해럴드는 어째서 이교도들이 사랑을 신이라 여겼는지 이해할 수 있었다. 초자연적인 어떤 실체가 자기 정신 속으로 들어와서 모든 것을 새로 조직해 자기를 보다 높은 영역으로 끌어올린 것 같았다.

특이한 점은 이런 황홀한 상태에 있는 해럴드의 뇌 내부를 들여다본다 하더라도, 거기에서 독립적으로 분리된 마법적인 부분이 활활 타오르는 것은 발견할 수 없다는 것이다. 누군가를 미친 듯이 열렬하게 사랑하는 사람들의 뇌 활동을 연구한 러트거스대학교의 인류학자 헬렌 피셔Helen Fisher 교수가 연구한 결과, 대부분의 강렬한 낭만적 감정이 일으키는 정신 활동의 순간에 가장 활발한 모습을 보이는 것은 뇌의 미상핵尾狀核, caudate nucleus(대뇌반구의 기저부에 있는 회백질 덩어리로 골격근의 무의식적인 운동이 잘 통제된 상태로 일어나게 하는 작용을 한다– 옮긴이)과 뉴런들의 집합체인 복측피개영역ventral tegmental area, VTA이다. 예를 들어서 미상핵은 극단적으로 세속적인 과제를 수행하는 데 도움을 준다. 이것이 근육 기억을 보존하기 때문에 우리는 타이핑을 하거나 자전거를 탈 때 그 방법을 기억한다. 미상핵은 어린 시절의 기억을 포함해서 엄청나게 많은 정보를 단일하게 통합한다.

그러나 미상핵과 VTA 역시 정신적인 보상 체계의 한 부분이다. 이것은 집중적인 관심, 탐구적인 동경, 광란의 강렬한 욕망을 유도하는 도파민과 같은 강력한 화학물질을 생산한다. 도파민에서 추출되는 화학물질인 노르에피네프린은 유쾌함과 활력을 자극한다. 잠을 자지 않아도 피곤함이나 식욕을 느끼지 않는 것도 노르에피네프린 때문이다.[8] 펜에틸아민은 콩깍지 호르몬이라고 불리는 천연 암페타민으로 중추신경을 자극해 성적 흥분과 감정의 격앙을 유도한다.[9]

이와 관련해서 피셔는 저서 『왜 우리는 사랑에 빠지는가Why We Love』에서 다음과 같이 썼다. "미상핵은 어떤 보상을 감지하도록 돕고, 여러 보상 가운데 특정한 보상을 '선호하도록' 도우며, 보상을 바라고 기대하도록 돕는다. 이것은 또 보상을 받겠다는 동기부여를 비롯해 그 보상을 얻기 위해 필요한 특정한 움직임 및 그와 관련된 계획을 유도한다. 미상핵은 또한 주의를 기울이고 학습을 하는 행동과도 관련이 있다."[10]

다른 말로 하면 사랑은 일상의 삶과 따로 떨어져 있지 않다는 것이다. 사랑은 욕망이라는 보다 큰 대가족의 구성원이다. 스토니브룩대학교의 심리학자 아서 아론Arthur Aron 교수는, 기능성자기공명영상fMRI 장비로 관찰할 때 터질 듯한 사랑의 격렬한 감정을 경험하는 사람의 뇌는 여러 가지 면에서 코카인을 흡입해 황홀경 속으로 빠져드는 사람의 뇌와 비슷하다고 주장한다.[11] 신경과학자인 자크 판크세프Jaak Panksepp는 사랑하는 사람과 함께 있을 때 느끼는 쾌락은 아편 중독과 비슷하다고 주장한다.[12] 각각의 경우 모두 사람은 자기 삶 전체를 장악하는 어떤 욕망에 사로잡힌다. 금지의 족쇄가 풀려버리고 욕망의 대상이 되는 존재는 아무리 떼어내려고 해도 떨어지지 않는 강력한 집착의 대상이 된다.

사랑은 행복이나 슬픔과 같은 감정이 아니라고 아론은 주장한다. 사랑은 동기부여와 관련된 정신 상태이며, 이 상태는 도취적 황홀함에서 참담함에 이르기까지 다양한 감정을 이끌어낸다. 사랑에 빠진 사람은 어떤 목적을 달성하고자 하는 가장 예민한 야망을 가진다. 무언가를 절실하게 필요로 하는 상태에 놓인다.[13]

그때까지 해럴드는 그다지 큰 야망을 품지 않았었다. 하지만 이제는 어떤 거대한 힘에 사로잡혀 있었다. 플라톤은 『향연 The Symposium』에서 반으로 쪼개진 것을 다시 하나로 합치려는 시도라는 식으로 사랑을 설명했다. 실제로 사랑에 빠진 해럴드는 자신이 불완전한 존재라는 느낌에 사로잡혔다. 다퉜을 때조차 에리카 없이 행복한 것보다 에리카와 함께 참혹한 상태에 있는 게 더 좋았다. 둘이 함께할 수만 있다면 더 바랄 게 없었다. 무엇보다도 자신과 에리카 사이에 놓인 경계선을 지워야 했다. 두 사람의 영혼을 녹여서 하나로 합쳐야 했다.

우리는 왜 비슷한 사람에게 끌리는가

케임브리지대학교의 신경과학자 볼프람 슐츠Wolfram Schultz 교수는 파킨슨병의 실체를 온전하게 파악하고 싶다는 기대를 안고 원숭이를 대상으로 연구를 진행했다. 원숭이의 입에 사과 주스를 넣은 뒤 뇌의 도파민 뉴런이 상당한 수준으로 요동치는 현상을 관찰했다. 이런 과정을 몇 번 반복하자 원숭이의 도파민 뉴런은 사과 주스가 앞에 보이자마자 점화하기 시작했다. 특정한 소리를 낸 다음 원숭이에게 사과 주스를 주는 실험도 했다. 이렇게 몇 번 반복하자 원숭이는 그 소리 뒤에 사과 주스가 제공된다는 사실을 알았다. 그래서 사과 주스 없이 소리만 들려도 뉴런이 점화했다. 슐츠와 동료들은 당황했다. 어째서 원숭이의 뉴런은 실질적인 보상인 사과 주스 이외의 요소들에도 반응할까?

이 질문에 대한 결정적인 대답을 리드 몬터규Read Montague, 피터 다얀Peter Dayan, 테런스 세즈노스키Terrence Sejnowski가 내놓았다.[14] 정신 체계는 보상 그 자체보다도 보상 예측에 더 맞추어져 있다. 정신은 예측 모델들을 하루 종일 만들어낸다. 예를 들어 원숭이에게 들려준 특정한 소리는 사과 주스를 유도한다는 식의 모델이다. 그리고 이런 모델 가운데 하나가 현실을 정확하게 예측한다면 정신은 보상이 상당한 수준으로 요동치는 것을 경험하거나 적어도 든든한 위안을 받으며 평온해진다. 반면 모델이 실제 현실과 맞지 않으면 긴장되고 관심이 생긴다.

뇌의 주된 업무는 이런 모델을 만드는 것이라고 몬터규는 주장한다.[15] 우리의 뇌는 미래를 예측하기 위해 예측과 관련된 작은 모형을 끊임없이 만들어낸다. 예컨대 이런 식이다. 만일 내가 손을 여기에 놓으면 어떤 일이 일어날 것이다. 만일 내가 미소를 지으면 그 여자도 미소를 지을 것이다. 우리가 세운 모델이 실제로 일어나는 일과 정확하게 맞물린다면 우리는 상당한 수준의 달콤하고 긍정적인 느낌을 경험한다. 그렇지 않은 상황에서는 문제가 발생한다. 그러면 뇌는 어디가 잘못되었는지 학습하고 문제의 그 모델을 조정한다.

이런 기능은 욕망의 근본 구조 가운데 하나다. 사람이 일상생활을 해나갈 때, 정신은 자기 안에 저장된 여러 유효한 모델을 바탕으로 기대 가능한 모형들을 만들어낸다. 그런데 내면의 모형들과 외부 세상 사이에는 종종 긴장이 발생한다. 그래서 우리는 세상을 이해하도록 우리를 도와줄 개념들을 찾아내려고 노력한다. 우리가 어떤 상황을 포착하거나 과제에 통달할 때면 쾌감이 요동친다. 영속적인 조화 속에서 살아가는 상황이 뇌에서 이런 요동을 발생시키는 게 아니다. 그렇다면 우리는 해변에서만 살아도 평생 행복할 것이다. 뇌에 쾌감이 요동치게 하는 것은 긴장이 말끔히 지워지는 순간이다. 이처럼 행복한 인생은 어려움에서 조화로움으로 그리고 다시 어려움에서 조화로움으로 반복되고 순환되는 리듬의 조합을 전제로 한다. 즉 행복한 인생은 친밀함을 추구하는 욕망, 내면의 모형들과 외면의 모형들이 일치해서 맞물리는 순간을 추구하는 욕망에 의해 추진된다.

조화로움 혹은 친밀함에 대한 갈망은 아주 작고 세속적인 방식으로 자신을 드러낼 수 있다. 십자말풀이에서 정답을 찾아내거나 새 옷이 자기에게 딱 맞을 때 사람들은 쾌감의 불꽃이 튀는 경험을 한다.

친밀함은 또한 매우 특이한 방식으로 나타날 수 있다. 사람은 본능적으로 익숙한 것에 이끌린다. 예를 들어서 버팔로에 있는 뉴욕주립대학교의 행동과학자 브렛 펠햄Brett Pelham 교수는 이름이 '데니스Dennis/Denise'인 사람이 치과의사dentist가 되는 비율이 다른 이름인 사람에 비해 특이할 정도로 높다는 사실을 확인했다. 그리고 이름이 '로런스Lawrence'나 '로리Laurie'인 사람이 법률가lawyer가 되는 비율도 특이하게 높았다. 또 이름이 '루이스Louis'인 사람이 세인트루이스Saint Louis로 이사를 가는 비율이 상대적으로 높았고, '조지George'인 사람이 조지아Georgia로 이사를 가는 비율도 상대적으로 높았다.[16] 이처럼 우리는 진로나 거주지 등 인생에서 매우 중요한 선택을 할 때 태어나면서 부여받은 이름의 발성처럼 익숙한 것에 이끌린다.

친밀함에 대한 갈망은 기술적인 분야에서 완벽을 추구하도록 사람들의 등을 떠민다. 사람이 어떤 과제에 몰두해 있을 때 두뇌는 종종 한계를 넘어서기도 한다. 전문 기수는 자기가 타고 있는 말의 리듬과 일체감을 느낀다. 목수는 손에 쥔 대패와 하나가 된다. 또 수학자는 자기가 풀고자 하는 증명 문제에 완전히 녹아들어 자기 자신을 잃어버린다. 바로 이런 순간에 내적 모형과 외적 모형이 서로 딱 맞아떨어져서 단일한 흐름이 만들어진다.

친밀함에 대한 갈망은 사람을 지적으로 똑똑하게 한다. 사람은 모두 자기가 옳으며 잘하고 있다는 말을 듣고 싶어 한다. (사실 몇몇 라디오 방송국과 케이블 방송국은 애청자·시청자의 내적 모형을 강화하는 일을 해주면서 엄청난 돈을 벌고 있다.) 우리는 명료한 설명이 딱 맞아떨어질 때 쾌감이 요동치는 느낌을 받는다. 또 우리는 주변 환경과 자신이 평화롭게 조화를 이룬다는 느낌을 받고 싶어 한다.

정신과 의사 브루스 웩슬러Bruce Wexler는 저서 『뇌와 문화Brain and Culture』에서 사람은 인생의 처음 반에 해당하는 시기를 세상에 딱 맞는 내적 모형을 만들려고 노력하며 보내고, 이후의 반에 해당하는 시기 중 많은 부분을 자기의 내적 모형에 딱 맞도록 세상을 조정하면서 보낸다고 주장한다.[17] 밤늦은 시각에 사람들이 술집에서 나누는 대화의 상당수는 다른 사람들이 자기처럼 세상을 바라보도록 설득하는 내용이다. 국가들은 영토나 재산 혹은 관심사만으로 전쟁을 벌이지 않는다. 전쟁은 한 국가가 다른 국가에게 세상을 자기처럼 바라보라고 강요할 때 일어난다. 이스라엘과 팔레스타인 사이의 갈등에는 여러 이유가 있지만 그중 하나는 특정 지역과 관련된 자기 민족의 역사적인 주권을 서로에게 강요해서다.

사람은 대부분 어린 시절에 살았던 집, 즉 자신의 정신적인 모델들이 처음 형성된 장소를 방문하면 깊은 감명을 받는다. 태어나고 성장한 도시를 찾아갔을 때 가장 크게 와닿는 것은 세부적인 사항들이다. 어릴 때 있었던 약국이 지금도 그 자리에 그대로 있다거나, 공원을 둘러싸고

서 있는 담장이 옛날과 똑같다거나, 겨울철 햇살의 각도가 변함없다거나 친구들과 걸었던 오솔길이 그대로라거나 하는 것이다. 사람들이 이런 것을 사랑하는 것은 이것들이 지닌 실용성 때문이 아니다. 그 오솔길은 본인이 상상할 수 있는 모든 오솔길 가운데 최상이기 때문이다. 사람의 마음은 고향을 특정한 애정의 켜로 감싼다. 바로 그 사람이 (그리고 모든 사람이) 알고 있는 자기의 모형이라서 그렇다. 작가 루이스C. S. Lewis는 다음과 같이 썼다. "어린이는 늙고 퉁명스럽기만 한 '옛날'의 정원사를 좋아할 것이다. 정원사야 그런 사실을 알지도 못하겠지만, 어린이는 자기의 환심을 사려고 온갖 노력을 다하는 낯선 방문객보다는 확실히 그 옛날 정원사를 좋아한다. 물리적으로는 분명 짧은 시기였지만 겉으로 보기에는 까마득하기만 한 '언제나'의 어린 시절에, '언제나' 그 자리에 있었던 사람은 바로 '옛날'의 그 늙은 정원사이기 때문이다."[18]

친밀함에 대한 갈망은 자신이 자연 및 신과 하나로 합쳐져 있었다고 느끼는 그 투명한 순간들, 영혼이 고양되고 우주와 하나가 되는 느낌이 자신의 존재 속으로 스며들었던 바로 그 순간들 속에서 가장 심원하다.

특히 중요한 것은 사람은 타인에게서 이런 갈망을 찾는다는 사실이다. 태어난 지 몇 주 지나지 않은 갓난아이들도 다른 아기가 큰 소리로 울어대는 소리를 들으면 덩달아 함께 운다. 그러나 녹음해 둔 자기 울음소리를 듣고는 울지 않는다.[19]

1945년에 오스트리아의 정신과 의사 르네 스피츠Rene Spitz가 미국의 보육원 하나를 대상으로 연구를 진행했다. 그 보육원은 세심하게 신경을 쓴 듯 청결했다. 그리고 아기 여덟 명에 간호사가 한 명씩 배정되어 있었다. 이 보육원의 아기들에게는 영양도 충분히 제공되었다. 그러나 아기들은 하루 종일 혼자 있었다. 병원균에 노출시키지 않기 위한 보육원 측의 배려였다. 침대 시트도 언제나 깨끗하게 유지했다. 이런 청결한 위생 상태에도 보육원에 있던 아기 가운데 37퍼센트가 만 두 살이 되기 전에 사망했다. 이 아기들에게는 살아가는 데 절대적으로 필요한 한 가지가 없었던 것이다. 그것은 바로 애정 어린 접촉이었다.[20]

사람들은 자기와 비슷한 사람에게 이끌린다. 새로 어떤 사람을 만나면 본능적으로 우리는 행동을 그 사람에게 맞춘다. 역대 그 어떤 권투 선수보다 빨랐던 무하마드 알리가 상대 선수에게서 허점을 간파하고 주먹을 내뻗는 데는 0.19초가 걸렸다. 그런데 놀랍게도 평균적인 대학생이 무의식적으로 자신의 동작을 친구와 맞추는 데는 겨우 0.021초밖에 걸리지 않았다.[21]

대화를 나누는 친구들끼리는 상대방이 호흡하는 양상을 서로 복제한다. 어떤 대화를 관찰하라는 지시를 받은 사람은 대화를 나누는 사람들의 생리 기능을 흉내 내기 시작한다. 그리고 관찰 대상의 신체 언어를 보다 가깝게 흉내 낼수록 그들 사이의 인간관계에 대해 보다 명민하게 더 많은 걸 알아낸다. 또 함께 사는 여자들끼리는 페로몬 수치의 동조 현상이 일어나 월경 주기가 일치하는 경우도 드물지 않게 나타난다.

신경과학자인 마르코 야코보니Marco Iacoboni는 '대리vicarious'라는 말은 이런 정신적 과정들이 빚어내는 효과를 묘사하기에 충분할 만큼 강력한 표현이 아니라고 말한다. 사람은 다른 사람의 기쁨을 감지할 때 그 사람의 웃음이 자신의 것인 양 그 웃음을 함께 나누기 시작한다. 또 고통과 비탄의 현장을 목격할 때는 심지어 영화 속 장면이라 하더라도 마치 우리가 그 상황에 직접 놓인 것처럼 그 감정을 뇌에 반영한다. 비록 보다 희미한 형태이긴 하지만 말이다.[22]

이와 관련해서 작가 루이스는 다음과 같이 썼다. "당신이 누군가와 친구가 되고 우정이 깊어졌다면 그 우정과 애초에 아무런 관련이 없었던 것까지 포함해 그 사람에 대한 모든 것이 익숙하고 소중해진다. 친밀하기 때문이다."[23] 루이스는 이어서 이런 말도 했다. "친구 사이의 사랑은 사랑을 생각하면 떠오르는 모든 의무에서 자유롭다. 질투에서도 자유로우며 필요한 자격 조건도 없다. 이것은 천사들 사이에나 있으리라고 상상할 수 있는 그런 정신적인 차원에 속하는 종류의 사랑이다."[24]

사람은 자기가 어떤 집단에 속한다고 느끼면 그 집단의 규범에 스스로를 맞추려는 강력한 직관의 압박을 받는다. 사회심리학자 솔로몬 아시 Solomon Asch는 이와 관련해 유명한 실험 하나를 했다. 사람들에게 길이가 명백하게 다른 줄 세 개를 보여준 다음, 피실험자 한 무리에게 세 줄의 길이가 같다는 틀린 대답을 하라고 몰래 지시했다. 그리고 세 줄의 길이가 같은지 다른지 묻자 피실험자 가운데 70퍼센트가 집단의 판단을 좇아 자기 판단과 다르게 세 줄의 길이가 같다고 대답했다. 이 명백한 거짓에 따르기를 거부한 사람은 20퍼센트밖에 되지 않았다.[25]

다른 사람들이 구축해 둔 여러 모형에 동조하고 사랑에 들뜬 상태를 추구하고 친구를 사귀는 능력은 학교에서 가르쳐주지 않는다. 그러나 행복한 삶은 이런 종류의 상호 관계와 연결에 따라서 결정된다. 이런 것들이 없으면 삶은 불행해질 수밖에 없다.

프랑스의 고전적인 사회학자 에밀 뒤르켐 Emile Durkheim은 사회적인 연결점이 적은 사람일수록 자살률이 높다는 사실을 증명했다. 예방의학의 권위자인 딘 오니시는 저서 『관계의 연금술』에서 수명에 대한 조사를 통해 외롭게 사는 사람은 그렇지 않은 사람에 비해서 3~5배 일찍 사망할 가능성이 높다고 결론 내렸다.[26]

반면 친밀함을 느끼는 마음 상태에서는 한껏 고양된 느낌을 받을 수 있다. 역사학자 윌리엄 맥닐William McNeill은 1941년에 미군에 복무할 당시 신병훈련소에서 행진하는 법을 배웠다. 얼마 뒤 동료들과 함께 행진을 하는 행위는 그의 의식을 바꾸기 시작했다.

　"그렇게 오랜 시간 일치된 동작을 함께함으로써 일어난 감정을 정확하게 묘사할 단어는 없다. 정말 편하고 괜찮다는 느낌이 온몸에 퍼졌던 것으로 기억한다. 전체가 하나가 되어 움직이는 행위에 동참함으로써 나라는 개인이 보다 크게 확장되는 느낌, 점점 크게 부풀어 올라서 내 인생보다 더 커지는 느낌을 받았다."[27]

　병사 수백만 명은 곁에 있는 전우들에게서 근원적인 동질감을 느꼈기에 전쟁터에서 기꺼이 자기 목숨을 걸었다. 가족 역시 이런 감정으로 하나로 똘똘 뭉친다. 보다 낮은 차원이긴 하지만 사회적인 삶도 우리가 신뢰라고 부르는 감정을 매개로 해서 하나로 묶인다. 그리고 대부분의 경우 친밀함에 대한 강렬한 열망은 특별한 다른 사람과 하나로 녹아들고 싶다는 강렬한 욕망, 즉 사랑의 형태를 취한다. 이 조화로움을 추구하는 갈망은 '모델 설정 – 조정 – 모델 설정 – 조정'으로 반복되는 결코 끝나지 않는 과정이며, 이 과정이 우리를 보다 나은 삶으로 안내한다.

에로스, 원래의 의미로 돌아가다

오늘날 '에로스(성적 욕망)'라는 말을 들으면 사람들은 매우 특별하고 구분되는 행위로서의 섹스만을 떠올린다. 성애 문학이나 춘화는 서점에서도 따로 진열된다. 그러나 이것은 섹스 중심 문화에서 물려받은 매우 좁은 의미의 에로스만을 생각하기 때문이다. 고대 그리스적으로 이해하자면 에로스는 단지 오르가슴, 성행위 혹은 심지어 유전적 전송만을 의미하는 말이 아니다. 고대 그리스인은 에로스를 아름답고 뛰어난 것과 합일되기를 바라는, 일반화된 의미의 동경으로 파악했다.

욕망에 등이 떠밀린 사람들은 서로에게서 오르가슴을 맛보길 원한다. 그러나 에로스에 이끌린 사람은 보다 넓은 의미의 섞임을 원한다. 동일한 감정을 나누고자 하고, 동일한 장소에 가고자 하며, 동일한 기쁨을 맛보고자 하고 또 상대방의 마음에 동일한 모형들을 심고자 한다. 정치학자 앨런 블룸Allan Bloom은 『사랑과 우정Love & Friendship』에서 다음과 같이 썼다. "동물은 섹스를 하지만 인간에게는 에로스가 있다. 이런 구분을 하지 않고는 어떤 과학도 과학이 될 수 없다."[28]

사람들은 때로 신경과학이 사람의 영혼과 정신을 파괴한다고 말한다. 신경과학은 모든 것을 뉴런, 시냅스, 생화학적 반응 등으로 환원시킨다는 것이다. 하지만 실제로 신경과학은 행위에서 에로스를 볼 수 있게 해준다. 신경과학이 있기에 우리는 친구들 사이에서 그리고 연인들 사이에서 나타나는 여러 모형이 춤을 추는 광경을 볼 수 있다.

해럴드와 에리카는 서로 사랑을 하게 된 처음 몇 주만큼 자기들이 생생하게 살아 있음을 느낀 적이 없었다. 어느 날 오후 두 사람은 해럴드의 집 소파에 앉아서 옛날 영화를 보고 있었다. 그러다가 에리카가 해럴드의 눈을 한동안 가만히 들여다보고는 불쑥 이렇게 말했다. "난 널 알아."

그리고 몇 분 뒤에 에리카는 해럴드의 가슴에 안겨 잠이 들었다. 해럴드는 계속해서 영화를 보았고 에리카의 머리를 조금 옆으로 옮겼다. 자세가 불편했기 때문이다. 그러자 에리카가 뭐라고 웅얼거리며 콧소리를 냈다. 해럴드가 손으로 그녀의 머리카락과 얼굴을 쓰다듬었다. 그녀의 숨소리는 그의 손길에 따라서 빨라지기도 느려지기도 했다. 하지만 여전히 눈은 감겨 있었고 깨지 않았다. 해럴드는 그녀가 그토록 깊이 잠들 수 있는지 미처 몰랐다. 그리고 영화는 까맣게 잊어버린 채 잠이 든 그녀의 얼굴만 바라보았다.

그는 그녀의 팔을 들어 자기 목에 댔다. 그녀는 달콤한 키스를 할 것처럼 입술을 오므렸다. 하지만 여전히 잠이 든 상태였다. 해럴드가 이번에는 그녀의 팔을 몸 옆으로 살그머니 내려놓았다. 그녀는 다시 해럴드의 가슴으로 파고들었다. 해럴드는 에리카가 자는 모습을 가만히 바라보았다. 그녀의 가슴이 올라갔다 내려갔다 하는 모양을 지켜보았다. 에리카를 보호해야겠다는 부드러운 감정이 해럴드를 감쌌다. 해럴드는 조용히 혼잣말을 했다. "이 순간을 기억해라." 모든 것이 완벽하지는 않았다. 두 사람이 그토록 원하는 결합을 가로막는 무의식적인 억제의 깊은 골이 있다는 것을 두 사람 다 알고 있었다. 둘 사이에는 여전히 모종의 갈등 혹은 껄끄러움이 남아 있었다.

친밀함에 대한 갈망이 완벽한 로맨스나 세계의 화합을 자동으로 만들어내지는 않는다. 우리는 삶의 많은 부분을 다른 사람들에게 내가 가진 모형들을 받아들이라고 설명하면서, 동시에 내가 가진 정신적 헤게모니를 다른 사람들로부터 지켜내려고 애쓰면서 보낸다. 보다 넓은 차원에서 말하자면 사람들은 그저 간단히 다른 사람들과 연결되는 것이 아니다. 연결되려고 경쟁을 한다. 우리는 다른 사람과 연결이 되는 데 도움이 될 특권과 존경과 관심을 먼저 혹은 많이 차지하려고 경쟁한다. 타인에게 인정받으려고 애쓰는 과정에서 서로를 추월하려고 기를 쓴다. 그게 바로 우리가 벌이는 복잡하기 짝이 없는 게임의 논리다.

그러나 특히 처음 열여덟 달 동안 해럴드와 에리카는 세속적인 마법을 경험했다. 두 사람은 함께 일을 했고, 함께 식사를 했고, 함께 잠을 잤다. 서로에게 자신의 거의 모든 점을 꼭 맞게 맞추었다. 두 사람은 모든 위대한 사랑 고백의 진수인 동시성을 맛보았다. "널 사랑하느냐고? 나는 너야."[29] "우리는 하나, 그대를 잃는 건 나를 잃는 것이니."[30]

14장

실패

우리는 사회적 동물임을
잊을 때 실패한다

에리카의 사업이 갈수록 빛을 내는
데 반해 그녀의 집에는 점점 어둠이 드리웠다. 동갑인 에리카와 해럴드
는 스물여덟 살에 컨설팅 회사를 시작했다. 그 후 몇 년 동안 모든 것이
성공적이었다. 고객이 몰려들었으며 직원도 추가로 고용했다. 직원이
열여덟 명으로 늘었고 전화기와 프린터를 새로 샀다. 두 사람의 시간
은 계속해서 이어지는 컨설팅 프로젝트에 소비되었다. 낮에도, 밤에도,
주말에도…. 때로 두 사람은 시간을 쪼개서 휴가를 가기도 하고 친구
를 만나기도 하고 또 저녁에 따로 데이트를 하기도 했다. 하지만 집을
청소하고 정리할 시간은 전혀 없었다. 모든 것이 흐트러지기 시작했다.
전구가 나가도 갈아 끼우는 사람이 없었다. 소켓에는 불이 들어오지 않
는 전구가 몇 달이고 그대로 남아 있었고, 두 사람은 그냥 깜깜한 곳을
더듬거리면서 필요한 일을 했다. 아래층에서는 케이블이 잘못되었는
지 텔레비전이 나오지 않았지만 둘 다 그걸 고칠 사람을 부를 시간이
없어서 그냥 내버려두고 살았다. 창문 유리창도 여기저기 금이 간 채로
방치되었다. 물받이에는 낙엽이 수북하게 쌓였다. 두 사람은 이런 상황
에 적응하며 살아가고 있었다. 직업적인 성취를 얻는 대가로 집이 그야
말로 난장판이 되어도 만족스럽게 받아들였다.

　하지만 회사마저도 창업한 지 4년쯤 지난 뒤부터 기울기 시작했다.

불경기가 업계를 강타했다. 물리적으로는 아무것도 바뀌지 않았다. 건물들과 사람들은 모두 그 자리에 있었다. 하지만 심리적으로는 그렇지 않았다. 한때 사람들은 모두 위험을 무릅쓰는 도전을 치켜세웠지만, 이제는 경악하며 돌아섰다. 기업들은 장기적인 성장에 필수적이라 여기던 컨설팅 의뢰가 이제는 아무짝에도 쓸모가 없는 사치스러운 낭비라고 말하며 고개를 저었다. 의뢰 건수 역시 대폭 줄어들었다.

에리카의 생활에서 갑자기 수십 명의 친구가 사라졌다. 함께 테니스를 치고, 여행을 가고 또 그녀를 집으로 초대하던 고객들이었다. 에리카가 컨설팅 조언을 맡은 회사에서 일하는 사람들이었다. 에리카와 그들 사이를 이어주던 신뢰와 동지애의 끈은 꽤 끈끈했었다. 그러나 계약이 끊어지자 그들과 맺었던 인간관계도 사라져 버렸다. 에리카가 보내는 이메일에는 답장이 돌아오지 않았다. 자기 이메일의 신랄한 표현과 재치에 더 이상 메아리가 없다는 사실이 충격이었지만 에리카는 이 상황을 현실로 받아들여야 했다. 사람들이 그녀를 좋아하지 않게 된 것은 아니었다. 다만 그녀에게 상처를 주고 싶지 않았을 뿐이다. 그들이 에리카와 거래를 끊으려는 사실을 직접적이든 간접적이든 통보함으로써 그녀를 더욱 고통스럽게 하고 싶지 않았던 것이다. 그들은 에리카를 피하기 시작했다. 그때 에리카는 친절함 속에 숨은 정직하지 못한 측면을 인식했다. 남에게 고통을 안겨주지 않겠다는 바람은 사실 불편한 대화를 하고 싶지 않다는 것이었다. 그것은 배려가 아니라 비겁함이었다.

사무실은 날이 갈수록 조용해져 갔다. 직원들로서는 에리카가 풀이 죽어 있는 모습을 보는 게 고역이었다. 에리카는 직원들 앞에서 공포심을 드러낼 수 없었지만 직원들은 모두 그녀가 공포에 압도되어 있다는 걸 느꼈다. "끝날 때까지는 아무것도 끝나지 않아요." 에리카가 직원들에게 차분하고도 단호하게 말했다. 하지만 회사로 돈이 들어오지 않았다. 회사의 신용 잔고가 바닥을 드러냈다. 에리카는 자신의 신용카드로 직원들에게 봉급을 줬다. 그러면서 새로운 고객을 확보하려고 여기저기 애걸복걸하며 다녔다.

마침내 제일 덩치가 큰 계약도 사라져 버렸다. 에리카는 그 회사의 사장에게 전화해 다시 한번만 생각해 달라고 간청했다. 위기에 몰려 몸부림치며 애원하는 그녀의 통화를 옆에서 듣고 있기란 여간 고통스러운 일이 아니었다. 하지만 에리카는 그런 시선에 신경 쓸 여유가 없었다. 일생의 사업이 상대방의 말 한마디에 달려 있었기 때문에 필사적이었다. 전화선 너머의 사장은 다른 거래처의 사장들이 그랬듯 매끈한 말로 거짓말을 했다. 그저 잠깐 동안만 거래를 중단하는 것일 뿐이라고, 내년이나 후년에 다시 컨설팅을 맡기겠다고 했다. 사장님이 계약을 해주시지 않으면 우리 회사는 일주일도 버티지 못해요, 라는 말은 차마 할 수 없었다. 어쨌거나 그 통고는 최후의 사형선고다. 에리카는 전화를 끊고 나서도 떨지 않았다. 호흡이 가빠지지도 않았다. 이런 게 바로 실패할 때의 느낌이구나, 하는 생각만 들었다. 정서적인 충격은 한두 시간 뒤에야 찾아온다. 에리카는 여직원 휴게실에서 흐느껴 울었다. 집으로 돌아가고 싶었다. 이불을 뒤집어쓰고 잠을 자고 싶은 마음뿐이었다.

주말에 에리카는 직원들을 모두 불러 모았다. 직원들은 회의실에 둥글게 모여 앉아 교수대 유머를 주고받았다. 에리카는 사람들을 둘러보았다. 조금 뒤면 실업자 신세가 될 사람들이었다. 이 가운데는 톰도 있었다. 톰은 언제나 노트북을 들고 다니면서 자기 귀에 들어오는 말 가운데 조금이라도 중요하다 싶으면 무엇이든 즉석에서 자판을 두들겨 저장해 두는 습관이 있었다. 또 빙이라는 직원도 있었다. 이 여자는 정

신적으로 과잉 행동을 하는 경향이 있어서 어떤 문장을 말할 때면 채
반도 다 말하지 않은 상태에서 이미 다음 문장으로 넘어갔다. 또 자신
감이 매우 부족한 엘시도, 돈을 절약하기 위해 룸메이트와 한 침대를
'플라토닉하게' 쓰는 앨리슨도, 컴퓨터 위에 언제나 영양제를 한 줄로
늘어놓는 에밀리오도 있었다. 그날따라 직원들이 왜 그렇게 낯설게 보
이는지 알 수 없었다.

위기의 순간에 에리카는 섬뜩할 정도로 침착했다. 회사 문을 닫는 것
말고는 다른 방법이 없다고 선언했다. "파산…. 끝났습니다." 에리카는
국가 경제가 곤두박질치고 있으며, 회사가 여기까지 오게 된 건 그 누
구의 잘못도 아니라고 했다. 그러나 말을 하다 보니 결국 다른 선택을
했다면 진행할 수 있었던 일까지 이야기하게 되었다. 또한 마음 한구석
에 '그 누구의 잘못도 아니다'라는 생각에 동의할 수 없는 불편한 느낌
이 자리를 잡고 있었다. 그녀는 이 불편한 느낌 때문에 누군가에게 구
체적인 비난을 퍼붓고 싶었다. 그 비난이 정당하지 않은 것이라도 상
관없었다. 마지막으로 에리카는 기업가가 늘 하는 말인, 실패는 없다는
말을 했다. 실패는 단지 학습의 한 과정일 뿐이라고 했다. 그러나 그 말
에 위안을 받는 사람은 아무도 없었다.

그 뒤로도 몇 주 동안은 여전히 할 일이 많았다. 사무실과 집기를 처
분해야 했고, 편지를 써야 했다. 그리고 그 일이 모두 끝나자 이제 정말
할 일이 없었다. 아무것도 없었다. 에리카는 이토록 갈피가 잡히지 않는
상황에 충격을 받았다. 그때까지 그녀는 쉬지 않고 공부를 하고 일을 해
왔다. 그런데 갑자기 길을 잃어버렸다. 어디로 가야 할지 몰랐다.

예전에는 아주 잠깐이라도 평온한 시간이 있으면 좋겠다는 생각을
했었다. 하지만 정작 그렇게 아무 일도 없이 평온한 상태가 되고 보니

끔찍했다. 스코틀랜드의 철학자 데이비드 흄David Hume은 이렇게 썼다. "사람의 심정 가운데서, 어딘가에 매여 자기가 할 수 있는 일을 추구하는 마음보다 더 지속적이고 만족을 모르는 욕망은 없다. 이 욕망은 우리 대부분이 지닌 열정과 추구의 기초인 듯하다."[1]

몇 주가 지나자 에리카의 생각은 허물어지기 시작했다. 주장을 조리 있게 조직하거나 메모를 작성하는 일조차 쉽게 할 수 없었다. 하는 일이 없었음에도 하루 종일 녹초 상태였다. 에리카는 해결하고 극복해야 하는 과제들을 열망했다.

그리고 마침내 그녀는 하루하루를 발판 삼아 일어서기 시작했다. 오래전부터 체육관의 회원으로 등록을 해두었지만, 회사 때문에 거의 운동을 하러 가지 못했다. 그런데 이제 운동을 열심히 했다. 아침마다 잘 차려입고 스타벅스로 갔다. 서류 가방과 휴대폰 그리고 노트북을 늘 챙겼다. 직장이 있는 사람들 사이에서 그렇게 시간을 보낸다는 건 사실 여간 힘든 일이 아니었다. 건강한 사람들만 사는 나라에서 혼자 환자 신세로 사는 것만 같았다. 내면적인 측면에서 보자면 일종의 유배 생활이나 마찬가지였다. 에리카는 커피를 들고 각자 일터로 돌아가는 사람들을 바라보았다. 그들에게는 해야 할 일, 의무가 있었지만 에리카에게는 그런 게 없었다. 그녀는 이곳저곳에 있는 스타벅스를 전전했다. 딱히 갈 데가 없다는 사실을 들키고 싶지 않아서 바쁜 척을 했다.

돈 펙Don Peck은 월간지 《애틀랜틱The Atlantic》에 게재한 에세이에서 실업에 따르는 심리적 비용을 연구한 결과를 다음과 같이 요약했다. 장기적인 실업 상태를 경험하는 사람은 그러지 않은 사람보다 시간이 지나 우울증에 시달릴 가능성이 훨씬 더 높다. 그리고 생애의 나머지 기간 동안 직장에 더 악착같이 매달리며 위험 회피 경향이 한층 더 강하다. 알코올중독자가 되거나 배우자를 때리게 될 가능성도 훨씬 높다. 신체적 건강도 망가진다. 서른 살에 실업자가 된 사람은 평생 직업을 잃지 않는 사람에 비해 1년 6개월 일찍 사망한다. 몇몇 학자는 심지어 장기간에 걸친 실업 상태가 배우자의 죽음에 버금가는 심리적 충격을 준다고 주장한다.[2]

실업은 에리카와 해럴드의 관계에도 타격을 주었다. 성인으로 성장하는 과정에서 해럴드의 머릿속에는 사람의 가치는 그 사람이 어떤 사람이냐에 따라서 달라진다는 생각이 자리를 잡았다. 이에 비해 에리카는 그 사람이 무엇을 하느냐에 따라 그 사람의 가치가 달라진다고 생각했다. 해럴드 주변에는 자기 자신을 즐겁게 던져 넣을 수 있는 온갖 흥밋거리들이 언제나 널려 있었다. 그래서 처음 몇 주 동안에는 독서에 몰두했다. 반면 에리카에게는 위로 올라가는 사다리, 즉 임무가 필요했다. 해럴드는 흥미로운 구석이 있을 만한 일은 무엇이든 기꺼이 했다. 그리고 얼마 지나지 않아 한 역사 관련 단체에 프로그램 담당자로 취업했다. 하지만 에리카에게는 다시 한번 지배자의 권위에 올라설 수 있는 일이 필요했다. 그래서 스타벅스에 죽치고 앉아 과거에 연락하던 사람들에게 전화를 걸어 부사장급 혹은 그 이상의 자리를 찾았다. 하지만 돌아오는 반응은 대부분 신통찮았다. 그리고 오래 지나지 않아 기대 수준은 몇 단계 아래로 떨어졌다. 그러자 그녀는 창업을 생각하기 시작했다. 고급 프랜차이즈의 지점을 열까? 몽고식 레스토랑을 생각했고, 보모 서비스 제공업체를 생각했고, 매운맛 피클 공급업체도 생각했다. 반려동물을 돌봐주는 회사를 차릴 수도 있었다. 물론 에리카가 예전에 생각하던 자기 경력과는 전혀 다른 것들이었다.

몇 달이 지났다. 친구 하나가 에리카에게 케이블 회사인 인터콤이 전략 계획을 세우는 작업에 도움을 줄 사람을 찾는다고 일러주었다. 예전부터 에리카는 그 회사라면 치를 떨었다. 서비스는 엉망이고 기술자는 교육을 제대로 받지 못한 상태로 현장에 투입되며 고객 지원은 느려터진 데다 CEO는 자아도취의 욕조에서 허우적거렸기 때문이다. 물론 아직까지는 이런 것 가운데 어느 것도 문제가 되지는 않았다. 좋다, 한번 해보자. 에리카는 그 일을 맡겠다고 지원했다.

면접관은 에리카를 한참 동안이나 기다리게 한 뒤에 그저 의례적으로 친절한 척했다. 그러면서 이렇게 말했다. "우리 회사는 세계에서 가장 똑똑한 사람들이 일하고 있습니다. 날마다 출근하는 것 자체가 즐거움이죠.『최고의 인재들』(퓰리처상을 받은 데이비드 헬버스탬의 저서이며, 미국 역사상 최악의 실패로 기록된 베트남전을 다룬 논픽션. 부제는 '왜 미국 최고의 브레인들이 베트남전이라는 최악의 오류를 범했는가'다-옮긴이)과 같습니다." 에리카는 이 남자가 과연 그 책의 베트남 관련 부분을 읽기나 했는지 의심스러웠다.

남자는 자기 자랑도 한참 했다. "내가 최고의 수준으로 살게 된 건 내가 노력한 덕분입니다. 전설적인 탁월함을 발휘할 수 있는 것 역시 모두 내가 노력한 덕분입니다." 이 말이 그 회사의 광고 문구에서 따온 현학적인 표현임은 누가 봐도 뻔했다. 면접이 계속 이어지면서 남자는 업계의 전문용어를 마구 쏟아냈다. "하루 일이 끝나면 우리는 블루오션이고 레드오션이고 간에 '바다ocean'가 펄펄 끓도록 만들려고 애를 쓰지 않습니다. 그저 함께 윈윈win-win할 수 있는 최고의 방안들을 찾을 뿐이죠."

에리카는 미소를 지으면서 남자가 떠드는 이야기를 들었다. 물론 억지 미소였다. 이 회사에서 꼭 일을 하고 싶다는 간절한 마음이 전달되도록 표정 관리를 했다. 그리고 자신을 한껏 낮췄다. 입사를 하게 된다면 어떤 일을 하고 싶으냐는 질문에는 모든 걸 회사에 맡기겠다는 상투적인 아첨의 말을 아끼지 않았다. 취업을 위해 그런 자기혐오까지 기꺼이 감수했다.

남자는 일주일 뒤에 전화를 주겠다고 했지만 전화는 2주 뒤에 왔다. 그동안 에리카는 휴대폰을 진동으로 해두고 전화가 오기를 기다렸다. 그리고 휴대폰이 진동할 때마다 그리고 진동한다고 착각할 때마다 손으로 빠르게 휴대폰을 더듬었다. 마침내 온 전화에서 남자는 추가 면접이 있을 것이라는 말을 전했고, 다시 한 달쯤 지난 뒤에 에리카는 인터콤의 직원이 되었다. 다시 피고용인의 처지가 된 것이다. 직책은 괜찮았다. 그녀는 다시 회의를 시작했고, 자존심 대왕들 사이에 자기가 끼어 있다는 사실을 다시금 깨달았다.

과대평가의 달인

인간의 마음은 자만을 생성하는 기계다. 인간의 의식은 본인이 실제로 어떤 일을 하지 않았음에도 마치 한 것처럼 허위로 공로를 인정하고, 또 실제로는 아무런 권한이나 결정권이 없는 일을 자신이 제어하고 있다는 환상을 조장한다. 운전자의 90퍼센트는 자신의 운전 솜씨가 평균보다 낫다고 믿는다.[3] 그리고 대학교수의 94퍼센트가 자신의 강의 실력이 평균보다 좋다고 생각한다.[4] 기업가의 90퍼센트가 새로 시작한 사업이 반드시 성공할 것이라고 생각한다.[5] SAT 시험을 본 학생의 94퍼센트가 자기의 리더십 기술이 평균 이상이라고 말한다.[6]

일반적으로 대학생은 자신의 가능성을 엄청날 정도로 과대평가한다. 어른이 되면 고소득 직업을 가질 것이라거나 해외여행을 다닌다거나 혹은 훌륭한 결혼 생활을 할 거라거나 하는 점에서 말이다.[7] 한편 중년에 접어든 사람들은 옷을 살 때 근거 없는 낙관을 한다. 자기 또래 사람들은 해마다 살이 점점 찌는 게 일반적인 현상임을 알면서도 자신은 조만간 몸무게를 제법 많이 줄일 거라며 지나치게 꽉 끼는 옷을 고르는 식이다. PGA 투어에 참가하는 프로 골퍼들은 1.8미터 거리에서 퍼팅한 공의 80퍼센트가 홀컵에 들어간다고 말하지만, 사실 이들이 이 거리에서 퍼팅에 성공할 확률은 평균적으로 54퍼센트밖에 되지 않는다.[8]

이런 자만은 매우 다양한 모습으로 나타난다. 사람들은 무의식을 제어하는 자기 능력을 과대평가하는 경향이 있다. 이들은 돈을 내고 헬스클럽에 회원 등록을 하지만 실제로 헬스장에 가서 운동을 하겠다는 의지를 깨워 몸을 일으키지는 못한다. 사람들은 또 자기 스스로를 이해하는 정도에 대해서도 과대평가한다. 펜실베이니아주립대학교의 재학생 가운데 절반은 누군가 자기 앞에서 성차별 발언을 하면 참지 않겠다고 했다. 그러나 실험을 통해 확인한 결과, 그러한 발언을 참지 못한 학생의 비율은 16퍼센트밖에 되지 않았다.[9]

사람들은 또 자기가 알고 있는 것을 과대평가한다. 폴 슈메이커Paul J. H. Schoemaker와 에드워드 루소J. Edward Russo는 기업의 이사들을 상대로 이들이 자기 분야 산업을 얼마나 많이 알고 있는지 측정하기 위해 몇 가지 질문을 던졌다. 그리고 또 이들에게 자신의 대답을 얼마나 확신하는지 물었다. 광고업계의 관리자들은 자기들이 질문 가운데 90퍼센트를 맞췄을 거라고 대답했지만, 이들의 정답률은 39퍼센트밖에 되지 않았다. 그리고 컴퓨터업계의 관리자들은 오답률이 5퍼센트일 거라고 대답했지만 실제로 이들의 오답률은 무려 80퍼센트였다. 루소와 슈메이커는 이 실험에서 2,000명이 넘는 사람을 대상으로 질문을 했고 이들 가운데 99퍼센트가 자신을 과대평가했다.[10]

사람들은 자기가 현재 아는 것뿐만 아니라 장차 알 수 있는 것도 과대평가한다. 주식시장과 같은 삶의 특정한 부분들은 너무 복잡하고 또 무작위적이어서 아주 가까운 미래에 일어날 일도 확신 있게 예측하기 어렵다. 하지만 이런 명백한 사실이 투자 종목을 선정하는 업계 전체를 놓고 보면 실제 행동에는 전혀 영향을 미치지 않는 것처럼 보인다. 캘리포니아대학교의 경영학 교수 브래드 바버Brad Barber와 버클리대학교의 경영학 교수 테런스 오딘Terrance Odean은 주요 증권 회사의 6만 6,000건 이상의 거래 기록을 분석했다. 그 결과 자기의 투자 능력이 평균 이상이라며 자신감에 넘치는 거래자들의 거래가 전체 거래의 대부분을 차지하며, 그들의 수익률은 평균치보다 낮다는 사실을 확인했다.[11]

사람들은 자신이 거둔 행운에 도취되기 쉽다. MIT의 앤드루 로Andrew Lo 교수는 주식 거래자가 며칠 연속해서 돈을 따면 뇌에서 도파민이 마구 분출되어 과도한 자신감에 차게 된다는 사실을 증명했다.[12] 그 행운을 단순한 행운이 아니라 자신이 만들어낸 성과라 여기며, 이제 시장의 움직임을 완전하게 파악하게 됐다고 믿는다는 것이다. 그래서 주가 하락의 위험에는 눈이 멀게 된다.

또 사람들은 자신이 어떤 결정을 내리는 이유를 이해하는 능력도 과대평가한다. 이들은 자신의 행동을 설명하는 이야기들을 만들어낸다. 심지어 자기 내면에서 어떤 일이 일어났는지 전혀 감도 못 잡으면서 그렇게 한다. 이들은 어떤 결정을 내린 뒤에 왜 그런 결정을 내렸는지, 또 주어진 상황에서 그 결정이 올바른 것인지를 두고 자기 자신에게 거짓말을 한다. 하버드대학교의 심리학자 대니얼 길버트Daniel Gilbert 교수는 사람에게는 심리학적 면역 체계가 있는데, 이 면역 체계는 긍정적인 측면을 지지하는 정보를 과장하고 부정적인 의심을 하게 만드는 정보를 무시하는 방식으로 작동한다고 주장한다.[13] 한 논문에 따르면 아이큐 점수가 낮다는 말을 들은 사람들은 아이큐 테스트의 단점을 다루는 신문 기사를 읽는 데 보다 많은 시간을 들였다. 또 상사로부터 좋은 평가를 받은 사람들은 그 상사가 얼마나 현명하고 뛰어난지를 다룬 글을 읽는 데 더 많은 관심을 보였다.

더 중요한 사실은 자신감은 실제 능력과 거의 관계가 없다는 점이다. 수많은 연구를 통해 학자들은 무능한 사람이 유능한 사람보다 자기 능력을 더 그럴듯하게 과장한다는 사실을 확인했다. 논리와 문법, 유머의 세 분야 시험에서 하위 25퍼센트 집단에 속한 사람들이 특히 자기 능력을 과대평가한다는 사실을 보여주는 논문도 있다.[14] 많은 사람이 단지 무능할 뿐만 아니라, 자신이 무능하다는 사실에 눈을 감으려 한다.

이상의 여러 내용을 종합할 때 사람은 일반적으로 자만하는 경향이 있다고 해도 틀린 말은 아니다. 인터콤에 몸담고 있는 에리카의 동료들 역시 거만함의 말을 탔을 뿐 아니라 아예 그것을 타고 퍼레이드를 했다. CEO인 블라이스 태거트는 자기 손길로 변화를 심어주고 싶은 마음이 생기지 않는 조직은 절대로 만나지 않았다. 이 회사에 처음 왔을 때, 그는 뿌리 깊은 관료제와 '낡은 생각'을 상대로 전쟁을 벌이겠다고 선언했다. 때로는 그의 혁명적인 열정이 노련한 관리자나 오랜 시간을 통해 검증된 관행들을 경멸하는 결과로 나타나기도 했다. 그는 한밤중에도 직원들에게 메시지를 보냈는데, 이런 지시 사항은 종종 별로 깊이 생각하지 않은 채로 나온 것이어서 여러 부서가 차례로 혼란에 빠지는 상태를 야기하곤 했다. 그는 연설에서나 그럴듯하게 들리지 실제 현실에서 벌어지는 상황과는 아무 관련도 없는 금언이나 법칙을 판단의 기준으로 삼았다. 또 직원들이 꼬박 여러 주를 들여 준비한 프레젠테이션도 진득하게 앉아서 듣지 않았다. 멍하게 앉아 한 귀로 듣고 한 귀로 흘리다가 불쑥 이렇게 내뱉곤 했다. "그 아이디어들은 전혀 내 엉덩이를 아프게 물어주지 않는데?" 그러고는 사람들의 웃음소리를 들으면서 회의장 밖으로 나갔다.

그는 자신이 사람들에게 영웅적인 혁신가로 비치길 열렬하게 원했다. 그래서 일련의 인수·합병 과정을 거치면서 그 분야를 제대로 이해하는 사람이 아무도 없는 틈새시장들로 회사를 이끌고 나갔다. 이제 회사는 관리하기 버거울 정도로 덩치가 커졌다. 그리고 그가 최첨단 기법들을 추구하면서 너무 복잡해 알아볼 수조차 없게 된 조직 구조와 회계 상태를 묵인했다.

모든 회의 자리에서 맨 처음으로 발언하는 사람은 언제나 그였다. 그러나 그가 워낙 단호한 입장을 취하는 터라 그의 발언에 의심을 품거나 반박하는 사람은 거의 없었다. 한편 고위 간부진에서는 이런 다각화 분위기 속에서 새로운 사업부를 계속 만들어냈다. 이론적으로 보자면 여러 제품으로 다양한 시장에 진출할 때 위험이 분산된다. 하지만 실제로는 사정이 달랐다. 부문이 다각화되면 될수록 각 부문에 대한 지식수준은 낮아진다.[15] 회사의 이런 전략 때문에 인수·합병을 담당하는 중역들의 입김이 세졌고, 한 분야에서 오래 일한 덕에 그 시장이 어떻게 돌아가는지 구체적으로 잘 아는 중역들의 입지는 좁아졌다.

회사는 제품을 개선하기보다 조직을 관리하는 데 더 많은 시간을 들였다. 간부들은 다양한 제품군 전체를 아울러서 결과를 비교하는 데 사용할 수 있는 단일한 척도를 찾겠다는 생각에 입각해 가상의 객관적인 성공 기준을 마련했다. 이러한 성공 기준은 장기적인 성장과는 거의 관계가 없었다. 간부들은 실제로 지속 가능한 결과를 얻는 것보다는 이러한 기준을 마련하려고 고민하는 데 더 많은 시간을 소비했다.

재무 관련 부서들은 CEO의 승인 아래, 재무 방면에서는 통달했다고 자처하는 극소수 사람에게만 멋지게 보이는, 도무지 이해할 수 없는 위험관리 프로그램들에 매혹되어 이 제도들을 도입했다. 하지만 이 프로그램들은 실제 현실에서는 위험 분석을 혼란스럽게 만들 뿐이었다. 에리카는 사람들이 파워포인트 도표를 만들 때 아무도 미래를 과거와 구분해서 다른 색으로 표시하지 않는다는 사실을 깨달았다. 다른 회사에서는 과거 자료는 흰색 바탕으로 표시하고 미래를 예측하는 자료는 노란색 배경에 표시하거나 점선으로 표시했지만, 이 회사는 그렇게 하지 않았다. 이 멍청이들은 자신들의 예측을 맹신했기 때문에 굳이 그런 수고를 해야 할 필요성을 느끼지 못했다. 자기들이 어떤 것을 알지 못한다는 사실을 인정하지 않는 마초적인 문화 속에서 배태된 자만이었다.

그런데 이상하게도 회사가 점점 더 커지고 다각화되면서 회사의 주요 간부들은 점점 더 다양성을 잃고 똑같은 모습을 띠게 되었다. 전 세계에 퍼져 있는 회사의 수많은 부서에서 수많은 사람이 일을 하고 있었다. 그러니 당연히 온갖 관점과 기대가 존재할 테고, 이런 것들이 부딪히고 조화를 이뤄 어느 지점에서 균형에 이를 것이라고 생각할 수 있다. 하지만 그렇지 않았다. 끊임없는 의사소통과 이런 의사소통에 기초한 즉각적인 판단의 결과로 회사 전체의 집단 사고는 딱딱하게 굳었다. 또 놀랍게도 지적인 동질성의 문화가 회사 전체를 지배했다. 시간이 지날수록 사람들은 동일한 시기에 동일한 쪽으로만 판단을 내렸다. 어쩌면 이것은 회사 전체가 (혹은 세계 경제 전체가) 스마트폰에 의지해서 살며 전자의 속도로 의사 결정을 내리기 때문에 나타나는 결과인지도 모른다.

이런 일이 일어나는 가운데 이사회 의장과 CEO는 회사가 크게 발전하고 있다면서 화려한 수식어로 자기들의 성과를 돋보이게 하려고 노력했다. 이들은 화상 회의, 영업 회의, 자축 성격의 세미나 등 각급 회의 석상에서 '미국 최대의 기업'이니 '세계 최고의 혁신적 기업'이니 하는 낯 뜨거운 표현들을 남발했다.

그런데 에리카에게 무엇보다 큰 좌절감을 안겨준 것은 무슨 회의를 하더라도 자기가 아무것도 보탤 수 없다는 점이었다. 회사가 안고 있는 거대한 문제들을 보지 못해서가 아니었다. 앞서 말했듯 거대한 괴물들은 회사 도처에 있었다. 문제는 분석의 방식이 배타적인 언어라는 점이었다. 에리카에게는 사물을 바라보는 나름의 독자적인 방식, 독자적인 어휘가 있었다. 그녀는 문화와 사적인 삶과 심리학을 중요하게 여겼다. 반면 그녀의 동료들은 거대하게 모은 데이터를 기반으로 에리카와는 전혀 다른 눈으로 세상을 바라보았고, 공식을 만들고 또 체계를 수립했다. 이 두 가지 방식은 결코 서로 보완될 수 있을 것 같지 않았다.

경영대학원 출신이냐 아니냐의 문제일 수도 있었고, 또 다른 것일 수도 있었다. 그러나 그 멍청이들의 팀은 이미 특정한 방법론으로 훈련이 되어 있었다. 그들은 경영을 하나의 과학으로 바꾸는 훈련을 받은 사람들이었다. 하지만 제품의 특성에 대해서는 그다지 아는 게 없었다. 그들은 그저 조직을 연구하는 훈련을 받았을 뿐이다. 누군가는 동역학 체제dynamic systems theory를 공부했고, 누군가는 식스시그마 분석six sigma analysis(품질 혁신과 고객 만족을 위해 결점을 제로에 가깝게 줄이겠다는 목표를 전제로 한 분석-옮긴이)을, 또 누군가는 러시아인이 개발한 창의성 생산 기술 모델TRIZ를 연구했다. 기업경영혁신business process reengineering, BPR이라는 개념을 접했을 때 에리카는 이 용어를 위키피디아에서 찾아보았다. 사이트에 인용된 한 경영서적은 다음과 같이 설명했다. "BPR은 생산 과정 자체를 경영의 전략적 도구이자 핵심적인 조직 능력으로 만들기 위해 적기공급생산Just In Time, JIT(재고를 쌓아두지 않고서도 필요한 때 적기에 제품을 공급하는 생산방식－옮긴이)과 전사적 품질경영Total Quality Management, TQM(제품이나 서비스의 품질뿐만 아니라 회사 전체의 수준을 높이기 위한 경영 방식－옮긴이)에 대한 노력을 강화한다. BPR은 기업의 핵심적인 경영 과정에 집중하고, JIT와 TQM의 '도구 상자들toolboxes' 안에 있는 특수한 기법들을 사용하며, 동시에 경영 과정의 전망을 확장시킨다."[16]

에리카는 이런 설명들을 읽었다. 혹은 회의석상에서 듣기도 했다. 하지만 이것들을 당면한 문제 해결에 어떻게 적용해야 할지 종잡을 수 없었다. 그저 문장을 이룬 단어가 내는 소리만 머릿속에서 윙윙거릴 뿐이었다. 이런 단어들을 입에 올리는 사람들은 정확성과 명확성을 소중히 여기는 것 같았다. 그리고 또 이들은 과학성을 추구했다. 그러나 알 듯 말 듯 한 어려운 용어들은 그저 허공에서 붕붕 떠다니는 것만 같았다.

냉정하고 철저한 합리주의의 한계

물론 이러한 '경영의 천재'들은 우연히 나타난 게 아니었다. 경제학자 존 메이너드 케인스는 다음과 같은 유명한 말을 남겼다. "자신이 외부의 어떤 지적인 영향력에도 휘둘리지 않는다고 믿는 실용적인 사람들은 대개 이미 죽고 없는 경제학자의 노예들이다."[17]

에리카가 함께 일하고 있는 사람들은 오랜 철학적 전통의 노예들이었다. 합리주의라는 이 전통은 인간 역사를 논리와 의식의 진보 과정으로 파악한다. 이성, 즉 인간이 지닌 능력의 밝은 부분이 열정이나 본능과 같은 인간의 동물적 특성을 상대로 싸워온 과정을 다룬 이야기로 인간의 역사를 바라본다는 말이다. 이 이야기의 낙관적인 버전에서는 이성이 점차 감정을 누르고 승리한다. 과학이 점차 신화를 대체한다. 논리가 열정을 이긴다.

이런 역사적 서사는 일반적으로 고대 그리스에서 시작된다. 플라톤은 사람의 영혼이 이성, 기개, 욕망이라는 세 부분으로 나뉜다고 믿었다. 이성은 진실을 추구하며 모든 사람이 최고의 상태에 도달하기를 원한다. 기개는 인식과 영광을 추구하며, 욕망은 기본적인 쾌락을 추구한다. 플라톤에게 이성은 잘못 짝지어진 야생마 두 마리를 전차에 묶고 몰아야 하는 전사와도 같다. 이와 관련해서 플라톤은 다음과 같이 썼다. "이때 만일 정신의 보다 나은 요소, 즉 질서와 철학을 이끄는 요소가 지배적이라면, 우리는 우리 자신의 (노예가 아닌) 주인이 되어 행복과 조화 속에서 삶을 영위할 수 있다."[18]

이런 틀에 따르자면 고대 그리스·로마에서 이성은 커다란 진보를 이루었다. 그러나 로마가 멸망한 뒤에 열정이 다시 자기를 주장하고 나타나 유럽은 암흑시대에 빠졌다. 교육은 핍박받았고, 과학은 잠들었고, 미신이 융성했다. 그러나 르네상스 시대에 과학과 회계가 발달함에 따라 다시 사정은 바뀌었다. 17세기의 과학자와 기술자는 새로운 형태의 기계들을 창조했고 사회에 대한 새로운 인식의 길을 열었다. 위대한 연구자들이 자기가 사는 세계를 해부하고 이해하기 시작했다. '세계는 하나의 기계다'라는 은유가 '세계는 하나의 살아 있는 유기체다'라는 은유를 대체하기 시작했다. 그들은 사회를 종종 수백만 개의 부품으로 구성된 커다란 시계로 바라보기도 했다. 여기서 신은 '성스러운 시계공'이자 절묘하고 합리적인 우주의 창조자였다.

프랜시스 베이컨Francis Bacon이나 르네 데카르트René Descartes와 같은 위대한 인물들은 과학적 방법이라는, 과거와는 다른 사고방식이 세상

에 나타나도록 도왔다. 데카르트는 인간을 완전히 새롭게 이해하고자
했다. 무엇이 진실하고 확실한지 하나씩 차근차근 알아나가기 위해 논
리적이고 의식적으로 모든 명제와 씨름을 했다. 그는 논리의 기초 위에
서서 인간에 대한 이해를 새로 구성하곤 했다. 베이컨이 주장했듯, 과
학의 시대에 정신은 '알아서 길을 찾아가도록 내버려둘 수 없었고, 모
든 걸음마다 안내를 받아야' 했다.[19] 이때 필요한 것은 '확실한 계획'과
믿을 만한 새로운 방법론이었다.

　이 새로운 사고방식 아래서 철학자이자 과학자인 데카르트는 자기
마음속에서 편견과 습관과 선입견을 몰아내야 했다. 자기가 연구하는
대상과 냉정한 거리를 유지하고, 해결해야 하는 문제들은 개별적인 요
소들로 철저하게 분해해야 했다. 그다음에는 의식적이고도 질서정연
하게 가장 단순한 요소에서부터 시작해서 단계를 밟아 점차 복잡한 것
으로 나아가야 했다. 일상적인 언어에서 비롯될 수 있는 모호함과 혼돈
을 배제하기 위해 과학적인 용어를 개발해야 했다. 이 방법론의 전체적
인 목적은 인간 행동에 대한 법칙과도 같은 일반화, 즉 확실성의 진실
에 도달하는 것이다.

　과학적인 방법론은 한때 추측과 직관만이 존재하던 곳에 엄밀함을
불러왔다. 이렇게 해서 물리학, 화학, 생물학 및 그 밖의 자연과학 영역
에서 나타난 결과는 바라보기만 해도 경이로웠다.

　필연적으로 이 합리적인 기법들은 사회과학 분야에도 적용되었고
사회 역시 과학만큼 인상적으로 진보했다. 프랑스 계몽주의 철학자
들은 위대한 백과사전을 편찬해 인간이 지닌 모든 지식을 책 한 권에
정리하려고 노력했다. 이 백과사전에서 세자르 슈스노 뒤마르세César
Chesneau Dumarsais는 다음과 같이 천명했다. "이성과 철학의 관계는 은총

과 기독교인의 관계와 같다. 은총이 기독교인을 행동으로 이끌듯 이성은 철학자를 이끈다."[20]

그리고 다시 여러 세기가 흐르는 과정에서 사회과학자들은 인간 본성을 탐구하는 과학을 창조하려고 노력했다. 그리고 인간 행동을 예측하는 도구로 쓸 수 있는 여러 모델들을 만들어냈다. 정치학자, 국제관계 전문가 그리고 그 밖의 여러 관련 분야의 학자들이 복잡한 모델을 만들었다. 경영 컨설턴트는 경영자의 리더십과 관련된 과학을 보다 잘 이해하려고 다양한 실험을 했다. 그 추상적인 이데올로기들 사이에서 등장한 정치학은 모든 것을 논리적이고 일관성 있게 하나의 믿음 양식으로 엮는 거대한 체계였다.

사상의 이런 합리적인 태도는 어디에나 존재하고 자연스러우며 또한 피할 수 없는 것처럼 보였다. 합리적 전통은 모두를 매혹했다. 모호함과 의심에서 비롯되는 불안의 짐을 덜어주고 확실성을 약속했다. 인간 본성에 대한 사람들의 인식은 그 시대의 지배적인 기술에 영향을 받았다. 기계적인 시대 혹은 산업 시대에는 사람을 기계와 같은 구조를 갖춘 존재로 바라보는 것이 당연했다. 따라서 당시에 인간을 이해하는 과학은 공학이나 물리학과 닮은 데가 많았다.

합리주의는 19~20세기에 엄청난 특권을 획득했다. 하지만 거기에는 편향이 담겨 있었고, 따라서 한계가 있을 수밖에 없었다. 합리주의는 환원주의적이다. 문제를 세부적인 요소들로 쪼개기 때문이다. 따라서 창발적 체계emergent system를 알지 못하고 상상도 하지 못한다. 심리학자 가이 클랙스턴Guy Claxton이 저서 『비틀린 마음The Wayward Mind』에 썼듯이, 창발적 체계는 관찰보다 설명을 높게 친다. 어떤 문제를 현장에서 감상하는 것보다 해결하는 데 더 많은 시간을 들인다. 유희적이라기보다는 목적의식적이다. 단어나 숫자로 표기될 수 있는 지식을 그렇지 않은 지식보다 더 높이 친다. 전체 맥락 속에서 적용될 수 있는 법칙이나 원칙을 추구하며, 구체적인 의미나 맥락의 중요성은 높이 치지 않는다.[21] ('창발성'에 대해서는 본문 183~187쪽 참조-옮긴이)

게다가 합리주의적 방법론은 일련의 가설들을 기초로 형성되었다. 이 가설에서는 사회과학자가 어떤 열정이나 무의식적인 편견에서 완전히 자유로운 상태에서, 사회를 외부에서 객관적으로 바라볼 수 있다고 가정한다.

또 이성을 완전하게 혹은 적어도 거의 완전하게 의식적으로 통제할 수 있다고 가정한다. 또 이성은 감정이나 욕망보다 더 강력하며 서로 분리할 수 있다고 가정한다. 또 인식이라는 것은 깨끗한 렌즈이며, 이 렌즈를 통해서 세상을 직접적이고 믿을 만하게 바라볼 수 있다고 가정한다. 또 인간의 행동은 물리학 법칙과 비슷한 법칙에 순응한다고 가정한다. (이 경우, 물론 우리는 이 물리학의 법칙을 이해할 수 있어야 한다.) 이렇게 보자면 기업이나 사회, 국가, 우주는 모두 거대한 기계로 원인-결과라는 불변의 여러 모형을 통해 돌아간다. 따라서 자연과학은 행동과학이 당연히 복제해야만 하는 모델이다.

이렇게 해서 합리주의는 결국 독자적인 극단론을 만들어냈다. 과학의 혁명은 과학주의로 이어졌다. 언론인 어빙 크리스톨Irving Kristol은 과학주의는 '이성의 상피병象皮病(사람의 피부가 코끼리의 피부처럼 단단하고 두껍게 변형되는 병-옮긴이)'이라고 했다. 과학주의는 합리적인 탐구의 법칙들을 받아들여 이것을 무한대로 늘이며, 그 공식에 맞지 않는 것은 모두 배제한다.

지난 수백 년 동안 일어났던 수많은 실수와 재앙은 순수 이성에 대한 지나친 믿음에서 비롯되었다. 18세기 말 프랑스의 혁명주의자들은 합리적인 토대 위에서 세상을 새롭게 시작하겠다는 이유로 사회를 잔인하게 난도질했다. 사회적 다원주의자들은 자기들이 인간 혁명의 완벽한 불변의 법칙을, 최적자생존을 확실하게 보장하는 데 사용될 수 있는 법칙을 발견했다고 상상했다. 프레더릭 테일러Frederick Taylor의 영향권 아래에 있던 기업주들은 공장 노동자를 최대 효율을 내는 톱니바퀴로 개조하려고 시도했다. 20세기에 공산주의자들은 이른바 '소비에트적인 새로운 인간New Soviet Man'을 창조하겠다는 시도를 하면서 세상의 국가들을 완전히 새로 설계하려고 했다. 서구에서는 르 코르뷔지에Le Corbusier를 비롯한 한 세대의 도시 계획가들이 기존의 주거지를 완전히 쓸어버리고 그 자리에 다차선의 고속도로와 성냥갑 같은 주택을 짓는 사업들을 통해 도시를 하나의 합리적인 기계로 변환하려고 했다. 선진국의 과학기술 분야 전문가들은 전 세계의 저개발국을 대상으로 대규모 개발 계획을 실행하려고 시도했다. 물론 이런 계획은 해당 저개발국의 관점이 아니라 선진국의 관점에 입각한 것이었다. 대형 민간은행 및 각국 중앙은행의 금융 전문가들은 자기들이 이미 경기순환에 대해서는 통달했으며, 이른바 '대안정기Great Moderation'(저물가와 고성장이 동시에 유지되는 단계-옮긴이)를 이끌어냈다고 생각했다.

요컨대 합리주의적 방법론은 수많은 위대한 발견을 이루어냈다. 그러나 이로써 인간 세상을 설명하거나 조직하려 할 때, 우리는 한 가지 결정적인 한계에 부딪친다. 합리주의적 방법론은 인간의 의식적인 인식(2차적 인식)을 매우 높게 치지만 무의식적 인식(1차적 인식)의 영향을 전혀 깨닫지 못한다는 점이다. 전자는 보거나 양을 측정하거나 형식화하고 이해할 수 있는 것이고, 이에 비해 후자는 마치 구름과 같아서 비

선형적이며 보기 어렵고 형식화할 수 없는 것이다. 그런데 합리주의자는 자기가 가진 방법론에 따라 측정할 수 없는 정보는 모두 무시하는 경향이 있다.

미국의 소설가이자 평론가인 리오넬 트릴링Lionel Trilling은 저서『자유로운 상상력The Liberal Imagination』에서 이런 문제를 진단했다. "정치와 상업이 조직화를 향해 움직이는 한, 조직에 가장 민감한 정서와 속성을 선택하는 경향이 있다. 그런데 정치와 상업이 조직의 활성화된 그리고 긍정적인 목적을 실어 나를 때, 이것은 세상을 바라보는 스스로의 견해를 무의식적으로 제한하며 이 제한을 정당화하는 이론과 원칙, 특히 인간 정신의 특성과 관련된 이론과 원칙을 무의식적으로 만들어내는 경향이 있다. (…) 그 결과, 정치와 상업은 인간이 지닌 정서와 상상력을 무시하는 쪽으로 흘러간다. 그리고 오로지 인간의 정신이 지닌 힘에 대한 믿음을 강화하겠다는 관심에만 사로잡혀 인간 정신에 대한 개념을 압축하고 또 기계적으로 만들어버리는 경향이 있다."[22]

합리주의는 의식적인 정신을 바라보며 이것이 모든 것이라고 가정한다. 무의식적인 과정의 중요성은 조금도 인정하지 않는다. 무의식의 시커멓고 바닥을 알 수 없는 흐름에 발을 담그는 순간, 규칙성과 예측 가능성에 대한 기대가 모두 순식간에 사라져 버리기 때문이다. 합리주의자는 자기들이 인간 행동의 과학을 꿰뚫고 있다는 주장으로 특권과 권위를 누리고 행사한다. 하지만 이 주장이 잘못되었다는 사실이 드러나는 순간, 그들의 특권과 권위는 모두 사라지고 말 것이다.

합리주의는 지난 50년 동안 특히 경제학 분야에서 가장 강력하게 위세를 떨쳤다. 하지만 경제학은 애초에 순수하게 합리적이고 이성적인 차원에서 출발하지 않았다. 애덤 스미스는 인간이 지닌 도덕적인 감정 그리고 타인의 칭찬에 대한 갈망과 추구가 인간의 행동의 동력이라고 믿었다. 소스타인 베블렌Thorstein Veblen, 조지프 슘페터Joseph Schumpeter, 프리드리히 하이에크Friedrich Hayek는 단어가 아니라 말로써 자신의 주장을 펼쳤다. 이들은 경제활동이 만연한 불확실성 속에서 진행된다고 강조했다. 사람의 행동은 이성뿐만 아니라 상상력으로부터도 안내를 받는다. 우리는 패러다임이 불연속적으로 이동하는 것을 경험할 수 있다. 동일한 상황을 갑자기 전혀 다른 방식으로 바라볼 수 있다는 말이다. 존 메이너드 케인스는 경제학은 도덕적인 과학이며 현실의 실체는 수학으로 측정할 수 있는 보편적인 법칙으로 포착되지 않는다고 믿었다. 케인스는 경제학을 다음과 같이 규정했다. "경제학은 자기반성을 다루고 가치관을 다룬다. (…) 경제학은 동기, 기대, 심리학적 불확실성을 다룬다. 경제학자는 연구하는 대상의 속성이 늘 일정해서 변하지 않는 것이라고 파악하지 않도록 스스로 끊임없이 경계해야 한다."[23]

그러나 20세기를 거치면서 합리주의적 정신은 결국 경제학을 지배하게 되었다. 물리학자 및 자연과학 분야의 학자들은 위대한 업적을 쌓고 있었고, 사회과학자들도 자연과학자들이 누리고 발휘하는 특권과 엄정함을 찾아 나섰다. 경제학자 어빙 피셔Irving Fisher는 물리학자를 지도 교수로 모시고 박사 학위 논문을 썼다. 그리고 나중에는 경제가 작동하는 원리를 도해하기 위해 레버가 여러 개 달린 기계를 제작하는 일에도 직접 참가했다. 폴 새뮤얼슨Paul Samuelson은 열역학의 수학적 법칙들을 경제학에 적용했다.[24] 금융 분야에서도 마찬가지였다. 골드만삭스에서 일하며 파생 상품 개발에 중심적인 역할을 했던 금융공학자 이매뉴얼 더먼Emanuel Derman도 애초에 물리학자였다.

수학적인 모델들은 경제 행동을 이해하는 데 유효한 도구이지만, 더 불어 인간이 지닌 특성의 특정한 점들을 걸러내는 기능도 했다. 여기엔 사람은 기본적으로 규칙성을 가지고 있으며 예측 가능한 존재라는 발상이 핵심적인 원리로 깔려 있었다. 이런 발상에 대해서는 경제학자 조지 애커로프와 로버트 실러가 잘 정리했다. "개인이 느끼는 감정과 인상과 열정의 편차는 전체적인 차원에서 보자면 전혀 문제가 되지 않는다. 그리고 경제적 사건들은 측량할 수 없는 기술적 요인들이나 변덕스러운 정부 당국의 행위에 의해 추진된다."[25]

얼마 지나지 않아 경제학자들은 다른 모든 요인은 배제하고 오로지 금전적인 동기만을 강조하게 되었다. 호모 이코노미쿠스(경제적 인간)는 호모 소시올로구스(사회적 인간), 호모 사이콜로지쿠스(심리적 인간), 호모 에티쿠스(윤리적 인간), 호모 로만티쿠스(낭만적 인간)와 분리되었다. 이제 인간의 특성을 숫자로 파악하게 된 것이다.

실패의 씨앗이 자라나다

인터콤의 CEO 태거트와 그의 경영진은 인류의 지성사를 공부하지 않았다. 합리주의는 그저 공기 속에 존재하면서 그들이 설정하고 있는 가설과 구사하는 방법론의 형체를 구성했다. 그들은 물론 이런 과정을 알지 못했다. 합리주의 정신은 그들이 대학교에서 배운 경제학 강의 속에, 경영대학원에서 배운 전략 강의 속에 그리고 그들이 날마다 읽는 경영학 서적 속에 들어 있었다. 합리주의 안에서 유용한 정보라는 개념은 파워포인트 슬라이드 쇼로 포착할 수 있는 낮은 차원으로 격하되었다.

불경기가 깊고 오래 지속되면서 에리카는 경영진이 회사를 완전히 망칠 수도 있는 방향의 조치들을 취하는 것을 보았다. 비용을 절감해야 한다는 압박에 몰린 경영진은 직원들 상호간에 그리고 고객과 직원들간에 유대감을 강화시켰던 행위들을 맨 먼저 차단했다. 예를 들어 회사의 웹사이트에서 회사 전화번호를 지워버렸다. 불만을 품은 고객이 회사에 전화해 직원과 통화하지 못하게 한 것이다. 또한 직원들이 동료애를 쌓는 데 사용하던 회사 내의 공간을 모두 없애버렸다. 사무실 공간도 줄였다. 직원들은 닭장 같은 좁은 칸막이 속에 갇혀 있는 자기 모습을 발견하고는 한숨을 쉬었다. 그런 조치는 수십 년 동안 진짜 사무실다운 사무실을 얻으려고 노력해 왔던 사람들의 자아를 파괴하는 행위였다. 하지만 경영진이 이런 조치를 담은 사무실 평면도를 제시했을 때, 그 그림은 얼마나 효율적으로 보였던가!

짐 콜린스Jim Collins는 제도상의 후퇴는 부실 공사와 같다고 주장한다.[26] 회사는 겉으로 볼 땐 멋지지만 안으로는 무너지고 있었다. 일단 무너지기 시작하고 나면 운명에 따라 이미 정해진 길을 걸어가게 된다. 이 말에 따르면 인터콤은 이미 멸망의 길로 들어선 셈이었다.

처음에 인터콤 경영진은 경비 절감 효과가 나타나자 좋아했다. 그러면서 서로 이런 말을 주고받았다. "중국어로 '위기'라는 말은 '기회'라는 뜻도 포함하고 있다더군." 이들은 회사의 매출액이 감소하는 현상은 가능한 모든 실험을 실행해야 한다는 신호라고 받아들였다. 그리고 고강도 구조조정에 돌입했다. 부서 책임자들을 해고하고 새로운 인물들을 투입했다. '도약 성장leapfrog growth'이라는 장기 전략을 새로이 설정했다. 현재 10퍼센트의 성장 가능성을 보이는 부문들에는 자금을 투입하고 지지부진한 부문들은 없애버렸다. 모든 희생을 감수하면서 회사를 성장시킬 생각이었던 것이다. 이런 전체적인 맥락 속에서 태거트는 회의석상에서 자주 다음과 같이 소리 높여 말하곤 했다. "우리에게는 이제, 우리가 여태까지 해왔던 것을 계속하는 사치를 부릴 여유가 없습니다. 여태까지 가지고 있던 매뉴얼과 관례는 모두 찢어버려야 합니다. 완전히 다르게 생각해야 합니다."

이어서 예전보다 더 많은 인수·합병이 진행되었다. 케이블 회사를 운영하는 데 싫증이 난 태거트는 방송국을 사들였다. 이제 그는 연예계의 스타들과 함께 어울릴 수 있었다. 디너파티에도 참석했고 황금시간대의 프로그램 편성을 소재로 이야기도 나누었다. 기술 분야 서비스를 제공하는 회사가 예술적 상품을 제공하는 회사와 진정으로 하나가 되어 합쳐질 수 있을까 하는 골치 아픈 문제에 대해서는 아예 생각도 하지 않았다.

인수·합병은 계속 이어졌다. 바이오테크놀로지 회사를 사들였고 온라인 앱스토어 회사를 사들였다. 에리카는 동료들이 그런 거래에 끼어서 승리의 한몫을 담당하고 싶어 안달하는 모습을 지켜보았다. 이런 인수·합병이 한 번씩 있을 때마다 의기양양한 승리자의 연설이 회사 안에 떠돌곤 했다. 이 거래로 우리의 영역은 두 배로 넓어졌다, 우리 회사가 전혀 다른 모습으로 바뀌었다, 단 한 차례의 행보로 우리 앞의 지형을 혁명적으로 바꾸었다, 이 거래로 게임 자체가 바뀌었다, 이제 우리는 새로운 시대를 열 블록버스터 제품을 가지게 되었다, 오늘 우리는 새로운 새벽과 새로운 출발을 목격한다 등등…. 사람들은 모든 인수·합병 거래가 인터콤이라는 회사가 부진에서 탈출할 특효약이라고 생각했다. 하지만 여러 달이 지나도 부진은 계속 이어졌다. 달라진 게 있다면 빚이었다. 빚만 자꾸 늘어나고 있었다.

새로운 모든 게 반짝반짝 빛날 때 오래된 모든 것은 착취당하는 신세가 되었다. 하청업체들은 쥐어짜였고 계약은 축소되었고 직원들은 보다 적은 임금으로 보다 많이 일하라는 지시에 고개를 떨어뜨렸다. 구명선 심리가 회사 구석구석으로 퍼졌다. 약한 사람들은 구명선 밖으로 던져졌고 생존자들은 죽어라 뱃전을 잡고 놓지 않으려 했다. 사기가 떨어졌다. 고객의 충성도도 수직으로 떨어졌다. 좋지 않은 일이 있을 때면 책임 소재를 가리기 위한 조사가 이어졌지만 그 누구도 책임지지 않았다. 모든 의사 결정이 위원회에서 이루어졌기 때문이다. 모든 사람이 책임을 져야 할 때는 아무도 책임을 지지 않는 법이다.

에리카는 이런 참혹한 와해와 패배를 지독한 혐오의 눈으로 지켜보았다. 그녀는 자기가 창립하고 성장시킨 회사가 죽어가는 모습을 지켜보았었다. 그때는 피할 수 없는 일이었다. 그리고 이제 그녀는 자본주의 역사상 최악의 사례로 꼽힐 경영 실패의 한 부분을 담당할 인터콤과 함께 또다시 몰락할 판이었다. 만일 회사가 이대로 무너진다면 그다음에 에리카를 고용해 줄 기업은 그 어디에서도 찾을 수 없을 터였다.

여러 달이 지나자 회사의 경영 수지는 더욱 악화되었다. 어느 날 회의석상에서 매출 지수가 새로 발표되었다. 매출액 감소가 두드러졌다. "잘못된 수치가 분명합니다." 태거트의 심복 가운데 한 사람이 말했다. 그 순간 회의장 뒤편에서 누군가 무거운 신음 소리를 냈다. 아무도 그 소리를 듣지 못한 것 같았다. 하지만 에리카는 분명히 들었다. 그래서 에리카는 티 내지 않으려 애쓰면서 소리를 낸 주인공을 찾으려고 고개를 들었다. 턱이 두 겹인 남자였다. 머리카락이 희끗하고 흰색 반팔 셔츠에 빨간색과 파란색이 비스듬하게 교차하는 넥타이를 맨, 제법 나이가 든 남자였다. 회의장에서 여러 차례 얼굴을 보긴 했지만 이 사람이 발언을 하는 걸 에리카는 한 번도 본 적이 없었다. 에리카는 남자를 지켜보았다. 그러나 남자는 시선을 내리깔고 두툼한 자기 두 손만 바라보았다. 그러다가 남자가 고개를 들었고, 두 사람의 눈이 마주쳤다. 남자가 어색하게 웃었고 에리카는 고개를 돌렸다.

　회의가 끝난 뒤에 에리카는 남자를 따라가 옆으로 다가섰다. 그리고 대놓고 물었다. "아까 무슨 생각을 하셨죠?" 남자는 의심하는 눈빛으로 에리카를 바라보았다. 에리카가 먼저 입을 열고, 속삭이듯 말했다. "애처롭다는…?" "빌어먹게 애처롭죠. 믿을 수 없을 정도로 빌어먹게 애처로워요." 이렇게 해서 인터콤 안에서 발키리 작전(제2차 세계대전 때 히틀러를 암살하려던 독일군 내부 쿠데타 음모의 작전명 – 옮긴이)이 시작되었다.

　이 남자의 이름은 레이먼드였다. 이 회사에 32년 동안이나 몸담은 사람이었다. 회사에서 오로지 레이먼드만이 핵심적인 기술을 알고 있었기 때문에 아무리 태거트라도 그를 자르지는 못했다. 대신 그는 의사 결정 구조에서 멀리 떨어진 곳에서 다른 사람들이 배출한 쓰레기를 치우는 일을 하고 있었다. 레이먼드를 통해 에리카는 자기 말고도 경영진의 행태를 역겹게 바라보는 사람이 무척 많다는 걸 알았다. 이들은 비밀리에 쿠데타를 준비했다. 사적인 이메일 주소로 지하 연락망을 갖췄다. 처음에 이들은 그저 쑤군거리며 불평만 했지만 곧 미래를 준비하는 계획을 세웠다. 생존이 달린 문제라고, 이렇게 하지 않으면 살아남지 못한다고 에리카는 사람들을 설득했다. "만일 회사가 이대로 망하면 우리는 모두 끝장입니다. 평생을 바쳐서 일군 회사가 허공으로 날아가 버린다는 말입니다. 바라보기만 하실 겁니까?" 가만히 앉아서 운명의 심판을 기다릴 수만은 없었다. 무언가 해야 했고 또 그렇게 할 수 있었다.

15장

문제 해결

딱 보면 알 것 같은
느낌의 비밀

에리카는 낮이면 태거트와 그의 앞
잡이들이 저지르는 만행에 치를 떨었고, 저녁에 (때로는 밤늦게) 집으로
돌아와서는 해럴드에게 이런 분노를 털어놓았다. 하지만 해럴드는 인
터콤의 경영과 관련해 구체적인 조언을 해줄 수 있는 형편이 아니었다.
이미 몇 년 동안 기업의 세계에서 벗어나 있었기 때문이다. 하지만 에
리카의 회사가 처한 문제를 어떻게 풀면 좋을지 도움을 주려고 애썼다.

해럴드는 현재 역사 협회Historical Society에 깊숙이 그리고 편안하게 자
리를 잡고 있었다. 처음에는 전시회 카탈로그에 글을 쓰는 걸로 시작했
지만 지금은 큐레이터로 승진해서 전시회 조직을 돕고 있었다. 19세기
에 창립된 역사 협회는 활기라고는 찾아보기 어려운 오래된 조직이었
고 셀 수 없이 많은 유물을 저장고에 보존하고 있었다. 해럴드는 시간
이 날 때마다 지하 저장고로 가서 오래된 상자나 서류함을 들춰보았다.
때로는 금고를 열고 들어가서 협회가 보관하고 있는 귀중한 보물들을
관찰하기도 했다.

이런 보물 가운데 가장 중요한 유물은 링컨 대통령이 연극을 보다가
암살되던 바로 그날, 그 현장의 무대에 섰던 배우의 드레스였다. 이 배
우는 암살이 일어난 직후에 대통령 관람석으로 뛰어갔다. 그리고 사람
들이 링컨이 입은 상처를 치료할 때 그의 머리를 자기 무릎에 눕혔다.

화려한 꽃무늬가 인쇄된 드레스에는 링컨이 흘린 피가 그대로 굳은 채 남아 있었다.

어느 날, 근무 중이던 해럴드가 혼자 지하로 내려갔다. 그리고 흰색 장갑을 끼고 상자에서 드레스를 조심스럽게 꺼내 자기 무릎에 살그머니 내려놓았다. 그 순간 해럴드를 감싸고 흐르던 경건한 마음은 무어라 표현할 수 없을 정도로 강렬했다. 네덜란드의 역사학자 요한 하위징아 Johan Huizinga의 말이 들리는 듯했다. "먼 과거와 가깝게 접촉하는 느낌은 예술의 순수한 기쁨만큼이나 깊이 있는 감각이다. 나 자신이 사라지는 듯한 느낌, 내 주변의 세상으로 흘러넘치고 녹아 들어가는 듯한 느낌, 사물의 본질을 만지는 듯한 느낌, 역사의 진실을 경험하는 느낌, 이런 느낌들이 주는 황홀한 감각이다."[1]

해럴드는 옛날의 유물을 가까이에서 보고 만질 때면 시간을 거슬러 올라가 또 다른 시대 속으로 들어가는 기분이었다. 협회에서 일하는 시간이 쌓이면 쌓일수록 그는 과거에 더 깊이 빠져들었다. 그는 특정한 시대(예를 들면 빅토리아 시대, 독립전쟁 시대, 혹은 그보다 오래전의 과거)를 주제로 한 전시회를 기획했고, 이베이 eBay에서 먼 과거의 인쇄물이나 신문, 혹은 기타 자질구레한 골동품을 사들였다. 해럴드는 이렇게 산 골동품을 손에 가만히 쥐고서 먼 옛날 그 물건을 쥐었던 사람들의 손을 상상했다. 또 커다란 돋보기로 그 골동품을 들여다보면서 수백 년의 세월을 뛰어넘으려 했다.

해럴드에게 사무실에 들어가는 일은 사라져 버린 과거의 시대 속으로 들어가는 것이나 마찬가지였다. 노트북과 책을 제외하면 그의 사무실에서 해럴드가 태어난 뒤에 만들어진 것은 아무것도 없었다. 가구, 펜, 인쇄물, 흉상, 카펫…. 모두가 다 그랬다. 물론 해럴드는 전사나 귀족들의 시대에 살고 싶지는 않았다. 그러나 고대 그리스의 명예, 중세의 기사도, 빅토리아 시대의 신사도 등과 같은 오래되고 이상적인 것들 앞에서 늘 감동했다.

한 전시회가 끝났을 때였다. 해럴드가 카탈로그에 쓴 글을 읽은 출판업자 한 사람이 다가와 화가이자 발명가인 새뮤얼 모스Samuel F. B. Morse에 관한 책을 써보지 않겠느냐고 제안했다. 그때 이후로 해럴드는 거의 2년에 한 권꼴로 역사 관련 책이나 역사적인 인물의 전기를 썼다. 대부분 썩 잘 팔리지는 않았지만 그렇다고 전혀 안 팔리는 건 아니었다. 하지만 그는 자기가 쓰는 책의 주인공을 고를 때 퓰리처상 수상자인 데이비드 맥컬러프David McCullough처럼 나폴레옹이나 링컨, 워싱턴, 프랭클린 루즈벨트 등과 같은 거물을 다루지 않았다. 대신 존경받을 만한 업적을 남긴 사람들에 초점을 맞춰 인생을 살아가는 모범적인 사례들을 보다 차분한 목소리로 독자에게 제시했다.

에리카가 인터콤에서 태거트와 싸움을 벌일 때 해럴드는 영국 계몽주의에 대한 책을 쓰던 중이었다. 데이비드 흄, 애덤 스미스, 에드먼드 버크Edmund Burke를 필두로 18세기의 영국 사상을 지배했던 사상가, 정치가, 경제학자, 좌담가 등이 총출동하는 집단 초상화를 그리고 있었던 것이다. 어느 날 저녁, 해럴드는 에리카에게 프랑스 계몽주의와 영국 계몽주의의 차이를 설명했다. 어쩌면 이 이야기가 에리카가 태거트와 싸워서 이기는 데 도움이 될지 모른다고 생각해서였다.

프랑스 계몽주의는 데카르트, 루소, 볼테르, 콩도르세Marquis de Condorcet가 이끌었다. 이들은 미신과 봉건주의 세상에 맞선 철학자들로서 미신의 세상을 이성의 선명한 빛으로 생생하게 까발리고자 했다. 과학 혁명에 고무된 이들은 실수를 파악하고 우주적인 진리에 논리적으

로 도달하는 데 개인의 이성이 발휘하는 힘을 강력하게 신봉했다. 이런
점에서 보자면 태거트를 중심으로 한 인터콤의 경영진은 프랑스 계몽
주의를 지나치게 단순화한 꼬맹이 추종자들인 셈이었다.

그런데 또 다른 계몽주의가 비슷한 시기에 진행되고 있었다고 해럴
드는 말했다. 영국 계몽주의의 지도자들 역시 이성의 중요성을 인정했
다. 이들은 합리주의자긴 했지만 이성은 한계가 있으며 가장 중요한 요
소는 아니라고 믿었다. 예를 들어 데이비드 흄은 이렇게 썼다. "이성은
열정의 노예이며 또 반드시 그렇게 되어야 한다. 그리고 이성은 열정에
복무하는 것 이상의 다른 어떤 것을 시도할 수 없다."[2] 에드먼드 버크도
다음과 같이 썼다. "우리는 대개 자연스럽게 터득한 감정을 지니고 있
다. 우리는 사람들이 (이런 감정을 배제하고) 개인적인 이성에만 의존해서
살아가고 또 서로 거래를 하도록 만들까 봐 두렵다. 개인이 지닌 이런
이성의 양은 애석하게도 그다지 크지 않다고 보기 때문이다."[3]

프랑스 계몽주의의 지도자들은 논리, 과학, 우주적인 법칙을 이야기
한 반면, 영국 계몽주의의 지도자들은 감각과 애정의 힘을 강조했다.
그 결과 영국의 계몽주의자들은 인간의 행동은 무의식적인 1차적 인식
에 의해 전체적으로 형태가 결정된다는 생각에 입각해 인간의 특성을
바라보았다. 에드먼드 버크는 초기에 미학을 주제로 『숭고와 미의 근
원을 찾아서』라는 책을 썼다. 그는 사람들이 아름답다고 여기는 것에는
커다란 공통점이 있다는 것을 알아차렸다. 인간은 텅 빈 백지로 태어나
며 이 빈 부분이 교육에 의해 채워지는 게 아니었다. 인간은 태어날 때
이미 특정한 것에 대한 선호와 애정, 기피 성향을 가지고 있다. 버크는
이렇게 썼다. "감각과 상상력은, 이성적인 이해가 이들과 결합하거나
혹은 이들을 배척하기 전에 이미 영혼을 사로잡는다."[4]

프랑스 계몽주의자들은 자율적인 개인들이 서로의 이익을 위해서 사회적인 계약을 맺는 자연 상태를 상상했다. 반면에 영국 계몽주의자들은 사람은 사회적 감각을 가지고 태어나며 이 감각은 의식보다 더 아래의 차원에서 작동한다고 강조했다. 사람은 태생적으로 타인의 고통과 즐거움에 공감하는, 이른바 '동류의식 fellow feeling'이 있다는 것이다. 그래서 존경받고 싶어 하며 또 그럴 자격이 있는 존재가 되고자 하는 욕망에 이끌린다. 따라서 도덕성은 추상적인 법칙에서 추론된 논리가 아니라 이런 반半의식적 상태에서 비롯된다고 주장했다.

또한 프랑스 계몽주의 추종자들이 사회와 제도를 언제든 분해해서 다시 조직할 수 있는 기계장치로 바라본 반면, 영국 계몽주의의 추종자들은 이것을 하나의 유기체, 즉 살아 있는 인간관계들이 무한하게 복잡한 네트워크를 이루고 있는 것으로 바라보았다. 후자의 입장에서 보자면 하나의 문제를 여러 부분으로 분해하는 것은 실수에 불과했다. 진실은 개별적인 사물들 사이에 존재하는 연관성 속에서만 찾을 수 있다는 게 이들의 기본적인 발상이었기 때문이다. 여기서 중요한 것은 맥락이다. 추상적인 보편성은 당연히 신뢰할 수 없다. 이들의 눈에는 보편적인 원칙보다 역사적인 선례가 더 유용하다.

영국 계몽주의자들은 변화와 개혁을 뚜렷하게 구분했다. 변화는 제도의 근본적인 성격을 바꾸는 재조직 과정이다. 이에 비해 개혁은 제도의 본질은 그대로 유지하면서 결함을 보수해 본질을 생생하게 되살리는 치료 과정이다. 해럴드는 영국 계몽주의의 방법론이 에리카가 태거트의 실수를 정확하게 이해하고 또 나아가 대안적인 과정을 모색하는 데 어떤 도움을 줄 수 있을지 설명했다.

이어지는 의문들

사실 순수 이성과 애정 혹은 감정을 놓고 벌이는 이런 논쟁의 역사는 매우 오래되었다. 지성사를 살펴보면 역사는 합리주의와 낭만주의라는 양극단 사이를 끊임없이 오갔다. 그래서 영국의 철학자 알프레드 노스 화이트헤드Alfred North Whitehead는 사고가 단순한 사람들의 시대와 사고가 혼란스러운 사람들의 시대로 역사를 구분하기도 했다. 사고가 단순한 사람들의 시대에는 합리주의적인 사상가들이 인간 행동을 엄밀한 수학적 모델로 환원시켰고, 사고가 혼란스러운 사람들의 시대에는 직관적인 지도자나 예술가가 사람들에게 나아길 길을 제시했다. 그래서 상상력이 황당할 정도로 달릴 때도 있었고 이성이 너무 엄밀하게 따질 때도 있었다.

지난 30년 동안의 인식 혁명은 이런 낡은 의문을 새로운 통찰로써 바라볼 수 있게 해주었다. 새롭게 밝혀진 사실들은 영국 계몽주의가 프랑스 계몽주의보다 인간의 특성을 보다 정확하게 바라보았음을 강력하게 시사한다. 프랑스 계몽주의자들은 인간이 논리의 힘 덕분에 다른 동물들과 구분되는 '합리적인 동물'이라고 상상했다. 마르크스주의자들을 비롯한 19세기와 20세기의 사상가들은 인간이 삶의 물리적 조건들에 의해 형성된 '물질적인 동물'이라고 생각했다. 그러나 영국 계몽주의 사상가들은 인간을 '사회적인 동물'로 상상했고, 이런 묘사는 옳았다.

그러나 바로 이 지점에서 새로운 의문이 제기된다. 1차적 인식 과정인 무의식이 그토록 중요하다면 이것은 의식이라는 2차적 인식 과정에 비해서 얼마나 정확할까? 이 1차적 인식 과정을 우리는 얼마나 신뢰할 수 있을까?

열정이나 감각이 (지킬 박사의 하이드처럼) 제어되지 않은 야만적이고 원시적인 것이라 여기던 과거에는 이런 것이 쟁점이 되지 않았다. 그러나 지금은 이것이 지킬 박사의 하이드라는 차원보다 한층 더 민감하고 철학적으로 다뤄져야 한다는 사실을 우리는 잘 알고 있다. 인간의 무의식이 지닌 힘과 약점에 대해 우리는 아직 공통된 의견을 모으지 못했다.

몇몇 학자는 장점이 있다 하더라도 무의식은 원시적인 괴물 혹은 성숙하지 않은 어린아이일 뿐이라고 주장한다. 시카고대학교 교수였던 리처드 탈러와 캐스 선스타인은 공동 저서 『넛지』에서, 의식은 영화 〈스타 트렉〉의 캐릭터 중 사려 깊고 성숙하며 한 수 앞을 내다보는 스포크이며, 무의식의 1차적 인식은 〈심슨네 가족들〉의 캐릭터인 미성숙하고 충동적인 바보 호머 심슨이라고 말한다.[5] 새벽 5시에 알람시계가 울리면 스포크는 잠자리에서 일어나는 것이 자기에게 가장 현명한 선택이라는 사실을 알지만 호머 심슨은 알람시계를 멀리 던져버린다.

그러나 1차적 인식에 대한 우스꽝스러운 관점도 어떤 면에서는 일리가 있다. 무의식은 주관적이다. 무의식은 정보를 고체가 아니라 액체처럼 다룬다. 정보가 뇌에 저장될 때 정보는 그저 파일로 정리되어서 그 자리에 멈춰 있는 게 아니라 이리저리 돌아다닌다. 일흔 살 노인의 회상 과정을 살펴보면 스물여섯 살 청년의 회상 과정에 비해 뇌의 여러 부분이 보다 활성화되는 것을 확인할 수 있다.[6] 기억은 정보를 단순히 되살리는 것이 아니라 다시 조직하는 것이다. 때로는 더 나중에 일어난 일이 그 전에 일어난 일의 기억을 변형시킬 수 있다는 말이다. 바로 이런 이유로 인간의 무의식적인 데이터 검색 체계는 믿을 만한 게 못 된다.

우주왕복선 챌린저호가 폭발한 지 얼마 지나지 않은 어느 날, 코넬대학교의 심리학자 율릭 나이서 Ulric Neisser 교수는 강의를 듣는 학생 106명에게 이 우주선이 폭발했다는 소식을 맨 처음 들었을 때 자신이 정확히 어디에 있었는지 쓰라고 했다. 그리고 2년 6개월이 지난 뒤에 동일한 사람들에게 동일한 질문을 했다. 그런데 이 가운데 25퍼센트가 첫 번째로 답했던 장소와 전혀 다른 장소를 적었다. 절반은 전혀 다른 답은 아니었지만 그래도 상당한 수준의 오류를 보였다. 첫 번째 답했던 장소와 정확하게 일치하는 장소를 적은 사람은 10퍼센트 미만이었다.[7] 같은 이유로 어떤 범죄의 목격자가 범죄 직후에 진술한 내용이 여러 달이 지난 뒤에 법정의 증언대에서 진술하는 내용과 달라지는 일이 자주 일어난다. 1989~2007년까지 미국에서 유죄 판결을 받았던 죄수 201명이 DNA 증거 덕분에 누명을 벗고 풀려났다. 이들 가운데 77퍼센트는 목격자의 잘못된 진술 때문에 억울하게 누명을 쓴 것으로 밝혀졌다.[8]

무의식은 또 전체적인 맥락에 극단적으로 민감하다. 어떤 사람이 현재 느끼는 감정은 그 사람이 하는 모든 종류의 정신 활동에 영향을 미친다. 토론토대학교의 심리학자 테일러 슈미츠Taylor Schmitz 교수는 사람은 기분이 좋을 때 주변을 더 정확하게 본다고 주장한다.[9] 이와 관련된 실험에서는 의사들을 두 집단으로 나눈 뒤 한 집단의 의사들에게는 사탕 봉지를 하나씩 주고 다른 집단의 의사들에게는 아무것도 주지 않았다. 그리고 이들에게 각각 환자들과 관련된 자료를 보여주고 환자를 진단하라고 했다. 실험 결과, 사탕을 받은 의사들이 그렇지 않은 의사들보다 빠르게 환자의 질병을 찾아냈다.[10]

행복을 연구하는 학자들은 사람들에게 행복한지 묻고 다닌다. 날씨가 화창한 날에는 인생이 행복하다는 답변이 더 많지만, 비가 오는 궂은 날에는 자기 존재를 보다 비관적으로 인식하는 답변이 많아진다. 그러나 사람들에게 그날의 날씨를 의식하고 답변하라고 하자, 이런 효과

는 소멸되었다.[11]

캐나다의 브리티시 콜롬비아에서 이와 관련된 또 하나의 실험이 진행되었다. 연구자들은 실험 대상자인 젊은 남자들에게 한눈에 봐도 위험해 보이는 다리를 건너라고 했다. 다리를 건너는 바람에 심장이 두근거리던 이 남자들에게 아름다운 여자가 다가가 몇 가지 사항을 물어보며 설문조사를 했다. 여자는 다음에 또 설문조사를 하겠다는 핑계로 자신의 전화번호를 가르쳐주었다. 이후 실험에 참여한 남성 가운데 65퍼센트가 이 여자에게 전화를 걸어 데이트를 신청했다. 반면에 벤치에 앉아 있는 젊은 남자들을 대상으로 동일한 여성이 다가가 동일한 질문을 한 뒤, 역시 동일한 핑계를 대며 전화번호를 가르쳐주었을 때는 이들 가운데 여자에게 전화해서 데이트를 신청한 비율은 30퍼센트밖에 되지 않았다.[12] 위험해 보이는 다리를 건넌 청년들은 그 모험적인 행위로 한껏 흥분한 상태였는데, 이런 심리 상태를 다리 건너편에서 만난 여성 때문이라고 여겼다.

또 즉각적인 보상이라는 문제도 있다. 무의식은 충동적이다. 그래서 지금 당장의 좋은 느낌을 원한다. 1차적인 인식은 즉각적인 고통, 예를 들면 사자에게 갑자기 공격을 받는 따위의 고통에서 스스로를 보호하려는 차원에서 진화한 것이기 때문이다. 그 결과 우리는 체중 감량이라는 장기적인 욕망을 인식하면서도 눈앞의 도넛을 포기하지 못한다.

또 객관적인 관점이 필요하다는 걸 알지만 지금 당장은 해설자가 우리 편에 유리한 해설을 해주기를 원한다. 야구 경기장에서 공격 팀을 응원하는 팬은 3루 주자가 분명히 홈플레이트를 태그했다고 확신하고, 반대로 수비하는 팀을 응원하는 팬은 동일한 광경을 보고서도 3루 주자가 홈플레이트를 태그하지 않았다고 확신한다. 이처럼 각자 자기를 즐겁게 하는 결론을 확신하는 것이다. 이러한 인간의 특징을 사상가 겸 문학가인 헨리 소로Henry David Thoreau는 다음과 같이 표현했다. "우리는 이미 반쯤 알고 있는 것만을 듣고 또 이해한다."[13]

고정관념이라는 문제도 있다. 무의식은 패턴을 찾는다. 심지어 패턴이 전혀 존재하지 않는 상황에서도 패턴을 찾아내고, 가능한 모든 종류의 모호한 일반화를 한다. 예를 들어 많은 사람이 농구 경기에서 선수들의 슛이 연속해서 성공하는 경우와 연속해서 실패하는 경우가 분명히 있다고 믿고 그런 패턴을 포착한다. 그러나 NBA에서 수많은 리서치를 한 결과, 그런 패턴이 있다는 분명한 증거는 찾지 못했다. 통계적으로는 두 번 연속 슛을 성공한 선수가 세 번째 슛에서 실패할 확률이 평균보다 더 높다.[14]

사람들은 서로에 대해서도 빠르게 고정관념을 만들어낸다. 한 실험에서 실험 대상자들에게 앞에 보이는 남자의 몸무게를 추측하라고 지시했다. 그런데 사람들은 그 남자가 트럭 운전사라고 미리 말해줬을 때 몸무게를 실제보다 많게 추측했고, 무용수라고 미리 말해줬을 때는 몸무게를 실제보다 적게 추측했다.[15] 또한 의도가 어떻든 어떤 인종에 속하든 상관없이 모든 사람에게는 무의식에 내재된 인종적 편견이 있다. 무의식 프로젝트Project Implicit의 일환으로 버지니아대학교, 워싱턴대학교, 하버드대학교의 교수들이 합동으로 수십만 건의 테스트를 진행했다. 연구자들은 실험 대상자에게 백인이나 흑인 얼굴을 보여주며 순간적으로 떠오르는 연상을 말해보라고 했다. 그 결과 실험 참가자의 90퍼센트에게 무의식적인 편견이 있음이 드러났다.[16] 이와 비슷한 연구들을 살펴보면 노인에 대한 편견은 한층 더 깊었다.[17]

마지막으로 무의식은 수학에 무척 약하다. 이 문제를 한번 살펴보자.

"당신은 연필 한 자루와 공책 하나에 1.10달러를 썼다. 만일 당신이 연필보다 공책에 1달러를 더 썼다면, 연필의 가격은 얼마인가?" 아마도 당신의 1차적 인식은 연필의 가격이 0.10달러라고 말하길 원할 것이다. 무의식은 전체 1.10달러의 돈을 1달러와 0.10달러로 나누고 싶어 하기 때문이다. 하지만 실제로는 공책이 1.05달러, 연필이 0.05달러로, 정답은 0.05달러다.

이런 경향 때문에 사람들은 계산과 관련된 위험에 약하다. 1차적 인식은 때로 매우 위험하지만 빈도가 낮은 위협에 대해서는 과도한 공포를 발전시키면서도 일상생활에 존재하는 평범한 위협은 무시한다. 그래서 사람들은 확률적으로 자동차 여행이 더 위험하다는 걸 알지만 자동차보다는 비행기를 두려워한다. 그리고 해마다 놀이터의 놀이기구 때문에 다치는 사람이 전기톱에 다치는 사람보다 열 배나 많지만, 사람들은 전기톱을 더 무서워한다.[18]

종합해서 보자면 무의식은 올바른 판단을 하는 데 심각한 약점을 보이기도 한다. 이런 점에서 볼 때 인터콤의 경영자인 태거트와 그를 따르는 추종자들이 대학교와 경영대학원에서 공부하며 수학적인 데이터 분석법을 익힌 건 충분히 일리가 있다. 그러나 또 다른 측면이 분명히 존재한다. 1차적 인식은 2차적 인식이 보지 못하는 것을 본다. 무의식이 꽤 영리하다고 생각하는 데에는 여러 이유가 있다.

무의식은 어떻게 최고의 성과를 효율적으로 만들까

의식적인 과정은 무의식적인 과정을 전제한다. 2차적 인식은 1차적 인식에게 입력 신호와 목표, 방향성 신호를 받는다. 따라서 무의식적인 생각을 제외하고 이성적인 생각을 논하는 것은 말이 되지 않는다. 사람이 제대로 생활하고 살아가려면 이 두 체계가 서로 잘 엮여야 한다. 게다가 무의식은 의식보다 한층 더 강력하다. 1차적 인식에는 방대한 내현적 기억 체계implicit memory systems가 있는 데 비해, 2차적 인식은 주어진 순간에 의식적으로 인식하는 정보의 조각들인 작업 기억 체계working memory system에 주로 의존한다. 또 무의식은 제각기 다른 기능을 하는 수많은 모듈로 구성되어 있지만, 의식에는 모듈이 단 하나뿐이다. 1차적 인식의 정보 처리 용량은 2차적 인식에 비해 훨씬 더 크다. 아무리 최대치를 잡는다 하더라도 의식의 정보 처리 용량은 무의식의 용량에 비해 20만 배나 작다.[19]

게다가 1차적 인식의 결점 대부분은 장점의 다른 측면이다. 무의식은 맥락에 극단적으로 민감하지만 어떤 순간에는 이 능력이 아주 중요하게 쓰인다. 무의식은 정보를 고체가 아니라 액체로 처리하는데, 상황이 모호할 때는 단언적인 판단보다는 유연한 판단을 내리는 게 유용하다. 무의식은 빠르게 일반화하고 고정관념을 만들지만, 사실 일반화나 고정관념에 의존하지 않는다면 사람은 일상생활을 정상적으로 해나가지 못할 것이다. 또 무의식은 분명하지 않고 모호할 수 있는데, 사실 인생의 대부분이 불확실성 속에서 진행되기에 우리가 이런 불확실성을 제어할 수 있는 정신 과정을 확보하고 있다는 사실이 매우 중요하다.

무의식이 날마다 수행하는 어려운 과제들에 대해 알고 싶다면 몇 가지 가장 기본적인 것부터 시작해 보자. 무의식은 고유수용감각proprioception이라 불리는 육감을 이용해서 몸의 움직임, 자세, 운동 상태, 근육 수축 정도를 감지해 신체 부위, 동작 범위와 속도를 조절한다. 영국의 신경학자 조너선 콜Jonathan Cole은 신경 손상으로 무의식적 감각의 일부분을 잃어버린 이안 워터먼Ian Waterman의 사례를 통해 이런 사실을 증명했다.

워터먼은 여러 해에 걸친 끈질긴 훈련 끝에 마침내 자기 신체의 움직임을 의식적으로 생각할 수 있게 되었다. 그는 걷는 법과 옷 입는 법, 심지어 자동차를 운전하는 법까지 열심히 익혔다. 그런데 어느 날 문제가 발생했다. 밤이었고 부엌에 있었는데, 갑자기 정전이 된 것이다. 어둠 속에서 그는 자신의 사지가 어디에서 어떤 모양으로 있는지 볼 수 없었다. 그러자 사지를 통제할 수 없게 되었고, 결국 사지가 꼬인 채로 바닥에 쓰러지고 말았다.[20]

신체의 감각과 교류하는 무의식의 능력은 결코 사소하지 않다. 신체는 온갖 이상한 방법으로 생각하는 데 꼭 필요한 메시지들을 전달한다. 사람들에게 어떤 주장을 읽어주면서 두 팔로 가상의 상대방을 밀어내는 동작을 하라고 할 때와 상대방을 끌어안는 동작을 하라고 할 때를 비교하면 사람들은 전자의 경우에 그 주장을 보다 적대적인 태도로 대한다. 항아리 속에 갇혀 운동 기능이 차단된 뇌는 작동하지 않는다.

무의식은 또한 의식의 도움을 전혀 받지 않고서도 엄청나게 복잡한 과제들을 수행할 수 있다. 운전하는 법을 배우는 데는 의식적인 주의와 노력이 필요하다. 그러나 한번 숙달하고 나면 운전법에 관한 지식은 무의식의 깊은 곳에 저장되어 음악을 듣거나 옆자리에 앉은 사람과 대화를 나누거나 혹은 커피를 마시면서도, 다시 말해 운전을 하는 행위에 의식적인 노력을 기울이지 않고서도 얼마든지 운전을 할 수 있게 된다. 또 사람들은 의식적인 판단을 하지 않고서도 낯선 사람에게 정중하게 대하고 필요 없는 갈등을 피하고 부당한 대우를 받으면 고통을 느낀다.

무의식은 최고의 성과를 가장 효율적으로 이루어낸다. 초심자가 과제를 학습할 때는 뇌의 광범위한 부분이 활성화된다. 그러나 같은 일이더라도 숙달된 사람이 무의식적으로 할 때는 뇌의 적은 부분만 활성화된다. 이러한 메커니즘으로 전문가는 생각을 덜 함으로써 더 나은 성과를 올린다. 어떤 사람이 과제에서 최고의 기량을 보일 때, 이 사람의 뇌에 있는 자동 제어 센터는 몸의 움직임을 통제한다. 스포츠 경기를 중계하는 아나운서는 '무의식적으로'나 '반사적으로'라는 말을 자주 쓴다. 골프 선수가 클럽을 휘두르는 것을, 가수가 노래를 부르는 것을 의식적으로 생각할수록 결과는 더 나빠진다. 작가 조나 레러의 표현을 빌리자면 '생각으로 숨이 막혀버린다.'[21]

다음으로 무의식에는 지각知覺이 있다. 무의식은 데이터를 흡수함과 동시에 데이터를 해석하고 조직하며 예비적인 파악을 한다. 무의식은 정보의 모든 개별적인 단편을 특정한 맥락 속으로 집어넣는다. 맹시盲視, blindsight(광원이나 시각적 자극을 정확히 느끼는 맹인의 능력 - 옮긴이)는 무의식적 지각의 가장 극적인 사례 가운데 하나다. 시각을 담당하는 뇌부분을 (보통 뇌졸중 등이 원인이 되어서) 손상당한 사람은 의식적으로는 사물을 보지 못한다. 그러나 네덜란드 틸버그대학교의 신경과학자 베아트리체 드 겔더Beatrice de Gelder 교수는 이런 장애가 있는 남자에게 온갖 장애물로 어수선한 복도를 걸어가 보라고 했다. 그러자 남자는 장애물들을 지그재그로 피하면서 복도 끝까지 걸어갔다.[22] 또 다른 학자들은 이런 장애가 있는 사람들에게 여러 형태가 그려진 카드들을 보여주었다. 그런데 놀랍게도 이들은 카드에 그려진 형태를 정확하게 맞혔다. 의식적인 시각이 사라지고 없는 자리를 무의식이 대신한 것이다.[23]

지각과 관련된 이런 기술들은 놀라울 정도로 민감하다. 닭을 전문적으로 키우는 농장에서 일하는 병아리 감별사들은 갓 부화해서 모두 똑같이 생긴 병아리를 보고 암컷인지 수컷인지 정확하게 가려낸다. 숙달된 감별사는 한 시간에 800마리에서 1,000마리나 되는 병아리의 성별을 99퍼센트 정확하게 감별한다.[24] 어떻게 이렇게 할 수 있을까? 아마 본인들도 제대로 설명하지 못할 것이다. 암컷과 수컷 사이에 존재하는 다름을 무의식적으로 알아볼 뿐이기 때문이다.

여러 학자가 참여한 실험이 있다. 이들은 실험 참가자들에게 컴퓨터 모니터에서 X의 움직임을 잘 관찰하라고 했다. 이 X는 사분면의 한 면에서 다른 면으로 움직였는데, 이 움직임은 선행된 움직임들에 따른 매우 복잡한 공식에 의해 결정되었다. 그러나 실험 참가자들이 다음에 X가 어디에 나타날지 예측한 결과는 무작위로 예측한 결과보다 더 나았다. 그리고 참가자들이 게임을 하면 할수록 그들의 예측이 맞아떨어지는 비율도 더 나아졌다. 그래서 이번에는 학자들이 공식을 바꾸었다. 그러자 예측이 더 많이 빗나갔다. 하지만 왜 그런지는 알 수 없었다.[25]

이라크와 아프가니스탄에 주둔한 미군을 대상으로 지각에 관한 여러 연구가 진행되었다. 그 결과 몇몇 병사는 어떤 장면을 시각으로 검색해 그 부근 어디에 폭탄이 숨겨져 있을지 알아내는 데 필요한 작은 단서들, 예를 들면 주변 풍경과 잘 어울리지 않는 바위, 수상해 보이는 쓰레기더미 따위를 포착하는 솜씨가 특별히 더 낫다는 사실이 밝혀졌다. 에드워드 티어니Edward Tierney 중사는 자기가 어떻게 폭탄을 숨기고 있는 자동차를 금방 알아차리고 즉각 적절한 행동을 취해 목숨을 구했는지 잘 알지 못했다. 그는 《뉴욕타임스》의 기자 베네딕트 캐리Benedict Carey에게 다음과 같이 말했다. "갑자기 몸이 서늘해지는 거 있죠. 바로 그겁니다, 위험하다는 느낌."[26]

신경과학자 부부인 안토니오 다마지오와 한나 다마지오Antonio and Hanna Damasio를 비롯한 이들의 동료들이 기념비적인 실험을 했다. 이들은 실험 참가자들에게 2,000달러씩 주고 딜러를 상대로 일대일 카드 게임을 하게 했다. 게임의 규칙은 카드 네 벌을 따로 놓은 뒤에 여기서 카드 한 장을 선택하는데, 좋은 카드를 뽑으면 돈을 따고 나쁜 카드를 뽑으면 돈을 잃는 것이었다. 그런데 실험을 준비한 측에서 미리 두 벌의 카드에는 좋은 카드를 많이 넣고 다른 두 벌의 카드에는 나쁜 카드를 많이 넣어뒀다. 네 벌의 카드 무더기를 나란히 두고 참가자는 카드를 선택하기 시작했다. 그런데 쉰 번째 카드를 선택할 때쯤 참가자 가운데 다수가 특정한 무더기의 카드를 '선호'한다고 선언했다. 이유를 물으니 모르겠다고 답했다. 이들은 열 번째 카드를 선택할 때쯤부터는 위험한 쪽으로 손을 뻗을 때 진땀을 흘리기 시작했다.[27]

무의식의 또 다른 위대한 면모는 암묵적 믿음implicit belief을 구축하는 능력이다. 스위스의 의사 에두아르드 클라파레드Édouard Claparède는 건망증을 앓는 환자에게 작은 실험 하나를 했다. 이 의사는 그 건망증 환자를 만날 때마다 자기가 누구인지 소개해야 했다. 그러다 한번은 손에 압정을 감춰두고 악수를 할 때 압정으로 환자의 손을 아프게 찔렀다. 하지만 다음에 진료를 받으러 왔을 때도 이 환자는 의사를 알아보지 못했다. 결국 자기를 새로 소개해야 했다. 환자는 처음 뵈어서 반갑다고 했고, 의사를 늘 그랬듯 손을 내밀어 악수를 청했다. 그러자 환자는 화들짝 놀라며 악수를 거부했다. 무의식적으로 환자는 의사의 손을 보고 압정에 찔렸을 때의 고통을 연상했던 것이다.[28]

이런 종류의 암묵적 학습은 삶의 모든 측면에 스며들어 있다. 예를 들어보자. 야구장에서 야구를 할 때 타자가 친 공이 하늘 높이 떴다고 치자. 이 뜬공의 낙하지점을 정확하게 포착하고 공을 잡아낼 만큼 강력한 능력이 있는 컴퓨터는 없다. 컴퓨터가 3차원 좌표로 뜬공의 낙하지점뿐만 아니라 지면에서의 높이까지 정확하게 계산해 그 위치에 정확한 타이밍으로 글러브를 대게 하려면, 수없이 많은 궤적을 분석하고 계산해야 한다. 그러나 열 살짜리 소년도 어느 정도 훈련을 하면 암묵적인 규칙을 터득해 어렵지 않게 뜬공을 잡아낸다. 타자가 친 공이 당신을 향해서 날아온다고 치자. 당신은 그 공을 특정한 각도로 바라본다. 그리고 공을 바라보는 그 각도를 계속 유지하면서 공이 떨어질 것 같은 지점으로 달려간다. 그 각도가 떨어지면 더 속도를 내서 앞으로 달려가고, 각도가 올라가면 속도를 늦춘다. 바로 이 암묵적인 규칙의 인도를 받아서 그 공이 어디에 떨어질지 찾아가는 것이다.[29]

이런 암묵적 어림짐작implicit heuristics의 능력은 야구보다 훨씬 중요한 것들에도 적용된다. 현재까지 알려진 내용에 따르면 무의식은 정보를 두 가지 방식으로 암호화하는 것 같다. 우선 학자들이 '말 그대로 암호화verbatim encoding'라고 부르는 방식이 있다. 이것은 특정 사건 안에서 일어난 일들을 정확하게 암호화하려고 한다. 또 하나의 암호화 방식은 퍼지 추적 이론fuzzy-trace theory이다. 이것은 무의식 역시 사건의 개요를 추출해 다음번에 비슷한 사건이 일어나면 끌어내서 쓸 수 있도록 한다는 가정을 전제로 한다.[30] 만일 누군가가 장례식장에 갈 때마다 과거에 자기가 조문했던 모든 상황의 세부 행동을 기억해야 한다면 아마도 쓸모없는 세부 기억의 홍수에 짓눌려 아무것도 못 할 것이다. 그러나 장례식장에 조문을 하러 갈 때 어떻게 행동해야 하는지, 즉 무슨 옷을 입고 어떻게 걸으며 또 어떤 목소리로 말을 해야 하는지와 같은 개요만 기억한다면 이 사람은 사회적으로 용인되는 행동 양식에 대해서 전반적으로 알고 있는 셈이다.

한 사람의 세계를 조직하는 암묵적 믿음과 고정관념은 인생을 살면서 정상적인 활동을 하는 데 절대적으로 필요하다. 그 덕분에 사람들은 파티에 참석할 때 거기에서 어떤 상황을 보게 될지, 또 성경 연구 모임에 갈 때나 록 콘서트에 갈 때 거기에서 어떤 부류의 사람을 만나게 될 것인지 충분히 예상할 수 있다. 무의식은 일반화를 조직함으로써 세상을 이해하게 만든다.

무의식은 이런 유연한 도구들을 사용해 복잡한 문제들도 쉽게 해결한다. 그래서 일반적으로 의식적인 과정은 변수나 선택의 여지가 몇 개 되지 않는 문제를 잘 풀고, 무의식적인 과정은 변수와 여러 가지 가능성이 많은 문제를 더 잘 해결한다. 의식적인 과정은 관련된 요인들이 구체적으로 규정된 문제를 더 잘 풀지만 무의식적인 과정은 모든 것이 모호한 문제를 더 잘 푼다.

네덜란드의 암스테르담대학교의 아프 데익스테르후이스Ap Dijksterhuis 교수와 로란 노르드그렌Loran F. Nordgren 교수가 동료들과 실험 하나를 했다. 이들은 실험에 참가한 사람들에게 네 개의 서로 다른 아파트에 대한 마흔여덟 개의 복잡한 정보를 제공했다. 한 아파트는 다른 세 아파트보다 편리했고 매력적이었다. (이 아파트는 긍정적으로 묘사되었고, 다른 세 아파트는 부정적이거나 긍정과 부정이 반반씩 섞여서 묘사되었다.) 이어서 참가자 집단을 세 개로 나누었다. 세 집단에게 네 개의 아파트 가운데 가장 좋은 아파트를 선택하게 하되, 한 집단에게는 당장 선택하라고 했고 두 번째 집단에게는 몇 분 동안 생각한 다음에 선택하게 했으며 마지막 집단에게는 두 번째 집단과 마찬가지로 몇 분 동안 생각을 한 다음 선택하라고 해놓고 그 시간 동안 선택과 아무런 관계가 없는 일들로 아파트 선택 문제에 집중하지 못하게 방해했다.

그런데 결과적으로는 방해를 받았던 마지막 집단의 59퍼센트가 객관적으로 가장 좋은 아파트를 선택했다. 판단을 하기 전에 의식적으로 생각할 수 있었던 두 번째 집단에서 좋은 아파트를 선택한 비율은 47퍼센트였고, 즉각적으로 선택을 하게 했던 첫 번째 집단에서는 36퍼센트만이 가장 좋은 아파트를 선택했다.[31] 주의가 분산된 산만한 상황에 놓여 있던 마지막 집단 사람들에게는 1차적 인식 과정이 작동했다. 이 사람들은 처리 용량이 보다 많은 1차적 인식에 의존했기 때문에 모든 변수를 충분히 다 고려해 전체론적인 선택을 할 수 있었다. 의식적으로 생각을 한 사람들은 전체적으로 파악하지 못하고 몇 가지 특성만을 골라내는 경향을 보였다. 또한 즉각적인 선택을 한 사람들의 성적이 가장 낮았는데, 이것은 무의식적인 사고가 잠깐 보고 곧바로 판단하는 이른바 '스냅 판단snap judgment' 사고와 동일하지 않다는 중요한 사실을 알려준다. 1차적 인식 역시 2차적 인식과 마찬가지로 생각할 시간이 충분히 주어질 때 더 나은 결과를 낳는다.

심리학자 티머시 윌슨이 실험 하나를 했다. 학생들에게 다섯 장의 아트 포스터를 보여준 뒤에 마음에 드는 하나를 선택하게 하고, 그로부터 몇 주가 지난 뒤에 다시 이들에게 자신이 선택했던 포스터가 여전히 마음에 드는지 묻는 실험이었다. 이 중에서 나중에 후회하는 비율이 가장 높은 집단은 선택을 하기 전에 의식적으로 곰곰이 생각하도록 지시를 받은 학생들이었다. 이에 비해 잠깐 동안 슬쩍 본 뒤에 선택하도록 지시를 받은 학생들 집단은 후회하는 비율이 가장 낮았다.[32] 데익스테르후이스 교수 및 그의 동료들이 윌슨의 실험을 똑같이 복제해 이케아IKEA를 배경으로 실제 현실에 적용했다. 가구를 선택하는 일은 소비자 입장에서 보자면 고도의 인식력을 요구하는 과정이다. 그런데 실험 결과, 의식적이고 정밀한 조사를 상대적으로 덜 한 사람일수록 가구 구매 후의 만족도가 더 높았다. 반면 많은 시간 꼼꼼하게 따져보고 선택한 소비자가 후회를 한 비율이 가장 높았다. 한편 인근에 있던 바이엔코프 De Bijenkorf 백화점에서는 상대적으로 단순한 제품을 판매하는데, 여기서는 의식적으로 꼼꼼하게 따지고 조사한 뒤에 제품을 구매한 사람들의 만족도가 더 높았다.[33]

무의식은 자연의 천부적인 탐험가다. 의식적 사고가 단계별로 진행되고 몇 가지 핵심 사항이나 원칙에 집중하는 경향이 있는 반면, 무의식적 사고는 연상 과정을 통해 데익스테르후이스가 '어둡고 먼지가 풀풀 날리는, 정신의 외진 곳과 갈라진 틈새'[34]라고 표현했던 곳 안으로 확장해 들어가 탐험을 한다. 그러므로 1차적 인식은 보다 창의적인 연관성을 찾아내고 또 도저히 나란히 할 수 없을 것 같은 것들을 곧잘 나란히 세운다. 무의식적인 사고는 한꺼번에 많은 요인을 처리할 수 있다. 자신의 시야 안에 들어오는 다양한 요인의 중요성을 인식하는 천부적인 재능도 지녔다. 또 이것은 의식적인 사고가 다른 일을 하느라 바쁜 와중에도 부단하게 돌아다닌다. 그래서 무의식적인 탐색은 동시에 여러 개가 진행된다. 이 과정에서 새로운 상황을 예전에 구축했던 모델들과 맞춰보기도 하고, 문제를 구성하는 조각 여러 개를 새로 배열해 전체적인 조화를 생성하기도 한다. 또 연관성과 모형, 유사성을 찾아서 은유와 낌새를 추적한다. 무의식적 사고는 심리학의 장대한 도구 전체, 즉 신체적 감각부터 감정까지 모두 사용한다.

1차적 인식을 담당하는 부분은 뇌의 초기 발달 부분이며, 동물들에게서도 찾아볼 수 있다. 이에 비해 2차적 인식을 담당하는 부분은 오랜 진화 과정을 통해 나타나며 인간을 다른 동물과 구분해 준다. 이런 근거로 2차적 인식을 좀 더 높게 치는 경향이 있다. 그러나 1963년에 심리학자 율릭 나이서는 우리를 인간답게 해주는 것은 무의식적인 처리 과정의 정교함일지도 모른다는 흥미로운 주장을 제기했다.

해부학적으로 인간의 뇌는 복수의 처리 과정을 능숙하게 진행할 수 있는 일종의 확산 체계diffuse system처럼 보인다는 말을 충분히 언급할 필요가 있다. 이런 점에서 인간의 뇌는 하등동물의 신경 체계와 다르다. 이런 우리의 가설은 생각하는 동물인 인간과 다른 동물의 결정적인 차이가 의식의 존재에 있는 게 아니라 이 의식 바깥에서 복잡한 처리들을 수행할 수 있는 역량, 즉 무의식에 있다는 엄청난 주장으로까지 이어진다.[35]

내가 틀릴 수도 있다고 생각하는 사람에게 찾아오는 축복

직관과 논리는 동반자다. 문제는 이 동반자 관계를 어떻게 조직하느냐, 다시 말해서 언제 1차적 인식에 의존하고 또 언제 2차적 인식에 의존할 것인가, 이 둘 사이의 상호 교환을 어떻게 조직할 것인가의 문제다. 현재로서는 명백한 답이 나와 있지 않지만 행동 전략을 모색할 때 의식이 얼마나 허약한 것인지 인정해야 할 필요성은 분명히 제기되고 있다.

해럴드가 영국 계몽주의에 대해서 조사한 것을 토대로 에리카가 회사에서 부딪치고 있는 문제를 해결할 수 있도록 도움을 주려고 노력할 때 그는 영국 계몽주의의 핵심적인 발상, 즉 인식론적 겸손을 강조했다. 인식론은 우리가 알고 있는 것을 어떻게 아는지 탐구하는 학문이다. 인식론적 겸손은 우리가 알 수 있는 게 얼마나 보잘것없는지를 깨닫는 것이다. 인식론적 겸손은 삶에 대한 하나의 태도다. 이 태도는 우리가 우리 자신을 알지 못한다는 깨우침을 바탕으로 한다. 우리가 생각하고 또 믿는 것의 대부분은 의식적인 관찰이나 조사로는 도저히 파악할 수 없다. 우리 자신이야말로 가장 신비스럽고 수수께끼 같은 존재다.

우리는 우리 자신을 알지 못하기 때문에 다른 사람들을 온전하게 이해하기도 어렵다. 소설가인 조지 엘리엇George Eliot은 『급진주의자 펠릭스 홀트Felix Holt, the Radical』에서 독자들에게 이렇게 묻는다. 만일 체스의 모든 말에게 각자 자기의 열정과 생각이 있다면 어떻게 될까? 만일 상대방뿐만 아니라 자기 자신에 대해서 그 어떤 것도 확신하지 못한다면 어떻게 될까? 이런 게임에서 수학적인 전략에 의존해야 한다면 이길 가망이 전혀 없을 것이고, 사실 이런 가상의 게임이 우리가 실제 현실에서 인생을 살면서 수행하는 게임에 비하면 훨씬 쉽다, 라고 그녀는 썼다.[36] 우리는 다른 사람들을 온전하게 알지 못하기 때문에 주변 환경 역시 제대로 알 수 없다. 어떤 사건도 역사적인 흐름(한 사건 이전에 일어났던 무한대의 사건들과 세부적인 원인들 그리고 보이거나 혹은 보이지 않는 방식으로 그 사건과 관련된 주변 환경) 속에서 그 사건이 차지하는 위치를 생각하지 않고서는 온전하게 이해할 수 없다.

하지만 이런 겸손한 태도가 반드시 수동성을 낳는 것은 아니다. 인식론적인 겸손은 행동을 불러일으키는 기질이다. 이런 기질을 지닌 사람은 지혜란 우리가 무지하다는 사실을 깨닫는 데서 시작된다고 믿는다. 이런 깨달음을 얻을 때 우리는 우리가 가진 제한된 지식을 부분적으로나마 보완할 수 있는 습관, 조정, 절차 등을 설계할 수 있다.

겸손한 기질은 단 하나의 방법론으로는 어떤 문제를 해결하지 못한다는 인식에서 출발한다. 계량적인 분석과 이성적인 분석에 의존하는 것 역시 필요하다. 그러나 이런 분석에서 얻을 수 있는 것은 진실 전체가 아니라 진실의 작은 한 부분일 뿐이다.

예를 들어, 누가 당신을 찾아와서 다가오는 봄의 어느 날에 옥수수를 파종하는 게 좋을지 묻는다고 치자. 당신은 과학자에게 찾아가서 물어

볼 수도, 기상 자료들을 계산할 수도, 과거의 자료를 참조할 수도, 또 해당 위도와 고도에서 최적의 기온대와 날짜를 찾아낼 수도 있다. 하지만 한 북아메리카 인디언 부족에게서 전승되는 민간 지혜에서는, 옥수수는 떡갈나무 잎이 다람쥐 귀만큼 커질 때 파종해야 한다고 말한다.[37] 어떤 해의 날씨가 어떻든 상관없이 이 원칙은 옥수수를 파종할 최적의 날짜를 농부에게 가르쳐준다. 이것은 전혀 다른 종류의 지식이다. 이 지식은 다양한 역학을 통합하고 동조시킴으로써 비로소 나타난다. 이 지식은 오랜 시간에 걸쳐 생성된다. 아직 일어나지 않은 사건들 속에서 조화와 리듬을 찾아내기 위해 정밀하게 관찰하고, 느슨하게 상상하며, 비슷한 것과 비슷하지 않은 것을 비교하는 연관된 지성에 의해 말이다.

겸손한 사람은 두 가지 방법론을 모두 사용한다. 심지어 그 밖에 더 많은 것을 사용한다. 겸손한 사람은 하나의 패러다임을 전적으로 신뢰하지 않아야 한다는 걸 배운다. 이 사람이 가지고 있는 지식 대부분은 오랜 시간에 걸쳐 힘들게 그리고 끈질기게 헤매는 과정을 통해서 축적된 것이다. 겸손한 사람은 끈기가 있다. 이 사람의 방법론은 작은 망둑어의 행동으로 설명할 수 있다. 이 물고기는 얕은 물에서 산다. 썰물 때가 되어 물이 빠지면 서식지에는 군데군데 웅덩이가 생긴다. 그러면 이 물고기는 바위나 물기가 없는 높은 곳을 훌쩍 뛰어넘어 정확하게 다른 물웅덩이로 이동한다. 어떻게 이렇게 할 수 있을까? 이 물고기는 뛰어오르기 전에 어디가 마른 땅이고 어디가 물웅덩이인지 바라볼 수도 없는데 말이다.

이 물고기의 비밀은 이렇다. 밀물이 들어와 있을 때 녀석은 주변을 돌아다니면서 지형을 머리에 입력한다. 그리고 물이 빠진 뒤에는 머릿속 지도를 이용해서 어디가 움푹 꺼져 물이 있고 또 어디가 솟아올라

물기가 없는지 무의식적으로 파악하고, 다른 물웅덩이를 찾아서 뛰어오른다.[38] 그래서 원래 살던 곳이 아닌 낯선 곳에 두면 이 녀석은 조금도 뛰어오르지 못한다.

인간 역시 망둑어처럼 여기저기 돌아다니면서 지식을 축적하는 솜씨가 있다. 인간은 9만 세대를 이어오면서 지형을 탐험하고, 온갖 위험과 기회를 감지했다. 새로운 지형을 탐험하거나 처음 가는 나라에 발을 디딜 때, 사람은 아기처럼 모든 것에 주의를 기울인다. 모든 것이 차례대로 그 사람의 눈에 포착된다. 주변의 모든 것을 자기 것으로 받아들이는 수용성受容性, receptiveness은 본인이 물리적으로 그 장소에 있을 때만 가능하다. 장소를 묘사하는 글을 읽어서는 소용없다. 바로 그 자리에 있으면서 풍경 속에 녹아들어야 한다. 실제로 그 장소에 가보지 않았다면 그곳을 진정으로 알지 못한다. 숫자만 연구해서는 알 수 없는 것들이 있다. 어떤 사람에게 익숙하지 않으면 절대로 그 사람을 알지 못한다. 이를 두고 일본 속담은 '어떤 것을 연구하려 하지 말고 그것에 익숙해져라'라고 말한다.

만일 당신이 하나의 장면 속에 있다면 당신은 어떤 특정함 안으로 던져진 상태다. 수천 가지 감각이 당신을 덮친다. 여기저기를 돌아다니던 고대의 한 인간이 어느 곳에 처음 가서 물이 흐르는 모습을 보았을 것이다. 그리고 이 풍경에서 겪은 일들은 즐거움이라는 감정으로 포장되었을 것이다. 또 이 사람이 빽빽한 숲이나 험한 계곡을 헤맨 뒤에는 그 이미지와 함께 공포가 그의 뇌에 선명한 자국을 냈을 것이다.

사람의 정신은 자기가 받아들이는 세부적인 모든 감각에 대해서 즉각적인 판단을 내리고, 새로운 이론을 새로운 데이터와 함께 정리하길 원한다. 사람들은 불확실성을 증오하며 서둘러 판단을 내리려 한다. 경제학자인 콜린 캐머러는 이길 확률을 계산할 수 없는 환경에서 카드 게임을 하는 사람들의 뇌를 관찰한 결과, 공포와 관련된 부위가 활성화된다는 사실을 발견했다. 그래서 이 사람들은 게임의 패턴에 대한 결론을 내리고 판돈을 한꺼번에 건다. 이 행동의 목적은 하나, 오로지 게임을 끝내고 공포를 해소하는 것뿐이다.[39]

그러나 끈기 있게 헤매는 사람은 그 불확실성을 견딘다. 현명한 방랑자는 존 키츠John Keats가 부정적인 역량이라고 불렀던 '사실과 이성을 초조하게 좇지 않고 불확실성과 수수께끼와 의심' 속에서 견디는 능력을 발휘해 참고 기다린다.

풍경이 복잡하면 복잡할수록 방랑자는 더 끈기를 발휘한다. 풍경이 혼란스러울수록 이 방랑자의 조망은 더욱더 관대해진다. 그는 자신의 지식이 얼마나 모자라는지 알 뿐 아니라 그 무지에 맞설 때 자신이 얼마나 허약한지도 안다. 또 자신의 정신이 그 풍경에서 처음 접수하는 아주 작은 데이터로 모든 것을 설명하는 (허술하기 짝이 없는) 이론을 만들어낼 거란 사실을 알고 있다. 이것이 이른바 '닻 내림의 오류fallacy of anchoring(혹은 기준점의 오류)'다. 그는 정신이 가장 최근의 경험에서 얻은 교훈을 현재 상황에 억지로 끼워 맞추려 할 것임을 알고 있다. 이것이 바로 '획득성의 오류fallacy of availability'다. 또한 그는 인생이 돌아가는 방식에 대한 고정관념을 바탕으로 이 풍경을 바라본다. 그렇기 때문에 그는 자기가 바라보는 것을 그 고정관념에 맞추려 한다. 이것이 바로 '귀속의 오류fallacy of attribution'다.

그는 자기 약점을 늘 경계한다. 아래에서 올라오는 감각들에 주의를 기울인다. 조심스럽게 일반화하고, 분석하고, 감각에 새롭게 초점을 맞춘다. 계속해서 여기저기 방랑하며 외부의 정보를 흡수하고 이 정보를 내면 깊숙이 스며들게 한다. 온갖 것으로 이런저런 시도를 해본다. 풍경의 한 부분을 바라보고 자신은 다른 쪽으로 가야 함을 천천히 느낀다. 새로운 풍경 속에서 사람들을 만나며 그들의 독특한 행동을 마음에 새기고 자기만의 방식으로 생각한다. 사람들이 걷는 방식대로 걷고 웃는 대로 웃기 시작한다. 그러면서 이 사람들의 일상적인 삶의 여러 모형, 그들로서는 언제부터인가 전혀 의식하지 않게 된 모형들을 본다. 그의 정신은 이 사람들의 삶을 이루는 외부적인 것들(보석, 옷, 기념품)과 내면에 있다고 추론되는 것들(희망, 목표) 사이를 쉬지 않고 오간다.

그동안 1차적인 인식은 온갖 자료를 한데 섞으며 자기만의 방식으로 유사성과 리듬을 찾아 끊임없이 쏘다닌다. 그러면 이 새로운 풍경에서 어떤 느낌이 생긴다. 저 빛은 어떻게 떨어질까? 사람들은 서로 어떻게 인사를 나눌까? 인생의 속도는 무엇일까? 이렇게 무의식이 밝히고자 하는 것은 개인적인 영역만이 아니다. 개인들 사이의 모형 역시 무의식의 탐구 대상이다. 사람들은 얼마나 밀접하게 함께 일을 할까? 권위와 개별성 안에 있는, 말로써 표현되지 않는 공통적인 개념은 무엇일까? 무의식은 단지 물에 사는 물고기만을 묘사하는 게 아니라 물고기가 사는 물의 특성도 중요하게 묘사한다.

그러다가 어느 지점에서 평온한 순간이 온다. 이때 개별적인 관찰 내용들이 통일성이 있는 전체로 녹아든다. 방랑자는 사람들이 어떻게 그들 자신의 문장에 마침표를 찍을지 예측하기 시작한다. 이제 그는 마음속에 지도가 생겼다. 그의 뇌에 찍힌 풍경의 윤곽은 이 새로운 장소에서의 실제 윤곽과 조화를 이룬다. 때로 이 동조성은 점차 나타나기도 하고, 영감이 불꽃처럼 터지기도 하며 지도의 초점이 갑자기 선명하게 맞춰지기도 한다. 이런 순간들 뒤에 정신은 이전의 모든 자료를 완전히 새로운 방식으로 재해석한다. 측정할 수도 없을 만큼 복잡하던 것이 이제는 아름다울 정도로 단순하게 보인다.

마침내 그 순간이 온다. '마침내'라고 했지만 이 순간은 결코 금방 오지 않는다. 몇 달 아니 몇 년간의 끈질긴 관찰 뒤에야, 메마르고 지루하며 절망스러운 시간을 견딘 뒤에야 비로소 모든 것이 촉촉하고 간결해지는 순간이 온다. 그리스인이 '메티스métis'라고 불렀던 경지에 방랑자가 도달하는 순간이 비로소 다가온다. 메티스는 1차적 인식과 2차적 인식 사이의 대화에서 비롯되는 지혜의 상태다.

메티스를 말로 표현하기는 매우 어렵다. 메티스를 가진 사람은 자기의 특별한 실체에 대한 정신적인 지도가 있는 셈이다. 어떤 활동이나 상황을 조정하는 일련의 비유들과 변화를 예측하게 하는 실제 기술들을 이미 획득한 사람이다.

메티스를 가진 사람은 상황의 일반적인 속성을 이해할 뿐만 아니라 그 상황만의 특정한 속성까지도 이해한다. 기계공은 모든 차의 일반적인 특성을 이해할 수 있고, 아울러 개별적인 차 각각의 특성도 금방 알아본다. 메티스가 있는 사람은 언제 표준적인 작동 원칙을 준수해야 할지 또 언제 이 원칙을 깨야 할지 안다. 메티스를 지닌 외과의사는 특정 수술에 대한 육감을 가지고 있어서 어느 단계에 어떤 문제가 일어날지 감지한다. 아시아의 요리법 가운데는 기름이 타기 직전에 재료를 넣으라는 가르침이 있는데, 메티스를 지닌 요리사는 변화가 막 일어나려고 하는 바로 그 순간에 기름이 어떤 특성을 띠는지 안다.

20세기 영국의 철학자 이사야 벌린은 에세이 『고슴도치와 여우』에서 톨스토이에 대해 말하면서 메티스에 거의 근접한 개념을 묘사했다. "그 것은 특정한 조사와 발견으로 얻어지는 게 아니다. 인생과 경험의 특징을 깨달음으로써 획득된다. 그러나 이 각성은 반드시 명확하거나 의식적인 것은 아니다." 계속해서 벌린은 다음과 같이 말한다. "인간은 특정한 사건들의 흐름 한가운데서 살아가고 있으며, 그 흐름의 한가운데에 우리가 있다. 우리는 이 흐름을 외부에서 바라보듯 관찰하지 않고, 또 그렇게 할 수도 없다. 그것이 무엇인지 정체를 밝히거나 측정할 수 없으며 조종할 수도 없다. 심지어 우리 경험 안으로 너무도 친숙하게 녹아든 바람에 그것을 총체적으로 인식할 수도 없다. (⋯) 또한 그것은 우리의 존재 및 우리가 하는 모든 행위와 너무도 가깝게 한데 엮여버려 그것을 흐름에서 따로 건져 올릴 수도 없다. (그렇다. 그것은 그 자체로서 흐름이다.) 그리고 메티스는 과학적인 초연함이라는 도구를 통해 하나의 객체로서 관찰된다. 우리를 둘러싸고 있는 그 흐름은 (우리가 이 흐름 안에서 산다) 우리의 가장 영속적인 범주들을 결정한다. 우리가 지닌 진실과 거짓의 기준, 실체와 겉모습의 기준, 선과 악의 기준, 중심과 주변의 기준, 주관과 객관의 기준, 아름다움과 추함의 기준, 운동과 휴식의 기준, 과거와 현재 그리고 미래의 기준을 결정한다. 비록 우리는 그 매개물(인생의 흐름)을 외부에서 바라보지 않고는 도저히 분석할 수 없지만 (이 흐름에는 '외부'가 없기 때문에 그런 시도조차도 불가능하다), 어떤 사람은 삶의 '내면에 가라앉아 있는' 부분의 방향성과 본질을 다른 사람들에 비해 잘 이해한다. 이들은 또 모든 것에 스며드는 매개물의 존재를 무시하고 피상적이라고 평가하는 사람들보다 이 흐름을 더 잘 인식한다. 이 매개물에 상대적으로 의식적이고 조작하기 쉬운 경험의 표면에만 적응이 된 과학이나 형이상학의 도구를 적용하려고 시도하는 얼빠진 사람들은 결국 이론적으로는 황당함의 극치를 달리고 현실에서는 굴욕적인 실패를 맛볼 뿐이다."

그리고 벌린은 다음과 같은 결론을 내린다. "지혜란 과학적인 지식이 아니라 우리가 어쩌다 놓이게 된 환경의 윤곽을 파악하는 특별한 민감성이다. 또한 지혜는 바뀌거나 온전하게 묘사되고 계산될 수 없는 요인이나 영원한 조건과 충돌하는 일 없이 살 수 있게 하는 능력이다. 아울러 경험 법칙에서 배울 수 있는 능력이기도 하다. 경험 법칙은 '오래전부터 전해오는 지혜'로 농부를 비롯해 평범한 민초들에게 녹아 있는데, 여기에서 과학의 법칙들은 기본적으로 통용되지 않는다. 표현할 길이 없는 우주적 지향의 이 감각은 '현실감', 즉 어떻게 살아야 할지에 대한 '지식'이다."[40]

어느 날 밤 해럴드는 벌린의 글 일부를 에리카에게 직접 읽어줬다. 비록 벌린의 글은 무척이나 추상적이었고 에리카는 무척 지친 상태였으며 해럴드 자신도 에리카가 그 글을 얼마나 많이 이해하고 자기 것으로 만들 수 있을지 자신이 없는 상태이긴 했지만 말이다.

16장

리더십

현명한 리더가
절대 하지 않는 일

레이먼드와 에리카는 오전 11시 45분에 구내식당에서 함께 점심을 먹기 시작했다. (레이먼드는 일찍 출근 했지만, 에리카를 위해 점심시간을 평소보다 45분쯤 뒤로 늦췄다.) 이어서 두 사람과 마음이 맞는 사람들도 이른 점심에 합류했다. 그리고 몇 주 지나지 않아 인터콤의 구내식당 한쪽에서는 정오도 되기 전에 20~30명 가까운 사람이 모여 점심을 먹는 풍경이 일상적인 모습으로 자리 잡았다.

이 모임에 참가하는 사람들은 세대 구성이 기묘했다. 에리카의 연령 대인 30대가 한 무리를 구성했고, 또 50대와 60대에 속한 레이먼드의 친구들이 또 한 무리를 구성했다. 이렇게 모인 사람들은 가장 최근에 태거트가 한 어리석은 짓을 두고 그의 흉을 보면서 대부분의 시간을 보냈다. 어느 날 회사가 신규 직원 채용 중지 방침을 발표했을 때 레이먼드가 빙글빙글 웃으면서 말했다. "그래봐야 효과는 전혀 없을 거야. 밑에서는 임시직을 쓰거나 인턴사원을 뽑아서 계속 데리고 갈 텐데 뭘. 우리는 벌써 5년에서 10년 동안 인턴사원을 써왔고, 여기에 대해서는 다들 익숙하잖아. 새로운 인력을 인턴사원으로 고용하면, 따로 서류를 작성해서 위로 올릴 것도 없이 계속 월급 주고 일 시키면서 데리고 갈 수 있는데 뭐. 신규 직원 채용 중지? 개뿔이지 뭐."

레이먼드와 에리카는 즉시 역할 분담을 했다. 레이먼드는 태거트의 동태를 주시하기로 했고, 에리카는 혁명 계획을 짜기로 했다. 에리카는 행동을 원했다. 태거트는 다른 사람들이 쌓아 올린 모든 것을 파괴하고 있었다. 아직도 그녀는 수십 년 동안 더 일해야 하고, 이미 한 차례 사업 실패의 쓴잔을 맛본 뒤 입사한 회사에서 자기 능력을 회사의 성장에 보태야 했다. 이 대형 회사가 망해서 자빠지는 모습은 보고 싶지 않았다. 그렇게 되면 자기 인생까지도 그 붕괴의 파편에 깔려 망가질 판이었다. 이것 말고도 또 하나 에리카의 등을 떠미는 게 있었다. 소녀 시절부터 그녀는 어머니와 함께 어떤 방에 들어가면 자신들이 그 방에 있는 어떤 것보다 가치 없는 존재로 여겨진다는 느낌을 받아왔고, 이제는 그 느낌이 무엇인지 누구보다도 잘 알았다. 좋은 교육을 잘 받은 태거트를 비롯한 그의 사람들로부터 멸시를 받는다는 생각에 에리카는 분통이 터질 지경이었다. 그 바람에 그녀는 자다가도 벌떡 일어나곤 했다.

그러던 어느 날 마침내 에리카는 레이먼드를 강하게 압박했다. "뭔가를 해야 합니다! 그냥 이렇게 앉아서 노닥거릴 수만은 없다고요!" 마침내 레이먼드도 동의했다. 어느 수준까지라는 단서를 붙이긴 했지만.

레이먼드는 날마다 좁고 길쭉한 샌드위치를 가지고 와서 닥터 브라운 크림소다와 함께 먹었다. 레이먼드는 함께 제안서를 내는 데 동의했다. 물론 이 제안서에는 현재 회사가 채택한 전략과는 전혀 다른 내용을 담을 생각이었다. 하지만 레이먼드는 몇 가지 조건을 달았다. "첫째, 비밀 작전은 없습니다. 모든 걸 드러내놓고 공개적으로 합니다. 둘째, 쿠데타는 없습니다. 우리는 특정 인물들을 목표로 삼는 게 아닙니다. 그저 회사 정책에 대한 제안을 하는 것뿐입니다. 셋째, 언제나 협조적일 것. 다른 사람의 능력에 의심을 품고 문제를 제기해서는 안 됩니다. 우리는 그저 건설적인 대안을 제시하는 것뿐입니다." 에리카는 레이먼드가 제시하는 조건이 큰 차이를 만들어낼 거라고 생각하지 않았다. 정책을 바꾼다는 것은 곧 사람을 바꾼다는 뜻인데, 태거트가 갑자기 레이먼드의 제안을 회사 정책에 받아들일 인물로 바뀔 리는 없으니 말이다. 그러나 레이먼드가 이런 조건을 내걸어 기존의 신의에 충성을 다하는 인물로 남을 수 있다면, 에리카에게도 나쁘지는 않았다.

두 사람은 회사를 살릴 제안들을 준비했다. 두 사람은 이 작업을 구내식당이라는 공개된 자리에서 대놓고 했다. 언제부터인가 사람들은 레이먼드의 이른 점심 일정을 존중한다는 의미에서 그 모임을 '브런치 클럽'이라고 부르기 시작했다.

여러 주에 걸쳐 제안서를 작성하면서 에리카는 집단을 이끄는 레이먼드의 리더십에 감탄했다.[1] 첫째, 그는 자기 시간의 대부분을 자신이 잘하지 못하는 것을 말하는 데 쓰는 것 같았다. "미안해요, 산만한 걸 잘 제어하지 못하거든요." 토론을 시작하기 전이면 그는 늘 휴대폰의 전원을 끄면서 이렇게 말했다. 사실 산만한 걸 잘 제어하는 사람은 아무도 없다. 인간의 뇌가 그렇게 생겨먹었기 때문이다. 하지만 레이먼드는 현명하게도 이런 사실을 잘 알고 있었다. 레이먼드는 또 이런 말도 했다. "미안해요, 나는 일반화를 하는 데는 정말 서툴거든요." 사실 사람의 뇌는 추상적인 개념을 다룰 때보다 시각적인 이미지를 다룰 때 더 유연하고 활발해진다. 또 레이먼드는 이런 말도 하곤 했다. "해야 할 이야기를 적은 게 있는데, 여기다 올려놓고 해도 되겠죠? 이야기를 하다 보면 머릿속으로 자꾸 다른 생각을 하게 되거든요." 사람은 대부분 어떤 것에 대해서 한 번에 10초밖에 생각을 지속하지 못한다. 그런데 똑똑한 레이먼드는 한 가지에 집중해서 오래 생각할 수 있게 해주는 외부적인 장치가 자신에게 필요하다는 사실을 알았다. 점심 모임을 가질 때마다 그는 맨 먼저 해야 할 이야기의 목록을 적었고, 토론하는 도중에 그 목록을 흘끗흘끗 보았다.

부족함을 드러내는 리더십

자기 단점에 대한 레이먼드의 지식은 백과사전과도 같았다. 레이먼드는 세 개 이상의 선택권을 동시에 놓고 비교하는 일이 자기에게는 무척 어렵다는 것을 알았다. 세 개만 되어도 그는 마구 헷갈렸다. 그래서 괄호를 이용해 하나씩 하나씩 차례대로 해나갔다. 또 그는 누군가 자기 견해에 동의해 주면 기분이 좋아져 객관적인 생각을 할 수 없다는 걸 스스로 알았다. 그래서 에리카나 다른 사람들에게 먼저 자신의 의견에 반증을 대보라고 했다. 그리고 그 반증을 버리지 않았다. 또 그는 어떤 상황에서건 자기가 보수적이라는 사실을 알았다. 그래서 더 신중해야 한다고 말하기 전에 늘 가장 위험하고 모험을 무릅쓰는 주장을 경청하고 요약해 보곤 했다.

브런치 클럽의 계획은 10개 정도의 정책 제안을 마련해서 이사회와 경영진에 제출하는 것이었다. 점심시간이면 둥글게 모여 앉아 한 번에 제안 하나씩을 다루었다. 하지만 대부분의 시간을 아이디어를 짜는 데 보낸 건 아니었다. 낮 시간이 무척이나 길었던 어느 날 밤에 레이먼드가 에리카에게 설명했듯이, 기업에서 하는 회의 대부분은 새로운 계획을 짜는 게 아니라, 관리자들이 기본적인 접근 방식에 동의할 수 있도록 이들을 훈련시키고 방향을 잡아주는 것과 관련되어 있다.

"이게 뭔가 이상하다는 느낌이 드는 사람 있습니까?" 새로운 직원 채용 절차에 대해 이야기하던 중에 레이먼드가 물었다. 사실 사람은 (정확하게 말하면, 사람의 뇌는) 자기가 저지른 실수를 잘 찾아낸다. 1990년대

초에 독일 도르트문트대학교의 미하엘 팔켄슈타인Michael Falkenstein 교수는 어떤 사람이 실수를 할 때 전두엽에 어떤 변화가 있는지 살폈다. 실험 대상자가 키보드에서 글자를 잘못 눌렀을 때 전두엽의 전기에너지가 10마이크로볼트 가량 떨어졌다.[2] 또 맨체스터대학교의 패트릭 래비트Patrick Rabbitt 교수는 사람이 타이핑을 실수했을 때보다 잘못된 것을 수정할 때 더 큰 압박감을 받는다는 사실을 발견했다. 마치 무의식이 실수를 수정하는 작업을 거부하는 듯했다.[3] 다른 말로 하면 뇌는 복잡한 피드백 과정을 통해 실수를 저지르는 바로 그 순간에 이미 그 실수를 인식한다. 이런 까닭에 시험을 칠 때 어떤 답을 적으면서 어렴풋하게 뭔가 잘못되었다는 느낌이 든다면 답을 고치는 게 정답에 접근하는 보다 나은 선택이 된다. 수많은 관찰 연구 보고서는 시험에서 정답을 장담할 수 없는 미심쩍은 답을 다른 것으로 고칠 때 성적이 더 나아진다는 사실을 확인했다.[4] 레이먼드는 사람들에게 자기 내부에서 끓어오르는 이런 미묘한 경고 신호를 주의 깊게 들으라고 요구했던 것이다.

하지만 때로 에리카는 레이먼드 때문에 엄청나게 화가 나서 좌절감을 느끼기도 했다. 모임은 전체적인 일정을 미리 정해두었다. 하나의 제안을 사흘 만에 처리하기로 약속했고, 이 사흘의 마지막 날 점심때 토론을 해서 최종 결정을 내려야 했다. 그런데 레이먼드는 툭하면 앞서 했던 자신의 발언까지 뒤집으면서 모두가 합의했던 결론과 전혀 다른 의견을 내놓아 논의를 원점으로 돌리곤 했다. 이럴 때면 에리카는 화가 나서 고함을 질렀다. "조금 전에는 반대로 말씀하셨잖아요!" "나도 압니다. 나의 한 부분이 그렇게 믿었죠. 하지만 나의 또 다른 부분이 이렇게 믿는 걸 어떡합니까. 난 그저 분열된 나의 자아들이 모두 의견을 하나씩 내게 해주려는 겁니다." 레이먼드는 이런 식으로 농담을 했다.

실제로 학자들은 사람들이 내면적으로 서로 다른 주장을 하는 두 개의 충동이 싸우는 상태인 이른바 '변증법적 부츠트래핑dialectical bootstrapping'에 빠져 있는 사람이 그렇지 않은 사람보다 생각을 더 잘한다는 사실을 확인했다. 마지막으로 서로 다른 주장이 모두 나오고 또 부연 설명이 이루어진 뒤에 브런치 클럽 사람들은 투표를 했다. 그리고 어떤 제안이 승인되고 나면 레이먼드는 언제나 변함없이 결론을 적은 종이를 들고 커다란 미소를 지으며 이렇게 말했다. "됐습니다. 아주 우아한 실패가 완성되었습니다!"

레이먼드가 처음 이 말을 했을 때 에리카는 무슨 뜻인지 몰랐다. 어리둥절해하는 에리카에게 레이먼드가 따로 설명을 했다. "경영학의 위대한 현인인 피터 드러커Peter Drucker는 자신이 관찰해 본 결과 경영과 관련된 전체 의사 결정의 3분의 1은 옳은 것으로, 또 다른 3분의 1은 최소한의 성과만 낸 것으로, 나머지 3분의 1은 완전히 잘못된 것으로 판명이 되었다고 했습니다.[5] 다른 말로 하면 우리가 내린 결정의 3분의 2는 아주 잘못되었거나 상당히 잘못되었다는 뜻이지요. 우리는 자기가 내린 결론이 굉장한 것이라고 믿습니다. 우리가 굉장한 사람이라고 믿고 싶기 때문이지요. 우리는 자신의 에고를 보존하고 싶어 합니다. 스스로를 계속해서 밀고 나갈 수 있게 말입니다. 하지만 인생은 늘 실패를 만들어낸다는 건 진실 아닙니까? 우리는 그저 잘 조정된 실수들을 통해 조금씩 앞으로 나아가는 겁니다. 우리의 모든 움직임, 모든 행보는 부분적으로는 실패입니다. 다음 차례의 움직임, 다음 차례의 행보로 올바르게 교정해야 하는 실패 말입니다. 걸어가는 걸 놓고 한번 생각해 보세요. 당신이 한 걸음씩 뗄 때마다 당신 몸의 무게는 오른발이든 왼발이든 한쪽 발에 실립니다. 이때 당신은 이런 상황을 보완하려고 다른 발을 앞으로 내밀잖아요."

에리카는 밤에 집에 돌아가 해럴드에게 그날 레이먼드가 했던 행동이나 말에 대해 이야기해 주곤 했다. 해럴드는 레이먼드를 딱 두 번 만났다. 한 번은 바비큐 파티에서였고 또 한 번은 회사에서 열린 파티에서였다. 해럴드는 레이먼드를 볼 때마다 예전에 알던 사람이 생각났다. 시내의 한 극장에서 목수로 일하던 사람이었다. 이 남자는 처음부터 극장에서 일하고 싶었다. 그러나 배우가 되겠다는 욕심은 전혀 없었다. 고등학교 때 배우가 되겠다는 생각을 하고 시도해 봤지만 무대에 오르기만 하면 다리가 후들후들 떨려서 서 있을 수가 없었다. 그래서 결국 무대장치를 담당하는 스태프가 되었다. 그리고 극장 및 극단의 일원이라는 소속감을 즐겁게 누렸다. 연극의 제작 과정에 참여한다는 사실이 늘 흐뭇했다. 때로는 유명한 연출가나 스타 배우보다도 자기가 극장에 대해서 더 많이 안다는 사실 역시 흐뭇한 자랑거리이자 자부심이었다. 그저 어떤 일이 잘되도록 보조하는 데서 즐거움과 보람을 찾는다는 점에서 그 남자와 레이먼드가 비슷한 것 같다고 해럴드는 생각했다. 하지만 이런 사람들은 한계가 있다. 막상 어떤 행동을 해야 하는 결정적인 순간에 과연 레이먼드가 태거트에 맞서는 행동을 할 수 있을지 해럴드는 회의적이었다. "과연 레이먼드가 결정적인 순간에 무대에 올라가서 인터콤이라는 회사를 구하는 역전 드라마의 주인공 역을 해낼 수 있을까?"

에리카는 해럴드의 의견에 전적으로 동의할 수 없었다. 날마다 점심시간이면 사람들이 레이먼드 주변에 모이는 것을 봤기 때문이다. 레이먼드는 온갖 장점들이 합쳐진 불가사의한 인물, 선지자였다. 더할 나위 없이 겸손하지만 동시에 더할 나위 없이 외고집이기도 했다. 사람들은 보통 겸손한 사람을 쉽게 어떻게 할 수 있는 약한 상대라고 보지만 에리카는 레이먼드의 내면에 자리 잡은 지독한 완강함을 목격했다. 그는 자기가 무지하다는 사실을 예리하게 인식하고 그 바탕 위로 전문성을 쌓았다. 그럼에도 그는 상당히 자신감에 넘쳤다.

회사의 중간 관리자층이 브런치 클럽의 움직임을 주시했다. 많은 직원이 레이먼드와 에리카를 간절한 눈으로 바라보면서 브런치 클럽의 비주류들이 무너져가는 회사의 운명에서 자기들을 구해주길 기대했다. 그러나 태거트와 그의 추종자들은 브런치 클럽 사람들을 경멸의 눈으로 바라보았다. 이들의 눈에 레이먼드나 에리카 같은 인물들은 그저 패배자의 오합지졸일 뿐이었다.

그 시점에서 에리카가 해결해야 했던 주요 문제는 이제 태거트와의 싸움을 어떻게 풀어나갈 것인가, 어디에서부터 어떻게 시작할 것인가 하는 것이었다. 제안 내용을 세부적으로 다듬는 일은 모두 끝났고, 회사 정책의 방향을 제시하는 내용을 요약한 25쪽짜리 제안서도 가편집을 해놓은 상태였다. 이제 그 보고서를 제출하기만 하면 됐다. 하지만 이 제안이 묵살될 것은 뻔했다. 제안서를 업계 관련 신문에 슬쩍 흘릴까 하는 생각도 했지만 레이먼드와 약속했던 '비밀 작전 금지'의 조건을 위반할 수는 없었다.

사회적 동물에게 신뢰를 주는 조직

하지만 다행히 신이 도움을 주었다. 어느 날, CNBC 방송국의 토크쇼 진행자인 짐 크레이머Jim Cramer가 인터콤이 변기통에 처박히고 있다고 고함을 질렀다. 실제로 그는 스튜디오에서 인터콤의 케이블 방송 관련 제품을 들고 나와 박살을 내고 부품들을 모두 분해했다. 그뿐만 아니라 이것을 세트장에 준비한 변기에 쑤셔 넣는 퍼포먼스까지 했다. 이때까지는 이런 종류의 볼거리나 신문 기사가 주가에 큰 영향을 주지 않았지만, 이번에는 달랐다. 짐 크레이머의 토크쇼가 방영된 다음 날 인터콤 주식을 가지고 있는 사람들이 모두 주식을 팔려고 내놓았다. 몇 년 전만 하더라도 73달러이던 주가는 하루 만에 23달러에서 13달러로 폭삭 주저앉았다.

태거트는 이 폭풍우를 헤쳐나가야 한다고 느꼈고 자기가 직접 공개적으로 프레젠테이션을 하면 회사가 시장에서 신뢰를 충분히 얻을 수 있을 것이라고 결론을 내렸다. 사실 태거트의 이런 대응은 뻔히 예상된 것이었다. 그는 이른바 '기회의 정상회담Opportunity Summit'을 하겠다고 선언했다. 사실 이런 이름을 생각해 낸 것도 태거트 본인이었다. 그는 회사의 집행위원회 위원들과 이사회 이사들을 모두 초대해서 회의를 열 것이며, 이 회의를 인터넷으로 중계해 월스트리트의 분석가들이 지켜볼 수 있도록 하겠다고 했다. 태거트는 회의 소집을 발표하면서 이런 말도 했다. "우리는 얘기하기를 원할 뿐 아니라 듣기도 원합니다. 우리는 우리에게 있는 계획을 제시하고자 합니다. 또한 여러분이 생각하는 걱정과 아이디어도 함께 듣고자 합니다. 다시 말해 학습을 위한 조직입니다. 우리는 함께 전진할 것입니다." 이것이야말로 에리카에게 필요했던 초대였다. 그녀는 레이먼드에게 이 회의에 참석해 자기들이 함께 준비한 제안 내용을 발표하라고 했다. 그러자 레이먼드는 겁을 먹은 건지 아니면 영리한 건지 에리카도 함께 참석해서 자기를 돕는다면 그렇게 하겠다고 했다.

이 회의는 시내에 있는 한 극장에서 열렸다. 태거트와 그의 팀이 환한 조명을 받으며 무대에 앉았고 다른 사람들은 어둠 속 객석에 앉았다. 이런 배치는 태거트 측이 마련한 교묘한 설정이었다. 가능하면 일방적으로 자기들 이야기만 하겠다는 뜻이었다. 마침내 회의가 개회되고 태거트가 연설을 시작했다.

"우리 회사의 현재 상황에 대해서 제가 무척 기대를 하고 있으며 그 기대로 흥분해 있다는 사실을 여러분이 알아주셨으면 합니다. 여태까지 줄곧 그래왔습니다만, 저는 어떻게 하면 회사가 성장할 것인지를 아주 정확하게 알고 있습니다. 저는 지금 우리 회사가 기하급수적인 성장 직전에 서 있다고 확신합니다. 우리에게는 미국 최고의 경영진이 있습니다! 미국 최고의 직원들과 최고의 제품 라인이 있습니다! 그렇기에 저는 제가 하는 일에 날마다 더 큰 열정을 쏟고 있습니다.

제가 CEO라는 자리를 맡으면서 설정했던 여러 과제 가운데 하나는 이 회사를 최정상급 회사로 만드는 것이었습니다. 그리고 과거의 낡은 방법론은 이제 먹히지 않는다는 걸 깨달았습니다. 과거의 낡은 방법론에 따르는 매뉴얼은 모두 찢어버려야 했습니다. 끊임없는 변화를 추구해야 했습니다. 기존의 것을 뒤엎고 돌파해 나가는 성장을 추구해야 했습니다. 이것은 바로 가치 사슬value chain(기업 활동에서 부가가치가 생성되는 일련의 과정-옮긴이)을 혁명적으로 바꾸고, 운영 절차에 관한 기존의 기준을 깨부순다는 것을 의미합니다. 이제 우리에게는 가만히 앉아 다른 사람들에게서 배우는 사치를 부릴 여유가 없습니다.

이 험난한 모험의 길을 떠날 때 우리는 외부에서 이런 전략을 이해하기 어려울 것이라는 점을 충분히 알고 있었습니다. 외부의 지표로 인해 우리가 나아가고자 하는 길을 이해하지 못하는 사람들이 있을 수 있다는 점도 충분히 알고 있었습니다. 물론 선한 의도에서 비판을 하는 것이겠지만, 그 사람들이 지닌 관점으로만 보자면 우리가 추구하는 장기적인 성장의 길이 보이지 않을 수도 있습니다. 그러나 우리는 우리만의 길을 설정했습니다. 그리고 저는 오늘 이 자리에서 여러분에게 우리는 우리가 세운 모든 목표를 달성했다는 점, 어떤 것들은 초과해서 달성했다는 점을 분명히 말씀드립니다. 우리는 지금 생각했던 것보다 더 빠르게 변하고 있습니다. 혁신은 우리가 생각했던 것보다 더 잘 진행되고 있습니다. 여기까지 오면서 우리는 살피고 뒤집고 바꿀 수 있는 것들은 하나도 남기지 않았습니다. 회사가 당면한 문제들을 해결하는 데 우리가 할 수 있는 모든 시도를 다 했습니다. 맹렬하고도 일사불란한 행동으로 모든 시도를 다 했습니다. 그리고 우리는 지금 폭발적인 성장을 코앞에 두고 있습니다.

저는 다른 사람들이 무슨 생각을 하는지 읽어내는 데 특별한 솜씨가 있습니다. 걱정을 하는 분들도 계신다는 거 잘 압니다. 분명히 말씀드리지만 이 혁명이 끝나고 나면 우리 계획이 얼마나 섬세하고 주의 깊었는지 아실 겁니다. 우리는 곧 또 다른 몇 가지 단계들을 밟아나갈 것입니다. 프로그램 편성과 관련이 있고, 규모가 빠르게 성장하는 시장과 관련이 있고, 또 소셜 네트워크와 깊이 관련이 있는 계획입니다. 이 방면의 인수·합병 작업들이 모두 끝나고 나면 우리 회사는 혁명적으로 바뀌어 있을 겁니다. 가입자와 고객이 두 배로 늘어나 있을 것입니다. 최근의 기술 발전을 도약의 발판으로 삼아 우리는 우리 업계를 선도적으로 이끌고 바꿔나가는 중심이 되고자 합니다. 우리는 회사의 구조와 정체성을 새롭게 하려는 노력을 더욱 힘차게 기울여 나갈 것입니다."

태거트는 한동안 이런 분위기로 말을 했고, 그다음에 그의 '추종자 위원회' 소속인 두어 명이 일어나서 몇 가지 프로젝트를 비롯해 성장과 관련된 수치에 대해서 이야기했다.

회사 측이 준비한 프레젠테이션이 끝났을 때 이제 무엇을 생각해야 할지 아는 사람은 아무도 없었다. 사람들은 이런 약속들을 전에도 들었다. 이전에도 이렇게 가상의 산꼭대기로 이끌려 갔었다. 그러나 좋은 일은 아직도 일어나지 않았다. 그럼에도 사람들은 태거트의 말을 믿고 싶어 했다. 태거트는 카리스마 넘치는 사람이었고 그의 경영진은 모두 똑똑했다. 객석에 앉은 청중은 태거트가 내놓은 전망에 홀딱 넘어간 건 아니었지만, 태거트에게 적대적이지도 않았다. 불확실한 상태였다.

　레이먼드가 자리에서 일어나 통로에 마련해 놓은 마이크 앞에 섰다. "제가 몇 가지 제안을 해도 괜찮겠습니까?" 그러자 태거트가 대답했다. "물론입니다, 레이." 그때까지 레이먼드가 '레이'라는 약칭으로 불린 적은 한 번도 없었다. "저기서 하면 안 되겠습니까?" 레이먼드는 무대 위의 연단을 가리키면서 말했다. "물론 되죠." 레이먼드는 에리카에게 함께 올라가자고 손짓했다. 그 순간 에리카는 가면 증후군(어떤 사람이 맡은 과제를 성공적으로 완수해서 찬사를 받아도, 실력이 아니라 운 때문에 그렇게 되었고 언젠가는 이런 사실이 드러날지 모른다고 느끼며 불안해하는 심리적 현상 - 옮긴이)의 끔찍한 파도가 몰려오는 것을 느꼈다. 하지만 침착하게 자리에서 일어났다. 마침내 연단 앞에 선 레이먼드가 연설을 시작했다.

　"태거트 씨도 잘 아시겠지만, 구세대 인물에 속하는 몇 명과 젊은 사람 몇 명이 지난 몇 달 동안 당신이 하는 작업에 보탬이 되어야겠다는 생각으로 구내식당에 모여서 여러 가지 방안을 논의했습니다. 우리는 당신이 가지고 있는 많은 정보에 접근할 수 없었기에, 우리가 결론을 내린 제안들이 현명하지 않거나 전혀 도움이 되지 않는다고 생각할 수도 있습니다. 또 어쩌면 당신은 이 모든 것을 이미 충분히 고려했을지도 모르겠습니다.

　하지만 우리는 이 회사가 하려는 일을 보다 선명하게 제시할 필요가 있다고 생각했고, 그렇게 하고 싶었습니다. 우리는 줄곧 케이블 회사였습니다. 우리는 케이블을 깔았습니다. 케이블을 지하에 매설하고 각 가정으로 연결했습니다. 우리는 기계와 관련된 사람들이 모인 집단이었습니다. 우리는 새로운 기술들을 개발했고 케이블 방송이 잘 돌아가게 만들었습니다. 그게 우리의 정체성이었습니다. 그래서 우리는 여기서 일하는 것에 자부심을 느꼈고, 거기에 따르는 무언의 복무규정을 숙지하고 지켰습니다. 그런데 지금은 이 정체성이 분명한지 의심스럽습니다. 우리는 수천 개의 각기 다른 문화 속에서 수천 개의 각기 다른 일을 하고 있는 것처럼 보입니다. 제가 이 회사에 처음 들어왔을 때, 회사의 목표는 케이블 제공 업체로서 우리의 성과를 최적화하는 것이었습니다. 대차대조표상의 성장을 최대화하는 게 아니었습니다. 지금도 이게 우리의 목표인지 저는 잘 모르겠습니다.

제가 하는 말이 멀리 지나가 버린 과거를 그리워하는 늙은이의 넋두리처럼 들릴 수도 있다는 사실은 저도 잘 압니다. 제가 이 회사에 처음 들어왔을 때 CEO는 존 코흐였습니다. 이 자리에 계신 분들 가운데 많은 분이 그분을 모르실 겁니다. 그분은 외부에서 영입되어 CEO가 된 게 아니라 이 회사에서 한 계단씩 올라가 그 자리에 도달했습니다. 그분이 모는 차나 그분의 옷차림 그리고 말투는 모두 직원의 차와 옷차림과 말투와 비슷했습니다. 그분은 다른 누구보다도 회사에 많은 기여를 했습니다. 이건 분명한 사실입니다. 그러나 그분의 급여는 우리와 같은 직원들의 급여와 같은 차원이었습니다. 평범한 직원들의 급여와 은하수를 건너야 할 만큼 멀리 떨어진 일부 CEO들의 급여 차원이 아니었다는 말입니다. 그분과 이야기를 하다 보면 다들 이런 생각이 들게 마련이었습니다. 내가 저 자리에 있었다면 나도 저런 식으로 반응했겠구나,

하고 말입니다. 그분은 현장 직원들이 일할 수 있는 방식과 일할 수 없는 방식을 잘 알고 있었습니다.

코흐는 거창한 계획이 있는 분이 아니었습니다. 다만 끊임없이 오차를 줄이는 조정 작업을 했을 뿐입니다. 그분은 자기 리더십을 늘 '집사 정신'이라는 말로 표현했습니다. 그분은 전임자로부터 위대한 것을 물려받았고, 늘 소중하게 여겼습니다. 그리고 그것을 망치지 않기를 바랐고 또 그러도록 노력했습니다. 저는 지금도 생생하게 기억합니다만, 그분은 위대한 경영학자였던 피터 드러커의 오래된 조언[6]을 따랐습니다. 어떤 결정을 내릴 때마다 예상되는 일에 대해서 자기 자신에게 편지를 써서 보냈습니다. 그리고 아홉 달이 지난 뒤 그것을 다시 읽어보고는 자기가 얼마나 잘못 생각했었는지 확인했습니다. 자기가 저지른 실수를 통해서 얻을 수 있는 최대의 교훈을 얻고자 했던 것입니다."

레이먼드는 이런 회고조의 이야기를 몇 분 동안 더 이어갔다. 그가 한 말에서 태거트나 경영진을 향한 날카로운 비난은 찾아볼 수 없었다. 그는 감상적인 옛날 이야기를 해서 미안하다고 몇 번이나 사과했다. 그러면서 또 과거로, 고향으로 돌아갈 수는 없지만 회사가 과거에 지니고 있던 정신과 현재 회사에 만연한 삭막함을 비교하며, 이런 변화는 참을 수 없을 정도로 고통스럽고 갑갑해서 도저히 무시하고 그냥 지나칠 수 없다는 말도 여러 차례 했다. 에리카는 레이먼드가 조성한 정서적인 분위기를 그대로 이어가려고 노력했다. 물론 평소의 그녀답지 않은 모습이었다. 평소 모습대로라면 딱 달라붙는 흰색 셔츠를 입고 불을 뿜었어야 했다. 그러나 레이먼드가 부드럽고 감미로운 분위기를 조성했고 에리카는 그 분위기를 그대로 이어갔다.

에리카는 동료들과 브레인스토밍 과정을 거치면서 정리한 몇 가지 제안이 태거트를 필두로 한 경영진에 도움이 되면 좋겠다고 운을 뗐다. 그리고 재정적인 문제와 관련된 제안부터 시작했다. "우리가 논의한 주제 가운데서 특히 많은 얘기를 나눈 것은 현금의 중요성입니다. 여러분은 청구서를 현금으로 결제합니다. 은행에 현금을 예치해 두고 있을 때는 예상치 못한 지출이 한두 차례 있다 해도 버틸 수 있습니다." 그러나 지난 몇 년 동안 회사의 현금 보유액이 바닥을 드러냈다고 에리카는 지적했다. 회사의 재무 책임자가 현금을 가지고 있으면 바보이고 빚을 지고 있어야 용감한 사람이라고 생각하는 게 아닐까 하는 생각이 들 정도라고 했다. 지난 몇 년 동안 회사가 연이어 인수·합병을 벌여 덩치는 키우면서 부채 규모를 점점 더 크게 키워온 점을 지적했다.

이어서 에리카는 회사의 구조에 대해 이야기했다. 구조가 너무 복잡해서 누가 어디에서 어떤 책임을 지는지 알 수 없을 정도라고 했다. 모든 일에 대한 책임이 복합적인 의사 결정 고리로 분산되어 있어서 "나는 ~을 책임지고 있어"라고 말하는 직원을 찾아볼 수 없게 되었다고 말했다. 이 문제를 해결하기 위해서, 즉 책임 소재를 단순화하기 위해서 브런치 클럽이 몇 가지 아이디어를 마련했다고 했다.

이어진 전략에 대한 이야기에서는 어쩌면 회사가 그동안 자기 파괴적인 과잉 행동 상태에 놓여 있었는지도 모른다고 주장했다. 경마에 돈을 거는 사람들은 사실 모든 경기에 다 돈을 걸지 않는다. 오히려 돈을 거는 경우가 드물다. 명확하게 강점이 눈에 보일 때만 돈을 건다. 워런 버핏은 자기가 평생 벌어들인 돈의 대부분이 채 열 개도 되지 않는 판단과 의사 결정 덕분이라는 말을 하곤 했다. 여기에서 얻을 수 있는 교훈은 기업의 지도자가 지도자 역할을 하는 동안 할 수 있는 중요하고 절절한 통찰은 겨우 몇 개밖에 되지 않으며, 따라서 정말 좋은 통찰이 나타나지 않는 한 함부로 움직여서는 안 된다고 에리카는 결론 내렸다.

그다음에는 회사의 수익 흐름을 파헤쳤다. 회사의 케이블 부문은 여전히 좋은 성적을 내고 있다고 짚고 넘어갔다. 그런데 다른 부문들이 회사의 전체 수익률을 갉아먹고 있다면서, 어쩌면 지금이 바로 여전히 회사의 핵심 부문으로 기능하는 케이블 사업에 예전처럼 역량을 집중해야 할 때가 아닌가 싶다고 제안했다.

화상회의를 줄이고 직접 얼굴을 맞대고 회의를 하도록 조금 더 분발하는 게 좋지 않겠느냐는 제안도 했다. 대부분의 의사소통은 육체적이다. 말이 아니라 몸짓을 통해서 이루어진다는 말이다. 영상으로 상대방을 바라보면서는 그 사람이 하는 말, 그 사람이 제안하는 계획을 온전하게 이해하기 어렵다. 또한 보다 많은 사람을 이른바 '멀티패러다임 팀'으로 묶어서 함께 일할 수 있도록 하는 것도 좋은 아이디어라고 생각한다고 에리카는 말했다. ('멀티패러다임 팀'이라는 용어도 에리카가 만들어낸 말이다.) 제각기 다른 집단이 각기 다른 관점에서 동일한 문제를 바라보게 하자는 것이었다. 인간은 소규모 집단에서 일을 하도록 진화했다. 사실 집단의 사고가 개인의 사고보다 우월하다는 주장을 뒷받침하는 증거는 널려 있다. 한 실험에서는 전체 집단 가운데 75퍼센트가 이른바 '와슨 선택 과제Wason's selection task'라는 복잡한 카드 게임을 하는 데 성공했다. 반면 개인의 성공률은 9퍼센트밖에 되지 않았다.[7] 에리카는 이런 증거는 또 있다고 말하며 만일 당신이 한 가지 모델에만 의존한다면 선택한 모델에 맞춰서 현실의 실체 가운데 많은 부분을 잘라내는 셈이라고 말했다.

에리카는 계속해서 말을 이었다. "이 회사 직원들은 서로를 잘 모릅니다." 그러면서 입사 초기의 에피소드를 들려줬다. 점심을 먹으러 동료 직원 한 명과 함께 구내식당에 갔는데, 사무실에서 본 직원 두 명이 마주 보고 앉아서 식사를 하고 있기에 동행인에게 그 사람들을 아는지 물었다. 그러자 동행인은 이렇게 말했다. "몰라요. 사실 이 회사에 10년 동안 다녔지만, 아직도 모르는 사람이 많습니다." 사람은 아침에 출근하러 집을 나설 때 자신의 사회적 자아를 집에 두고 오지 않는다고 에리카는 말했다. "어쩌면 바보같이 들릴지 모르겠습니다만, 그래도 여기 계신 많은 분은 '즐거운 금요일' 같은 행사를 좋아하실 겁니다. 동료들과 소프트볼 경기를 할 수 있지 않나요? 배구 코트를 하나 만들면 안 될까요? 우정은 바로 이런 데서 싹트니까요."

에리카는 계속 이런 식으로 이야기했다. 그녀는 회사가 내리는 지침에 대해서도 말했다(경영진은 과제만 지시할 게 아니라 그 과제를 수행해야 하는 이유도 함께 언급해야 한다고 제안했다). 에리카는 또 회사가 채택할 수 있는 새로운 채용 절차도 이야기했다(평사원도 신입사원 면접관의 일원으로 포함하면 좋겠다고 제안했다). 또 멘토링 프로그램에 대해서도 이야기했다. 어떤 직업이든 가장 중요한 기술은 암묵적인 것이며 이런 기술은 가까이에서 함께하며 지켜볼 때에만 전수될 수 있기 때문이다. 또 직원이 맡은 업무를 잘해냈을 때 간부가 즉석에서 보너스를 주는 즉각적인 보상을 내릴 수 있도록 간부들에게 일종의 비자금을 지급하자고 제안했다. 에리카는 또 회사의 브랜드 이미지를 새롭게 고치는 방안에 대해서도 몇 가지 아이디어를 설명했다. 지난 몇 년 동안 회사는 GE나 시티그룹처럼 다국적 대기업의 모습으로 변모해 왔다. 하지만 고객의 충성도는 이것과 반비례해 점점 추락했다. 어쩌면 회사는 예전처럼 다시 따뜻한 모습을 되찾아야 할지 모른다고 말했다. 회사는 전에는 고객에게 자석을 달아서 냉장고에 붙여서 쓸 수 있는 물건을 나눠줬는데 지금은 골프 대회를 후원하고 있었다. 무언가 많이 바뀐 게 분명했다.

　레이먼드와 에리카는 오래 이야기하지 않았다. 두 사람이 말한 시간은 합해서 15분 정도였다. 두 사람은 준비해 갔던 원고를 태거트에게 넘겨주고 자리로 돌아와 앉았다. 이어서 다른 사람들이 발언을 했다. 어떤 사람들은 화를 내며 경영진을 비판했고, 어떤 사람들은 경영진이 잘하고 있으니 협조하자고 했다.

　이날 회의에서 실질적인 성과라고 할 만한 것은 아무것도 없었다. 주식시장의 분석가들은 태거트의 프레젠테이션만 듣고 그 뒤에 이어진 사람들의 발언은 듣지 않았다. 그리고 그날 오후 인터콤의 주가는 약간 내려갔다. 직원과 이사회의 이사들은 레이먼드와 에리카가 발언한 내용을 즉각적으로 받아들이지는 않았다. 그렇다고 해서 곧바로 무대로 뛰어 올라가 레이먼드와 에리카를 왕처럼 떠받들고 태거트를 발로 차서 단상 아래로 떨어뜨리지도 않았다. 하지만 그들은 두 사람이 하는 말에 고개를 끄덕였다. 그리고 회사가 오랜 세월 동안 소중하게 간직해 왔던 핵심을 어느 사이엔가 잃어버리고 말았다는 두 사람의 메시지를 마음 깊이 새겼다. 그리고 그 후로 인터콤의 주가는 계속해서 떨어졌고 부채는 점점 쌓여갔다. 회사는 연이어 다른 기업을 합병했지만, 이것도 회사가 내리막길을 달리는 것을 막지는 못했다. 그러는 동안에 회사의 분위기는 서서히 바뀌었다.

　직원 대다수와 주주들은 한때 태거트를 회사의 모든 것을 바꾸어줄, 인터콤이 운 좋게 영입한 기업계의 스타라고 여겼었다. 그리고 처음 이 분야에 발을 들여놓아서 적응하는 데 약간 어려움을 겪긴 했어도 선의를 가진 사람이라고 생각했다. 그런데 이 생각이 바뀌기 시작했다. 시간이 흐르면서 대주주들과 이사회 구성원들은 태거트가 자기 자랑만

하는 허풍선이며 회사보다는 자신의 이미지를 더 걱정하는 사람이라고 결론 내렸다. 이런 결론이 확고하게 굳어갈 무렵에 한 인물이 태거트의 대안으로 떠올랐다. 이 회사 출신으로 회사를 뼛속까지 잘 이해하고 회사가 한때 가지고 있었던 탁월함을 예전처럼 회복할 수 있는 인물이었다. 회사가 필요로 한 것은 회복이지 혁명이 아니었기 때문이다.

그 인물은 바로 레이먼드였다. 그는 자신에게 그런 무거운 임무가 주어질지 전혀 예상하지 못했지만, 주인공 역을 맡아 무대에 올라가야 할 순간에 꽁무니를 빼지 않고 그 역할을 떠맡았다. 그리고 사람들이 기대한 역할을 어느 정도 충실하게 수행했다. 그는 비록 《포브스》의 표지를 장식할 만한 유형의 CEO는 아니었지만 회사를 예전처럼 신뢰가 가득한 일터로 되돌렸다. 그는 회사의 핵심이 아닌 부문들을 정리했다. 그리고 기술직 가운데 다수를 승진시켜 중용했다. 이제 회사에서 10년쯤 전에 유행했던 스타일로 흰색 반팔 셔츠를 입고 안경을 쓰는 것도 웃음거리가 아니게 만들었다. 마침내 회사는 안정되었다.

몇 년 뒤 레이먼드는 물러났다. 이사회에서는 외부에서 CEO를 영입했다. 이 사람은 회사를 잘 이끌며 6년 동안 그 자리를 지켰다. 그리고 그의 임기가 끝나자 이사회에서 CEO를 회사 내부에서 뽑기로 결정했고 이러저러한 과정을 거쳐 에리카를 차기 CEO로 임명했다. 그녀는 마흔일곱 살이었다. 그때까지 그녀는 줄곧 레이먼드의 곁에서 그의 편이 되었다. 마치 오래전에 레이먼드가 코흐의 편을 들었듯이. 에리카는 회사를 혁명적으로 바꾸지 않았고, 과감한 돌파 전략을 구사하지도 않았다. 그러나 그녀가 CEO로 있는 동안 회사는 성장했고 새롭게 제기되는 도전들에 잘 적응했다. 그녀는 회사를 사랑했고 또 나이 든 사람들이 깊이 동조하는 방식으로 회사를 새롭게 바꾸었다.

4부

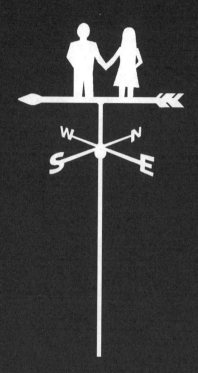

나는 잘

살아가고 있는가

17장

외로움

서로를 지긋지긋하게 미워하던
부부의 속내

대부분의 부부는 오랜 세월 함께 살면서 열정적이던 사랑이 동반자적으로 변해가는 걸 경험한다. 열정적인 사랑은 사랑의 첫 단계에서 들뜬 두 사람을 정신없이 사로잡는다. 동반자적인 사랑은 보다 평온한 상태이며 이 상태에서는 조용한 만족, 우정 그리고 한결 부드러운 행복이 가득하다.

그런데 어떤 부부는 이 변화를 받아들이지 않는다. 1947~1989년 58개국의 UN 자료를 보면, 이혼율은 결혼 4년 차에 가장 높다.[1] 그러나 해럴드와 에리카는 그 시기를 잘 넘긴 것 같다. 결혼 20년 차쯤 에리카는 레이먼드의 뒤를 이어서 인터콤의 CEO가 되었고, 해럴드는 수백 년 전의 과거 속에 살면서 책을 썼다. 다음 10년 동안 두 사람은 결혼 생활보다 직장 생활에 더 많은 시간을 쏟았다. 두 사람은 일을 하는 데 많은 시간을 썼으며 일에 대한 자기만의 명분을 고수했다. 두 사람의 삶에서 일 이외의 다른 것 대부분은 희미하게 사라져 갔다. 이것들 가운데에는 서로 의사소통하는 능력도 포함되어 있었다.

직장에서 확고하게 자리를 잡고 어느 정도 여유가 생기자 두 사람은 서로 공유하는 부분이 생각보다 많지 않다는 걸 깨달았다. 그렇다고 해서 두 사람이 부부 싸움을 한 건 아니었다. 그저 각자 다른 관심과 다른 공간 속에서 표류했을 뿐이다.

긴 세월 동안 사다리를 타고 위로 올라가는 투쟁을 벌인 끝에, 두 사람은 이제 다른 사람들을 위해 자기 자신을 포기하는 일이라면 진절머리가 났다. 캘리포니아대학교의 신경정신과 의사인 루안 브린젠딘은 저서『여자의 뇌, 여자의 발견』에서 중년 여성의 상태를 다음과 같이 썼다. "종종 중년 여성은 다른 사람을 즐겁게 해주는 일에 예전처럼 걱정을 하거나 신경을 쓰지 않고, 자기 자신을 즐겁게 해주려고 한다. (…) 에스트로겐이 줄어들면서 옥시토신(뇌하수체 호르몬의 일종으로 자궁 수축 및 모유 촉진제. 심리적으로는 타인과 유대 관계를 느끼는 데 중요한 역할을 한다- 옮긴이) 수치도 낮아진다. 감정의 미묘한 차이에 관심을 덜 가지고, 가정이나 직장에서 평화를 유지해야 한다는 의무감이나 걱정에 덜 얽매이며 친구들과 수다를 떨어도 예전과 달리 도파민 분출량이 점점 줄어든다. 어린 아기에 대한 보상으로 주어지던 옥시토신의 양이 줄어들면서, 다른 사람들의 개인적 욕구에 관심을 덜 기울이게 되는 것이다."[2] 반면에 남자는 50대에 접어들면서 갑자기 예전보다 더 자상해지고 더 많은 의사소통을 원한다.

에리카는 기업계에서 대형 스타는 아니었지만 그래도 알 만한 사람은 다 아는 유명인이었다. 인터콤은 다시 예전의 명성을 되찾고 꾸준한 수익을 기록했다. 에리카는 회의를 하느라 여기저기 바쁘게 출장을 다녔고, 그녀를 존경의 눈으로 바라보는 사람들 앞에서 프레젠테이션을 했다. 그런 일상을 보내다가 집으로 돌아와 반바지에 티셔츠 차림으로 컴퓨터 앞에 앉아 자판을 두드리고 있는 해럴드를 바라보는 순간, 갑자기 낮은 데로 추락하는 기분이 들었다. 두 사람의 삶은 다른 방향을 향하고 있었고 다른 모양을 하고 있었다. 에리카는 정신없이 바쁘게 활동하는 걸 좋아했다. 그녀의 나날은 회의와 약속, 결단과 책임으로 빼곡하게 차 있었다. 해럴드는 혼자 있는 걸 좋아했다. 먼 과거를 탐험하기를 좋아했고, 그의 달력에는 아무런 약속도 표시되어 있지 않았다. 에리카는 리더십에 대한 도전에 흠뻑 빠졌고, 해럴드는 책과 역사 인물과 문서의 세상에 점점 더 깊이 빠졌다. 둘 다 자기 세상에서 길을 잃을 정도로 깊이 빠져 있었다.

에리카의 눈에 그토록 사랑스럽던 해럴드의 성향도 이제는 교정할 수 없는 성격적 결함으로 비치기 시작했다. '양말을 아무렇게 벗어 던지는 이 남자의 버릇은 깊은 이기심과 자아도취의 표시가 아닐까? 면도도 하지 않고 집을 나서려고 하는 이 남자의 성향은 형편없는 게으름의 표시가 아닐까?' 한편 해럴드도 할 말이 있었다. 회사가 성장하는 데 도움이 되는 사람이다 싶으면 자동적으로 애교를 부리고 아양을 떠는 에리카의 모습을 볼 때마다 해럴드는 소름이 돋을 정도로 놀라곤 했다. 또 에리카는 함께 파티에 가자고 해럴드를 데려가 놓고선 혼자 쏘다니곤 했다. 낯선 사람과 아무 흥미도 없는 대화를 나누다가 문득 돌아보면 어느새 에리카는 보이지 않았다. 주변을 둘러보면 그녀는 저만큼 떨어진 곳에서 화사한 미소를 띠며 어떤 CEO와 대화를 하고 있었다. 항상 끔찍하게 싫어한다고 말했던 그 사람과 말이다. 해럴드는 에리카가 남보다 앞서려고 전략·전술적인 차원에서 타협할 때마다 진저리를 쳤다. 에리카 역시 해럴드의 우쭐거림으로 포장된, 뿌리 깊은 소극성에 진저리를 칠 때가 한두 번이 아니었다.

빌헬름 분트Wilhelm Wundt와 함께 근대 심리학의 창시자로 일컬어지는 윌리엄 제임스William James('의식의 흐름Stream of Consciousness'이라는 용어를 처음 사용했다 - 옮긴이)는 "현명함은 무엇을 못 본 체할 것인지 아는 기술이다"라고 했다.[3] 오래전에는 에리카와 해럴드 모두 서로의 흠을 그냥 보아 넘겼다. 그러나 이제 두 사람은 침묵 속에서 서로를 경멸했다.

외로워서 서로를 미워하는 사람들

세월이 흐르면서 두 사람은 대화다운 대화를 나누지 않았다. 심지어 눈도 잘 마주치지 않았다. 이런 모습은 습관으로 굳어졌다. 저녁이면 에리카는 한쪽에서 휴대폰으로 통화를 했고, 해럴드는 다른 쪽에서 노트북을 껴안고 있었다. 신혼 때는 모든 것을 함께하는 게 습관이었지만 이제는 모든 것을 함께하지 않는 게 습관이 되었다. 때로 에리카는 남편에게 표현하고 싶은 생각이 떠오르기도 했지만 두 사람 사이에는 이미 어떤 불문율이 성립해 있었다. 지금 당장 알려주고 싶은 열정적인 생각이나 신기하고 흥미로운 사실이 있더라도 해럴드의 서재에 불쑥 들어가는 건 적절하지 못한 짓이라고 여겼다.

심지어 해럴드는 에리카가 말을 할 때 귀를 기울이는 것 같지도 않았다. 일주일에 한 번씩 에리카는 남편에게 함께 가야 할 파티나 자질구레하게 처리해야 할 일을 일러주었다. 하지만 나중에 해럴드는 에리카에게 퉁명스럽게 이렇게 말했다. "이제 와서 그런 말을 하면 어떻게 해? 진작 말해줬어야지!" 그러면 에리카는 이렇게 대꾸했다. "했어, 했다고. 같이 이야기했잖아. 당신이 내가 하는 말을 안 들어서 그렇지." "무슨 소리야, 그건 당신 상상이지. 우리는 그런 이야기를 한 적이 없는데." 두 사람은 서로 자기 말이 옳다고 했다. 하지만 둘 다 속으로는 혹시 자기가 착각한 게 아닐까 의심했다.

결혼 문제 전문가 존 고트먼John Gottman은 건강한 관계에 있는 부부는 서로에게 긍정적인 말을 다섯 번 하는 동안 부정적인 말은 한 번밖에 하지 않는다고 주장한다.[4] 해럴드와 에리카는 그 근처에도 가지 않았다. 두 사람은 그 게임을 아예 시작하지도 않았다. 긍정적인 말이든 부정적인 말이든 서로에게 상대방을 평가하는 말은 하지 않았기 때문이다. 두 사람 다 옛날로 돌아가고 싶었다. 모든 게 자연스럽고 서로의 모든 게 사랑스러웠던 그 옛날로. 그러나 그런 바람을 현실화하려고 뭔가 시도를 했다가 면박을 당할까 두려워 서로에게서 한 걸음씩 물러났다. 관계가 시들해지는 책임을 상대방의 성격적인 결함 탓으로 돌리며 비난했다. 그리고 두 사람 다 결혼 문제 전문가를 찾아가 상담을 받아야겠다고 생각했다. 물론 그 전문가가 자신이 아닌 상대방이 전적으로 잘못했음을 입증해 주길 기대하면서.

일을 할 때나 디너 파티에 참석할 때 두 사람은 쾌활한 척 연기를 했다. 그러나 그것은 집에서 어떤 일이 일어나는지 알아보지 못하도록 꾸며낸 모습일 뿐이었다. 해럴드가 사람들 앞에서 어떤 말을 하고 나면, 에리카는 불쑥 이런 말을 내뱉곤 했다. "우리가 언제 그랬어?" 그러면 다른 사람들은 그녀의 말 속에 가시가 촘촘하게 박혀 있음을 눈치챘다.

해럴드와 에리카 두 사람 다 가슴 깊이 슬펐다. 에리카는 헤어드라이어로 머리카락을 말리다가 왈칵 울음을 터뜨리곤 했다. 그러면서 가정의 행복을 희생해서 직업적인 성공을 얻는 게 과연 잘하는 일인지 고민했다. 해럴드 역시 자기 또래의 부부가 손을 잡고 함께 산책하는 모습을 부러워했다. 현재로서는 상상도 할 수 없는 일이었다. 해럴드 역시 에리카와 마찬가지로 만족의 가장 큰 원천은 일이었다. 하지만 그것만으로는 부족했다. 해럴드는 자살까지 할 생각은 없었다. 그러나 누군가 해럴드에게 치명적인 병이 있다고 일러준다면, 죽음을 아주 담담하게 받아들일 수 있을 것 같은 기분이 들었다.

해럴드와 에리카 사이의 인간관계는 완전히 비논리적이었다. 두 사람 다 결혼 생활의 잘못된 부분이 고쳐지길 바랐다. 그러나 두 사람은 외로움의 악순환 고리 속에 빠져 있었다. 외롭다고 느끼는 사람은 그렇지 않은 사람에 비해 주변 사람들에게 더 까칠하고 비판적으로 대하는 경향이 있다. 이렇게 다른 사람들에게 거칠게 굴수록 이 사람은 더욱 외로워진다. 이어서 슬픔의 악순환 고리가 나타난다. 두 사람 다 감정적으로 매우 부서지기 쉬운 상태이며, 이제 상대방이 곁에 있어도 예전처럼 그렇게 즐겁지 않다는 걸 지각한다. 그래서 두 사람은 어떤 정서적-생존적 본능으로 서로에게서 뒷걸음쳐 조금 더 멀리 떨어진다. 이렇게 되면 체념의 악순환 고리가 나타난다. 더 이상 어떻게 해볼 게 남아 있지 않다고 생각하는 사람은 점점 더 수동적으로 변하고 또 점점 더 우울해진다.[5]

그 무렵 해럴드는 살이 많이 쪘다. 특히 뱃살이 불어났다. 배에 살이 찌는 것은 스트레스로 인한 체중 증가의 대표적인 증상이다. 해럴드는 술을 너무 많이 마셨다. 언제나 그랬듯이 해럴드는 자기의 슬픔을 철학적인 문제로 돌렸다. 스토아학파의 금욕주의 철학자들에게 푹 빠졌다. 그러고는 사람들은 이 땅에 행복해지기 위해서 태어난 게 아니라고 결론 내렸다. 인생은 고통이야, 라고 혼잣말을 했다. 에리카와 결혼하지 않았더라면 인생이 지금보다 훨씬 나아졌을지 모른다고 생각했다. 해럴드는 집에서 일어나는 일에 대해서는 무감각하려고 노력했다. 자기 마음속에 이는 감정에 대한 면역 체계를 완성하려고 노력했다.

에리카는 자신이 이룬 세속적인 성공의 프리즘을 통해 절뚝거리는 결혼 생활을 바라보았다. 그래, 어쩌면 해럴드가 내 성공에 질투를 느낄지도 몰라. 어쩌면 모욕을 느끼고 나에게 화풀이를 하는 것일지도 몰라. 처음 결혼했을 때 해럴드는 에리카보다 더 자상했었다. 하지만 이제 그녀는 해럴드보다 훨씬 더 임기응변에 능했다. 그녀는 어딜 가든 사람들의 주목을 받는 사람이었다. 그녀는 반짝거리는 별이었다. 그래 맞아, 야망이 없는 남자와 결혼한 게 실수였어. 젊은 시절에 철없는 선택을 한 벌을 받는 거야. 에리카는 자기도 모르게 이 문제 많은 시기에서 스스로를 해방시키려고 노력했다. 무의식적으로 집에서는 시간을 적게 보내려 했고, 집에 있을 때는 점점 더 자기 마음대로 했다. 상처를 덜 받기 위해서였다.

중년 부부가 이혼을 할 때 이혼을 주도하는 사람은 아내가 아니라 남편이라는 게 일반적인 고정관념이다. 성공을 거둔 뒤에 늙은 아내를 버리고 성공이 가져다준 재산으로 젊고 예쁜 아내를 찾아서 달아난다는 것이다. 하지만 실제로는 그렇지 않다. 50살이 넘은 부부가 이혼할 때는 여자가 주도하는 경우가 65퍼센트가 넘는다.[6] 이유는 단순하다. 보상으로 애정이나 동반자 의식이 돌아오는 것도 아닌데 군이 남편에게 밥을 해주고 빨래를 해주고, 아프면 간호를 해줘야 하는 결혼 생활을 감당할 이유를 찾지 못해서다. 더는 남편이 필요 없다는 말이다. 에리카는 미래에 대해서, 이혼에 대해서, 이혼이 자신과 해럴드에게 가져다줄 결과에 대해서 생각하기 시작했다. 너무 많은 피를 흘리지 않고 이혼하는 방법은 없을까? 이혼을 한 뒤에 혼자서 잘 살아갈 수 있을까?

어느 날이었다. 사소한 일로 두 사람은 한바탕 싸움을 벌였다. 그리고 이 싸움 끝에 에리카는 자기가 아파트를 알아보는 중이라고 해럴드에게 말했다. 어쩌면 지금이 이혼을 해야 할 때일지도 모른다고 했다. 이런 말을 에리카는 사무적이고 분석적인 태도로 말했다. 사실 두 사람은 이미 언제부터인가 이혼을 향해 달려왔다고 에리카는 생각했다. 이혼의 가능성이 맨 처음 그녀의 머리에 떠오른 것은 10년 전이었다. 에리카는 자기들이 결혼을 하지 않았더라면 좋았겠다고 생각했다. 이런 불행한 상황을 되돌릴 수 있다고 기대할 증거는 그 어디에도 없었다.

그 말이 자기 입에서 튀어나오는 순간, 에리카는 낭떠러지 밖으로 발하나를 쑥 내미는 느낌이 들었다. 확실히 이제 다시 돌아갈 순 없었다. 그녀의 마음은 앞으로 일어날 일들을 향해 마구 달렸다. 이 이혼을 사촌형제들이나 직장 동료들에게 어떻게 설명할까? 다시 다른 남자를 만나서 어떻게 데이트를 할까? 공식적으로는 뭐라고 발표를 해야 할까?

해럴드는 충격을 받지도 놀라지도 않았다. 하지만 다음 단계로 논리적인 걸음을 떼지 않았다. 두 사람은 앞으로 어떻게 해야 할지 말하지 않았다. 아니, 그 말을 시작하지 않았다. 이혼 전문 변호사와 접촉하는 문제에 대해서도, 재산을 나누는 방식에 대해서도 말하지 않았다. 그저 아내의 말을 가만히 듣기만 했다. 그러다 지붕을 고치려고 의뢰한 일을 꺼내며 그 약속을 어떻게 조정할지 혹은 취소할지 물었다. 그러고는 부엌으로 가서 위스키를 마셨다.

그런 상태에서 몇 주가 지났다. 두 사람 사이에 아무 일도 없었던 것처럼 그렇게 시간이 흘러갔다. 그리고 두 사람은 동떨어진 자기들만의 궤도를 타고 돌았다. 그러나 해럴드는 자기 안에 있는 몇 개의 표층 지질판이 움직이는 걸 느꼈다. 세상을 바라보는 누군가의 관점은, 심지어 삶이 계속 진행되는 와중에도 그 사람의 내면에서 바뀔 수 있다.

에리카가 폭탄선언을 하고 몇 주가 지난 어느 날, 해럴드는 딥디쉬피자를 파는 가게에서 혼자 점심을 먹고 있었다. 유리창 너머 길 건너에 초등학교 운동장이 있었다. 마침 쉬는 시간이었던지 아이들이 나와서 뛰어놀고 있었다. 아이들의 수는 족히 수백 명은 되어 보였다. 아이들은 기어다니고, 기어 올라가고, 달리고, 레슬링을 하고, 또 뭐라고 참견을 하기도 했다. 놀라운 광경이었다. 그저 평평하고 텅 빈 공간에 내놓았을 뿐인데, 그 장소를 유쾌하고 시끌벅적한 축제의 공간으로 만들어버리는 아이들의 놀라운 힘이라니!

두 사람이 결혼했을 때 해럴드는 당연히 아이를 낳아서 기를 거라고 생각했다. 자기가 아는 가족은 다 그랬다. 하지만 에리카는 처음 몇 년 동안 너무 바빴다. 그 뒤로도 아이를 낳아서 기르기 좋은 때는 결코 오지 않았다. 결혼한 지 5년쯤 되었을 때였을까, 해럴드는 아이를 낳아서 기르고 싶다고 말했다. 심각하게 말한 것도 아니고 그냥 지나가듯 가볍게 말했을 뿐이었다. 그런데 에리카는 고함을 빽 질렀다. "싫어! 지금은 안 돼! 그따위 소리 다시는 하지 마!" 해럴드는 깜짝 놀라 아무 말도 할 수 없었다. 에리카는 쌩하고 찬바람을 일으키며 뒤도 돌아보지 않고 자기 사무실로 가버렸다.

아이를 낳는 문제에 대해 두 사람이 나눈 대화라고는 그게 다였다. 그 문제는 두 사람의 삶에서 가장 중요한 문제 가운데 하나였다. 두 사람의 의견이 일치하지 않는 가장 큰 문제였고, 부부 관계의 지뢰나 마찬가지였다. 그 대화 이후로 두 사람은 그 문제를 두 번 다시 입 밖에 꺼내지 않았다.

사실 해럴드는 날마다 아이에 대해서 생각했다. 하지만 무서워서 감히 그 이야기를 꺼내지 못했다. 에리카와 갈등을 일으키고 싶지 않아서 움츠러들었다. 어차피 의지력과 관련된 문제를 놓고 그녀와 싸워서 이길 가능성이 전혀 없다는 걸 알았기 때문이다. 대신 수동적인 방식으로도 그녀를 얼마든지 회유할 수 있을 것이라 생각했다. 그래, 분명히 에리카도 내가 아이를 낳아서 기르고 싶어 하는 마음을 알고 공감할 거야, 결국에는 우리 두 사람에게 모두 행복을 안겨다 줄 그 일을 기꺼이 하겠지, 라고 기대를 했었다.

에리카는 해럴드의 수동공격성(대인 관계에서 삐뚤어진 방법으로 다른 사람을 난처하게 하거나 화나게 하는 인격적 특성 - 옮긴이)을 알고 있었다. 그녀는 그의 이런 특성에 진절머리가 났다. 해럴드는 에리카가 그 문제를 뻔뻔스럽게도 자기 마음대로 결정해 버렸다는 사실에 남몰래 무척 화가 났다. 두 사람의 인생에 이보다 더 큰 문제가 없는데도, 에리카는 자기와 상의도 하지 않고 그런 식으로 혼자 결정을 해버린 것이다.

해럴드는 두 사람이 그 문제를 놓고 나눴던 아주 짧고 또 강렬했던 그 대화를 종종 돌이켜 생각해 보았다. 에리카가 무엇 때문에 그렇게 화를 냈는지 도무지 알 수가 없었다. 어쩌면 어린 시절에 입은 어떤 상처가 그런 격렬하고도 신경질적인 반응을 촉발했을 수도 있다. 이 세상에서는 절대로 아이를 낳지 않겠다고 맹세했을 수도 있다. 회사와 일에 집중해야 한다는 마음이었을 수도 있다. 원래 아이를 좋아하지 않았을 수도 있다.

해럴드는 여전히 아이들을 바라보고 있었다. 중년에 접어들면서 부쩍 그랬다. 그는 중년의 우울함을 풀풀 풍기면서 놀이용 비행기를 타고 있는 어린아이들, 아직 아기라고 할 법한 아이들을 한참 동안이나 지켜보았다. 아기들의 손과 발을 은밀한 시선으로 검사했다. 아장아장 걷는 나이의 아이들은 각자 자기 할아버지와 함께 나온 모양이었다. 할아버지들은 바보 같은 몸짓으로 손주를 따뜻하게 느끼려고 아기 주변에서 뱅뱅 맴돌았다. 해럴드는 또, 인도에서 서로 까불고 장난을 치는 한 무리의 꼬맹이들을 바라보았다. 놀이에 얼마나 푹 빠졌던지 지면에 닿은 자기 무릎이 차가운지, 뜨거운지, 상처가 났는지 전혀 느끼지 못하는 듯했다. 다시 에리카의 얼굴이 떠올라 해럴드는 화가 났다. 그녀가 아이를 낳지 않겠다고 하는 것은 그녀가 얼마나 무정한 사람인지, 남에게 베풀 줄 모르는 이기적인 사람인지, 자기 일과 경력에만 매달리는 어리석은 사람인지 보여주는 증거라고 생각했다. 이럴 때면 해럴드는 에리카를 경멸했다.

익숙한 세상에서 벗어나라

상당한 기간 동안 해럴드는 풀이 죽어 지냈다. 책은 계속해서 출간했고 전시회도 꾸준하게 기획했다. 그러나 이상하게도 자기가 한 일에 대한 칭찬이 언제부터인가 스스로를 압박하기 시작했다. 대중이 보여주는 존경심 때문에 그의 비밀스러운 외로움이 더욱 도드라졌다.

그의 결혼 생활은 동면 상태였다. 아이가 없었다. 정치적인 활동도 하지 않았고 봉사활동도 하지 않았다. 자기 자신을 희생할 대상이 없었다. 개인적인 관심사를 포기하고 매달릴 대상이 없었다. 물론 에리카는 늘 그의 곁에 있으면서 그를 돋보이게 해주었다. 해럴드는 그녀의 편집증을 경멸했고, 한편으로 자기에게는 그녀가 가진 강한 정력과 욕망이 없다는 사실에 슬퍼했다.

해럴드는 자기 전에 늘 술을 한 잔씩 마셨었다. 그런데 중년 이후에는 낮부터 술을 마시기 시작했다. 스카치위스키에서 손을 뗄 수가 없었다. 그의 뇌는 하루 가운데 많은 시간 동안 피곤함과 무기력함을 느꼈다. 그러나 스카치위스키를 큰 잔으로 한 잔 마시고 나면, 맑은 정신이 돌아오고 눈이 번쩍 뜨였다. 온갖 생각이 물밀듯이 몰려왔으며 모든 게 예전처럼 예리하고 선명하게 보였다. 당연한 결과지만, 곧 모든 것은 다시 흐릿해지고, 해럴드는 멜로드라마의 한 장면 같은 분위기 속으로 젖어 들었다. 아무 느낌도 없는 것보다는 차라리 이런 기분이 좋았다.

거의 날마다 해럴드는 스카치위스키 한 병의 3분의 1을 마셨다. 아침에 일어날 때면 늘 이렇게 사는 인생을 보다 참신하게 바꾸겠다고 맹세했다. 그러나 중독은 뇌의 학습 기능을 약화시키는 법이다. 알코올중독자를 비롯한 온갖 종류의 중독자는 자기가 스스로에게 무슨 짓을 하는지 잘 안다. 그러나 그렇게 아는 깨달음을 자기 인생의 영원한 교훈으로 내면화하지는 못한다. 적어도 그렇게 보인다. 몇몇 학자는, 중독자는 이미 전두엽 피질에 있는 신경가소성(경험이 신경계의 기능 및 구조적 변형을 일으키는 현상 – 옮긴이)을 손상시켰기 때문에, 의지를 행동으로 실천하지 못하며 스스로는 그 고통 속에서 빠져나오지 못한다고 주장한다. 이들은 이제 더는 실수에서 교훈을 얻는 학습을 할 수 없게 된다.

여느 날과 다를 게 없던 날이었다. 해럴드의 머리에 좋은 생각 하나가 떠올랐다. 아주 오래전 중학생이던 에리카에게 아카데미에 찾아가겠다는 생각이 문득 떠오르던 때와 같은 그런 통찰이었다. 해럴드는 자기의 음주 습관을 혼자 힘으로는 도저히 바꾸지 못하지만 스스로를 어떤 맥락 속으로 던져 넣으면 이 맥락이 어떤 변화를 이끌어낼 수도 있음을 깨달았다. 그래서 '익명의 알코올중독자 모임Alcoholics Anonymous'에 나가기로 결심했다.

이 일은 해럴드처럼 외로움을 타는 사람에게는 어려운 일이었다. 하지만 어느 날 그는 모임이 열리고 있는 어린이 하키장의 한 방에 모습을 드러냈다. 해럴드는 빈 자리를 찾아가서 앉았다. 방의 분위기는 그의 몸 안에서 일어나는 모든 충동과 날카롭게 대립했다.

해럴드는 대부분의 인생을 경제적으로 여유가 있고 교육을 잘 받은 사람들 속에서 보냈다. 그런데 그 방에 있는 사람들은 그렇지 않은 사람들이었다. 서기, 외판원, 버스 운전사…. 놀랍게도 그 모임에는 버스

운전사가 정말 많았다. 해럴드는 어느 사이엔가 자기만의 세상에 사는 데 익숙해져 있었다. 그러나 그 모임에서는 다른 사람들과 어쩔 수 없이 깊은 동료애를 나눠야 했다. 해럴드는 자존심과 통제력의 문화 속에서 성장했지만 이 모임에서는 모든 것을 받아들여야 했다. 자신이 아무런 힘도 가지고 있지 않은, 무력하기 짝이 없는 인간임을 인정해야 했다. 해럴드는 자기가 저지른 실수들에서 교훈을 얻지 못한 채로 지난 몇 년의 세월을 보냈었다. 그러나 '12단계 훈련법'이 그가 저지른 실수들을 다시 그에게 되돌렸다. 그는 몇 번이고 반복해서 그 실수들 속에서 뒹굴어야 했다. 그는 지난 세월 동안 세속적으로 변했지만 그 모임에는 모호한 종교적 분위기가 스며들어 있었다. 모임에 참가한 사람들은 그에게 술을 끊으라는 말만 하고 그치는 게 아니었다. 알코올중독이라는 하나의 문제를 해결하는 것은 추상적이고 논리적인 시도가 아니었다. 사람들은 그에게 영혼을 정화시키라고 했다. 마음 깊은 곳의 자기 존재를 재충전하라고 했다. 삶 전체를 바꾸면 알코올중독은 덩달아서 치료될 것이라고 했다.

해럴드는 그 '12단계 치료법'을 읽었다. 그리고 열심히 따라 했다. 그러나 그를 구한 것은 그 모임에 참석한 사람들이었다. '익명의 알코올중독자 모임'은 모든 사람에게 다 효과가 있지는 않았다. 학자들은 누가 이 모임으로 효과를 보고 또 누가 효과를 보지 못하는지 예측할 수 없었고, 이런 상황은 예전부터 줄곧 이어졌다. 심지어 이 모임의 12단계 치료법이라는 프로그램이 다른 데서 하는 프로그램들보다 효과가 좋은지, 혹은 전혀 효과가 없는지에 대해서도 학자들마다 의견이 달랐다.[7]

각 모임의 동료애는 하나의 공식으로 요약할 수 없으며, 다른 모임의 동료애와 비교할 수 없고 또 사회과학적 실험으로도 포착할 수 없기 때문이다. 그리고 동료애의 질적 수준이 중요하다. 해럴드의 모임에서는 정신적인 핵심 역할을 하는 사람이 세 명 있었다. 어마어마하게 뚱뚱하며 오페라를 좋아하는 숙녀, 자동차 정비공, 은행원이었다. 이 세 사람은 10년 가까이 모임을 함께 해오며 이 모임의 분위기를 지금처럼 만들었다. 이들은 허풍과 거짓말을 인정하지 않았다. 해럴드가 참석하기 직전에, 이 모임에 참가하던 10대 소년 한 명이 몸에 항우울제 패치를 여러 개 붙이고 있다가 죽은 일이 있었다. 그 뒤 이 세 사람은 모임 참가자들이 정신적인 상처를 극복할 수 있게 도왔다. 모임에서는 늘 몇 사람이 서로 반목하고 다투는 일이 있었다. 그러면 이 세 리더는 그들에게 행동 지침을 제시하며 반드시 지키라고 지시했다. 해럴드는 세 사람을 깊이 존경하게 되었고, 이 사람들의 행동을 자기 행동의 모델로 삼았다.

해럴드는 몇 달 동안 거의 날마다 이 모임에 나가다가 그 뒤로는 드문드문 나갔다. 그 모임이 해럴드의 삶을 바꿔놓았다고 말하면 분명 과장이다. 보다 정확하게 말하자면, 해럴드는 그 모임에서 얻는 게 많았다. 모임에 참가하는 사람 가운데 몇몇은 자아도취에 푹 빠져 있었다. 그리고 많은 사람이 믿을 수 없을 정도로 미성숙한 정신의 소유자였다. 또 많은 사람이 심각할 정도로 자기 인생을 망쳐버린 상태였다. 그러나 이 모임에 나가면 사람들은 어쩔 수 없이 자신에 대해서 이야기해야 했다. 해럴드는 내면에 도사리고 있는 쓰라린 욕구를 보다 더 많이 의식하게 되었다. 그리고 어느 사이엔가 자신보다 덜 세련되고 덜 교육받은 사람들을 존경하게 되었고, 이런 사실을 깨닫고는 놀랐다. 그것은 고등학교 시절 이후로 잠자고 있던 해럴드의 정서적인 능력을 일깨웠다. 정신 속에서 밀물과 썰물이 이는 것을 더 많이 의식하게 되었다.

술을 끊지는 못했다. 그러나 밤 11시가 지나서까지 술을 마시는 일은 절대로 없었다. 진정으로 바뀐 것은 움츠러들기만 하던 그의 본능이었다. 인생을 살아오면서 그는 정서적인 혼란을 접하면 지나칠 정도로 예민해지는 사람이 되어 있었다. 정서적인 고통의 첫 신호가 나타나기만 하면 곧바로 뒷걸음질을 치곤 했다. 분노나 상처, 불쾌함을 유발할 수도 있는 대결 상황에서는 곧바로 달아났다. 하지만 이제 그런 것들이 덜 무서워졌다. 보이지 않게 숨어 있는 이런 유령들을 똑바로 쳐다볼 수 있었다. 굳이 슬픔과 상처의 공포 속에서 인생을 살 필요가 없음을 깨달은 것이다. 이제 그 공포에 맞서고 또 싸워서 이길 수 있음을 알았다.

선물 같은 깨달음

해럴드가 '인카네이션 캠프Incarnation Camp'에 참가하기로 한 결정은 아주 우연하게 이루어졌다. 친구 한 명이 코네티컷에서 전문 상담가로 일하는 딸을 만나러 가면서 해럴드에게 함께 가고 싶으면 따라오라고 했다. 해럴드는 친구의 차에 탔고, 두 사람을 태운 차는 코네티컷을 향했다. 자동차는 코네티컷의 한 시골 마을에서 큰길을 벗어나 좁은 길을 따라 달렸다. 차창 밖으로는 텐트들, 들판, 작은 못들이 지나갔다. 그리고 마침내 자동차가 멈추었고, 거기에는 여자아이 아홉 명이 무리 지어 모여서 손을 잡고 서 있었다. 해럴드는 그 광경에 따뜻하게 매료되었다. 친구는 오두막집 가까이에 자동차를 주차했다. 그리고 친구와 해럴드는 언덕을 내려가서 호숫가에 섰다. 둘레가 1.6킬로미터쯤 되는 그 호수는 숲이 무성한 언덕으로 둘러싸여 있었다. 거기에서는 집이나 도로가 전혀 보이지 않았다. 그곳은 또 다른 세상이었다. 100평 가까이 되는 그 야생지가 바로 캠프 현장이었다.

그 캠프는 부자와 빈자를 모두 받았다. 어떤 아이들은 맨해튼의 사립학교에서 왔고 어떤 아이들은 참가비를 지원받아서 브룩클린과 브롱크스에서 왔다. 나중에 해럴드는 이 캠프가 유일하게 진정으로 통합적인 교육을 하는 기구라고 생각하게 된다.

체육 시설과 장비는 낡고 닳아 보였다. 이런 종류의 다목적 캠프는 요즘 같은 특화의 시대에는 심각한 위기를 맞았다. 대부분의 학부모가 아이의 진학 지원서 경력 난에 자랑스럽게 한 줄 써넣을 수 있는 컴퓨터 캠프니 음악 캠프니 야구 캠프니 하는 따위의 특화된 캠프를 선호했다.

또 해럴드가 보기에 이 캠프의 정신도 반문화적인 것 같았다. 곳곳에 히피 문화가 널려 있었다. 캠프에 도착한 첫날에 해럴드는 지도교사들과 아이들이 1960년대에 나온 포크송인 〈퍼프 더 매직 드래건Puff the Magic Dragon〉이나 〈원 틴 솔져One Tin Soldier〉를 부르는 것을 보았다. 해럴드는 또 흥미진진한 농구 경기도 보았다. 특히 신체적 접촉을 눈여겨보았다. 학생과 교사 들은 마치 보노보들처럼 한데 뒤엉킨 채 들떠서 야단법석이었다. 그들은 어슬렁거리며 돌아다녔고 서로의 머리를 땋았고 껴안고 뒹굴며 레슬링을 했고 호수에서 마르코폴로(물에서 하는 술래잡기-옮긴이)를 했다.

해럴드는 캠프 책임자를 만났다. 이 사람은 해럴드의 눈에서 광채가 뿜어져 나오는 걸 보고는, 거기서 자원봉사를 해줄 시간과 의지가 있는지 물었다. 해럴드는 그해 여름에 두 번 더 그곳을 찾아가 10대들이 스퀘어댄스를 출 때 이들을 지도하는 등 뜻밖의 봉사활동을 했다. 다음 해 여름에는 주말마다 찾아가서 산책로 보수 작업을 도왔다. 어느 날, 그는 아이들이 벌이는 소프트볼 경기를 구경했다. 아이들은 야구는 잘했지만 소프트볼은 끔찍하게 싫어했다. 몇몇 아이는 공을 어떻게 던져야 하는지도 몰랐다. 해럴드는 소프트볼 프로그램을 기획했고, 이 프로그램을 진행할 지도교사들을 따로 조직하기도 했다.

8월 초였다. 캠프 책임자는 해럴드에게 닷새 동안 시간을 내서 코네티컷강을 따라 내려가는 카누 여행을 이끌어주면 좋겠다고 부탁했다. 해럴드는 그러겠다고 했다. 이 여행의 참가자는 10대 열다섯 명과 대학생 봉사자 두 명 그리고 해럴드였다. 해럴드는 여행 참가자들보다 적어도 서른 살이나 더 많았지만 그 일에 적격인 인물이었다.

강을 따라 내려가면서 해럴드는 이런저런 사소한 경연 대회를 조직했다. 그는 아이들에게 노래를 가르쳐주었고, 케이티 페리와 레이디 가가에 대해서 배웠다. 밤이면 아이들이 아저씨라 부르며 다가와 10대답게 무거우면서도 개방적인 방식으로 자기들이 안고 있는 문제들, 예컨대 연애와 부모의 이혼 그리고 쏟아지는 과도한 기대에 따른 혼란스러움과 같은 문제를 털어놓았다. 해럴드는 아이들에게 감동을 받았고, 아이들은 해럴드를 신뢰했다. 그는 아이들이 하는 이야기에 집중해 귀를 기울였다. 아이들은 권위가 있는 사람을 필사적으로 찾는 것 같았다. 해럴드는 아이들이 자신이 안고 있는 문제나 두려움을 털어놓을 때 교사들이나 다른 전문가들은 무슨 말을 해줘야 할지 안다고 여겨왔지만, 막상 그 입장이 되자 무슨 말을 해줘야 할지 확신이 서지 않았다.

여행의 마지막 날은 처음부터 끝까지 엄청나게 힘들었다. 하루 종일 맞바람과 싸우며 카누를 탔다. 목적지에 무사히 도착하면 남아 있는 음식을 서로 던지고 싸우는 축제를 벌이자고 해럴드가 아이들에게 제안했다. 그리고 마침내 목적지에 도착했고, 아이들은 서로 음식을 집어들고 상대방에게 뿌리고 던지며 난장판을 벌이기 시작했다. 걸쭉한 땅콩버터가 하늘을 날았다. 모든 아이의 옷에 젤리가 끈적끈적하게 묻었다. 그들은 케이크믹스(밀가루에 베이킹파우더, 유화제, 설탕, 분유, 유지 등을 혼합한 것-옮긴이)를 뭉쳐서 반죽한 다음에 눈뭉치로 만들었다. 아이들과 대학생들과 해럴드는 미트로프(잘게 다진 고기와 다른 재료들을 섞어서 빵 덩어리 모양으로 틀에 넣어 오븐에 구운 요리-옮긴이)를 들고 나무 뒤에 숨었으며, 눈송이처럼 흩날리는 오렌지주스 분말가루를 피해서 달아났다.

소동이 끝난 뒤, 어른 아이 할 것 없이 모두 얼굴이나 몸이 끈적끈적하고 미끈거리는 음식 혹은 음식 재료들로 범벅이 되어 있었다. 그들은 다 함께 손을 잡고 길게 늘어선 뒤에 한꺼번에 강으로 뛰어들었다. 그리고 몸을 깨끗하게 씻은 뒤 마지막 캠프파이어를 했다. 해럴드는 이 여행을 하면서 술을 준비해 가지 않았고, 그날 밤 늦은 시각까지 텐트에서 맑은 정신으로 행복한 시간을 보냈다. 그리고 침낭에 들어가서 눈을 감았다. 피곤했고, 또 행복했다. 그런데 신기하게도 분위기는 금방 변했다. 그렇게 갑자기 변할 수 있다는 사실이 놀라웠다. 해럴드 안의 어떤 것이 바뀌면서, 금방이라도 소리 내어 엉엉 울 것만 같은 기분이 들었던 것이다.

해럴드는 어른이 된 뒤로 한 번도 소리를 내면서 운 적이 없었다. 슬픈 영화를 보면서 어둠 속에서 운 적은 몇 번 있지만, 이것 말고는 정말로 없었다. 그리고 이번에도 해럴드는 실제로 소리를 내며 울지는 않았다. 그러나 목구멍으로 뜨겁고 강한 감정이 울컥 치밀었다. 안구 뒤쪽이 뻑뻑해졌다. 하지만 실제로 일어난 건 아무것도 없었다. 대신 그는 울고 있는 자기 모습을 상상하는 기묘한 감각을 경험했다. 그는 둥둥 떠다니고 있었고, 침낭 속에 새우처럼 웅크린 채 소리 죽여 흐느끼는 자기 모습을 얼핏 보았다.

곧 그 영상은 사라졌다. 해럴드는 여태 쌓아온 인생에 대해서 생각했다. 조금만 더 마음을 열고 살았다면 그리고 조금만 더 정서적으로 용감했다면 바뀔 수도 있었던 자신의 인생에 대해서 생각했다. 그러다가 잠이 들었다.

18장

도덕

이성일까?
감정일까?

호텔 복도에서 한쪽 귀에 수신기를 꽂고 자기 소매에다 뭐라고 속닥대는 사람들이 왔다 갔다 하는 모습을 에리카는 그때 이전에는 본 적이 없었다. 에리카를 태운 엘리베이터가 파라볼라 호텔의 꼭대기 층에 섰다. 뉴욕 센트럴파크가 한눈에 내려다 보였다. 엘리베이터에서 내리자마자 보디가드들이 보였다. 이들은 복도 여기에서 저기까지 줄을 지어 서 있었고, 손님의 동선과 일정을 끊임없이 업데이트하는 내용을 속닥거렸다. 꼭대기 층에 있는 스위트룸에는 사우디아라비아의 왕자, 러시아의 정계 실력자, 아프리카의 독재자, 중국의 거부 들이 투숙하고 있었다. 그리고 모든 스위트룸마다 해병대원 헤어스타일을 한 근육질의 남자들이 문 앞을 지키고 서 있었다.

　호텔 직원이 에리카를 엘리베이터에서부터 그녀가 혼자서 쓸, 그러나 평소에는 국가 원수나 쓰는 스위트룸까지 안내했다. 방의 이름은 특이하게도 '인도 스위트'였다. 호텔 직원은 황제 앞에 선 내시가 머리를 조아리듯이 공손한 태도를 취했다. 스위트룸은 방이 여러 개였다. 여러 개라는 말로는 설명이 부족한, 아무튼 에리카가 어린 시절에 살던 아파트의 네댓 배는 충분히 될 만큼 넓었다. 마치 패션 디자인계의 황제 랄프 로렌이 저 혼자서만 누리는 천국 같았다. 벽은 호두나무 재목으로 덧댔으며 돌로 만든 커다란 벽난로만도 다양한 모습으로 여러 개 있고,

넓은 공간 한쪽에 달린 작은 방에는 키가 낮고 묵직한 안락의자들이 마주 보는 형태로 둥글게 놓여 있었다. 한구석에는 대리석으로 만든 커다란 체스판이 있고, 욕실에는 샤워기가 여러 개 있을 뿐만 아니라 머리를 감으면서 동시에 머리카락에 영양을 공급할 수 있도록 되어 있었다. 에리카는 도저히 믿을 수 없다는 눈으로 자기 앞에 펼쳐지는 광경을 하나씩 살피며 돌아다녔다. 그녀의 눈빛에는 '송어 낚시를 할 수 있는 개울도 혹시 있지 않을까?' 하는 기대까지 담겨 있었다.

호텔 직원은 래퍼 곡선에서 최고점을 지난 부분에 서 있었다.(래퍼 곡선Laffer curve은 미국의 경제학자 래퍼가, 세율을 내리면 세수가 증가할 것이라는 정부의 감세 정책을 옹호하기 위해 내세운 이론을 표현한 곡선이지만, 어느 수준 이상으로 세율이 낮아지면 오히려 세수는 감소한다 – 옮긴이) 최고급 시설의 방에서는 웨이터를 비롯한 모든 직원이 손님의 모든 요구를 언제든 최선을 다해 무한히 충족시켜 주려는 마음이 최고조로 준비된 상태라, 이들이 신경을 많이 쓰면 쓸수록 손님은 편해지는 게 아니라 더 불편해진다. 예를 들어 이 사람들은 손님이 커피를 한 모금 마실 때마다 리필을 해서 아까 먹던 그 커피의 맛을 계속 유지하려면 설탕이나 프림을 계속 새로 추가해야 한다. 그리고 옷을 입기만 하면 옷솔이나 테이프클리너 따위를 들고 와서 털고 닦고 문질러댄다. 호텔 직원은 에리카에게도 그런 친절을 베풀었다. 굳이 자기가 직접 에리카의 가방을 열어서 노트북이 무선인터넷 서비스를 받을 수 있도록 해주겠다고 우겼다. 에리카는 전기 충격기를 꺼내 들고서야 그 남자를 방에서 쫓아낼 수 있었다. 과장이 아니라 실제로 그랬다.

이 모든 것은 그녀를 초대한 남자의 배려였다. 에리카는 이 남자를 '미스터 환상Mr. Make-Believe'이라고 불렀다. 그는 여러 해에 걸쳐 기업계 여러 잡지에 표지 모델로 자주 등장했다. 에리카는 이 남자를 예의주시했으며, 두 사람이 어떤 자선 행사장에서 처음 만났을 때 이 남자는 에리카에게 자기 회사 이사회에 이사로 참가해 주면 좋겠다고 요청했었다.

미스터 환상은 에리카에게 특별한 관심을 보였다. 자주 그녀를 불러서 자문을 구했고, 심지어 크리스마스 때마다 직접 선물을 보내는 가까운 친구들 목록에 그녀의 이름을 올렸다. 해마다 그는 이런 친구들에게 커다란 선물 상자를 보냈다. 이 상자 안에는 노트북, 자기 자랑용 자서전, 모로코의 털 이불, 베네치아의 골동품 인쇄물 등 자신의 사치스럽고 폭넓은 취미를 강조하는 온갖 물건이 들어 있었다.

그는 세계사적인 규모로 일을 벌이고 처리하는 인물이었다. 비록 일리노이의 변변찮은 남부 변두리에서 태어나 손에 아무것도 쥐지 않은 채 인생을 시작했지만, 지금은 우주의 완벽한 지배자였다. 관자놀이 부근의 머리카락이 허옇게 세고, 폴로를 하고, 자선행사를 여는, 그래서 늘 바쁜 키 182센티미터의 기업가였다.

그의 좌우명은 '절대로 고용인처럼 생각하지 말자'였다. 그리고 그는 무척 어린 시절에 이미 자기가 속한 조직은 어떤 조직이든 소유하고 운영하겠다는 원대한 꿈을 품었었다. 그는 대학교에 다닐 때 이미 기업가로서의 경력을 시작했다. 그 첫 사업은 봄방학 때 학생들을 플로리다의 해안 관광 휴양지인 포트 로더데일에 버스로 운송하는 사업이었다. 그리고 수십 년이 지난 뒤 일련의 인수·합병을 진행하면서 메이저 항공사를 사들이고 이 회사의 CEO가 되었다. 하지만 그는 자기 시간의 많은 부분을 경영이 아닌 다른 곳에 소비했다. 예를 들면 크리스마스카드에 넣을 자기 사진을 찍으라고 알프스의 마테호른에서 포즈를 취한다거나, 유럽의 명문 축구팀을 인수하는 협상을 한다거나, 소아 당뇨 연구를 위한 PSP 게임인 '단테스 인페르노Dante's Inferno'의 자선 행사에 참가함으로써 신문 명사 난에 기삿거리를 제공한다거나, 자기의 완벽한 다섯 아들인 칩Chip, 립Rip, 팁Tip, 빕Bip, 립Lip과 함께 자동차 경주대회인 F1에 참가하는 따위의 일이었다.

미스터 환상은 잠시도 가만히 앉아 있질 못했다. 그는 하늘의 신도 자기를 감탄하며 지켜본다고 믿는 사람들만이 할 수 있는 전지전능한 위엄으로, 정말로 집중하지 않으면 쉽게 놓칠 수 있을 정도로 아주 작은 몸짓으로 의사를 표현했다. 존 에프 케네디의 사진을 연구했으며, 1킬로미터 바깥에서도 자기가 하늘이 정한 운명의 남자임이 금방 드러날 수 있도록 거울 앞에서 몇 시간씩 보냈다. 하지만 적어도 몇 분에 한 번씩은, 자기가 살고 있는 그 환상적인 생활을 도저히 믿기 어렵다는 듯이 눈을 크게 뜨고 큰 소리로 웃었다. 개구쟁이 데니스Dennis the Menace(동명의 미국 만화 및 영화의 주인공-옮긴이)가 몇 분에 한 번씩 깨어 교황 행세를 하며 으스대는 것 같았다.

아스펜 전략 그룹The Aspen Strategy Group과 3국 위원회Trilateral Commission 회의 사이에 하루가 비었고, 미스터 환상은 바로 그날에 에리카의 자문을 들으려고 그녀를 초대했으며, 이 초대에 응한 덕분에 에리카는 그 화려한 스위트룸에 투숙하게 되었다. 해마다 미스터 환상은 자기 항공사가 달성해야 할 목표들을 종이 한 장에 적곤 했는데, 이 여러 가지 목표의 우선순위를 어떻게 정할지(예를 들면 온라인 체크인 과정의 개선이 더 중요한지 아니면 직원 건강 복지 프로그램의 개편이 더 중요한지, 혹은 최고 재무 책임자를 교체할지 아니면 중서부 지역 북부 노선의 좌석 수를 줄일 것인지) 에리카의 의견을 듣고자 그녀를 초대했다. 그리고 그녀에게 화려한 스위트룸을 제공하는 일은, 숨이 막힐 만큼 강한 압박감을 동반하는 친절함이라는 그의 독특한 개성 가운데 하나에서 비롯된 것이었다.

두 사람은 에리카의 스위트룸에서 점심을 먹었다. 미스터 환상은 자기가 너무 유명해서 호텔 식당에서 식사를 하려 했다가는 워낙 많은 사람에게 방해를 받아 식사를 제대로 할 수 없을 것이라고 생각했다. 그는 러시안 리버 밸리(캘리포니아의 포도 산지-옮긴이)에서 생산된 포도주와 포르투갈의 어떤, 크게 이름나지 않은 명가에서 만든 크래커를 주문했다. 수준 높은 미식안을 과시하고 싶어서였다. 하지만 사실 에리카는 그의 이런 미식안이 '가볍게 모아서 받쳐주는, 그리고 그 형상을 기억하는' 브래지어에 녹아 있는 미식안과도 같아서 짜증스러웠다. 두 사람은 미스터 환상이 소유한 항공사의 기업 이념에 대해서 이야기를 나눴고 중국 위안화의 가치, 풍력발전소, 요가, 라크로스 그리고 마지막에는 결국 죽고 마는 영웅들에 관한 책(이 책들을 그는 작가의 이름을 따서 '로버트 조던Robert Jordan의 성인록'이라고 불렀다)을 좋아하는 그의 독서열에 대해서도 이야기를 나눴다.

그런데 에리카는 이 만남이 분명히 사업적인 것이었음에도 침실 문을 미리 열어두었다. 신발도 벗고 스타킹만 신은 채 카펫 위를 맨발로 다녔다. 사실 그 남자에게 매료되었던 것이다. 두 사람은 이야기를 나누면서 서로의 손가락을 톡톡 건드렸다. 그리고 두 사람은 나중에 결국 침실로 들어갔다. 에리카가 그런 선택을 한 것은 그 시점에 그녀가 느꼈던 결혼 생활의 무미건조함이나 심오한 외로움 때문이 아니었다.《포브스》표지에 얼굴이 실리는 남자와 섹스를 한번 해본다는 것 그리고 언제나 기억하게 될 어떤 경험을 한다는 기대와 흥분 때문이었다. 그게 주된 이유였다.

미스터 환상을 향한 보다 깊은 동경심이 에리카에게 있었다면, 그것은 바로 신문 1면을 장식하는 영향력 있는 커플의 한쪽, 즉 서로가 가진 것을 서로 보완해 주는 역동적인 기업계 거물 커플의 한쪽이 되고 싶다는 오랜 환상이었다. 말하자면, 에리카는 대작가 프랜시스 스콧 피츠제럴드와 재산과 미모를 동시에 갖춘 젤다 세이어Zelda Sayre 커플의 기업계 버전이 되고 싶은 환상을 품고 있었던 것이다. 젤다 세이어는 상원의원과 주지사의 손녀이자 대법관의 딸로 태어난 것도 모자라 미스 앨라배마에 뽑힐 정도의 미모까지 갖췄던 여자였다.

두 사람의 점심 식사는 약 두 시간 동안 이어졌다. 그리고 마침내 미스터 환상은 자기만의 종교적인 경건함으로 수작을 걸었다. 당신은 내가 가장 소중하게 여기는 조언자입니다, 라는 말을 가깝게 밀착한 자세로 거실에 섰을 때 그가 속삭였다. 그리고 두 번째로 소중하게 여기는 조언자는 지난 35년 동안 자기를 이끌어준 신부라고 했다. 이 신부를 통해서 자기는 가톨릭 사회봉사 기구인 가톨릭 채리티스Catholic Charities, 가톨릭 우애 공제회인 콜럼버스 기사단Knights of Columbus, 파팔 재단Papal Foundation 그리고 그 밖의 유명한 가톨릭 관련 단체들에서 활발한 사회 활동을 할 수 있었다고 했다. 오로지 유부녀의 가랑이 사이로 기어 들어갈 목적으로 바티칸에 대한 자기의 헌신을 떠벌릴 수 있다는 것은 어쩌면 미스터 환상만의 독특한 개성일 수도 있었다. 그는 자기 자신을 일상적인 규범에 따라서 행동하는 사람으로 보지 않았다.

자신이 그의 모든 것을 받아들일 준비가 되어 있음을 에리카는 육체 언어로 충분히 알렸고, 미스터 환상은 늘 그랬듯이 잡은 기회를 그냥 놓치지 않았다.

내면을 와르르 무너뜨리는, 수치심

몇 년이 지난 뒤, 에리카는 《포브스》 표지에서 그의 얼굴을 보고 그때의 일을 떠올리면서 미소를 짓는다. 그러나 그 일이 있은 그날 밤에는 결코 그렇지 않았다.

섹스 자체는 별게 아니었다. 정말 별게 아니었다. 아무런 반향도 없고 여운도 없는 몸짓일 뿐이었다. 그러나 그가 떠난 지 한 시간쯤 뒤, 에리카는 낯선 감각을 느꼈다. 자기의 내면이 와르르 무너지는 느낌이었다. 그 느낌은 기업계 인사들을 만나서 저녁을 먹는 자리에서 요통처럼 서서히 다가왔다. 그리고 나중에 다시 스위트룸으로 돌아와 혼자 있을 때는, 끝이 날카로운 칼로 반복해서 찔리는 듯한 예리한 통증으로 바뀌었다. 실제로 그녀는 고통 때문에 의자에 앉은 채로 몸을 완전히 웅크려야 했다. 그리고 마침내 깨달았다. 그것은 극도의 자기혐오, 수치심, 불쾌감이었다. 그날 밤, 그녀는 온갖 고약한 느낌을 온갖 고약한 방식으로 모두 맛보았다. 온갖 생각과 이미지가 그녀의 뇌를 덮쳤다. 단지 그날 오후에 있었던 일만이 아니었다. 과거에 있었던 끔찍한 순간들이 그날의 그 사건과 제멋대로 연관되면서 그녀를 마구 괴롭혔다. 후회와 가책이 펄펄 끓었고, 그런 것들을 도무지 물리칠 수 없었다.

에리카의 뇌는 안개처럼 몽롱했다. 에리카는 깜깜한 어둠 속에서 몇 시간 동안이나 침대에서 몸부림을 치고 베개를 주먹으로 때리고 일어나 앉고, 그랬다가 다시 자기 몸을 뒤로 벌렁 내동댕이쳤다. 어느 순간엔가 큰 소리로 으르렁대면서 신음을 토해내고 있었다. 그러고는 이 방에서 저 방으로 다시 다른 방으로 그저 돌아다니다가 미니바로 가서 위스키 병을 모두 따 독한 술을 입으로 콸콸 부어 넣었다. 하지만 술의 힘도 소용없었다. 그러기에는 술병이 너무 작았다.

에리카는 간통이 발각될까 두려운 게 아니었다. 심지어 그 일로 인해 빚어질 결과가 두려운 것도 아니었다. 그 단계의 인생행로에서 그녀는 신의 존재 혹은 신의 심판을 믿지도 않았고 느끼지도 않았다. 심지어 이런 경우를 놓고 '죄'라는 단어를 적용해야 한다는 생각조차 하지 않았다. 그냥 고통일 뿐이었다. 그리고 이 고통은 몇 시간 자고 난 뒤 다음 날 나른한 권태 혹은 비난을 받을 수 있다는 그저 그런 일반적인 느낌으로 대체되었다. 그리고 그 뒤로 며칠 동안 그녀의 이런 감정들은 외부로 고스란히 드러났다. 그녀는 톰 웨이츠Tom Waits의 우울한 음악을 들었다. 집으로 돌아오는 비행기에서는 일에 집중할 수 없어서 윌리엄 포크너William Faulkner의 소설만 읽었다. 그 뒤 몇 주 동안 멍한 상태였고 금방이라도 바스러질 듯했다. 예전과는 달랐다. 그 뒤로 에리카는 단한 번도 간통을 하지 않았다. 그리고 간통 생각만 해도 그녀의 뇌는 격렬하고도 경솔한 자기혐오의 감각으로 가득 차올랐다.

내가 왜 그런 행동을 했지?

에리카의 이런 행위를 전통적으로 해석하면, 그녀가 이기적이고 근시안적인 욕망에 사로잡혔다고 말할 수 있다. 열정에 사로잡혀서 그리고 자기 단점에 발목이 잡혀서 해럴드와 결혼하면서 서약했던 맹세를 저버렸다고 할 수 있다.

이런 전통적인 해석은 인간 정신에 대한 특정한 민간 지혜를 바탕으로 한다. 이 민간 지혜는 사람이 행하는 여러 도덕적 판단의 핵심에는 어떤 권력 투쟁이 이루어지고 있음을 가정한다. 한편에는 이기적이고 원시적인 열정이 있고 다른 한편에는 이성의 계몽된 힘이 있다. 이성은 논리를 이용해서 현재의 상황을 평가한 뒤에 적절하고 도덕적인 규칙을 적용해 도덕적인 곤란함을 해결하며 의지를 통제한다. 우리가 모범이 될 만하게 행동할 때 이성은 열정을 가라앉히고 의지를 통제한다. 낸시 레이건의 표현대로 이성은 그저 '아니오'라고 말한다. 이에 비해 이기적이고 근시안적으로 행동할 때, 우리는 이런 이성을 적용하지 못하거나 열정이 이성을 압도해 버린다.

이런 방식으로 접근하자면 이차적 인식의 의식은 영웅이고 일차적 인식의 본능은 악당이다. 의식은 이성과 도덕의 편이고 본능은 열정과 죄와 이기심의 편이다.

그러나 이런 비유는 에리카가 미스터 환상을 상대로 탈선행위를 했던 경우를 놓고 보면 맞아떨어지지 않는다. 에리카가 그와 섹스를 하고 그 때문에 고통스러워할 때, 그 이유는 그녀가 열정에 무릎을 꿇었고 나중에는 자기의 소중한 원칙 가운데 일부를 스스로 깼다는 사실을 깨달은 것이 아니었다. 사실 에리카는 그 간통 사건을 저지른 오후가 아닌 그날 밤, 즉 침대에서 후회로 몸부림칠 때 유혹과 죄의 한가운데 있을 때보다 더 열정적이었다. 그리고 확실히 그녀가 나중에 잘못을 뉘우치며 자기가 한 짓을 냉정하게 다시 의식적으로, 즉 이성적으로 생각했기 때문도 아니었다. 그것이 어떤 느낌이었는가는 전혀 문제가 아니었다. 그 후회 자체가 애초의 그 간통 행위와 마찬가지로, 신비롭게도 그녀에게 어느새 살금살금 다가가서 달라붙어 버린 것이다.

에리카가 한 경험은 이성과 열정이 벌이는 한 편의 드라마처럼 느껴지지 않았다. 오히려 에리카는 미스터 환상이 자기 앞에 있고 또 그녀가 특정한 방식으로 행동하던 그 상황을 특정한 방식으로 느꼈으며, 그날 밤에는 그 상황에 대한 또 다른 인식이 그녀를 휩쓸고 지나갔다고 말하는 게 더 정확할 것 같다. 어떤 감정의 밀물이 밀려온 뒤에 또 다른 감정의 밀물이 밀려와 앞에 있던 감정을 대체했다는 말이다.

에리카는 마치 자기 안에 서로 다른 두 명의 에리카가 있는 것 같다고 느꼈다. 한 명은 유혹의 그 전체 과정을 짜릿한 전율 속에서 목격하고 즐긴 에리카이고, 또 한 명은 그 과정을 치욕스럽게 바라본 에리카였다. 그때의 에리카 모습은 「창세기」 속 아담과 이브가 에덴동산에서 추방된 뒤의 모습, 즉 활짝 열린 두 눈으로 벌거벗은 자기들의 몸을 바라보는 모습과 똑같았다. 나중에 에리카는 거울 속의 자신을 바라보았지만, 자기가 왜 그런 행동을 했는지 도무지 설명할 수 없었다. "내가 그때 무슨 생각을 했지?"

나아가 미스터 환상과 함께했던 그 실수는 정신적 상처 같은 것을 남겼다. 그 뒤에 그것과 비슷한 상황이 닥치면 그녀는 자기가 어떤 반응을 보일지 굳이 생각할 필요도 없었다. 저항해야 할 유혹도 없었다. 간통에 대한 생각만으로도 즉각적인 고통과 혐오감과 불쾌함이 느껴졌기 때문이다. 이것은 고양이가 한 번 덴 적이 있는 뜨거운 난로를 피하는 것과 마찬가지다. 에리카는 자기 자신에 대해서 어떤 것을 배웠다고 해서 자기가 보다 도덕적이라고 느끼지는 않았다. 다만 그런 특정한 유형의 상황에 예전과 다르게 반응했을 뿐이다.

에리카의 경험은 도덕성에 대한 이성적인 민간 이론에 여러 가지 문제가 있음을 증명한다. 우선 그날 밤 에리카가 침대에서 고통과 괴로움으로 몸부림을 쳤던 것과 같이 우리가 하는 도덕적인 판단들은 대부분 이성적으로 냉정하게 내린 판단이 아니라 마음 깊은 곳에서 발현되는 즉각적인 판단이다. 우리는 어떤 행동에 대해서 진정으로 깊이 생각하지 않고 즉각적으로 도덕적인 판단을 내리면서 일상을 살아간다. 불의를 보면 분노하고 자비를 보면 마음이 따뜻해진다.

버지니아대학교의 심리학자인 조너선 하이트Jonathan Haidt 교수는 인간의 행동에서 즉각적인 도덕적 직관이 개재되는 사례를 무수하게 제시한다.[1] 예를 들어 한 남자가 닭을 한 마리 사서 집으로 가져간 다음 계간鷄姦을 해서 오르가슴을 느낀 뒤에 이 닭을 요리해서 먹는다고 상상해 보라. 또 집에서 기르던 애완견이 죽은 뒤에 이 개의 고기를 먹는다고 상상해 보라. 자기 나라의 국기로 더러운 변기를 닦는다고 상상해 보라. 또 남매가 둘이서만 여행을 가서 어느 날 밤에 금지된 섹스를 한다고 상상해 보라. 아마도 이 둘은 섹스를 즐기긴 하겠지만 다시는 그렇게 하지 않겠다고 결심할 것이다.

하이트가 일련의 리서치에서 보였듯 사람들은 대부분 이런 행위들에 대해 강한 직관적 (그리고 부정적) 반응을 보였다. 비록 그들 가운데 그런 상상들로 인해 해를 입은 사람은 아무도 없었음에도 말이다. 하이트의 실험에 참가한 사람들은 그런 것들이 왜 그토록 역겹게 느껴졌는지 대개 말하지 못했다. 그냥 그렇게 느꼈을 뿐이다. 무의식이 그렇게 시켰기 때문이다.[2]

더 나아가 이차적인 도덕적 추론을 강조하는 이성주의적 이론이 옳다면, 하루 종일 도덕적인 추론을 하는 사람들이 보다 더 도덕적일 것이라고 기대할 수 있다. 학자들은 여기에 대해서도 물론 연구를 했다. 그리고 도덕적인 이론과 고상한 행동 사이에 상대적으로 상관성이 거의 없음을 밝혀냈다. 예컨대 캘리포니아대학교의 심리학자인 마이클 가자니가 교수는 저서 『왜 인간인가?』에서 다음과 같이 썼다. "도덕적인 추론과 사람들에게 도움이 되는 순행적인 도덕적 행동 사이에서 어떤 상관성을 발견하기란 무척 힘들었다. 사실 거의 모든 연구에서 이런 상관성이 나타나지 않았다."[3]

도덕적 추론이 보다 도덕적인 행동을 낳는다고 하면 덜 정서적인 사람이 보다 더 도덕적일 거라고 기대하는 게 마땅하다. 그러나 극단적으로 보자면 사실은 그렇지 않다. 오히려 반대다. 작가 조나 레러가 지적했듯이 누군가가 고통스러워하는 모습을 보거나 살인 혹은 강간을 묘사한 글을 읽으면 사람들은 대부분 본능적으로 어떤 정서적 반응을 경험한다. 예를 들어 손바닥에 땀이 나서 축축해지고 혈압이 올라간다. 그러나 어떤 사람은 아무런 정서적 반응을 보이지 않는다. 그런데 이런 사람은 결코 고도로 이성적인 도덕주의자가 아니다. 사이코패스일 뿐이다. 사이코패스는 다른 사람의 고통에 정서적 반응을 하지 않는다. 아무리 끔찍한 죽음을 보여주어도 감정적으로 전혀 흔들리지 않는다. 사이코패스는 자기가 원하는 것을 얻고자 하는 과정에서 다른 사람에게 가장 끔찍한 고통을 일으킬 수 있다. 그러나 이런 와중에도 정서적인 고통이나 불편함은 전혀 느끼지 않는다.[4] 상습적으로 아내를 구타하는 남자들을 대상으로 한 연구에서 이런 사람들은 공격적으로 변할수록 혈압이 오히려 떨어진다는 사실이 드러났다.[5]

마지막으로 이성적 추론이 도덕적 행동을 낳는다면, 도덕적 결론에 도달할 수 있는 사람들은 보편적인 도덕적 법칙에 근거해 자기들이 가진 지식을 자신이 놓인 환경 전체에 적용할 거라고 기대할 수 있다. 하지만 실제로는 학자들이 이런 종류의 일관성을 사례로 확인하기가 어려웠다.

한 세기에 걸친 실험 결과를 놓고 보면, 사람들의 실제 행동은 (어떤 하나의 맥락에서 다른 맥락으로 곧바로 적용이 되는) 개인의 영속적인 성격적 특성에 의해 추동되지 않는다. 1920년대에 예일대학교에 재직하던 두 심리학자 휴 하트숀Hugh Hartshorne과 마크 메이Mark May가 만 명의 아이를 여러 가지 상황에 노출시킨 뒤에 거짓말을 하고 커닝을 하고 도둑질을 할 수 있는 기회를 주었다. 대부분의 아이는 특정 환경에서 커닝을 했지만 특정 환경에서는 커닝을 하지 않았다. 커닝을 한 비율은 측정 가능한 개인의 특성이나 도덕적 추론의 능력치와 상관성을 보이지 않았다. 보다 최근에 이루어진 한 연구 역시 동일한 양상의 결과를 보였다. 집에서 늘 정직하지 않은 아이들이라고 해서 학교에서도 정직하지 않은 건 아니었다. 직장에서 용감한 사람이라도 교회에서 숫기 없이 부끄럼을 탈 수 있다. 맑은 날에 친절하게 행동하던 사람이라도 다음 날에는 (마침 그날의 날씨가 우중충하고 그 사람의 기분이 우울하다면) 얼마든지 퉁명스러운 사람이 될 수 있다. 행동은 반드시 학자들이 말하는 이른바 '교차 상황 안정성 cross-situational stability'을 드러내지 않는다. 오히려 행동은 맥락으로부터 강력하게 영향을 받는 것으로 보인다.[6]

도덕은 내면의 충동과 같은가?

현재 인간의 도덕적 심리 구조에 대한 이성주의적 가정들은 보다 직관주의적 관점에 선 견해로부터 도전을 받고 있다. 직관주의적 관점은 이성이 아니라 감정과 무의식적 직관을 도덕적 삶의 중심에 놓는다. 또한 개인적인 선택과 나란히 반사적인 도덕성을 역설하며, 도덕적인 의사 결정을 할 때 감각이 수행하는 역할을 논리적인 추론보다 강조한다. 직관주의적 관점에서는 기본적인 투쟁이 이성과 열정 사이에서 일어나는 것이 아니라고 본다. 결정적인 경연은 1차적 인식, 즉 무의식의 공간 안에서 일어난다고 보는 것이다.

이런 견해는 인간은 모두 깊은 이기적 충동을, 즉 자기의 지위와 위상을 높이고 확대하기 위해서, 남들보다 우월하게 보이기 위해서, 남들을 지배하는 권력을 휘두르기 위해서, 욕망을 채우기 위해서 우리가 가질 수 있는 것은 무엇이든 가지려는 충동을 지니고 태어났다는 관찰에서 출발한다. 이런 충동들이 인간의 인식을 왜곡한다. 미스터 환상도 의식적으로 에리카를 자기 욕망을 채우기 위한 수단으로 이용하려 하거나 또 에리카의 결혼 생활에 위협을 가하려고 한 게 아니었음은 분명하다. 그저 에리카를 자기 삶의 갈증을 채우는 하나의 객체로 바라봤을 뿐이다. 이와 동일한 맥락으로 살인자들은 자기들과 똑같이 온전하게 인간적이라고 여기는 사람들은 죽이지 않는다. 살인자의 무의식은 우선 범행 대상자에 대한 인식을 바꿔버린다. 그 대상은 자기와 같은 인간이 아니라고 왜곡하는 것이다.

프랑스의 언론가 장 하츠펠트Jean Hatzfeld는 저서 『마체테 시즌Machete Season』에서 르완다 학살에 참가한 사람들을 인터뷰했다. 이들은 부족적 광기에 사로잡혀 있었다. 이들은 자기와 인종이 다른 이웃 사람들을 완전히 사악한 방식으로 바라보기 시작했다. 이런 광기에 사로잡혀서 이웃에 살던 투치족 남자를 살해한 후투족 남자는 이렇게 말했다. "내가 그 사람을 죽였습니다. 아주 황급하게요. 내 행동에 대해서 아무런 생각도 하지 않고 말입니다. 심지어 그 사람은 내 이웃이었고, 사실 꽤 친하게 지낸 사이였는데도요. 사실 내가 이웃에 살던 사람의 목숨을 빼앗았다는 생각은 나중에야 들더군요. 무슨 말이냐 하면 바로 그 순간에 내가 그 사람을 바라보고 있었지만, 내가 여태까지 알고 있던 그 사람을 본 건 아니었습니다. 나는 나와 가깝거나 낯선 어떤 남자를 죽인 게 아닙니다. 그 사람은 정확하게 말하면 더 이상 평범한 사람이 아니었습니다. 우리가 일상생활을 하면서 만나는 그런 사람이 아니었다는 말입니다. 내가 죽인 사람의 모습은 내가 알던 사람의 모습과 비슷하긴 했습니다만, 그 사람과 내가 아주 오랜 세월 동안 가까운 이웃으로 살았다는 사실을 상기시키는 건 아무것도 없었습니다."[7]

깊고 강한 이런 내면적 충동들은 의식적 인식을 장난감처럼 취급해 마음대로 가지고 놀며 왜곡한다. 이 충동들은 범죄를 저지르는 동안 인식을 왜곡하며, 범죄를 저지르고 난 다음에는 핑계를 만들어낸다. 예를 들면 이런 식이다. 나의 잔인함 혹은 게으름 앞에 희생된 사람들은 그렇게 죽어도 싸다. 나로서는 어쩔 수 없었다. 그렇게 할 수밖에 없었다. 그렇게 죽은 사람이 애초에 잘못을 저질렀기 때문이다. 이처럼 욕망은 의식에 앞서서, 사람이 생각하는 내용과 틀을 미리 결정한다.

그러나 직관주의적 견해에서는 내면의 깊은 충동이라고 해서 모두 이기적이지는 않다고 강조한다. 현재의 인간은 모두 협력을 성공적으로 수행해 낸 사람들의 후손이며, 인류의 조상은 가족 속에서 그리고 집단 속에서 살았기 때문에 살아남았다는 것이다.

인간 말고도 이런 협동이라는 사회적 경향성이 있는 동물들이 있다. 그리고 이런 동물들을 관찰하면, 자연이 이들에게 유대와 헌신의 능력을 주었다는 사실을 알 수 있다. 1950년대에 학자들이 쥐를 대상으로 한 가지 실험을 했다. 음식을 먹으려면 어떤 레버를 눌러야 하는지 가르치고 훈련시킨 것이다. 그리고 일정한 수준에 도달한 다음에는 새로운 장치를 추가했다. 레버를 누르면 어떤 때는 음식이 나오지만 어떤 때는 옆 칸에 있는 다른 쥐가 전기 충격을 받도록 했다. 그런데 레버를 눌러서 음식을 먹는 쥐들이 자기들 때문에 옆 칸에 있는 다른 쥐들이 고통받는 것을 알고는, 옆 칸에 있는 쥐들에게 정당하지 않은 고통을 가하는 일을 피하려고 될 수 있으면 적게 먹으려고 노력하는 쪽으로 음식 먹는 습관을 바꿨다.[8] 네덜란드의 동물행동학자 프란스 드 발Frans de Waal은 오랜 시간에 걸쳐 영장류의 행동에 뚜렷하게 드러나는 정교한 감정이입을 관찰하고 묘사하는 작업을 해왔다. 침팬지는 서로 위로해 주고, 다친 동료가 있으면 간호해 주며 또 함께 나누는 것을 즐기는 것처럼 보인다.[9] 이런 사례들은 동물에게 도덕성이 있다는 증거가 아니라 도덕성에 필요한 심리학적 구성 요소들이 있다는 증거다.

인간 역시 유대와 헌신을 지지하는 일련의 감정들이 있다. 사회적인 규범을 깼을 때는 부끄러워서 얼굴을 붉힌다. 누가 자신의 존엄성을 무시하면 곧바로 분노한다. 누가 하품하는 걸 보면 자기도 하품을 한다. 다른 사람의 감정에 잘 이입해서 보다 빠르게 하품을 하는 사람들은 보다 복잡한 형태의 감정이입 실험에서도 높은 점수를 나타낸다.[10]

인간이 다른 사람에게 하는 감정이입은 영국의 도덕철학자 애덤 스미스의 『도덕감정론The Theory of Moral Sentiments』에 나오는, 거울 뉴런 이론을 기대하게 하는 문단에 잘 포착되어 있다. "자기 아닌 다른 사람의 팔이나 다리를 노리고 어떤 일격이 가해질 때, 사람들은 반사적으로 자기 팔이나 다리를 움찔한다. 그리고 그 일격이 목표물에 명중할 때, 사람들은 실제로 그 타격을 입은 사람처럼 타격을 느끼고 또 어느 정도 상처를 입는다."[11] 그러면서 스미스는, 사람은 동료들로부터 존경을 받고 싶은 욕망을 느낀다고 덧붙였다. "자연이 인간을 사회에 맞게 형성할 때, 남을 즐겁게 해주고 싶어 하는 욕망과 자기 형제를 공격하고 화나게 하는 걸 원초적으로 싫어하는 성향을 인간에게 심어주었다. 자연은 인간에게, 형제들이 좋아할 때 즐거움을 느끼고 불편해할 때 고통을 느끼도록 가르쳤다."[12]

인간의 경우 이런 사회적인 감정들은 매우 이른 나이에 이미 도덕적인 요소를 포함한다. 예일대학교의 심리학자인 폴 블룸Paul Bloom 교수

팀은 어린아이들을 대상으로 한 가지 실험을 했다. 연구 팀은 아이들에게 한 인형이 언덕에 올라가려고 애를 쓰고 다른 인형이 그 인형을 도와주고 있는데 세 번째 인형이 나타나 방해하는 장면을 보여주었다. 그런데 태어난 지 여섯 달밖에 되지 않은 갓난아이들이 방해하는 인형보다 도와주는 인형을 더 좋아하는 것으로 드러났다. 실험은 계속되었다. 이번에는 방해하는 인형에게 벌을 주는 인형과 상을 주는 인형 가운데 어느 인형을 더 좋아하는지 알아보았는데, 아이들은 벌을 주는 인형을 더 좋아했다. 갓난아이들의 이런 반응은 인간이 아주 어릴 때부터 기본적인 정의감을 지니고 있다는 사실을 증명한다고 블룸은 말한다.[13]

아이에게 공정하게 판단하라고 가르치지 않아도 된다. 아이는 불공정에 대해서 격렬하게 저항하며, 될 수 있으면 서로 의사소통을 하려고 한다. 사회를 위해서 스스로를 희생한 사람을 존경하라고, 친구를 배반하거나 가족 혹은 부족에 충성하지 않는 사람을 경멸하라고 가르치지 않아도 된다. '친구를 때리지 말라'는 도덕적인 규칙과 '학교에서 껌을 씹지 말라'는 도덕적이지 않은 규칙 사이의 차이점을 아이들에게 가르칠 필요도 없다. 그러한 인식은 인간의 내면 깊은 곳에서 비롯된다. 우리가 서로를 사랑하고 또 사랑받는 데 도움이 되는 감정들을 태생적으로 가지고 있는 것과 마찬가지로, 사회적인 책임을 내팽개치는 사람들을 인정하지 않고 사회적인 책임을 다하는 사람들을 인정하는 데 도움이 되는 일련의 도덕적 감정 역시 태생적으로 가지고 있다. 지구에 존재하는 수많은 사회 가운데 그 사회의 운명이 걸린 전쟁이 났을 때 꽁무니를 빼고 달아나는 행위를 칭찬하는 사회는 없다.

부모나 학교가 이런 도덕적인 이해를 강화하는 것은 사실이다. 그러나 정치학자 제임스 윌슨James Q. Wilson이 저서 『도덕감성 The Moral Sense』

에서 주장하듯이 이런 가르침들은 이미 준비된 바탕에서 진행된다. 아이들은 말을 배울 준비가 되어 있고 엄마 아빠에게 애착을 보일 준비가 되어 있듯, 특정한 도덕적 편견들을 받아들일 준비도 되어 있다는 것이다.[14] 이런 도덕적 편견들은 증진되고 개발되어 분명한 꼴을 갖춰나갈 수 있긴 해도, 결코 전혀 없던 것이 강제로 새롭게 주입되지는 않는다는 말이다.

대의에 충성을 다하는 사람을 존경하고 배우자를 배반하는 사람을 경멸하는 등의 도덕적 판단들은 즉각적이고 정서적이다. 이런 도덕적 판단들에는 미묘한 평가치들이 담겨 있다. 자식을 잃은 슬픔에 젖어 있는 사람을 볼 때 우리는 동정심을 드러낸다. 반면에 최고급 승용차인 마세라티를 잃고 슬퍼하는 사람을 볼 때는 경멸을 드러낸다. 즉각적인 동정 및 복잡한 판단은 모두 서로 복잡하게 얽혀 있다.

앞에서도 여러 번 확인했듯, 인식 행위는 매우 복잡한 과정이다. 단순히 어떤 장면을 받아들이는 행위가 아니라, 인식 행위와 거의 동시에 그 안에 담겨 있는 의미를 가늠하고 평가하며 그에 대한 감정을 생산하는 행위다. 사실 지금도 많은 학자가 도덕적 인식은 미적 혹은 감각적 인식과 비슷하다고 믿고 있다. 뇌에서 이들 인식을 담당하는 부분들이 상당한 수준으로 일치하기 때문이다.

처음 보는 음식을 입에 넣을 때 어떤 일이 일어나는지 생각해 보자. 굳이 그 음식이 혐오스러운지 판단할 필요가 없다. 그런지 아닌지는 그냥 안다. 산이 있는 풍경을 바라본다고 치자. 그 풍경이 아름다운지 아닌지 굳이 판단할 필요가 없다. 그냥 알 수 있기 때문이다. 도덕적 판단들도 어떤 점에서는 이것과 비슷하다. 도덕적 판단은 빠른 속도로 진행되는 직관적인 평가다. 네덜란드에 있는 막스 플랑크 언어심리학 연구소Max Planck Institute for Psycholinguistics의 학자들은, 심지어 안락사와 같은 복잡한 주제를 평가하는 감정들조차도 어떤 명제를 읽은 뒤 0.20초에서 0.25초 사이에 나타난다는 사실을 확인했다.[15] 혐오감, 부끄러움, 당혹감에 대해서는 굳이 따로 떼어놓고 생각할 필요가 없다. 어떤 상황에서 얼굴을 붉혀야 할지 말아야 할지 생각할 필요가 없이 그 반응은 저절로 나타난다.

사실 우리가 일상적으로 수행해야 하는 대부분의 기본적인 의사 결정 과정에서 언제나 신중하게 도덕적 추론을 해야 한다면, 인간 사회는 살기에 끔찍한 곳이 될 것이다. 인간이 지닌 추론 능력은 그다지 높지 않기 때문이다. 이런 사실을 토머스 제퍼슨Thomas Jefferson은 이미 수백 년 전에 지적했다.

우리 인간을 만든 존재가 도덕적 행위의 규칙에 관한 문제를 과학의 문제로 만들었다면, 아마도 인간은 솜씨가 형편없이 서툰 변변찮은 존재가 되고 말았을 것이다. 과학적인 사람이 한 명이라면 그렇지 않은 사람은 수천 명인데, 과연 이 사람들은 어떻게 되었겠느냐는 말이다. 인간은 사회적인 존재로 살아갈 운명이었다. 그러므로 인간의 도덕성은 이런 목적에 복무하게 되어 있다. 인간은 단순히 이것과 연관해서 선악을 판단할 수 있는 능력을 부여받았다. 이런 감각은 시각, 청각, 촉각과 마찬가지로 자연의 한 부분이며, 도덕성의 진정한 토대다.[16]

그러므로 우리 인간을 동물과 구분하는 기준은 단순히 이성만이 아니라, 인간의 감정들, 특히 사회적이고 도덕적인 감정들의 진보한 어떤 특성이다.

몇몇 학자는 인간은 일반화된 감정이입의 감각을 가지고 있는데, 이 감각이 인간을 남과 유연하게 협력하도록 조종한다고 믿는다. 그러나 사람은 태어날 때 이미 보다 구조화된 도덕적 기초들, 즉 각기 다른 상황에서 활성화되는 보다 구조화된 일련의 도덕적 감각을 지니고 있음을 암시하는 증거들은 상당히 많다.

조너선 하이트, 제시 그레이엄Jesse Graham 그리고 크레이그 조셉Craig Joseph은 이런 기초들을 미뢰에 비유했다. 사람의 혀에 쓴맛, 신맛, 단맛, 짠맛 등 제각기 다른 맛을 인식하는 제각기 다른 수용체가 있듯이, 도덕적인 여러 기준 역시 제각기 다른 특정한 상황을 인식하는 제각기 다른 수용체를 마련해 두고 있다는 말이다. 문화권마다 특정한 공통적인 풍미에 따라 요리법이 제각기 다르듯, 문화권마다 특정한 공통적인 관심사에 따라 선과 악에 대한 인식이 제각기 다르다.[17]

그런데 학자들마다 이런 기준들의 정확한 구조에 대해서는 의견이 다르다. 하이트와 그레이엄 그리고 브라이언 노세크Brian Nosek는 다섯 가지 도덕관념을 정의했다. 우선 '공정성-호혜성fairness-reciprocity' 관념이 있는데, 이것은 평등 및 불평등과 관련된 주제를 포함한다. 또 '해-돌봄harm/care' 관념이 있는데, 이것은 감정이입 및 다른 사람의 고통에 대한 관념을 포함한다. 그리고 '권위-존경authority-respect' 관념이 있다. 각각의 인간 사회에는 자기만의 위계질서 체계가 있는데, 사람들이 존경의 눈으로 바라보는 것이 적절하게 존경받지 못할 때 도덕적인 이 사회는 분노의 형태로 반응한다.[18]

또 '순수함-혐오감purity-disgust' 관념도 있다. 혐오의 기준은 아마도 유해하고 안전하지 않은 음식을 멀리하도록 맨 처음 인간을 개발했을 것이다. 그러나 이 기준은 인간이 도덕적인 요소를 지니도록 진화해서,

모든 종류의 오염으로부터 뒷걸음질 치도록 만들었다. 펜실베이니아 대학교의 학생들은 히틀러가 입었던 스웨터를 입으면 어떤 기분일 것 같은가 하는 질문을 받고, 히틀러의 도덕적 특성이 바이러스가 되어 자기 몸에 퍼질 것 같은 느낌이 들어 혐오스러울 것이라고 대답했다.[19]

마지막으로 가장 문제적인 '집단-충성group-loyalty' 관념이 있다. 인간은 스스로를 다양한 집단으로 분리한다. 이들은 자기 집단의 구성원들에게 내면적인 충성심을 느낀다. 집단이 공유하는 공통성이 아무리 임의적이라고 하더라도 마찬가지다. 또한 어떤 집단의 구성원은 그 집단의 충성심에 반하는 사람에게는 내면에서 우러나오는 혐오감을 느낀다. 사람들은 자기 집단에 속한 사람과 다른 집단에 속한 사람을 0.17초 만에 구별할 수 있다.[20] 이런 범주적 차이점들이 뇌에서 각기 다른 활성화의 모형들을 촉발한다. 백인과 중국인의 뇌에 있는 전두대피질ACC은 자기 집단에 속한 구성원이 고통을 당하는 모습을 보고 활성화되는데, 이 활성화 수치는 다른 집단에 속한 구성원이 고통을 당하는 모습을 볼 때에 비해 한층 높다.[21]

직관주의적 관점에서 보면 무의식의 공간은 온갖 충동이 패권을 다투는 경기장이다. 이기적인 직관들이 있고, 사회적이고 도덕적인 직관들이 있다. 사회적인 충동들이 비사회적인 충동들과 경쟁을 벌인다. 또한 사회적인 충동들끼리도 서로 갈등하는 경우가 자주 있다. 동정심은 불굴의 용기와 강인함, 영향력을 꺾고 일어설 수 있다. 용기와 영웅주의라는 덕성은 겸손과 아량이라는 덕성과 충돌할 수 있다. 또 협동심은 경쟁심과 충돌한다. 우리 내면의 덕성들은 보완적이거나 논리적인 체계에 깔끔하게 딱 들어맞지 않는다. 어떤 상황이 있을 때 우리가 이 상황을 바라보거나 생각하는 길은 하나가 아니라 여러 가지다. 그리고 이런 여러 길들은 궁극적으로 언제나 양립하지 못한다.

이것은 살아 있는 인간은 결코 하나의 고정된, 진정한 대답을 내놓을 수 없다는 딜레마를 뜻한다. 계몽주의가 한창 전성기를 누릴 때 철학자들은 논리적인 여러 규칙에 입각해 도덕성을 정립하려고 노력했다. 논리 퍼즐을 그림 퍼즐 조각을 맞추듯 깔끔하게 맞추려고 노력했다. 하지만 인간 존재의 원초적 특성인 양립 불가능한 복잡성 속에서 이런 시도는 결코 성공할 수 없었다. 뇌는 조화롭고 완벽한 세상이 아니라 불완전한 세상에 적응해야만 한다. 각각의 개인에게는 여러 명의 도덕적 자아가 있으며, 이 복수의 도덕적 자아는 각기 다른 상황에서 현실화된다. 한 명의 개인 안에 여러 명이 들어 있다.

그러나 우리는 될 수 있으면 도덕적으로 행동하려는 혹은 도덕성이 의심받을 때 스스로를 합리화하려는 강한 충동이 있다. 보편적인 도덕적 감각이 있다는 것은 사람들이 늘 (아니 심지어, 자주) 선하고 도덕적으로 행동한다는 것을 의미하지 않는다. 그것은 우리가 행동하는 내용이 아니라 우리가 존경하는 대상에 관한 것이며, 우리가 어떤 판단들에 맞춰서 살 수 있는 능력이 아니라 바로 그 판단들에 관한 것이다. 그러나 우리는 도덕적인 인간이 되고자 하는 그리고 그렇게 보이고자 하는 내면의 깊은 동기부여에 사로잡혀 있다.

더 사회적인 사람이 더 도덕적인 이유

보다 더 도덕적이 되려면 어떻게 해야 할까? 이성주의적 관점은 철학적으로 사색하라고 충고하고, 직관주의적 관점은 상호작용을 하라고 충고한다. 혼자만 있을 경우에 보다 더 도덕적이 되기는 어렵다. 아니 불가능하다. 그러나 수백 년에 걸쳐 우리 조상들은 우리가 최고의 직관을 발휘하고 또 도덕적 습관을 되풀이해서 가르치는 데 도움이 되는 관행과 습관을 고안했다.

예를 들어보자. 건강한 사회에서 일상생활은 작은 예절들로 조직되어 있다. 엘리베이터에서는 여자가 먼저 내린다, 포크는 왼손에 쥔다 따위가 그런 것들이다. 정중함을 요구하는 이런 규칙들은 사소해 보일 수 있다. 하지만 이런 것들이 자기 통제의 사소한 행위들을 실행할 수 있도록 우리에게 최면을 건다. 우리 뇌에 있는 신경망을 자극하고 강화한다는 말이다.

또 대화가 있다. 우리는 심지어 소소한 한담을 나눌 때조차도 자신의 도덕적 직관에 맞게 사는 사람들에 대해서는 따뜻하게 말하고 그렇지 않은 사람들에 대해서는 냉담하게 말한다. 우리는 어떤 행동이 바람직하고 또 추구할 만한지 그리고 어떤 행동을 피해야 하는지 구분하는 수백만 가지의 표시자를 어떤 종류의 대화에서든 늘 뿌려댄다. 집단의 규칙을 어긴 사람들에 대한 이야기를 늘 한다. 서로에 대한 연결성을 강화하려는 목적이기도 하고, 또 우리 자신에게 우리를 하나로 묶어주는 기준을 상기시키려는 목적이기도 하다.

마지막으로, 제도에 의해 전달되는 마음의 습관들이 있다. 우리는 인생을 살아가면서 여러 제도를 경험하고 통과한다. 이 제도는 처음 가족에서 출발해 학교, 직장으로 확장된다. 특정한 규칙과 의무를 갖추고 있는 이 각각의 제도는 우리가 하기로 예정되어 있는 것들을 어떤 방식으로 할 것인지 우리에게 가르친다. 이 제도들은 말하자면 궁극적으로 우리 내면 깊은 곳으로 침투하는, 우리 외부에 설치된 (공사 중인 건물의) 임시 계단인 셈이다. 언론계는 기자들에게 그들이 다루는 소재로부터 정신적인 거리를 유지하는 데 도움이 되는 습관이 몸에 배도록 가르친다. 과학자들도 마찬가지다. 연구자 공동체 안에서 스스로 책임져야 하는 의무 규정들이 있다. 우리가 속해 있는 여러 제도의 규칙을 흡수하는 과정에서 우리는 현재의 우리가 된다.

제도는 우리가 태어나기 전에 존재했으며 우리가 죽은 뒤에도 계속 존재할, 생각의 공간이다. 인간의 본성은 그래도 영원히 남을 것이다. 그러나 제도는 끊임없이 개선되고 발달한다. 제도는 힘들게 얻어낸 지혜의 창고이기 때문이다. 인류는 진보한다. 제도가 진보하기 때문이다.

어떤 제도의 구성원은 자기보다 먼저 그 제도 속에 살면서 일시적으로 물려받은 그 제도의 규칙을 세운 사람들에게 내면적으로 깊은 존경심을 품는다. 조지메이슨대학교의 정치학자인 휴 헤클로Hugh Heclo 교수는 다음과 같이 썼다. "제도를 물려받고 물려준다는 측면에서, 제도를 존중하는 사람들은 스스로를 빚을 내준 채권자가 아니라 빚을 진 채무자라고 생각한다."[22]

교사와 강의법의 관계, 운동선수와 해당 운동 종목의 관계, 농부와 그 농부가 가진 토지의 관계는 정신적 손실이 정신적 편익을 초과할 때라고 해서 쉽게 뒤집을 수 있는 선택이 아니다. 여러 차례 그리고 오랜 기간 동안 얻는 것보다 많은 것을 제도에 투입해야 한다. 이 제도는 너무도 소중하다. 이 제도가 있기 때문에 현재의 우리가 존재하기 때문이다.

2005년, 수비의 귀재로 불리던 메이저리그의 2루수 라인 샌버그Ryne Sandberg가 야구 명예의 전당에 이름을 올렸다. 이때 샌버그가 한 연설은 자기가 한 헌신이 하나의 제도로 굳어질 때 사람들이 어떤 말을 하는지의 전형을 보여주었다. "나는 경기장으로 걸어 들어갈 때마다 경외심에 사로잡혔습니다. 그건 존경심이었습니다. 나는 늘 이런 가르침을 받았습니다. 상대 팀 선수들이나 동료 선수들, 구단, 매니저에게 무슨 일이 있어도 절대로 존경심을 잃지 마라. 그리고 절대로 네가 입은 유니폼에 존경심을 잃지 마라. 훌륭한 경기를 펼쳐라, 네가 예전에 했던 것처럼 그렇게 행동해라, 멋지게 안타를 치고 나가서는 3루 코치를 바라보고, 거기까지 달려갈 준비를 해라, 이런 말을 들었습니다.”

샌버그는 자기 바로 앞에 앉은 사람들을 가리키며 계속 말을 이었다. “여기 앉아 있는 이 사람들이 우리들을 위해서 길을 닦은 것은, 타자들이 타석에 설 때마다 홈런을 쳐서 주자를 3루로 보내는 방법을 잊어버리게 하려고 한 게 아닙니다. 만일 그렇게 한다면 그것은 이 친구들에게, 당신에게 그리고 우리가 성장하면서 늘 해온 야구 게임에 실례가 되는 일입니다. 존경심을 잃어버리는 짓입니다. 존경심과 명예가 내 경력을 인정해 준다고 많은 사람이 말합니다. 하지만 나는 인정을 받으려고 열심히 뛴 게 아닙니다. 나는 터널 끝에 보상이 보였기 때문에 야구를 한 게 아니었습니다. 나는 내가 야구를 해야 했기 때문에 야구를 했습니다, 올바르게 또 존경심을 가지고 말입니다. (…) 만일 이것이 어떤 것을 인정해 준다면, 나에게 야구와 야구 경기를 가르쳐준 사람이 모두 자기가 마땅히 해야 할 일을 했고 나 역시 내가 마땅히 해야 할 일을 했다는 사실이 바로 인정받을 점입니다.”[23]

충동의 옆구리를 슬쩍 찔러 자제시키는 연습

직관주의적인 견해는 무의식 깊숙한 곳에서 일어나는 도덕적 행위를 강조한다. 그러나 그것이 결정론적인 견해는 아니다. 무의식의 여러 힘이 한데 엉켜서 부딪히는 그 한가운데에, 제도주의자는 여전히 이성과 반성의 여지를, 개인적인 책임감에 대한 여지를 여전히 남겨둔다.

개인적인 책임감이라는 이 새로운 버전은 과거 합리주의자가 생각했던 도덕성 개념 속에서 논리와 의지에 크게 의존하며 나타났던 책임감과 동일하지 않다. 오히려 이 관점에서의 책임감은 두 가지의 비유로 가장 잘 설명할 수 있다. 첫 번째 비유는 근육이다. 우리는 태어날 때부터 날마다 체육관에 가서 운동을 함으로써 발달시킬 수 있는 근육들이 있다. 마찬가지로, 우리는 태어날 때부터 날마다 꾸준하게 좋은 습관을 연습함으로써 튼튼하게 키워갈 수 있는 도덕적 근육이 있다.

두 번째 비유는 카메라다. 하버드대학교의 신경과학자 조슈아 그린 Joshua Greene 교수는 이렇게 말했다. "자동카메라에는 초상화 모드, 움직임 모드, 풍경 모드 등이 설정되어 있다. 각각의 모드는 셔터 속도와 초점이 자동으로 맞춰져 매우 빠르고 유용하지만 유연하지는 못하다. 그래서 그린은 가끔 카메라를 수동 상태로 바꾼 다음 셔터 속도와 초점을 따로 조정했다. 수동 모드는 자동 모드보다 느리지만, 자동 모드로 얻을 수 없는 것을 얻을 수 있게 해줬다. 이 자동카메라와 마찬가지로 정신은 자동적 도덕관념을 가지고 있지만, 결정적인 순간에는 처리 속도가 보다 느린 의식적인 반성 과정을 통해서 얼마든지 수동 모드로 바꿀 수 있다."[24]

다른 말로 하면 자동적인 반응이 엄청나게 큰 역할을 하지만 그럼에도 우리는 여전히 선택권을 가지고 있다는 말이다. 우리는 우리가 원한다면 도덕적인 역량이 강화되는 환경 안에 얼마든지 자신을 넣을 수 있다. 군대에서 혹은 교회에서 많은 시간을 보내겠다고 선택한 사람은 나이트클럽이나 길거리에서 시간을 보내는 사람과 비교해 세상에 다르게 반응할 수 있다.

우리는 커다란 희생의 행위가 요구되는 순간에 대비해 자잘한 봉사 행위들로 연습하는 것을 선택할 수 있다.

우리는 우리 인생의 줄거리를 나름대로 선택할 수 있다. 우리는 우리가 선택하지 않은 문화권과 언어권 그리고 국가에 태어났다. 우리는 우리가 통제할 수 없는 특정한 뇌 화학물질과 유전적인 특성을 지니고 태어났다. 우리는 때로 끔찍하게 싫어하는 사회적 조건 아래 내동댕이쳐지기도 한다. 그러나, 비록 우리가 통제할 수 없는 것이 많다 해도, 우리가 풀어나갈 우리 자신의 이야기에 대해서는 어느 정도 통제권을 행사할 수 있다. 우리가 온갖 인식을 조직할 때 사용하게 될 이야기 구조를 우리는 의식적으로 선택할 수 있다.

우리에게는 다른 사람의 인간성을 부정하는 이야기들을 말할 힘이 있고 인간성을 보다 넓게 확장하는 이야기들을 말할 힘도 있다.

제2차 세계대전 때 르네 린덴베르크Renee Lindenberg는 폴란드에 살던 어린 유대인 소녀였다. 어느 날, 마을 사람들이 무더기로 몰려와서 그녀를 잡았다. 그러고는 우물 안으로 던져버리자고 의견을 모았다. 그런데 농사를 짓고 살던 여자가 우연히 이 일을 목격하고는 사람들 앞으로 나아가서 제지했다. "무슨 짓이에요, 이게! 그 아이가 개라도 됩니까?"

그 말에 마을 사람들은 소녀를 죽이려던 짓을 그만뒀다. 이렇게 해서 소녀는 목숨을 건졌다. 농촌 아낙이 제기한 문제는, 인간 혹은 유대인을 죽이고 말고를 논하는 도덕적인 주장이 아니었다. 그 여자는 단지, 마을 사람에게 린덴베르크를 예전과 다른 새로운 방식으로 바라보라고 했을 뿐이다.[25]

우리에게는 우리가 지은 죄와 거기에 따른 벌을 없던 것으로 하고 모든 것을 음모나 다른 사람의 탓으로 비난하는 방식의 이야기 구조를 선택할 힘이 있다. 하지만 또 다른 한편으로는, 최악의 환경에서도 정신적인 성장을 추구하는 이야기 구조를 선택할 힘도 있다.

나치의 유대인 수용소에서 젊은 여자가 죽어가면서 빅터 프랭클(1942~1945년까지 나치 수용소에 수용된 경험을 바탕으로 저서 『죽음의 수용소에서』를 출간했다-옮긴이)에게 이렇게 이야기했다. "운명이 나에게 이런 가혹한 시련을 안겨줘서 나는 오히려 고맙게 생각한답니다. 예전에 나는 그저 망나니처럼 살면서 정신적인 성취에 대해서는 눈곱만큼도 진지하게 생각하지 않았거든요." 여자는 막사에 난 창문 밖에 보이는 나뭇가지 하나를 가리켰다. 그리고 그 나뭇가지가 그 참혹한 생활 속에서 자기에게 했던 말을 상기했다. "저 나뭇가지가 내게 그랬답니다, '내가 여기 있다. 내가 여기 있다. 나는 생명이다. 영원한 생명이다'라고요."[26] 이것은 세속의 패배를 정신적인 승리로 변환하는 이야기 구조다. 당시 그 상황에 놓인 다른 사람들이 채용했던 것과는 전혀 다른 이야기 구조다.

조녀선 하이트가 말했듯이 무의식적인 감정들은 한층 우월하지만 독재를 행사하지는 않는다. 이성은 저 혼자서 춤을 출 수 없지만, 그래도 꾸준하고 미묘한 영향력을 발휘해서 무의식의 옆구리를 슬쩍 찌를 수는 있다. 몇몇 사람이 농담으로 말하듯이, 우리에게 자유의지는 없을지라도, 자유가 가지려 하지 않는 것을 가지고 있다. 우리는 도덕적인 반응들을 발생시킬 순 없지만, 충동을 억누를 순 있다. 심지어 어떤 충동들은 완전히 뒤집을 수도 있다. 직관주의적 관점은 사람이 천성적으로 선한 일을 하려는 충동을 타고났다는 낙관적인 믿음에서 출발한다. 그리고 이 관점은 도덕적 감정들이 서로 갈등하며 보다 더 이기적인 충동들과 경쟁한다는 비관적인 믿음을 통해 균형을 유지한다.

그러나 직관적인 관점은 도덕적인 감정들이 의식적인 검토와 개선에 종속한다는 인식으로써 완성된다. 철학자 진 베스키 엘시테인Jean Bethke Elshtain은 어린 시절 일요학교에 다닐 때 급우들과 함께 불렀던 노래를 회상한다. "예수님은 어린아이들을 사랑하시네/세상의 모든 아이를/아시아인이든 흑인이든 백인이든/예수님의 눈에는 모두 소중한 보물/예수님은 세상의 모든 어린아이를 사랑하시네."[27] 이 노래는 엘시테인이 현재 시카고대학교에서 강의하는 것과 같은 정교한 철학이 아니다. 그러나 인간성을 깊이 바라보는 교훈, 어린 시절에 울림이 있는 힘으로 그녀의 마음에 새겨진 교훈이다.

표류와 구제

에리카의 가족은 완벽하지 않았다. 어머니는 악령에 시달렸다. 친척이라는 사람들은 대체로 그녀에게 골칫거리였다. 그러나 그들은 에리카의 가슴에 가족은 신성하다는 생각, 조국은 신성하다는 생각, 일은 신성하다는 생각을 새겨놓았다. 이런 생각들은 감정에 의해 구체화되었다.

그러나 에리카는 나이를 먹으면서 전혀 다른 세계로 들어갔다. 예전에 그녀가 존재하던 방식 가운데 일부는 동면에 들어갔다. 이런 점이 때로는 좋았고 때로는 나빴다. 하루하루가 지날수록 그녀는 조금씩 달라졌다. 이런 변화는 보통 옷을 입는 방식이나 말하는 방식처럼 피상적으로 나타났지만 때로는 심오하게 나타나기도 했다.

만일 누가 에리카에게 과거에 가지고 있었던 가치들에 대해서 물었다면, 아마도 자신은 지금도 여전히 그 가치들을 소중하게 간직한다고 대답했을 것이다. 하지만 그녀의 마음속에서 그 가치들은 신성의 밝은 빛을 이미 조금은 잃어버렸다. 특정한 전략적이고 계산적인 마음이, 그녀의 친척들이 자기들만의 어지럽고 어수선한 방식들로 그녀에게 주입하고자 했던 감정들을 약화시켰던 것이다.

호텔의 스위트룸에서 미스터 환상과 함께 하룻밤을 보냈던 무렵에 이미 에리카는 자기도 알지 못하는 사이에 완전히 다른 사람이 되어 있었다. 그 남자와 섹스를 하겠다고 마음을 먹은 때가 도덕적인 타락의 실제 순간은 아니었다. 그때는 심지어 어떤 결정을 내린다는 생각조차 없었다. 그저 오랜 시간에 걸친 무의식적인 변화의 결정체였을 뿐이다. 그녀는 단 한 번도 자기가 간직했던 예전의 가치들을 의식적으로 배척하지 않았다. 그러지 않았느냐고 누가 물었다면 에리카는 격렬하게 부인했을 것이다. 그러나 우월함을 추구하는 내면의 무의식적인 분발 속에서 예전의 그 방식들은 점차 주도적인 지위를 잃었다. 에리카는 자기 자신의 성정이 담고 있는 가장 깊은 잠재력과의 연결이 끊어진, 보다 천박한 사람이 되고 말았다.

미스터 환상과 그런 일이 있고 몇 주가 지났다. 에리카는 그 일을 떠올리면서 자기 자신이 보기에도 완전히 낯선 사람으로 변해버리는 일이 얼마든지 가능하다는 사실을 깨달았다. 그렇기 때문에, 늘 정신을 바짝 차리고서 내부가 아닌 외부에서 자기 자신을 관찰할 수 있는 유리한 지점을 찾아야 한다는 사실을 새삼스럽게 깨달았다.

에리카는 자기 자신에게 하나의 이야기를 들려주었다. 표류와 구제에 관한 이야기였다. 자기가 걸어가던 길에서 부주의하게 벗어나 버린 여자, 그래서 진실하고 존경할 만한 것에 자기를 묶을 수 있는 닻을 필요로 하는 여자의 이야기였다. 에리카는 생활을 바꾸고, 종교에 의지하고, 어떤 공동체나 대의명분을 찾을 필요가 있었다. 무엇보다도 도덕적 헌신에 스스로를 구속하기 위해서 결혼 생활을 보다 낫게 만들고 거기에 충실할 필요가 있었다.

에리카는 늘 자기를 부지런하게 살아 자수성가한 여자로 바라보았다. 그러나 그녀는 욕망 때문에 탕진하는 어떤 시기를 지나고 있었다.

이제 그녀는 자기 자신을 올바르게 세우고, 보다 나은 곳을 향해 배를 띄워야 했다. 그리고 그렇게 하려고 했다.

구제의 이야기 구조는 에리카가 자신을 바라보는 눈을 조직하는 데 도움이 되었다. 그 이야기 구조는 에리카가 내면적인 이상들을 자동적인 행위와 통합하는 데 도움이 되었다. 덕분에 에리카는 성숙해질 수 있었다. 성숙함이란 머릿속에서 활발하게 움직이는 각자 다른 성격과 기준을 지닌 여러 개의 자아를 될 수 있으면 많이 이해한다는 뜻이다. 성숙한 사람은 급류가 흐르는 개천을 건너가면서 "예, 난 예전에 이 개천을 여러 차례 건넜답니다"라고 말하는 경험자와 같다.

그 뒤 몇 달 동안 에리카는 해럴드를 향한 자신의 사랑을 다시 발견했다. 그리고 예전에 자기가 무슨 생각을 했었는지 도무지 상상도 할 수 없게 되었다. 해럴드는 미스터 환상처럼 하늘이 놀라고 땅이 흔들릴 거물은 결코 아니었다. 그러나 겸손하고 선량하며 호기심이 많은 사람이었다. 그는 못 말리는 호기심과 연구에 대한 열정으로 가장 중요한 탐색, 즉 인생의 의미를 찾는 작업에 매달렸다. 사람들은 가까이 머물고 싶은 것을 좋아한다. 어떤 일이 닥치더라도 해럴드는 에리카의 것이었다. 오랜 세월이 지나는 동안에 두 사람은 하나로 얽혀 있었다. 두 사람의 관계가 언제나 영감을 주거나 흥미진진하고 역동적이지는 않겠지만 그래도 그 자체로 에리카의 인생이었다. 막연한 불안함에 대한 대답은 두 사람의 인간관계 속으로 깊이 들어가는 데 있지, '환상'의 신화적인 땅으로 도망치려고 노력하는 데 있지 않았다.

19장

정치

상대를 내 사람으로 만드는
우아한 설득의 기술

그들이 장차 대통령이 될 그 남자
리처드 그레이스를 처음 만난 곳은 선거 유세 집회가 시작되기 직전의
무대 뒤였다. 당시에 그 남자는 당의 공식 후보로 지명받기 위해 뛰고
있었고, 벌써 몇 주째 계속해서 에리카에게 선거 캠프에 합류해 달라고
요청을 하고 있었다. 그의 선거 캠프에서는 여성들과 소수민족 출신들
그리고 기업계 경험자들로서 캠프에서 중요한 역할을 해줄 사람들을
찾고 있었다. 에리카는 그야말로 이 세 가지에 모두 해당하는 인물이었
다. 그레이스는 거의 날마다 전화를 해서 45초가량 무척이나 친한 사이
인 척 과장하면서 매달리고 애원하고 아양을 떨었다. "어때요, 누이? 결
정하셨나요?"

그리고 마침내 에리카는 그레이스의 지지자들이 입추의 여지 없이
빽빽하게 들어찬 체육관 옆에 있는 교실에 해럴드와 함께 있었다. 두
사람은 이제 곧 그 남자를 만나고, 선거 유세를 구경한 다음, 밴을 타고
다음 행사장으로 이동하는 동안 그와 이야기를 나누기로 되어 있었다.

서른 명쯤 되는 사람이 교실 안에서 소심하게 서성거리고 있었고, 이
들 가운데 다과로 준비된 쿠키나 콜라 캔을 건드리는 사람은 아무도 없
었다. 그러다 갑자기 여러 사람이 동시에 교실을 향해 걸어오는 리드미
컬한 발자국 소리가 들렸고, 그 남자가 안으로 들어섰다. 스스로 빛을

뽑는다는 느낌을 주는 사람이었다. 에리카는 텔레비전에서 워낙 자주 봐서 그런지, 어쩐지 자기가 지금 슈퍼 고화질 텔레비전 화면에 등장한 그를 바라보는 듯한 착각이 들었다. 어쩐지 얼굴과 얼굴을 맞대고 바라 본다는 느낌이 들지 않았다.

리처드 그레이스는 위대한 국가적 환상 그 자체였다. 키가 크고 배가 나오지 않은 데다 흰색 셔츠가 눈부시게 빛났고 칼같이 주름을 잡은 헐 렁한 바지, 역사적으로 중요한 머리카락, 영화배우 그레고리 펙Gregory Peck을 닮은 얼굴이었다. 그의 뒤를 방종하기로 유명한 딸이 따랐다. 그 녀의 문란한 행동은 어린 시절에 부모의 관심을 받지 못한 게 주된 원 인이었다. 그들 뒤로 미운 오리 새끼처럼 보좌진들이 따랐다. 보좌진들 은 그레이스와 관심사가 같았고 또 그레이스 못지않게 커다란 야망을 품고 있었다. 그러나 그들은 올챙이배에다 머리숱이 적고 자세가 구부 정했다. 그래서 그들은 운명적으로, 그레이스가 정치계의 아도니스로 사랑받을 때 이 미남에게 귓속말을 해주는 전략가 역할에 만족해야 했 다. 이런 차이 때문에 그들은 평생을 보조자로 살고 그레이스는 화려한 조명을 받으며 산다.

그레이스는 교실 안을 한번 둘러보았다. 그리고 그 교실이 보건 수업 을 할 때 쓰는 교실임을 알아보았다. 한쪽 벽에 남자와 여자의 생식계 를 묘사한 해부도가 걸려 있었기 때문이다. 그곳에 그의 정신을 방해 하는 의식적인 장애물은 단 한 점도 없었다. 다만 자기 얼굴과 어깨 뒤 로 자궁과 음경이 보이도록 사진이 찍혀서는 안 된다는 희미한 의식의 아주 작은 주름만이 있을 뿐이었다. 그는 교실의 다른 쪽으로 이동해서 카메라 플래시 세례를 받았다.

그는 여섯 달 동안 혼자였던 적이 없었다. 그리고 지난 6년 동안 그가 들어간 방에서는 늘 그가 모든 관심의 중심이었다. 그는 평범한 일상에서 완전히 벗어나 지금은 순전히 선거의 열기 속에서만 살았다. 다른 사람들이 음식을 먹고 잠을 자면서 살아가는 것처럼 그는 사람들을 만나면서 살았다.

교실 안을 이동하는 그에게서는 에너지와 아드레날린이 마구 분출되는 것 같았다. 그는 제2차 세계대전 참전 용사 네 명, 경외심에 짓눌려 얼이 빠진 학생 두 명, 그 지역의 후원자 여섯 명 그리고 카운티 선거 책임자에게 '운명을 지배하는 사람'의 미소를 연속적으로 빠르게 날렸다. 그는 미식축구의 런닝백처럼 어떻게 자기 두 다리를 계속 움직여야 하는지 잘 알았다. 말하고 웃고 포옹하면서도 결코 그 움직임을 멈추지 않았다. 하루에 1,000명과 그렇게 친숙한 만남을 이어갔다.

사람들은 그에게 가장 놀랍고 듣기 좋은 말을 했다. "사랑해요!" "나도 사랑합니다!" "납작하게 눌러버려요!" "내 아들의 목숨을 걸고 당신을 믿습니다!" "5분만 시간 내주실 수 있습니까?" "나도 같이 일할 수 있을까요?"

사람들은 그에게 더할 나위 없이 끔찍한 보건 관련 비극들을 말했다. 사람들은 그에게 책이며, 공예품이며 편지 따위를 주려고 했다. 어떤 사람들은 그의 팔을 붙잡고 그냥 매달리기도 했다.

그는 15초 동안 사람들이 자기 몸에 손을 대고 접촉하도록 허용하면서 각 개인의 입술 움직임과 그들 눈에 담긴 표정을 면도날 같은 감각으로 하나도 놓치지 않고 포착하고 되씹었다. 모든 사람이 그에게 공감하고 접촉했다. 그는 그들에게 팔을 주고 어깨를 주고 엉덩이를 줬다. 그는 온후함 혹은 동정심의 빛줄기를 사람들에게 분사했고, 유명 인사가 치러야 하는 이러한 절차가 짜증스럽다는 표정은 단 한 차례도 비치지 않았다. 카메라가 다가오면 함께 사진을 찍을 사람들이 가까이 올 때마다 자연스럽게 그 사람의 허리나 어깨에 팔을 둘렀다. 지난 여러 해 동안 그는 지구상에서 생산되는 모든 카메라에 통달했다. 그래서 사진 찍는 사람이 우물쭈물하기라도 하면 어느 버튼을 누르면 되는지 그리고 얼마나 그 버튼을 누르고 있어야 하는지 인내심을 가지고 친절하게, 그것도 웃는 얼굴을 조금도 흐트러뜨리지 않은 채 능숙한 복화술사의 솜씨로 가르쳐주었다. 그는 주의를 집중시킨 뒤에 그것을 에너지로 변환하는 솜씨를 지니고 있었다.

마지막으로 그는 에리카와 해럴드가 서 있는 곳으로 다가왔다. 그는 에리카와 포옹했고 두 사람을 위해서 미리 준비해 둔 공모자끼리만 알수 있는 은밀한 미소를 해럴드에게 날렸다. 그리고 두 사람을 자기의 위대함 안으로 감싸안았다. 그 방에서 다른 사람들과 있을 때는 정력적이고 목소리도 컸지만 두 사람과 함께 있을 때는 운명을 함께 하는 내부자를 만난 것처럼 목소리가 낮아지고 한층 은밀했다. 그는 에리카의 귀에 대고 속삭였다. "와줘서 정말 기쁩니다. 정말로요."

그러고는 에리카에게 매우 진지한, 그리고 서로 잘 통한다는 눈빛을 보냈다. 해럴드에게도 마찬가지였다. 마치 자기들이 어떤 음모에 함께 가담하는 공모자이기라도 한 것처럼 그의 눈을 지그시 바라보았다. 그리고 돌아섰다.

체육관 쪽에서 우레와 같은 함성이 들렸다. 에리카와 해럴드는 그 광경을 보려고 서둘러서 교실에서 빠져나왔다. 1,000명쯤 되는 사람들이 자기들의 영웅에게 손을 흔들고 발을 동동 굴렀다. 얼굴에는 다들 환한 미소가 피어 있었다. 목이 터져라 고함을 지르며 휴대폰으로 사진을 찍느라 정신이 없었다. 그레이스는 상의를 벗어서 홱 집어던지고 지지의 거센 함성과 물결 속으로 뛰어들었다.

연설의 구조는 단순했다. 전반 12분 동안에는 '여러분'이 주제였고 후반 12분 동안에는 '나'가 주제였다. 처음에는 거기 모인 사람들의 공통된 생각에 대해서, 그들이 지닌 훌륭한 가치에 대해서, 자기가 추구하는 위대한 대의를 함께 쌓으려고 뭉친 그 놀라운 기세에 대해서 이야기했다. 그는 그 사람들에게 어떤 가르침을 주려고 그 자리에 있는 게 아니었다. 그들의 감정에 목소리를 실으려고, 그들의 희망과 공포, 바람을 대신 표현하려고, 그들과 자기가 똑같다는 사실을 보여주려고 그 자리에 있었다. 할 수만 있다면 그들의 친구나 가족이 되고자 했다. 비록 자기는 그 사람들보다 훨씬 더 나은 인물이었지만 말이다.

그렇게 그는 12분 동안 그 사람들의 삶에 대해 이야기했다. 사실 그는 이 말을 수백 번이나 했다. 그러나 결정적인 순간에는 여전히 마치 어떤 감정이 바로 그 순간에 갑자기 머릿속에 떠오른 것처럼 잠시 말을 끊고 입을 다물었다. 그는 또 자기의 생각에 사람들이 박수를 칠 수 있는 기회를 주었다. "이 운동은 여러분에 대한 운동이며, 여러분이 이 나라를 위해서 하려고 하는 것에 대한 운동입니다!"

그레이스는 고단수 정치인들이 대부분 그렇듯이 유권자들이 듣고 싶어 하는 것과 그들이 들어야 한다고 그가 판단하는 것이 적절하게 조화를 이루도록 하려고, 정확하게 말하면 타협하려고 노력했다. 그 사람들은 그저 가끔씩만 정치와 정책에 관심을 가지는 평범한 사람들이었다. 그리고 그는 그들의 견해와 열정을 존중하려고 노력했다. 동시에 그는 자기 자신을 진정한 정책 전문가라고 생각했다. 자기는 그 무엇보다도 수많은 전문가를 동원해 함께 정책에 깊이 파고드는 일을 사랑하는 사람이라고 생각했던 것이다. 그는 이 두 개의 초점이 서로 상호작용을 하도록, 머릿속에서 고함을 지르면 금방 들릴 수 있을 만큼 가까이 두려고 노력했다. 종종 그는 인기에 영합하는 쪽으로 기울어서 100퍼센트 진실이 아니지만 큰 박수를 유도하는 내용을 말하곤 했다. 어차피 그는 대형시장을 노리는 브랜드였기에 수백만 표를 얻어야 했다. 그러나 그는 또한 머릿속에 자기만의 진정한 이상을 굳건하게 유지하려고 애를 썼다. 그건 자존심의 문제였다. 하지만 그가 박수와 환호성이라는 달콤한 아첨에 빠지는 바람에 전자가 늘 후자를 숨이 막힐 정도로 압도했다.

연설이 중간을 넘어서면서 연설 주제는 '나'로 바뀌었다. 그는 바로 그 시점의 역사적 순간에서 국가가 필요로 하는 지도자의 특성이 자신에게 있음을 청중에게 보여주려고 노력했다. 그는 트럭 운전사였고 도서관 사서였던 부모 이야기를 했다. 자기 아버지가 노동조합에 가입했던 사실을 상기시켰다. 모든 후보자가 다 그러해야 하듯, 정치를 해야겠다고 결심하기 전에 이미 자신의 인간적 특성들이 모두 형성되었다는 점을 분명히 밝히고 강조했다. 그의 경우 그 변화의 시점은 군 복무와 누이의 죽음이었다. 그는 살아온 인생의 모든 진실을 이야기했다. 그 내용은 모두 사실이었다. 그러나 이 이야기를 워낙 많이 했던 터라, 그 사건들의 실체와 자기 사이의 관련성이 까마득한 옛날의 일처럼 어슴푸레해졌다. 그러다 보니 어린 시절과 청년 초기 시절은 그저 평생 동안 준비해 온 선거 유세 원고로 전락해 버리고 말았다.

자기 자신을 정의하는 것은 모든 선거운동의 본질이다. 이 목적을 달성하기 위해 그레이스는 '톰 소여가 성장해 어른이 되다'라는 이야기 구조를 고집했다(이 이야기 구조는 원래 선거 참모 한 명이 제안한 것이었다). 그는 중서부 지역의 작은 마을에서 성장한 어린 시절 이야기며 그때 저

질렀던 온갖 개구쟁이 짓, 지금 돌이켜보면 무척이나 매력적인 장난들을 이야기했고, 보다 넓은 세상과 그 안에 감추어진 불의에 대해서 배운 교훈들을 이야기했다. 그는 지금보다 한결 단순하던 시대의 산물인 자신의 건전한 태도를 청중에게 드러내 보였다. 또 순박한 미덕과 상식을 드러냈다.

연설의 마지막 메시지는 '여러분과 내가 함께'였다. 그는 어떤 현명한 노부인을 만나서 많은 이야기를 들었던 일화를 소개했다. 사실 이 일화는 그가 채택하고 있는 정책들을 지지자들에게 확인시키기 위한 것이었다. 그는 청중에게 그들이 함께 소유할 다이아몬드 광산에 대해서, 오랜 시련의 길이 끝나고 나서 마침내 다다를 풍요의 정원에 대해서, 또 내부의 갈등이 모두 사라지고 평화와 기쁨이 대신할 그 자리에 대해서 이야기했다.

청중 가운데 그 누구도 선거 유세장에서 그런 유토피아 이야기가 나올 줄은 생각지 못했다. 그러나 유토피아의 장밋빛 전망이 한바탕 쓸고 지나가자 그들의 삶에서 모든 근심과 걱정이 사라졌다. 그들은 자신을 그렇게 만들어준 그레이스를 사랑했다. 그레이스가 연설을 마치자 박수와 환호성으로 체육관이 들썩거렸다.

얼굴을 맞대고 이야기해야 하는 이유

보좌관 한 명이 다가오더니 에리카와 해럴드를 밴 안으로 밀어 넣었다. 에리카는 가운데 열에 앉았고 해럴드는 뒤쪽 열에 앉았다. 그리고 그레이스가 나타났다. 그는 분기 수익률 보고서를 검토하는 따분한 회의를 마치고 나온 사람처럼, 조금 전 체육관의 후끈 달아오른 열기와는 전혀 딴판으로 덤덤하고 사무적이었다. 보좌관과 일정을 놓고 몇 마디 말을 주고받은 뒤, 자기 옆에 앉은 에리카에게로 '레이저 빔'을 옮겼다. "먼저, 내 제안을 말씀드리죠. 내게는 정치를 아는 사람도 많고 정책을 아는 사람도 많습니다. 하지만 이 조직을 운영할 일류급 인사는 없습니다. 이런 사람이 되어주시길 바랍니다. 유세 본부장 직을 맡아주십시오. 그리고 내가 선거에서 이기면, 백악관에서도 똑같은 일을 해주시길 바랍니다." 에리카는 그러겠다고 대답했다. 사실 그의 제안을 받아들일 마음이 없었다면 아예 그 밴을 타지도 않았을 것이다.

"정말 환상적입니다. 그렇게 해주시겠다고 하니, 이제 두 분이 막 들어가고자 하는 세상에 대해 몇 가지 얘기를 해드리고 싶네요. 특별히 해럴드에게 하고 싶은 얘긴데, 당신 책을 읽었거든요. 아마도 두 분은 이제 전혀 낯선 세계에 발을 들여놨구나 하는 생각을 하게 될 겁니다.

첫 번째로 하고 싶은 말은, 여기에 발을 들여놓은 이상 그 누구도 불평을 할 권리는 없다는 겁니다. 우리는 그렇게 하기로 선택했고, 거기에는 기쁨도 있고 보상도 있습니다. 그러나 우리 사이에는 서로의 개성을 내세우고 다툼을 벌일 만큼 큰 경기장이 마련되어 있지 않습니다. 이기지 않을 거면 두 분이 여기서 일할 이유가 없습니다. 그리고 이기려면, 두 분은 자기 자신을 하나의 상품으로 바꿔야 합니다. 예전에는 하리라고 생각지도 못했던 일들을 해야 합니다. 평소에 가지고 있던 생각은 모두 창고에 처박아 두고, 오로지 돈과 편의를 애걸하며 뛰어야 합니다. 그리고 쉬지 않고 말을 해야 합니다. 어떤 방에 들어가서도 말을 해야 하고 집회에 나가면서도 말을 해야 하고, 또 지지자들을 만나서도 말을 해야 합니다. 말을 계속해서 많이 하다 보면 얼이 빠져버리는데, 나는 이것을 '병적 다변증에 따른 치매'라고 부릅니다.

자, 그럼 무엇에 대해서 말을 할 것인가? 자기 자신에 대해서 쉬지 않고 말을 해야 합니다. 모든 발언은 나에 관한 것입니다. 내가 하는 모든 회의는 나에 관한 것입니다. 내 앞에 들이미는 모든 기사는 나에 관한 것입니다. 사람들이 두 분에 대해서 쓰기 시작할 때, 이런 일은 두 분에게도 일어납니다.

동시에 이 일은 팀 경기나 마찬가지입니다. 혼자서는 아무것도 할 수 없습니다. 무슨 말이냐 하면, 때로는 개인적인 생각을 억눌러야 한다는 것입니다. 우리 집단, 우리 팀에 좋은 것을 말하고 또 믿어야 한다는 겁니다. 딱 1분만 생각해도 절대로 호감을 가질 수 없는 사람이라 할지라도 이 사람을 형제로 받아들이고 무조건 함께 어깨를 걸어야 합니다. 두 분이 속한 집단 그리고 두 분이 보좌하는 사람보다 절대로 너무 멀리 앞서가면 안 됩니다. 너무 일찍 옳은 말을 해서도 안 되고 너무 자주 관심을 끄는 사람이 되어서도 안 됩니다. 진정으로 반대하는 것이라 하더라도 지지해야 합니다. 때로는 진심으로 옳은 일이라고 생각하는 것들에 반대를 해야 합니다. 만일 선거에서 승리하면 내가 모든 것을 통제할 수 있고 또 모든 것을 바꿀 수 있다는 마음가짐을 지녀야 하고, 그렇게 행동해야 합니다. 우리 팀이 믿고 있는 온갖 신화가 모두 사실이라고 일부러라도 믿어야 하고 또 그렇게 행동해야 합니다. 다른 팀은 사악하며 결국 미국을 파멸로 이끌 것이라고 믿어야 하고 또 그렇게 행동해야 합니다. 다른 목소리로 다른 말을 하는 것은 집단의 결속력을 해치는 행위로 비치고, 또 실제로 그렇게 작용합니다.

두 분은 고치 안에 살고 있습니다. 나는 예전에 진드기의 일생에 대해서 쓴 아주 재미있는 에세이를 읽은 적이 있습니다. 진드기는 오로지 세 가지 자극에만 반응한다고 합니다. 먼저 촉각이 있습니다. 그리고 온도를 느낍니다. 또 머리카락을 압니다. 이 세 가지가 진드기에게는 전체 '움벨트umwelt'입니다. 움벨트는 어떤 생명체가 놓인 환경을 뜻하는 독일말이지요. 일단 두 분이 정치판에 발을 들여놓는 이상, 두 분의 움벨트는 예전보다 한층 좁게 쪼그라들 겁니다. 그리고 이 움벨트는 미친 듯이 어지럽게 돌아갈 겁니다. 두 분은 이제, 분 단위로 날아드는 전혀 중요하지 않으며 다음 날이면 까맣게 잊어버리고 말 온갖 속보에 미친 듯이 집중하셔야 할 겁니다. 또 컴퓨터에 웹 카메라를 장착하고서 이 선거운동과 관련된 사진을 자기 블로그에 올리려는 스물두 살짜리 아이들, 선거라고는 구경도 해보지 않은 아이들, 역사나 페렛 위성(전자파 정보를 수집하는 군사용 정찰 위성을 통틀어 부르는 말—옮긴이)에 대해 쥐뿔도 모르는 아이들, 이런 아이들의 블로그를 눈이 빠지게 모니터링하셔야 할 겁니다. 이런 아이들이 세상에 존재하기 때문에 미리 계산되지 않은 생각은 절대로 입 밖으로 내면 안 됩니다. 외부인이 있거나 지켜보는 자리에서는 절대로 어떤 생각을 드러내거나 드러낼 시도를 해서는 안 됩니다.

이 모든 일을 지키려다 보면 자기 자신에게 정직해지는 능력, 세상을 선명하게 바라보는 능력, 그리고 인간으로서의 기본적인 성실성과 온전함을 갖추는 능력이 위협을 받습니다. 그럼에도 우리는 묵묵히 참으면서 이 터무니없는 연극을 계속 이어갑니다. 왜냐하면 그렇게 중요하고 의미 있는 것들로만 채워진 인생은 없으니까요. 두 분이 나와 함께 백악관에 들어가게 되면 아마도 훨씬 더 바빠질 겁니다. 그리고 모든 결정은 하나같이 모두 중요할 겁니다. 일단 백악관에 들어가면 인기에 영합해서 사람들의 비위를 맞추는 일은 하지 않아도 될 겁니다. 앞서서 이끌며 가르칠 수 있을 테니까 말입니다. 백악관에 있으면 절대로 쉬고 싶은 마음이 생기지 않을 겁니다. 그럴 수도 없을 테고요.

일단 백악관에 들어가면 우리는 1루타를 치려고 방망이를 휘두르지는 않을 겁니다. 홈런을 쳐야죠. 나는 멍청한 대통령이 되는 건 단호하게 거부합니다. 나는 위대한 대통령이 될 겁니다. 나한테는 재능이 있습니다. 이 나라의 그 누구보다도 나는 정책 영역에 대해서 보다 많이 압니다. 그 어느 정치가보다도 나는 정치적인 용기와 배짱이 두둑합니다. 내 태도는 이미 정해졌습니다. 난 이렇게 말할 겁니다. '자, 경기가 시작되었으니, 어서 공을 던져보시지!'라고요."

그레이스의 이 짧은 연설을, 그의 카리스마가 닿는 범위 바깥에 있는 사람들이 들었다면 아마도 찬성과 반대의 반응이 뒤섞여서 나왔을 것이다. 그러나 에리카와 해럴드는 그의 카리스마가 발산하는 강력한 인력의 범위 안에 놓여 있었다. 그랬기에 평생 수많은 연설을 들어봤지만 그레이스의 연설은 그 어떤 연설보다도 감동적이라고 생각했다. 이 연설을 통해서 그레이스는 놀랍도록 명확한 자신의 자의식, 엄청난 지혜 그리고 자기 직분에 대한 헌신을 고스란히 드러냈다고 본 것이다. 두 사람은 그레이스와 불과 몇 분이라는 짧은 시간 동안 함께 있었지만 어느새 이 놀라운 스타에게 흠뻑 빠지고 말았다. 그리고 그 뒤로 두 사람은 (특히 에리카는) 자기들 인생 가운데 8년이라는 세월을 정치에 갉아먹히게 된다.

우리는 누구에게 유대감을 느끼는가

해럴드는 솔직히 정치에 관심을 깊이 가져본 적이 없었다. 선거 당사자의 내부적인 여론조사나 전략 문건을 접할 기회도 없었다. 며칠 뒤 에리카는 캠프 조직의 일원이 되어 나름대로의 역할을 했다. 그러나 해럴드는 주변을 맴돌았다. 해야 할 일도 많지 않았고 그저 지켜보고 생각을 하기만 했다. 그는 그레이스의 참모진들 사이에 서로 생각이 다른 분파가 있다는 사실에 놀랐다. 어떤 사람들은 선거운동은 기본적으로 유권자들에게 좋은 이야기를 제공하는 것이라고 생각했다. 삶을 보다 낫게 개선하는 정책을 제시하면 유권자는 표로 보답을 할 것이라고 믿는 사람들이었다. 좋은 가격에 좋은 정책을 제시한다는 것이 이들의 좌우명이라면 좌우명이었다.

하지만 어떤 사람들은 선거운동이 기본적으로 유권자의 감정을 들뜨게 해야 한다고 생각했다. 여러 집단 및 유권자와의 유대감을 강화하는 것, 미래에 대한 희망을 불어넣는 것, '나는 당신들과 똑같다. 나는 당신들과 똑같이 반응할 것이다. 나의 미래 모습은 곧 당신들의 미래 모습이다'라는 메시지를 전파하는 것이라고 생각했다. 이 사람들에게 정치는 기본적으로 누군가의 이익을 지키는 것이 아니라 감정을 확인하는 것이었다.

성장 배경과 평생 동안 해온 작업을 놓고 볼 때 해럴드는 후자 집단에 속했다. 그레이스는 뉴잉글랜드 주지사 토머스 갤빙이라는 냉혹한 후보와 박빙의 예비 선거를 치르고 있었다. 두 사람의 정책은 기본적으로 같았다. 그래서 두 사람 사이의 경선은 주로 사회적 상징을 놓고 벌이는 싸움이었다. 그레이스는 트럭 운전사의 아들이었지만 시적이고 서정적인 스타일로 선거운동을 해서, 좋은 교육을 받은 이상주의적 계층을 대표하는 후보자로 자리를 잡았다. 예비 선거를 치러나가는 동안 그는 대학 교육을 받은 유권자들로부터 25퍼센트 포인트 이상 더 많은 지지를 받았다. 열 차례의 예비 선거를 치르는 동안 그는 늘 대학교와 가까운 곳에서 집회를 열었다. 그레이스는 이러저러한 정책을 시행하겠다면서 그 정책의 목록을 제시하지 않았다. 경험을 제시했다. 공포 대신 희망을, 불화 대신 통합을, 경솔함 대신 지성을 제시했다. 그의 메시지는 이랬다. "인생은 아름답습니다. 우리가 가진 가능성은 무한합니다. 우리는 과거의 족쇄를 집어던지고 황금빛 내일로 나아가야 합니다."

한편 상대편인 갤빙의 가문은 300년 동안이나 미국에서 뿌리를 내리고 살아왔다. 그는 자기를 유권자의 이익을 대변해서 싸우는 전사로 내세웠다. 그의 유세는 동족 집단의 충성심을 높이고, 이 집단을 한데 묶어서 서로를 죽을 때까지 지켜주며 싸우자는 정서를 확산하는 데 주력했다. 갤빙은 날마다 술집에서나 공장 건물 안에서 유권자들과 함께 사진을 찍었다. 사진 속의 그는 위스키를 마시고, 플란넬 셔츠를 입고, 샷건을 들고 픽업트럭에 타고 있었다. 그의 메시지는 이랬다. "세상은 썩어빠졌습니다. 보통 사람들은 다 속고 있습니다. 독립과 이상주의를 넘어서는 강인함과 충성심을 제시할 사람이 필요합니다."

두 후보의 방법론은 섬세하지 않았다. 그러나 각각의 접근법은 어느 정도 먹혀들었다. 예비 선거를 거치면서 갤빙은 노동자층으로부터 압도적인 지지를 받았다. 그레이스는 도시와 부유층이 사는 지역에서 그리고 대학교가 있는 곳에서 승리를 거두었다. 전국적으로 보면 그레이스가 해안 지역에서 승리를 거두었다. 갤빙은 남부 지역과 중서부 지역, 특히 수백 년 전에 스코틀랜드와 아일랜드 출신 이민자들이 정착했던 지역에 있는 농업 지대 및 과거 제조업 중심지였던 곳에서 승리를 거두었다. 코네티컷에서 그레이스는 17세기에 영국인이 거주했던 거의 대부분의 도시에서 승리를 거두었다. 갤빙은 19세기에 이민자들이 거주했던 거의 대부분의 도시에서 승리를 거두었다. 이미 수백 년 동안 지속되어 온 양상이었다. 예비 선거가 계속 이어지자 인구통계학적 분포가 결정적인 관건임이 분명하게 드러났다. 노동자 인구가 많은 곳에서는 갤빙이 이겼고, 지식층 인구가 많은 곳에서는 그레이스가 이겼다.

이처럼 문화가 인종에 따라 차별적인 양상을 띠며 나타나는 현상에 해럴드는 매료되었다. 수많은 제도와 마찬가지로 정당 역시 각기 다른 하위 문화권으로 세분된다는 게 그의 가설이었다. 서로 다른 문화권 사이에 이렇다 할 커다란 적대감은 존재하지 않았지만, 어떤 후보자가 결정되고 나면 사람들은 문화권별로 결집했다. 그럼에도 제각기 다른 (주로 교육 수준에 따라서 다르게 규정된) 사회계층에 속한 사람들은 현실의 실체에 대해서 제각기 다른 정신 지도들을 무의식적으로 만들었다. 즉 훌륭한 지도자의 자질이 무엇인지 그리고 자기들이 어떤 종류의 세상에 살고 있는지 따위에 대해서 집단별로 서로 다르게 이해했던 것이다. 이들은 또 정의와 공정함, 자유, 안전, 기회에 대해서도 각기 다른 정의를 해왔다. 사실 이런 것들에 대해 전혀 알지 못한 채로.

유권자들은 무한하게 복잡한 정신적 지도들을 형성했지만 심지어 이것들을 채용하는 사람들조차 이 지도들을 수박 겉핥기식으로밖에 이해하지 못했다. 유권자들은 후보자들로부터 수백만 개도 넘는 미묘한 기호들을 뽑았다. 육체 언어, 어휘 선택, 얼굴 표정, 정책의 우선순위 그리고 살아온 이력의 세부적인 사항 따위가 그런 것들이었다. 그리고 이런 기호들을 근거로 해서 후보 각각이 마음에 드는지 들지 않는지 감정적인 우호 관계를 구축했다.

이성주의적인 모델에서는 유권자가 후보가 제시하는 정책과 정강을 세심하게 평가한 뒤에 자기들의 이익을 가장 잘 대변하는 후보자를 선택하지만, 선거 기간 동안 해럴드가 본 것은 이런 이성주의적인 모델과는 확실히 들어맞지 않았다. 오히려 사회 정체성 모델과 더 잘 들어맞았다. 사람들은 자기들이 좋아하고 존경하는 종류의 사람들을 중심으로 구성된 것처럼 보이는 정당을 좋아했다.

정치학자 도널드 그린Donald Green, 브래들리 팜퀴스트Bradley Palmquist 그리고 에릭 쉬클러Eric Schickler는 공저『당파적인 심장과 정신Partisan Hearts and Minds』에서, 사람들은 대부분 특정 정당에 대한 선호를 부모로부터 물려받거나 혹은 성인 시기로 막 접어든 무렵에 애착을 보이게 된다고 주장한다. 그리고 한번 정당을 지지하기로 마음을 먹고 나면, 중년을 넘어서 지지 정당을 바꾸는 경우가 거의 없다고도 했다.[1] 심지어 세계대전이나 워터게이트 사건과 같은 역사적으로 중요한 사건들이라 하더라도 개인의 지지 정당 변화에 크게 영향을 미치지 못했다.

게다가 사람들이 동질감을 가지는 정당을 선택할 때, 각 정당의 정책과 정강을 비교해서 국가가 잘되려면 어느 정당이 집권을 해야 한다는 식의 논리적인 판단을 통해 결정을 내리는 것은 아니라고 위의 세 정치학자는 말한다. 이들은 광범위한 영역의 자료를 동원하면서 정당을 선택하는 행위는 오히려 종교적인 교파나 사교 클럽을 선택하는 행위와 훨씬 더 비슷하다고 주장한다. 사람들은 민주당은 어떻고 공화당은 어떻다는 식으로 머릿속에 고정관념을 가지고 있으며 자기와 비슷한 사람들로 구성된 정당에 이끌린다.[2]

그리고 이렇게 해서 정당에 가입한 뒤에는 자신이 선택한 정치적인 인종에 속한 사람들과 보다 더 많이 일치되도록 하기 위해 기존에 가지고 있던 철학이나 현실을 바라보는 눈을 수정한다. 미네소타대학교의 정치학자 폴 고렌Paul Goren 교수는 동일한 유권자들의 정치적인 성향이 어떻게 변화하는지 오랜 기간에 걸쳐 추적했다. 고전적인 모델 아래에서라면 기회의 평등이라는 가치를 높이 치는 유권자는 민주당원이 되고, 작은 정부라는 가치를 높이 치는 유권자는 공화당원이 될 것이라고 예측할 수 있다. 하지만 사실은 그렇지 않다. 사람들은 먼저 민주당원이 된 다음에 기회의 평등이라는 가치를 점차 높게 평가하고, 먼저 공화당원이 된 다음에 작은 정부라는 가치를 점차 높게 평가하게 된다. 정당 가입이 이 사람의 가치관을 바꿔나가는 것이지 반대 방향의 진행은 잘 일어나지 않는다.[3]

정당 가입은 심지어 현실에 대한 인식까지도 규정한다. 1960년에 앵거스 캠벨Angus Campbell을 비롯한 여러 학자는 이제 고전이 된 저서『미국의 유권자The American Voter』를 출간했는데, 이 책에서 당파성이 하나의 필터로 기능한다고 주장했다. 당파성은 그 정당이 승인한 세계관과 일치하지 않는 사실은 걸러버리고 일치하는 사실은 과장한다. 오랜 세월에 걸쳐서 몇몇 정치학자는 이 책에서 기술하는 관찰 내용을 비판해왔다. 그러나 많은 학자가 여전히 캠벨의 결론, 즉 한 사람의 인식은 그 사람의 당파성에 의해 상당한 수준으로 왜곡된다는 명제로 돌아간다.

예를 들어 프린스턴대학교의 정치학자인 래리 바텔스Larry Bartels 교수는 레이건 대통령과 클린턴 대통령 때부터 수집한 조사 자료를 지적했다. 1988년에 유권자들에게 미국의 인플레이션율이 레이건 대통령 재임 때 떨어졌는지 물었다. 실제로 그 기간 동안에 인플레이션율은 13.5퍼센트에서 4.1퍼센트로 줄어들었다. 그러나 민주당을 강력하게 지지하던 개체군에서는 겨우 8퍼센트만 그렇다고 대답했고, 50퍼센트 이상이 레이건 재임 기간에 인플레이션율이 올라갔다고 믿었다. 이에 비해 공화당을 강력하게 지지하던 개체군에서는 그 시대의 경제 흐름을 보다 더 정확하게 파악하고 대답했다. 47퍼센트가 인플레이션율이 떨어졌다고 대답했던 것이다.[4]

클린턴 대통령의 임기가 끝나갈 무렵, 다시 유권자들에게 지난 8년 동안 미국의 경제가 어땠는지 물었다. 그런데 이번에는 공화당 지지자들이 부정적이고 부정확하게 대답했고, 민주당 지지자들은 훨씬 더 긍정적으로 대답했다. 이런 사실을 놓고 바텔스 교수는 당파적 충성심이 사람들이 세상을 바라보는 방식과 내용에 영향을 미친다는 결론을 내렸다.[5] 당파적 충성심은 공화당원과 민주당원 사이의 의견 차이를 강화하고 과장한다.

어떤 사람들은 인식상의 이런 흠들이 보다 많은 교육을 통해서 교정될 수 있다고 믿는다. 그러나 실제로는 그렇지 않은 것 같다. 스토니브룩대학교의 찰스 태버Charles Taber와 밀턴 로지Milton Lodge가 수행한 연구에 따르면, 고등교육을 받은 유권자는 대체로 사실에 더 가깝게 인식하지만 그럼에도 상당한 기간 동안에는 실제와 다르게 인식한다.[6] 이들은 상대적으로 교육을 덜 받은 유권자에 비해 자신의 잘못된 의견을 수정하지 않으려고 한다. 이들은 모든 것에 대해서 자신의 생각이 옳다고 강력하게 믿기 때문이다.

이런 사실에서 얻을 수 있는 전체적인 인상은 선거에서 어떤 후보를 선택하는 것이 미적인 탐색의 결과라는 것이다. 즉 정서적으로 자기와 통하는 사람을 선택한다는 말이다. 유권자의 결정에 영향을 미치는 것 가운데 몇몇은 즉흥적이고 겉으로 보기에 별로 중요하지 않은 것처럼 보인다. 앞에서도 언급한 실험이지만, 프린스턴대학교의 재닌 윌리스와 알렉산더 토도로프는 실험 참가자들에게 서로 경쟁하는 관계인 정치인 두 명의 흑백 사진을 보여준 뒤 두 사람 가운데 누가 더 유능하게 보이느냐고 물었다(실험 참가자들은 이 두 후보를 거의 알지 못했다).

사람들이 보다 유능하게 보인다고 지목한 후보는 실제 상원 선거와 하원 선거에서 각각 72퍼센트와 67퍼센트의 지지를 얻었다. 실험 참가자들은 겨우 몇 초 동안만 사진을 봤음에도 선거에서 누가 이길지 놀라울 정도로 정확하게 예측했다. 이 실험의 과정과 결과는 다른 나라들에서도 동일하게 나타났다. '승자처럼 보이기'라는 연구에서 채펠 로슨과 가브리엘 렌츠를 비롯한 연구진들이 미국 및 인도에 있는 사람들에게 멕시코와 브라질에서 공직 선거에 출마한 사람들의 사진을 아주 잠깐 동안 보여준 다음 어느 후보가 이길지 물어보았다. 그런데 인종과 문화도 달랐음에도 미국인과 인도인은 선거 결과를 놀라울 만큼 정확하게 예측했다.[7]

코넬대학교의 대니얼 벤저민Daniel Benjamin 교수와 시카고대학교의 제시 샤피로Jesse Shapiro 교수도 주지사 자리를 놓고 경쟁하는 후보자들이 토론을 하는 영상을 소리 없이 10초가량 보는 것만으로도 실험 참가자들이 결과를 상당히 정확하게 예측할 수 있음을 확인했다. 그런데 이 정확성은 영상에 토론 현장의 소리를 첨가했을 때 오히려 낮아졌다.[8] 스탠퍼드 대학교의 조나 버거Jonah Berger 교수 팀이 수행한 연구에 따르면, 투표소의 위치도 유권자의 결정에 영향을 미치는 것으로 드러났다. 학교에 설치된 투표소에서 투표를 하는 유권자는 다른 곳에 설치된 투표소에서 투표를 하는 유권자에 비해 교육 부문에 투입할 재원을 마련하기 위해 세금을 올려야 한다고 주장하는 후보를 더 많이 지지했다. 또한 투표를 하기 전에 학교 사진을 본 유권자 역시 상대적으로 이 후보를 더 많이 지지했다.[9]

이런 실험 가운데 몇몇은 실험실에서도 수행된다. 실제 선거 유세에서 예비 선거는 몇 달에 걸쳐서 여러 차례 계속 이어진다. 유권자들은 분 단위, 시간 단위, 하루 단위 그리고 한 달 단위로 누구를 찍을지 끊임없이 판단한다. 그리고 이런 즉각적인 인식들이 한데 모여서 두텁고 복잡한 평가의 그물망을 형성한다.

유권자의 판단이 감정적이라고 해서 유권자가 멍청하거나 비이성적이라는 말은 아니다. 무의식적인 과정이 의식적인 과정보다 빠르고 복잡하기 때문에 이런 직관적인 판단이 매우 정교할 수 있다. 선거 유세에서 유권자는 이성적이기도 하고 직관적이기도 하다. 인식의 이 두 가지 모드는 서로에게 정보를 주고 또 최종적인 결과에 영향을 미친다.

당의 공식적인 후보가 결정되는 그날이 끝나갈 무렵, 그레이스가 갤빙을 눌렀다. 갤빙보다 그레이스를 닮은 사람이 더 많다는 의미였다. 마침내 그레이스는 당의 공식 후보가 되었고, 몇 달 뒤 이 당의 모든 사람은 경선 과정의 앙금을 모두 털어내고 상대 당과의 싸움에 나섰다. 이 당에 소속되어 있거나 이 당을 지지한 사람들은 새로운 우리, 새로운 저들을 구분하며 그레이스라는 대통령 후보 아래 하나가 되었다.

무의식적 연상으로 정서를 자극하라

본 선거는 한층 규모가 컸다. 그리고 표면적으로만 보자면 훨씬 더 멍청했다. 예비 선거에서는 참가한 모든 사람이 서로를 알았다. 말하자면 집안 싸움이었다. 그러나 총선거는 다른 당을 상대로 하는 싸움이었고, 상대 진영에 속한 사람들끼리는 서로 모르는 사이였다. '저쪽 사람들'은 또 다른 태양계에서 온 외계인들이었다. 그리고 이렇게 최악의 경우를 상정하고 믿는 것이 한층 편했다.

그레이스 측 캠프에 속한 사람들이 상대편 진영에 대해서 내리는 전반적인 견해는 지독하게 사악하며 극악무도하게 영리하다는 것이었다. 그레이스 측 캠프 사람들은 자기들은 (보다 우월한 지성과 자유로운 정신 때문에) 내부적인 싸움으로 갈기갈기 찢긴 반면에, 상대 진영은 (복제 인간과 같은 통일성 덕분에) 전체주의적인 통일성과 정확성 속에서 행군을 해나가고 있다고 믿었다. 자기 진영은 사려 깊지만 분파성이 강한 반면, 상대 진영은 아무 생각이 없지만 규율이 잘 잡혀 있다는 뜻이었다.

가을이 되면서 유세 상황은 제트기를 타고 날아다녀야 할 만큼 정신없이 바쁘게 돌아갔다. 그레이스는 한 공항의 격납고에서 유세를 하고 또 다른 공항으로 날아가곤 했다. 될 수 있으면 많은 지역의 지방 텔레비전에 얼굴을 비치기 위해서였다. 선거본부에서 하는 논의는 어느 위치에 연단을 설치해야 카메라에 잘 잡힐지, 연단을 어느 정도로 높게 설치해야 할지 따위가 대부분인 것 같았다.

후보자들은 무서운 속도로 상대방을 헐뜯는 공방을 주고받았다. 언론에서는 주 단위로 그리고 하루 단위, 시간 단위로 어느 후보가 이기는지 추적해서 보도했다. 비록 그런 승패가 실제 선거에서 어느 정도 의미를 가지는지 불확실했지만 그레이스를 지지하는 사람들은 시시각각으로 천당과 지옥을 왕복했다. 예를 들어 한 상원의원은 그레이스가 유세를 다니는 비행기로 찾아와서 승리를 확신하며 한껏 고양되었다가 다음 날 패배가 확실하다면서 절망 속에서 우거지상을 하기도 했다.

그레이스 주변에서는 수많은 자문자가 온갖 메시지를 전했다. "'가족들'이라는 말은 절대로 하지 말고 '일하는 가족들'이라고 하세요." "'소비'라는 말은 절대로 하지 말고 '투자'라고 하세요." 이런 어휘 선택의 미묘한 차이에 따라서 유권자의 마음속에서 연상되는 내용이 완전히 달라지기 때문이었다.

선거운동을 할 때 가장 중요한 사항은 될 수 있으면 후보자에게서 멀리 떨어져서 후보자를 바라보는 것이었다. 특히 텔레비전 광고를 준비하는 실무자들에게는 이 점이 특히 중요했다. 텔레비전 광고는 보통 정치에 그다지 관심이 없으며 각 후보자가 어떤 쟁점에 대해 어떤 태도를 취하는지 알지 못하는 유권자들을 대상으로 하는 것이기 때문이다.

이상한 쟁점들이 부각되어 양 진영 사이에 격렬한 비방의 주제가 되었다. 그레이스와 상대 후보는 소아 비만의 원인 제공자가 서로 상대방이라면서 격렬하게 헐뜯었다. 하지만 사실 양측의 그 누가 소아 비만의 원인 제공자인지 분명하지 않았고 또 그들이 그럴 위치에 있지도 않았지만 이런 난타전은 한 주 내내 이어졌다. 레바논에서 일어난 사소한 위기가 선거의 최종 단계에서 판세를 결정하는 핵심 쟁점으로 떠올랐고, 양 진영은 앞다투어 강력한 응징을 주장하면서 상대방이 반역적인 행위를 조장한다고 비난했다. 또 작은 스캔들도 여러 건 터졌다. 그레이스의 캠프에 있던 사람들은 상대편 진영에서 흘러나온 문건에서 '저들을 어떻게 엿 먹일까fuck'라는 문구를 발견하고 격노했다. 하지만 사실은 이들도 똑같은 표현을 일상적으로 썼다.

유세 과정은 멍청해 보였고 또 피상적으로 보였다. 그러나 해럴드는 유세에 참가하는 군중을 넘어설 수 없었다. 모든 행사마다 진정한 열정이 뜨겁게 흘러넘쳤다. 수천 명, 때로는 수만 명이 시끌벅적한 희망을 안고서 천둥처럼 고함을 지르며 그레이스를 지지했다.

여태까지 살면서 배운 것들에 비춰 보았을 때 해럴드는 선거운동의 모든 시시한 것이 사실은 어떤 중요한 사건을 유발하는 진정한 계기라는 결론을 내렸다. 이런 것들은 사람들의 마음속에 있는 연쇄적인 연상을 촉발시켰다. 그레이스는 깃발 공장에서 지지자들과 함께 사진을 찍으면서 한 시간 가까이 보낸 적이 있었다. 이 행사는 그 자체로 보면 멍청하기 짝이 없었다.[10] 그러나 크고 작은 미국 국기를 가슴에 한 아름 안고 있는 그의 모습은 일련의 무의식적인 연상 작용을 촉발시켰다. 다른 날에 선거본부에서는 황량한 모뉴먼트 밸리Monument Valley(애리조나주 북동부와 유타주 남동부에 걸친 지역으로 인디언 보호구역이 있다-옮긴이)에서 집회를 열고 그레이스가 연설을 하도록 했다. 서부극의 대명사인 존 웨인을 비롯한 서부적인 장치가 모두 동원되었음은 말할 것도 없다. 초라하고 볼품없는 집회였지만 이것이 또 다른 연상을 촉발시켰다.

유세를 조직하는 사람들은 자기들이 하고 있는 일에 대해서 전혀 알지 못했다. 그들은 아무런 의미가 없는 산더미 같은 자료 속에 파묻혀서 살았다. 유권자의 마음을 자극할 수 있는 것을 찾아내려고 온갖 다양한 장치를 동원했다. 집회 연설문에 새로운 문장을 집어넣은 뒤에, 그레이스가 그 문장을 말할 때 집회에 모인 사람이 무의식적으로 고개를 끄덕이는지 관찰했다. 만일 그렇다면 그 문장은 다음 집회 때도 사용되었지만, 그렇지 않다면 폐기되었다.

유권자에게는 숨은 성감대가 있었다. 선거 자문단은 이 성감대를 찾아내려고 더듬거리는 서투른 연인들 같았다. 양 진영은 조세 계획의 세부 사항을 두고 격렬한 논쟁을 벌였는데, 사실 그 사항은 조세 규정과 관련된 내용이 아니었다. 간접적으로 슬쩍 내비치는 가치관이었다. 물질적인 것에 대한 논쟁은 말하거나 이해하기 쉽다. 그러나 두 사람이 벌이는 논쟁의 실질적인 주제는 '우리는 누구이고 또 어떤 사람이 되어야 하는가'라는 정신적이고 감정적인 차원의 문제였다.

어느 날이었다. 비행기를 타고 이동하던 중에 해럴드는 유세에 대한 견해를 에리카와 그레이스에게 설명하려 했다. 예를 들어 에너지 정책에 대한 후보자의 입장은 자연과 공동체, 인류 발전에 대한 가치관을 분명하게 조명할 수 있는 가장 훌륭한 도구라는 게 해럴드의 설명이었다. 한 집회장에서 다른 집회장으로 이동하던 중이었던 터라 그레이스는 지쳤고, 뇌가 빠르게 돌아가지 않았다. 곁에 앉아 있던 에리카도 블랙베리만 두드리고 있었다. 잠시 침묵이 흘렀고, 침묵 끝에 그레이스는 지쳤다는 몸짓을 하며 이렇게 말했다. "솔직히 정말 흥미롭군요, 우리가 지금 한창 선거 유세를 하러 돌아다니지만 않는다면 말입니다."

하지만 해럴드는 계속해서 지켜보았다. 우리가 이미 잘 알고 있듯이 그는 주로 지켜보는 편이었다. 양 진영이 펼치는 통상적인 공방 아래에 수많은 쟁점이 놓여 있는 것을 해럴드는 보았다. 단지 묵시적으로만 표명되는 것들에 대한 주장이 한 다발이나 놓여 있었다. 이 주장들은 국가의 영혼 깊숙한 곳까지 닿아 있으며 유권자들을 획기적으로 갈라놓을 수 있었다.

이런 것 가운데 하나가 리더십의 특성에 관한 것이었다. 그레이스의 상대 후보는 자기는 의사 결정을 빠르게 내리며 한번 내린 결정은 자신의 육감을 믿고 밀고 나간다고 떠벌렸다. 자기는 박식한 사람이 쓴 책을 읽지 않으며 신문도 보지 않는다고 했다(이건 거짓말이었다). 그는 자기 자신을 실천력과 믿음을 가진 불도저로, 친구들에게 의리를 다하고 적들에게는 가차 없이 거칠며 강인하고 빠르고 단호한 결정을 내리는 사람으로 묘사했다.

한편 그레이스는 생각이 깊은 리더의 특징을 눈에 띄게 드러냈다. 그는 폭넓게 독서하고 여러 문제를 철저하게 심사숙고하며 사물의 미묘한 차이까지 간파하는 사람으로 비쳤다. 조심스럽고 사색적이며 사려 깊고 차분한 사람으로 비쳤다. 그는 인터뷰를 하면서 실제로 자기가 읽은 것보다 더 많은 책을 읽은 것 같은 인상을 주기도 했다. 이렇게 선거 운동의 광풍 속에서 두 가지 상반된 리더십의 미덕이 다투고 있었다.

또 다른 묵시적 쟁점으로는 국가의 기본적인 도덕성에 관한 것이 있었다. 누가 그레이스에게 표를 줄지 상대 후보에게 표를 줄지 예측할 수 있는 매우 쉬운 방법 가운데 하나는 그 사람들에게 교회에 얼마나 자주 나가는지 물어보는 것이었다. 일주일에 한 차례 이상 교회에 나가는 사람은 그레이스에게 표를 주지 않을 가능성이 매우 높았고, 반면에 교회에 절대로 나가지 않는 사람은 그레이스에게 표를 줄 가능성이 매우 높았다. 그레이스 본인이 독실한 신앙인이며 정기적으로 교회에 나간다는 사실과는 아무런 상관이 없었다.

두 후보 사이의 그리고 두 정당 사이의 경쟁은 뚜렷하게 구분되는 도덕적 스펙트럼의 양 극단에 두 사람을 위치시켰다. 한쪽 극단에 있는 사람들은 신이 인간사에 주도적인 역할을 한다고 강조하는 경향이 있었고, 다른 쪽 극단에 있는 사람들은 신의 역할을 상대적으로 덜 강조했다. 한쪽 극단에 있는 사람들은 상대적으로 신의 의지 및 신성한 도덕적 규율에 복종해야 한다고 더 많이 말했고, 다른 쪽 극단에 있는 사람들은 이런 말을 상대적으로 덜 했다.

또 다른 묵시적 쟁점도 있었다. 지리, 생활양식, 사회적 집단화와 관련한 쟁점이었다. 인구 밀집 지역에 사는 사람들은 보통 그레이스를 지지하고, 인구 밀도가 낮은 지역에 사는 사람들은 상대 후보를 지지했다. 이 두 집단은 개인적인 공간, 개인의 자유 그리고 공동체 안에서 개인이 져야 하는 의무 등에 대해서 서로 다르게 생각하는 것 같았다.

그레이스 진영의 여론조사 팀은 날마다 선거구의 유권자들을 성향별로 세분화하는 새로운 방안들을 제시했다. 오토바이 경주처럼 기계류의 엔진이 장착된 스포츠를 즐기는 사람들은 그레이스를 싫어한 반면에 하이킹, 사이클링, 서핑처럼 기계류의 엔진이 필요 없는 스포츠를 즐기는 사람들은 그레이스를 지지했다. 또 책상을 깔끔하게 정리해 두는 사람은 그레이스를 싫어했는데 반대로 책상을 늘 엉망진창인 상태로 두는 사람은 그레이스를 지지했다.

흥미로운 것은 모든 것이 다른 모든 것과 연결되어 있다는 점이었다. 생활양식의 선택은 지지 정당 선택과 연결되었고, 지지 정당 선택은 철학적 태도의 선택과 연결되었으며, 철학적 태도의 선택은 다시 종교적·도덕적 태도의 선택과 연결되는 식이었다. 선거운동은 유권자의 신경망을 직접적으로 건드리지 않았지만 유권자의 정신적인 네트워크를 자극하는 자잘한 단서를 끊임없이 뿌려댔다.

어느 날, 상대 후보가 사냥을 하러 갔다. 이런 행동 역시 유권자의 마음속에 있는 어떤 정서를 자극했다. 사냥은 총을 뜻했고, 총은 보수적인 사회적 가치를 뜻했으며, 보수적인 가치는 바로 가족과 신에 대한 경의를 뜻했다. 다음 날, 그레이스는 무료 급식소에서 봉사를 했다. 무료 급식소는 자선을 뜻했고 자선은 동정심을 뜻했으며 동정심은 사회정의에 대한 열망을 뜻했고 사회정의는 인생이라는 커다란 게임에서 실패한 사람들을 따뜻하게 이해하는 것을 뜻했으며, 이것은 평등 증진에 더 많은 것을 쏟는 적극적인 정부를 뜻했다. 두 후보자는 수없이 많이 존재하는 이 의미의 그물망 각각에 하나의 단서만 제공하면 되었다. 나머지는 유권자들이 했다. 이 과정에서 두 후보가 전하고자 하는 메시지가 전달되었다.

선거의 의미

해럴드는 선거운동을 지켜보면서 그게 과연 실제로 얼마나 의미가 있는지 생각해 보았다. 비록 전시용 쇼이고 또 하찮고 평범한 것들이었지만 바로 그것이 인생을 살면서 반드시 해야 하는 본질적인 선택들을 무의식의 차원에서 환하게 조명하고 있었다. 정치는 우아한 작업이다, 라고 해럴드는 많은 세월이 흐른 뒤에 결론을 내린다. 그러나 물론 이런 결론에 도달하기 전까지는 금방이라도 정치를 때려치우고 싶었다.

해럴드를 괴롭힌 것은 유권자가 대부분 기질적으로 중도적인 견해를 가지고 있다는 사실이었다. 그러나 정치적인 가치들은 추상적인 가치들로 표현되지 않는다. 정치적인 가치들은 선거운동의 맥락 속에서 표현되며, 선거운동은 정치적인 관점들이 표현되는 방식을 구조적으로 결정한다.

선거는 구조적으로 적절하게 균형을 갖추고 있는 국가를 양극화하는 기능을 했다. 각 정당은 팀으로 조직되었다. 유식한 학자들이 팀으로 영입되었다. 미국이라는 국가 안에는 두 개의 거대한 아이디어 공간이 있었다. 하나는 민주당의 아이디어 공간이고 또 하나는 공화당의 아이디어 공간이었다. 그리고 다음 4년 동안 어떤 정신적 모델이 미국을 지배할 것인가를 두고 경쟁이 치러졌다. 그것은 '이거 아니면 저거'의 판단을 하는 과정이었으며, 어느 쪽도 마음에 들지 않는 유권자라도 울며 겨자 먹기 식으로 둘 가운데 하나를 선택해야 했다. 이렇게 선거라는 제도는 상대적으로 조화롭고 온건한 상태의 국가를 격렬한 대립과 갈등의 양극화로 바꿔놓는다.

해럴드는 계속 지켜보았고, 그레이스는 자기 정당의 아이디어 공간에 집어삼켜졌다. 그의 마음 깊은 곳에는 기발하고도 독특한 견해들이 자리를 잡고 있었지만, 선거 막바지의 뜨거운 열기 속에서 그는 군중에게, 정당의 기구에 그리고 후원금 기부자에게 먹혀버렸다. 선거운동 마지막 몇 주 동안 그레이스가 한 말만 놓고 평가를 한다면, 그레이스를 한 사람의 개별적인 인간이라고 볼 수 없었다. 그가 속한 정당, 역사 속에서 태어났으며 개인의 생각을 초월하는 조직체, 정당의 살아 숨 쉬는 인형일 뿐이었다.

그러나 이 모든 것에도 불구하고 여전히 그레이스에게 유일하게 뚜렷하게 남은 것은 그의 균형 감각이었다. 그는 한 번도 평정심을 잃지 않았다. 한 번도 보좌진에게 고함을 지르지 않았다. 또 한 번도 패닉 상태에 빠지지 않았다. 그는 언제나 누구보다도 냉정했으며, 이 냉정함의 힘으로 사람들을 자기에게로 끌어당겼다. 그리고 이런 모습은 늘 한결같았다. 해럴드는 가장 어렵고 힘든 환경에 놓인 그레이스를 바라보면서 혼자 이렇게 중얼거리곤 했다. "그레이스는 자기 가문의 이름만큼이나 품위가 있구나."

그레이스는 심지어 선거일조차도 평정심을 유지했다. 지시를 내리고 결과에 대한 예측을 내놓았다. 사람들 사이에 신뢰를 불어넣었다. 그리고 이것이, 비록 경제 분야의 흐름이 유리하게 전개되었고 또 몇 가지 역사적인 사건 역시 그에게 도움이 되긴 했지만, 결정적으로 그를 승리자의 자리에 올려놓았다. 그날 밤 해럴드는 그레이스가 미소를 짓는 것을 보았다. 하지만 그레이스가 의기양양해하는 모습은 보지 못했다. 그러니까 그레이스는 자기가 이길 줄 알았다는 뜻이었다. 사실 그는 그렇게 될 줄 이미 초등학교 4학년 때 알았다. 그는 자기 운명을 한 번도 의심하지 않았다.

그런데 그날 밤 해럴드를 정말 깜짝 놀라게 한 사람은 에리카였다. 막바지의 몇 주 동안 에리카는 선거운동에 완전히 빠져서 탈진 직전 상태까지 갔었다. 밤이 늦은 시각이었다. 축하 파티에서 빠져나온 해럴드가 호텔 침실로 들어갔는데, 에리카가 안락의자에 앉아서 흐느끼며 울고 있었다. 해럴드는 다가가서 안락의자의 팔걸이에 앉아 한 손을 에리카의 목덜미에 얹었다.

이런 순간들마다 에리카는 자기가 했던 여행에 대해 생각했다. 멕시코-미국의 국경을 넘던 할아버지에 대해 생각했고, 중국에서 배를 타고 미국에 온 또 다른 할아버지에 대해 생각했다. 엄마와 함께 살던 아파트, 문에 페인트칠을 하도 자주 해서 덧칠된 페인트의 두께 때문에 문이 잘 닫히지 않던 그 허름한 아파트에 대해 생각했다. 엄마가 품었던 꿈과 희망, 정말 소박해서 아무것도 아니라고 느꼈던 그 꿈과 희망에 대해 생각했다. 에리카는 자부심 속에서 그런 생각을 했다. 하지만 한편으로는 머지않아 자신이 들어가서 일하게 될 백악관을 생각하면, 선거운동 기간 동안에 그 강도 높은 분투를 생각하면, 그리고 한때 링컨이 앉았던 바로 그 자리에 대장을 앉히는 데 성공한 캠프 사람들에 대한 애정을 생각하면 놀라울 뿐이었다. 수백 년이라는 과거가 에리카 뒤에 있었고 이 오랜 세월이 현재의 에리카를 만들었다. 여러 세대의 조상들과 노동자들 그리고 부모, 하지만 이들 가운데 그 누구도 이제 에리카가 누리게 된 특권을 누릴 기회는 잡지 못했었다.

20장

관계

다음 세대를 위해
마련해야 할 사회적 유산

워싱턴DC에는 대단한 싱크탱크가
코너마다 입주해 있는 굉장한 사거리가 있다. 외교정책, 사회정책, 국
제경제, 규제와 관련된 전문 싱크탱크들이다. 많은 사람이 이 사거리를
지구에서 가장 따분한 곳이라고 여긴다.

　커피숍마다 연구원들이 모여서 다가올 봄에 '나토 어디로?Whither
NATO?' 총회에 참석할 자기 팀장의 활동이 어떻게 하면 방송에 나오게
할 수 있을지 골몰했다. 연구원들은 택시를 함께 타고 국회의사당으로
가서 서로 상대편이 마련한 토론회에 기꺼이 패널로 참석한다. 또한 이
런저런 부서에서 부장관을 역임한 선임 연구원들은 이른바 '영향력 없
는 점심Powerless Lunch'이라 일컬어지는 정부 모임에 참석하는데, 이 자리
에서 예전에 힘깨나 썼던 사람들과 식사를 하면서 전혀 중요하지 않은
일을 놓고 심각하게 대화를 나눈다. 하지만 이 연구원들은 결국 중상류
층 미국인의 분노를 느끼게 된다. 돈은 제법 많이 벌지만 가처분소득
가운데 60퍼센트를 사립학교 등록금으로 지출하며 자기 자신에게 쓸
돈은 한 푼도 남지 않기 때문에 결국 남들로부터 인정받지 못한다는 깊
은 자괴감에 빠질 수밖에 없었던 것이다.

　에리카가 백악관 비서실 차장으로 발령을 받아 떠날 때 해럴드는 공
공정책 연구소Public Policy Studies의 로버트 콜먼 아래에서 선임 연구원으

로 일하는 자리를 얻어 이 행복한 토론회 참석자 대열에 합류했다. 정책을 주무르는 사람들의 땅에 서 있게 된 것이다. 해럴드의 눈에 이 사람들은 대체로 회피적인 성향이 있어 보였다. 그들은 대학생 때 열심히 공부해서 좋은 성적을 받았고, 분석적인 엄밀함으로써 권위를 인정받았다. 그런 사람들이 성욕을 엄격하게 억누르고 즐거움의 우선순위가 한참 뒤쪽으로 매겨지는 장소에 카피스트라노로 돌아오는 제비들처럼(캘리포니아주의 산 후안 카피스트라노에서는 제비가 매년 10월 23일에 어디론가 날아갔다가 3월 19일에는 어김없이 돌아온다고 한다- 옮긴이) 모였다.

해럴드는 새로운 동료들이 매우 멋지고 믿을 수 없을 정도로 똑똑하다는 걸 알아차렸다. 그런데 이들은 상류사회에만 존재하는 풍토병의 일종인 지위 경쟁으로 고통받고 있었다. 로스쿨 졸업자로서 경영학을 전공한 사람들에게 분개하며, 정가에 발을 들여놓은 사람으로서 뉴요커에게 분개한다. 또 정책을 입안하는 사람으로서 골격이 튼튼한 사람들에게 분개한다. 그들은 일은 무지하게 열심히 했지만, 집에 런닝머신을 마련해 두고도 절대로 아름다워지려고 애쓰지는 않았다. 만일 그랬다가는 미국 의회의 예산국CBO에서 이들을 진지하게 대하지 않을 것이기 때문이었다.

해럴드의 사무실과 바로 붙어 있는 사무실에는 지위와 인맥의 부조화 탓에 정치가로서의 경력을 중도에 포기한 사람이 있었다. 이 남자는 여태까지 살아온 인생의 전반부를 자기 경력의 지위로만 규정하면서 보냈다. 그는 기름을 바른 것처럼 미끄러운 기둥을 올라가는 데 유용한 여러 가지 사회적 기술을 연마했다. 실제로는 친하게 느끼지도 않으면서 친한 척할 수 있는 낯 두꺼운 마음가짐, 자기가 만나는 사람들의 성뿐만 아니라 이름까지 기억하는 능력, 자기보다 높은 지위에 있는 사람에게 효과적으로 복종하는 섬세한 요령 등이 바로 그런 기술이었다. 그는 상원의원으로 선출되었고, 글로벌로니globaloney('세계화Globalization'와 '잠꼬대 또는 허튼수작baloney'의 합성어 - 옮긴이)의 온갖 방언에 통달해야 했다. 기술의 변화, 환경 파괴, 도덕의 근본적 타락에 의해 야기된 여러 세계 문제의 비극적 전망에 대해서 열변을 토할 수 있는 능력으로 그는 명성을 얻었고 상원외교위원회 위원장이 되었으며, 대통령감이라는 말도 심심찮게 들었다.

그러나 그때, 어떤 잔인하고도 일리 있는 농담이 그를 괴롭히기 시작했다. 중년에 들어서 그는 상원의원이라는 대단함만으로는 인생이 충분하지 않다는 점을 깨달았다. 그리고 자기가 외톨이라는 점도 깨달았다. 사회학자 캐서린 파우스트Katherine Faust와 존 스크보레츠John Skvoretz가 공동으로 수행한 연구에 따르면, 미국 상원의원들 내부의 친밀도 네트워크는 농장에 있는 암소들 사이에서 서로 핥아주는 관계의 네트워크와 구조적으로 매우 비슷하다. 그러나 이 불쌍한 양반은 그런 우정은 조금도 쌓지 않았다. 인생을 바쳐서 자기보다 높은 자리에 있는 사람들과만 인간관계를 맺었다. 동료나 진정한 동지가 있는 사람들과 수평적인 관계를 쌓고 그 관계를 돈독하게 하는 데는 전혀 시간을 들이지 않았던 것이다. 일상의 삶에서 누릴 수 있는 평범한 친밀함은 그가 높은 자리로 올라가면 올라갈수록 더욱더 파괴되었다.

이렇게 해서 위기가 왔다. 아마도 우두머리 수컷 고릴라는 아무도 자신의 외로움과 고통을 알아주지 않는다는 이유로 한밤중에 일어나 자기가 불쌍하다고 생각하며 훌쩍거리지는 않을 것이다. 그러나 그 남자는 그랬다. 자기 상처를 치유하려고 애써야 했다. 자기가 알고 있는 모든 방법을 다 동원했다. 하지만 쉽지 않았다. 수평적 관계 형성 욕구를 워낙 오랫동안 눌러왔던 터라, 우정을 쌓는 기술 수준은 겨우 여섯 살짜리 아이의 수준이었다. 그래서 그가 어떤 사람과 친밀한 관계를 맺어보려고 시도하는 그의 행동은 몸무게가 60킬로그램이나 나가는 거대한 인명구조견인 세인트버나드가 프렌치키스를 하자고 덤벼드는 꼴이나 마찬가지였다. 우악스럽고 침을 질질 흘리는, 필사적인 갈망이었다. 누구라도 그와 저녁 식사를 함께했다가는 어느 순간 갑자기 그의 혀가자기 귓구멍을 파고드는 것 같은 상황을 맞아야 했다.

그는 중년에 접어들어 자기에게도 내적인 영혼이 있음을 깨닫고는그 영혼을 밖으로 꺼내 마구잡이로 장난치듯 살았다. 스스로를 망치는급행열차에 막 올라탔다는 사실을 깨달았지만 멈출 수가 없었다. 민망한 폭로가 이어졌고 그는 성 스캔들의 중심이 되었다. 상원 윤리위원회가 소집되었고 신문사 만평에 단골손님으로 등장했다. 결국 그는 사퇴서를 제출했고, 한때 대통령 후보감이라는 말까지 들었던 한 남자는 이제 한가한 정부 소속 연구기관에서 해럴드와 노닥거리며 오후 시간을보내게 되었다.

하드웨어적 접근법

그때 해럴드는 폭넓은 과학적 문화 관념들이 정책 안으로는 거의 녹아들지 않았다는 사실을 깨달은 참이었다. 좌파든 우파든 그 세계에 발을디디고 있는 사람들은 모두 특정한 가정들을 함께 설정하고 있음을 발견했다. 이들은 모두 개인주의적인 세계관을 가지고 있어서 일반적으로 사회를 자율적인 개인들 사이에서 맺어진 계약이라고 보았다. 그래서 개인의 선택을 확장하기 위한 정책들을 추진했다. 사회적이고 공동체적인 유대감이나 지역사회의 친밀함 혹은 보이지 않는 규범 따위에는 그다지 많은 관심을 기울이지 않았다.

보수주의 활동가들은 그 시장의 개인주의를 포용했다. 그래서 개인의 경제적 선택 영역을 국가가 침범할라치면 격렬하게 반대하고 나서며, 경제적 자유를 최대로 보장하는 정책들을 채용했다. 예를 들면 세율을 낮춰서 사람들이 보다 많은 돈을 개인 소유로 가질 수 있게 한다거나 사회안전망 관련 분야를 민영화해서 사람들이 자기 연금에 대한 개인적인 통제권을 더 많이 행사할 수 있도록 한다거나, 학교의 수준을 다양하게 차별화해서 학부모들이 자기 아이들을 원하는 학교에 보낼 수 있도록 하는 정책들이었다.

이에 비해서 자유주의 활동가들은 도덕적 영역에서의 개인주의를 포용했다. 그래서 결혼, 가족 구성, 여성의 역할, 출생 및 사망과 관련된 일 따위에 국가가 참견하고 나설라치면 격렬하게 반대하고 나섰다. 이들은 사회적인 자유를 최대로 보장하는 정책들을 채용했다. 낙태나 안락사 등을 개인이 알아서 선택할 수 있어야 한다고 주장했다. 그래서 자유주의 활동가들은 범죄로 비난받는 개인의 권리를 옹호하고 나섰다. 이들은 또 종교가 개인의 양심을 침범하는 일이 없도록 종교를 공적인 영역과 철저하게 구분해야 한다고 주장했다.

좌파와 우파의 이런 개인주의는 두 가지 정치 운동을 낳았고 또 성공시켰다. 하나는 1960년대의 정치 운동이었고, 또 하나는 1980년대의 정치 운동이었다. 한 세대 동안 어느 진영이 집권하든 간에 정치 분야에서 바람은 주로 자율성과 개인주의 그리고 개인의 자유를 추구하는 방향으로 불었지 사회나 사회적인 의무 혹은 공동체적인 유대감을 향해서 불지 않았다.[1]

해럴드 역시 새로 알게 된 동료들이 물질주의적인 사고방식을 가지고 있음을 깨달았다. 좌파와 우파 가릴 것 없이 이들은 모두 사회적인 병폐를 경제적인 관점에서 설명하려 들었고, 해결책 역시 보통 돈과 관련해 제시했다. 보수주의자들은 결혼을 장려하기 위해 자녀의 수에 따라서 세금을 공제하는 제도, 도시 빈민 문제를 해결하기 위한 조세율이 낮은 기업 단지 제도, 그리고 교육 체계를 개선하기 위한 학교 바우처 제도(어떤 학생이 사립학교에 가고자 할 때, 공립학교에 지원되는 만큼의 돈을 이 학생이 다니는 사립학교에 지원한다. 학생은 정부로부터 바우처를 받아서 사립학교에 등록금 대신 납부하고, 사립학교는 정부에 바우처를 제출하고 재정을 지원받는 형식을 취한다 - 옮긴이)를 주장했다. 또 좌파인 자유주의자들은 또 다른 분야에 대한 재정 지출을 강조했다. 학교 건물을 수리하는 데 보다 많은 재정을 들이려고 노력했으며 대학교 졸업률을 높이기 위해 학비 보조금을 확대했다. 그러나 양 진영 모두 물질적인 환경을 개선하는 것과 어떤 문제를 해결하는 것 사이에 직접접인 연관성이 있다고 생각했다. 그러면서 개인과 집단의 특성, 문화 그리고 도덕성이라는 문제는 완전히 무시했다.

말하자면 이들은 애덤 스미스를 둘로 쪼개버린 셈이었다. 스미스는 『국부론(1776)』이라는 책에서 경제활동과 보이지 않는 손에 대해 썼지만 『도덕감정론(1759)』에서는 연민 및 존경에 대한 무의식적인 갈망이 개인의 형성에 미치는 영향에 대해 썼다. 그는 『국부론』에서 묘사한 경제활동이 『도덕감정론』에서 묘사한 기반을 근거로 한다고 믿었다. 하지만 최근 수십 년 동안 사람들은 『국부론』만 크게 떠들지 『도덕감정론』 이야기는 거의 하지 않았다. 『국부론』을 중요하게 치면서 『도덕감정론』을 내팽개치는 게 전반적인 분위기였다.

해럴드는 워싱턴 정가에서 높은 자리를 차지하고 있는 사람들은 총과 은행이 관련된 연구를 하는 사람들만 찾는다는 사실을 깨달았다. 전쟁 예산과 세계경제를 주제로 책을 쓰는 사람들이 태양신이나 되는 것처럼 빼기고 다니고, 가족 정책이나 어린이 교육 혹은 공동체 인간관계 등을 주제로 책을 쓰는 사람들은 찌질이 취급을 받는다. 예를 들어 당신이 상원의원을 어렵게 만나서 어린이가 올바른 성인으로 성장하는 데 모자 간의 인간관계가 중요하다는 이야기를 하면, 이 상원의원은 아마도 유기견 집단 치료소 건립을 위한 모금 운동을 펼치는 사람을 바라보듯 당신을 바라볼 것이다. 그러고는 매우 진지한 어떤 것, 즉 세금고지서나 방위 계약 이야기를 하러 간다면서 서둘러 돌아설 것이다.

정치인들은 매우 사회적인 동물이다. 이들은 뛰어난 정서적인 촉각으로 정치계에서 나름대로 출세를 한 사람들이다. 하지만 정책과 관련된 생각을 하는 순간 정서와 관련된 모든 것을 깡그리 잊어버린다. 이들은 기계론적으로 생각하며, 양적인 측면으로 측정할 수 있고 예산안으로 구체화할 수 있는 것들만 진지하게 생각한다.

인간에 대한 얄팍한 이해가 만들어낸 참상

해럴드는 이런 식의 사고방식 때문에 재앙과도 같은 정책들이 나왔다고 믿었다. 해럴드가 보기에, 이런 정책들이 나쁜 결과를 낳은 공통적인 이유는 딱 한 가지다. 정치인들이 물질적인 조건들만을 긍정적으로 바라보고 사회적인 인간관계를 소홀히 하는 바람에 전혀 의도하지 않았던 파괴적인 결과를 초래했다.

그런 실수 가운데 몇몇은 좌파에게서 나왔다. 1950년대와 1960년대에 선한 의도를 품었던 개혁가들은 서민 주거지의 낡은 주택들을 가슴 아프게 바라보고는, 번쩍거리는 새 집을 마련해 주겠다는 주택 사업을 추진했다. 그러나 이들이 간과한 것은 낡고 볼품없어 보이는 서민 주거지 안에 존재하는 상호부조의 관습과 공동체적인 유대감이었다. 그런데 이 주거지가 파괴되고 새로운 주택들이 들어서면서, 사람들의 삶은 물질적으로는 더 나아졌을지 몰라도 정신적으로는 오히려 더 나빠졌다. 이 사업으로 원래의 주거지는 원자화된 황무지, 즉 인간이 살기에는 궁극적으로 맞지 않는 땅이 되고 말았다.

우파가 낸 정책들 역시 실패의 연속이었다. 탈규제의 시대에 월마트와 같은 거대 체인점들이 지역의 소규모 상인들을 압살했고, 이 과정에서 이런 소상인들이 한몫 거들었던 지역 공동체의 끈끈한 정 역시 파괴되었다. 금융시장이 세계화되어 덩치가 작은 은행들이 덩치가 큰 은행에 흡수되면서, 어떤 지역의 은행인이 알고 있던 지식은 수천 킬로미터 떨어진 곳에 있는 조증 환자 금융 거래인들의 온갖 계량적인 지수로 대체되었다.

소련이 붕괴한 뒤에는 자유 시장 전문가들이 러시아로 물밀듯이 몰려갔다. 이들은 민영화·사유화에 대해서 수없이 많은 조언을 했지만, 정작 번영의 진정한 출발점이라고 할 수 있는 공동체적인 신뢰와 법, 질서를 세우는 방법에 대해서는 아무런 조언도 하지 않았다. 미국은 한 국가의 독재자와 정치 제도를 바꾸는 것만으로 쉽게 어떤 나라를 새롭게 만들 수 있다는 믿음을 가지고서 이라크를 침공했다. 하지만 이렇게 남의 나라로 쳐들어간 사람들은, 한 세대에 걸친 독재가 이라크 문화에 끼친 심리적인 영향과 사람들의 겉모습 바로 아래에 웅크리고 있는 사악한 증오에 대해서는 무지했다. 이렇게 해서 이라크는 민족 간의 갈등으로 핏물이 낭자한 전쟁터가 되고 말았다.

실패한 정책의 목록은 끝이 없었다. 예를 들면 이런 것들이었다. 세계

금융시장에서 이루어지는 거래에 정서적인 요인들은 아무런 문제가 되지 않는다는 가정에서 출발한 금융의 탈규제화, 조세율만 낮추면 지역의 경제가 저절로 활성화될 것임을 전제로 하는 기업 단지 제도, 등록금 때문에 학업을 중도에 포기하는 비율이 8퍼센트밖에 되지 않음에도 재정적인 이유가 학업 포기의 가장 큰 원인이라고 파악하고서 대학 졸업률을 높일 목적으로 도입한 장학금 제도. 실제로 장학금 제도에서 보다 중요한 문제들은 학생과 대학 사이의 정서적 괴리, 대학교에서 공부하고 준비할 필요성의 부족 등 정치인들이 일반적으로 가지고 있는 사고방식으로는 도저히 파악할 수 없고 인정할 수도 없는 무형의 요인들이었던 것이다.[2]

간단하게 말해서, 정부는 물질적인 발전을 강화하려고 노력했지만 이런 노력은 물질적인 발전의 토대가 되는 사회적·정서적 발전을 약화시키는 것으로 끝나고 말았다. 그러나 공동체적인 유대감을 말살하는 요인으로 정부만 있는 게 아니다. 문화 분야에서의 혁명 역시 오래된 습관과 전통적인 가족 구조를 파괴해 왔다. 또 경제 분야에서 진행된 혁명 때문에 독립적으로 존재하던 쇼핑몰들은 대형 체인점으로 대체되었다. 또한 정보 분야에서의 혁명은 적어도 일주일에 한 번씩은 서로 얼굴을 보고 공식·비공식으로 만나던 제도를 인터넷의 소셜 네트워킹으로 대체해 버렸다. 그러나 정부 정책은 이 모든 변화 속에서 자기도 의식하지 못한 채 어떤 역할을 지속적으로 수행해 왔다.

그 결과 하버드대학교의 정치학자인 로버트 퍼트넘 교수가 『나 홀로 볼링』을 비롯한 여러 저서에서 표현했듯이 '사회적 자본social capital'이 줄어들었다. 사람들이 맺는 관계는 이전보다 느슨해졌다. 스스로를 통제하는 마음, 다른 사람을 배려하는 마음 그리고 한 사회 속에서 연대감을 느끼는 마음 등이 자리를 잡았던 인간관계의 그물망이 힘을 잃어버렸다. 교육을 잘 받은 계층의 사람들에게는 이와 같은 사회의 변화가 해방감을 주었다. 느슨하게 조직된 새로운 세상을 자유롭게 탐구할 사회적 자본을 가지고 있었기 때문이다. 그러나 그런 종류의 인적 자본이 없는 사람들에게는 치명적인 영향을 미쳤다. 가족의 구조가 해체되기 시작했다. 범죄가 증가했으며 사회제도에 대한 신뢰는 무너지고 말았다. 이러한 결과는 교육을 덜 받은 계층에서 더 심하게 나타났다.

국가는 질서를 회복하려는 시도를 새롭게 해야만 했다. 영국의 철학자 필립 블론드Phillip Blond가 썼듯이, 개인주의 혁명은 느슨하고 자유로운 사회를 창조하는 데 그치지 않고 원자화된 사회를 낳는 데까지 나아갔다. 이런 원자화된 사회에서 국가는 사회적인 분열로 인한 간극을 메워야 하기 때문에 점점 덩치가 커질 수밖에 없다. 사회에서 비공식적인 제약이 적을수록 공식적인 국가 권력은 더 커질 수밖에 없다. 예를 들어 영국에서 범죄율이 급증하자 영국에 설치된 보안 카메라의 수가 무려 400만여 대에 이르렀다.[3] 이웃끼리 분열하고, 복지 차원에서 국가가 개입해 남아 있는 상호부조의 네트워크까지 흡수하거나 다른 것으로 대체했다. 전통이나 비공식적인 규준으로 구속되지 않는 불안정한 시장은 강제적인 경찰력의 필요성을 불렀다. 그래서 블론드는 다음과 같이 썼다. "현재 우리가 살고 있는 사회가 어떻게 변해 있는지 보라. 양극화 사회다. 점점 더 파편화되고 권한이 축소되고 또 서로 따로 떨어져 고립되어 가는 시민 계층을 중앙집권화된 관료 국가가 지배하고 있지 않은가."[4]

건강한 사회조직의 부재로 인해 정치는 양극화되었다. 한 정당은 국가를 대표하고, 다른 정당은 시장을 대표하게 되었다. 한 정당은 돈과 권력을 정부로 집중하려 하고, 다른 정당은 이것을 바우처를 비롯한 시장 메커니즘으로 이동시킨다. 이들 두 정당 모두 시민적 삶의 매개적인 제도나 관습은 무시했다.

사회적으로 자원이 고갈된 국가들에서는 많은 사람이 정당 주변에서 자기 정체성을 형성하기 시작했다. 이 사람들로서는 이것 말고는 매달릴 게 없었다. 정치가와 언론의 논쟁주의자들은 이 심리적 진공상태를 이용해 정당들을 종교 집단으로 변질시켜 완벽한 충성을 요구하고 또 거기에 보상을 해준다.

정치가 시민을 상대로 동일체 집단을 더 많이 획득하려는 경쟁에 나서면 이제 타협의 가능성이 더는 존재하지 않는다. 모든 것은 내 편과 네 편 사이에 벌어지는 전쟁이 되고 만다. 심지어 아주 작은 양보조차 도덕적인 항복처럼 비친다. 정당과 정당의 경계선을 넘어서서 인간관계를 형성하려고 시도한 사람들은 추방당한다. 정치인들 사이에서도 정당에 대한 충성심이 하원이나 상원과 같은 제도에 대한 충성심을 압도해 버린다. 정치는 이제 더 이상 협상이 아니다. 명예 혹은 집단의 우월성을 다투는 경연일 뿐이다. 이런 추악한 당파성 속에서 대중은 정부를 신뢰하고 정치제도는 붕괴한다.

관계의 밀도가 높은 사회에서 사람들은 가족에서 이웃으로, 이웃에서 도시로, 도시에서 지역 연합으로, 지역 연합에서 국가 연합으로, 국가 연합에서 연방 정부로 이어지는 제도의 고리를 발견할 수 있다. 그러나 관계의 밀도가 희박한 사회에서 이 고리는 이미 부서져 있고, 자기 혹은 자기 집단이 다른 어떤 것과 연결되어 있다는 인식은 실종되고 없다. 이런 상태는 낯설고 동시에 위험하다. 사람들은 정부가 언제나 옳을 일을 할 수 있는 능력이 있다고 믿지 않으며, 국가 지도자들에 대해서는 냉소적이고 신랄한 태도를 지닌다.

이런 사회에는 형제애로 서로 연결되거나 함께 누구를 위해 희생하자는 부름에 즉각 응답하는 게 아니라, 누가 내 뒤통수를 치기 전에 내가 먼저 남의 뒤통수를 쳐야 한다는 냉소적인 정신세계가 만연한다. 그 결과 정부의 부채가 급증한다. 그러나 사람들은 부족한 세수를 마련하기 위해 어쩔 수 없이 감당해야 하는 세수 증대나 세출 감소에 따른 희생을 꺼린다. 어느 정당도 상대방이 진정으로 함께하는 희생에 정직하게 참가할 거라고 믿지 않는다. 사회적인 신뢰가 실종되면서 정치계는 야수의 난폭한 쟁투 현장으로 바뀐다.

소프트웨어적 접근법

해럴드는 인식 혁명에 이런 개인주의적인 정치철학과 여기에서 비롯된 정책적인 접근을 뒤집어엎을 잠재력이 있다고 믿었다. 인식 혁명은 인간은 인간관계를 통해서 비로소 인간으로 성립함을 증명했다. 한 사회의 건강함은 인간관계의 질에 따라 결정되지 개인적인 선택의 극대화 정도에 따라 결정되지 않는다는 말이다.

그러므로 자유라는 것이 정치의 궁극적인 목적이 되어서는 안 된다. 정치 활동이 궁극적으로 초점을 맞춰야 할 대상은 그 사회의 특성이다. 정치적·사회적·종교적 제도들은 사회 속에 존재하는 인간의 행동을 뒷받침하는 무의식적인 선택 구조에 영향을 미친다. 이 제도들은 도덕적인 선택을 촉진하는 환경을 조성할 수도, 오히려 좀먹는 환경을 조성할 수도 있다. 합리주의 시대에는 효용을 극대화하는 개인을 정치적인 사고의 중심에 놓지만 다음 시대에는 건강한 사회적 네트워크를 사고의 중심에 놓을 것이라고 해럴드는 믿었다. 한 시대는 경제를 중심으로 했지만 다음 시대는 사회를 중심으로 할 것이라고 믿었다.

사회를 중심으로 설정하는 지적인 흐름이 (경제 담론이 아니라) 특성 담론 혹은 덕성 담론을 정치의 중심에 놓기를 해럴드는 희망했다. 빈민이 주로 사는 지역에 돈을 아무리 많이 뿌려댄다 하더라도, 자아통제력을 강화하는 문화가 없다면 사회적 유동성, 즉 계층 간의 활발한 이동은 기대할 수 없다. 조세율을 아무리 높이거나 혹은 낮춘다 하더라도 신뢰와 자신감이 없다면 회사의 창업이나 개인의 투자 활동은 활발하게 일어나지 않을 것이다. 아무리 선거를 많이 한다 하더라도 책임감 있는 시민이 없다면 민주주의는 활성화되지 않을 것이다. 정치학자 제임스 윌슨은 공공정책에 대한 설계와 집필로 평생을 보낸 뒤에 다음과 같이 결론을 내렸다. "본질적으로, 공공의 관심과 관련해 거의 모든 영역에서 우리는 사람들이 (이 사람이 초등학교 학생이든 생활보호 신청자든 장차 범법자가 될 사람이든 유권자나 공무원이든 뭐든 간에) 도덕적으로 행동하도록 유도하려고 애를 쓴다."[5]

해럴드는 영국의 정치가 벤저민 디즈레일리Benjamin Disraeli가 했던 명언을 사무실 벽에 붙였다. "인간의 정신적인 성정은 법률보다 더 강하다. 어떤 정부도 이런 사실을 알지 못하고는 버텨낼 수 없으며, 어떤 법률도 이런 근본적인 원칙에서 비롯되지 않고서는 지속되지 못한다."[6]

모든 것이 성격(특성)으로 환원되었다. 이것은 바로 모든 것은 인간관계의 질로 환원된다는 뜻이기도 했다. 인간관계야말로 성격이 형성되는 출발점이기 때문이다. 인생과 정치가 그토록 힘들고 어려운 이유는 인간관계가 가장 중요할 뿐 아니라 가장 이해하기 어려운 것이기 때문이다.

해럴드는 사람들이 딱딱하고 기계론적으로 생각하는 데 익숙해져 있는 공공정책의 세계로 들어갔고, 여기에 자신이 정서적이고 사회적인 관점을 도입한다면 어떤 성과를 낼 수 있지 않을까 하고 기대했다.

사회적 동물의 정치를 꿈꾸다

해럴드는 정치와 공공정책의 세계에 자신이 설정한 기본적인 가설들이 어떻게 적용되는지 파악하려고 애썼다. 그리고 이 과정에서 '사회주의socialism'라는 용어를 누군가 이미 써버렸음을 알고 탄식했다. 19세기와 20세기에 사회주의자라고 자처했던 사람들은 진정한 의미의 사회주의자가 아니었다. 그들은 국가주의자였다. 사회보다 국가를 더 중요하게 여긴 사람들이었다.

그러나 진정한 사회주의는 사회적인 삶을 가장 중요한 요소로 여긴다. 인식 혁명이 정치에서 보다 많은 공산주의적 양식을 강화할 것이라고 해럴드는 상상했다. 경제적인 공동체에 초점을 맞출 수도 있을 것이다. 서로 다른 계급에 속한 사람들이 자기들이 한 배를 타고 있다고 생각할까, 아니면 계급과 계급 사이의 격차가 넘을 수 없을 정도로 크다고 생각할까? 공통적인 문화에 초점을 맞출 수도 있을 것이다. 사회의 핵심 가치들이 공공연하게 그리고 자신 있게 표현되고 또 강화될까? 이런 가치들이 국가 제도에 반영될까? 이민자들은 자신들이 새로 선택한 사회에 과연 잘 녹아들까? 계속해서 해럴드는 이런 상상을 했다. 정치의 영역에서 보수주의자들은 국가가 문화나 개성을 바꾸는 것은 어렵다고 강조할 것이고, 이에 비해 자유주의자들은 그럼에도 여러 실용적인 방식으로 최대한 노력을 해야 한다고 주장할 것이다. 양 진영 모두 형제애를 이야기할 것이고 또 우리는 모두 하나라는 관념을 불어넣으려 할 것이다.

그 지점에서 해럴드는 자신을 과연 보수주의자로 불러야 할지 자유주의자로 불러야 할지 갈피를 잡지 못했다. 하지만 그가 지침으로 삼고 있는 원칙 가운데 하나는 대니얼 패트릭 모이니헌 Daniel Patrick Moynihan 이 했던 말이었다. "보수주의의 중심적인 가치는 한 사회의 성공 여부를 판가름하는 것이 정치가 아니라 문화라고 보는 것이다. 자유주의의 중심적인 가치는 정치가 문화를 변화시킬 수 있고 또 문화를 자기 자신인 정치에게서 구할 수 있다고 보는 것이다."[7]

정가의 중심인 워싱턴에서 자신이 맡은 일은, 성격과 문화가 진정으로 행동이 어떤 꼴을 갖추도록 해주며 아울러 정부는 (비록 방법이 제한되긴 하지만 그래도) 문화와 성격이 어떤 꼴을 갖추도록 해준다는 사실을 변방에 보여주는 것임을 해럴드는 잘 알고 있었다. 국가 권력은 불과 같아서 특정한 수준 이상으로 커지지 않도록 잘 관리하면 몸을 따뜻하게 데워주는 유용한 도구지만 자칫 너무 커져버리면 치명적인 위협이 된다. 정부는 시민의 삶을 좌우해서는 안 된다는 게 해럴드의 생각이었다. 그럴 경우 시민의 책임과 덕성을 약화시킬 것이기 때문이다. 그러나 정부가 시민의 삶이 펼쳐지는 환경에 영향을 미칠 수는 있다. 어느 정도까지라는 단서가 붙긴 하지만, 정부는 형제애적인 인간관계의 온상 역할을 할 수 있다. 시민 정신에 얼마든지 영향력을 행사할 수 있다는 말이다.

이런 역할의 일부는 국가가 질서와 안전의 기본적인 틀을 확립하는 기본적인 과제들을 수행함으로써 (즉 외적의 공격을 막아내고, 약탈자를 징벌하기 위해서 경제활동을 규제하고, 재산권을 보호하고, 범죄를 징벌하고, 법치 질서를 높이고, 최소한의 사회보장과 시민 질서를 제공함으로써) 이루어진다.

또 그 역할의 일부는 문화와 개성을 허약하게 만드는 제도들을 축소

함으로써 이루어진다. 사회의 기본적인 구조는 노력을 하면 거기에 보상이 따른다는 생각을 토대로 한다. 그러나 정부는 종종 노력을 하지 않는 사람들에게도 보상을 준다. 물론 의도는 선하다. 노인복지 제도가 그렇다. 그런데 때로 타락한 의도가 개입하기도 한다. 특정 계층이나 조직에만 유리하도록 작용하는 로비, 탈세, 시장경제를 무시하는 특별 보조금 등이 그렇다. 이런 제도들은 사회적 신뢰와 공신력을 떨어뜨린다. 이런 것들은 노력과 보상을 분리함으로써 사회 분위기를 오염시키며, 결국 제도가 오염되고 사회가 부패했다는 메시지를 보낸다.

그러나 적절하게 잘만 이끌면 정부가 보다 건설적인 역할을 할 수 있을 것이라고 해럴드는 생각했다. 중앙집권적인 권력이 노예적이고 종속적인 시민을 만드는 것처럼, 탈중앙집권적인 권력, 즉 공동체 자치정부는 적극적이고 협동적인 시민을 만든다. 어떤 지역사회에 독자적인 중심축을 개발하는 인프라 사업은 인간관계를 강화하고 개발을 촉진한다. 차터스쿨은 학부모들을 하나로 묶어준다. 교정을 벗어난 영역에서까지 활발한 활동을 하는 대학교는 시민 활동과 기업 활동의 중심이 된다. 국가 봉사 제도들은 사람들이 계층의 범위를 넘어서서 하나로 묶이게 만든다. 공적 자금으로 조성되어 지역사회에서 운영하는 사회적 기업 기금social-entrepreneurship fund은 시민 활동과 공동체 서비스 프로그램들을 장려한다. 단순하고 공정한 조세 정책은 사회에 역동적인 힘을 불어넣고 동물적인 정신을 고양하며 창조적인 파괴를 장려한다.

아리스토텔레스는 입법자는 시민을 길들인다고 썼다. 입법자는 애초에 의도를 했든 아니든 특정한 방식의 삶은 장려하고 특정한 방식의 삶은 억누른다. 나라를 다스리는 기술이라는 것은 결국 영혼을 다스리는 기술이다.

사회 문제가 해결되지 않는 이유

해럴드는 자기가 생각하는 소프트웨어적 접근법이 실제 세계에서는 어떤 의미일지 탐색하는 내용으로 정책을 다루는 여러 잡지에 글을 쓰기 시작했다. 그의 글들은 모두 공통적인 주제를 다루고 있었다. 바로 무의식적인 유대감이 여러 사회 문제의 뿌리에 어떻게 닿아 있으며, 또 정부는 사회구조 속에 노출되어 있는 이런 문제들을 어떻게 바로잡을 수 있을까였다.

그는 정서, 즉 감정과 인간관계의 거센 세계에서 멀리 떨어진 영역들에서부터 시작했다. 첫 번째 에세이는 세계적으로 벌어지는 테러를 소재로 삼았다. 수많은 사람이 테러는 가난 및 경제적 기회의 박탈이 낳은 결과라고 했다. 기본적으로 물질적인 문제가 원인이라는 말이었다. 그러나 테러리스트들의 배경을 탐색한 한 자료에 따르면 반서방 테러리스트의 75퍼센트는 중산층 출신이며 또 65퍼센트는 대학 교육을 받은 사람이었다.[8] 문제의 뿌리는 물질이 아니라 문화라는 말이다. 프랑스의 정치학자 올리비에르 로이Olivier Roy가 주장하듯 테러리스트들은 특정한 국가나 문화로부터 분리되어 있다.[9] 이들은 흔히 고대와 현대 사이에 존재하는, 아무도 없는 중간 지대에 사로잡혀 있다. 이들은 현재 자기가 사는 삶에 의미를 부여하기 위해 고대의 순수성을 가장한다. 이들이 폭력적인 성전聖戰에 나서는 것은 이런 행위를 함으로써 자기들이 어떤 것에 애착을 가질 수 있기 때문이다. 테러 조직에 가담하기 전까지만 보자면, 이들의 정치적인 성향이 일반적으로 활발한 편은 아니다. 그러나 이들은 그 기간에도 자기 존재에 어떤 목적과 형태를 부여할 수 있는 보다 큰 범위의 교의教義를 찾는다. 이들이 결국 테러에 나서지 않도록 하는 방법은 삶에서 충족감을 느낄 수 있는 또 다른 대의를 제공하는 것뿐이다. 이런 내용으로 해럴드는 첫 번째 에세이를 썼다.

그다음 총과 폭력의 마초주의적 본질이라고 할 수 있는 군사 전략에 대해서 썼다. 해럴드는 이 에세이에서 이라크와 아프가니스탄에 주둔하는 미군 장교들이 전투 현장에서 될 수 있으면 적을 많이 죽이는 것만으로 저항운동을 끝장낼 수 없다는 사실을 깨닫는 과정을 묘사했다. 그들은 승리를 거둘 수 있는 유일한 길은, 주민의 신뢰를 얻는 것부터 시작하는 이른바 '코인COIN'이라는 대對반란 전략밖에 없음을 깨달았다. 이라크와 아프가니스탄에 주둔한 미군 장병들은 어떤 마을 하나를 확보하는 것만으로는 충분하지 않다는 걸 알았다. 마을을 계속 장악하고 있으면서 사람들이 안전하다고 느낄 수 있게 해야 했다. 학교와 병원, 법원을 세우고 상하수도 시설을 설치해야 했다. 마을의 일을 스스로 결정하는 회의체를 만들고 마을 어른들에게 권한을 줘야 했다. 이런 국가 건설 활동이 진행된 뒤에야 지역사회가 충분히 강하고 또 응집력을 갖춰 적의 동태와 관련된 정보를 제공하고 나아가 자력으로 적을 물리칠 수 있게 된다. 해럴드는 가장 하드웨어적인 정치 활동인 전쟁은 가장 소프트웨어적인 기술인 듣기, 이해하기, 신뢰 쌓기 등의 사회적 기술들에 따라 승패가 갈린다고 지적했다. 이런 종류의 전쟁에서 승리는 적의 사체를 얼마나 높이 쌓느냐가 아니라 공동체를 얼마나 잘 건설하느냐에 좌우된다.

해럴드의 다음번 에세이 소재는 전 세계의 에이즈 정책이었다. 이 문제에 관한 한 우리는 엄청나게 많고 정밀한 기술적인 지식을 쌓았고, 나아가 이 질병을 치료하는 데 도움을 줄 의약품을 생산했다. 그러나 사람들이 에이즈를 유발하는 행동을 계속해서 하는 한 약효가 뛰어난 약이 있어도 아무 소용이 없었다.

기술적인 지식만으로는 행동을 교정할 수 없다고 해럴드는 지적했다. 경각심을 불러일으키는 것은 필요조건은 되어도 충분조건은 되지 않는다. 그간의 연구 자료들을 보면 이 질병으로 가장 많이 고통받는 국가들의 국민 대다수가 이 질병이 얼마나 위험한지 잘 알면서도 이를 초래하는 위험한 행동을 계속해서 하고 있다. 콘돔을 제공하는 작업이 필요하긴 하지만 그것만으로는 충분하지 않다. 이들은 대부분 원하기만 하면 얼마든지 콘돔을 구할 수 있다. 그러나 이런 사실은 그 사람들이 실제로 콘돔을 사용한다는 뜻은 아니다. 에이즈 감염률이 꾸준한 수준을 유지하거나 혹은 꾸준하게 상승하는 현상이 이를 증명한다. 경제 개발 역시 필요하긴 하지만 그것만으로는 충분하지 않다. 에이즈를 가장 활발하게 전파하는 사람들은 상대적으로 넉넉한 편이다. 보건 설비를 제공하는 것도 필요하긴 하지만 그것만으로는 충분하지 않다.[10] 해럴드는 여자 858명을 치료하는 나미비아의 한 병원의 실태를 묘사했다. 1년 동안 설득을 했지만 이 환자들의 남편 혹은 남자 친구 다섯 명만이 검사를 받으러 병원에 찾아왔다. 목숨이 걸려 있는 문제인데도 남자들은 병원에 가려고 하지 않았다. 그들의 문화에서 남자는 병원 근처에도 가지 않는 게 옳기 때문이다.[11]

해럴드는 나미비아에 있는 한 마을을 방문했다. 중년 남자들이 모두 에이즈로 사망하고 없는 마을이었다. 어린아이들이 부모를 간호하고 장례를 치렀다. 그런데 이런 상황에서도 아이들은 부모의 목숨을 앗아가게 했던 그 행동을 똑같이 따라 하고 있었다. 해럴드는 이런 행동의 원인은 공통적으로 이해하고 있는 모든 논리를 초월한다고 지적했다. 실제로 이들의 행동을 바꾼 프로그램들은 기본적으로 논리나 현명한 이기적 타산에 초점을 맞추지 않았다. 가장 효과가 있는 프로그램들은 삶의 전체적인 모형을 바꾸려는 것이었다. 단순히 안전한 성행위에 대한 판단 기준을 바꾸는 것이 아니었다. 유혹의 길에 스스로를 밀어 넣지 않는 도덕적인 사람을 만들기 위해 노력했다. 이런 프로그램들은 보통 종교 지도자들이 수행했다. 이 사람들은 선과 악이라는 도구를 내세워 사람들을 설득했다. '마땅히 이러저러하게 해야 하지 않는가?'라는 어법으로 그 프로그램들을 진행했다. 그들은 구원과 성서의 진리에 대해서 이야기했다. 보다 안전한 성행위는 한층 더 넓은 세계관을 구축하는 과정에 나타나는 부산물이었다.

이것은 기술적인 지식의 범위를 넘어선다. 그렇기 때문에 이런 이야기는 마을의 어른이나 이웃 사람과 같이 서로 잘 아는 사람들만이 할 수 있다. 서방국가들은 에이즈와 관련해 어마어마하게 많은 의약품과 기술적인 지식을 던져주었지만 도덕적이고 문화적인 지식, 즉 인생과 세계관, 도덕성을 바꾸는 종류의 지식은 충분히 제공하지 못했다. 그리고 바로 이런 보다 넓은 삶의 모형들이 행동의 무의식적인 토대를 바꾼다고 해럴드는 지적했다.

이어서 해럴드는 다음번 에세이를 통해 핵심에 보다 가깝게 다가갔다. 미국 전역에서 공동체적인 유대감이 어떤 과정을 통해 파괴되었는지 묘사한 것이다. 그는 1990년대에 개발업자들이 교외 지역에 대규모 주택 건설 사업을 진행했던 사실을 지적했다. 당시에 주택 건설업자들은 주택 단지에 꼭 포함해야 할 시설로 이구동성으로 골프장을 꼽았다. 사회적으로 높은 지위를 상징하는 시설물이었기 때문이다. 그러나 10년 뒤에는 상황이 바뀌었다. 주택 건설업자들은 새로운 시설물로 커뮤니티 센터, 커피숍, 하이킹 코스, 헬스클럽 등을 꼽았다. 그러나 이것도 핵심을 벗어난 전략이었다. 광대하게 펼쳐진 교외 지역으로 나가서 아

메리칸 드림의 작은 한 부분만을 확보하려고 한 꼴이었기 때문이다. 그
들이 생각한 아메리칸 드림은 바로 거대한 재산이었지만, 그건 착각이
었다. 보다 빽빽하게 모여 사는 데서 비롯되는 사회적인 유대감을 놓쳤
기 때문이다. 그래서 그들이 개발한 주택단지는 시장에서 큰 호응을 얻
지 못했다. 사람들이 진정으로 원한 것은 교외에 마련된 사이비 도시
가 아니었다. 빽빽하게 함께 모여 살면서 산책을 하다가 시장하면 길가
에 있는 식당에 언제든지 들어가 낯익은 얼굴들을 보며 식사를 할 수
있는 그런 곳이었다.[12]

사회적 불평등의 해법

해럴드의 연구 사업의 가장 큰 주제는 사회계층 간의 이동성 정도를 의
미하는 사회적 유동성 social mobility이었다. 해럴드는 지난 수십 년 동안
학자들이 세계화, 즉 재화와 서비스가 국경 너머로 활발하게 이동하는
움직임에 대해 필요 이상으로 많은 시간을 들여 연구했다는 점을 전제
로 설정했다. 그가 보기에 세계화는 변화를 추동하는 중심적인 과정이
아니었다. 예를 들어 미국 노동통계국에 따르면 21세기의 처음 10년
동안 미국에서 이루어진 해고의 원인으로 해외 아웃소싱이 차지하는
비율은 1.9퍼센트밖에 되지 않는다.[13] 많은 사람이 생각하고 또 이야기
하는 것과는 전혀 다르다. 하버드대학교 비즈니스스쿨의 경제학자 판
카즈 게마와트 Pankaj Ghemawat 교수에 따르면 전 세계의 고정 투자 자본
의 90퍼센트는 국내 투자다.[14]

변화의 진짜 엔진은 인지 부하 cognitive load(어떤 과제를 수행하는 데 필요
한 정신적 노력의 양 - 옮긴이)의 변화라고 해럴드는 믿었다. 지난 수십 년
동안 이루어진 기술적·사회적 혁명으로 사람들은 예전보다 한층 더 많

은 양의 인지 작업을 할 수밖에 없게 되었다. 사람들은 훨씬 더 복잡한 정보들을 흡수하고 또 처리해야만 한다. 또 훨씬 더 복잡한 사회 환경을 탐색해야 한다. 이런 일은 지역적인 부문과 세계적인 부문에서 동시에 일어난다. 아마도 이것은 여태까지 전 세계에서 서명된 모든 자유무역협정FTA 문서를 찢어버린다 하더라도 여전히 계속될 것이다.

세계화 패러다임은 정보가 순식간에 25킬로미터를 여행한다는 사실을 강조한다. 그러나 인지 부하 패러다임은 그 여행의 가장 중요한 부분은 마지막 몇 센티미터, 사람의 눈이나 귀에서부터 뇌의 여러 부위 사이까지의 거리라고 주장한다. 개인은 어떤 종류의 렌즈를 통해서 정보를 인식할까? 개인은 그 정보를 이해할 충분한 용량을 갖추고 있을까? 그 정보에서 유용한 것을 뽑아내도록 훈련되어 있을까? 그 정보는 어떤 감정과 생각을 방출할까? 그 정보를 이해하는 방식을 왜곡하거나 고양시키는 문화적 가설들이 있을까?

이러한 인지 부하의 변화는 여러 광범위한 영향을 끼쳐왔다. 여성의 역할을 바꿔 정신적 숙련도 영역에서 여성과 남성이 동등하게 경쟁할 수 있게 되었다. 또 결혼의 성격을 바꿔 사람들은 이제 서로에게 잘 맞고 또 서로의 정신적인 능력을 보완해 줄 배우자를 찾는다. 그래서 교육을 많이 받은 사람은 그런 사람들끼리, 또 교육을 덜 받은 사람은 그런 사람들끼리 배우자를 찾는 동류 교배의 선택이 결혼의 방식으로 자리 잡게 되었다. 또한 인지 부하의 변화로 불평등의 격차가 점점 벌어져서, 한 사회가 두 개의 나라로 쪼개졌다. 이 영역에서 효과적으로 항해할 수 있는 무의식적인 기술을 가진 사람들의 나라와 그런 기술을 습득할 기회가 주어지지 않는 사람들의 나라로 말이다.

지난 수십 년 동안 상대적으로 교육을 많이 받은 사람들에게 돌아가는 경제적 프리미엄은 꾸준하게 상승해 왔다. 1970년대에는 대학교에 진학하는 것이 경제적인 관점에서 보면 그다지 효과적인 투쟁이라고 할 수 없었다. 대학교를 나온 사람과 그렇지 않은 사람의 소득 격차가 크지 않았기 때문이다. 그러나 1980년대 초부터 교육 수준에 따른 경제적 프리미엄이 점점 커지기 시작해 지금까지도 멈추지 않고 증가하고 있다. 현재 개인의 수입은 그 사람의 교육 수준을 따라간다. 대학교를 졸업한 평균적인 미국인은 한 해에 9만 3,000달러를 버는 가족의 일원이다. 이에 비해 전문대학을 졸업한 평균적인 미국인은 한 해에 7만 5,000달러를 버는 가족의 일원이다. 그리고 고등학교만을 졸업한 평균적인 미국인과 고등학교를 중퇴한 평균적인 미국인은 각각 한 해에 4만 2,000달러를 버는 가족과 2만 8,000달러를 버는 가족의 일원이다.[15]

게다가 최상층부에는 슈퍼스타 효과라는 게 있다. 특출한 정신적 능력이 있는 사람들은 귀한 대접을 받고 연봉도 엄청나게 많아진다. 괜찮은 수준으로 교육을 받았지만 정신적인 능력이 고만고만한 수준인 사람이 받는 연봉은 고만고만해서, 천천히 올라가거나 그 자리에서 맴돈다.

이런 정신적인 능력은 대물림되는 경향이 있다. 그래서 엘리트 계층에서 태어난 사람은 이 계층의 신분을 그대로 물려받는다. 메이플라워호를 타고 아메리카 대륙에 발을 디딘 사람을 조상으로 둔 가문에 태어나느냐 아니냐가 그 사람이 살아가는 인생에 변수로 작용할 가능성은 1950년대에 비해 지금이 훨씬 적다. 하지만 지금은 어떤 계층에서 태어나느냐가 그 사람이 장차 살아갈 인생에 그 어느 때보다도 중요하게 작용한다. 한 해의 가계소득이 9만 달러인 가정에 태어난 아이가 스물네 살까지 전문대학교 이상의 학력을 가질 확률은 50퍼센트다. 그런데 이 확률은 한 해의 가계소득이 7만 달러인 가정에 태어난 아이에게는

25퍼센트로 줄어든다. 또 가계소득이 4만 5,000달러인 가정에 태어난 아이에게는 10퍼센트고, 가계소득이 3만 달러인 가정에 태어난 아이에게 6퍼센트도 되지 않는다.[16]

일류대학교는 특권의 요새가 된다. 경제학자인 앤서니 카느베일 Anthony Carnevale과 생물학자인 스티븐 로즈Stephen Rose는 미국의 상위 146개 대학교를 조사한 끝에, 이들 학교의 학생 가운데 겨우 3퍼센트만이 소득 하위 25퍼센트에 속하는 계층 출신임을 확인했다. 이에 비해 74퍼센트는 소득 상위 25퍼센트 계층 출신이었다.[17]

건강한 사회는 사회적 계층 간의 이동이 쉬운 사회다. 모든 사람이 다 좋은 삶을 살 수 있고 모든 사람이 다 열심히 노력할 이유가 있는 사회, 다시 말해서 자기가 기울인 노력에 따라서 보상을 받는 사회다. 인지 시대cognitive age(저자가 고안한 용어로, 저자는 2008년 5월에 《뉴욕타임스》 칼럼에서 '지금의 시대는 세계화 시대가 아니라, 인지 시대'라고 천명하였다 – 옮긴이)의 사회는 독자적인 형태의 불평등을 생산한다. 이 불평등은 시민의 뇌 깊은 곳에 각인되어 있으며 고대나 중세의 계급사회 아래의 불평등보다 훨씬 미묘하지만 그런 것들 못지않게 완고하고 불공정하다.

대부분의 국가에서는 정부가 이 문제를 해결하려고 많은 예산을 들여가며 노력을 해왔다고 해럴드는 지적했다. 미국은 백인 학생과 흑인 학생의 성적 격차를 줄이려고 그동안 1조 달러의 예산을 지출했다. 학생 한 명당 공교육비 지출은 1960년부터 2000년까지 240퍼센트나 늘어났다.[18] 주요 대학교들은 학비 보조 프로그램들을 풍부하게 갖추고 있으며, 하버드대학교와 같이 돈이 많은 몇몇 대학교는 연간 소득이 6만 달러 미만인 가정 출신 학생에게 전액 장학금을 지급한다. 미국 정부는 가난한 사람 한 명당 한 해에 1만 5,000달러를 지급하고 있으니 빈곤 퇴치 프로그램에 충분히 많은 예산을 지출한다고 볼 수 있다. 그러니 자녀가 두 명인 어머니는 (이 제도를 단순하게만 적용하면) 한 해에 4만 5,000달러를 정부로부터 받는 셈이다.[19]

그러나 돈이 불평등 문제를 해결할 수는 없다. 돈이 이 문제의 결정적인 원인이 아니기 때문이다. 불평등 문제는 의식적 및 무의식적 인지 발달 영역에 놓여 있다. 이런 사실은 해럴드와 에리카의 성장 과정만 비교해 봐도 쉽게 알 수 있었다. 어떤 아이들은 책을 비롯해 토론, 독서, 질문, 장래 희망 토론 등으로 형성되는 인적 자본 개발을 장려하는 분위기 아래에서 자란다. 하지만 어떤 아이들은 지리멸렬하고 산만한 환경에서 자란다. 부유층이 사는 동네의 유치원에서 어떤 이야기의 한 부분을 어린이들에게 들려주면, 그 이야기를 듣는 아이 가운데 절반은 다음에 어떤 내용이 전개될지 예측한다. 그러나 똑같은 내용을 가난한 동네의 유치원 어린이들에게 들려주면 그다음에 이어질 내용을 예측한 어린이는 약 10퍼센트밖에 되지 않는다.[20] 미래를 예측하는 능력은 미래의 성공에 결정적일 정도로 중요하다.

인지 시대가 본격적으로 시작되기 전인 1964년에는 부유한 가정과 가난한 가정이 인구통계학적으로 비슷했다. 아이들은 가정의 소득과 관계없이 비슷한 외모와 능력으로 성인기를 시작했다. 그러나 정신적인 처리 과정에서 더 많은 요구가 가해지면서 격차가 벌어지기 시작했고, 교육을 많이 받은 가정의 아이는 그렇지 않은 가정의 아이와는 전혀 다른 전망 속에서 성장했다. 높은 기술 수준과 안정적인 가정 분위기는 경제적 성공으로 이어지기 쉽고 경제적인 여유 덕분에 안정적인 가정생활을 영위하기가 한결 쉬워졌으며, 이것은 다시 기술 습득 및 미래의 경제적 성공을 한결 쉽게 해준다. 하지만 교육을 덜 받은 아이는 악순환의 고리 속에서 살아간다. 낮은 수준의 기술과 가정 붕괴는 경제적 실패로 이어지고 경제적인 실패는 가정 붕괴를 더욱 가속화시키며, 가정 붕괴는 높은 수준의 기술 습득과 경제적 성공을 한층 어렵게 만든다.

오늘날 대학교를 졸업한 사람과 그렇지 않은 사람은 전혀 다른 환경 아래에서 살아간다. 중산층 아이의 3분의 2 이상이 친부모와 함께 살고 있지만 빈곤층 가정의 아이는 3분의 1 이하만이 친부모와 함께 살아간다. 커뮤니티 칼리지(지역사회의 필요에 부응해 일반 사회인에게 단기대학 정도의 교육을 제공하는 교육과정-옮긴이) 학생의 약 절반은 임신 상태거나 누군가를 임신시켰다.[21] 이자벨 소힐 Isabel Sawhill은 만일 현재의 가족 구조가 1970년대와 동일하다면 빈곤율은 지금의 약 4분의 3 수준일 것이라고 계산했다.[22]

사람들의 태도에서 드러나는 계층별 격차 역시 크게 벌어졌다. 정치학자 로버트 퍼트넘이 확인했듯이 대학교 교육을 받은 사람은 그렇지 않은 사람에 비해 주변 사람들을 훨씬 더 신뢰하는 경향을 보인다. 그리고 이들은 자기 운명을 스스로 제어할 수 있다고 믿으며 또 어떤 목표를 달성하기 위해서는 얼마든지 필요한 행동을 취할 수 있다고 보다 많이 자신하는 경향을 보인다.

중산층이나 빈곤층이나 원하는 것은 모두 동일하다. 또 교육 수준과 관계없이 사람들은 모두 경제적으로 안정적이고 이혼하지 않은 부모 슬하에서 살기를 바란다. 사람들은 대학교를 졸업하기를 바라고 자식들이 자기들보다 낫기를 바란다. 그런데 교육을 많이 받은 사람들은 이런 바람을 실현할 수 있는 정서적인 자원이 더 많다. 만일 미국에 사는 사람이 결혼을 한 뒤에 아이를 가졌고 고등학교를 졸업했으며 하루 여덟 시간 일을 한다면, 이 사람이 가난하게 살지 않을 확률은 98퍼센트다.[23] 그러나 이런 수준에 도달할 수 있는 사람은 많지 않다.

가난과 가정 붕괴를 비롯해 사회적 유동성과 관련이 있는 여러 주제를 놓고 연구를 해나가면서 해럴드는 때로 사람들에게 정신을 똑바로 차리라고 말해주고 싶은 충동을 느끼곤 했다. 취업 면접을 보러 가시오! SAT 시험 응시 등록을 하시오! 졸업 시험을 꼭 봐서 대학교를 졸업하시오! 단지 지루하다는 이유로, 집에 사소한 위기가 있다는 이유만으로 다니던 일자리를 내팽개치지 마시오! 물론 해럴드는 어느 수준에서는 자기가 내린 결정에 끝까지 책임을 지거나 목적을 달성하기 위해서 정말 혹독할 정도로 일을 하지 않는 한, 많은 이들이 자기가 현재 지고 있는 책임을 나 몰라라 할 수 없고 또 성공에 대한 전망도 없다는 것을 알고 있었다.

또 한편으로는 그저 듣기 좋은 설교를 아무리 해봐야 소용이 없다는 것도 잘 알고 있었다. 한 개인이 잘 살고 못 살고는 의식적인 성취를 거두기 위한 필수 요건으로 기능하는 무의식적인 여러 기술에 달려 있다. 이런 무의식적인 기술들을 습득하지 못한 사람들은 날마다 반복되는 일을 하면서 좋든 싫든 아침이면 다시 일터로 나가는 쳇바퀴 같은 생활이 이런 기술을 지닌 사람들에 비해 한층 힘들다. 그리고 또 사납게 몰아대는 상사에게 공손하게 대하거나, 처음 보는 사람에게 활짝 웃거나, 개인적으로 나쁜 일이 생기거나 기분이 좋지 않음에도 늘 한결같은 얼굴로 사는 일 역시 한층 더 힘들어한다. 이런 사람들은 근본적으로 자기 자신을 잘 신뢰하지 못해서 운명을 스스로 개척할 수 있다는 말을 쉽게 믿지 못한다. 또 굉장한 결과를 가져다줄 수 있는 제안을 받고도 자신감을 가지지 못하며, 지금 자기가 희생을 하면 나중에 좋은 결과가 나타날 거라고 잘 믿지 못한다.

불평등 그 자체의 심리적인 효과도 있다. 영국의 사회역학자인 리처드 윌킨슨Richard Wilkinson과 케이트 픽케트Kate Pickett는 공저 『수준측량기The Spirit Level』에서 지위가 낮다는 단순한 이유 하나만으로 사람들이 깊은 스트레스를 받고 상당한 심리적 비용을 지불한다고 주장한다. 불평등과 소외감은 사회적인 고통을 유발하는데, 사회적인 고통은 비만, 좋지 않은 건강 상태, 사회적 연결의 감소, 보다 더 깊은 우울과 불안으로 이어진다. 윌킨슨과 픽케트는 예를 들어 영국의 공무원을 조사한 보고서를 지적한다. 이들 공무원 가운데 일부는 높은 지위에 있으면서 높은 강도의 업무를 담당한다. 또 일부는 낮은 지위에 있으면서 낮은 강도의 업무를 담당한다. 일반적으로 생각하면 강도가 높은 업무를 담당하는 사람이 심장병이나 위장병 등에 더 많이 노출될 것 같지만 사실은 강도가 낮은 업무를 담당하는 사람이 질병에 더 많이 걸리는 것으로 나타났다. 낮은 지위가 그만큼 심리적인 비용을 더 요구하기 때문이다.[24]

해럴드는 소프트웨어적인 접근을 통해 사람의 마음속에 있는 내면적인 모델들의 형태를 새롭게 만드는 몇 가지 프로그램들에 대해 확실한 믿음을 가졌다. 해럴드가 그랬던 것처럼 저소득층 집단에서 성취동기가 아버지 세대에서 자식 세대로 이어지지 않는다고 느낀다면, 이런 성취동기를 주입시키는 것 말고는 다른 방법이 없다. 누군가가 나서서 부모의 역할을 해야 한다는 말이다. 부모가 이런 역할을 하지 않으면 종교기관이나 시민 자선단체가 나서서 해야 한다. 이런 것만으로는 힘이 부족하다면 정부가 나서서, 그들이 중산층으로 편입되는 데 필요한 고등학교 졸업장, 일자리를 얻을 수 있도록 도와야 한다.

이와 관련해서 론 해스킨스Ron Haskins와 이자벨 소힐은 공저 『기회를 열어주는 사회 만들기Creating an Opportunity Society』에서 다음과 같이 썼다.

"우리는 모두, 좋은 음식을 먹는 문제든 노후 자금을 따로 마련하는 문제든 장기적인 복지를 개선해 줄 일들을 하도록 자극받을 필요가 있다. 이것은 저소득 가정의 구성원이라고 해서 전혀 다르지 않다."[25]

이런 무의식적인 기술들을 구축해 줄 수 있는 단일한 정책 같은 건 없다. 인적 자본 정책들은 자양분과도 같다. 쉬지 않고 끊임없이 섭취해야 한다. 해럴드는 사회적 유동성의 사다리에서 탈락한 사람들을 도울 수도 있었지만 실패로 끝나고 말았던 몇 가지 정책들을 살펴보았다.

그 정책들이 실패로 돌아갈 수밖에 없었던 가장 큰 원인은 젊은이에 초점을 맞추는 데 있었다. 시카고대학교의 제임스 헤크먼 교수가 주장하듯이 누구나 배워야 할 때가 있는 만큼 어린아이에게 투자하는 것이 성인에게 투자하는 것보다 성과가 훨씬 크다.[26] 양육 강좌는 10대 어머니들에게 아이를 키우는 법을 가르친다. 가정방문 간호사 제도는 가정을 지탱하는 축이 무너져 버린 가정의 구성원이 기대어 다시 일어설 수 있는 구조를 제공하며 젊은 어머니들에게 취업과 관련된 조언을 해준다. 수준이 높은 조기교육 프로그램들은 어린이의 발달에 지속적인 영향을 미친다. 때로 조기교육 덕분에 높아진 지능지수는 어린이가 정규 학교로 진학하면서 사라져 버리기도 한다. 그러나 사회적 기술 및 정서적 기술은 사라지지 않는 것 같다. 이런 기술들은 졸업률이 높다거나 직장에서 좋은 성과를 낸다든가 하는 식으로 인생의 나중 단계까지 지속적으로 좋은 영향을 미친다.[27]

할렘에 거주하는 빈곤층 어린이를 위한 비영리 단체로 양육 워크숍, 어린이 건강 프로그램, 유치원 프로그램 등을 운영하는 할렘 아동 지대 Harlem Children's Zone와 같은 지역 차원의 통합적인 접근이 가장 인상적인 결과를 낳고 있다. 이런 제도는 온갖 다양한 프로그램을 제공하는데,

이 프로그램들은 모두 어린이들이 눈높이를 높일 수 있도록 설계되어 있다. '아는 것이 힘'이라는 뜻의 키프Knowledgs is Power Program, KIPP 아카데미나 노 난센스no-nounsense 학교들은 아이들의 미래 전망을 상당한 수준으로 높여주었다. 이런 학교들은 에리카가 다녔던 고등학교인 아카데미와 마찬가지로 학생들에게 전혀 다른 삶의 방식, 아이들이 길들여져 있는 것보다는 훨씬 더 규율이 있고 엄격한 삶의 방식을 제공한다.

어떤 학급에서건 가장 중요한 것은 교사 개인과 학생 개인 사이의 인간관계다. 학급의 규모는 작을수록 좋다. 그러나 작은 학급을 나쁜 교사가 맡는 것보다는 큰 학급을 좋은 교사가 맡는 게 더 낫다.[28] 교사에 대한 보상이 충분하도록 만들어 재능 있는 교사가 오랫동안 남아 학급을 맡을 수 있도록 해야 한다. 학생들은 존경하고 사랑하는 교사에게 가장 열심히 배운다. 어떤 학생 곁에 날마다 지도하고 격려해 주는 인생에서 중요한 사람이 있을 경우 이 학생이 고등학교든 대학교든 중도에 포기할 가능성이 훨씬 줄어든다. 뉴욕시티대학교의 졸업률이 올라간 것도 이 학교가 운영하는 ASAP라는 집중적인 멘토링 프로그램 덕분인 듯하다.[29]

1세대 인적 자본 정책은 사람들에게 초중등학교, 대학, 직업 훈련원 등에 다닐 수 있게 했다. 하지만 2세대 인적 자본 정책은 이제 이 사람들이 거기에서 성공하는 데 필요한 습관과 지식 및 정신적 특성을 개발하도록 돕는 것에 초점을 맞출 것이다. 어떤 학생에게 이 학생이 커뮤니티칼리지에 다닐 수 있도록 한 차례 기회만 덜렁 던져주는 것만으로는 충분하지 않다. 우선 이 학교에서 요구하는 이런저런 것이 너무 혼란스러울 테고, 상담 직원은 거만하고 퉁명스러울 테며, 등록 절차가 까다롭고, 중요한 강좌는 이미 정원이 찼을 수 있는 데다 졸업하는 데 필요한 구비 조건이 너무 까다로울 수 있기 때문이다. 이런 장애물들은 사회적 자본이 부족한 학생들로 하여금 쉽게 좌절하게 만든다. 2세대 인적 자본 정책들은 공공연하게 드러난 것뿐만 아니라 삶 속에 숨어 있는 커리큘럼에까지 관심을 기울여야 한다.

국가는 어떻게 기능해야 하는가

해럴드는 정치에 관한 생각을 하면서 정부의 통치 철학을 연구했다. 그런데 이 연구에 시간을 쏟으면 쏟을수록 위대한 사회를 이루겠다는 포부의 핵심 과제가 바로 개인의 발달과 사회적 유동성 문제란 것이 점점 더 명확해졌다. 사람들이 선택의 폭이 보다 넓은 여러 기회 및 변형된 삶의 방식들을 전체적으로 볼 수 있을 때, 사회적 유동성은 수평선처럼 드넓게 활짝 열린다. 사회적 유동성은 계층 간의 갈등을 줄여준다. 아무리 막장 인생을 사는 부모 아래에서 태어났다 하더라도 자기가 얼마나 노력하느냐에 따라서 얼마든지 사회의 상층부까지 올라갈 수 있기 때문이다. 사회적 유동성은 창조적인 에너지를 발산한다. 또한 영원히 고정적인 것이 없기 때문에 불평등도 줄어든다.

해럴드는 문득, 자신이 두 개의 지배적인 정치 운동이 존재하는 나라에 살고 있음을 깨달았다. 하나는 정부를 이용해 평등의 수준을 높여야한다고 믿는 자유주의 운동이고, 또 하나는 정부의 기능을 제한해 자유의 수준을 높여야 한다고 믿는 보수주의 운동이었다. 그러나 역사적으로 보면 하나의 운동이 더 있었다. 정부의 기능을 제한하면서도 활발한 활동을 하게 해서 사회적 유동성을 높여야 한다는 운동으로, 이 운동의 출발점은 200년도 넘는 옛날에 카리브해에 있는 한 작은 섬이었다.

18세기에 카리브해의 세인트크로이섬에 한 소년이 살았다. 소년의 아버지는 소년이 열 살이던 해에 소년을 버리고 떠났다. 떠나간 남자와는 법률적인 배우자 관계가 아니었던 어머니는 소년이 열두 살일 때 소년과 함께 자던 침대에서 숨을 거두었다. 이후 소년은 소년의 사촌이 입양했는데, 이 사촌은 그 직후에 자살해 버렸다. 소년에게 남은 가족은 그 사촌의 부모와 할머니였다. 그런데 이들은 모두 몇 년 사이에 사망했다. 유언 검인 재판이 열렸고 판사는 소년이 어머니로부터 물려받은 얼마 되지 않는 재산을 몰수한다고 선언했다. 소년과 소년의 형은 절망적인 가난의 구렁텅이에 빠졌다. 이 소년의 이름은 알렉산더 해밀턴이다.

해밀턴은 열일곱 살 때 무역회사를 운영했고, 스물네 살 때는 조지 워싱턴의 비서로 일하며 전쟁 영웅이 되었다. 서른네 살 때는 미국 헌법에 관한 고전적 평론서 51편을 모은 『연방주의자 논설집』을 썼으며 뉴욕에서 가장 성공한 변호사가 되었다. 그리고 마흔 살에는 미국 역사상 가장 성공적으로 임무를 수행한 재무부장관이 되었다.

해밀턴은 어린 시절의 자기처럼 굶주림을 참고 이겨야 하는 청년들을 돕는 정치적인 전통을 만들었다. 그는 포부가 큰 청년이 자기 재능을 온전하게 발휘할 수 있는 나라를 만들길 원했다. 그런 나라에서는 이런 청년들이 위대한 국가를 일궈나갈 수 있을 것 같았다. "떨치고 일어나서 자신을 힘차게 던지는 사람의 부지런한 심성에 활짝 열려 있는 모든 새로운 광경은, 전체 노력의 총합에 보태지는 새로운 힘이다."[30]

'떨치고 일어나다', '자신을 던지다', '새로운 힘'. 이 단어들은 모두 해밀턴이 몸소 실천하며 살았던 말들이다. 그는 이 새로운 힘, 이 활력에 힘을 실어줄 정책들을 내놓았다. 많은 사람이 공장제 대량생산을 의심의 눈초리로 바라보며 오로지 농업만이 부와 도덕을 생산한다고 믿었던 바로 그 시대에 해밀턴은 공업과 기술의 변화를 주창했다. 무역업자와 금융업자가 과두정치의 권력을 휘두르는 대농장주에게 멸시를 받던 바로 그 시대에, 자본시장을 열어서 국가 및 국가 경제에 새로운 활력을 불어넣었다. 국가의 경제가 대형 지주들이 나눠 가진 지방 영주의 영토로 나뉘어 있던 바로 그 시대에 지방 차원의 독점을 깨고 기회의 문을 활짝 열어젖히려고 했다. 그는 독립전쟁 부채를 국유화해서 자본시장을 열고 국가 경제를 보다 경쟁력이 있는 단일한 교환 시장으로 묶어내려고 했다. 해밀턴은 정부를 이용해서 경쟁을 강화함으로써 시장의 역동성을 높여야 한다고 믿었던 것이다.[31]

해밀턴의 전통은 기회의 문을 활짝 열고 미국을 단일한 하나의 국가로 묶기 위해서는 운하와 철도를 비롯한 개발 사업들을 추진해야 한다고 주장했던 19세기 초의 헨리 클레이와 휘그당을 통해서 지속되었다. 이런 대의명분을 젊은 휘그당 당원이었던 에이브러햄 링컨이 떠안았다. 링컨은 해밀턴과 마찬가지로 가난하게 성장했고 결코 쉬는 법이 없었던 야망에 불타던 청년이었다. 그러나 링컨은 노예제도보다 노동 및 경제학에 대해 연설을 더 많이 했다. 그리고 스스로를 바꾸는 노력을 반기고 노동의 찬가를 포용할 국가를 창조하고자 했다. "삶의 가치라는 것은 자기가 놓인 조건을 개선하는 것이라고 나는 생각합니다."[32]

1861년에 이민자들 앞에서 링컨이 했던 말이다. 링컨 재임 시기이던 남북전쟁 당시의 미국 정부는 통화를 통일하고 홈스테드법 the Homestead Act(일정 기간 토지에 거주해 개척을 한 사람에게는 일정 면적의 토지를 무상으로 급여한다는 것 등의 내용을 담고 있으며 산업자본의 국내시장 확대가 목적이었다 - 옮긴이), 국유지무상교부법 the Land Grant College Act(농업기술주립대학의 신설 및 실험농장 제공을 명시함으로써 농업과 기계공학의 실용적 대학 교육기관을 만드는 전기가 되었다-옮긴이) 그리고 철도 관련 법률 등을 의회에서 통과시켰다. 이런 정책들은 국민에게 기업가정신을 확산할 공정한 기회와 열린 장을 제공하고, 사회적 유동성을 높이며, 궁극적으로 국가를 튼튼하게 세울 목적으로 마련된 것이었다.

이 전통을 따른 또 한 명의 위대한 인물이 있었다. 테오도르 루즈벨트 Theodore Roosevelt였다. 루즈벨트 역시 경쟁이 지닌 인격 형성의 힘을 믿었으며, 1905년 취임사에서 소리 높여 말했던 행동력과 자신감, 독창성이라는 강인한 덕성을 가진 사람들을 낳는 것도 바로 이 힘이라고 믿었다.

루즈벨트도 국민에게 정력적인 삶을 장려하고 모든 사람에게 경주에 참가할 공정한 기회를 주는 역할을 정부가 적극적으로 해야 한다고 믿었다. 그래서 다음과 같이 분명하게 썼다. "국가의 진정한 기능은, 국가가 사회적인 삶에 개입하는 것처럼, 경쟁의 기회를 보다 더 평등하게 하는 것이지 경쟁을 없애는 게 아니다."[33]

해밀턴의 전통은 수십 년 동안 미국 정치를 지배했다. 그러나 20세기에 그 전통은 사라졌다. 20세기에 정부의 규모를 놓고 커다란 논쟁이 벌어졌는데, 이 논쟁에서 해밀턴의 전통은 뒷전으로 밀려나 버렸다.

제한적이지만 정력적인 정부의 이 전통을 되살릴 때가 되었다고 해럴드는 믿었다. 다만 조건이 있었다. 두 가지를 업데이트할 필요가 있었다. 첫째, 해밀턴 시대 사람들이 살던 시기는 인식 시대의 새벽이 열리기 전이었다. 분투하는 청년층에 가해지는 정신적인 요구량이 상대적으로 적었던 시기인 것이다. 하지만 이런 상황은 바뀌었다. 그래서 사회적 유동성을 높이려는 운동은 과거와 다르게 보다 복잡한 사회적 환경, 정보 관련 환경을 다루어야만 한다. 둘째, 해밀턴과 링컨, 루즈벨트는 일정한 수준의 사회적 및 도덕적 자본을 전제로 삼을 수 있었다.

이들에게는 시민 모두가 서로 다 잘 이해하는 규범, 도덕적 합의, 엄격한 관습 등으로 규정된 빡빡한 공동체 안에서 사는 것이 당연한 전제조건이었다. 그러나 오늘날의 지도자들은 이런 가정을 당연한 것으로 설정할 수 없다. 과거의 도덕적 및 사회적 자본은 이미 잠식당했으며, 지금은 새로 축적해야 하기 때문이다.

해럴드는 워싱턴 정가에 있으면서 이른바 '2세대 인적 자본 정책의 해밀턴적 접근법'을 주장하면서 몇 년을 보냈다. 그는 선한 정부임을 자처하고 홍보하는 만능 설명 체계인 이른바 이데올로기라고 할 수 있는 것은 일체 만들지 않았다. 그렇게 하기에는 세상이 너무 복잡했다. 세상은 이제 잠재적인 기능들이 보이지 않게 수없이 많이 들어 있는, 너무도 거대하고 복잡한 기관으로 변해서, 아무리 자신감이 철철 넘치는 정부라 하더라도 조립식 계획에 따라서 세상의 형태를 바꿀 수가 없게 되었다.

또한 해럴드는 정치 지도자에 대한 영웅적인 전망을 가지고 있지도 않았다. 그는 정부가 할 수 있고 또 해야 하는 것이 보다 제한적일 수밖에 없다고 생각했다. 영국의 철학자 마이클 오크쇼트Michael Oakeshott도 과도한 자신감에 대해서 유용한 경고를 했다. "정치 활동이라는 것은 바닥도 없고 경계도 없는 드넓은 바다를 항해하는 것이다. 쉴 수 있는 항구도 없고 닻을 내릴 수심 낮은 해상도 없다. 출발점도 없고 정해진 목적지도 없다. 평형 상태를 유지하면서 끊임없이 떠다녀야 한다. 바다는 친구이기도 하고 적이기도 하다. 이런 상황에서 배를 조종하는 기술이라는 것은, 적대적인 모든 경우를 친구로 삼기 위해 전통적인 행동 방식의 그 모든 자원을 얼마나 잘 활용하느냐의 문제다."[34]

해럴드는 정부를 놓고 생각하면서 우리가 알고 있거나 또 알 수 있는 게 얼마나 적은지 그리고 우리 스스로가 가지고 있는 권력욕이 얼마나 큰지 잊어버리지 않으려고 늘 노력했고, 또 옳은 일을 할 때는 자기가 가진 한계를 보지 못하게 된다는 사실도 잊어버리지 않으려고 애썼다.

하지만 해럴드는 대부분의 미국인과 마찬가지로 진보의 시대정신을 믿었다. 그래서 비록 사회의 기본 성격을 바꾸는 근본적인 변화는 본능적으로 회피하지만, 사회의 문제점을 고치는 개혁에 대해서는 상당한 애정을 품었다.

그래서 해럴드는 글을 쓰고 세상에 자기가 품고 있는 정책들을 제안하면서 몇 년을 보냈다. 하지만 그다지 많은 사람이 그에게 동조하는 것 같지는 않았다. 해럴드와 거의 비슷한 생각을 지닌 사람으로는 《뉴욕타임스》 칼럼니스트 한 명과 그 외에 몇 명뿐이었다. 칼 마르크스는 밀턴이 『실낙원』을 쓸 때 누에고치가 누에를 뽑듯이 자연스럽게 원고를 뽑아냈다고 말한 적이 있다.[35] 해럴드는 연구소 생활을 하는 동안 자신의 삶이 충족된 상태라고 느꼈다. 에리카가 한번 출장을 가면 몇 주씩 집을 비웠기에 늘 행복했다고는 할 수 없어도 자기가 세상에 기여를 하고 있다는 생각에 뿌듯했다. 그는 자기의 '사회주의적' 접근법이 어떤 모습으로 구체화되든 간에 언젠가는 세상에 크고 긍정적인 충격을 줄 것이라고 자신했다.

노년

두 번째 인생,
심장을 뛰게 하는 일을 찾아라

해마다 겨울이면 스위스 다보스에
서 세계의 위대한 인물들과 선한 인물들이 모여 세계경제포럼WEF이라
는 회의를 한다. 그리고 이 회의가 열리는 기간 동안 밤마다 화려한 별
들의 파티가 수없이 열린다. 개중에서 가장 급이 낮은 파티 참석자들은
보다 급이 높은 파티 참석자들을 부러워하고, 이들은 다시 별 중의 별
들이 참석하는 가장 높은 급 파티에 초대받기를 고대한다. 권력과 명
성, 전문성에 따라서 사람들의 순위가 매겨지고, 이 순위에 따라서 위
에서부터 차례대로 각급 파티의 참석자 명단이 결정된다.

　전직 대통령, 장관, 중앙은행장, 다국적기업 총수, 스타 배우 앤젤리
나 졸리 등과 같은 최상급의 거물들은 최상급의 파티에 참석한다. 말할
필요도 없이 이런 파티는 모든 파티 가운데서 가장 지루하다. 다른 곳
어디에 존재하는 사회적 은하계와 마찬가지로 다보스포럼의 사회적
은하계는 평온하고 자기만족적인 이 영역으로 들어가려고 필사적으로
애를 쓰는 불안정한 사람들의 수많은 행성으로 이루어져 있다.

　에리카는 수십 년 동안 성공한 기업가로 살았고 또 8년 동안 공직 생
활을 성공적으로 보낸 뒤라서 (그레이스의 첫 번째 임기 동안 비서실 차장으
로 있었고 두 번째 임기 동안에는 상무부 장관으로 있었다), 다보스포럼의 핵심
적인 파티에 참석할 수 있는 초대장을 받았다. 이제 에리카는 가장 배

타적이고 또 가장 지루한 파티에서 보내는 모든 초대장을 받는 인물이 되어 있었다.

정부 기관에서 물러난 그녀는 지금 적자 재정 지출, 핵 확산, 대서양 간 동맹, 세계무역협정의 미래 등과 같이 복잡하고 어려운 문제들을 다루는 여러 위원회에서 위원으로 활동하고 있었다. 그녀는 "그럼 이 안건은 전체 회의로 넘기기로 하겠습니다"와 같은 말을 듣는 순간 얼굴이 환하게 밝아지는 사람들의 부류의 속하지 않았다. 그녀는 이제 오랜 전투로 단련이 된 정상회담 참석자였다. 끝없이 이어지는 지루함 속에서도 의연하게 표정 관리를 하며 버텨낼 수 있는 그런 인물이었다. 그녀는 전직 세계 정상들과 친구나 지인 사이였으며, 이런 인물들과 함께 여러 위원회에 동등한 위원 자격으로 참석하는 거물이었다. 그래서 현재 국가 권력의 최정상에 있는 사람들이 안목이 짧아 잘 해결하지 못하는 온갖 위기에 심각한 관심을 표명하려, 늘 다보스에서 잭슨홀로, 다시 도쿄 등지로 부지런히 날아다녔다.

처음에는 에리카도 전직 대통령들이나 세계적인 명사들과 잡담을 나눌 때면 긴장을 하고 수줍어했다. 하지만 그런 사람들에 대한 경외심은 금방 사라졌다. 이제 에리카에게 이런 사람들과 만나는 자리는, 오랜 세월 가까이서 살면서 함께 뜨개질을 하던 친구들끼리 해외의 유명한 리조트에 모이는 것과 마찬가지였다. 이 모임 참가자들의 면면은 다양했다. 전직 수상 한 명은 불명예 퇴진을 당했으며, 전직 대통령 한 명은 재임 중에 나라 살림을 완전히 거덜 냈고, 전직 국무부 장관 한 명은 불명예스럽게 내각에서 밀려났다. 사람들은 제각기 아픈 상처를 안고 있었고, 이런 상처는 서로 건드리지 않았다. 이들은 모두 각자가 견뎌냈던 난투극의 소란스러운 세상에서 용서를 받은 인물들이었다.

그리고 이들이 나누는 대화의 내용은 음모론자들의 눈으로 바라보자면 최악이다. 세계에서 가장 권위가 있는 온갖 위원회를 책임지고 있는 사람들이 정말로 나누고 싶어 하는 대화 주제는 골프, 시차 극복 방법 그리고 담석증이라는 사실은 이미 잘 알려져 있다. 며칠에 걸쳐서 낮 시간은 점점 커져가는 보호무역주의를 걱정하면서 보내고 밤 시간은 전립선에 대해 집중적으로 온갖 이야기를 하면서 보냈다. 회의는 이른바 '채텀하우스 룰Chatham House Rule'에 따라서 진행되었다. 누구든 자유롭게 자기 생각을 말하고 정보를 공유할 수 있지만, 밖에 나가서는 누가 이런 말을 하더라는 식으로 발언자의 이름을 발설하지 않는다는 원칙이다. 밤에 이루어지는 대화의 하이라이트는 정상급 인물인 이 사람들이 자기나 다른 정상급 인물들이 저지른 온갖 바보 같은 실수를 털어놓을 때였다.

과거 세계 정상이었던 사람은 누구나 할 것 없이 이런 이야기가 몇 개씩은 있어서 디너파티에서 다른 사람들을 즐겁게 해주었다. 전직 대통령 한 사람이 재임 시절 이야기로 물꼬를 텄다. 그는 러시아 대통령 블라드미르 푸틴Vladimir Putin과 정상회담을 할 때 푸틴에게 자기가 기르던 개를 자랑했다고 했다. 그런데 다음에 모스크바에서 이루어진 정상회담에서는 푸틴이 오찬 자리에 로트와일러 네 마리를 데리고 들어와서 이렇게 자랑하더랬다. "이 개들은 당신이 기르는 개보다 더 크고, 더 빠르고, 더 셉니다."

그러자 전직 국가 안보 보좌관을 역임했던 사람이 바통을 이어받아서 푸틴이 자기 반지를 훔쳐갔다는 이야기를 했다. 이 사람은 푸틴을 만나는 자리에서 웨스트포인트 졸업 기념 반지를 끼고 있었는데, 푸틴이 그 반지를 한번 보자고 해서 빼줬더니 자기 손가락에 껴본 다음에 아무 소리도 하지 않고 주머니에 넣고는 시치미를 뚝 뗐다고 했다. 국무부에서 나서서 그 반지를 회수하려고 소동을 벌였지만 푸틴은 끝내 반지를 내놓지 않았다. 그러자 이번에는 전직 수상 한 사람이 버킹엄궁에서 칵테일파티를 하던 중에 살짝 빠져나와서 왕실 사유지를 어슬렁거리다가 여왕과 맞닥뜨렸는데 여왕이 갑자기 비명을 지르는 바람에 혼이 났다는 이야기를 했다. 이런 이야기들은 언제나 유쾌했고, 세계정세는 삼류 따라지들이 좌우한다는 인상을 남겼다.

그럼에도 에리카는 자기가 이런저런 위원회에서 일하는 걸 즐겼다. 비록 위원들이나 대화 내용이 싱겁기 짝이 없긴 해도 위원회가 나름대로 훌륭한 역할을 한다고 생각했다. 그리고 세계정세가 돌아가는 내부 사정을 계속해서 들여다볼 수 있다는 것도 즐거운 일이었다. 그녀는 가끔 이런 위원회의 길고 지루한 회의석상에서 이런 사람들이 어떻게 세계 정상의 엘리트가 될 수 있었을까 혼자 생각하곤 했다. 이 사람들에게는 특별히 '예외적인 천재성'이라고 할 만한 구석이 없었다. 깊이 있는 지식이라곤 없었고, 그렇다고 해서 창의적인 의견이 있는 것도 아니었다. 최고의 장점을 하나 꼽는다면, 단순화 능력이었다. 이들은 복잡한 상황의 핵심을 아주 단순한 방식으로 정리하는 능력이 있었다. 이들이 어떤 문제의 핵심을 파악하고 나면, 그 문제가 그보다 더 선명하게 보일 수가 없었다. 다른 사람들이 아무리 애를 써도 풀지 못하는 단순화의 공식을 이 사람들은 알고 있었다. 이들은 현실의 복잡한 실체를 힘들이지 않고 바쁜 사람들이 제어할 수 있도록 만들어주었다.

에리카도 높고도 높은 지위에 도달한 명사였다. 어디로 가든 중요 인사로 대접받았다. 낯선 사람이 다가와서 만나서 영광이라고 말하는 건 흔히 있는 일이었다. 하지만 이런 일 자체가 그녀를 행복하게 해주지는 않았다. 하지만 이런 상황은 평생 동안 그녀를 다그쳤던 야망에 대한 초조한 갈증에 더는 시달리지 않아도 된다는 것을 뜻했다. 사람들에게 인정을 받고 재산을 많이 모았다고 해서 행복해지진 않는다는 사실을 에리카는 깨달았다. 부와 명예를 바라긴 하지만 아직 부족한 사람들은 이와 관련된 온갖 걱정에 시달린다. 충분한 명예와 재산이 이런 걱정거리들에서 해방시켜 주는 것만은 분명하지만 말이다.

에리카는 외모에 관한 한 자기는 여전히 원기 왕성한 젊은 여자라고 생각했다. 하지만 우연히 거울 속에 비친 자신의 얼굴을 보고 깜짝 놀라는 순간을 여러 차례 경험했다. 거울 속의 그녀는 스물두 살 꽃다운 나이의 아가씨 얼굴이 아니었다. 폭삭 늙은 한 여자의 얼굴이었다.

이제 에리카는 고음으로 떠들어대는 여자들의 말을 듣는 데 애를 먹었고, 또 파티에서 큰 소리로 떠드는 사람을 바라보기가 힘들어졌다. 또 때로 낮은 의자에 앉았다가 일어설 때면 두 손으로 탁자를 짚고 몸을 일으켜 세워야만 했다. 치아는 예전보다 검어졌고, 잇몸이 안으로 말려들었는지 아니면 줄어들었는지 치아가 예전보다 더 많이 노출되었다. 즐겨 먹는 음식도 부드러운 종류로 바뀌었다(턱 주변의 근육들이 정상 때보다 부피가 40퍼센트나 줄어들었다).[1]

게다가 그녀는 언제부터인지 계단을 내려갈 때 난간을 잡았다. 그리고 친구들이 넘어져서 고관절을 다쳤다는 이야기를 예전보다 더 많이 들었다(이렇게 고관절을 다친 사람들 가운데 40퍼센트는 요양원에서 살아야 하고, 20퍼센트는 다시는 걷지 못한다).[2] 그녀는 또 날마다 알약을 여러 개씩 챙겨 먹고 있었다. 그리고 이런 약을 정해진 시각에 하나도 빼놓지 않고 먹으려고 알약 정리 통을 사용하고 있었는데, 최근에 하나를 깨트려 먹는 바람에 새로 하나 더 사야 했다.

나이가 들수록 행복한 사람의 비밀

에리카는 문화적인 차원에서 자신이 소외되고 있다는 느낌을 조금 받고 있었다. 자기가 알아보지 못하는 새로운 젊은 배우들은 그녀보다 두세대나 뒤에 태어난 사람들이었다. 또 대중음악의 새로운 경향들은 언제 왔다가 가는지도 모르게 흘러가 버렸다.

다른 한편으로, 에리카는 만년에 들어서서 이제 자기 자신을 보다 현실적으로 평가할 수 있게 되었다고 느꼈다. 이제는 세속적으로 안전한 자리에 도달했다는 생각 때문인지 자기의 단점을 있는 그대로 볼 수 있었던 것이다. 이렇게 성공은, 그녀가 예전에는 한 번도 느껴보지 못했던 겸손함을 느끼게 해주었다.

에리카는 노년기를 냉혹함이 노쇠하는 시기라고 묘사하는 글들을 읽은 적이 있었다. 셰익스피어의 『뜻대로 하세요』에 등장하는 침울한 인물인 제이퀴즈는 노년기를 '제2의 소년기이자 망각기'라고 말한다. 20세기 중반에 발달심리학자들은 노년기를 다룰 때 흔히 이 시기를 퇴각의 시기로 여겼다. 노인은 죽음을 준비하면서 세상에서 천천히 몸을 뺀다고 믿었다. 노인은 새로운 변화를 이루어낼 수 없는 시기에 접어든다고 본 것이다. 이런 맥락에서 프로이트도 다음과 같이 썼다. "대략 쉰살 무렵이 되면 실행을 담당하는 정신적 과정의 탄력성이 일반적으로 부족해진다. 노인은 예전처럼 더는 학습 능력을 발휘하지 못한다."

그러나 에리카는 이런 점을 전혀 느끼지 않았다. 사실 최근에 이루어진 연구 결과를 보면 노인들이 학습과 성장 능력을 완벽하게 갖추고 있다고 한다. 뇌는 평생 동안 새로운 연결점, 심지어 새로운 뉴런을 만들어낼 수 있다. 작업 기억working memory(여러 정보를 일시적으로 수용하고, 각종 인지 과정을 계획하고 순서를 정하며 또 필요한 과정을 실제로 수행하는 작업장의 역할을 한다-옮긴이), 산만한 요소들을 무시하는 능력, 그리고 수학 문제를 재빠르게 푸는 능력과 같은 몇몇 정신적인 과정은 분명히 퇴보하지만, 다른 과정들은 전혀 그렇지 않다. 많은 뉴런이 죽고 뇌의 다양한 영역을 연결하는 많은 연결점이 활력을 잃어버리긴 해도, 노인의 뇌는 노화에 따른 효과를 상쇄하는 데 도움이 되도록 스스로 재조직된다.[3] 노인의 뇌는 청년의 뇌에 비해서 동일한 결과를 내는 데 보다 많은 시간이 들긴 하지만, 그래도 원하는 결과를 내기는 한다. 항공관제사들을 대상으로 한 연구보고서는, 서른 살의 관제사들이 이들보다 나이가 많은 동료에 비해 더 나은 기억력을 가지고 있지만 예순 살의 관제사들 역시 긴급 상황에서 서른 살의 관제사들과 똑같이 업무를 잘 수행한다는 사실을 밝혔다.[4]

수십 년 전에 시작된 종단적 연구(조사 대상으로 선정된 한 무리의 사람들에게 시차를 두고 여러 차례에 걸쳐 동일한 질문을 되풀이함으로써 집단 성향의 변화를 파악하는 조사 방법-옮긴이)가 은퇴 이후의 삶을 보다 장밋빛으로 그릴 수 있게 해주었다. 이들 연구 결과는 노년기가 항복이나 포기의 시기가 아니며 심지어 아무런 변화가 없는 시기도 아님을 보여준다. 노년기 역시 발달기이다. 이들 연구에 따르면 노년기는 결코 특정한 신호, 낙하병들이 비행기에서 낙하산을 타고 뛰어내리기 시작해야 함을 알리는 것과 같은 신호가 아니다.

대부분의 사람이 나이가 들면 들수록 행복하다고 대답하는 경우가 많다. 나이가 들면서 부정적인 정서 자극에 덜 관심을 기울이기 때문인지도 모른다. 스탠퍼드대학교의 심리학자 로라 카르스텐센Laura Carstensen 교수는 노인이 청년보다 정서적인 균형을 더 잘 유지하며 부정적인 사건들에서 보다 빨리 뒤로 물러선다는 사실을 발견했다.[5] MIT

의 신경과학자인 존 가브리엘리John Gabrieli 교수는, 사람들이 긍정적인 이미지들을 바라볼 때는 편도선이 활성화 상태를 유지하는데 부정적인 이미지들을 바라볼 때는 그렇지 않다는 사실을 노인들의 뇌에서 발견했다. 긍정적인 지각이 지닌 힘을 사람들이 무의식적으로 학습한 결과라 할 수 있다.[6]

남자와 여자의 성 역할은 사람이 나이가 들면서 하나로 합쳐지는 경향이 있다. 많은 여자가 보다 단호해지는 반면에 많은 남자는 보다 감성적으로 바뀐다. 나이가 들면서 사람들의 성격은 전보다 훨씬 더 강렬해진다. 버클리대학교의 심리학자 노마 한Norma Haan 교수는 청년 집단을 50년에 걸쳐 지속적으로 관찰한 뒤에, 관찰 대상자들이 나이가 들면서 점점 더 사교적이고 자신감이 넘치며 온화해졌다고 결론 내렸다.[7]

그러나 사람이 나이가 들수록 저절로 현명해진다고 주장할 수 있는 증거는 어디에도 없다. 사회적이고 정서적이고 지식적인 정보의 총합으로 정의할 수 있는 '현명함'의 정도를 평가한 여러 검사 결과는 평탄한 그래프로 나타난다. 이 검사들에서 사람들은 중년에 어떤 수준에 도달하고, 그 뒤로는 약 일흔다섯 살까지 그 수준을 꾸준하게 유지한다.[8]

그러나 현명함의 수준이라는 것은 종이로 된 시험지에 연필로 답을 찾아서 표기하는 방식의 검사로는 쉽게 파악하기 어렵다. 에리카는 심지어 중년에도 가지지 못했던 기술들을 현업에서 물러난 뒤에 습득하게 되었다고 느꼈다. 어떤 문제들을 여러 개의 다른 관점에서 바라볼 수 있는 능력이 예전보다 더 좋아졌다고 느꼈다. 어떤 상황을 바라볼 때도 곧바로 결론으로 뛰어 넘어가지 않고 보다 더 찬찬히 잘 바라볼 수 있게 되었다고 느꼈다. 모호한 믿음과 확고한 결론을 예전보다 더 잘 구분할 수 있게 되었다고 느꼈다. 즉 자기 정신의 바다를 예전보다 더 정확하게 볼 수 있게 되었다는 말이다.

에리카가 살면서 많이 경험하지 않은 감정이 하나 있었다. 생생하고 활기차게 살아 있다는 느낌이었다. 사회 초년생 시절에 그녀는 로스앤젤레스로 날아가 고객이 잡아준 호텔 스위트룸에서 방마다 돌아다니면서 스위트룸의 넓고 화려한 모습을 보며 킥킥대며 웃곤 했다. 당시에 그녀는 일 때문에 새로 어떤 도시를 방문할 때면 그 도시에 있는 미술관이나 역사적인 명소를 구경하려고 일정 가운데 하루는 따로 떼놓곤 했다. 당시 남북전쟁 최후의 결전장이던 게티즈버그나 프릭예술·역사센터를 혼자서 걷던 일, 예술품의 매혹에 푹 빠져서 황홀해하던 그 감정을 에리카는 지금도 기억했다. 베네치아에서 소설책 한 권을 들고서 길을 잃고 터덜터덜 걸었던 어느 날 밤의 한껏 고양된 기분과 그 특별하던 역동성을 기억했다. 그런데 이런 감정이 이제 더는 일지 않았다. 이제 에리카는 어디로 여행을 가든 따로 하루를 빼서 관광을 하는 일은 없었다. 그럴 시간이 없었다.

에리카가 보다 중요한 직책을 맡아서 보다 중요한 일을 하게 되자 그녀의 문화적인 활동들이 점점 뜸해지기 시작했다. 시적 취향, 미술적 취향, 연극적 취향은 점차 고급적인 것에서 평범한 것으로 그리고 그 아래로 떨어졌다. 펜실베이니아대학교의 신경과학자인 앤드루 뉴버그 Andrew B. Newburg 교수는 다음과 같이 썼다. "쉰 살이 되면 사람들은 젊을 때 나타날 수 있는 절정의 느낌이나 초월적인 경험을 잘 이끌어내지 못한다. 대신에 미묘한 정신적 경험들을 더 자주 하고, 우리가 가지고 있는 기본적인 믿음들을 정교하게 다듬는다."[9]

게다가 일은 에리카를 더욱 단조로움 속으로 이끌었다. 그녀는 조직과 실천이라는 측면에서 대단한 재능이 있었다. 이런 재능이 있었기에

CEO가 될 수 있었고 정부의 한 부서를 책임지는 장관이 될 수 있었다. 그녀의 재능이 그녀를 과정의 세계로 끌어당겼던 것이다.

오랜 세월 동안 그녀가 알고 지낸 사람의 수는 몇 배로 늘어났지만 진정한 우정을 나누는 사람의 수는 줄어들었다. 어떤 종단적 연구에 따르면, 어린 시절에 무시를 당했던 사람들은 노년기에 친구가 없을 가능성이 훨씬 높았다.[10] (실행 모델들은 이런 식으로 평생을 통해서 보였다가 안 보였다가 한다.)

에리카는 외롭지 않았다. 하지만 때로는 군중 속에서 외로움을 느꼈다. 반쯤은 친구라고 할 수 있는 수많은 사람이 그녀의 주변에 널려 있었다. 그러나 진정한 친밀함을 나눌 소집단은 없었다.

다른 말로 하면, 지나간 오랜 세월 동안 에리카는 보다 더 피상적으로 살았고 또 그렇게 바뀌어왔다는 뜻이다. 공식적인 자리에서는 활달했지만 개인적으로는 냉담했다. 그녀는 경력을 쌓고 또 발휘하며 살아오는 동안에 자기가 직업적으로 수행해야 하는 일에 적합하도록 뇌를 재조직해 왔다. 하지만 직업적인 성취가 모두 충족된 지금의 눈으로 보자면 그런 방향의 재조직은 만족스럽지 않았다.

에리카는 전반적으로 멍한 느낌에 포위된 상태로 은퇴 이후의 삶을 맞았다. 예전에는 이런 게 있으리라고는 상상도 하지 못했던 어떤 낯설고 거대한 전투를 앞두고 있는 듯한 느낌이었다. 이것은 천박함의 힘과 심오함의 힘 사이에서 벌어지는 전투였다. 오랜 세월 동안 천박함의 힘이 꾸준하게 우세를 보이면서 진행되어 왔던 전투였다.

그리고 이제 죽음의 강이 눈앞에 보였다. 마지막 전선이었다. 에리카는 이런 일이 자기나 해럴드에게 이렇게나 빨리 일어날 줄은 생각도 못했다. 그런 생각은 전혀 하지 않았다. 두 사람은 죽음을 말하기에는 너무도 건강했기 때문이다. 게다가 두 사람 다 친척들 가운데서 90대까지 건강하게 잘 사는 사람들을 손에 많이 꼽을 수 있었다. 물론 이렇게 따뜻한 위안이 되는 상관성이 실제로는 아무런 의미가 없긴 하지만 말이다.

에리카가 오랜 세월 동안 알고 지내던 사람들이 죽어가고 있었다. 그것도 일정한 비율이라는 규칙성 속에서. 원하기만 한다면 에리카는 인터넷에 접속해서 자기가 죽을 확률이 얼마나 되는지 계산해 볼 수도 있었다. 에리카 나이의 여자는 다섯 명 가운데 한 명이 암에 걸린다. 여섯 명 가운데 한 명은 심혈관 질환에 걸린다. 마치 전쟁의 소용돌이 한가운데서 사는 것처럼, 에리카와 동일한 사회적 지위에 있는 사람이 몇 주에 한 명씩은 꼭 세상을 떠났다.

이런 현상이 미치는 효과는 끔찍하기도 하고 힘을 주기도 했다(에리카는 죽을 때까지 계속 그렇게 여러 가지 감정이 뒤섞인 상태에서 살 것 같았다). 시간을 죽음이 급하게 달려오는 상황으로 인식하는 에리카의 태도가 바뀌었다. 에리카의 마음속에서 어떤 도전 과제가 서서히 형성되었다. 은퇴가 천박함의 힘들로부터 그녀를 해방시킬 터였다. 그녀는 자기 스스로 신경 관련 다이어트, 그녀의 뇌 안으로 흘러들 영향을 설계할 수 있었다. 보다 심오한 것으로 눈을 돌릴 수 있었다. 이제 그녀는 화려한 희롱거림의 세상으로 나아갈 수 있었다.

에리카는 혼자 힘으로 사업 계획을 세워야 했다. 인생의 마지막 장을 보다 생기 있게 살고 싶었다. 종이를 꺼내놓고 앉아서 자기 인생의 여러 영역을 써내려갔다. 자아 성찰, 창의성, 공동체, 친밀함, 봉사…. 그리고 각각의 범주 아래 자기가 추구할 수 있는 활동들로 어떤 것이 있을지 목록을 작성했다.

회고록을 짧게 하나 쓰고 싶었다. 어떤 새로운 예술 형식을 온전하게 익히고 싶었고, 어려운 일을 하고 싶었고 또 업적을 쌓고 싶었다. 해마다 모여서 함께 웃고 떠들며 술을 마실 수 있는 여자 친구들 모임의 일원이 되고 싶었다. 젊은이들을 가르칠 수 있는 길을 찾아보고 싶었다. 온갖 나무의 이름을 익혀서 숲길을 산책할 때 자기 눈에 보이는 나무들이 무슨 나무인지 알고 싶었다. 헛소리들을 다 걷어치우고 자기가 정말 신을 믿는지 알고 싶었다.

옛 기억들이 떠오르는 이유

은퇴하고 처음 몇 달 동안 에리카는 옛날 친구들과 다시 교류하고 싶은 충동에 사로잡혀 있었다. 그녀는 아카데미 친구들과는 그 누구도 연락을 하지 않고 살았다. 그뿐만 아니라 대학교 때 친구들과도 거의 연락이 끊어진 상태였다. 그러나 페이스북 덕분에 이 모든 관계를 회복할 수 있었다. 그리고 새롭게 친구들과 연락을 시작한 지 몇 주 지나지 않아서 수십 년 전 까마득하게 먼 옛날 친구들과 이메일을 주고받았고, 행복했다.

이렇게 옛날 친구들과 접촉을 하면서 지내는 생활은 생각지도 못했던 기쁨을 안겨주었다. 이런 접촉 덕분에 그녀 안에 잠들어 있던 또 다른 특성들이 잠에서 깼다. 에리카는 대학교 때 룸메이트였던 미시라는 남부 출신의 친구가 자기 집에서 채 40킬로미터도 되지 않는 곳에 살고 있다는 사실을 알았고, 어느 날 두 사람은 약속을 잡아서 함께 점심을 먹었다. 두 사람은 3학년 때 기숙사에서 같은 방을 썼는데, 비록 한 방을 쓰긴 했어도 특별히 친한 친구 사이로까지 발전하지는 않았었다. 그때 에리카는 정신없이 바빴고, 의과대학 예비반이었던 미시도 도서관에서 살다시피 했기 때문이다.

미시는 지금도 예전처럼 홀쭉하고 자그마했다. 머리카락은 은발이 되었지만 피부는 여전히 매끄러웠다. 의과대학을 졸업하고 안과 전문의가 되었고 가족을 꾸렸으며 유방을 둘 다 절제하는 수술을 받은 뒤 회복했고, 에리카보다 몇 년 먼저 은퇴를 한 상태였다.

점심을 먹으면서 미시는 지난 몇 년 동안 자기 인생을 바꿔놓은 어떤 열정에 대해 흥분해서 얘기했다. 미시가 빠진 것은 바로 명상이었다. 미시가 그런 얘기를 하자 에리카는 심장이 덜컥 내려앉는 느낌이었다. 미시가 계속해서 요가의 교리나 인도에 있는 영적인 수행처 등에 대해서 길고 긴 이야기를 늘어놓을 것 같았다. 미시는 자기 내면 깊숙한 곳에 있는 핵심, 즉 뉴에이지 운동(서구적 가치관을 배제하고 초자연을 신봉해 환경·종교·의료 분야를 전체론적 시각에서 다시 보려는 운동 – 옮긴이)과 관련된 횡설수설 조리 없는 내용과 눈부시게 화려할 정도로 교감을 하고 있었다. 대학 시절에 바늘로 찔러도 피 한 방울 흘리지 않을 것처럼 냉혹한 과학자였던 미시가 이제는 감상에 잔뜩 절어 있었다. 그러나 에리카의 예상은 빗나갔다. 미시는 명상에 대해서 마치 의과대학교에서 학생들에게 숙제를 내줄 때처럼 차갑고 객관적인 어투로 말했다.

"일단 바닥에 책상다리를 하고 앉아서 허리를 꼿꼿하게 펴. 처음에는 내가 들이마시고 내쉬는 호흡에 집중을 해. 그러면서 내 몸이 내가 기대하는 것을 충족시키는 걸 느껴. 내 콧구멍이 닫히고 열리는 걸 느껴, 가슴이 올라갔다 내려갔다 하는 것도 느끼고. 그런 다음에 어떤 단어 하나 혹은 구절 하나에 내 생각을 집중시키지. 나는 이 과정을 여러 번 반복하지는 않아. 그냥 내 생각 맨 앞에다 두기만 해. 그런데 만일 그래도 계속 생각이 엉뚱한 곳으로 흐르면, 처음부터 다시 하지. 어떤 사람은 '예수님'이라는 단어를 놓고 집중하고, 어떤 사람은 '신'이라는 단어를 놓고 집중해. 또 '부처'에 집중하는 사람도 있고 '아도나이'에 집중하는 사람도 있지. 그런데 나는 '안으로 깊숙하게 다이빙'에 집중을 해.

그런 다음 어떤 감정들, 지각들, 이미지들이 내 뇌 속으로 들어오는지 관찰해. 그런 경험들이 자연스럽게 저절로 진행되도록 내버려둔 채로 말이야. 그러니까 온갖 생각이 내 의식 속에서 마구 뛰어노는 상황에서 꼼짝도 하지 않고 가만히 앉아 있는 것과 마찬가지야. 처음 시작할 때는 보통 초점을 잘 맞추지 못해. 그래서 어느 순간 문득 보면, '이따가 어떤 사람에게 이메일 답장을 보내야지' 하는 생각을 하고 있어. 이메일이 아니면 그 밖의 온갖 잡생각을 하고 있지. 그러면 호흡에 집중하는 과정인 처음부터 다시 시작해. 이렇게 얼마 정도 집중을 하면 외부 세계는 천천히 어둠 속으로 사라지기 시작해. 이런 상황을 어떻게 설명해야 할지 잘 모르겠지만, 내가 내 의식을 인식하기 시작하는 거야.

나의 정체성 즉 '나다움'은 사라지고, 저 아래에서부터 부글부글 끓어오르는 감각과 감정 속으로 내가 들어간단 말이야. 이때 중요한 것은 그것들을 아무런 판단 없이 그냥 받아들이는 거야, 친구처럼 반갑게 그냥. 스승님 한 분은 그것을 구름이 계곡으로 유유히 흘러가는 것을 바라보듯이 그렇게 바라보라고 하셨어.[11] 의식의 이런 구름 덩어리들이 둥둥 떠서 지나가고, 또 다른 구름 덩어리들과 또 다른 정신적 상태들이 그 빈자리를 채워. 이건 마치 평소에는 보이지 않지만 늘 거기에 있는 어떤 과정들을 직접 경험하는 것과도 같아.

말로는 잘 설명을 못 하겠어. 말로 표현할 수 없다는 것이 바로 이것의 핵심이거든. 말로 어떻게 묘사를 해보려고 하지만, 그 순간 너무 진부하고 개념적으로 바뀌니까. 그렇지만 내가 그 상태에 들어가면 거기에는 어떤 해설자도 없어. 해석을 해주는 사람도 없고… 말도 존재하지 않아. 그 상태에서는 시간이 의식에서 사라져 버려. 나는 지금 나에 관한 어떤 이야기를 나에게 하는 게 아니야. 스포츠 중계 현장의 아나운서 같은 존재는 없어. 모든 건 다 진행되는 감각들이야. 무슨 말인지 알아듣겠니?"

미시는 1단계를 직접적으로 지각하는 길을 분명히 찾은 것 같았다.

"그리고 그 상태에서 나오는 순간 나는 바뀌어 있어. 세상이 다르게 보여. 대니얼 시겔은, 밤에 플래시를 켜고 어떤 숲속을 막 걷고 온 것 같다고 말을 하잖아. 플래시를 갑자기 끈다고 생각해 봐. 좁은 지점밖에 비추지 못하는 밝은 빛줄기는 사라졌지만 점차 눈이 어둠에 익숙해지고, 마침내 갑자기 전체 풍경을 볼 수 있게 되는 거지.[12]

예전에 나는 내 감정들이 바로 나라고 생각했어. 하지만 이제는 그 감정들이 나를 통해서 나타나고 둥둥 떠다니는 걸 관찰하게 됐어. 자기 자신이라고 생각했던 것들이 사실은 그저 하나의 경험일 뿐이라는 것, 그걸 깨달아야 해. 그건 너를 통해서 일어나는 감각들이야. 일상적인 지각 방식들은 단지 수없이 많은 관점 가운데 일부일 뿐이라는 사실을 깨닫기 시작해야 해. 여태까지 보았던 것과는 다른 방식들로 바라볼 수 있다는 거야. 불교에서 말하는 '초심'을 개발해야 해. 어린아이의 눈으로 세상을 바라보는 거야. 모든 것을 한꺼번에 인식하는 거야. 의식적으로 어떤 것을 선택하거나 해석하는 일 없이 말이야."

미시는 이 모든 이야기를 샐러드를 먹으면서, 아스파라거스를 포크로 찍어 먹으면서 상쾌하게 이야기했다. 명상에 대해서 미시가 한 말을 액면 그대로 모두 믿는다면, 올바로 훈련을 받기만 하면 의식의 수면 아래에 숨어 있는 왕국을 얼마든지 들여다볼 수 있었다. 일상의 의식은 전체 전자기적 스펙트럼 가운데서 오로지 아주 작은 한 부분에 들어 있는 색깔들밖에 보지 못하지만 시야를 한층 넓혀서 실제 세상의 나머지 부분까지도 모두 보는 게 가능하다는 뜻이었다.

사실 빈틈없이 완고한 신경과학자들은 이런 종류의 명상 훈련을 매우 높게 평가한다. 그래서 이들은 신경과학자 회의에 달라이 라마를 초대했다. 또 어떤 신경과학자들은, 티베트 수도승의 명상법과 신경과학이 발견한 과학적 사실 사이에 겹치는 부분이 있다는 이유만으로 직접 티베트의 수도원을 찾아가기도 한다.

종교적인 황홀경을 경험한 사람들이 오랜 세월 동안 묘사해 온 초월적인 경험과 환상이 단지 허무맹랑한 환각적 현상만이 아님은 분명하다. 간질 발작에 의해서 신경이 엉뚱하게 점화되어 나타나는 결과도 아니다. 이런 점은 오늘날 일반적으로 인정하는 사실이다. 인간은 구조적으로, 일상적인 지각의 경계선을 넘어설 때 성스러운 것을 경험하고 한껏 고양되도록 만들어진 것 같다.

앤드루 뉴버그는 티베트의 수도승이나 가톨릭 수녀가 깊은 명상이나 기도에 들어갈 때 그들의 두정엽, 즉 신체의 경계를 규정하는 데 도움이 되는 뇌 영역의 활동이 둔화된다는 사실을 확인했다.[13] 이들은 무한한 공간 감각을 경험한다. 뒤이어 이루어진 한 연구에서는 오순절 교회파 신도들이 방언을 쏟아내는 순간에 경험하는 뇌파의 변화가 티베트의 수도승이나 가톨릭 수녀의 뇌파 변화와 다르다는 사실이 드러났다. 이 신도들에게는 자기들이 우주 속에 미아가 된다는 관념이 없다. 그들의 두정엽은 어두워지지 않는다. 다른 한편으로, 이들은 기억 기능의 감퇴 및 정서적·감각적 활성화의 증가를 경험한다. 이와 관련해서 뉴버그는 다음과 같이 썼다. "오순절 교회파의 전통이 규정하는 목표는 그런 경험에 의해 변화하는 것이다. 이들은 기존의 믿음을 보다 강하게 단련하려 하지 않고, 새로운 경험들을 보다 더 사실적으로 받아들이기 위해서 오히려 마음을 활짝 연다."[14]

뇌 단층촬영을 한다고 해서 신의 존재 여부를 둘러싼 논쟁에 종지부를 찍지는 못한다. 뇌의 구조를 그렇게 만든 존재가 누구인지 단층촬영은 말하지 않기 때문이다. 이런 것으로는 위대한 신비로움, 즉 감정이 어떻게 뇌 속에 있는 물질의 형태를 바꾸며, 또 뇌 속에 있는 물질은 어떻게 정신과 감정을 생성하는지 등의 의식과 관련된 신비로운 수수께끼를 풀지 못한다. 그러나 뇌 단층촬영은 명상이나 기도 전문가가 된 사람들이 자기의 뇌를 새로 조직한다는 사실만은 분명히 보여준다. 관심의 초점을 내면으로 옮김으로써 무의식의 깊숙한 곳을 들여다보고, 또 나아가 의식적인 과정과 무의식적인 과정의 통합을 달성하는 것(어떤 사람들은 이것을 '지혜'라고 부른다)은 얼마든지 가능한 일이다.

미시는 이런 이야기를 하면서 이따금씩 시선을 샐러드에서 떼어 에리카를 바라보았고, 에리카는 정신 나간 여자처럼 황당한 이야기를 끊임없이 이어가고 있는 미시를 바라보지도 않았다. 사실 미시로서는 자신이 그렇게 보이는 게 당연하다고 생각했다. 그러나 미시는 이런 것들이 자기에게 얼마나 중요한지 다시 한번 강조했다. 그러면서 자기가 설명을 제대로 잘하지 못해서, 사물을 연역적으로 인식하지 않고 통째로 전체론적으로 인식하는 것이 어떤 느낌인지 그리고 의식이 확장된다는 것이 어떤 느낌인지 말로 제대로 표현하지 못해서 미안하다고 했다. 미시는 유기농 당근으로 만든 셰이크를 마시지도 않으면서 이 모든 이야기를 했다. 오노 요코(여성운동가이며 전위예술가, 존 레넌의 배우자-옮긴이)까지는 나아가지 않았던 것이다. 미시는 지금도 여전히 파트타임으로 일을 하는 외과의사에 기름을 엄청나게 소비하는 SUV를 몰고 다니며 점심때 화이트 와인을 마시는 여자였다. 미시는 그저 보다 깊은 차원의 인식 수준에 도달하는 데 도움이 되는, 과학적으로도 그럴듯한 방법을 찾았고 그걸 오랜만에 만난 친구에게 소개하고 있을 뿐이었다.

점심 식사를 마쳐갈 무렵에 미시는 에리카에게 다음번 모임에 한번 참가해서 명상을 시도해 보지 않겠느냐고 물었다. 에리카는 자기 입이 저절로 말하는 대답을 들었다. "아냐 됐어. 나하고는 안 맞는 것 같아."

에리카는 자기가 왜 그렇게 대답했는지 몰랐다. 내면을 직접 들여다본다는 게 어쩐지 혐오스러웠다. 그녀는 평생 외면 세계만을 보고 살았고 또 그렇게 세상을 관찰하려고 노력했었다. 그녀가 살아온 인생은 움직이는 역동적인 인생이었지 조용하고 평온한 인생이 아니었다. 사실 에리카는 자기 내면을 바라보는 게 두려웠다. 내면은 결코 몸을 던져 풍덩 뛰어들고 싶지 않은 검은 빛의 물웅덩이였다. 보다 생기가 넘치는 인생을 살려고 한다면 다른 길을 찾아야 했다.

제2의 교육, 정서를 다시 배워야 할 때

그 뒤 몇 달 동안 에리카는 문화의 탐욕스러운 소비자로 살았다. 게걸스러운 식욕과 타고난 특성으로 예술의 세계에 깊이 몰두했다. 서양회화사에 관한 책들을 읽었고, 명시 선집들을 사서 잠이 드는 줄도 모르고 읽었다. 고전음악을 공부하는 오디오 강좌를 사서 운전을 할 때마다 들었으며 친구들과 함께 다시 미술관을 순례하기 시작했다.

사람들이 대부분 그렇듯 에리카도 어떤 종류의 교육을 받았다. 제1의 교육이라고 부를 수 있는 것이었다. 학교에 다녔다. 그리고 이런저런 경영학 관련 강의를 들었고 다양한 직무를 맡으면서 일을 해나갔고, 이런저런 기술들을 배웠다. 그리고 전문성을 획득하는 데까지 나아갔다.

지금 에리카는 제2의 교육을 받기 시작했다. 이 교육은 정서와 관련된 교육, 어떻게 느끼며 무엇을 느낄지를 배우는 교육이었다. 이 두 번째 교육은 첫 번째 교육과 같은 방식으로 작동하지 않았다. 첫 번째 교육에서는 습득된 정보가 앞문으로 들어와서 대낮의 밝은 빛에서 스스로를 공표했다. 직접적이었다. 무엇을 찾아야 할지 자세하게 가르쳐주는 교사들이 있었고, 누구나 다 이 첫 번째 교육을 이수했다.

그러나 두 번째 교육은 달랐다. 정해진 커리큘럼도 없었고 발견하고 습득해야 할 기술들이 어떤 것인지 지침이 마련되어 있지도 않았다. 에리카는 자기가 좋아하고 즐기는 것을 찾으러 여기저기 방황하며 돌아다녔다. 배운다는 것은 즐거움을 추구하는 과정에서 생긴 부산물이었다. 정보는 간접적으로 그녀에게 다가왔다. 정문이 아니라 창틀의 찌그러진 부분을 뚫고 마룻장의 틈새를 통해서, 그리고 그녀의 마음에 달린 공기창 속으로 스며들었다.

에리카는 『이성과 감성』, 『훌륭한 군인』 그리고 『안나 카레니나』를 읽었다. 에리카는 이 소설 속의 등장인물들과 함께 움직이며 그들의 마음 상태를 흉내 내면서 정서의 새로운 취향을 발견할 것이다. 그녀가 읽고 감상하는 소설, 시, 그림, 음악이 그녀의 인생에 직접적으로 적용이 된 적은 한 번도 없었다. 은퇴한 CEO에 대한 시를 쓴 사람은 아무도 없었다. 중요한 것은 그 시들 속에 묘사된 정서적인 감각이었다.

영국의 철학자 로저 스크러턴Roger Scruton은 『문화가 중요하다Culture Counts』에서 다음과 같이 썼다. "워즈워스의 『서곡』을 읽는 사람은 자기 자신의 순수한 희망들로 자연 세상에 생명을 불어넣는 방법을 배운다. 렘브란트의 〈야경〉을 바라보는 사람은 협동의 긍지와 시민적인 삶의 온화한 슬픔을 배운다. 모차르트의 교향곡 41번 〈주피터〉를 듣는 사람은 인간의 기쁨과 창의성의 바다에서 세례를 받는다. 프루스트의 책을 읽는 사람은 어린 시절의 한껏 고양된 세상으로 안내를 받은 뒤, 당시 기쁨으로 충만하던 어린 시절에 이미 우리 만년의 슬픔이 예고되어 있음을 깨닫는다."[15]

그 나이에도 에리카는 새로운 방식들로 외부의 대상을 인식하는 방법을 배우고 있었다. 뉴욕이나 중국 혹은 아프리카에서 살면 바로 그 지점에서 세상을 바라볼 수 있듯이, 소설가의 세상에서 시간을 보내면 그 세상에만 존재하는 전의식前意識적 관점을 배울 수 있다.

여러 시행착오를 거친 끝에 에리카는 자신의 취향을 발견했다. 그녀는 자기가 인상주의 화가들을 좋아한다고 생각했지만 그게 아니었다. 인상주의 화가들의 그림을 봐도 이상하게 감동이 일지 않았다. 어쩌면 그 그림들이 너무 익숙해서 그런지도 몰랐다. 에리카는 이탈리아 르네상스와 렘브란트의 소박하고도 세련된 초상화의 색채 배합에 사로잡혔다. 이들 그림 한 점 한 점이 모두 그녀의 마음을 사로잡고, 백만 개의 현을 가진 악기처럼 그녀를 감동시켰다. 그녀는 때로 순수한 즐거움의 순간들을 맛보기도 했다. 그럴 때면 심장박동이 빨라졌고, 위가 경련을 일으켰다. 어떤 그림 앞에 서거나 어떤 새로운 설치미술 혹은 시를 발견했을 때 그랬다. 한번은 앤서니 트롤럽Anthony Trollope의 소설을 읽던 중이었는데, 갑자기 소설 속의 감정들이 자기 육체 안에서 생생하게 살아 움직이는 것을 느꼈고 또 소설 속에서 생성된 감각들이 마치 살아 있는 것처럼 그녀의 눈앞에서 펄떡펄떡 뛰었다. 월트 휘트먼Walt Whitman은 자기 육체에 대해서 "나의 몸은 거죽이 딱딱한 조개가 아니다"[16]라고 썼는데, 에리카는 휘트먼이 무슨 뜻으로 그렇게 썼는지 진정으로 이해할 수 있었고, 그 이해는 점점 깊어져 갔다.

춤추는 척후병들

예술과 관련된 에리카의 경험은 우리가 이 책에서 소개한 이야기에서 보았던 각기 다른 종류 인식을 모두 한데 모은 소우주다. 보고 또 듣는 것은 두텁고 창의적인 과정들이지 수동적으로 그냥 받아들이는 과정들이 아니다.

예를 들어 어떤 사람이 음악을 듣는다고 치자. 이때 음파는 공기 속을 1초에 340미터의 속도로 이동해 그 사람의 고막을 두드리고, 여기에서 발생한 진동은 고막과 연결된 청소골이라는 세 개의 작은 뼈를 흔들며, 이 뼈들의 진동이 달팽이관의 청세포를 자극하고, 이 자극이 전기적인 부하 형태로 뇌에 전달된다. 이 사람은 형식적인 의미에서 음악을 전혀 모를 수도 있다. 그러나 (리듬을 타며 어머니의 젖을 빨아 먹던 그때부터) 이 사람은 평생 동안 음악의 작동 방식과 관련된 실행 모델들을 무의식적으로 구축해 왔다. 시간적인 규칙성을 파악하고 어떤 것 다음에는 또 어떤 것이 이어질지 예측하는 법을 학습해 왔다는 말이다.

음악을 듣는다는 것은 미래를 정교하게 계산하는 과정을 포함한다. 예를 들어 어떤 음악의 마지막 몇 소절이 Y라는 모형이라면, 그 뒤에 이어질 몇 소절은 Z라는 모형일 것이라고 추정한다는 말이다. 이런 예측적인 계산과 관련해서 조나 레러는 『프루스트는 신경과학자였다』에서 다음과 같이 썼다. "인간 본성이 우리가 음notes을 듣는 방식을 주로 결정하는 반면, 우리가 음악music을 들을 수 있도록 해주는 것은 교육이다. 3분 길이의 팝송에서 다섯 시간 길이의 바그너 오페라에 이르는 온갖 문화 창조물은 특정한 음악적 모형들을 기대하도록 우리를 가르치고, 이런 모형들은 오랜 시간에 걸쳐 우리 뇌에 각인된다."[17]

음악이 우리가 기대한 내용과 맞아떨어질 때 우리는 편안한 즐거움을 느낀다. 어떤 사람이 어떤 정보를 보다 막힘없이 처리할 수 있을 때 보다 많은 즐거움이 생성된다고 몇몇 과학자는 말한다. 어떤 노래나 이야기 혹은 주장이 뇌에 저장된 내면적 모형들로부터 긍정적인 호응을 얻을 때, 행복의 따뜻한 기운이 샘솟듯 솟아 나온다는 것이다.[18]

그러나 정신은 또한 친숙함과 낯섦 사이의 긴장 상태에도 존재한다. 뇌는 끊임없는 변화 그리고 예상하지 않았던 것을 이해할 때의 기쁨을 포착하려고 진화해 왔다. 그래서 우리는 우리가 기대하는 것과 즐겁게 희롱하다가 뒤통수를 치듯이 갑자기 돌변하며 놀리는 음악에도 이끌린다. 대니얼 레비틴이 저서 『뇌의 왈츠』에서 썼듯이, 〈오버 더 레인보우〉의 처음 두 음은 귀에 거슬리는 옥타브 차이로 우리의 관심을 끌지만 나머지 부분은 우리 귀에 익숙한 곡조로 우리를 편안하게 해준다.[19] 레너드 메이어 Leonard B. Meyer는 저서 『음악의 감성과 의미 Emotion and Meaning in Music』에서 베토벤이 어떻게 명확한 리듬과 조화로운 모형을 세운 뒤에 이것을 단 한 번도 똑같이 반복하지 않고도 끊임없이 변주하는지 보여준다.[20] 인생은 변화이고, 행복한 인생은 부드럽고 자극적이며 가락이 아름다운 변화의 연속이다.

그림을 감상하는 과정도 비슷하다. 먼저 정신이 어떤 그림을 창조한다. 말하자면, 각각의 눈이 그 그림의 표면을 빠르고 복잡하게 훑는다. 안구의 움직임 하나마다 하나의 이미지가 포착되고, 이렇게 해서 생성된 전체 이미지들이 하나로 섞이고 대뇌피질 내부에서 재창조되는 과정을 거쳐 하나의 단일한 이미지로 탄생된다. 그런데 눈이 포착한 각각의 풍경에는 정신이 바라볼 수 없는 부분들이 있다. 망막 가운데에는 맹점이 있기 때문이다. 맹점은 시세포가 없어 물체의 상이 맺히지 않는 부분이다. 그런데 뇌는 이 비어 있는 부분을 자신이 예측한 내용을 바탕으로 채워 넣는다. 동시에 정신은 그 그림에다 자기가 가지고 있는 관념들을 강요한다. 예를 들어 색깔을 강요한다. 조명이나 그 밖의 요인들 때문에 그림에서 반사되는 빛의 파장 에너지에는 커다란 편차가 있을 수밖에 없다. 그러나 정신은 내면에 형성된 모형들을 사용해 그림 표면의 색깔이 언제나 똑같고 변함이 없다는 인상을 제공한다.[21] 만일 정신이 어떤 사물에 동일한 색깔을 부여할 수 없다면 세상은 혼돈에 빠지고 말 것이다. 주변의 환경으로부터 유용한 정보를 추출하는 일이 너무도 힘들 것이기 때문이다.

'언제나 변함없는 색깔'이라는 이 착각이 어떻게 형성되는지는 잘 알려져 있지 않지만, 그 과정에는 일정한 비율들이 존재하는 것 같다. 예를 들어 초록색 표면 주위로 노란색과 파란색, 자주색이 둘러싸고 있다고 치자. 초록색을 반사하는 파장과 노란색을 반사하는 파장 사이에 일정한 비율이 있다고 뇌는 이해한다. 뇌는 각각의 색에, 심지어 계속해서 변화하는 조건 속에서조차, 일정한 질을 할당할 수 있다. 그래서 런던 유니버시티칼리지의 신경심리학자 크리스 프리스Chris Frith는 "세상에 대한 우리의 인식은 실제와 일치하는 환각이다"라고 썼다.[22]

정신은 그림을 창조하고 또 평가한다. 대부분의 사람이 공통적으로 좋아하는 어떤 취향들이 존재한다는 사실은 광범위한 연구를 통해 이미 밝혀졌다. 뉴질랜드 캔터베리대학교에서 예술철학을 가르치는 데니스 듀턴Denis Dutton은 저서 『예술 본능The Art Instinct』에서 세계의 어느 지역에 사는 사람이든 간에 모두 넓은 공간, 물, 길, 동물 그리고 몇 명의 사람이 있는 풍경화와 같은 그림들에는 호감을 느낀다고 주장한다. 진화심리학자들은 세계 어디에 사는 사람이든 인간 종이 처음 발생한 아프리카 사바나의 풍경과 비슷한 풍경을 그린 그림을 좋아한다고 주장한다. 사람들은 일반적으로 빽빽하게 들어선 초목을 바라보길 좋아하지 않는다. 가까이하기 어렵기 때문이다. 또 사막 풍경도 바라보길 좋아하지 않는다. 거기에는 먹을 게 없기 때문이다. 사람들은 광활하고 푸르른 초원을 좋아한다. 나무들이 있고, 개천이든 호수든 물이 넉넉하게 있고, 꽃나무와 과실나무가 다양하게 많이 있고, 적어도 한쪽 방향으로는 시야가 막히지 않고 끝까지 트여 있는 풍경을 좋아한다.[23] 몇몇 비평가는 케냐인은 자기 고향의 풍경보다는 허드슨 리버 화파(19세기 중엽의 미국 풍경화가 그룹. 미국의 광활한 대륙에서 영감을 얻어 자연에 대한 경이로움을 낭만적인 화풍에 담았다–옮긴이)의 그림들을 더 좋아한다고 지적한다. 뉴욕주 허드슨강 인근의 풍경이 현재의 건조한 케냐 풍경보다는 선사시대 아프리카 사바나의 풍경과 더 많이 닮았기 때문이라는 것이다.

보다 폭넓게 말하면, 사람들은 프랙털fractal을 좋아한다. 프랙털은 작은 구조가 전체 구조와 비슷한 형태로 끝없이 되풀이되는 구조를 말한다. 자연에는 프랙털들이 가득 차 있다. 비슷하게 생긴 봉우리들로 형성된 산맥, 나뭇잎과 나뭇가지, 관목 숲, 강의 지류와 본류. 사람들은 부드럽게 흘러가면서도 너무 복잡하지 않은 프랙털을 좋아한다.[24] 과학자들은 심지어 프랙털 밀도를 측정하는 방법도 알고 있다. 신경과학자 마이클 가자니가는 다음 예를 들어 그 방법을 설명한다. 누가 당신에게 종이에다 나무 한 그루를 그리라고 한다고 치자. 이때 당신이 그 종이를 완전히 여백으로 남겨둔다면 이때의 프랙털 밀도는 1이다. 그리고 종이 가득 나뭇가지로 채워진 나무를 그린다면 이때의 프랙털 밀도는 2이다. 그런데 사람은 일반적으로 이 밀도가 1.3인 모형을 좋아한다.[25] 조금 복잡하긴 하지만 지나치게 복잡하지는 않은 것을 좋아한다는 말이다.

에리카는 베르메르의 그림이나 반 에이크의 그림 혹은 보티첼리의 그림을 보면서 프랙털을 생각하지 않았다. 이런 사실이 중요하다. 에리카의 행동은 무의식적이었다. 그녀는 그저 그 즐거움을 맛보며 서 있었던 것이다.

남은 인생을 어떻게 살 것인가

얼마 뒤에 에리카는 직접 예술 작품을 창조하기로 마음먹었다. 그녀는 사진을 찍기도 하고 수채화를 그리기도 했지만, 그 분야에는 재능이 없다는 사실을 깨달았다. 그러던 어느 날, 아름다운 나뭇조각 하나를 발견하고는 이것을 손질해서 작은 목공용 작업대로 만들었다. 에리카는 이것을 들고 다니면서 목공을 배웠고, 이 일은 그녀에게 커다란 기쁨을 선사했다. 그리고 그 뒤 몇 년 동안 에리카는 혼자서 작업을 할 수 있을 때까지 계속해서 나무를 소재로 간단한 가정용품들을 만들었다.

에리카는 아침에 수영장에서 운동을 하고 산책을 나갔으며 오후에는 자기가 직접 마련한 작은 목공 작업실로 갔다. 미국의 국립 정신보건원NIMH의 노화 센터 초대 책임자인 진 코언Gene Cohen은, 어떤 행동의 지속성이 행동 그 자체보다 더 중요하다고 주장했다. "다른 말로 설명을 하자면, 독서 클럽에 참가하면서 몇 달 혹은 몇 년 동안 정기적으로 꾸준하게 책을 읽는 것이, 영화 감상이나 강연회 참가, 소풍 가기 등과 같이 일회성으로 끝나는 여러 활동들을 동일한 횟수만큼 하는 것보다 건강에 훨씬 더 좋다는 뜻이다."[26]

에리카는 나무로 조각을 하는 작업을 계속해 나가면서 자기가 지식과 기술의 레퍼토리를 구축하고 있다는 사실을 깨달았다. 우선 자기 앞에 놓인 나무를 관찰해야 했다. 나무라는 생물종이 가지고 있는 일반적인 속성뿐만 아니라 그 나뭇조각만의 특수한 속성까지도 파악해야 했다. 그리고 다음으로는 나뭇조각 안에 어떤 가정용품(예를 들면 냅킨 걸이, 북스탠드 혹은 탁자)이 숨어 있는지 직관적으로 간파해야 했다.

처음에는 영 서툴렀다. 하지만 목공예품 가게나 가구점을 드나들면서 장인들은 어떻게 작업을 하는지 관찰했다. 그녀는 공예 운동(기계 사용이 늘어가던 19세기 말 영국에서 수공예의 중요성을 강조한 운동-옮긴이)에서 풍기는 '확실성'의 분위기, 정해진 대로 모든 게 딱딱 맞아떨어지도록 해야 한다는 분위기가 마음에 들지 않았다. 대상 자체가 좋았고, 그것들이 서로 잘 맞아떨어지는 방식 자체가 좋았다. 관찰을 하고 또 실제로 해보면서 솜씨가 점점 좋아졌다. 나름대로 어떤 느낌과 동작의 레퍼토리가 생겼다. 에리카는 어느새 자기만의 스타일이 생겼음을 알고는 깜짝 놀랐다. 자기가 어떻게 그런 스타일을 가지게 되었는지는 알 수 없었다. 그저 괜찮다 싶을 때까지 이런저런 시도를 했을 뿐인데 어느새 그렇게 되어 있었다.

언제나 그랬듯이 에리카는 지나치게 많은 것을 하려고 노력했다. 만년의 나이에 들어서조차도 그녀는 여전히, 어떤 일이 자기를 얼마나 오랫동안 붙잡고 놓아주지 않을지 깊이 생각하지 않았다. 그녀는 자기가 만든 결과물이 마음에 들지 않았지만 이런 과정이 오히려 즐거웠다. 그녀는 자기가 창조하고 싶은 어떤 이상적인 것을 희미하게나마 포착했다. 그리고 그걸 만들어보려고 서투른 솜씨로 꼼지락거리며 시도를 했다. 이 과정에서는, 자기 마음속의 완벽함과 실제 현실의 엉성함 사이에 존재하는 긴장을 결코 풀어버리지 않았다. 계속해서 그 긴장을 유지하며 완벽함을 추구했다. 소설가 마르셀 프루스트가 죽음을 코앞에 두고서도 소설의 새로운 문단을 구술할 때 느꼈을지 모를 감정을 에리카는 이해할 수 있을 것 같았다. 프루스트는 죽어간다는 게 어떤 느낌인지 실제로 알 수 있었기에 자기 소설 속에서 어떤 등장인물이 죽어가는 장면을 수정하고자 했던 것이다.[27]

예술적인 영감이 왔다가 사라지길 반복했다. 몇 시간 동안 작업을 하고 나면 뇌가 텅 빈 느낌이 들었다. 뇌 속에 있는 작은 탄산 거품들이 다 꺼져버린 것 같았다. 그러면 에리카의 손길은 서툴러졌다. 게을러지고 신이 나지 않았다. 하지만 어떤 때는 한밤중까지 말짱한 정신으로 해결해야 할 어떤 문제에 매달리기도 했다. 프랑스의 수학자 앙리 푸앵카레는 평생을 걸쳐 매달렸던 가장 어려운 수학 문제 하나를 버스에 타는 순간에 풀었다. 버스 계단에 발을 올려놓는 바로 그 순간 문제의 해답이 불쑥 튀어나왔던 것이다. 이 순간을 그는 다음과 같이 회고했다. "나는 이미 오래전에 시작되었던 대화를 계속 하고 있었다. 그러나 그 순간에 나는 완벽한 확실성을 느꼈다."[28] 에리카 역시 이런 계시의 순간을 종종 주차를 할 때나 차 한 잔을 준비할 때 경험하곤 했다.

모든 예술가와 장인이 그러하듯이 에리카는 예술의 신이 자신을 조종하는 것 같았다. 창의성은 그녀의 통제 범위를 벗어난 숨은 세상에서 불쑥 나타났다. 미국의 시인 에이미 로웰Amy Lowell은 다음과 같이 썼다. "어떤 생각이 겉으로 보기에는 아무런 이유도 없이 불쑥 머릿속에 떠오르곤 한다. 예를 들면 「청동색 말들The Bronze Horses」이라는 시가 그렇게 탄생했다. 나는 말을 좋은 시적 소재라고 생각하며 언젠가 이것으로 시를 쓰겠다고 생각했다. 하지만 의식적으로 아무리 노력을 해도 한 발자국도 나아가지 못했다. 그런데 내가 실제로 한 일은, 누군가가 편지를 우체통에 넣는 것처럼 그 소재를 무의식 속으로 던져 넣는 것이었다. 그리고 여섯 달 뒤에 시어들이 머릿속에 떠오르기 시작했다. 시는 '거기'에 있었던 것이다."[29]

에리카는 도저히 가까이 갈 수 없는 화덕에 불을 지피는 작은 기술들을 익혔다. 워즈워스가 말했듯이 예술은 평온함 속에서 수집된 정서다. 에리카는 내면의 감정들이 거품처럼 표면으로 부글부글 끓어오르는 상태로 자기 자신을 몰아넣어야 했다. 전율이 이는 연극을 보거나 산에 오르거나 비극적인 소설을 읽어야 했다. 그리고 마음이 설레는 가운데서, 내면에 차오르는 감정들을 표현할 수 있을 정도로 충분히 긴장을 풀어야 했다.

에리카는 점점 더 늙어가면서 의식적인 정신이 천천히 긴장을 풀고 내면에서 방출되는 파동에 스스로를 맡길 수 있게 하려면 오랜 기간 동안 방해를 받지 않고 외로움 속에 살 필요가 있다는 사실을 깨달았다. 단 한 차례의 방해만으로도 하루 종일을 바쳐서 완성한 심적 평정 상태가 완전히 깨져버릴 수 있었다.

에리카는 이런 창의적인 심적 상태는 대개 늦은 아침이나 초저녁에 온다는 것을 발견했다. 그녀는 생각을 느슨하게 하기 위해 헤드폰으로 가벼운 고전 음악을 들으면서 작업을 하곤 했다. 그녀는 멀리 수평선을 바라볼 수 있도록 창문 가까이에 있으려고 했다. 무슨 이유에선지 그녀는 작업실이 아니라 남향의 거실에서 하면 일이 가장 잘되었다.

그리고 또 에리카는 어떤 일을 새로 시작할 때는 잘못되더라도 우선 빨리 해치워 버린 다음에 다시 처음으로 돌아가서 새롭게 시작하는 과정을 반복하는 게 최고라는 걸 알았다. 운동선수나 예술가가 어떤 일에 몰두한다는 말을 할 때 그들이 무슨 뜻으로 그런 말을 하는지 충분히 이해할 수 있는, 매우 드물고 귀중한 순간들도 있었다. 에리카의 머릿속에서 누군가 그녀에게 말을 하고 있었지만, 그 목소리에는 소리가 없었다. 에리카는 시간이 어떻게 흘러가는지도 잊어버렸다. 작업 도구가 저절로 그녀의 손길을 이끄는 것 같았다. 에리카는 자기가 하는 일에 완전히 녹아들었다.

에리카는 이 모든 것에서 무엇을 얻었을까? 이것들이 그녀의 뇌를 보다 낫게 만들었을까? 예술 교육 경험을 가진 아이들은 그 경험으로 인해서 지능지수 수치가 조금 올라간다는 증거가 있다. 그뿐만 아니라 음악 수업과 드라마 수업을 들으면 사회성과 관련된 기술들이 향상된다는 증거도 있다. 그러나 이런 연구 관찰 결과들은 불완전했다. 모차르트의 음악을 듣는 것만으로 혹은 미술관에 가는 것만으로 사람이 더 똑똑해질 수 있다는 말은 사실이 아니다.

어떤 사람의 창의성이 그 사람의 수명을 연장시켜 줄까? 조금은 그렇다. 정신적인 자극이 수명 연장에 도움이 된다는 주장을 지지하는 증거는 상당히 많다. 다른 요인들을 모두 제어한 상태에서 볼 때, 대학교를 졸업한 사람은 그렇지 않은 사람에 비해서 오래 산다. 간호사는 모두 똑같은 생활 패턴으로 살아감에도 대학 졸업장이 있는 간호사는 그렇지 않은 간호사에 비해서 오래 산다.[30] 청년기에 보다 많은 어휘를 알고 있는 사람은 그렇지 않은 사람에 비해 노년기에 치매에 덜 걸리는 경향이 있다.[31] 한 연구 결과에 따르면, 예술 관련 프로그램에 참가한 경험이 있는 성인은 그렇지 않은 성인에 비해 병원을 가거나 약을 복용하는 횟수가 적으며 일반적으로 보다 나은 건강 상태를 유지한다.[32]

그러나 실제 보상은 육체적인 것이 아니라 정신적인 것이다. 사람들이 정신 치료를 받는 이유는 자기 행동이 너무 불규칙해서 규칙성을 강화해야 하거나 아니면 너무 억압되어 있어 긴장을 풀어야 해서라고 한다. 에리카의 경우에는 긴장을 풀어야 했다. 시를 읽고 미술관에 가고 조각을 하는 것이 에리카가 긴장을 푸는 데 도움이 되는 것 같았다.

긴장을 풀면 에리카는 보다 더 침착해졌다. 여기저기 다니는 탐험가의 모습이 보다 더 많이 드러났다. 작가이자 언론인인 말콤 글래드웰은 최근의 연구 결과를 요약하면서 다음과 같이 썼다. 청년기에 성공을 거둔 미술가들은 개념적인 경향이 있다. 이들은 피카소처럼 자기가 달성하고자 하는 것에 대한 어떤 개념에서 시작해 결국 이루어냈다. 그런데 만년에 가서야 성공한 예술가들은 탐구적인 경향이 있다. 세잔과 같은 미술가들은 분명한 어떤 개념에서 시작한 게 아니라 시행착오의 과정을 거친 뒤에 마침내 최종 목적지에 도달했다.[33]

이것은 언제나 수동적이고 부드러운 과정이 아니다. 위대한 미술사가인 케네스 클라크Kenneth Clark는 1972년에 '노년기 스타일'에 대한 에세이 한 편을 썼다('노년기 스타일'이라는 용어는 클라크 본인이 만든 것이다). 그는 특히 미켈란젤로, 티치아노, 렘브란트, 도나텔로, 터너, 세잔 등의 그림을 중점으로 돌아보면서, 위대한 노인 화가들이 공통적으로 지니고 있는 특정한 양상을 찾아낼 수 있다고 믿었다. "고립감, 성스러운 분노의 감정, (내 방식대로의 용어인) 초월적인 비관주의의 탐닉, 그리고 이성에 대한 불신과 본능에 대한 믿음 등. (⋯) 만일 어떤 화가의 노년기 그림들을 보다 협소한 스타일적인 관점에서 바라본다면, 현실주의로부터의 퇴각과 이미 자리를 잡은 기법들에 대한 참을 수 없음 그리고 처리 기법의 완벽한 통일성에 대한 갈망 등을 찾아볼 수 있다. 노년의 화가들은 자기가 그린 그림 한 점 한 점이 모든 세대의 구성원이 함께 소속된 어떤 유기적 조직체라도 되는 것처럼 생각한다."[34]

에리카에게는 확실한 장인의 천재성이나 장인의 내면적 격랑이 없었다. 그러나 그녀에게는 마지막 남은 인생의 나날들을 강하게 밀어붙이고 싶은 바람, 자기 자신을 깜짝 놀라게 해줄 어떤 것을 창조하고 싶은 바람이 있었다. 예술이 내면의 보다 깊은 곳으로 나아가는 길을 열어준다는 걸 그녀는 알았다. 예술가는 많은 사람의 정신에 불완전하게 묻혀 있는 감정들을 포착해 모든 사람이 볼 수 있게 표면으로까지 끌어올린다. 이들은 한 인종의 총제적인 정서적 지혜를 표현한다. 이들은 생생한 삶을 유지하면서 한 세대에서 다음 세대로 여러 심적 상태들을 전달한다. 철학자 로저 스크러턴은 다음과 같이 썼다. "보존하지 않으면 세상에서 사라져 버릴 지식의 어떤 형태를 보존함으로써, 마치 과학과 기술을 후대로 물려주듯이 우리는 문화를 다음 세대에 물려준다. 이것은 개인의 이익을 위해서가 아니라 전체를 위해서다."[35]

순수한 기쁨을 느끼는 일을 찾다

은퇴한 지 두 해 뒤 여름이었다. 해럴드와 에리카는 평생 최고로 기억될 휴가를 떠났다. 프랑스 전역을 돌면서 대성당을 둘러보았다. 해럴드는 대학교 시절에 그랬던 것처럼 성당 건축술 및 중세 역사를 공부하면서 몇 달 동안이나 이 여행을 준비했다. 자기가 읽은 책에서 온갖 문장을 뽑은 다음에, 들고 다니면서 간편하게 볼 수 있도록 컴퓨터로 일람표를 만들었다. 그리고 일정 계획표를 짜고 전체 여행을 소개하는 글의 개요를 작성했다. 그가 작성한 이 소개글은 예전에 그가 현업에 있을 때 준비하던 프레젠테이션과 같은 것이었지만, 이번에는 소재가 건축술과 기사도라는 점이 달랐다. 그리고 이 소개글을 읽고 혹은 들으면서 두 사람이 마을들과 성당들을 누비고 다닐 것이라는 점도 달랐다.

해럴드는 왕들의 이름이나 꼬리에 꼬리를 문 전투의 이름을 외우는 데 많은 시간을 들이지 않았다. 각각의 집단이나 시대는 자기의 고유한 상징체계(건축물, 조직, 가르침, 관습, 이야기 등)를 무의식적으로 생산하며 사람들은 그런 상징들의 도덕적·지성적 구조 안에 살면서도 이런 사실을 의식하지 않는다는 가정 아래 자료를 정리하고 생각했다. 그래서 중세의 삶을 이야기할 때는 당시에 살던 사람들처럼 산다는 게 어떤 느낌일지 포착하려고 애썼다. 본인의 표현을 빌리자면, 해럴드는 물고기를 묘사하는 게 아니라 물고기가 헤엄을 치는 모습을 묘사하려고 했다.

해럴드는 이런 교육적인 여행을 좋아했다. 과거를 만지고 느낄 수 있었기 때문이다. 한낮에 보는 오래된 건축물의 어두움, 성채의 곰팡내, 망루의 구멍을 통해서 바라보는 숲… 이런 자극들이 정신 안으로 밀려오는 가운데 상상 속에서 과거의 시대로 들어갈 수 있었기 때문이다.

해럴드와 에리카는 캉과 랭스와 샤르트르를 두루 여행했다. 두 사람은 나란히 걸었다. 해럴드는 책에서 읽은 정보를 에리카에게 속삭였는데, 이렇게 함으로써 에리카를 즐겁게 해주려는 것이었지만 본인 역시 즐거웠다. 한곳에서 해럴드는 중세를 이렇게 설명했다.

"그때는 산다는 게 정말 극단적이었어. 여름은 지독하게 더웠고 겨울은 지독하게 추웠지. 냉방장치나 난방장치 같은 건 거의 없었으니까. 빛과 어둠, 건강과 질병도 극과 극이었어. 정치적인 의미의 경계선은 임의적이었어. 이런 경계선들은 국왕이나 영주가 죽으면 언제나 새로 그어졌으니까. 정부는 제각기 다른 관습 및 로마가톨릭교회의 법으로 뒤범벅되었지. 한 해에는 풍년이 들어 배불리 먹고 살지만 다음 해에는 기근이 세상을 덮칠 수도 있었어. 또 한 지역에서는 사람들이 별 탈 없이 잘 사는데 다른 곳에 가면 굶어 죽는 사람이 거리에 널려 있었지. 인구 가운데 3분의 1은 열네 살이 되기 전에 사망했고, 기대수명도 마흔살밖에 되지 않았어.[36] 그랬기 때문에 세상 사물이 평온하게 볼 수 있는 40대나 50대 혹은 60대인 사람이 별로 없었지.

그 결과, 그 사람들의 삶은 오늘날을 사는 사람들에 삶에 비해 정서적으로 훨씬 강렬했어. 축제일에는 지금 우리가 상상할 수 없을 정도로 술에 취해 기쁨을 노래했어. 또 한편으로 그 사람들은 지금 우리가 어린 시절에만 사로잡히는 무시무시한 공포에 평생 동안 사로잡혀 살았어. 그랬기에 부드럽고 달콤한 사랑 이야기를 즐기다가도 금방 돌아서서 거지가 사지를 절단당하는 벌을 받는 것을 보고 환호성을 지를 수 있었지. 눈물과 고통과 색채 그 자체에 대한 그 사람들의 인식은 지금보다 한층 생생했던 것 같아. 현대를 사는 우리야 당연하게 받아들이지만 그 사람들로서는 전혀 생각도 못 했던 관념들도 있었어. 예를 들어서 그 사람들은 정신적으로 장애가 있는 사람은 자신이 한 행동에 대해서 책임을 지지 않을 수도 있다는 생각을 전혀 하지 않았지. 또 그 사람들은 재판관이 잘못 판단할 수 있다는 생각은 전혀 하지 않았어. 또 범죄를 저지른 사람을 단순히 징벌만 할 게 아니라 교화를 한 다음에 사회에 복귀시켜야 한다는 생각도 아예 없었어. 그 사람들에게 모든 것은 극단이었지. 죄를 지었는가, 결백한가. 저주를 받을 것인가, 구원을 받을 것인가.”

해럴드가 이 말을 할 때 두 사람은 샤르트르의 한 마을을 지나고 있었고, 그들이 가는 방향으로 멀리 대성당이 보였다. 두 사람은 커피숍들이 있는 광장을 가로질렀다. 해럴드는 12세기의 중세 프랑스 사람들이 얼마나 더럽고 불결하게 살면서 얼마나 이상적인 세상을 갈망했는지 묘사했다. 바로 이 사람들이 정교한 기사도 및 정중함과 예절이 넘치는 사랑의 규칙들을 만들었다. 해럴드는 궁정의 일상을 지배하던 복잡하고 까다로운 예절들, 넘쳐날 정도로 많았던 온갖 의식, 맹세 및 성스러운 의례에 동원되었던 수많은 조직, 그리고 각자가 속한 계급에게 사회적으로 허용된 직물과 색깔과 위치에 따라서 정교하게 조직된 수많은 위풍당당한 행렬을 설명했다. "그 사람들은 마치 스스로 즐기려고 연극을 하는 것 같았지. 자기들이 사는 짧고 누추한 삶을 하나의 꿈으로 바꾸려고 애를 쓰는 것과도 같았다고 할 수 있어."

해럴드의 설명은 계속 이어졌다. 마상馬上 대결이 양식화되었지만, 실제 삶에서 그 사람들은 규칙도 없고 원칙도 없는 마구잡이 난장판 싸움을 벌였다. 사랑이 양식화되었지만 실제로 그것은 짐승 같은 강간인 경우가 많았다. 상상 속에서 모든 것은 신화의 이상적인 버전으로 변환되었지만, 실제 삶에서는 타락과 악취가 진동했다. "그 사람들은 아름다움에 대한 대단한 열망이 있었고 신과 이상적인 세계에 대한 거대한 믿음이 있었어. 그 거대한 믿음이 이런 것들을 낳았다고 볼 수 있지."

해럴드는 샤르트르 대성당을 향해 걸어가면서 손짓을 동원해 가며 관광 가이드가 할 법한 소개의 말들을 술술 꿨다. 귀족과 농민이 대성당을 건축하는 일에 자발적으로 봉사했던 방식과 풍경을 묘사했다. 그리고 평범한 나무 창고나 건초 창고 위에 까마득하게 우뚝 솟은 이 거대한 건축물을 짓는 데 도움이 되고자 마을 전체가 성당이 있는 도시 가까운 곳으로 이주했던 과정과 당시의 풍경도 자세하게 묘사했다.

해럴드는 창문 격자의 복잡한 무늬가 반복되는 것, 아치가 반복해서 나타나는 리듬을 설명하고, 수도 없이 많이 쌓여 있는 바위들을 설명했다. 두 사람은 대성당의 서쪽 면에서 한 시간을 보내면서 그리스도의 몸은 12궁宮과 연결되어 있으며 각 달의 노동이 승천하는 문 위에 있다는 둥, 중앙 문에 새겨진 삼위일체의 여러 상징을 추적했다. 해럴드는 문맹의 순례자들의 마음속에 있었을 연상과 경외심의 수많은 현을 울리며 이들을 압도했을 게 분명한 온갖 상징과 이 상징들이 품고 있는 의미를 최대한 자세하게 에리카에게 설명했다.

건물 안에 들어가서는 디자인의 혁명적인 화려함에 대해 설명했다. 12세기까지의 사람들은 거의 언제나 무겁고 무시무시한 건축물들을 지었었다. 그러다가 이처럼 밝고 가벼운 건축물을 지은 것이다. 정신적인 것에 대한 느낌을 창조하려고 돌을 사용하면서 1122년에 생 드니 수도원장이 된 쉬제르Abbot Suger는 다음과 같이 말했다. "인간은 자기 감각을 통해서 신성의 명상으로 올라갈 수 있다."[37]

해럴드는 자기가 아는 지식을 다른 사람에게 가르쳐주는 걸 무척 좋아했다. 그는 여태까지 자기가 해본 일 가운데 여행가이드 일이 가장 좋았다. 묘하게도, 이런저런 역사 현장에 대해서 이야기할 때면 본인이 감동의 물결에 휩싸이곤 했다. 수백 년 전 과거에 살던 사람들은 성스러운 것에 보다 많은 힘을 쏟았다고 해럴드는 믿게 되었다. 성스러운 공간을 짓고 또 성스러운 의식을 행하는 데 보다 많은 시간을 들였다. 그 사람들은 보다 순수한 존재 양식으로 이어지는 출입구들을 만들었다. 해럴드는 현대적인 장소나 생생하게 살아 있는 도시보다 이미 죽어버린 이런 고대의 유적지들 및 출입구들에 더 많이 이끌렸다. 대성당, 유적지, 성지 등이 바로 그런 공간이었다. 특히 해럴드는 유럽의 도시를 프랑크푸르트와 같은 살아 있는 도시와 브루제나 베네치아와 같은 죽은 도시로 나누었다.

대성당 내부에서 한 시간쯤 머문 뒤에 해럴드와 에리카는 식당으로 걸어갔다. 두 사람은 서문을 통해서 대성당을 나오면서 문 주변에 서 있는 일련의 조각상들을 보았다. 해럴드는 거기에 대해서는 아는 게 없었다. 그 조상들은 성당의 높은 사람일 수도 있고, 성당 건립에 거액을 기부한 사람이거나 아니면 고대의 학자와 영웅이었을 수도 있다. 에리카는 잠시 발길을 멈추고 이 조각상들을 바라보았다. 몸통은 모두 원통형으로 길게 잡아 늘인 형상이었고, 몸통을 감싼 옷에는 우아하게 주름이 잡혀 있었다. 그리고 한 손은 내려서 다른 사람의 허리를 감싸안고 한 손으로는 다른 사람의 목을 잡고 있었는데, 이들의 이런 몸짓은 모두 서로를 흉내라도 내는 것처럼 비슷하게 설정되어 있었다. 하지만 해럴드의 관심을 끈 것은 그 조상들의 얼굴이었다.

두 사람이 여행을 하면서 보았던 조상들 가운데 일부는 개인적인 특성이 없는, 일반화된 모습이었다. 예술가들은 특정한 사람을 드러내기보다는 개인의 얼굴을 상징적으로 표현하려 했다. 그러나 샤르트르 대성당에 있는 이 조상들은 실제 인물들을 묘사했다. 특정한 개인의 영혼이 살아 숨 쉬었다. 조상들의 얼굴은 이기심, 집착, 인내, 체념 등과 같은 각기 다른 감정을 표현하고 있었다. 이들은 개인적인 경험의 산물이었고, 독특한 희망과 이상을 반영했다. 비록 하루 종일 걷고 말하고 구경하느라 무척 지친 상태였음에도 해럴드는 그들의 얼굴과 눈을 바라보는 동안 으스스한 한기를 느꼈다. 그들이 실제로 살아서, 자기가 그들을 바라보는 것처럼 똑같이 그들이 자기를 바라본다는 느낌이 들었다. 역사가들은 때로 역사적 황홀경의 순간들, 수백 년이라는 시간적인 거리가 사라져 버리고 과거와 직접 접촉을 하는 놀라운 감각을 느끼는 순간들을 이야기한다. 바로 그 순간의 느낌을 해럴드는 경험했다. 에리카는 해럴드의 뺨이 발그레하게 물드는 것을 보았다.

멋진 하루였다. 그리고 무척 피곤했다. 어둠이 깔릴 무렵 두 사람은 식당을 찾아 들어갔고, 길고 행복한 저녁 식사를 했다. 에리카는 중세 사람들이 세상을 얼마나 매혹적으로 받아들였는지 알고는 놀랐다. 우리에게 밤하늘은 멀리 수많은 불덩이가 있고 대부분은 비어 있는 광대한 공간이다. 그러나 중세 사람들에게 밤하늘은 온갖 생명체와 마술로 생생하게 살아 있었다. 교회의 돌들과 숲의 나무들은 정령과 유령과 신성한 존재들과 공명했다. 대성당들은 그저 하나의 건축물이기만 한 게 아니었다. 정신의 발전소와 같은 공간이었고, 하늘과 땅이 만나는 장소였다.[38] 당시 사람들은 온갖 신화를, 아무리 많이 먹어도 배가 부른 줄 모르는 탐식가처럼 그렇게 끝없이 탐하고 즐겼을 것이라고 에리카는 생각했다. 그들은 그리스신화, 로마신화, 기독교신화 그리고 이교도의 신화를 필연적인 논리도 없이 한데 뒤섞어서 모든 것을 생생하게 살아 움직이게 했다. 심지어 성인의 유골에조차 마술적인 힘이 있었다. 마치 물질적인 모든 것이 정신적인 존재와 합쳐져서 결정체를 만드는 것 같았다. 미적인 모든 것은 성스러운 것이었다. 여기에 비하면 우리가 사는 세상은 마법이 풀려 밋밋하게 되어버린 세상 같다고 에리카는 한숨을 쉬며 생각했다.

해럴드는 자기가 아는 지식을 에리카에게 이야기해 주는 게 정말 신이 날 정도로 재미있었다고 했다. 자신이 아는 지식을 가르칠 때 비로소 그 지식은 해럴드에게 생생하게 살아났다. 해럴드는 자기의 천직이 관광 가이드였음을 미처 알지 못했다고 탄식했다. 에리카는 해럴드를 바라보며 힘을 내라는 듯 미소를 지었다. "관광 가이드가 되고 싶어?"

그날 밤 두 사람은 계획 하나를 세웠다. 해럴드가 세련된 교양을 갖춘 관광객 무리를 이끌고 관광 안내를 하는 것이었다. 어쩌면 한 해에 세 번은 할 수 있을 것 같았다. 해럴드는 중세 시대를 연구한 것처럼 어떤 주제를 놓고 몇 달 동안 공부를 한 다음, 그의 관광 안내를 받겠다는 사람들을 이끌고 프랑스나 터키, 혹은 성지에 가면 되었다. 여행사와 접촉을 하면 숙박과 이동과 관련된 문제는 어렵지 않게 해결할 수 있었다. 해럴드가 안내를 맡는다면 에리카는 이 단체 여행의 운영과 관련된 부분을 맡으면 된다. 이 일은 은퇴 후에 벌이는 작은 사업이 될 수도 있었다. 에리카는 자기들이 충분히 경쟁력이 있다고 판단했다. 두 사람이 운영할 여행 팀은 한결 친숙한 관계를 전제로 할 것이기 때문이다. 에리카가 생각한 주요 잠재 고객은 친구들이었다. 등록을 하기 전에 이미 서로들 잘 아는 사이니까 여행 분위기도 한결 좋지 않겠는가!

그리고 실제로 그 뒤 8년 동안 에리카가 예상한 것과 거의 비슷하게 그 일은 진행되었다. 두 사람은 '당신은 거기 있다 여행사You Are There Tours'를 세웠고, 이들이 제공하는 여행은 멋진 호텔과 와인이 포함된, 여행을 하면서 듣는 인류 문명 강좌와 같은 것이었다. 두 사람은 해럴드가 여행 준비를 하느라 책에 파묻히는 몇 달간 집에 있다가 관광객을 이끌고 2주 일정으로 관광을 떠났다. 대상 지역은 그리스나 인류가 업적을 남긴 여행지 가운데 한 곳이었다. 말하자면 수학여행인 셈이었다. 해럴드는 이 일을 무척 좋아했다. 해럴드로서는 여행을 준비하는 일이 실제 여행보다 더 좋았다. 에리카는 한 해에 세 번씩 집중적인 학습의 시간을 경험했다. 에리카가 그 여행을 오를 때면 시간의 흐름이 느려졌다. 수천 가지의 신기한 사실을 새로 알게 되었고, 그때마다 그녀 피부의 모공들이 활짝 열렸다.

에리카가 평생을 살면서 진정으로 긴장을 늦출 수 있었을 때는 한 번도 없었다. 늘 움직이면서 무언가를 하고 또 무언가 성취해야 했다. 물론 유쾌한 분투 과정이었다. 하지만 사다리 위로 올라가려고 끊임없이 투쟁하면서 인생을 보낸 사람에게 해럴드가 이끄는 여행은 순수한 기쁨으로 다가왔다.

22장

죽음

나의 삶은
과연 의미 있었는가

　　　　　　　　　　도대체 언제부터 불멸의 용자들이
산에 나타나기 시작했는지는 알기 어렵다. 콜로라도의 아스펜 외곽에
서 등산을 하거나 산악자전거를 타거나 스키로 크로스컨트리를 하면,
등 뒤에서 마치 F-18 전투기가 다가오기라도 하는 것처럼 쉬이익 하
는 바람 소리가 들린다. 고개를 돌려서 바라보면, 스판덱스를 입은 바
싹 마른 체형의 남자가 다가오는 게 보인다. 이 남자는 은퇴를 한 뒤에
신체 단련의 성전聖戰에 나서기로 작정을 한 슈퍼피트superfit의 노인 가
운데 한 명이다. 나이가 일흔을 넘어서면서 신체가 더욱 쪼그라들어 신
발 사이즈는 235센티미터고 몸무게는 43킬로그램이다. 남자는 연골이
딱딱한 이 작은 몸을 스판덱스 소재의 활동성 아웃도어로 감싸고 있다.
남자는 무서운 속도로 당신을 따라잡는다. 이 남자의 손목과 발목에는
모래주머니 같은 게 채워져 있다. 남자의 쪼글쪼글하고 작은 얼굴에서
는 단호하고도 무서운 의지가 불을 뿜는다. 당신이 숨이 차서 헐떡거리
고 있을 때 이 초강력 스판덱스 노인은 유유하게 휘파람을 분다.
　이런 노인들은 여태까지 살면서 자기가 시도한 것들을 모두 성공으
로 이끌었던 사람들이다. 그래서 이들은 죽음이라는 것에 대해 아주 커
다랗게 입을 벌려서 한마디 날려준다, 뻐어억큐! 이 사람들은 인생의
초년 시절부터 이미 야망을 품고 일벌레로 살았다. 여섯 살에 신문 배

달을 했으며, 스물두 살 때 보유 자산 총액 백만 달러를 돌파했고, 여러 명과 결혼을 했다. 그래서 이 사람들의 할머니는 과격한 실험정신으로 일관했던 20세기의 작가 거트루드 스타인Gertrude Stein를 닮은 데 비해서 손녀들은 21세기의 여배우 우마 서먼Uma Thurman을 닮은 매우 기묘한 유전적 현상이 나타났다.

이들은 은퇴 이후에도 영원한 젊음을 추구하면서 개인 트레이너를 따로 고용하고, 피트니스 캠프를 부지런히 다니며, 채식 중심의 식단 그리고 뼈만 남은 것 같은 앙상한 몸을 지속적으로 유지하기 위한 전략적인 고민하며 휴양지의 별장과 같은 곳에서 대부분의 시간을 보낸다. 이들은 일흔 살에 윈드서핑을 하고, 일흔다섯 살에 K2 등정에 나서며, 아흔 살까지는 마치 식후에 껌을 씹듯이 비아그라를 먹어대며 격렬하게 활동을 할 게 분명하다. 이들의 개인 트레이너들은 이들과 보조를 맞추려다가 심장 관련 질병으로 먼저 쓰러질지도 모른다.

이 사람들에게는 시간도 있고 필요한 수단을 동원할 돈도 있다. 그래서 신체단련에 집중하려고 모든 것을 다 한다. 이들은 이제 막 '죽음을 앞둔 청년기pluto-adolescence'에 접어들었기 때문이다. 야망에 넘치던 남자가 돈을 많이 번 뒤에 고급 휴양지에서 은퇴 생활을 할 때, 이들은 인생의 새로운 어떤 단계로 들어간다고 볼 수 있다. 이들에게는 돈이 있고 시간이 있고 또 자기들이 열여덟 살 때 즐겼던 그 모든 철없는 것에 다시 흠뻑 젖어 들 마음의 준비가 되어 있다. 물론 이들에게 열여덟 살 때의 그 정력이 있는 것은 아니다. 하지만 플래티넘 아멕스 카드로 짧은 순간 동안 성적인 충동을 활활 불태울 정력은 가지고 있다.

최상류층에서는 교육에 관심을 가지는 것이 유행으로 자리 잡았다. 그래서 이런 부유한 은퇴자 가운데 많은 사람이 집은 세 채, 자동차는 여섯 대, 젊은 애인은 네 명 그리고 차터스쿨은 다섯 개씩 가지고 있다. 이들은 또 서로 유대 관계를 유지하는 데 많은 시간을 소비한다. 브리지햄턴에서부터 아스펜, 말리부까지 어떤 휴양지를 가든 이른 저녁 시간이면 '신체단련이 잘된' 이런 노인 한 무리가 타파스 식당에 가던 길에 만나서 얘기를 나누는 모습을 어김없이 볼 수 있다.

사실 이들 가운데 그 누구도 정말로 타파스 식당에 가고 싶은 사람은 없다. 무슨 음식인지 알지도 못하는 것들로만 차림표가 채워져 있기 때문이다. 그러나 이들은 뉴 어버니즘New Urbanism(무질서한 시가지 확산 등으로 빚어진 도시문제를 지적하며 공동체적인 삶의 회복을 목표로 새로운 도시적 삶을 위한 대안을 모색하자는 취지로 미국에서 시작된 새로운 도시계획 운동 - 옮긴이)의 어떤 원초적인 힘에 사로잡혀 있으며, 약삭빠르게 현대적인 세계주의자를 자처하는 사람들이라서 어쩔 수 없이 끊임없이 타파스 식당을 찾아야만 한다. 그 운명을 피할 수는 없다. 이들 및 이들에 속한 모든 사람은 전통적인 방식의 튀김, 아이올리 소스(마요네즈와 마늘로 만든 걸쭉한 소스 - 옮긴이)를 뿌린 오징어, 오징어를 곁들인 사프란 밥 그리고 카나리아제도에서 곧바로 날아온 후추 따위의 음식, 그들이 단 한 번도 바라지 않았고 또 맛있게 먹지도 않았던 음식, 그러나 문명의 수많은 수수께끼 가운데 하나로 참고 견뎌야만 하는 음식을 상대로 90분간 씨름을 해야 하는 운명의 저주를 받아들여야 한다.

이 노인들이 무리를 지어 식당 안으로 들어선다. 그 순간 이들은 남성 특유의 들뜬 경솔함을 발산하기 시작한다. 바야흐로 이상한 변신 과정이 발생한다. 남자들을 한자리에 많이 모으면 모을수록 이들 각각은 도널드 트럼프를 더 많이 닮아간다는 사실이 인간 본성의 법칙이기 때문이다. 이 사람들은 특이한 남성 광합성 능력이 있어서 햇빛을 자화자찬으로 변환시킬 수 있다. 복합 이기주의 법칙에 따라서 이들의 자기자랑 소용돌이는 한껏 증폭되고, 이들은 자신의 개성에 한껏 도취된다.

이 사람들은 물론 다른 환경에서는 전혀 다른 모습을 띠는 사람들이다. 명문 대학교에 다니는 손자 손녀가 지금은 해외 연수 프로그램에 참가해서 캄보디아에 있다고 자랑하고 싶어 안달하는 자상한 할아버지들이다. 그런데 이 사람들이 상류층 남자들이 한자리에 모인 집단, 그것도 샌들을 신고 활보하는 집단의 일원이 되는 순간, 아직 성숙하지 못한 예전의 자기 모습으로 돌아간다. 목소리가 높아지고 가슴이 벌렁거린다. 웃음소리는 폭발하듯이 커진다. 이들은 일시적으로 노인 껄렁패가 된다. 뻐기며 허풍을 떨고 활개를 치며 남성성을 분출한다. 이들은 백만장자 거물 알츠하이머 증세를 보인다. 발기한 자신의 성기를 빼고 나머지는 모두 잊어버린다는 말이다.

노년, 추억에 잠기면 생기가 도는 이유

은퇴를 한 뒤에 에리카와 해럴드는 아스펜에 집을 새로 하나 더 사서, 여름 동안 그리고 크리스마스 때 몇 주 동안을 이 집에서 보냈다. 두 사람은 불멸의 용자들이 바람 소리를 내며 지나가는 것을 보았고, 시내에서는 또 이들이 흥청망청 떠들썩한 술판을 벌이는 것을 보았다. 그러나 두 사람의 삶은 그들과 전혀 달랐다. 두 사람 역시 세상 사람들이 말하는 성공이라는 것을 거두었지만, 그들이 거둔 성공은 전혀 다른 종류의 성공이었다. 두 사람은 거기에 대해서 정말로 진지하게 생각하지 않았음에도 어떤 반문화를 창조했다. 그들은 주류의 생활방식을 의식적으로 거부한 게 아니었다. 그저 무시했을 뿐이다. 그들은 다른 사람들과 다르게 생각했고 그들의 삶은 보다 깊은 꼴을 갖추었다. 그들은 인간

감성의 원천에 대해서 보다 깊이 인식했다. 그래서 누구든 에리카와 해럴드를 만나면 이들의 본체와 깊이에 강한 인상을 받을 수밖에 없었다.

여름날 오후면 두 사람은 현관 앞에 놓인 안락의자에 앉아서 로링포크강을 바라보았고, 래프팅을 즐기는 사람들이 이따금씩 지나가기라도 하면 손을 흔들어주었다. 해럴드는 자기가 쓴 인문서들을 읽었고 에리카는 소설을 읽거나 낮잠을 잤다. 해럴드는 잠을 자는 에리카를 바라보았다. 나이가 들수록 에리카는 중국인의 특성을 더욱 두드러지게 드러냈다. 몸이 더 가늘어지고 덩치도 더 작아졌다. 해럴드는 방송작가인 마크 살츠먼Mark Saltzman이 썼던 이야기를 떠올렸다. 영어를 배우는 중국인이 등장하는 내용이었다. 어느 날 선생이 이 남자에게 인생에서 가장 행복했던 순간이 언제였느냐고 물었다. 그러자 남자는 잠시 생각을 하더니, 부끄러운 듯 미소를 지으면서 자기 아내가 한번은 베이징에서 가서 오리고기를 맛있게 먹었는데 그 이야기를 자기에게 자주 했다고 말했다. 이 이야기는 다음과 같이 끝을 맺었다. "그는 자기 인생에서 가장 행복한 순간이 아내가 북경으로 여행을 가서 오리고기를 먹은 때라고 말하고 싶었던 모양이다."[1]

해럴드는 자기 인생을 돌아보면서 자기 인생을 이야기 형태로 압축하려고 시도하곤 했다. 에리카가 고등학교 때 우등생이 되어 파란색 교복을 입은 모습을 상상했다. 이 일을 에리카는 무척이나 자랑스럽게 여겼다. 회사에 신입사원이 들어올 때나 회사나 대학교에서 연설을 할 때면 이 이야기를 했다. 해럴드는 에리카가 이 이야기를 하는 걸 수백 번은 들었다. 맨 처음 들었을 때는 두 사람이 아직 연애를 하기 전 함께 식사를 할 때였다. 아직 에리카가 젊은 시절이었다. 그리고 자신감이 넘치던 중년에 인터뷰를 하거나 축하를 받을 때 그 이야기를 했으며, 지금 나이가 들고 예전보다 더 작아지고 주름살이 쪼글쪼글해져서도 그 이야기를 했다. 해럴드는 자기 인생에서 가장 행복한 순간이 자기가 에리카를 알기도 전인 시점에 에리카가 우등생이 되어 파란색 교복을 입을 수 있게 된 순간이라고 말한다 해도 완전히 틀린 말은 아닐 것이라고 생각했다.

여름날 오후면 두 사람은 여러 가지 소재로 이야기를 나누었다. 때로는 와인을 한 잔씩 마시면서 이야기를 나누기도 했다. 해럴드는 두 잔 혹은 석 잔을 마시기도 했다. 시간이 흘러서 저녁이 다가오면 에리카가 자리에서 일어나 해럴드에게 스웨터를 가져다주고 자기는 부엌으로 가서 이른 저녁을 준비했다. 그동안 해럴드는 계속 현관 앞 안락의자에 앉아서 저녁 햇살이 드리우는 그림자들을 바라보았다.

해럴드와 에리카는 여행사를 약 8년 동안 운영하다가 손을 뗐다. 해럴드의 무릎이 성치 않기 시작하더니 엉덩이와 손목까지 그랬다. 평생 동안 그를 따라다닌 질병이 이제 본격적으로 위세를 떨치기 시작한 것이다. 해럴드는 이제 거동을 거의 할 수 없었다. 지팡이 두 개에 의지해서 겨우 천천히 발을 떼놓는 정도였다. 다시는 테니스를 치지 못하고 다시는 골프를 치지 못할 것이다. 앉은 자세에서 무심코 벌떡 일어나서 방을 뚜벅뚜벅 걸어갈 일은 해럴드에게 이제 다시는 없을 것이다.

해럴드의 몸은 무너져 내리고 있었다. 지난 몇 년 동안 거의 한 해에 한 번꼴로 이런저런 이유로 병원에 입원했다. 어떤 사람들은 나이가 들수록 몸이 가늘어지고 약해지지만 거동을 잘 하지 못하는 해럴드는 점점 몸이 불어났다. 나이가 많이 든 뒤로 처음 몇 년 동안에는 그때까지 살면서 당연하게 생각했던 아주 사소한 일을 할 때조차도 점점 더 많은 도움을 받아야 했다. 심지어 침대나 의자에서 혼자 일어나지 못할 때도 있었다. 에리카가 그의 두 손을 잡고서, 요트를 타는 사람이 자기 몸을 뒤로 젖혀 무게의 균형을 잡아 배를 조종하듯이 그렇게 해럴드를 일으켜 세웠다.

그러던 것이 상태가 점점 나빠지면서 이제는 언제나 도움을 받아야만 했다. 해럴드는 의자에 감금된 거나 마찬가지였다. 해럴드는 자기가 이제 더는 지구에서의 삶에 적극적인 참가자가 되지 못하고 그저 죽어가는 자신의 모습을 바라보기만 해야 한다는 사실이 슬펐다. 그래서 세 차례나 우울증 발작을 일으켰다. 몇 달 동안 의사가 개복 수술을 하고 목구멍에는 피가 그렁거리고 산소호흡기로 겨우 숨을 쉬는 끔찍한 자기 모습을 상상하면서 잠을 자지 못하기도 했다. 일종의 광증이었다. 말도 잊어버리고, 정신도 오락가락하고, 팔과 다리를 잃고, 시각과 청각도 잃는 그런 상상이었다.

그는 파티나 사람들이 모이는 자리에 나가지 못하게 되었다. 그저 벽에 기대고 앉아 있을 뿐이었다. 아내와 간병인은 사랑과 인내심을 가지고서 기대했던 것보다 훨씬 더 헌신적으로 그를 보살폈다. 해럴드는 이 사람들에게 앞으로 영원히 보상을 해줄 수 없다는 사실 때문에도 이들의 노력이 더욱 고마웠다. 해럴드는 남자로서의 자존심을 버려야 했다. 적어도 자기 일은 자기가 알아서 할 수 있다는 어른으로서의 자존심도 버려야 했다. 모든 것을 아내와 간병인의 간호와 사랑에 의존해야만 했다. 이렇게 모든 것을 남에게 기대야 한다는 게 처음에는 힘들었다. 다른 사람들이 자기에게 신경을 써주는 것 자체가 짜증스럽기도 했다. 하지만 그들의 인내와 사랑이 해럴드의 모난 마음을 어루만져 주었다. 그의 육체적인 조건은 안정을 되찾았고 기분도 한결 나아졌다.

해럴드는 현관의 안락의자에 앉아서 산, 나무, 물, 태양 등 자연의 온갖 요소를 바라보았다. 연구자들은 햇빛과 자연 풍경이 사람의 정신과 기분에 매우 심대한 영향을 끼칠 수 있다는 사실을 꾸준하게 확인해 왔고, 이런 사실 자체는 사실 그다지 놀라운 게 아니다. 위도상으로 높아서 햇빛이 상대적으로 덜 밝은 지역에 사는 사람들은 위도가 낮은 지역에 사는 사람들에 비해서 우울증 발병률이 높다. 일출 시각이 상대적으로 늦은 서쪽 지역에 사는 사람들도 마찬가지다. 밤에 주로 일을 하는 사람은 낮에 주로 일을 하는 사람에 비해 유방암 발병률이 높다. 연구자들은 또 자연 풍경을 볼 수 있는 병실에 입원한 환자가 그렇지 않은 환자에 비해 조금 더 빠르게 회복한다는 사실도 확인했다.[2] 이탈리아 밀라노에서 입원한 양극성 환자를 대상으로 실시한 연구에 따르면, 동향의 병실에 입원한 환자가 서향의 병실에 입원한 환자보다 사흘 반 정도 일찍 퇴원한다고 한다.[3]

해럴드는 자기 혼자서도 작은 게임을 할 수 있다는 사실을 발견했다. 현관 앞 안락의자에서 마당의 풀밭에 핀 작은 꽃을 바라보면서, 그 꽃의 꽃잎과 금방이라도 망가질 것만 같은 아름다움에 집중했다. 그러다가 고개를 들어 멀리, 아주 멀리 떨어져 있는 차가운 산봉우리를 바라보았다. 그러면 갑자기 꽃을 바라볼 때와는 완전히 다른 감각, 경외심, 존경심, 복종, 위대함 등이 그를 휘감았다. 그렇게 그는 안락의자에 앉은 채로 아름다움에서 숭고함으로, 다시 숭고함에서 아름다움으로 자리를 옮기곤 했다.

해럴드는 이런 장엄한 풍경이 정말 좋았다. 이런 풍경 앞에 서면 어쩐지 한껏 고양된다는 느낌이 들었다. 자신이 모든 것을 망라하는 성스러운 질서에 연결되어 있다는 느낌이 들었다. 자신이 어떤 거대한 전체의 일부라는 느낌이 들었다. 자연 속에서 사는 사람들은 도시 환경에 놓여 있는 사람보다 작업 기억 검사나 주의력 검사에서 높은 점수를 받는다. 기분도 한결 더 나아진다. 철학자 찰스 테일러Charles Taylor도 이렇게 썼다. "자연은 우리의 감정에 맞게 조정되어 있기 때문에 우리를 잡아끈다. 그래서 우리가 이미 느끼고 있는 것을 반영하거나 강화하고, 또 우리 안에 잠들어 있는 것들을 일깨운다. 자연은 우리가 어떤 감각을 느끼든 그 모든 것을 다 연주할 수 있는 거대한 피아노와 같다. 음악을 들을 때와 마찬가지로 자연 앞에 서면 우리는 우리 안에 있는 최고의 것, 최상의 것을 일깨우고 강화한다."[4]

산과 나무가 있는 풍경은 해럴드를 따뜻하게 어루만졌고 또 그의 기운을 북돋웠다. 그러나 그 풍경들은 해럴드를 진정으로 만족시키지는 못했다. 자연은 종교를 예비하는 것이지 그 자체로 종교는 아니다.

해럴드는 대부분의 시간 동안 여전히 통증에 시달렸다. 그 끔찍한 시간 동안, 가스 용기에 가스가 주입되듯 고통이 그의 정신에 가득 들어찼다. 고통 없이 산다는 게 어떤 것인지 기억조차 나지 않을 정도였다. 그러나 통증이 사라지고 나면 통증의 고통이 어떤 것인지 기억나지 않았다. 고통에 대한 차갑고 지적인 개념만 알 수 있을 뿐이었다.

해럴드는 사람들에 대해서 생각하며 대부분의 시간을 보냈다. 빠르게 떠오르는 시각적인 이미지들을 떠올렸다. 어린 시절의 소꿉친구, 눈 위에 놓여 있던 여자아이의 장난감 자동차, 자기를 이사 갈 새집으로 데리고 가서 구경시켜 주던 부모님, 어느 끔찍하던 날 화장실에서 벌겋게 달아오른 얼굴을 씻던 직장 동료. 그러나 기억에는 수수께끼처럼 비어 있는 부분들이 있었다. 분명히 자기가 날마다 엄마 아빠와 함께 식탁에 앉았을 텐데, 그 기억은 전혀 나지 않았다.

해럴드는 기억이 언제나 줄을 지어 나타난다는 사실을 알았다. 초등학교 4학년 때 피구를 하다가 날아오는 공을 잡았던 일을 기억했다. 이 기억에 이어서, 그해 담임선생에 대한 기억이 떠올랐다. 그가 짝사랑하던 교사였다. 그런데 이상하게도 이 교사의 얼굴이 기억나지 않았다. 그녀는 머리카락이 길고 검었다. 키가 컸다. 아니, 그렇게 보였을 수도 있다. 그녀의 아름다움과 상냥함 그리고 그녀에게 느꼈던 감정 외에는 분명한 게 아무것도 없었다.

해럴드는 에리카에게 옛날 물건을 담아둔 상자들을 가지고 오라고 하곤 했다. 상자에 담긴 내용물은 수십 년 전부터 모으기 시작한 사진, 신문지, 문건 따위였다. 이 상자들을 해럴드는 샅샅이 뒤졌다. 훨씬 젊었던 때조차 그는 행복한 추억거리들만 모아두자고 생각했었고, 그 바람에 나쁜 시절의 기억은 모두 사라지고 없었다.

옛날 물건들을 뒤적거릴 때면 어쩐지 혼란스러웠다. 예전에 술에 빠져서 살 때처럼 술에 취한 것 같았다. 온갖 감정이 마구 분출되었다. 자기가 오래전에 외웠던 시들을 한 글자도 틀리지 않고 고스란히 암송할 수 있다는 사실도 깨달았다. 올림픽 대회들, 선거들 그리고 국가적인 사건들 따위의 이미지가 머릿속에서 빙빙 떠돌아다녔다. 그는 지난 10년 동안의 사회적인 분위기를 생생하게 기억했다. 사람들이 옷을 어떻게 입고 농담은 어떤 식으로 하는지 모두 소상하게 재생할 수 있었다.

해럴드는 그렇게 현관 앞에 앉아서 눈이 핑핑 돌아갈 정도로 어지럽게 시간을 거스르며 보냈다. 심리학자들은 노인들이 마구 분출되는 생각을 잘 제어하지 못하고 또 대화를 하는 도중에 이야기가 자꾸 엉뚱한 방향으로 새는 현상을 '주제를 벗어난 장황함off-topic verbosity'이라는 용어로 부른다. 해럴드는 이런 종류의 만성적인 내면적 질병에 시달렸다. 머릿속에서 소년 시절 바닷가에서 파도에 몸을 던지며 놀던 일을 떠올렸다가 1초 뒤에는 지난주에 했던 드라이브가 떠올랐다.

수도사가 나오는 오래된 우화가 있다. 수도사는 숲으로 산책을 하러 나갔다가 작은 새가 지저귀는 사랑스러운 소리에 귀를 기울이며 잠시 발길을 멈춘 다음에 다시 수도원으로 돌아왔는데, 수도원에는 온통 낯선 사람들뿐이었다. 알고 보니 그 사이에 50년이나 지나 있었다. 이 수도사의 경우처럼 시간이 흘러가는 장치가 고장 나버린 것 같다고 해럴드는 느꼈다.

추억에 잠기면 생기가 돌았다. 적어도 느낌으로는 그랬다. 1979년에 심리학자 엘렌 랭어Ellen J. Langer는 한 가지 실험을 했다. 우선 뉴햄프셔의 피터보로에 있는 수도원을 1950년대의 소품들로 채웠다. 그리고 70대와 80대 노인들을 초대해서 일주일 동안 머물게 했다. 이 사람들은 텔레비전으로 에드 설리번Ed Sullivan의 토크쇼를 보고 라디오로 냇 킹 콜Nat King Cole의 음악을 들었다. 그리고 1959년에 벌어진 볼티모어 콜츠와 뉴욕 자이언츠의 미식축구의 결승전 경기 이야기를 나눴다. 그렇게 일주일을 보내고 나자 사람들의 몸무게는 평균 1.5킬로그램이 늘어났고, 다들 일주일 전보다 더 젊어 보였다. 청각과 기억력 검사에서도 더 나은 점수를 보였다. 관절도 한결 부드러워졌으며, 이들 가운데 63퍼센트는 아이큐 검사에서도 일주일 전보다 높은 점수를 받았다.[5] 이런 실험 결과는 과학적인 신체 분석의 결과보다 더 설득력이 있다. 그러나 해럴드는 과거에 머물러 살 때 더 기분이 좋았다. 고통은 줄어들고 기쁨이 늘어났기 때문이다.

삶의 의미를 돌아보다

해럴드는 열여섯 살 무렵의 자기 모습을 생각하면서 많은 시간을 보냈다. 이 현상을 학자들은 '회고 절정reminiscence bump'이라고 부른다.[6] 노인에게 전 생애를 자서전적으로 기억하라고 하면 청소년기에서 초기 성인기의 기억을 가장 많이 회고하기 때문이다. 해럴드는 자기 기억이 어떻게 그렇게 생생하고 정확한지 의아할 정도였다.

정신과 의사 조지 베일런트George Vaillant가 오랜 기간에 걸쳐 관찰을 하던 대상자 한 사람에게 그 사람의 초기 인생에 대한 내용 가운데 잘못 기술한 게 없는지 확인하려고 관련된 자료를 보냈다. 그런데 그 사람은 자료를 돌려보내면서 다음과 같이 적은 메모를 첨부했다. "누구신지 모르겠지만 당신은 이 자료를 엉뚱한 사람에게 보내셨군요."

그 남자는 오래전에 연구자가 관찰하고 면담해서 기록했던 자기 자신과 관련된 일들을 기억하지 못했던 것이다.[7] 또 다른 장기 관찰 대상으로 참가한 사람은 어린 시절에 난폭한 부모로부터 학대를 당했는데, 당시 상황을 본인이 직접 말했고 그 내용이 잘 기록되어 있었다. 그런데 이 남자는 일흔 살 때, 자기 아버지와 어머니를 '가정적이고 훌륭한 남자'와 '세상에서 가장 친절한 여자'로 기억했다.[8]

해럴드 역시 과거를 실제와는 반대로 기억하는 '부정적인 기쁨'을 경험했다. 해럴드는 평생 동안 어떤 것을 준비하고 또 어떤 것을 쌓으면서 보낸 뒤에 마침내 미래를 준비해야 하는 무거운 과제에서 해방되었다. 심리학자 윌리엄 제임스는 다음과 같이 쓴 적이 있다. "젊어지려고 혹은 날씬해지려고 노력하는 일을 포기하면 하루하루가 얼마나 즐거운지 모른다."[9]

늙고 병들어 죽어가고 있긴 해도 해럴드는 지적인 불만에 시달렸다. 사람들이 대부분 그렇듯 해럴드는, 비록 의식적으로는 생각을 하지 않지만, 인생을 경험해야 할 사건의 연속으로 바라보지 않고 대답을 찾아야 할 질문으로 바라보았다. 도대체 인생의 의미는 무엇일까? 해럴드는 인생의 황혼에서 현관 앞 안락의자에 지팡이를 기대놓고 앉아 자기 존재의 의미를 깨우치려고, 자기 존재를 알기 쉽기 한마디로 정의하려고 애썼다.

빅터 프랭클은 세계적으로 유명한 저서 『죽음의 수용소에서』에서 이렇게 이야기한다. "인간이 의미를 찾는 것은 그 사람의 삶에서 가장 기본적인 동기부여다."[10] 그러면서 니체의 말을 인용한다. "인생의 이유 why가 있는 사람은 어떤 과정how이든 다 견뎌낼 수 있다."[11]

그때 프랭클은 결정적이고 도움이 되는 요점을 적시했다. 인생 전체에 대해서 추상적으로 생각을 하려 하면 아무 소득이 없다는 것이었다. 한 사람의 인생이 가지고 있는 의미는 그 사람이 살았던 특정한 삶의 특정한 환경 아래에서만 찾아낼 수 있다는 뜻이다. 그래서 프랭클은 나치 수용소에서 다음과 같이 썼다. "우리는 우리 자신에 대해서 배워야 했다. 그리고 더 나아가 절망에 빠진 사람들에게, 우리가 인생에서 기대하는 것이 중요한 게 아니라 인생이 우리에게 기대하는 것이 중요하다는 사실을 가르쳐야 했다."[12]

해럴드는 아들로서, 남편으로서, 경영 컨설턴트로서 그리고 역사가로서의 자기 삶을 돌아보며, 인생이 자신에게 어떤 질문을 던졌는지 생각했다. 이른바 인생의 사명이라고 말할 수 있는 어떤 것을 찾았다. 이일은 그다지 어렵지 않을 것이라고 생각했지만, 자기 인생의 열쇠를 찾으려 하면 할수록 더욱 찾기가 어려워졌다. 솔직하게 그리고 정직하게 들여다볼 때 그의 인생은 수없이 많은 파편화된 사건의 연속이었다. 때로 그는 돈을 좇기도 했지만 돈을 완전히 잊어버리고 살기도 했다. 때로는 야망에 불타기도 했지만 그런 야망을 완전히 버리고 살기도 했다.

어떤 시기에는 학자의 가면을 썼고, 어떤 시기에는 기업가의 가면을 썼다. 그렇다면 그 가면들 아래에 있는 진정한 자아는 무엇일까? 사회학자인 어빙 고프먼은 저서 『자아 연출의 사회학』에서 가면이 인간의 진정한 자아를 가리고 있다고 주장한다.[13]

과학자들과 저술가들은 인생의 진화 방식을 묘사하기 위해서 특정한 틀을 만들려고 노력해 왔다. 심리학자 에이브러햄 매슬로Abraham Maslow는 인간의 욕구를 생리적 욕구, 안전 욕구, 애정 욕구, 존경 욕구, 자아실현 욕구의 다섯 개 단계로 나누었다. 그러나 최근에 이루어진 연구 가운데 많은 것이, 사람의 인생을 그렇게 깔끔하게 떨어지는 어떤 공식적인 틀로 결정하는 발상에 의문을 제기한다. 인생은 매슬로가 정리한 것처럼 그렇게 단순하게 진행되지 않는다는 말이다.[14]

해럴드 역시 자기가 살아온 인생의 의미를 찾으려고 시도하다 번번이 실패하고는, 인생은 알 수 없는 것이라고 결론을 내렸다. 예를 들어 어떤 사람이 자동차를 구매하는 단순한 행위를 예로 들어보자. 이 남자는 자동차의 외형을 보고 샀을까? 자동차 전문 잡지에 실린 시승기를 읽고 샀을까? 그 자동차 브랜드 특성에 대한 어떤 이미지 때문에 샀을까? 시운전 때의 승차감 때문에 샀을까? 그 자동차를 타고 다닐 때 다른 사람들이 바라볼 눈을 의식해서 샀을까? 특별 할인을 해준다고 해서 샀을까? 사실 이 모든 것이 다 작용했을 것이다. 그러나 이 모든 요인이 각각 어느 정도로 구매 결정에 기여했는지 수치적인 비율로 정확하게 따질 수는 없다. 이 남자가 어떤 선택을 하고 또 매장에서 구매 계약서에 서명을 할 때 영향을 미쳤을 게 분명한 요인 사이에는 모호한 중간 지대가 있다. "아무리 엄밀하게 따진다 하더라도 우리는 결코 행위의 비밀스러운 근원을 찾아낼 수 없다."[15]

이마누엘 칸트Immanuel Kant가 쓴 구절이다. 자동차를 사는 행위와 관련해 이런 말이 옳다면, 인생의 장엄한 목표를 추구하는 것과 관련해서는 더 말할 것도 없다. 만일 해럴드가 자기 자신을 진정으로 이해했다면, 한 해 뒤에 자기가 진정으로 바라는 게 무엇이 될지 예측할 수 있었을 것이다. 하지만 그는 자기가 그럴 수 있으리라는 확신이 서지 않았다. 심지어 한 달 뒤도 예측할 수 없었다. 만일 그가 자기 자신을 진정으로 이해했다면 자기가 지닌 특성들을 묘사할 수 있었겠지만, 그는 자신 있게 그렇게 할 수 없었다. 사람들은 자신의 능력을 과대평가하거나 혹은 전혀 다르게 알고 있다. 그것도 터무니없을 정도로. 사람들이 자신의 인격을 평가하는 것과 주변에 있는 사람들이 그 사람의 인격을 평가하는 것 사이에 상관성이 매우 낮다는 사실은 여태까지 이루어진 수많은 연구를 통해서 이미 드러난 사실이다.[16]

해럴드는 현관 앞의 안락의자에 앉아서 자기 자신에 대해서 생각하려고 애를 쓰곤 했지만, 불과 몇 초 뒤에는 알고 지내던 사람들이나 경험했던 일들에 대해서 생각하고 있었다. 때로는 젊은 시절 추진했던 프로젝트를 생각했고 때로는 동료와 싸웠던 일을 생각했다. 해럴드는 이렇게 떠오르는 생각들이 펼치는 드라마 속에서 스스로를 어떤 일관성을 유지하는 존재로 생각했다. 그러나 자기 자신의 모습 그리고 자기가 추구하던 것을 따로 떼어놓고 생각하면, 마음속에 뚜렷한 상이 나타나지 않았다. 마치 어떤 사물을 정면으로 바라보지 않을 때는 그 사물이 보이는데 주의를 집중해서 바라보면 보이지 않는, 착시 현상 같은 게 일어나는 것 같았다.

해럴드의 몇몇 친구는 자기 자신에 대한 이런 진술을 미리 마련해 두고 있었다. 한 사람은 찢어지게 가난하게 자랐지만 엄청난 부자가 된 사람이었고, 또 한 사람은 죄를 지었지만 신으로부터 즉각 구원을 받은 사람이었다. 또 한 사람은 인생행로에 나타났던 모든 것에 대해서 마음을 바꾼 사람, 실수의 숲에서 시작했지만 진리의 빛 속에서 나타난 사람이었다.

댄 맥애덤스Dan McAdams는 저서 『속죄하는 자아The Redemptive Self』에서 미국인은 특히 자기 인생을 속죄의 이야기로 구성하는 경향이 강하다고 썼다.[17] 한때 시련의 길을 걸으며 방황을 했는데 어떤 스승을 만나서 혹은 아내를 만나서, 어떤 곳에서 어떤 일을 했는데, 결국 그렇게 함으로써 속죄하고 구원을 받았다는 내용으로 인생을 구성한다는 말이다. 이 사람들은 잘못 들어갔던 길에서 빠져나와 올바른 길에 올라선다. 그리고 이 사람들의 인생은 바로 그 순간부터 목적을 가지고 있었다.

해럴드는 살아온 인생을 돌아보면서 자신의 인생이 그런 이야기 구조 가운데 그 어떤 것에도 들어맞지 않는다는 사실에 당혹스러워했다. 그리고 이런 분석 과정이 진행될수록 점점 더 슬퍼졌다. 자기로서는 도저히 도달할 수 없는 궁극적인 최종 데드라인이 있다는 생각에 괴로웠다. 몇몇 심리학자는 환자들이 의자에 앉아서 자기 내면을 바라본다고 주장한다. 그러나 이런 종류의 반추는 정신 건강에 해롭다는 증거와 관찰 결과가 엄청나게 많다. 사람들은 우울해지면 인생에서 부정적인 사건들과 감정들을 끄집어내 거기에 관심을 집중함으로써, 그것과 관련된 신경망들을 보다 강하고 지배적으로 만든다. 버지니아대학교의 심리학자 티머시 윌슨은 저서 『나는 내가 낯설다』에서 반추가 우울한 사람들을 더욱 우울하게 하지만, 생각을 환기시키는 것이 우울 증상을 덜어준다는 사실을 여러 가지 실험으로 확인했다.[18] 이런 묵상은 좌절과 여러 부정적인 사고 모형에 빠져들게 만들고, 문제 해결을 오히려 방해하며 상태를 악화시켰다. 그래서 사람들은 자기 미래를 더욱더 암울하게만 예측했다.

때로 해럴드는 자기반성의 모든 훈련이 아무런 소용 없다는 생각을 했다. 소설가 프란츠 카프카Franz Kafka도 한때 다음과 같이 썼다. "나 자신에 대해서 내가 아는 지식이라는 게, 그러니까 내 방에 대해서 내가 아는 지식과 비교할 때 얼마나 우스꽝스러울 정도로 모자라는 수준인지 모른다. 외면의 세계를 관찰한다는 말은 있어도 내면세계에 대한 관찰이라는 말 따위는 없다."[19]

나의 인생은 의미 있었는가?

늦여름의 어느 날 오후였다. 해럴드는 늘 그랬던 것처럼 아스펜의 집 현관 앞 안락의자에 앉아 강물이 흘러가는 걸 바라보았다. 에리카가 2층 작업실에서 자판기를 두드리면서 자기를 부르는 소리를 들었다. 그는 여기저기 긁힌 흔적이 무수하게 나 있는 양철 상자를 무릎에 놓고 그 안에 든 사진들과 신문 스크랩들을 뒤적이고 있었다.

문득 아주 오래전에 찍은 자기 사진을 보았다. 여섯 살 무렵에 찍은 사진이었다. 어린 해럴드는 해군 스타일의 하늘색 코트를 입었고, 금속제 미끄럼틀 위에서 막 아래로 미끄러지려던 순간이었던 듯, 약간 긴장한 얼굴로 자기가 타고 내려갈 경사면에 집중하고 있었다. "지금 내가 이 아이와 공통적으로 가지고 있는 게 뭐지?"

해럴드는 자기 자신에게 물었다. 아무것도 없었다, 사진 속의 소년이 자기라는 것 빼고는 지식, 환경, 경험, 외모 할 것 없이 모든 게 달랐다. 그러나 소년 안에 살아 있는 어떤 것이 지금의 그에게도 여전히 살아 있었다. 그가 나이가 들면서 바뀐 어떤 본질이 있긴 했지만, 본질적으로 달라진 것은 없었다. 그 본질을 해럴드는 영혼이라고 부르기로 했다.

해럴드는 이 본질이 뉴런과 시냅스로 나타났다고 생각했다. 그는 특정한 연결점들을 가지고서 세상에 태어났고, 뇌는 인생을 살면서 느낀 감정들의 저장소이기 때문에, 그때 이후로 자기 머릿속에 새로운 신경 연결점들을 천천히 형성해 왔다. 하지만 그럼에도 해럴드는 그 모든 것이 얼마나 매혹적인지 감탄할 수밖에 없었다. 그 연결점들은 온갖 감정으로 형성되었다. 뇌는 물질적으로 보자면 고깃덩어리지만, 그 안의 수십억 개 에너지 펄스에서 정신과 영혼이 나타났다. 사랑에 취해서 이것을 시냅스로 변환시키고 또 한 무리의 시냅스들을 다시 사랑으로 변환시킬 수 있는 궁극의 창의적 에너지가 있는 게 틀림없다고 해럴드는 생각했다. 신의 손이 존재하는 게 틀림없었다.

해럴드는 미끄럼틀의 난간을 쥐고 있는 소년의 손과 얼굴에 드러난 표정을 바라보았다. 그는 굳이 소년이 어떤 애정과 두려움을 품고 있는지 상상할 필요가 없었다. 어느 정도는 그런 것들을 직접적으로 경험할 수 있기 때문이었다. 또 소년이 세상을 바라보는 태도를 굳이 재구축할 필요도 없었다. 어느 정도는 그 태도가 바로 지금의 자기 태도와 같았다. 어린 소년은 높은 곳이 두려웠다. 소년은 피를 보면 어지럼증을 느꼈다. 소년은 사랑을 받았지만 때로 외로움을 느꼈다. 그 어린 소년에게는 이미 보이지 않는 왕국이 있었다. 수많은 등장인물과 반응이 있는 왕국이었고, 이 등장인물과 반응은 점차 성장하고 성숙해 그가 살아온 인생의 각기 다른 여러 시기에서 자기를 드러내고 물러서고 다시 돌아왔다. 그때의 그 보이지 않는 왕국은 지금처럼 바로 자신이었다.

그 왕국의 일부는 점점 커졌고, 부모와의 인간관계를 넘어섰다. 부모는 철학적으로 심오한 생각에 몰두하는 사람들이 아니었다. 부모는 외모와 허영에 치중하면서 상업적인 세상에서 너무 많은 시간을 보냈다. 부모는 소년의 가장 깊은 곳에 자리 잡고 있는 욕구들에 결코 응답을 할 수 없었다. 하지만 두 사람은 소년을 사랑했고 좋은 사람들이었다. 엄마 혹은 아빠가 이 소년을 놀이터로 데리고 와서 카메라로 사진을 찍었을 것이다. 그리고 사진을 뽑아서 잘 갈무리했을 것이다. 그랬기에 지금 해럴드가 이 사진을 바라보며 생각에 잠길 수 있는 것이었다. 사진이 찍히는 순간에 어떤 감정이 있었고, 또 이 사진이 어디엔가 잘 갈무리될 때도 어떤 감정이 있었으며, 또 해럴드가 이 사진을 보며 사진기의 셔터를 누르는 엄마나 아빠를 상상하는 순간에도 어떤 감정이 있었다. 이런 순환은 세대에서 세대로 수십 년을 관통해서 이어졌다.

영혼은 이런 애정의 고리들 속에서 나타났다. 그 고리들은 순간적이고 부서지기 쉬운 것이지만, 또한 영원한 것이기도 했다. 심지어 지금 이 순간에도 해럴드의 정신 속에 잠자고 있는 특성들, 아주 오래전에 이식되어 수십 년 동안 잠든 상태로 나타나고 있지 않지만 적절한 상황과 조건이 마련되면 갑자기 벌떡 일어날 애정과 두려움이 있었다. 어린 해럴드가 어떤 작은 성취를 이뤘을 때 그의 부모가 보였던 반응, 그 유쾌한 감정은 해럴드가 지금까지 인생을 사는 동안 줄곧 그를 격려하고 자극했다. 노동계급에 속했던 조부모가 미국의 중산층 계급에 결코 섞일 수 없었던 환경에서 비주류로 소외받으면서 느꼈을 감정들, 그 불안함은 평생 동안 해럴드를 유령처럼 따라다녔다. 고등학교 때 친구들이 학교 식당에서 두 팔로 그의 어깨를 감싸고 또 기댈 때 느꼈던 그 감정들, 그 동지적인 느낌은 그가 죽는 날까지 그를 든든하게 지켜주었다. 어린 시절의 사회적 관계는 장수와 건강에 긍정적인 영향을 미친다.

해럴드는 그 사회적 관계들이 복잡하게 얽힌 내면, 무의식의 영역을 들여다보려고 했지만 실패했다. 그 영역을 해럴드는 '거대한 털북숭이 Big Shaggy'로 생각하게 되었다. 이 영역을 대하는 유일하게 적절한 태도는 어슬렁거리고 감사하고 경외하고 겸손하게 구는 것이었다. 어떤 사람들은 인생을 자기 의지로 좌지우지한다고 생각한다. 어떤 사람들은 자아는 저 혼자서는 움직이지 못하는 나무배이며 선장이 키를 잡고 운전해야 하는 것이라고 믿는다. 하지만 해럴드는 의식적인 자아(자기 머릿속에 있는 목소리)는 주인이 아니라 하인임을 깨달았다. 그것은 보이지 않는 왕국에서 나온 것이며, 왕국 깊은 곳에 있는 영혼을 살찌게 하고 편집하고 구속하고 시중들고 다듬고 심오하게 할 목적으로 존재했다.

이 순간에 이르기까지 평생 동안 해럴드는 자기 인생이 어떻게 판명될지 궁금해하며 살았다. 그러나 이제 이야기는 끝이 날 때가 되었다. 그는 자기 운명을 알았다. 이제 그는 미래에 대한 부담에서 해방되었다. 죽음의 차가운 공포는 자기 마음속에 있었다. 그러나 자신이 특이할 정도로 운이 좋았다는 사실에 대한 깨달음 역시 마음속에 있었다.

해럴드는 다시 뒤로 물러나서 자기 자신에 대한 질문을 몇 가지 더 했다. 자기가 살았던 인생을 평가하는 것과 관련된 질문들이었다. 그리고 각각의 질문은 그 나름의 즉각적인 느낌을 동반했다. 그래서 굳이 대답을 말로 할 필요가 없었다.

"나는 나 자신을 깊이 있는 존재로 만들었는가? 피상적으로만 사는 게 너무도 쉬운 즉각적인 의사소통의 문화 속에서, 나는 나의 가장 본질적인 재능을 개발하면서 중요한 것들에 시간을 썼는가?"

이 질문에는 기분 좋게 대답할 수 있었다. 비록 선지자나 성인이 되지는 못했다 하더라도 진지한 주제를 다루는 책들을 읽었고, 진지한 질문들을 끌어안고 사색을 했으며, 또 내면세계를 풍성하게 가꾸기 위해서 할 수 있는 한 최대한 노력했기 때문이다.

"나는 지식의 강물에 보탬이 되었는가? 미래 세대를 위해서 어떤 유산을 남겼는가?"

이 질문에 대해서는 썩 기분 좋게 대답할 수 없었다. 그는 새로운 것들을 발견하려고 노력했었다. 글도 쓰고 강연도 했다. 하지만 그는 무대에 선 배우라기보다는 관찰자였다. 너무도 오랜 세월 동안 그는 표류하면서 이 주제에서 저 주제로 마구 뛰어다니기만 했다. 또 어떤 때는 위험을 무릅쓰기 싫어서 그리고 다른 사람들에게 비난을 받는 게 싫어서 뒤로 물러나 있기도 했다. 그는 후대에 물려줄 수도 있을 선물을 마련하기 위해 모든 노력을 다 하지는 않았다.

"나는 이 세속적인 세상을 초월했는가?"

아니다. 그는 늘 과학이 이해하듯이 인생 너머에 어떤 것이 있다고 생각해 왔다. 그는 시간과 공간을 초월해서 존재하는 신을 어떤 식으로든 이미 믿고 있었다. 하지만 종교에 빠진 적은 한 번도 없었다. 온전하게 세속적인 삶을 살았다. 아쉽게도 신성함의 초월적인 느낌을 한 번도 맛보지 못했다.

"나는 사랑했는가?"

그랬다. 성인이 된 뒤로 아내라는 훌륭한 여자에 대한 존경과 사랑은 한 번도 변하지 않았다. 그는 자기가 베푸는 만큼 에리카 역시 자기에게 정성과 헌신을 베풀지 않았다는 사실을 알고 있었다. 또한 에리카가 너무 잘나서 에리카의 아내라는 이름으로 더 많이 불렸으며, 자기 부부의 인생행로는 에리카가 이룬 성취에 따라서 더 많이 결정되었다는 사실도 알고 있었다. 에리카가 때로 자신에게 흥미를 잃었으며 중년에는 외로운 시절을 보냈다는 것도 알았다. 하지만 그런 것들은 지금 그에게 아무런 문제가 되지 않았다. 결국 에리카와 함께 있을 수 있고 또 에리카를 위해 희생할 수 있는 그의 능력은 그로서는 인생에서 축복받은 또 하나의 선물이었다. 그리고 죽어가고 있는 그의 마지막 몇 년 동안 에리카는 여태까지 그에게서 받았던 모든 것을 돌려주고 있었다. 설령 두 사람이 바로 한 달 전에 결혼을 했다 하더라도, 해럴드가 여전히 거동을 하지 못하고 에리카는 이런 늙은 남편을 하나에서 열까지 모두 보살펴야 한다 하더라도, 인생은 여전히 살 만한 가치가 있을 터였다. 앞으로 남은 시간이 점점 짧아짐에 따라서 에리카를 향한 해럴드의 사랑은 점점 커져만 갔다.

그때 에리카가 현관으로 나와서 저녁을 내올까 하고 물었다. "아, 벌써 저녁 먹을 시간인가?" 에리카는 그렇다면서, 냉장고에 치킨이 있는데 감자칩과 함께 내오면 된다고 하며 안으로 들어갔다. 해럴드는 다시 공상으로 빠져들었다. 그가 인생의 여러 장면을 떠올리는 순간, 인생이 그에게 물었던 질문들 그리고 그 질문들에 대한 대답과 평가는 이미 어디론가 사라졌다. 그에게는 감각들만 남았다. 마치 영화관이나 연주회장에 있는 것 같았다. 자아 감각이 사라졌다. 어린 시절 자기 방에서 어떤 모험 놀이에 빠져 장난감 트럭들에 집중하던 그때의 그 느낌이었다.

에리카가 쟁반을 들고 다시 현관으로 나왔다. 하지만 곧 쟁반을 떨어뜨리고 비명을 지르며 해럴드에게 달려가 그의 손을 잡았다. 그의 몸은 늘어져 있었다. 생기라고는 찾아볼 수 없었다. 해럴드는 고개를 푹 숙인 자세였고 입에서는 침이 흘러나왔다. 에리카는 수십 년 동안 해오던 습관대로 그의 두 눈을 살폈다. 그는 비록 숨은 쉬고 있었지만 아무런 반응을 보이지 않았다. 에리카가 전화를 걸어야겠다는 생각으로 몸을 일으키는데, 해럴드의 손이 그녀의 두 손을 잡고 놓지 않았다. 그녀는 다시 앉아서 그를 바라보았다. 그리고 울었다.

해럴드는 의식을 잃었을 뿐이지 목숨을 잃은 건 아니었다. 잠들기 직전 상태처럼 온갖 이미지가 그의 머릿속으로 지나갔다. 이 이미지들은 무질서하게 마구 쏟아졌다. 의식을 잃은 상태에서 그 이미지들은 예전과는 전혀 다른 방식으로 해럴드의 정신에 비춰졌다. 하나씩 단절된 형식이 아니라 모든 이미지가 동시에 비쳤다. 분석주의적인 방식이 아니라 인상주의적 방식이었다. 해럴드는 그 이미지들을 느꼈다.

그것들을 글로 적는다면 순차적으로 문장을 써내려가야 하겠지만, 해럴드가 경험하는 것은 이런 게 아니었다. 소년 시절에 자전거를 타던 오솔길과 그날 바라보던 산의 이미지들이었다. 그는 어머니와 함께 숙제를 하고 있었고, 고등학교 때 런닝백의 허리를 잡고 태클을 시도하고 있었다. 그는 어떤 연설을 했고, 축하를 받았다. 섹스를 했고 책을 읽었으며 새로운 생각이 파도가 덮치듯 그를 덮쳤다.

아주 짧은 시간 동안 의식의 불빛이 깜박거리며 돌아오는 듯했다. 에리카가 울고 있는 모습이 보였다. 마음이 아팠다. 그의 마음속 소용돌이는 그녀의 소용돌이와 함께 뒤섞였다. 에리카의 의식 세계에서 해럴드의 무의식 세계를 관통하는 그 소용돌이를 두 사람이 함께 나누었다. 어떤 범주를 나누는 장벽은 사라지고 없었다. 한없는 부드러움뿐이었다. 해럴드에게서 변화가 일어났다. 정신을 집중하는 능력은 마침내 소진되었고, 이와 동시에 다른 사람들의 영혼에 침투하는 능력은 증가했다. 이 순간 에리카와 맺는 해럴드의 관계는 직접적이었다. 어떤 분석도 없었고, 어떤 보류도 없었다. 어떤 야망, 어떤 욕망 혹은 어떤 지난날의 어려움도 없었다. 그저 '나와 너'밖에 없었다. 존재의 통일감, 지식의 보다 높은 단계, 두 영혼의 융합뿐이었다. 그 순간 삶의 의미를 묻는 질문들은 더 이상 없었지만, 그 질문들에 대한 대답들은 있었다.

해럴드는 보이지 않는 왕국 안으로 완전히 들어갔고, 이어서 영원히 의식을 잃었다. 마지막 순간에는 경계선도 없었고 형태도 없었다. 그는 자의식의 힘을 행사할 수 없었다. 그뿐만 아니라 자의식의 족쇄에서 해방되었다. 그는 여태까지 의식이라는 것으로 축복을 받아서 자기 인생을 스스로 주도할 수 있었고 내면적 삶을 윤택하게 할 수 있었다. 그러나 의식을 얻는 대가로 죽는다는 사실을 인식해야 했다. 이제 그는 그 의식을 놓았다. 그는 아무것도 알아차리지 못했다. 그리고 말로 표현할 수 없는 세상으로 들어갔다.

이런 사실이 그가 하늘의 왕국, 신의 나라로 들어갔음을 의미하는 것인지 알 수 있다면 흥미로울 것이다. 그러나 그건 알 수 없는 일이다. 그런 사실은 에리카에게 전해지지 않았다. 그의 심장은 그 뒤로도 몇 분 동안 더 뛰었다. 그리고 그의 폐에도 공기가 들어갔다가 나왔다. 또한 그의 뇌에서는 여전히 전기화학적인 신호들이 작동되었다. 해럴드의 몸은 몇 가지의 움직임 혹은 씰룩거림을 보였다. 의사는 무의식적인 것이라고 하겠지만, 이것은 예전에 그가 보였던 어떤 동작보다도 더 에리카의 가슴 깊이 사무쳤다. 그런 움직임 가운데 하나가 손을 세게 꼭 쥐는 것이었다. 에리카는 이를 마지막 작별 인사로 받아들였다.

맨 처음에 있었던 것이 맨 나중에도 있었다. 감각, 지각, 충동, 욕구 등이 한데 뒤엉킨 것이었다. 우리가 무의식이라는 비정한 용어를 동원해서 부르는 바로 그것이었다. 이렇게 뒤엉켜 있는 것들은 해럴드에 속해 있던 낮은 차원의 것들이 아니었다. 무시해도 좋은 부차적인 것들이 아니었다. 이것은 그의 핵심이었다. 보기 어렵고 이해하기 불가능하지만 가장 중요한 궁극의 요체였다. 해럴드는 인생을 살면서 중요한 것을 이미 얻었다. 어떤 관점 하나를 구축한 것이다. 다른 사람들은 삶을 기본적으로 추론할 줄 아는 기계들이 벌이는 체스 게임으로 바라보지만, 해럴드는 영혼들 사이에서 일어나는 영원히 끝나지 않는 상호침투로 바라보았다.

저자가 보낸 편지

여러 해 전에 나는, 이성적으로만 분석하자면 학업을 계속해서 이어갈 수 있는 고등학생 다수가 학업을 중도에 포기한다는 보도를 접했습니다. 이런 사실을 접한 뒤에 나는 곧바로 소년기에 대한 논문들을 보고 또 뇌 형성에 관한 리서치들을 살펴보았습니다. 이 영역을 파고드는 순간, 인간은 누구이며 또 잘 살려면 무엇이 필요한가 하는 고전적인 질문과 관련해서 정신을 연구하는 학자들이 과거와는 전혀 다른 관점을 제공한다는 사실을 알았습니다.

우리는 뻔한 성공 스토리에 길들여져 있습니다. 학교에서 성적을 잘 받고 업무와 관련된 훈련을 잘 받고 올바른 판단을 내려야 한다는 이야기가 그런 것들입니다. 하지만 정신을 연구하는 과학자들은 인간 내면의 가장 깊숙한 곳을 들여다보았습니다. 감정 직관, 지각, 유전적 성향 그리고 무의식적인 동경 등의 어두운 영역에 밝은 빛을 비추었습니다.

그리고 지금까지 나는 여러 해 동안 이들과 함께 작업을 해오고 있습니다. 그리고 덕분에 주변의 모든 것을 바라보는 내 관점은 바뀌었습니다. 이 책에서 나는 이들이 밝혀낸 온갖 사실을 엮어서 흥미진진한 이야기로 만들었습니다.

모든 이야기는 폭넓은 과학적 연구를 기반으로 했지만 이 책은 과학

책이 아닙니다. 나는 뇌가 작동하는 원리를 설명하지 않습니다. 대신 나는 뇌가 무엇을 의미하는지 설명합니다. 나는 세대를 걸쳐 계승되는 생물학적 유전의 근거를 말하지 않습니다. 대신 나는 유전이 우리 삶의 어느 부분을 변화시키는지 말합니다.

해럴드와 에리카의 이야기를 통해 여러 학문에서 밝히고 있는 인간 정신의 가장 깊은 곳의 비밀을 앞으로의 삶에 실제로 적용할 수 있기를 바랍니다. 우리는 아이들을 키우고 가르치는 방식을, 기업을 경영하는 방식을, 인간관계를 관리하는 방식을 바꾸고 또 정치적인 실천을 하는 방식과 성공을 대하는 방식을 바꿔야 합니다. 다시 말해, 우리는 우리 자신을 대하는 방식을 바꿔야 합니다.

우리는 사회적인 동물입니다. 다른 사람들과의 관계 속에서 태어나 다른 사람들과 유대관계를 맺으며 사랑하거나 미워하고, 더 넓은 생각들과 연결되어 나라는 사람이 만들어지기 때문입니다. 촘촘한 인간관계는 깊은 의미의 '성공'에 핵심적인 역할을 합니다. 그 안에서 살아가는 여러분에게 이 책이 도움이 되기를 바랍니다.

데이비드 브룩스

감사의 말

　　　　　　내가 이런 주제로 책을 쓰게 될지 누가 알았겠는가. 나는 대학교를 졸업한 뒤로 줄곧 정신과 뇌에 관심을 가지고 연구를 해왔다. 하지만 이 작업은 내가 정치학과 정책, 사회학과 문화를 다루는 일상적으로 하던 작업에서 살짝 옆길로 샌 것이다. 그러나 한 해가 가고 두 해가 가고 세월이 자꾸 흐르면서 똑같은 생각이 자꾸만 머리에 떠올랐다. 정신과 뇌를 공부하는 사람들은 우리는 누구인가 하는 질문에 대해서 놀라운 통찰들을 내놓고 있지만, 이것이 보다 넓은 범위의 문화 전반에 충분히 큰 충격을 주어야 마땅함에도 현재 상황은 그렇지 못하다.

　이 책은 바로 이 아쉬움에서 시작되었고, 새롭게 발견된 놀라운 통찰들이 문화 전반에 영향력을 줄 수 있게 하기 위한 시도다. 과학과 심리학을 사회학, 정치학, 문화 비평 그리고 성공담과 결합하기 위한 시도다.

　그렇다고 해서 이런 시도가 위험하다고 굳이 나에게 일러줄 필요는 없다. 정신 연구는 여전히 초기 단계에 있으며, 많은 발견이 아직 시시비비를 가리는 논쟁 속에 있음은 나도 잘 알고 있다. 복잡한 어떤 분야에서 밝혀진 것들을 어떤 저널리스트가 세상의 다른 분야들에 적용하려고 할 때, 미묘한 뉘앙스 그리고 전문가들이 조심스럽게 다루는 어떤 차이점 등을 무심코 빠트리기 십상이다. 게다가 《뉴욕타임스》나 PBS 그리고 랜덤하우스와 같은 매체를 기반으로 하는, 그리고 평생을 바쳐서 연구할 만한 가치가 있는 내용의 요지를 한 문단 혹은 종이 한 장짜리로 자주 요약하려 시도하는 나와 같은 사람들에 대한 분노와 같은 당연하고도 정당한 감정도 사람들 사이에 있을 것이다. 잘 알고 있다.

그럼에도 나는 이 시도가 충분히 가치 있는 작업이라고 생각했다. 30년이라는 긴 세월 동안 이 분야에서 획득한 통찰은 모험을 무릅써도 좋을 만큼 충분히 중요하기 때문이다. 이 통찰에 따라서 정책이나 사회학, 경제학 그리고 삶 전반에 대한 우리의 사고방식이 바뀌어야 한다고 생각한다. 나는 이 새로운 통찰들을 학문적으로 훼손하지 않으면서 어떤 의미를 지니는지 묘사하려는 시도를 했다. 또 이미 거의 이론의 여지가 없이 정립된 새로운 발견들을 묘사하려고 시도했다. 물론 학계에서 아직 통일된 의견으로 모아지지 않은 것들도 함께 소개했다. 나는 과학 전문 저술가가 아님을 잘 알고 있으므로, 뇌가 작동하는 방식을 묘사하려고 시도하지는 않았다. 뇌의 어떤 부분이 어떤 행동을 낳는가 하는 복잡하기 짝이 없는 영역에 대해서는 감히 다룰 시도조차 하지 않았다. 그저 이 분야에서 진행된 연구가 암시하는 것들을 폭넓게 묘사하는 것으로 만족했다.

이런 작업을 하면서 모든 시대의 모든 연구자를 다 만족시킬 수 없는 것은 당연하다. 하지만 어쨌거나 나는, 이 책에서 언급하는 과학적 주장이나 실험의 출처를 될 수 있으면 모두 밝히려고 애썼다. 본문에서 인용하는 내용과 관련해서 독자가 읽을 수 있는 원자료를 표시함으로써 본문에 소개되는 주장을 독자 스스로 읽고 판단할 수 있게 하려고 노력했음을 밝혀둔다.

또한 이 책을 쓰는 동안 많은 사람에게 빚을 졌다는 사실도 함께 밝힌다. 서던캘리포니아대학교의 제시 그레이엄은 원고를 뒤져서 과학적인 오류들을 찾아줬으며, 그의 아내 사라 그레이엄은 원고를 문학적인 측면에서 꼼꼼하게 읽으며 검토해 줬다. 『하우스 온 크래쉬 코너The House on Crash Corner』의 저자인 심리학자 민디 그린스타인은 원고의 대부분을 읽었고, 컬럼비아대학교의 월터 미셸은 원고의 일부분을 읽었는데, 두 사람 모두 결정적으로 중요한 몇 가지 제안을 해주었다. 예전에《뉴욕타임스》에서 일했고 지금은 미국기업연구소AEI에서 일하고 있는 셰릴 밀러는 리서치와 원고 정리, 사실 확인 등의 작업을 놀랍도록 멋지게 해주었다. 그녀의 지성과 능력은, 나를 포함해서 그녀와 함께 일을 하게 된 사람들에게는 전설적이라고 할 정도로 놀라웠다. 부모님인 로이스 브룩스와 마이클 브룩스 두 분은 원고를 읽은 뒤 평소의 높은 식견을 유감없이 발휘해서 폭넓은 견해와 편집상의 세심한 지적과 함께 격려를 아끼지 않았다.《뉴욕타임스》의 동료인 데이비드 레온하트 역시 원고를 읽고 소중한 조언을 주었다.

그리고 많은 연구자와 대화를 나누는 과정에서 큰 도움을 받았다. 적어도 다음 몇몇 분에게는 이름을 적어 고마움을 전해야 할 것 같다. 버지니아대학교의 조너선 하이트 교수, USC의 안토니오 다마지오 교수, 샌타 바버라에 있는 캘리포니아대학교의 마이클 가자니가 교수, 펜실베이니아대학교의 마사 파라 교수, 버지니아대학교의 티머시 윌슨 교수 그리고 그 밖에도 내가 올바른 방향으로 갈 수 있도록 조언을 해준 많은 분에게 고맙다는 말을 전한다. 그리고 사회적·정서적 신경과학협회, 에지, 템플턴재단, 신경과학 센터와 사회 등을 비롯해, 나를 학회에 참석하게 해서 그 분야의 사람들과 접촉할 수 있게 해준 여러 단체의 지도자 여러분께도 고맙다는 인사를 드린다.

편집자인 윌 머피는 빈틈이 없을 정도로 현명한 분이며 나에게는 든든한 버팀목이었다. 대리인인 글렌 하틀리와 린 추는 변함없이 열정적이었고, 대변인인 빌 레이는 원고를 읽고 슬기로운 조언을 해주었다. 《뉴욕타임스》의 동료들인 레이한 살람, 리타 코간존, 애리 슐먼, 앤 스나이더 등은 늘 변함없이 고마운 친구들이다. 그리고 이 책에 딱 맞는 제목을 찾느라 2400만 명 가까이에게 물어보았는데, 이들 가운데서 특히 린다 레즈닉과 요시 시겔에게 고맙다는 말을 전한다.

또한 당연히 조슈아, 나오미, 아론 세 아이에게도 고마움을 전한다. 그리고 아내에게 고맙다는 말을 하는 것도 나에겐 즐거운 일이다. 그녀가 주장하듯이 내가 감정이나 느낌에 대해서 글을 쓸 수 있는 것은 내가 이런 것들을 표현하는 데 천성적으로 능숙해서가 아니라 천성적으로 서투르기 때문이다.

옮긴이의 말

　　　　　　　　　　　　이 책은 심리학 전반을 다루는 심
리학 개론서라고 할 수 있다. 하지만 엄밀하게 따지자면 심리학 개론서
라기보다는 에리카라는 이름의 한 여자의 일생과 해럴드라는 이름의
한 남자의 일생을 다룬, '에리카와 해럴드의 일생'이라고 제목을 붙일
수 있는, 심리학 일반의 이론을 동원한 일종의 이야기책이다. 아니, 한
남자의 일생과 한 여자의 일생을 동원한 심리학 개론서인가?

　처음 이 책을 읽을 때는 심리학과 재미있는 이야기 둘 가운데 어디에
다 초점을 맞춰 읽어야 할지 헷갈렸다. 하지만 조금 더 읽어나가면서
헷갈릴 필요가 없다는 걸 깨달았다. 그냥 읽으면서 심리학의 전개 과정
과 최근에 새로이 확인된 사실을 풍부한 실험 사례 속에서 배우면 되
고, 또 에리카와 해럴드의 인생 여정 안에서 두 사람의 희로애락을 지
켜보며 감동적인 부분이 있으면 감동하면 된다. 이것이 저자의 의도이
기 때문이다.

　광범위한 분야의 학자들이 무의식이라는 동굴의 구석구석을 비추며
그동안 알려지지 않았던 사실들을 밝히긴 했지만, 이 작업은 주로 학문
적인 차원에 그쳤다. 이러한 아쉬움에서 나는 이 책을 쓰기 시작했으며

이제까지 밝혀진 과학적인 사실들을 하나의 이야기로 풀어내고자 한다.
(본문 중에서)

사회 현상을 끊임없이 관찰하면서 '현실적인 차원'에서 문제를 진단하고 또 대안을 제시하고자 하는 저널리스트인 저자로서는, 본업에 충실하면서도 기존에 이루어진 학계의 성과를 바탕으로 하는 학문적 엄밀함까지 담보하고자 이런 글쓰기 전략을 선택했고, 이 선택은 성공한 것 같다. 적어도 옮긴이로서는 심리학 개론서를 읽으면서 몰랐던 사실을 깨우치는 교양 축적의 경험을 했을 뿐만 아니라, 등장인물들이 자기 인생을 개척하고 갈등하며 화해하고 사랑하고 숭고하게 죽음을 맞이하는 모습을 읽으면서 문학적으로 감동하고, 인물들의 삶에서 제기되는 여러 가지 철학적 문제를 놓고 스스로를 진지하게 돌아볼 수 있었기 때문이다.

저자가 에리카와 해럴드라는 등장인물의 인생 전체를 시간순으로 서술하면서, 두 사람이 놓이는 생애의 특정 단계에서 이들이 각각 부딪치는 문제들을 심리학적 차원에서 장별로 집중적으로 묘사함으로써, 이 책은 아동심리, 발달심리, 교육심리, 범죄심리, 신경심리, 행동심리, 경영심리, 사회심리 등 심리학 전반을 아우른다. 덕분에 나는 나 자신과 나의 부모, 자식들, 아내에 대해서, 그들이 겪고 있을 고통 혹은 기쁨의 심리적인 측면들에 대해서 계속해서 생각할 수 있었다. 그러면서 그들에 대해 미처 알지 못했던 것들을 새롭게 알 수 있었다. 무척이나 고맙고 귀한 경험이었다.

좋은 책을 번역할 때마다 늘 하는 생각이지만, 독자도 이런 유익하고 즐거운 경험을 나눌 수 있으면 좋겠다.

소셜 애니멀

초판 1쇄 발행 2024년 5월 17일

지은이 데이비드 브룩스
옮긴이 이경식

발행인 이봉주 | 단행본사업본부장 신동해
편집장 조한나 | 책임편집 김예빈 | 교정교열 김정현
디자인 오필민디자인
마케팅 최혜진 이은미 | 홍보 반여진
국제업무 김은정 김지민 | 제작 정석훈

브랜드 웅진지식하우스
주소 경기도 파주시 회동길 20
문의전화 031-956-7210(편집) 02-3670-1123(마케팅)
홈페이지 http://www.wjbooks.co.kr
인스타그램 www.instagram.com/woongjin_readers
페이스북 https://www.facebook.com/woongjinreaders
블로그 blog.naver.com/wj_booking

발행처 ㈜웅진씽크빅
출판신고 1980년 3월 29일 제406-2007-000046호
한국어판 출판권 ⓒ ㈜웅진씽크빅, 2024
ISBN 978-89-01-28337-1 03100